INDICATEUR GÉNÉRAL
DE
L'ALGÉRIE

DESCRIPTION
GÉOGRAPHIQUE, HISTORIQUE ET STATISTIQUE
de
TOUTES LES LOCALITÉS
COMPRISES DANS LES TROIS PROVINCES

par

Victor BERARD

RECEVEUR DE L'ENREGISTREMENT, DES DOMAINES ET DU TIMBRE

3ᵉ ÉDITION, ENTIÈREMENT REFONDUE
Accompagnée de 4 cartes et 3 plans, dressés par M. O. Mac Carthy

ALGER
BASTIDE, LIBRAIRE-ÉDITEUR

CONSTANTINE | **PARIS**
ARNOLET, Imprimeur-Libraire, | CHALLAMEL AINÉ, Libraire,
RUE DU PALAIS | 30, RUE DES BOULANGERS

1867

INDICATEUR GÉNÉRAL

DE

L'ALGÉRIE.

OUVRAGES DU MÊME AUTEUR.

DESCRIPTION D'ALGER ET DE SES ENVIRONS, (extrait de la 3e édition de *l'Indicateur général de l'Algérie*), accompagnée d'un *Plan* et d'une *Carte*, dressés par M. O. Mac Carthy. 1 in-18 anglais.   2 fr 50 c.

LES SAINTS DE L'ALGÉRIE, suivis de réflexions religieuses, avec approbation de Mgr l'Évêque d'Alger. 1 volume in-18 jésus.   3 fr.

POÈMES ALGÉRIENS et *Récit légendaires* traduits ou imités en vers d'après l'idiôme d'Alger, suivis des *Algériennes*, poésies diverses. 1 vol. in-12.   3 fr. 50 c.

Alger. — Typ. Bastide.

INDICATEUR GÉNÉRAL
DE
L'ALGÉRIE

DESCRIPTION
GÉOGRAPHIQUE, HISTORIQUE ET STATISTIQUE
de
TOUTES LES LOCALITÉS
COMPRISES DANS LES TROIS PROVINCES

par

Victor BERARD

RECEVEUR DE L'ENREGISTREMENT, DES DOMAINES ET DU TIMBRE

3ᵉ ÉDITION, ENTIÈREMENT REFONDUE
Accompagnée de 4 cartes et 3 plans, dressés par M. O. Mac Carthy

ALGER
BASTIDE, LIBRAIRE-ÉDITEUR

CONSTANTINE	**PARIS**
ARNOLET, Imprimeur-Libraire,	CHALLAMEL AINÉ, Libraire,
RUE DU PALAIS	30, RUE DES BOULANGERS

1867

INDEX DES CARTES ET PLANS

DRESSÉS PAR M. O. MAC CARTHY.

	Pages.
Carte de l'Algérie au 6,000,000ᵉ	590
— de la province d'Alger au 3,000,000ᵉ	65
— — de Constantine au 3,000,000ᵉ	313
— — d'Oran au 3,000,000ᵉ	463
Plan de la ville d'Alger au 15,000ᵉ	89
— de Constantine au 10,000ᵉ	337
— d'Oran au 10,000ᵉ	483

PRÉFACE DE L'ÉDITEUR

POUR CETTE TROISIÈME ÉDITION.

J'offre aujourd'hui au public la troisième édition de l'*Indicateur général de l'Algérie,* par M. Victor BERARD; la seconde étant épuisée. Cet ouvrage, qui se recommandait par la lucidité de la classification, par l'heureux agencement des détails sans nombre que comporte son titre, est journellement demandé par les voyageurs, — les personnes qui sont dans l'intention de venir se fixer en Algérie, et par les habitants du pays eux-mêmes. Les bienveillants suffrages de la presse locale et de celle de France, l'avaient honorablement distingué des essais du même genre qui s'étaient produits jusque-là; depuis, tous les efforts ont été faits, dans le remaniement de ce livre, — tous les renseignements ont été recueillis pour les maintenir au premier rang, et mériter de nouveau, dans cette troisième édition, un accueil pareil à celui qui inaugura la première et la deuxième. Les conseils obligeants de M. O. Mac Carthy ont le plus contribué à l'amélioration de toutes les parties de ce travail.

La distribution des matières, dans cet ouvrage, reproduit la division administrative que la politique a tracée sur l'Algérie.

Chacune des trois provinces, ALGER, CONSTANTINE, ORAN, est partagée — en *Territoire civil*, comprenant le Département, qui se subdivise en Arrondissements, Districts, Communes et Annexes; — en *Territoire militaire*, comprenant la *Division* proprement dite, avec ses Subdivisions embrassant des Cercles, des Annexes, qui circonscrivent des Aghaliks, des Kaïdats, dont l'autorité s'étend sur des oasis, des villages, des tribus arabes.

Pour faciliter les recherches dans ce répertoire de nombreux documents, nous signalerons :

1° En tête du livre, une *Table analytique des matières* qui y sont contenues, dans l'ordre de leur développement ;

2° Un *Article préliminaire*, relatif à tout ce qui concerne le voyageur partant de Paris pour Alger, ou qui prend la navigation côtière ;

3° Une *Introduction générale*, frontispice de l'ouvrage,

destinée à donner une idée nette, rapide, sommaire de tout le pays ;

4° Un aperçu respectif à chacune des trois provinces, formant un cadre spécial, où sont groupés les renseignements généraux qui leur sont relatifs ;

5° Une seconde table, à la fin du volume, énonçant, par ordre alphabétique, toutes les localités décrites et mentionnées dans ce livre, et présentant ainsi un véritable *Dictionnaire géographique de toute l'Algérie;*

6° Une *Carte générale de l'Algérie*, une *Carte de chacune des trois provinces*, et des *plans des villes d'Alger, de Constantine et d'Oran*, dressés par M. O. Mac Carthy.

Puisse le désir d'être utile au pays, — que l'auteur et l'éditeur habitent depuis plus de trente ans, — être apprécié par tous ceux auxquels ce livre s'adresse.

H. B.

AVANT-PROPOS

DE LA PREMIÈRE ÉDITION.

L'Algérie, — en regard des plus opulents rivages de l'Europe, dont elle n'est séparée que par quelques heures de traversée, — étend ses plaines fertiles, favorisées du plus beau ciel, ouvre un immense théâtre à l'industrie, une large carrière à la fortune. Riche d'un illustre passé, cette région appelle les intelligences studieuses sur ses ruines fécondes en graves enseignements, invite les cœurs valeureux à ses lauriers, les esprits calculateurs à ses moissons. Elle évoque les belles âmes et les enflamme d'une généreuse confiance en ses espérances renouvelées.

A côté de ces natures actives, qui viennent reprendre sur cette plage un sillon commencé sur le sol de la mère-patrie, les touristes ont encore lieu de prendre place s'ils veulent saisir l'aspect de la côte barbaresque, de la ville du pirate, de la tente du bedouin, dont l'image s'efface chaque jour.

Dans le but de faciliter cette excursion, — que ce soit expédition de guerre, course pour affaires, ou promenade de plaisir, — ce livre se présente, répertoire de renseignements géographiques, historiques, statistiques, topographiques, administratifs et usuels: peinture fidèle d'un pays dont le tableau complet et détaillé se déroule pour la première fois ici dans un ordre nouveau.

A la peinture de chaque localité, aux mentions exactes des textes de législation qui lui sont applicables, vient se joindre l'histoire de son passé. De pareils ouvrages ne s'improvisent pas et s'inventent encore moins ; c'est assez dire que les évènements marchent pendant qu'on les raconte, et que, toutes choses n'étant pas réunies dans un rayon rapproché, l'écrivain a pu être débordé par son thème, bien qu'il se soit entouré de mille documents officieux et obtenus d'hommes spéciaux. Pour trouver du concours à sa pensée de centralisation, il a dû aussi compulser et lire tout ce qui a été écrit, jusqu'à cette heure, sur la contrée objet de ses études, et la citation des auteurs consultés par lui serait ici la bibliographie algérienne la plus complète.

Qu'on ne cherche pas, dans ce volume, des réflexions critiques, des considérations, des plans qui abondent ailleurs. Il n'a pu entrer dans l'esprit de l'INDICATEUR GÉNÉRAL DE L'ALGÉRIE de se faire le censeur du passé, le mentor du présent, ni le prophète de l'avenir. Dans un cadre nécessairement restreint, il a constaté, avec toute l'exactitude qu'il pouvait mettre en œuvre, ce qui existe aujourd'hui, plein de confiance en l'avenir du pays et en l'Étoile de la France, qui préside à ses destinées.

TABLE ANALYTIQUE DES MATIÈRES.

(UNE TABLE ALPHABÉTIQUE DE TOUS LES POINTS D'OCCUPATION EST A LA FIN DU VOLUME).

ARTICLE PRÉLIMINAIRE.

	Pages.		Pages.
De Paris à Alger	XVII	Navigation	XXI
Température, hygiène	XVIII		

INTRODUCTION GÉNÉRALE. — L'ALGÉRIE.

Situation, limites, étendue	1	Instruction publique	49
		Justice	51
Montagnes, plaines et lacs	1	Esprit des habitants	53
Fleuves et rivières	3	Propriété	54
Caps, golfes et îles	4	Traducteurs assermentés	55
Rivages	4	Denrées	56
Intérieur du pays	5	Hygiène	56
Température	5	Livrets d'ouvriers	57
Climats de l'Algérie	6	Banque de l'Algérie	57
Productions	7	Crédit foncier	58
Minéralogie	15	Caisses d'épargnes	59
Zoologie	16	Télégraphie électrique	59
Note historique	19	Chemins de fer	60
Population	35	Postes	60
Division du territoire	38	Navigation commerciale	60
Administration centrale	40	Mouvement commercial	61
Culte	45	Industrie	63

PROVINCE D'ALGER.

Situation, limites, étendue	65	Rivages, caps et îles	68
Montagnes	65	Température	72
Plaines et lac	66	Cultures	72
Rivières	66	Minéralogie	75

	Pages.
Zoologie	78
Ruines solitaires	79
Note historique	79
Population	85
Enseignement primaire	85
Bienfaisance	86
Sciences et arts	86
Industrie	87
Télégraphie	87
Gouvernement	88
Répartition du territoire	88

DÉPARTEMENT D'ALGER.

ALGER, CAPITALE DE L'ALGÉRIE.

	Pages.
Situation	89
Aspect extérieur	89
Importance politique	91
Note historique	91
Population	96
Baie d'Alger	97
Port	98
Quartier de la Marine	100
Enceinte	103
Physionomie locale	106
Rues	107
Maisons	108
Places	111
Passages	117
Marchés	118
Industrie	119
Monuments publics	119
Eglises	126
Mosquées	127
Synagogues	130
Cimetières	130
Etablissements militaires	132
Etablissements civils publics	134
Bibliothèques et Musées	137
Journaux et Revues	139
Instruction publique	140
Sociétés	144
Théâtre impérial	147
Promenades	148
Hôtels	148

	Pages.
Bains	149
Cafés et brasseries	151
Trésor et Postes	152
Navigation	156
Bateliers	157
Portefaix	157
Moyens de transports	157
Tarif du prix des voitures	159
Messageries (diligences)	161
Chemin de fer	163
Routes	163
Environs d'Alger	164
Fortifications	165

ARRONDISSEMENT D'ALGER.

Commune d'Alger	167
— de l'Alma	171
— L'Arba	172
— Aumale	174
— Birkhadem	177
— Chéraga	181
— Dellis	183
— Dely Ibrahim	190
— Douéra	192
— Fondouk	196
— Kouba	198
— Rassauta	200
— Rouïba	202
— Rovigo	204
— Sidi Moussa	205
— Tenès	206

ARRONDISSEMENT DE BLIDA.

Commune de Blida	213
— Boufarik	227
— Chebli	231
— Cherchel	232
— Koléa	238
— Marengo	247
— Médéa	252
— Mouzaïa-Ville	259
— Oued el-Alleg	262

ARRONDISSEMENT DE MILIANA.

Commune de Miliana	263

	Pages.
Commune de Duperré	270
— Orléansville	271
— Vesoul-Benian	276

DIVISION MILITAIRE

D'ALGER.

Subdivision d'Alger	278

Subdivision de Dellis.

Cercle de Dellis	281
— de Tizi-Ouzzou	281
— de Fort-Napoléon	284
— de Dra el-Mizan	286

Subdivision d'Aumale.

Annexe de Beni-Mansour	288

Subdivision de Médéa.

Cercle de Médéa	288
— de Boghar	289
— de Laghouat	294
Annexe de Djelfa	305

Subdivision de Miliana.

Cercle de Miliana	308
— de Teniet el-Had	309
— de Cherchel	311

Subdivision d'Orléansville.

Cercle d'Orléansville	312
— de Tenès	312

PROVINCE DE CONSTANTINE.

Situation, limites, étendue	313
Montagnes	313
Plaines et lacs	314
Rivières	314
Rivages, caps et îles	315
Passage	320
Température	321
Culture	322
Minéralogie	323
Zoologie	326
Ruines solitaires	327
Note historique	331
Population	335
Télégraphie	336
Gouvernement	336
Répartition du territoire	336

DÉPARTEMENT

DE CONSTANTINE.

Constantine	337

ARRONDISSEMENT DE CONSTANTINE.

Commune de Constantine	358
— Aïn Smara	358
— Batna	359
Commune de Condé Smendou	363
— Hamma	363
— Kroub	364
— Oued Athménia	365
— Oued Séguin	365

ARRONDISSEMENT DE BONE.

Commune de Bône	367
— Bugeaud	381
— Duvivier	382
— Duzerville	382
— La Cale	383
— Mondovi	392
— Penthièvre	393
— Souk H'arras	394

ARRONDISSEMENT DE GUELMA.

Commune de Guelma	399
— Henchir Saïd	404
— Gastu	404

ARRONDISSEMENT DE PHILIPPEVILLE.

Commune de Philippeville	405

	Pages
Commune de Djidjeli	412
— El-H'arrouch	418
— Gastonville	419
— Jemmapes	419
— Robertville	421
— St-Charles	422

ARRONDISSEMENT DE SETIF.

	Pages
Commune de Setif	423
— Bougie	428
— Bouira	435
— El-Ouricia	436
— St-Arnaud	437

DIVISION MILITAIRE DE CONSTANTINE.

Subdivision de Constantine.

	Pages
Cercle de Constantine	439
Annexe d'El-Milia	439
Cercle d'Aïn Beïda	440
Cercle de Tébessa	440
— de Collo	441
— de Djidjeli	443

Subdivision de Bône.

	Pages
Cercle de Bône	444
— de La Calc	445
— Souk H'arras	446

Subdivision de Batna.

	Pages
Cercle de Batna	446
— de Biskra	446

Subdivision de Setif.

	Pages
Cercle de Setif	458
Annexe de Takitount	458
Cercle de Bougie	459
— de Bordj Bou Arcridj	459
Annexe de Tannalt	460
Cercle de Bou Sa'da	460

PROVINCE D'ORAN.

	Pages
Situation, limites, étendue	463
Montagnes	463
Plaines et lacs	464
Rivières	464
Rivages, caps et îles	466
Température	469
Culture	470
Minéralogie	473
Monuments solitaires	474
Zoologie	475
Note historique	476
Population	480
Instruction publique	480
Bienfaisance	480
Télégraphie	480
Industrie	480
Gouvernement	482
Répartition du territoire	482

DÉPARTEMENT D'ORAN.

	Pages
Oran	483

ARRONDISSEMENT D'ORAN.

	Pages
Commune d'Oran	501
— d'Aïn el-Turk	502
— d'Aïn Temouchent	503
— Arzeu	504
— Bou Tlélis	510
— Fleurus	511
— Mers el-Kebir	512
— Misserghin	514
— Sainte-Barbe-du-Tlélat	516

	Pages.
Commune de Saint Cloud.	517
— Saint Denis du Sig.......	519
— Saint Louis....	524
— Sidi-Bel Abbès.	525
— Sidi Chami....	529
— Valmy........	530

ARRONDISSEMENT DE MASCARA.

Commune de Mascara...	532

ARRONDISSEMENT DE MOSTAGANEM.

Commune de Mostaganem	543
— Aboukir....	550
— Aïn Tedlès.	552
— Pelissier...	554
— Relizane....	556
— Rivoli......	558

ARRONDISSEMENT DE TLEMSÈN.

Commune de Tlemsèn.	560
— Nemours....	569
— Pont-de-l'Isser	572

DIVISION MILITAIRE D'ORAN.

Subdivison d'Oran.

	Pages.
Cercle d'Oran..........	574
Annexe d'Aïn Temouchent	574

Subdivision de Mostaganem.

Cercle de Mostaganem...	574
Anexe de Zamora.......	575
Cercle d'Ammi Mousa...	575

Subdivision de Sidi bel-Abbès.

Annexe de Daya.........	576

Subdivision de Mascara.

Cercle de Mascara.......	577
— de Tiharet.......	579
— de Saïda........	581
— de Géryville......	582

Subdivision de Tlemsèn.

Cercle de Tlemsèn.......	583
— de Lalla Mar'nia..	584
— de Nemours......	586
— de Sebdou........	587

ARTICLE PRÉLIMINAIRE.

—oo§o§oo—

DE PARIS A ALGER.

La distance par la voie ferrée, de Paris à Marseille, est de 863 kilomètres qui sont franchis en 16 heures.

La latitude de Marseille étant 43° 17' 52" et la longitude E. 3° 1' 48" — la latitude d'Alger étant 36° 47' 20" et la longitude E. 0° 44' 10", — la distance en ligne droite, de l'un à l'autre de ces points, doit être évaluée à 723,146 mètres.

Mais comme les deux villes ne sont pas sur le même méridien, — qu'Alger est à 2° 17' 38" plus à l'O. que Marseille, — il faut ajouter à cette distance rectiligne 6,854 pour la différence entre l'oblique et la perpendiculaire, ce qui donne 730,000 mètres ; puis, comme les courriers sont forcés de passer un peu à droite ou à gauche de l'île Minorque qui se trouve sur la ligne droite même, on peut adopter comme distance habituellement parcourue 750,000 m. (187 lieues de 4,000 m. ou 169 lieues de 4,444 mètres). La durée de la traversée est de 40 heures, en temps ordinaire.

Favorisé d'un beau temps, le voyageur ne souffre pas du mal de mer. A peine les côtes de France sont-elles hors de vue, que l'on aperçoit les îles Baléares. Lorsqu'on s'en éloigne, la terre d'Afrique ne tarde pas à apparaître, verdoyante et radieuse par un temps clair.

Les personnes qui redoutent le plus le mal de mer n'ont rien de mieux à faire que de prendre la position horizontale avant qu'on ne lève l'ancre, et de la garder durant tout le temps de la traversée.. — Elles s'alimenteront sobrement sans autre précaution médicale.

Du reste, le mal de mer en lui-même n'a rien de dangereux ; c'est une indisposition qui se dissipe naturellement dès qu'on débarque. Il est même regardé, par quelques personnes, comme un stimulant favorable à la santé.

TEMPÉRATURE, HYGIÈNE.

Le climat du nord de l'Algérie étant à peu près le même que celui de l'Italie et de l'Espagne, et les chaleurs n'y dépassant guère que de 1 ou de 2 degrés celles des départements méridionaux de la France, les voyageurs ne devront pas se dessaisir des vêtements qu'ils ont coutume de porter, en hiver. Ils n'auront rien à changer à leurs habitudes d'alimentation, et, à leur arrivée en Afrique, ils devront craindre de s'abandonner aux douces insinuations d'une atmosphère attiédie, sous peine d'éprouver des perturbations dans leur santé, ce qui peut s'appeler *payer le tribut* de l'imprudence à la nouveauté.

Le climat de l'Algérie chaud dans la plaine, — tempéré, rigoureux même en hiver, dans la montagne, — brûlant quand souffle le vent du désert (le siroco), n'est ni insalubre, ni funeste aux Européens. La mortalité est égale à celle de France, et l'excédant des naissances y est supérieur. (*Géographie commerciale et industrielle de la France et de ses Colonies*, par H. PIGEONNEAU.)

« Plusieurs travaux de nos médecins ont prouvé que le séjour hivernal en Algérie était bien plus salutaire aux constitutions faibles et aux poitrines malades, que les résidences tant vantées du midi de la France, où la température s'abaisse toujours beaucoup plus qu'à Alger, — celles principalement où, comme à Cannes, Nice et Menton, le mistral souffle très-souvent avec une violence qui déchire les poitrines les plus robustes.

« Que demandent depuis le mois de novembre jusqu'à la fin d'avril, les malades souffrant d'affections pulmonaires ? Ils ont besoin d'un climat chaud, sec, et surtout, de la jouissance du soleil. Ils cherchent un pays où les nuits et les jours diffèrent peu de température ;

mais plus encore, une contrée où les mauvais vents soient inconnus.

« Le midi de la France n'offre point, dans aucune de ses parties, de telles conditions de bien-être pendant six mois consécutifs.

« Alger est à l'abri des vents pendant l'hiver ; la température y est douce et égale, sans grande variation entre le jour et la nuit. Son soleil, — le soleil d'Afrique, — est bienfaisant et permet les promenades à cheval ou en voiture dans les environs, qui sont remarquables par leur luxuriante végétation, et qui fournissent en hiver de succulentes primeurs à l'Europe.

« Ce qui manquait autrefois à Alger, c'était le confortable, — cette satisfaction de tous les besoins et de tous les désirs du riche valétudinaire. Aujourd'hui cette lacune est comblée : Alger est devenu un séjour salubre, commode et agréable. De grands hôtels, qui n'ont rien à envier à ceux d'Europe, et de nombreuses villas, parfaitement appropriées pour les familles, sont maintenant à la disposition des touristes.

« Alger est une capitale ; elle a en tous les avantages et tous les agréments : société nombreuse et choisie, bals brillants, un théâtre capable de satisfaire les plus exigeants, des promenades, des cercles, des musées, etc.

Que l'on s'informe auprès des étrangers qui sont venus pour l'hiver ici, tous sont d'accord pour vanter les heureux effets qu'ils ont ressentis dans l'amélioration de leur santé. Un grand nombre d'entre eux sont revenus plusieurs hivers de suite. Nous avons lu maintes fois dans les journaux anglais des relations fort intéressantes de voyages, d'hivernage en Algérie, écrites par des touristes enthousiastes de notre climat. *(Times* du 19 octobre 1866. — *Akhbar* du 6 novembre 1866). »

Voir ci-après, comme complément aux renseignements relatifs à la *température*, pages 5, 6, 7, — à l'*hygiène*, pages 56, 57.

NAVIGATION.

Trois compagnies font actuellement le service des dépêches, des voyageurs et des marchandises entre Marseille et l'Algérie. 1º Les Messageries Impériales, 2º la compagnie de Navigation Mixte, 3º la Société générale des transports maritimes.

Un décret du 1er janvier 1866, confie aux Messageries impériales le transport des dépêches et des intérêts personnels et commerciaux sur les côtes de l'Algérie.

Tous les points cités dans le tableau ci-après sont desservis par les Messageries impériales, sauf les courriers du mercredi et du jeudi, d'Alger pour Marseille, qui sont faits : les premiers, par la Société générale des transports maritimes, et les seconds, par la Compagnie de Navigation mixte. Le retour de ces courriers à Alger a lieu le samedi par la compagnie de Navigation mixte, et le dimanche par la Société des transports maritimes.

TABLEAU GÉNÉRAL
INDIQUANT LA MARCHE DES CORRESPONDANCES PAR BATEAUX A VAPEUR

De France en Algérie et divers points de la côte entr'eux.

INDICATION des LIGNES.	DÉPART DU PORT D'EMBARQUEMENT. Jours.	Heures.	JOURS de L'ARRIVÉE	PRIX DES PASSAGES. Premières.	Deuxièmes.	Troisièmes.
D'ALGER à :						
ARZEU............	Samedi.	10 h. s. (1)	Lundi.	59f 45	42f 85	20f 10
BONE (3)..........	Samedi.	Midi. (2)	Mardi.	86f 70	61f 50	27f 00
BOUGIE...........	Samedi.	Midi. (2)	Dimanche.	31f 70	22f 90	11f 40
CHERCHEL.........	Samedi.	10 h. s. (1)	Dimanche.	13f 95	10f 55	6f 30
COLLO............	Samedi.	Midi. (2)	Lundi.	59f 95	42f 75	19f 50
DELLYS...........	Samedi.	Midi. (2)	Samedi.	16f 70	11f 90	5f 40
DJIDJELI..........	Samedi.	Midi. (2)	Dimanche.	42f 95	30f 95	14f 70
MARSEILLE........	Mardi et sam.	Midi.	Jeudi et lundi.	95f 00	71f 00	27f 00
Id...............	Mercredi.	10 h. m.	Vendredi.	65f 00	50f 00	20f 00
Id...............	Jeudi.	Midi.	Samedi.	79f 00	59f 00	20f 00
MOSTAGANEM......	Samedi.	10 h. s. (1)	Lundi.	51f 95	37f 55	18f 30
ORAN............	Samedi.	10 h. s. (1)	Lundi.	71f 20	50f 80	22f 80
PHILIPPEVILLE (Stora).	Samedi.	Midi. (2)	Lundi.	64f 65	46f 05	21f 30
TENÈS...........	Samedi.	10 h. s. (1)	Dimanche.	28f 20	20f 80	10f 80
DE BONE à :						
ALGER............	Mardi.	8 h. s.	Vendredi.	86f 70	61f 50	27f 00
BOUGIE...........	Mardi.	8 h. s.	Jeudi.	55f 00	38f 60	15f 60
COLLO............	Mardi.	8 h. s.	Mercredi.	26 75	18f 75	7f 50
DELLYS...........	Mardi.	8 h. s.	Vendredi.	70f 00	49f 60	21f 60
DJIDJELI..........	Mardi.	8 h. s.	Jeudi.	43f 75	30f 55	12f 30
LA CALLE.........	Jeudi. (4)	8 h. m.	Jeudi.	»	»	»
MARSEILLE (5).....	Lundi.	6 h. s.	Vendredi.	100f 00	77f 00	28f 00
PHILIPPEVILLE (Stora).	Mardi.	8 h. s.	Mercredi.	22f 25	15f 45	5f 70
Id. (5)...........	Lundi.	6 h. s.	Mardi.	»	»	»
TUNIS............	Jeudi. (4)	8 h. m.	Vendredi.	»	»	»

(1) Du 1er octobre au 1er avril, le départ à lieu à minuit.
(2) Du 1er octobre au 1er mars, le départ à lieu à 11 heures du matin.
(3) Correspondance avec le bateau allant de Marseille à Tunis et passant à Bône le mercredi.

INDICATION des LIGNES.	DÉPART DU PORT D'EMBARQUEMENT.		JOURS de L'ARRIVÉE.	PRIX DES PASSAGES.		
	Jours.	Heures.		Premières.	Deuxièmes.	Troisièmes.
DE MARSEILLE à :						
ALGER..................	Mardi et sam.	2 h. s.	Jeudi et lundi.	95f 00	71f 00	27f 00
Id.	Jeudi.	2 h. s.	Samedi.	79f 00	59f 00	27f 00
Id.	Jeudi.	7 h. s.	Dimanche.	65f 00	50f 00	20f 00
BONE.................	Vendredi.	2 h. s.	Mercredi. (1)	100f 00	77f 00	28f 00
LA CALLE.,...........	Vendredi.	2 h. s.	Jeudi. (2)	»	»	»
ORAN.................	Mercredi.	5 h. s.	Samedi.	143f 00	113f 00	39f 00
PHILIPPEVILLE (Stora).	Vendredi.	2 h. s.	Dimanche.	89f 00	70f 00	24f 00
TUNIS................	Vendredi.	2 h. s.	Vendredi.	148f 00	118f 00	57f 00
D'ORAN à :						
ALGER................	Mercredi.	8 h. m.	Jeudi.	71f 20	50f 80	22f 80
ARZEU................	Mercredi.	8 h. m.	Mercredi.	11f 75	7f 95	2f 70
CADIX (3)............	Samedi.	8 h. s.	Mercredi.	124f 20	88f 80	40f 80
CHERCHEL............	Mercredi.	8 h. m.	Jeudi.	57f 25	40f 25	16f 50
GIBRALTAR (3)........	Samedi.	8 h. s.	Mardi.	95f 20	68f 40	32f 40
MALAGA (3)..........	Samedi.	8 h. s.	Lundi.	69f 20	50f 20	25f 20
MARSEILLE...........	Mercredi.	10 h. m.	Samedi.	143f 00	113f 00	39f 00
MOSTAGANEM........	Mercredi.	8 h. m.	Mercredi.	19f 25	13f 25	4f 50
NEMOURS (3).........	Samedi.	8 h. s.	Dimanche.	21f 45	16f 05	9f 30
TANGER (3)..........	Samedi.	8 h. s.	Mardi.	105f 70	75f 90	35f 40
TENÈS...............	Mercredi.	8 h. m.	Jeudi.	43f 00	30f 00	12f 00

(1) On fait 54 heures de station à Stora.

Dans les prix des premières et deuxièmes, sont compris les frais d'embarquement, de passage et de nourriture pendant la traversée, quelqu'en soit le nombre de jours et d'heures.

Les passagers de 3e et de 4e classes n'ont droit ni aux couchettes, ni à la nourriture, pour laquelle il leur est facultatif de traiter de gré à gré avec le pourvoyeur. Cette disposition ne s'applique point aux passagers de l'État. Leur nourriture est entièrement gratuite.

Les enfants de cinq à dix ans, paient moitié place et moitié nourriture. Ils doivent coucher avec les personnes qui les accompagnent. Il est accordé un lit pour deux enfants. Ceux au-dessous de cinq ans sont admis gratis.

Il est accordé à chaque voyageur, sur les bagages, une franchise de poids de 125 kilos à la première place, 100 kilos à la deuxième, 60 kilos à la troisième et 35 kilos à la quatrième. L'excédant est payé suivant le tarif de chaque localité. — Il est interdit à tout passager de transporter comme bagages des marchandises et autres objets que ceux servant à l'usage personnel.

La Compagnie ne répond point des bagages non enregistrés; elle ne répond des valeurs transportées par les passagers que quand ceux-ci les ont déclarées, en ont payé le fret et les ont remises au capitaine du navire.

Les passagers du Gouvernement jouissent d'une franchise de 175 kilos à la 1re classe. — 150 à la 2me. — 60 à la 3me. — 35 à la 4me.

L'arrière du bâtiment est exclusivement destiné aux passagers de 1re classe, qui peuvent, d'ailleurs, se promener dans toute la longueur du navire ; — les passagers ne peuvent entrer dans la chambre des dames ; — chaque cabine est réservée à l'usage exclusif de ceux qui l'ont louée.

Les domestiques qui occupent des couchettes de 2e classe ne peuvent prendre leurs repas à la table commune de cette classe. Dans le cas où d'une classe inférieure ils passeraient aux premières pour le service de leurs maîtres, ils n'y peuvent rester que le temps rigoureusement nécessaire.

Les *Chiens* doivent être muselés et attachés sur le pont. Le prix de leur transport est fixé à 5 fr. pour toute destination.

Le prix du transport d'un cheval, de Marseille à Alger, est fixé à 100 fr., plus 10 francs de débarquement.

Il est traité de gré à gré pour le transport des autres animaux.

Voir comme complément aux renseignements relatifs à la navigation, ce qui est dit aux pages 156, 157 ci-après.

INTRODUCTION GÉNÉRALE.

L'ALGÉRIE.

SITUATION. L'Algérie comprend, le long de la Méditerranée, sur le continent de l'Afrique, au Nord, toute cette onduleuse étendue de côtes qui court entre le cap Roux, par 6° 33′ de longitude orientale, et l'embouchure de l'oued Kîs, par 4° 31′ de longitude occidentale.

LIMITES. Au Nord, l'Algérie est bornée par la Méditerranée ; au Sud, par le grand Désert ; à l'Est, par la Régence de Tunis ; à l'Ouest, par l'empire du Maroc.

ÉTENDUE. L'Algérie a une étendue de 1000 kil. (250 lieues) entre ses deux limites orientales et occidentales, sur une profondeur, en moyenne, de 390 kil. (97 lieues). Sa surface totale pourrait être estimée à 390,000 kil. carrés (24,375 lieues carrées).

MONTAGNES, PLAINES ET LACS. L'Atlas, groupe de plusieurs chaînes de montagnes, qui se développent en s'élevant de l'E. à l'O. sur trois lignes principales, et presque parallèlement aux rivages de la Méditerranée, prend un grand nombre de noms qui changent dans chaque tribu. Quelques-uns des plus connus que porte le *Grand Atlas*, chaîne la plus haute régnant le plus au S. sont : Djebel Aurès, Djebel Bou Kahil, Djebel Amour, Djebel Ksen.

Ces divers points culminants commandent de vastes contrées qui sont, au S. le bassin du lac Melghigh (le plus grand de toute l'Algérie, se prolongeant jusqu'au cœur de la Régence de Tunis) ; les oasis du Ziban, de l'Ouad Righ, de Temacin, de Ouargla, de l'oued Mzab, des Ksour, des Oulad Sidi Cheikh, divisées et dominées en divers endroits par des montagnes sablonneuses, telles que celles de l'oued Souf, des Beni Mzab et des Areg. Au-delà, plus au S. encore, s'étend le grand Désert.

Au N. s'ouvrent de vastes plaines formées par des marais salans, que les indigènes désignent, de l'E. à l'O, par les noms de plaine d'El-Hodna, qui est occupée par le lac (chott) El-Saïda ; plaine d'El-Mahaguin, au pied du Djebel Bou Kahil ; la Sebkha, qui renferme une série de petits lacs ; la plaine du Zaghez, comprenant les deux lacs de ce nom ; la plaine du Sersou, traversée par le Chélif ; la plaine des Chott, comprenant les lacs El-Gharbi et El-Chergui, entre le *Sahara algérien* au S. et la région des hauts-plateaux, petit désert d'Angad, au N.

Les déclivités septentrionales qui supportent cet immense terrassement, et tracent au sein de l'Algérie la ligne de démarcation entre le Tell (sol labourable) et le pays du Sahara, ont reçu les noms de Djebel Hargoub, Bou Taleb, Mzeïla, Mazzem, Magraouat, Harbour, Lahkdar, El-Haoud, Râs el-Ma, Ouled Ali Hemel.

Plusieurs contreforts nommés Djebel Edjrès, Bougareb, Braham, Râs el-Oued, Ouennouga, Dira, El-Guessà, Ouarensenis, Beni Smaiel, — qui déterminent les tortueuses vallées du Roumel, à Constantine, du Bou Selam, près de Sétif, du Chélif près de Médéa, — lient cette seconde chaîne de montagnes à une troisième vulgairement nommée le *Petit Atlas*, qui descend graduellement au N. vers la mer.

Le bourrelet sinueux que forment ces masses offre, de l'E. à l'O. les noms remarquables de Djebel Bellarat, Alia, Mtaïa, Bougareb, Ouahach, Mouila, Bou-Rkach, Ras Seba Rous, Zouagha, Babor, Magrîs, Trouna, Biban, Ouennouga, Djeurdjeura, Mouzaïa, Zakkar, Tadjera, Dahra, Beni Amer, Ouarsous.

Non loin du littoral, et au pied de cette troisième chaîne, dont l'Edough, le Gouraïa et le Sahel sont les derniers anneaux, on rencontre le bassin de la Seibouse ou s'élève Guelma ; la plaine de Bône et le lac Fezzara ; la plaine de la Mitidja et le lac Halloula ; la plaine du Chélif ; la plaine d'Oran et le lac Sebkha ; le bassin de l'Habra.

FLEUVES ET RIVIÈRES. Le fleuve le plus considérable de l'Algérie coule au S. de l'Atlas : c'est l'oued Djedi qui, après un cours de 100 lieues à travers des régions stériles, va se perdre dans le lac Melghigh.

Pour l'importance, vient après, au N. de l'Atlas, le Chélif qui prend sa source aux confins du Sahara. Il est navigable en hiver pour des embarcations qui peuvent le remonter jusqu'à son coude, c'est-à-dire l'espace de plus de 25 myriam. Son parcours est d'environ 45 myriam. Il a son embouchure entre le cap Ivi et Mostaganem.

Les autres principaux fleuves, si ce nom doit être donné à tout cours d'eau qui se jette à la mer, sont, de l'E. à l'O. l'Oued el-Kebir, la Seibouse, l'oued Bou Mansour, l'Isser, l'Harrach, le Masafran, le Rio-Salado et la Tafna.

CAPS, GOLFES ET ILE. Les caps dont la saillie est la plus avancée sont, de l'E. à l'O. les caps de Fer, Boudjarone, Bengut, Caxine, Ténès, Carbon, Falcon, Fégalo et Milonia.

Ils déterminent les golfes de Bône, de Stora, de Bougie, d'Alger, d'Arzeu, d'Oran et de Rachgoun.

La seule île qui ait quelqu'importance par son étendue est celle de Rachgoun, près de l'embouchure de la Tafna.

RIVAGES. Les côtes se déchirent en pentes abruptes sur la plus grande étendue de leurs bords. Des roches sous-marines, des grèves profondément dentelées, des falaises taillées à pic, des criques dangereuses y sont l'effroi des marins, si elles déploient d'ailleurs aux géologues de curieux enseignements. La rade de Bougie, le mouillage d'Arzeu, les ports de Mers el-Kebir et de Djidjeli, sont les seuls refuges assurés que ces rivages ouvrent aux navires battus des tempêtes. Quelques attérages d'un moins difficile accès mêlent, de loin en loin, quelque verdure et l'image de la civilisation renaissante, à ces mornes plages battues des vents du N.-O. en hiver, ou brûlées d'un soleil sans nuage qui les dévore durant la moitié de l'année, et tarit la plupart des faibles cours d'eau qui viennent déverser leurs tributs à la mer.

INTÉRIEUR DU PAYS. L'aspect de l'intérieur de l'Algérie est, en général, plus riant; une végétation vigoureuse le décore avec luxe partout où le ruisseau murmure. Le Tell, le Sahel se tapissent des plus tendres pelouses, s'ombragent des plus épais berceaux; mais la roche se redresse aux régions de l'Atlas, — le sable, le gravier s'étendent au Sahara, sur les confins du Grand Désert, sur la moitié de la surface du pays que la fécondité la plus puissante d'une part, et la stérilité la plus invincible de l'autre, se partagent en deux zônes marquées et se disputent aussi, sur ces deux terrains, par des exceptions fréquentes.

TEMPÉRATURE. La température dont l'influence produit ces phénomènes, est douce sur les bords de la Méditerranée, froides en-deçà des sommités du petit Atlas, brûlante au-delà. L'hiver porte la moyenne de 8 à 10° du thermomètre centésimal, et si dans l'été elle atteint de 30 à 55 degrés centigrades, des vents frais et des brises régulières, sur les rivages, viennent en modérer l'ardeur. Le vent du Simoum ou du Désert, apporte soudainement avec lui la sécheresse et l'accablement, à trois ou quatre reprises de quelques heures, ou de quelques jours, dans tout le cours de l'année.

Les pluies tombent par orages et sont peu fréquentes, mais la quantité d'eau est abondante.

CLIMATS DE L'ALGÉRIE. L'Algérie offre quatre climats différents :

Climat de la côte. — D'après des observations faites pendant 23 ans à Alger, par le service des Ponts-et-Chaussées, voici quelles sont, sur la côte, les extrêmes et moyennes températures des différents mois de l'année, ainsi que la quantité d'eau qui y est tombée.

MOIS.	TEMPÉRATURE			QUANTITÉ d'eau en millimètres.
	Minima.	Maxima.	Moyenne.	
Janvier.	9° 2	15° 9	12° 6	119,5
Février.	9. 3	16. 9	13. 0	112,0
Mars.	10. 4	18. 2	14. 3	82,0
Avril.	12. 8	21. 3	17. 0	62,3
Mai.	15. 0	24. 6	19. 8	41,6
Juin.	18. 4	28. 0	23. 2	14,1
Juillet.	21. 2	30. 9	26. 0	1,9
Août.	22. 0	31. 0	26. 5	6,2
Septembre.	20. 0	28. 3	24. 2	28,2
Octobre.	17. 0	24. 2	20. 6	67,5
Novembre.	13. 2	20. 6	16. 9	111,0
Décembre.	10. 2	16. 1	13. 2	141,6
	14. 9	23. 0	18. 9	787,9

La seule remarque que nous ayons à faire à ce tableau c'est que, d'après de nombreuses observations personnelles, les chiffres de températures nous paraissent un peu trop élevés, ce qui provient, sans aucun doute, de ce que l'instrument est trop abrité.

Climat des plateaux montagneux du Tell. — Il est plus froid et plus chaud que celui de la côte. Les maxima y sont plus élevés de 4 à 5 degrés pendant 5 mois de l'année, les minima descendent jusqu'à 0°.

Climat des steppes. — Il a été peu étudié. C'est un climat moins froid et plus chaud que le précédent. Sa moyenne parait être 19°0.

Climat du S'ah'ara. — On ne le connaît que très-imparfaitement. Les minima sont élevés, les chaleurs très-fortes. Sa moyenne paraît être 23°0. — O. MAC CARTHY.

PRODUCTIONS. Les principes généraux qui font la base de l'agriculture en Europe, sont les mêmes en Algérie. Tout cultivateur devra particulièrement s'attacher à faire des labours profonds, à entretenir le plus de bétail possible, afin d'obtenir les engrais sans lesquels on ne peut conserver la fertilité des terres, ou augmenter la puissance de celles qui ne sont pas suffisamment fertiles. Ici, plus qu'en Europe, il faut être fort en attelages, pour pouvoir préparer promptement les terres et les couvrir de semence lorsque la saison arrive. Il est à remarquer que certaines cultures, pour lesquelles en France on n'a qu'un mois, peuvent avoir lieu en Afrique pendant trois ou quatre mois de l'année; les pommes de terre, les petit pois, les céréales sont dans ce cas.

La culture des céréales peut se diviser ici, comme en France, en deux époques :

1º En automne, durant les derniers jours d'octobre, et les mois de novembre et décembre ;

2º Au printemps, dans les mois de janvier et février.

Un tableau de l'année agricole, dans le Tell algérien, exposera mieux que toutes les généralités que nous pourrions dessiner à grands traits, dans le cadre étroit de cet aperçu général, les ressources naturelles du sol, qui font sa plus certaine richesse (1).

EN JANVIER, le colon laboure pour le tabac, la pomme de terre, le maïs, le coton et pour toutes les cultures du printemps en général. Il peut semer des blés, des orges, des avoines, des betteraves, des fèves et aussi des petits pois dans des terrains à l'abri de la gelée. La herse passe sur les fèves au moment où elles commencent à lever. On plante la pomme de terre, les arbres et la vigne. L'amandier est en fleurs à la fin du mois. La récolte des oranges et des citrons continue, ainsi que celles des petits pois et des pommes de terre semés en septembre. Les bananes sont mûres, les cantons où on recueille ce produit fort estimé en France ont réalisé de jolis bénéfices. Les fraisiers produisent beaucoup, les parterres sont remplis de fleurs.

(1) Voir pour des détails plus complets sur l'agriculture algérienne, le *Calendrier du Cultivateur en Algérie*, par M. J. Vallier, un volume in-12. — Prix : 2 francs. — Librairie Bastide.

En Février, on continue de préparer les terres pour les cultures du printemps et on séme encore des blés, des avoines, des petits pois, des fèves, des pommes de terre, des betteraves, des carottes, des navets, du persil, des melons, des concombres, des pastèques, des courges. Les patates sont mises sous couche pour donner des drageons enracinés. Récolte des pommes de terre semées en automne.

En Mars, la herse passe sur les blés et les avoines; les fèves, les petits pois sont sarclés. Le cultivateur sème des haricots, des pois pointus, des betteraves, du maïs, du sorgho, des melons, des pastèques, courges et cornichons. Il doit planter la patate et peut encore planter des pommes de terre dans les terrains qui conservent la fraîcheur ou dans ceux qu'on peut arroser. Le repiquage du tabac commence; le mûrier pousse des feuilles, les vers à soie éclosent, les abeilles essaiment. Les prunes, cerises, abricots sont noués. Récolte des fèves et des petits pois que la France nous enlève en masses sous prétexte du carême.

En Avril, la graine des melons, des pastèques, du piment, du maïs, du sorgho est jetée dans les terrains frais et arrosés. Les petits pois, les fèves, les petites courges donnent encore; tous les légumes en général montent à graine; les jardins produisent des fleurs de toute sorte. Le mûrier donne des feuilles en abondance. On commence à semer le coton.

En Mai, on continue à repiquer le tabac. Il faut sarcler celui qui a été repiqué en mars; la greffe des oliviers commence ; la graine des mûriers est récoltée et semée de suite. Les prairies sont fauchées. Dans les terrains frais, il est possible de semer des melons, des pastèques, du maïs, du sorgho. Les drageons enracinés des patates sont plantés et arrosés pour que la reprise en soit assurée.

En Juin, les faucheurs s'occupent des fourrages, les moissonneurs des céréales, les jardiniers des légumineuses. C'est le moment de châtrer, d'ébourgeonner le tabac — de préparer les séchoirs — de sarcler le maïs, les cotons — de greffer le figuier à œil dormant. Récolte de pommes de terre.

En Juillet, la moisson se fait sur tous les points et le dépiquage commence. Le tabac mûr est récolté en première cueillette. Le grenadier et la clématite sont en fleurs, ainsi que l'agave (aloès). Le maïs, en bonne terre, a six pieds de haut et commence à mûrir. Récolte d'oignons, d'échalottes, de melons, de pastèques, et de pommes de terre encore.

En Aout, a lieu le battage des céréales, la coupe du tabac à mesure qu'il mûrit, la récolte du maïs, celles des figues et aussi du miel. Les melons et les pastèques couvrent les tables ; on peut cueillir quelques patates en évitant de toucher celles qui sont trop petites. Les pommes de terre ne font pas défaut. Le jardinier sème des choux, des oignons.

En Septembre, les jujubiers, les grenadiers, les bananiers offrent de beaux fruits. Le raisin est complètement mûr et la vendange commence. Le sorgho arrive à maturité. Les Arabes cueillent les figues de Barbarie (produit du cactus). Le fumier, porté dans les champs, y est répandu aussitôt après les premières pluies. C'est alors que l'on confie aux terrains bien exposés, la semence des petits pois qu'on veut recueillir en janvier et février.

En Octobre, le laboureur travaille et sème les céréales, les fèves, les petits pois. Le repiquage des oignons, des échalottes, des artichauts préoccupe les paysans qui se livrent aux cultures maraîchères. Les papillons reparaissent, les oiseaux reprennent leur ramage ; c'est comme un printemps qui renaît.

En Novembre, les narcisses, tulipes, jacinthes sortent de terre. Les renoncules et anémones prennent de la force, la violette va fleurir. Quelques choux-fleurs sont mûrs, les fruits de l'arbousier sont bons à manger et le coton à recueillir. On livre le tabac, on cultive et fume le pied des arbres, sans oublier de préparer les trous pour les plantations. Les travaux de grande culture se poursuivent.

En Décembre, mêmes labours pour les céréales. La transplantation des arbres s'opère avec succès. L'herbe abonde partout : le sainfoin, le trèfle et la luzerne forment de bons pâturages. Quelques melons d'hiver paraissent encore. Les orangers et les citronniers donnent leurs fruits.

Le commerce des primeurs est fort actif avec la France. Il a été en 1866 de près d'un million. — Les provenances sont du département d'Alger pour la plus grande partie. Mostaganem, Oran et Bône contribuent aussi à cette constatation.

En 1863, la culture a opéré sur une étendue de 2,451,457 hectares et le rendement a été de 25,508,753 hectolitres.

La superficie cultivée en vignes par la population agricole européenne et indigène des centres colonisés en 1864, a été de 9,715 hectares et la récolte en vin a produit 403,832 hectolitres. Le prix moyen de l'hectolitre est de 40 francs.

Les vins blancs de Médéa et de Mascara, sont bons et capiteux. Les vins rouges des environs d'Alger, ceux de Miliana, d'Orléansville, de Saint-Denis-du-Sig et de Bône, rappellent les vins ordinaires de France, mais ne peuvent guère être exportés.

La culture cotonière, fin 1864, avait produit en récolte nette 461,104 kilogrammes, 800 grammes.

La soie de la campagne 1864, a donné 15,534 kilogrammes 750 grammes de cocons.

La culture du tabac s'opérait sur une étendue de 6,108 hectares, et la récolte en feuilles avait été de 4,716,060 kilogrammes.

En vertu de la décision ministérielle du 2 avril 1857, les débitants de poudres à feu de la régie vendent les tabacs des Manufactures de France suivant le tarif du 31 mai 1854 : Tabacs dits étrangers 8 francs; tabacs ordinaires 6 francs le kil.

Les colons ont importé le chanvre de Piémont et le chanvre de Chine. — On ne cultive guère que le lin de Riga ou de Russie, particulièrement propre à la fabrication des grosses toiles. Le rendement de la récolte du lin avait été pour 187 planteurs sur une superficie de 765 hectares 90 ares, de 305,336 kilogrammes en graines, et 1,596,900 kilogrammes en paille d'huile.

Sur 4,683,340 arbres de toutes essences, les orangers, citronniers et cédratiers, au nombre de 130,411, ont donné 14,285,580 fruits à l'exportation.

1,821,097 oliviers greffés, sont d'un rendement annuel de 19,686 hectolitres.

La garance, le ricin, le laurier-rose, le lentisque, le myrte, le figuier, le cyprès, le palmier-nain, dont on fait le crin végétal, vivent à l'état sauvage. Les chênes blancs, verts, à glands doux, les liéges, les peupliers, l'orme, le frêne, l'aulne, le pin, le génévrier, le pistachier, peuplent les forêts nouvellement explorées. Le noyer, le châtaignier, le houblon, le micocoulier, le caroubier, le cédratier, le cognassier, le pêcher, le poirier, le pommier, le néflier du Japon prospèrent en divers cantons.

D'autres productions végétales, moins connues que celles que nous venons de signaler, et se ressentant des climats chauds, ornent aussi le pays. Le Cactus, vulgairement nommé figuier de Barbarie, donne, sur le bord de ses feuilles en raquette, des fruits d'un goût agréable et frais dans une enveloppe épineuse. L'agave, improprement nommé aloës, déploye à sa base de vastes feuilles épineuses et dresse sa hampe qui a la forme d'un gigantesque candélabre. Le goyavier des Amériques, donne ses fruits en abondance. Le sorgho à sucre, venu de la Chine, dont, à Alger, on commença à parler en 1853, donne 50,000 kil. de tiges par hectare. L'halfa *(stipa tenacissima)*, abonde dans le Sud, et le dis *(arundo festucoïdes)*, dans la partie septentrionale. Le henné *(lawsonia inermis)*, est spécialement cultivé dans les oasis et l'azérolier dans la province de Constantine. Les palmiers se montrent plus nombreux à mesure qu'on pénètre dans l'intérieur; ce n'est qu'au versant méridional de l'Atlas qu'ils sont productifs, et donnent quelquefois jusqu'à 300 livres de dattes. Le cyprès, le thuya articulé atteignent à la hauteur de 20 mètres. Le cèdre et le térébinthe ont la même altitude. Le premier présente une circonférence de 4 à 5 mètres et le second quelquefois de 8 mètres. Le sumac épineux parvient à 7 mètres. L'azedarac *(lilas des Indes)*, le nopal de Castille *(opuntia coccinillifera)* où s'élève la cochenille, — le bambou, la canne à sucre, l'indigotier, le caféier, l'arbre à thé peuvent s'acclimater. Le riz sec de la Chine prospère dans de certains fonds. Le pavot somnifère, dont on extrait l'opium, produit 627 kilogrammes de capsules par hectare. La salsepareille du Pérou, le carthame d'Égypte deviendront des produits habituels de l'Algérie.

Les plantes oléagineuses sont nombreuses : le sésame, la navette, l'œillette, le colza, la moutarde blanche, la caméline, la madia sativa, l'arachide (pistache de terre vulgairement nommée *cacaouete*), produisant

3,000 kilogrammes de gousses par hectare. Les drupes du margousier donnent aussi une huile vermifuge, vulnéraire et rhumatismale. Le citronnier, l'oranger, l'amandier, la cassie, la menthe, la rose, le géranium et le jasmin donnent des essences odoriférentes, avec lesquelles on fait des pommades et des savons d'excellente qualité.

A l'exposition internationale qui a eu lieu à Londres en 1862, — 265 récompenses, (le plus grand nombre relativement), ont été décernées aux colons algériens. Leur blé a été reconnu pour être le plus beau. Un arrêté du 30 août 1861, dispose qu'une exposition générale annuelle des produits de l'agriculture et des industries agricoles de l'Algérie sera successivement ouverte au chef-lieu de chaque province, aux époques qui seront déterminées. Une exposition permanente des produits de l'Algérie existe dans une des ailes du palais de l'Industrie, à Paris.

MINÉRALOGIE. L'opulence du sol ne fleurit pas seulement à la surface, et renferme dans son sein, soulevé fréquemment par des commotions intestines, des preuves solides de sa fécondité. Le grès, le marbre, sont communs dans toute l'Algérie, et surtout dans la province de Constantine. On trouve aussi le fer sous toutes les formes, depuis les cristaux spéculaires jusqu'à l'ocre pulvérulent. De nombreux concessionnaires exploitent les mines de cuivre et les gisements de plomb, d'antimoine, de mercure. Près de Mascara on a vu un lit étroit de chalcédoines très-grosses, des monceaux de cristal de roche à Collo, et des mines de sel gemme à la base des hauteurs de l'Atlas. Le calcaire hydraulique, le combustible minéral se montrent sur quelques points. Il existe des schistes bitumineux qui pourraient donner des produits utiles. Le sulfate de magnésie se rencontre dans plusieurs localités où il se dépose par évaporation sur le bord des ruisseaux.

Les sources minérales sont assez abondantes dans une bande qui court parallèlement à la côte, surtout de la Cale à Sétif.

Les eaux thermales sont fort multipliées, tièdes, chaudes et brûlantes quelquefois jusqu'à une température de 95 degrés centigrades, ainsi qu'il a été observé aux bains d'Hammam Meskhoutîn, où elles cuisent la viande en quelques minutes.

ZOOLOGIE. Les coraux de Bône sont les seuls produits marins remarquables des côtes de l'Algérie, qui abondent en toute sorte de poissons, parmi lesquels les thons et les sardines, en fort grande quantité. Des crustacés de toute espèce, langoustes, homards, crevettes, oursins et autres coquillages se montrent aussi en grand nombre. Les serpents pourchassés par les cigognes, sont communs; les espèces venimeuses habitent les régions du Sud. Les lézards, les caméléons, les tortues sont fort multipliés. L'invasion des sauterelles est un des fléaux les plus redoutables de l'Afrique; nul moyen n'a d'efficacité contre ces colonnes dévorantes, lorsqu'elles ont pris leur cours à travers un pays; en quelques heures est consommée la dévastation de la plus riche campagne ; heureusement ces migrations, toujours suivies de maladies endémiques, sont rares. Elles n'apparaissent que trois ou quatre fois dans un siècle. — L'invasion la plus déplorable que nous ayons à noter, est celle qui a eu lieu durant la première partie de l'année 1866. — Une souscription a été ouverte en Algérie et en France pour indemniser les colons des pertes faites par eux, et qui s'élèvent à 19,652,781 francs. Cette souscription avait rapporté au 14 novembre la somme 800,000 francs.

L'entomologie fort riche, ne présente guère de sujets à craindre, si ce n'est le scorpion, le mille-pieds (*scolopendrum ferruginosum*), qui sont assez rares. Une grande variété de beaux coléoptères se présente aux recherches des amateurs et attire dans de certains cantons des rossignols très-remarquables qui font leur pâture de ces insectes.

Des animaux, dont quelques-uns sont formidables, parcourent ces cantons et, s'égarant de ravins en ravins, descendent quelquefois jusqu'aux abords de la mer ; ce sont le lion, la panthère, les lynx. Les singes, les porc-épics, l'acelaphe bubal, l'antilope adax, le mouflon à manchettes, les gracieuses gazelles fréquentent les solitudes ; les nombreux sangliers y deviennent la proie de la hyène qui est commune et redoutable. Le dromadaire, improprement nommé chameau, est employé avec avantage par les Arabes, dont les chevaux, de petite taille, ont bien dégénéré de leur antique réputation.

Toutefois, les résultats déjà obtenus pour l'amélioration de la race chevaline autorisent, à cet égard, de légitimes espérances. Les tentatives dans cette voie, datent du gouvernement du maréchal Bugeaud ; mais M. le maréchal Randon a donné à la question une impulsion décisive. La création de dépôts d'étalons appartenant soit à l'État, soit aux tribus ; l'établissement de courses dans les chefs-lieux des trois provinces ; l'allocation de primes aux meilleurs produits, ont fait marcher à grands pas dans ce chemin tracé.

La population chevaline en toute l'Algérie, dans l'année 1861, a été évaluée approximativement à 72,703 chevaux et 92,699 juments.

Les ânes et ânesses étaient au nombre de 193,667. Les mulets atteignaient au nombre de 117,164. Il y a environ un million de têtes de l'espèce bovine.

La population agricole européenne et celle des indigènes dans les centres colonisés, possédaient à la fin de 1864 — 1,255,952 têtes de gros ou menu bétail.

Les Arabes élèvent pour les grandes chasses une espèce de chiens qu'ils nomment *Slougui*, et qui provient, dit-on, de l'accouplement des louves avec les chiens. Les chiens vulgaires sont féroces et ingrats ; ils tiennent du chacal, sorte de loup timide qui ne fait la guerre qu'aux produits des jardins et aux basse-cours.

Les aigles, les vautours et les milans, concurremment avec ces voleurs domestiques, sont très rapides à enlever les belles poules de Carthage et ces gracieux échasssiers appelés Demoiselles de Numidie. Le faucon est dressé, comme au moyen-âge, pour la chasse, par les chefs du Sud. Les perdrix rouges, les cailles et tous les gibiers d'eau : bécassine, canard, héron, poule sultane, ne manquent pas pour les plaisirs des chasseurs. Le cygne, la grèbe et l'outarde se montrent en quelques localités. Les pigeons et les tourterelles forment de nombreuses espèces ; les rossignols, les serins, tous les oiseaux chanteurs se plaisent dans les campagnes ombragées, où abondent les insectes dont ils font leur nourriture. Une belle alouette bleue annonce le printemps ; les étourneaux et les cailles arrivent en Algérie par nuées vers le milieu de l'automne, tandis que l'autruche arpente, au midi, les steppes du désert éloignés des cantons habitables et fertiles.

NOTE HISTORIQUE. Les premiers hommes qui furent appelés par la Providence à régner sur cette création variée avec tant de magnificence, furent, au dire de Strabon et de Josèphe, les Gétules, descendants de Cham (2105 av. J.-C.). Ils se virent refoulés dans l'intérieur par l'armée composée de Mèdes, d'Arméniens, de Perses, qui marchait à la civilisation du monde sous la conduite d'Hercule (1300). Ce héros laissa fuir les Gétules sur l'Atlas, où ils prirent par la suite le nom de Berbères, tandis que ses soldats, les conquérants du rivage, adoptèrent celui de Maures, dès cette époque reculée. L'émigration des peuplades du pays de Canaan, chassées par Josué (1059), l'introduction de l'élément arabe par les tribus sabéennes à la suite d'*Afriqui*, dont ce continent prit le nom, ne tardèrent pas à compliquer le mélange de ces nations diverses. Une invasion de nomades Lybiens, trop à l'étroit dans leur patrie, vint l'augmenter encore et imposer le nom particulier de *Numidie* à la partie orientale du territoire actuel de l'Algérie. Jarbas, roi des Gétules et de l'ensemble hétérogène de toutes ces hordes, désira vainement unir son sort à Didon (860), lorsque cette princesse tyrienne fonda Carthage sur les bords de la Méditerranée. Ses successeurs, jamais vaincus par les Carthaginois, mais trompés par la foi punique, laissèrent dans tous leurs ports s'établir les comptoirs de ces marchands (400), qui finirent par s'y montrer les maîtres. Tout ce qui n'était pas d'origine phénicienne était alors désigné sous les noms de *Massyliens*, dans la Numidie orientale, et de *Massessyliens*, dans l'O. L'Oued el-Kebir, qui se jette dans la mer à l'Est de Djidjeli, était, pour ces peuples, une ligne de démarcation. De cette division territoriale se formèrent deux royaumes (202), qui, après la ruine de Carthage (148), se dévoraient mutuellement, lorsque Scipion et les Romains vinrent donner à Massinissa, roi des Massyliens une prépondérance marquée sur Syphax, roi des Massessyliens dont l'héritage fut absorbé par son rival. Massinissa, à sa mort, laissa le trône des deux Numidies à son fils Micipsa (146), qu les gouverna vingt-six ans, et les partagea (122) entre ses deu. enfants Adherbal, Hiempsal, et son neveu Jugurtha. Mais c dernier fit assassiner Hiempsal à Thirmida et dépouilla Adherba de son apanage. Les Romains, intervenus dans la querelle ordonnèrent que la Numidie serait également partagée entr les deux princes survivants. Les commissaires envoyés pou cette délimitation, corrompus par l'or de Jugurtha, lui attribuèrent les côtes et donnèrent la possession de l'intérieur région peu fertile et moins riche, au jeune Adherbal. Jugurth mécontent encore de cette inégale répartition, où l'avantag était cependant tout de son côté, attaqua et prit dans Cirta l pauvre Adherbal qu'il fit périr dans les tourments. Les Romain accoururent venger le fils de leur ancien allié, et ne pure finir la guerre désastreuse, que la résistance invincible de Ju gurtha prolongeait, qu'en s'emparant de sa personne, au moye d'une perfidie. Bocchus, son beau-père, roi de Mauritanie, q l'avait trahi, reçut en récompense la Numidie. La partie oriental fut divisée entre Hiempsal II et Mandrestal, fils de Guluss prince numide, — et la république romaine. De sa portion et d rivages qu'elle garda, elle composa la *province nouvelle*, opu lente adjonction à la *province proconsulaire d'Afrique*, s'étendai aux anciennes possessions de Carthage (105). Juba Iᵉʳ, qui su céda à son père Hiempsal, eut le malheur de prendre les arm contre César, après la bataille de Pharsale. Vaincu, il se don la mort; son fils fut traîné en triomphe, et son royaume res réuni à l'empire romain. — Ce fut alors que Salluste, envoy en Afrique en qualité de proconsul, exerça les pillages l plus vexatoires. Peu de temps après, le jeune Juba II, mar à Sélène, fille de Cléopâtre et d'Antoine (42), revint régn sur sa terre natale, où la race des Bocchus s'était éteinte. Massessylie lui fut donnée sous le nom de *Mauritanie césarienn* s'étendant du fleuve Mouloüïa à l'Ampsaga (Oued el-Kebir l'Est de Djidjeli), et aussi la Gétulie, qui n'était que le domai de l'intérieur, la région des Hauts-Plateaux. Ce nouveau r abandonnant Siga, qui jusque-là avait été la capitale de Mauritanie occidentale, établit son trône au port d'Iol, fon par les Carthaginois, auquel il donna le nom de Julia Cæsar dont nous retrouvons les restes en la petite ville de Cherch

Il y régna 45 ans, ne s'occupant que de sciences et d'arts. Les Athéniens lui érigèrent des statues et ses sujets des autels. Ptolémée, son fils, ne marcha pas sur des traces aussi glorieuses. Ce fut de son temps qu'apparut Tacfarinas, aventurier maure, qui souleva contre Rome toute la Numidie. Ptolémée contribua puissamment à l'écraser. De concert avec le proconsul Dolabella, il le battit et le tua auprès du fort d'Auzia (Aumale), mais le luxe qu'il affichait ayant irrité la démence de Caligula, dont il avait éclipsé la parure dans une fête solennelle, il fut massacré par les ordres de cet insensé, et la Mauritanie césarienne, soulevée par Œdémon, son affranchi, se vit de nouveau réunie au territoire de l'empire romain (40 après J.-C).

C'est à cette époque que se rapporte la plus belle expansion du génie artistique sur la terre d'Afrique, l'érection des monuments dont la rage des Barbares, durant douze siècles d'efforts, n'a pu parvenir à éteindre tous les restes. La prospérité de ce pays était parvenue à son comble. La magnificence des ruines qu'on y rencontre à chaque pas en a gardé la preuve, et déjà Tibère avait rendu un décret qui portait défense d'exiler en Afrique, parce que, y est-il dit, *en quittant Rome on y retrouverait Rome*. L'opulence de quelques particuliers surpassait les bornes de toutes les fortunes qu'on pouvait voir. Néron devint jaloux de six grands propriétaires qui possédaient entre eux la moitié de l'Afrique, et les sacrifia. La tyrannie des maîtres du monde, les crimes de leurs délégués, les forfaits des ambitieux et les brigandages des révoltés, promenèrent de longs ravages sur cette terre et ne parvinrent cependant pas à ravir à la ville éternelle les plaines de la Numidie et des Mauritanies, d'où elle tirait sa subsistance. Les prétendants à l'empire rejetèrent tour-à-tour les partis vaincus sur ce théâtre où toutes les gloires et les infortunes de cette période ont eu le sort de se montrer. Les tribus qui habitaient la partie centrale et montagneuse de l'Afrique, et avaient toujours prêté appui à qui leur avait promis l'expulsion des Européens, crurent, à la suite des conspirations tramées par les partisans de Vitellius, des Gordiens et des Julianus, que le moment était venu de se déclarer indépendantes, mais, réduites par Maximin Galère (297), héritier présomptif du trône impérial, elles amenèrent une nouvelle subdivision dans leur patrie. Sous Vespasien il y avait eu treize colonies romaines dans la Mauritanie césarienne et douze en Numidie. La Mauritanie césarienne fut scindée : une part, celle des côtes, retint le premier nom, et l'autre, le département de *l'intérieur*, — l'étendue de terre du Tell qui règne entre le petit et le grand Atlas, — fut appelée *Mauritanie sitiféenne*, à cause de la ville de Sétif qui y fut érigée en capitale. La portion orientale de la Numidie, jusqu'aux frontières de Tunis, conserva la dénomination ancienne, et prit le second rang après la province romaine, divisée elle-même en *Bysacène* et *province proconsulaire d'Afrique*, proprement dite.

Le Christianisme n'adoucit qu'imparfaitement les âmes féroces des habitants de ces contrées. Du moins il mit en lumière l'énergie de leur caractère, la ténacité de leur foi. Saint Namphanion avait été le premier martyr qui avait eu le bonheur de donner sa vie pour J.-C (198). — Son exemple fut suivi par des milliers d'Africains durant les cent quatorze ans que durèrent, à diverses reprises, les persécutions contre les chrétiens. Tertullien avait élevé sa voix éloquente pour l'apologie de la vérité (220). Saint Cyprien l'avait scellée de son sang. A peine quelque repos fut-il accordé à l'Eglise par la paix que la conversion de Constantin (312), et, plus tard, l'insouciance perfide de Julien l'Apostat, accordaient à la religion chrétienne (361), qu'elle vit avec horreur sortir de son sein de sauvages sectaires qui, sous le nom de Circoncélions, plus cruels que les Manéchéens et autres hérétiques déjà apparus, descendirent de leurs montagnes, immolant les orthodoxes et torturant les Donatistes, leurs co-religionnaires. Firmus, un des principaux chefs des Maures, réunissant des brigands non moins barbares, dans la région montueuse de ce qui fut plus tard désigné sous le nom de province de Titri, au sud d'Alger, leva l'étendart de la révolte contre le gouverneur Romanus, dont les exactions les avaient poussés au désespoir. Il organisa la résistance contre l'empire romain et s'empara de Julia Césaréa qu'il détruisit; mais bientôt, pris par Théodose, usant de la trahison d'Igmazen, chef montagnard des Issafliens, il s'étrangla, et son cadavre fut envoyé à Sétif, comme preuve de sa mort. Son frère Gildon, fidèle aux Romains, fut revêtu par eux du titre de gouverneur des provinces de l'Afrique. Il y oppressa ses compatriotes et, après un règne de cruautés et de débauches inouies, voulut se déclarer indépendant; enfin, comme son frère, il n'eut d'autre refuge contre les forces d'Honorius, que le suicide sur l'île de Tabarca, où il s'était enfui. Le comte Boniface, homme d'un mérite bien supérieur, qui lui succéda, fut encore plus fatal au pays. Les gouverneurs romains entretenaient alors entre eux des rivalités qui, à leur insu, avaient pour résultat la perte de la puissance de leur métropole dans les diverses parties de l'univers où ils exerçaient le pouvoir. Boniface, marié à une femme vandale, fut dénoncé par son faux ami Ætius à l'impératrice Placidie, comme un traître qui voulait livrer son gouvernement aux Barbares du nord. Boniface en vint à cet acte de perfidie, en effet, lorsqu'il se crut perdu à la cour. Les remontrances de saint Augustin n'eurent aucune force sur cet esprit aveuglé par les trames des courtisans Les Vandales d'Espagne, sous la conduite de Genséric (430), envahirent les trois Mauritanies qu'on leur avait promises, établirent leur quartier-général à Bougie, et, après avoir chassé Boniface, qui les avait introduits en Afrique, ne s'arrêtèrent pas même à Carthage, qu'ils détruisirent de nouveau. De là, ils se portèrent sur Rome qu'ils saccagèrent, et revinrent chargés des dépouilles de l'Italie. Ils occupèrent presqu'exclusivement la partie dont Carthage était la capitale, ne laissant dans les Mauritanies que des postes cantonnés sur des ruines. Genséric était véritablement l'empereur d'Occident, sa marine était formidable, et la piraterie semblait être le seul génie de ses barbares sujets. Ses descendants n'eurent rien tant à cœur que de la favoriser, et c'est là qu'il faut chercher les préludes des brigandages exercés au moyen-âge, par les corsaires de ces côtes. Ariens, ils persécutèrent avec fureur les Catholiques. Sous Huméric, il y avait encore 466 évêques en Afrique, dont 120 dans la Mauritanie césarienne, 44 dans la province de Sétif, et 125 en Numidie. A l'extinction de la monarchie vandale, ils étaient réduits à 217; ils avaient été 690 au temps des empereurs romains.

Les tribus de l'Atlas ne tardèrent pas à recommencer leurs courses, et chassèrent peu à peu de l'intérieur ces étrangers divisés entre eux. Gélimer ayant usurpé le trône sur son oncle Hildéric, allié de Justinien, empereur de Constantinople, celui-ci envoya en Afrique Bélisaire, à la tête d'une armée de 35,000 hommes, qui soumit le pays et mit la main sur Gélimer (534), réfugié sur le mont Pappua (l'Edough ; ainsi tomba l'empire des Vandales, qui furent anéantis.

Les Numides, sous la conduite de Jabdas, chef des tribus du mont Aurès, tombèrent à leur tour sur les Greco-romains; ils favorisèrent la révolte de Stoza, un des Grecs, et, après sa défaite, le recueillirent dans leurs contrées ; ils y furent poursuivis et jamais soumis. Les exarques, préfets du prétoire, qui gouvernèrent pour l'empereur de Constantinople, eurent sans cesse à lutter contre les Gétules, Maures ou Numides, qui étaient décidés à expulser du sol de leur patrie tout habitant d'origine ou de mœurs européennes. Les soldats byzantins révoltés, les Maximins, les Gontharis, trouvant dans les indigènes Otaias, Antalas, de féroces auxiliaires, la dévastation fut longtemps la seule tactique des deux partis. Dans l'espace de 20 ans, la population diminua de cinq millions d'âmes et la Numidie était presque un désert. Les incursions successives des hordes de l'Atlas avaient resserré les Gréco-byzantins sur l'étroite lisière de la plage, lorsque les Arabes musulmans envahirent en plusieurs expéditions, le nord de l'Afrique, sous la conduite d'Abdallah, fils de Saïd, de Moaviah (653), d'Okba ben Nafé (676), de Zobeïr (688) et de Hassan le Gassanide, gouverneur de l'Egypte, qui détruisit enfin pour toujours Carthage, sortie pour la deuxième fois de ses cendres.

Les généraux grecs et les Maures ne laissèrent pas s'établir les Mahométans sans de grandes batailles et d'affreux carnages, sur cette terre, nommée par ces derniers venus, le *Moghreb* (le pays d'occident), qu'ils divisèrent en *Moghreb el-Aksa* (extrême région de l'ouest, s'étendant de Tlemcen à l'Océan), et le *Moghreb el-Aouzât'* (région intermédiaire de l'ouest, de Tlemcen à Bougie). Le nom *Afrikia* demeura au reste de l'ancienne Mauritanie césarienne et à la vieille province romaine, qui était ce territoire que nous connaissons sous l'indication actuelle de Tunisie. Un formidable système d'opposition s'organisa cependant contre les Arabes. La reine Kaïna, femme berbère, qui régnait (709) sur les monts Aurès, désola toute la côte, renversa les édifices, détruisit les ombrages qui formaient, disent quelques auteurs, de Tripoli à Tanger, une suite non interrompue de bocages et de palais, voulant, par cette immense dévastation, rebuter les Asiatiques de la possession d'un désert. Mais ces efforts échouèrent contre la constance qu'inspire un esprit de prosélytisme, et, après d'horribles massacres (711), Tarek, lieutenant de Mousa, dicta la loi du Coran jusqu'à Ceuta, que possédait encore le comte Julien, pour les Goths d'Espagne. Ce chef chrétien, pour se venger d'une injure faite à sa fille par le roi Roderic, traita avec les Arabes et les introduisit en Espagne. Des multitudes de Maures suivirent leurs vainqueurs dans cette excursion, et laissèrent leurs noms aux Musulmans qui occupèrent dès-lors les provinces conquises en Europe. Le Moghreb El-Aouzât', qu'ils laissaient presque dépeuplé après tant de guerres d'extermination, fut divisé en deux grandes provinces, dont l'une, dans l'intérieur, devint l'apanage des Rostamides, princes peu connus, qui régnèrent à Tekedempt ; et l'autre, releva des Aghlabites, dont la famille tenait Kaïrouan, et le pays où fut Carthage. Les Aghlabites tiraient leur origine d'Ibrahim, fils d'Aghlab qui, envoyé gouverneur à Kaïrouan, à huit journées des ruines de Carthage, par Haroun al-Raschild l'Abasside (800), y avait usurpé le pouvoir. Il laissa une dynastie qui a donné onze monarques, durant 108 années de règne. Ces rois s'emparèrent de la Sicile, furent célèbres par leur magnificence et par leurs crimes. Enfin, ils furent chassés (908) par les Fatimites, qui apparurent avec tout le merveilleux des légendes orientales, et vinrent jeter un grand éclat dans l'Occident. Leur chef, Obeid Allah, tiré d'un cachot pour monter sur le trône, laissa une suite d'enfants, qui transportèrent peu après le siège de leur puissance en Égypte, où ils ont fondé la ville du Caire. Ils concédèrent toutefois aux H'ammadites, à Bougie, une sorte de royauté qui s'étendait de ce point à leurs anciennes possessions en Afrikia, et protégèrent, au pays d'Achir, où était situé Alger, les tentatives de Zeyry, fils de Mourad, d'origine berbère, pour y créer un trône à sa race. Ce trône subsista 200 ans, et fut fortement ébranlé, vers la fin de sa durée, par Roger, roi de Sicile. Au moment où l'émir almoravide de Maroc, Youssouf ben Tachfyn, vint, par une invasion qui refluait d'Occident en Orient, adjoindre ces petits états à son vaste empire, la contrée de Tlemsen était aux mains des Ouhadytes. Les Almohades (1148), qui forment la seconde dynastie des khalifes marocains, possédèrent à leur tour le Moghreb el-Aouzât tout entier. La domination passagère de ces derniers fut promptement remplacée par celle des Zyanytes de Tlemsên, (1270), et les Hafsytes de Bougie (1276), gouverneurs révoltés et maîtres alternatifs d'Alger, suivant que le sort en décidait. De tout le pays ils firent des lambeaux qu'une guerre incessante déchira encore d'une manière déplorable, jusqu'à ce que Tunis, possédée par cette dernière dynastie, en eût réuni les principales divisions. Elles lui échappèrent souvent, et l'éloignement de Tlemsên ou de Tunis faisait naître entre ces deux capitales une anarchie, que les formes gouvernementales des Musulmans entretiennent partout où elles s'étendent.

A cette époque, les Maures, chassés d'Espagne, s'établirent sur quelques points de la côte africaine, et s'y livrèrent à la piraterie. Les Espagnols, qu'ils inquiétaient, s'emparèrent de Mers el-Kebir (1501), sous la conduite de Diego de Cordoue ; d'Oran, en 1509, sous les ordres du cardinal Ximenès; dans les années suivantes, de Bougie et d'un écueil en face d'Alger. Les Algériens devenus tributaires du fort que les Castillans y avaient construit, appelèrent à leur aide Haroudj Barberousse. Ce célèbre forban, qui venait de perdre un bras à l'attaque de Bougie, mais que la prise de Djijelli consolait de l'échec essuyé par ses armes, se hâta de venir en aide aux habitants d'une ville dont il convoitait l'heureuse position. Il ne tarda pas à s'y faire déclarer roi, et s'y maintint, malgré les Espagnols, qui firent, en 1515, une descente, à la suite de Diego de Vera. Attiré à Tlemsên par une révolution intestine, il fut forcé de s'en échapper avec un petit nombre des siens, lorsque le marquis de Comarès, gouverneur d'Oran, vint le cerner. Poursuivi et atteint, il vendit chèrement sa vie, non loin de l'oued Malah (Rio Salado). Khaïr ed-Din Barberousse, à la nouvelle de la mort de son frère, fut reconnu souverain d'Alger, où il eut le bonheur de voir échouer la même année (1517), l'entreprise de Hugo de Moncade, et de prendre sur Martin de Vargas, la forteresse du Pegnon (mai 1520) qui fermait le port. Ces divers succès ne l'empêchèrent pas de faire hommage à Selim, empereur de Constantinople, qui le remplaça, dans la position de pacha d'Alger, par l'eunuque Hassan. Il ne fut donc pas témoin de la sanglante défaite qu'essuya Charles-Quint, débarqué devant Alger, le 23 octobre 1541, avec une armée de 25,000 hommes. Depuis cette catastrophe, amenée par les élémens conjurés, l'insolence des pirates algériens monta à son comble. Salah Raïs, Hassan Barberousse, Dragut, Ali Fortas, Péchimin, se vantèrent d'être l'effroi de la Chrétienté. Cependant leurs conquêtes en Afrique avaient toujours progressé. Tlemsên, où les dissensions des Zyanytes les avaient souvent appelés; Bougie l'imprenable; Oran, perdu, repris par les Espagnols et abandonné par eux, — étaient soumis à leur despotisme ; l'impériale cité de Fes, elle-même, les avait vu deux fois lui imposer des chérifs. Les rois de Tourgourt et de Ouargla avaient été battus et rendus tributaires; et les orgueilleux pachas de la Régence d'Alger avaient pu diviser leur nouvel empire, en dix-huit provinces. Mais l'usage établit bientôt une répartition administrative moins compliquée et les trois beyliks d'Oran, de Constantine et de Titri, furent créés pour comprendre dans leurs circonscriptions le dividende respectif de tous ces petits états.

La Providence, qui destinait cette contrée à la France, semblait, par des indices encore peu positifs, lui donner une idée de son futur domaine. François de Noailles, évêque de Dax, ambassadeur de France à Constantinople, vint pour traiter avec le sultan de la cession du *Royaume d'Alger*, en faveur de Henri, duc d'Anjou, depuis roi de Pologne, et ensuite roi de France sous le nom d'Henri III. La Porte s'en alarma, et Gilles de Noailles, qui succéda à François, rassura le Divan en faisant oublier les propositions dont Alger avait été le but. Sous le règne de Louis XIII, la France renouvela des capitulations qui dataient de 1520, et avaient été reconnues en 1560 et 1604 par Sélim et Amurat, empereurs de Constantinople. Elle releva un fort entre le cap Rose et le cap Gros, qu'on nomma le *Bastion de France*, sous la protection duquel se faisait la pêche du corail. Cet établissement, toujours ruiné à chaque rupture de traités illusoires, fut abandonné (1663) pour le comptoir de *La Cale*, où les vexations de tout genre suivirent la compagnie commerciale qui se dévouait à l'exploitation de cette concession. Les Barbaresques considéraient le droit des gens comme une digue bien frivole pour le débordement presque périodique de leur orgueilleuse férocité.

La terreur imprimée aux nations chrétiennes par la scélératesse et la cruauté des forbans, n'avait cependant point empêché qu'à diverses époques des châtiments sévères n'eussent été infligés à leur foule entassée dans les repaires de la côte. M. de Beaulieu (1617), Robert Mansel (1620), le chevalier Paul (1664), Edouard Spragg (1671), Ruyter, puis Duquesne en 1681 et 1682, Destrées et Tourville en 1688, l'anglais Beach, au commencement du dix-huitième siècle, les avaient tour-à-tour humiliés. Ces brigands incorrigibles se moquèrent des Danois en 1770; ils vainquirent encore, aux portes d'Alger, en 1775, les Espagnols, venus au nombre de 22,000, sous les ordres d'O'Reilly,— expédition désastreuse, où tout manqua par la faute des hommes, comme tout avait échoué par le concours fatal des éléments en fureur, au temps de Charles-Quint. Les bombardements de 1783 et 1784 ne furent que d'inutiles démonstrations de l'Espagne qu'Alger était accoutumée à braver. L'amiral Nelson (1804), le commodore Décateur (1815), lord Exmouth (1816), qui obtint l'abolition de l'esclavage, produisirent plus d'impression sur ces corsaires en ruinant leur marine à tout jamais.

Pendant ces divers événements extérieurs, les séditions intestines des Koulouglis, fils de Turcs, avaient été étouffées (1626), et les sanglants débats dont les marches du trône étaient depuis longtemps le théâtre, avaient pris fin. Les souverains d'Alger, envoyés d'abord par la Porte ottomane, en qualité de gouverneurs, trop souvent rappelés et nommés de nouveau par elle, avaient partagé leur autorité (1627), avec un homme du choix des milices turques de cette capitale. Les successeurs de ce magistrat à vie étaient parvenus à éliminer le pacha envoyé de Constantinople et à obtenir du sultan l'investiture de leur position, pour la forme, lorsque l'élection la leur avait donnée. C'est à un de ces princes, appelés *Deys* par les Européens, c'est à Hassan Pacha que la France demanda cette fameuse fourniture de grains, dont la dernière guerre a été la suite.

La créance à laquelle elle avait donné lieu, avait été liquidée, en 1819, à la somme de *sept millions de francs*. Des Français, créanciers du Juif algérien Bacri, titulaire de la créance, formèrent opposition au paiement. Le dey réclamait avec instance, il saisissait toutes les occasions de témoigner son mécontentement au consul français, M. Deval. Le 30 avril 1827, il fit avec l'éventail qu'il tenait à la main, un geste de mépris ; peu de jours après, le consul de France quitta Alger. Le gouvernement français demanda satisfaction au dey qui, loin de l'accorder, fit détruire l'établissement de la Cale (27 juin 1827). Alger fut bloqué ; mais cette mesure qui coûtait à la France sept millions par an, ne produisit aucun résultat. L'expédition contre Alger, décidée à la fin de 1829, fut poussée avec une vigueur extrême dans les premiers mois de 1830. Le commandement en fut donné au général de Bourmont, ministre de la guerre. L'amiral Duperré eut celui de la flotte et fut chargé de diriger le débarquement. Rien ne fut épargné pour assurer la réussite. Trente-cinq mille hommes furent embarqués à Toulon avec tout le matériel nécessaire. La flotte comptait 11 vaisseaux de ligne, 19 frégates et 274 bâtiments de transport. Elle quitta le port de Toulon en trois divisions, les 25, 26 et 27 mai Une tempête, rare dans cette saison et dans ces parages, força l'amiral Duperré à jeter l'ancre le 2 juin, dans la baie de Palma, île Majorque, et d'y rester jusqu'au 10. Le temps devenu plus beau, permit de mettre à la voile et de se diriger sur la baie de *Sidi-Ferruch* où, contre l'attente générale, l'amiral Duperré avait résolu d'opérer le débarquement qui eut lieu si heureusement, le 14 du même mois. Ce n'est que le 19, que les Algériens se montrèrent au nombre de quarante mille, la plupart Arabes, conduits par les beys de Constantine et de Titri, sous le commandement d'Ibrahim Aga, gendre du dey. Une bataille s'engagea ; les Algériens, attaqués avec impétuosité, ne purent résister à la bravoure et à la tactique française ; ils furent entièrement défaits. Cette action a été nommée *Bataille de Staouëli*, du nom de l'endroit où Ibrahim Aga avait établi son camp Le général de Bourmont aurait pu, dès le 20, marcher sur Alger, mais la grosse artillerie n'était pas encore débarquée, et ce ne fut que le 25, et après plusieurs combats, tous avantageux aux Français, mais sans être décisifs, que l'armée commença son mouvement. Les dispositions durèrent jusqu'au 29, et le 4 juillet, les batteries de siège ouvrirent le feu contre le Fort-l'Empereur. Les Turcs qui le défendaient, l'abandonnèrent après une résistance opiniâtre, et en firent sauter le donjon. — Le dey Hussein, déjà découragé par les défaites successives, essuyées par ses troupes depuis le jour du débarquement, céda aux conseils de la prudence et aux insinuations du consul d'Angleterre. Une convention fut arrêtée dans la matinée du 5 juillet, entre lui et le comte de Bourmont. La prise de possession d'Alger ne présenta aucun incident remarquable. Le dey a dit depuis, à Paris, que ce qu'il y avait eu de plus surprenant pour lui et les siens après la conquête, était la générosité des conquérants. M. de Bourmont, nommé maréchal de France, remit le commandement à son successeur, et quitta Alger le 8 septembre. Le dey et les principaux chefs de la milice turque étaient partis le 17 juillet avec leurs familles et la plus grande partie de leur fortune.

 M. de Bourmont, par l'occupation momentanée de Bône et de Mers el-Kebir, avait témoigné l'intention d'étendre la domination de la France, à l'E. et à l'O., dans l'ancienne Régence d'Alger. Son successeur, le maréchal Clauzel, donna les mêmes manifestations par son expédition dans l'Atlas, le passage du Col de Mouzaïa, la prise de Blida et l'occupation de Médéa. Le lieutenant-général Berthezène, qui lui succéda (26 février 1831) en qualité de Général en chef, abandonna cette dernière place et, dans sa retraite, éprouva toute la fureur des Arabes, dont Sid Saadi avait formé une coalition. Le lieutenant-général duc de Rovigo, qui le remplaça (7 janvier 1832), vint alors exercer de cruelles représailles sur la tribu des El-Oufia, et la malheureuse ville de Blida. Toutefois, Bône aussi bien qu'Oran, furent acquis à la France, et durant le long intérim exercé par le lieutenant-général Voirol, Bougie augmenta de sa conquête le trophée de gloire de nos soldats sur ces bords.

 Cependant, le jeune arabe Abd el-Kader, considéré comme un saint par ses compatriotes, était élu bey de Mascara par les habitants (28 septembre 1832). Il prit le titre d'émir et commença par attaquer Oran, Arzeu, Mostaganem, et à désoler les campagnes ; puis, fléchissant tout-à-coup devant l'honneur de traiter avec la France, qui lui reconnaissait le caractère du pouvoir, il signa une convention de paix (26 février 1834). Fort de ce titre et de la condescendance du lieutenant-général Drouet d'Erlon, nommé gouverneur-général des Possessions françaises dans le nord de l'Afrique, le 27 juillet 1834, il grandit à vue d'œil, massacra nos tribus alliées et mit nos troupes en déroute sur les bords de la Makta (28 juin 1835). Le maréchal Clauzel, nommé Gouverneur, le 8 juillet 1835, et désigné à ce poste par les habitants de l'Algérie, vint donner à la colonisation une impulsion heureuse et venger notre défaite par la prise de Mascara (6 décembre 1835), et de Tlemsèn (19 décembre 1835). Toutefois, sous les murs de Constantine (1836), il essuya un revers. Le lieutenant-général Damrémont, investi des pouvoirs de gouverneur (12 février 1837), revint un an après sous les remparts de cette ville, où il périt glorieusement. Le lieutenant-général Valée, qui commandait l'artillerie du siége, succéda et entra dans la cité formidable (13 octobre 1837). Nommé maréchal de France, il gouverna du 1er décembre 1837 au 29 décembre 1840.

Abd el-Kader avait obtenu sur les bords de la Tafna (1er juin 1837), un traité de paix et de délimitation, qu'il interprétait à son avantage. La glorieuse excursion du duc d'Orléans, Prince royal, dans la province de Constantine, et son heureux passage à travers les Bibans (28 septembre 1839), irritèrent les susceptibilités de ce chef arabe. Il fit connaître qu'il ne pouvait plus retenir l'élan des siens, qui voulaient la guerre sainte. L'attaque de Mazagran, des brigandages atroces exercés en même temps sur tout le territoire de l'Algérie, accompagnèrent ce manifeste. Le Prince royal, accompagné de son frère le duc d'Aumale, culbuta de la Mouzaïa les tribus en armes, et bientôt le lieutenant-général Bugeaud (22 février 1841), élevé au poste de Gouverneur, ruina Tekedempt, siége de la puissance de l'Emir; détruisit Boghar, Taza, Saïda, toutes les places où il avait quelques ressources, et le pourchassa à travers le pays, jusque-là que sa smala (vaste agglomération d'une multitude sans refuge comme lui, qu'il entraînait à sa suite avec ses tentes et ses troupeaux), fut prise et dispersée par le duc d'Aumale. Abd el-Kader s'enfuit dans le Maroc, où le Chérif lui accordait protection. Là, des insultes furent faites à notre territoire ; là, le général Bugeaud, déjà revêtu de la dignité de maréchal de France, depuis le 31 juillet 1843, terrassa l'orgueil des Marocains à la bataille d'Isly, où il conquit le titre de duc, tandis que le prince de Joinville écrasait Tanger et Mogador sous les feux de son escadre.

Un fanatique, sous le nom de Bou Maza (l'Homme à la Chèvre), apparut alors, et vint sourdement réchauffer l'instinct guerrier des tribus abattues, et leur inspirer le courage du désespoir, dont les grottes du Dahra furent l'affreux théâtre. Elles reprirent une sanglante revanche au marabout de Sidi-Brahim, sous les ordres d'Abd el-Kader, reparu sur la scène. Mais ce chef, traqué sur tous les points, ne pouvant plus défendre ni nourrir sa deira (garde personnelle), se retira sur le territoire marocain, où sa conduite ne put échapper à la surveillance de la France.

D'autre part, Bou Maza, se donnant pour sultan du Moghreb, — sid Hamed ben-Salem, chef de la Kabylie, ex-khalifa de l'émir,— et l'ex-agha Bel-Kassem ou Kassi, second personnage du même pays, vinrent faire leur soumission (11, 14, 19 avril 1847), et s'offrir à ramener leurs compatriotes de leur erreur à notre égard. La grande Kabylie commença à entrer sous notre domination (30 mai 1847). Après ces glorieux succès, le maréchal Bugeaud rentra en France, le 5 juin 1847, annonçant le désir de se démettre de ses fonctions, et le général Bedeau prit l'intérim, le 20 juillet 1847.

Le 11 septembre 1847, le duc d'Aumale fut nommé au poste de Gouverneur-Général de l'Algérie, dont il prit possession le 5 octobre suivant.

Le 23 décembre, il recevait, à Djama' Razaouât (Nemours), la soumission d'Abd el-Kader qui, chassé du Maroc et cerné par nos troupes, était venu se rendre. Ainsi finit le rôle politique de l'ex Emir qui, le 24, fut embarqué à Oran pour Toulon.

Le chérif Mouley Mohammed, l'agiteur des Kabyles, vint se rendre aussi au commencement de 1848. Les troubles qui régnaient en France, les changements fréquents des Gouverneurs en Algérie — qui vit successivement les lieutenants généraux Cavaignac, dès les premiers jours de mars 1848, Changarnier, le 29 avril 1848, Charon, le 9 septembre 1848, — firent espérer aux tribus les plus turbulentes qu'elles n'avaient qu'à s'insurger aussi pour nous chasser du pays. De sévères corrections infligées à propos, dans les trois provinces, les firent revenir de leur erreur. Ahmed, ex-bey de Constantine, qui, depuis sa défaite battait la campagne entre Batna et Biskra, se rendit à discrétion (24 juin 1848). La révolte éclatait pourtant de toutes parts, et l'année 1849 fut employée à la poursuivre jusque dans ses lointaines retraites. Zaatcha fut prise le 20 novembre. Des exécutions rigoureuses marquèrent pareillement, en 1850, sous le gouvernement du lieutenant-général D'Hautpoul (22 octobre), la présence de nos soldats sur tous les points où se remuèrent les Arabes dans leurs refuges les plus impénétrables. On refoula les Kabyles dans leurs montagnes, et les brigands marocains dans leurs frontières. Un nouvel adversaire de notre domination, Bou Bar'la *(l'homme à la Mule)*, souleva ces derniers, et osa nous attaquer dès le 19 mars 1851. Toute cette année fut employée à parcourir la Kabylie, et à peser sur elle.

Le lieutenant-général comte Randon fut nommé Gouverneur-Général le 11 décembre 1851.

L'année 1852 était l'époque fatale où les Français devaient être chassés de l'Algérie par le *Moulè Sâa* prédit aux Musulmans. Cette espérance ranime Bou Bar'la et ses hordes infatigables ; mais il est battu partout. Le chérif de Ouargla inquiète notre khalifa à Laghouat, et s'empare de la ville, qui est prise le 4 décembre, après quelques heures d'un assaut meurtrier. Ce ne fut que le 23 décembre de l'année suivante (1853), qu'on rentra dans Ouargla. La Kabylie avait été châtiée encore durant le mois de mai. A pareille époque, en 1854, le Gouverneur-Général revenait punir les tribus de Sebaou, et, le 26 décembre, Bou Bar'la était tué parmi des voleurs de troupeaux, chez les Beni Mellikeuch

Nonobstant l'inquiétude causée par cette guerre sans cesse renaissante, qui n'était qu'un enchaînement de petits combats presque journaliers, la colonisation a marché activement sur la côte, où d'anciennes villes ont été agrandies, embellies, relevées, — et dans l'intérieur, où des centres de populations ont été créés, des établissements fondés, de vastes territoires défrichés. Tous les genres d'industrie sont venus exposer leurs produits sur cette terre, maudite naguère sous le nom de *Barbarie*. Toutes les gloires sont venues y jeter au passage un rapide éclat.

Le calme le plus profond régna en 1855, tandis que nos aigles s'illustraient en Orient. Une excursion dans les Ksour du Sahara fut, pour nos soldats, dans les derniers mois de l'année, une belle promenade militaire. Cependant, une fermentation alarmante se manifestait depuis quelque temps en Kabylie, lorsqu'elle éclata dans les premiers jours de janvier 1856. Élevé à la dignité de maréchal de France (15 mars 1856, le Gouverneur-Général, M. le comte Randon, repoussa l'insurrection. Le 19 mai 1857, les troupes furent réunies aux pieds des montagnes de la Kabylie ; le 25, on s'emparait des hauteurs des Beni-Raten, qui complétaient leur soumission le 27. Le 14 juin, on posait la première pierre de Fort-Napoléon, à Souk el-Arba, dominant les crêtes. Le 15 juillet, après avoir surmonté tous les pitons de cette contrée, vaincu tous les habitants, pris El-Hadj Amar, l'instigateur des Beni-Raten, toutes les troupes rentrèrent dans leurs garnisons, heureuses et fières d'avoir pu établir ainsi définitivement la domination de la France sur l'Algérie toute entière.

Le 24 juin 1858, un décret établit un ministère de l'Algérie et des Colonies, dont le prince Napoléon fut chargé. Ce ministère commença à fonctionner le 1er juillet. Le 31 août, un Commandement supérieur des forces militaires de terre et de mer employées en Algérie, fut créé et M. le général de division, comte de Mac Mahon, Sénateur, en fut pourvu. L'organisation administrative de l'Algérie fut complètement remaniée et les Conseils généraux inaugurés (27 octobre). L'ouverture de leur première session eut lieu le 5 décembre. — Dès le 19 novembre, des forces imposantes avaient été réunies sur les bords de l'Oued Kebir, en Kabylie, pour y réprimer les entreprises de Si Saddok bel Hadj qui fut pris, le 14 janvier 1859, dans l'Aurès, dont les habitants révoltés se soumirent.

Le 7 mars le Prince Napoléon se démit des fonctions de Ministre, et M. le comte De Chasseloup Laubat le remplaça dans les mêmes fonctions, le 24 du même mois. Le 24 avril, M. le général de division Gueswiller fut chargé du commandement des forces de terre et de mer, et, le 15 août suivant, M. le général de division, Comte De Martimprey, lui succéda en cette position. A la tête de 15,000 hommes, il attaqua, le 27 octobre, des tribus marocaines qui, au nom de la guerre sainte avaient envahi notre territoire; il chassa les Beni Senassen du plateau d'Aïn Taforalt, les frappa d'un impôt de guerre de 1,200,000 francs, et, le 4 novembre, châtia encore les Maïa et les Angades dont les chefs se rendirent à discrétion.

Le 25 mars 1860, un agitateur prêchant aussi la guerre sainte dans le Hodna au Sud de la province de Constantine, et entraînant 11,000 tentes à sa suite, fut mis en déroute, pris et traduit devant un conseil de guerre, qui le condamna à mort. Il fut gracié par l'Empereur. Le 23 mai, dans la même province, nos troupes se réunissaient à Milah, pour se porter contre les tribus révoltées de la Kabylie orientale. Le pays était entièrement pacifié à la fin d'août. Cette fois, encore, ceux qui avaient été la cause de cette rebellion furent condamnés à mort, et virent leur peine commuée.

L'Empereur se faisant précéder par ces actes de clémence, et se trouvant dans le Midi de la France, où il visitait les nouvelles provinces italiennes réunies à l'Empire, résolut d'effectuer un voyage, plusieurs fois promis, en Algérie, où il débarqua le 17 septembre, avec Sa Majesté l'Impératrice. LL. MM. II. ne restèrent à Alger que trois jours.

Le 24 novembre, le ministère de l'Algérie et des Colonies fut supprimé, et M. le maréchal Pelissier, Duc de Malakoff, fut nommé Gouverneur Général de l'Algérie. Le 10 décembre, un décret réglait le Gouvernement et la haute administration du pays. Le 12, M. Mercier-Lacombe était nommé Directeur général des Services civils, et le 16, M. De Martimprey nommé Sous-Gouverneur Général et Major-Général de l'armée. Le 2 janvier 1861, le Duc de Malakoff vint prendre possession de son commandement.

Un célèbre agitateur, qui avait disparu de la scène politique depuis 1858, le chériff Mohammed ben Abdallah, s'étant montré au milieu des maraudeurs aux entours de Laghouat, a été pris le 18 septembre 1861, auprès d'Ouargla où il était poursuivi. 2,000 Tunisiens qui avaient envahi nos frontières vers la fin de juillet 1862, ont été dispersés, — ont livré au commandant supérieur de la Cale le faux chérif qui leur avait prêché la guerre sainte, et leur tribu a été châtiée par le Bey de Tunis.

L'Algérie jouissait d'une paix profonde quand, vers la fin de février 1864, des symptômes de défection se manifestèrent dans les tribus sahariennes de la province d'Oran. Le marabout Si Seliman ben Hamza, — Bach Agha des Ouled sidi Cheikh, — estimant son autorité éclipsée par celle de la France, — se retira dans le Sud avec sa famille et ses approvisionnements, et descendit vers le Nord, appelant les Arabes à la guerre sainte. Le colonel Beauprêtre, commandant supérieur du cercle de Tiaret, et le commandant de Geryville s'étant portés vers Si Lala, agha d'Ouargla, oncle du marabout, fut assailli dans son camp d'Aïounet bou Beker, le 8 avril. Il y périt avec tout son détachement. Si Mohammed ben Hamza remplaça à la tête des insurgés Si

Seliman, son frère aîné, qui avait péri le même jour. La révolte s'étendit au sud de la province d'Alger, et un combat sanglant eut lieu à Saïn-Legta, le 26 avril. L'ennemi fut culbuté à Chaab-el-Ameur, le 13 mai, et au passage d'El-Ferachi, le 16.

Les Flittas, aux entours de Mostaganem, venaient de se soulever, quand le maréchal Pelissier mourut à Alger, le 22 mai 1864.

Si Lazreg bel Hadji, fauteur de l'insurrection, s'empara du caravansérail de Rahouïa, le 22 mai, et, le 26, attaqua vainement la redoute d'Ammi-Moussa. Le 31 mai, le 1er et le 3 juin, il dévasta les entours de Relizane, d'où ses bandes furent refoulées dans la montagne. Il fut tué au combat de Dar ben Abdallah, le 5 juin. Les Harar firent leur soumission après la destruction de l'oasis d'El-Abiod-Sidi-Cheik, centre religieux des marabouts auteurs de tous les troubles (15 et 16 juin).

Tandis que les provinces d'Oran et d'Alger étaient le théâtre de ces graves événements, le calme avait continué de régner dans la province de Constantine; cependant quelqu'agitation s'était manifestée dans la Kabylie orientale par l'incendie du Bordj de Zraïa (mars 1864.)

Le cercle d'Ammi-Moussa se soumit le 21 juillet, les Flittas le 27.

Le 12 juillet 1864, le marabout Si Mohammed ben Hamza entraînait de nouveau à l'insurrection les Harrar, qui étaient suivis dans ce mouvement par les Larbas et les goums du Djebel Amour, obéissant à l'appel de Si Lala (7 août). Ainsi une des portes du Tell était ouverte, et les tribus sahariennes du cercle de Boghar prirent le chemin du S.-O., pillant et massacrant les Européens sur leur passage. Cependant, en août, les troupes de la division d'Oran avaient détruit, dans le Nador, à 15 lieues au S.-O. de Tiaret, un gros rassemblement formé des émigrés du Tell. Le 8 août, la colonne de Boucada, dans la province de Constantine, avait eu à soutenir un violent combat d'arrière-garde contre les Ouled Madhy révoltés.

S. E. M. le Maréchal de Mac-Mahon, Duc de Magenta, ayant été nommé Gouverneur général, arriva à Alger le 19 septembre 1864.

A Teniet-el-Ribh (30 septembre) et à Aïn Dermel (2 octobre), on repoussa les attaques des rebelles, qui se jettèrent dans l'O., après avoir été frottés le 7 octobre à Aïn Malakoff, où les Ouled Madhy et les tribus du cercle d'Aumale, qui avaient fait cause commune avec les émigrants, se séparèrent d'eux et firent leur soumission. Au même moment Si Lala, opérant dans la province d'Oran, avait remporté, au combat d'El-Beida, un avantage qui décida la révolte des Ouled-Nayl, qui vinrent bloquer Laghouat, le 5 octobre. Si Lala, se jouant des cinq colonnes qui défendaient le Tell de la province d'Oran, vint brûler des fermes aux entours de Saïda, et, chassé de sa position de Touten Yaya, le 11 octobre, se mit en fuite sur la route du S.

(2 novembre). Les Ouled Nayl, et presque toutes les tribus qui suivaient encore la fortune du marabout Si Mohammed ben Hamza dans le Djebel Amour, firent leur soumission. Les Sahari Ouled Brahim, rentrés dans leurs montagnes et se refusant obstinément à tout acte de repentir, furent sévèrement châtiés, le 28 novembre, à 12 lieues du Guelt-es-Stel, sur la route de Djelfa. Toutes les tribus de la province d'Alger, à l'exception des Ouled Chaïb, étaient rentrées dans le devoir. Le 29 novembre, ces insurgés furent mis en déroute à Sahh Ahmed Annoual, près la frontière marocaine, qu'ils passèrent pour y chercher un refuge.

Le 4 février 1865, trois colonnes de la province d'Oran forçaient à Garet Sidi Cheik, dans le S., le marabout Si Mohammed ben Hamza à accepter le combat, où il était blessé à mort, par le Si Hadj Caddour, chef des Harraras. Il expira le 22 du même mois. La plupart de ses adhérents firent immédiatement leur soumission.

Le 12 avril, les populations des Babors qui, dès novembre 1864, avaient chassé leur caïd et incendié leurs maisons de commandement, attaquèrent le camp de nos travailleurs, ouvrant la route de Sétif au cap Aokas, près Bougie. Quatre colonnes présentant un effectif total de 13,000 hommes et 800 chevaux, pénétrèrent dans le massif de la Kabylie orientale. Après divers engagements partiels, elles se réunirent à Sidi Tallout, où un dernier combat triompha de la résistance des Kabyles.

Cependant S. M. l'Empereur venait, de nouveau, honorer l'Algérie de sa présence. Il en abordait le rivage, à Alger, le 3 mai; voyait Miliana, Blida, Médéa. Le 14 mai, le navire impérial le déposait à Oran. Sa Majesté se transportait vers Sidi-Bel-Abbès, à Mostaganem, — revenait à Alger, par mer, le 23 mai, pour visiter Fort-Napoléon, — arrivait à Stora le 28, de là, se dirigeait sur Constantine, Batna, Biskara, et revenait vers Bône et Bougie, d'où elle se rembarquait, le 7 juin, pour retourner en France.

Le 19 octobre, Si Lala soulevant les populations sahariennes du Maroc, attaqua Daya, jeta la terreur dans le village des Ouled-Mimoun et fit piller les troupeaux au S.-O. de Saïda, près de Tlemcen; mais ne pouvant pas franchir la ligne de nos avant-postes, et voyant ses ressources épuisées, il reprit en toute hâte la route du sud, après avoir été rudement traité le 8 novembre. Le 18, la grande tribu des Hamyans Gharabas, qui avait éprouvé des pertes considérables, se sépara de lui, rentra dans le devoir et se joignit à nous pour marcher contre cet agitateur. Les tribus algériennes du sud qui avaient été soulevées se rabattirent du côté de Laghouat, où elles furent frottées, le 29 décembre, jour même où une colonne partie de Géryville surprenait la masse des insurgés acculés aux dunes de sables du Sahara oranais, enlevait les douairs entiers et s'emparait de la plus grande partie des Trafis et de leurs troupeaux. Les populations entraînées par les Ouled Sidi Cheikh se sont rendues à merci.

Dès le commencement de mars 1866, Si Hamed ben Hamza arrêtait encore les goums insurgés qui voulaient revenir à nous. Il voulait marchander sa soumission et obtenir les mêmes dignités de commandement que la France avait reconnues à son père. Il fut battu le 15 mars vers Zouïrag, près de Géryville.

« C'est ainsi que l'Algérie, qu'on était habitué depuis plusieurs
« années à regarder comme complètement et franchement sou-
« mise à la domination de la France, a été le théâtre d'une
« insurrection née dans le sud sous l'influence principale d'une
« recrudescence du fanatisme religieux. *(Exposé de la situation*
« *de l'Empire.)*

POPULATION. Dans le cours de cette revue rapide, qui a fait passer sous nos yeux plus de quarante siècles, se sont pressés, en foule, des peuples qui, en 1830, laissaient de nombreux représentants de leurs antiques races :

Les populations nomades du Sahara pouvaient être prises en ligne de compte pour un million d'âmes ;

Les Kabyles, descendant des Berbères, ou des Gétules si l'on veut, — considérés comme les primitifs habitants du pays, étaient au nombre de 850,000 ;

Les Arabes, enfants de ceux amenés par les trois grandes invasions musulmanes et les retours annuels du pèlerinage, 1,800.000 ;

Les Maures, fils de tous les peuples poussés sur ces rivages, depuis les Argonautes jusqu'aux renégats du siècle dernier, 100,000 ;

Les Turcs et Coulouglis, se perpétuant depuis les Barberousses, et recrutés sans cesse par les déportations de Janissaires, 6,000 ;

Les Juifs, dont les pères avaient émigré après la ruine

de Jérusalem, au temps de Tibère et d'Adrien, 19,000;

Les Nègres vendus à Tombouctou, ou provenant de mariages d'esclaves, 3,000.

Tous ces peuples existent sous notre domination, bien moins nombreux sans doute qu'au moment de la conquête où une statistique approximative fut dressée, pour tenir lieu de recensement. L'émigration, le choléra, les malheurs de la guerre, ont réduit leur multitude

Cependant le Kabyle, sauvage, barbare, couvert de haillons qui dérobent mal ses formes, dignes de la statuaire, habite encore les montagnes, où il nous cacha longtemps sa vie pleine de souvenirs des patriarches.

L'Arabe, agreste, fanatique et perfide, sort de sa tente ou de son gourbi avec le burnous drapé à l'antique, pour recueillir ses moissons, pour monter sur son coursier et nous harceler d'une guerre implacable. Aucun des nobles sentiments ne lui sont étrangers.

Le Maure, obséquieux, jaloux et cupide, habite les villes et les demeures champêtres les plus rapprochées. Il se produit dans de petits négoces, dans de modestes emplois, sans compromettre son amour du repos et des voluptés faciles. Soutenu par la protection, il se montre insolent à l'occasion.

Les femmes de ces hommes, hâtivement flétries par des couches précoces, n'ont qu'un éclair de beauté éblouissante et traînent dans l'ennui des travaux les plus humbles, une décrépitude prématurée.

Le Turc, s'il en reste, gémit fier et solitaire de l'éclipse du croissant.

Le Juif, timide, intelligent et sordide, dont la femme est belle ici, comme toutes les filles d'Israël, trafique de tout et se pousse dans les affaires de la chicane.

Le Nègre, laborieux et content, toujours probe, fait son ouvrage, et, comme nous, étranger au pays, semble le moins fâché de nous y voir.

Le Saharien, le Touareg, commencent à s'aventurer au milieu des merveilles de notre civilisation, et sont les seuls qui aient la bonne foi d'en manifester leur admiration et d'en exalter les bienfaits.

C'est au milieu de ces familles si différentes de mœurs, de physionomie, n'ayant d'autre lien qu'un idiôme variable de la langue arabe, et dans lesquelles on peut dénombrer 2,684,677 individus (1), que les Européens sont venus apporter une population dont l'effectif était, au 1er janvier 1867, d'après le dénombrement quinquennal (prescrit par décret du 27 mars 1861), de 217,990 âmes, en territoire civil et militaire, non compris la population en bloc, — (se composant des hospices, lycées, collèges, pensionnats, séminaires, communautés religieuses, prisons, réfugiés à la solde de l'Etat), dont le nombre peut être évalué à 17,232, — ni l'armée dont l'effectif est, approximativement, de 67,774 hommes.

D'après ces données, tel est le tableau de la population en Algérie, au 1er janvier 1867 :

---

(1) Les tribus indigènes, dénombrées sommairement, présentent un effectif de 2,434,974 âmes.

Français	122,119		
Espagnols	58.510		
Italiens	16,655		
Anglo-Maltais	10,627	217,990	
Allemands	5,436		
Autres nationalités	4,643		484,925
Israélites		33,952	
Musulmans		215,751	
Population civile en bloc		17,232	} 2,987,673
Armée			67,774
Tribus arabes			2,434,974

La population européenne était en 1866. 217,990
Et le dernier recensement quinquennal, en
1861, était........................... 192,746

Il en résulte, pour les cinq dernières
années, une augmentation de............ 25,244

Comme détails de statistique plus circonstanciés, nous donnerons les constatations suivantes :

En 1862 — 1929 mariages,	— 8648 naissances,	— 5903 décès.
1863 — 1948·	—	— 8537	—	— 6347 —
1864 — 1608	—	— 8408	—	— 5497 —
Moyen. p. an, 1828	—	— 8531	—	— 5915 —
Par 100 indiv., 0,85 —		— 3,97 —		— 2,76

DIVISION DU TERRITOIRE. La nation nouvelle qui se forme avec des éléments si diversifiés, est répandue sur trois provinces : Alger, Constantine et Oran, dont chacune est divisée en territoire civil et en territoire militaire. Le territoire civil de chaque province forme un département, et le territoire militaire une *Division* proprement dite, mais en réalité la Division comprend et le territoire civil et le territoire militaire.

Celui-ci, au point de vue administratif, est placé sous l'autorité du Général commandant la Division.

Chaque département comprend un certain nombre d'arrondissements administrés par des Sous-Préfets, — de districts (circonscriptions enclavées dans le territoire militaire) administrés par des Commissaires civils qui ont, dans leur ressort, les mêmes attributions que les Sous-Préfets. — Les arrondissements et les districts sont eux-mêmes subdivisés en communes. Chaque département est soumis au régime administratif des départements de la métropole, sauf les exceptions résultant de la législation spéciale à l'Algérie, qui est publiée au *Bulletin officiel du gouvernement général de l'Algérie,* créé par arrêté du 14 janvier 1861, et dans le *Moniteur de l'Algérie,* journal officiel de la Colonie, créé par arrêté du 22 juillet, même année. — La circulaire du 6 juin a aussi créé un journal officiel arabe-français, imprimé dans les deux langues et portant le nom de *Mobacher.*

Le territoire militaire est divisé en circonscriptions déterminées par des arrêtés du Gouverneur général.

Les Français, les étrangers, les indigènes habitant d'une manière permanente les circonscriptions des communes constituées, sont régis, dans les deux territoires, par les institutions civiles actuellement en vigueur.

Les indigènes vivant soit isolément, soit à l'état de tribu, et qui ne sont pas rattachés à des communes constituées, sont soumis à l'autorité militaire.

ADMINISTRATION CENTRALE. Le pays est gouverné aujourd'hui d'après les prescriptions du décret du 7 juillet 1864, modifiant ceux des 27 octobre 1858, — 24 novembre, 10 décembre 1860.

Le Gouvernement et la haute Administration de l'Algérie sont centralisés à Alger, sous l'autorité d'un Gouverneur général.

Le Gouverneur général rend compte, directement, à l'Empereur de la situation politique et administrative du pays; il commande les forces de terre et de mer en Algérie; toutefois, le Ministre de la Guerre et le Ministre de la Marine conservent sur l'armée et sur la marine l'autorité qu'ils exercent sur les armées en campagne et les stations.

Un Sous-Gouverneur, général de division, chef d'état-major général, supplée le Gouverneur général en cas d'absence, et il exerce les attributions civiles qui lui sont déléguées par le Gouverneur général; — il est spécialement chargé, sous l'autorité du Gouverneur général, de la direction politique et de la centralisation administrative des affaires arabes.

La Justice, l'Instruction publique et les Cultes rentrent dans les attributions des Départements ministériels auxquels ils ressortissent en France. Toutefois, les écoles françaises-arabes et les écoles indigènes restent dans les attributions exclusives du Gouverneur général.

Le Gouverneur général, sauf en ce qui concerne l'Instruction publique, les Cultes, la Magistrature française et les officiers ministériels, nomme directement à tous les emplois qui étaient, antérieurement, à la désignation du Ministre de l'Algérie. — Pour les nominations des fonctionnaires qui doivent être faites par l'Empereur, et qui n'appartiennent pas à l'Instruction publique, aux Cultes et à la Justice, le Gouverneur général adresse ses propositions au Ministre de la guerre, qui les soumet à l'Empereur.

Les actes de haute administration et de gouvernement qui doivent émaner de l'Empereur, et qui ne concernent ni la Justice, ni la Marine, ni l'Instruction et les Cultes, sont, sur les propositions du Gouverneur général, présentées à l'Empereur par le Ministre de la guerre, et les décrets sont contre-signés par lui. Le Gouverneur général statue sur toutes les autres affaires administratives qui n'ont point été placées dans les attributions d'une autre autorité.

Le Procureur général près la Cour impériale d'Alger fait, chaque mois, un rapport au Gouverneur général, et lui remet le double des rapports généraux adressés au Ministre de la Justice. Aucune poursuite contre un fonctionnaire français ou indigène ne peut avoir lieu sans que le Procureur général ait remis au Gouverneur général le double du rapport qu'il adresse au Garde des sceaux, pour être transmis, s'il y a lieu, au Conseil d'Etat, conformément à l'article 75 de la Constitution de l'an VIII.

Un Secrétaire général du Gouvernement est chargé, sous l'autorité du Gouverneur, de l'expédition générale des affaires civiles.

Un conseil de Gouvernement est placé auprès du Gouverneur général, et sous sa présidence; il est composé :

1° Du Gouverneur général ;
2° Du Sous-Gouverneur ;
3° Du Secrétaire général du Gouvernement ;
4° Du Commandant supérieur du Génie ;
5° De l'Inspecteur général des Travaux publics ;
6° De l'Inspecteur général des Services financiers ;
7° De trois Conseillers-Rapporteurs ;
8° D'un Secrétaire.

Ce Conseil est appelé, en principe, à donner son avis sur les affaires qui intéressent le domaine de l'Etat, les concessions de mines et de forêts, les créations de centres de population, etc., — et, en outre, sur toutes les affaires renvoyées à son examen par le Gouverneur général.

Le Gouverneur général prépare le budget annuel de l'Algérie, l'assiette et la répartition des impôts. — Ce budget est soumis à l'examen d'un Conseil supérieur, qui est composé comme suit :

1° Du Gouverneur général, président ;
2° Du Sous-Gouverneur ;
3° Des Membres du Conseil de Gouvernement ;
4° Des trois Généraux commandant les divisions militaires ;
5° Du Secrétaire général du Gouvernement ;
6° Du premier Président de la Cour Impériale d'Alger ;
7° De l'Archevêque ;
8° Des trois Préfets des Départements ;
9° Du Recteur de l'Académie ;
10° De six Membres des Conseils généraux (deux choisis par le Conseil général de chaque Province).

Ce Conseil supérieur se réunit annuellement, aux époques déterminées par l'Empereur; — le projet de budget général, après délibération du Conseil, est transmis au Ministre de la guerre, qui est chargé d'en soutenir la discussion au Conseil d'Etat, et d'en suivre l'exécution comme budget-annexe de son Département.

ADMINISTRATION PROVINCIALE. L'administration générale du territoire civil et du territoire militaire de chaque province est confiée au général commandant la division, qui prend le titre de *Général commandant la Province*.

En cas d'absence ou d'empêchement, il est remplacé par le plus ancien général de brigade de la province.

Le Général commandant la province est chargé, sous l'autorité du Gouverneur général, de la haute direction et du contrôle des services civils de la province ;

Il rend compte, périodiquement, au Gouverneur général, de la situation du territoire soumis à son autorité ;

Il reçoit les instructions du Gouverneur général pour toutes les mesures qui touchent à la colonisation et aux affaires arabes ;

Il propose l'avancement ou la révocation des fonctionnaires ou agents civils de la province, dont la nomination appartient à l'Empereur ou au Gouverneur général ;

Il pourvoit aux emplois dont la nomination lui est déférée par délégations du Gouverneur général ;

Il statue sur toutes les affaires d'intérêt provincial dont la décision, réservée au pouvoir central, lui est déléguée, par le Gouverneur général ;

Dans les circonstances urgentes et imprévues, il peut prendre, sous sa responsabilité, et sauf à en référer immédiatement au Gouverneur général, des mesures d'ordre et de sécurité publique.

Le Général commandant la province est spécialement chargé, sous l'autorité du Gouverneur général, de la police de la presse.

Il est institué dans chaque province un Conseil général, composé de vingt-cinq membres nommés par l'Empereur et choisis parmi les notables européens ou indigènes résidant dans la province ou y étant propriétaires.

L'élément indigène doit entrer pour un quart, au moins, dans la composition de chaque Conseil général : les israélites peuvent y avoir un membre.

Les généraux commandant les provinces exercent vis-à-vis des Conseils généraux les attributions dévolues aux préfets.

ADMINISTRATION DU TERRITOIRE CIVIL. Le territoire civil de chaque province est administré par le Préfet, sous l'autorité du Général commandant la province. En cas d'absence ou d'empêchement, le Préfet est remplacé par le secrétaire général de la Préfecture.

Le Préfet a sous ses ordres les chefs des différents services civils et financiers dont l'action s'étend sur les deux territoires. Il surveille ces services, soit en vertu de son autorité directe dans le territoire civil, soit par délégation du Général commandant la province dans le territoire militaire.

Il y a, auprès de chaque Préfet, un Conseil de préfecture ayant les mêmes attributions qu'en France, qui émet son avis sur toutes les affaires que lui soumet ce haut fonctionnaire. Ce Conseil est composé de quatre membres dans la province d'Alger, et de trois membres dans les autres départements, indépendamment du Préfet, qui le préside.

Le Préfet adresse, périodiquement, au Général commandant la province, des rapports d'ensemble sur la situation du territoire civil.

Il reçoit ses instructions pour toutes les affaires qui intéressent la colonisation et lui rend compte de leur exécution.

Il transmet au Gouverneur général, par l'intermédiaire du Général commandant la province, qui les revêt de son avis, toutes les propositions concernant les affaires réservées à la décision du pouvoir central.

Les Sous-préfets relèvent directement du Préfet, qui peut leur déléguer ses attributions pour statuer sur les affaires d'intérêt local.

Les Commissaires civils relèvent directement, soit du Préfet, soit du sous-préfet chargé de l'administration de l'arrondissement auquel est rattaché leur district.

Les Sous-préfets et les Commissaires civils rendent compte de leurs actes à l'autorité dont ils relèvent, et qui peut toujours annuler ces actes ou les réformer.

Le décret impérial du 8 août 1854 créa des Bureaux arabes départementaux et régla leur mode d'administration sur les indigènes dans les villes et au moyen de cheiks, commandant aux Arabes sous la tente, en territoire civil. Les Berranis (gens du dehors), eurent leurs amin (syndics).

ADMINISTRATION DU TERRITOIRE MILITAIRE. Le territoire militaire est administré directement par le Général commandant la province, qui exerce, en ce qui concerne les Français et les étrangers établis dans ce territoire, les attributions dévolues au Préfet dans le territoire civil.

Le Général commandant la province peut déléguer ces dernières attributions au Préfet, qui signe, dans ce cas, au nom du Général, toute la correspondance que celui-ci ne s'est pas réservée.

Le Général commandant la province a sous ses ordres, pour l'administration du territoire militaire, les officiers généraux et les officiers supérieurs commandant les subdivisions militaires et les cercles, qui exercent leur autorité sur les populations indigènes, par l'intermédiaire des Bureaux arabes.

Les affaires arabes sont centralisées auprès du Général commandant la province, par un Directeur divisionnaire.

Des officiers sont investis du commandement. Ils ont sous leurs ordres les officiers chargés des affaires arabes et les fonctionnaires et agens indigènes de tous rangs : Kalifa, agha, caïd, cheik, etc.

Les Européens établis en territoires militaires sont soumis au régime administratif exceptionnel de ces territoires, où les fonctions judiciaires sont dévolues au commandant de place, qui remplit également celles d'officier de l'Etat-civil.

ADMINISTRATION MUNICIPALE. Les centres de population sont érigés en communes par décrets impériaux, lorsqu'ils ont acquis un certain degré de développement. Le corps municipal de chaque commune se compose d'un maire, d'un ou de plusieurs adjoints, et d'un conseil.

En vertu du décret du 27 décembre 1866, sur l'organisation municipale de l'Algérie, les maires et adjoints sont nommés par l'Empereur, dans les chefs-lieux de département et d'arrondissement Dans les autres communes ils sont nommés par le Préfet.

Les conseillers municipaux sont nommés à l'élection, pour sept ans.

Les indigènes administrés par l'autorité civile sont rattachés aux communes; leurs cheiks sont, en quelque sorte, les adjoints du Maire.

Le service de l'Enregistrement et des Domaines, et celui des Contributions diverses, sont placés sous la direction immédiate et exclusive du Gouverneur général. La législation métropolitaine sur les droits d'enregistrement, de greffe et d'hypothèques, a été successivement appliquée à l'Algérie, avec les modifications réclamées par la situation du pays. Il n'est perçu que la moitié des droits, soit fixes, soit proportionnels, décime non compris (Ord. royale du 19 octobre 1841). Une législation spéciale régit les Domaines. L'impôt du timbre a été établi (Ord. des 10 janvier et 12 mars 1843), et s'exerce, quant aux journaux, d'après les prescriptions combinées de la loi du 16 juillet 1850 et du décret organique sur le régime de la presse en France, du 17 février 1852. Les recettes afférentes à la caisse des dépôts et consignations ont été attribuées aux Receveurs des Domaines, par décret du 23 octobre 1856. Les attributions du service des Bâtiments civils ont été réglées par l'arrêté ministériel du 12 novembre 1850. Les architectes à ce titre et les ingénieurs chargés des services des Ponts-et-Chaussées et des Mines, les agents supérieurs chargés des travaux de la colonisation, sont sous les ordres directs des Préfets. Le service de la Télégraphie continue à ressortir du Gouverneur général. Les Inspecteurs des finances relèvent directement du Ministère des finances; pareillement le service de la Trésorerie et des Postes, et l'administration des Douanes. La loi du 11 janvier 1851, présentée et soutenue à l'Assemblée nationale par M. le Général comte Randon, alors Ministre de la Guerre, a ouvert au commerce algérien et à la production coloniale une ère nouvelle, dont les bienfaits se font sentir. En vertu de cette loi, le tarif et la législation des douanes métropolitaines deviennent généralement applicables. Les dispositions successives qui prescrivent des exceptions ou des modifications aux règlements qui régissent ce service, aussi bien que tous les autres, ne sauraient trouver place ici, et seront rencontrées avec fruit dans l'excellent ouvrage de M. de Ménerville, Président à la Cour impériale d'Alger, intitulé : *Dictionnaire de la législation algérienne.*

L'organisation générale de la milice algérienne est réglée par un décret du 7 décembre 1859.

CULTE. Saint Pierre de Nolasque, fondateur de l'Ordre de N.-D. de la Merci pour la rédemption des captifs, suivit les traces de saint Jean de Matha fondateur des Trinitaires, qui, dans le même but de charité, avait souvent envoyé ses Religieux en Barbarie, et, vers 1232, vint lui-même à Alger, où il fut retenu prisonnier quelque temps. Son disciple, le bienheureux Pierre Armengaud, resté en ôtage pour des esclaves rachetés à Bougie, y fut pendu et ne dut sa délivrance qu'à un événement miraculeux. Saint Raymond Nonat, appartenant au même Ordre, et dans un pareil exercice de dévouement héroïque, à Alger, eut les lèvres fermées d'un cadenas pour qu'il ne pût pas prêcher le nom de Jésus-Christ durant sa captivité (1240). Saint Sérapion, son confrère, avait été crucifié, dans la même ville, quelques mois auparavant. Les successeurs de ces saints martyrs obtinrent de rester enfermés dans les bagnes pour la consolation des captifs. En 1646, saint Vincent-de-Paul, qui avait été esclave en Tunisie et y avait appris que les Chrétiens, capturés par les Barbaresques de l'Algérie, n'étaient pas au-dessous du nombre de 20,000, obtint du roi Louis XIII une somme de 10,000 fr. pour établir, à Alger, quatre prêtres de la Congrégation des Lazaristes, dont il est le fondateur (1). Ces prêtres, pieux et dévoués, se perpétuèrent jusqu'à l'époque du blocus, en 1827. Le jour de la prise d'Alger, on célébra une messe d'action de grâces, à la Casbah, sur un autel composé de caisses de tambours. La chapelle des esclaves, au bagne de la caserne des Lions, rue Bab-Azoun, servit quelque temps pour l'exercice du culte, qui fut rétabli dans l'ancienne chapelle des Lazaristes, rue de l'Etat-Major. Le 24 décembre 1832,

---

(1) Voir *Les Saints de l'Algérie,* par V. BERARD, 1 in-12, librairie Bastide.

la mosquée, rue du Divan, fut consacrée en église.

Par ordonnance royale en date du 25 août 1838, les possessions françaises dans le nord de l'Afrique formèrent un diocèse dont le siège épiscopal fut établi à Alger. Ce diocèse, dont la circonscription embrassait les trois provinces d'Alger, Constantine et Oran, fut érigé sous le titre de *Julia Cæsarea*, par N. S. P. le Pape, le 9 août de la même année. Mgr Dupuch fut nommé à cet évêché le 25 août 1838. Ce vénérable apôtre de la charité s'étant démis des fonctions épiscopales, Mgr Pavy, fut nommé Évêque d'Alger, par Ordonnance royale du 25 février 1846. Il est mort le 16 novembre 1866. Un décret du 12 janvier 1867 érige le siège d'Alger en archevêché et crée deux nouveaux évêchés, l'un à Constantine et l'autre à Oran.

Huit chanoines composent le Chapitre de la cathédrale; un séminaire diocésain, à Kouba, près Alger, prépare au sacerdoce 40 étudiants; une école secondaire ecclésiastique, à Saint-Eugène près de la même ville, donne l'instruction à 135 élèves.

La maîtrise de la cathédrale exerce 30 enfants de chœur. Il y a 193 desservants et 4 vicaires reconnus par l'Etat. A la fin de 1866, il y avait 327 prêtres, et 47 sujets avaient été promus aux Ordres sacrés dans l'année. Plusieurs communautés religieuses existent et sont toutes occupées à la vie active : Trappistes, Jésuites, Lazaristes, dont la plupart tiennent des Orphelinats, ou se consacrent à l'éducation de la jeunesse, aussi bien que les Religieuses Trinitaires, les Sœurs de Saint-Vincent, de la Doctrine Chrétienne, les Religieuses du Bon-Pasteur, du Sacré-Cœur. L'Œuvre de Saint-François Régis, qui a pour but la légitimation des mariages, fonctionne concurremment avec les conférences de Saint-Vincent-de-Paul, dont les affiliés portent des secours aux indigents. Un Comité de la Propagation de la Foi recueille les offrandes hebdomadaires des fidèles de l'Algérie.

Le culte protestant, en Algérie, a été réorganisé par décret impérial en date du 14 septembre 1859. Il y a à Oran et à Constantine des conseils presbytéraux sous l'autorité supérieure d'un consistoire siégeant à Alger.

Des pasteurs, des instituteurs et institutrices ont été établis sur tous les points où l'utilité s'en est fait sentir.

Le culte israélite a été organisé civilement, en Algérie, par ordonnance royale du 6 novembre 1845, et le décret impérial du 21 décembre 1859, a établi un consistoire central et des consistoires provinciaux, et a créé des salles d'asile et des écoles.

Par décret impérial du 4 août 1861, les édifices et bâtiments domaniaux affectés à ce culte ont été concédés aux consistoires israélites à titre gratuit et en pleine propriété.

La convention entre M. de Bourmont et le Dey d'Alger, le 5 juillet 1830, stipulait : « L'exercice de la religion mahométane restera libre. La liberté des habitants de toutes les classes, leur religion, ne recevront aucune atteinte. » Ces paroles ont été religieusement observées.

Il n'est peut-être pas inopportun de dire ici quelques mots sur la religion mahométane, dont plusieurs parlent sans savoir ce qu'elle est.

Les Mahométans adorent Dieu, invisible, immatériel, immense, tout-puissant. Ils vénèrent Mahomet comme le prophète suprême, médiateur entre Dieu et les créatures. Ils croient à la résurrection, au jugement dernier; ils croient à la prédestination de tels ou tels sujets qui arriveront plus tôt au séjour du bonheur, où doivent enfin se réunir toutes les âmes; l'enfer n'étant point une prison éternelle, — n'étant, suivant leurs idées, qu'un purgatoire plus ou moins formidable.

Ne reconnaissant point la Divinité de N. S. Jésus-Christ, ils l'honorent seulement comme un homme animé d'une émanation directe de l'esprit de Dieu, et lui donnent le second rang après Mahomet. Ils croient à l'immaculée conception, à la virginité de sa sainte mère Marie. Ils ont foi aux vertus divines de Jésus-Christ, en ses miracles, mais pensent que Dieu l'enlevant à lui au jour de sa passion, n'a laissé à sa place que Judas, qui fut crucifié sur le Calvaire. Ils respectent l'Evangile, qu'ils n'ouvrent pas, disant que les Chrétiens l'ont falsifié. La *Bible*, principalement les Livres de Moïse et le Psautier, sont pour eux des autorités de premier ordre. Les patriarches de l'Ancien-Testament sont aussi l'objet de leur vénération. Ils racontent sur ces saints personnages des légendes curieuses.

Ils trouvent leur doctrine dans le Coran, qu'ils croient apporté du ciel à Mahomet par l'ange Gabriel. C'est dans ce livre qu'ils ont leur code moral et politique et qu'ils puisent aussi les formes de leur liturgie, qui est très-simple. Ils prient cinq fois dans vingt-quatre heures, à des moments déterminés et à l'appel du moudzin, dont la voix se fait entendre du haut de la tour de chaque mosquée. Le vendredi, vers midi, ils sont tenus de se rendre au plus prochain de ces temples, où ils font en commun les prières et prostrations journalières, et, après un prône et une courte lecture, ils continuent à vaquer à leurs occupations. L'époque du Ramadan, jeûne de trente jours, le pèlerinage de la Mecque, la grande fête du Mouloud (naissance de Mahomet), qui dure sept jours, et celle de l'Aid-Kebir ou Doha, où l'on immole un mouton pour la rémission des péchés, amènent diverses veilles et cérémonies où l'esprit de piété semble pénétrer tous les cœurs.

INSTRUCTION PUBLIQUE. L'instruction publique, en Algérie, est dirigée par un Recteur, dont le siège est à Alger. Il est secondé par deux inspecteurs d'académie et trois inspecteurs primaires, dont un au chef-lieu de chaque province. On comptait, en 1866 — une école préparatoire de médecine et de pharmacie, un Lycée, quatre Colléges communaux, deux Institutions secondaires publiques, une institution secondaire privée, une École Normale primaire, 503 écoles primaires ou salles d'asile.

Des cours supérieurs pour l'enseignement de la langue arabe existent à Alger, Oran et Constantine, et, le 4 décembre 1849, un décret accordait une prime annuelle aux employés des services civils qui pourront justifier, devant un jury d'examen, de leur connaissance de cette langue.

L'instruction musulmane, qui est sous la direction supérieure du Gouverneur général et du Général commandant chaque province emploie un Inspecteur d'instruction publique des établissements arabes-français ouverts aux indigènes. Par décret du 14 Juillet 1850, des écoles arabes-françaises furent créées à Alger, Constantine, Bône, Oran, Blida, Mostaganem et Tlemcen. On les a depuis successivement répandues partout où le besoin s'est révélé. Le décret du 30 septembre de la même année institua, par province, une *medersa*, école supérieure, exclusivement musulmane, destinée à former des *eulama* (jurisconsultes) et dont les professeurs sont payés par le gouvernement. Enfin, il a été créé à Alger, aussi bien qu'à Constantine, un collége impérial arabe-français. Une décision ministérielle a institué, en faveur des musulmans, des salles d'asile pour les enfants, des ouvroirs pour les jeunes filles.

La bienveillance de l'administration, à l'égard des enfants de familles pauvres qui ont bien mérité dans les écoles musulmanes, va jusqu'à entretenir durant trois ans, au moyen de bourses dites *d'apprentissage*, les sujets qui apprennent un métier utile chez un industriel ou un artisan.

En territoire militaire il y a de nombreuses écoles arabes-françaises. Dans les tribus l'instruction est donné par les tolbas. Les trois régiments de spahis ont des écoles régimentaires arabes-françaises dans chacune de leurs smala.

Il sera parlé d'une manière plus détaillée de ces différents établissements et de plusieurs autres que nous avons passés sous silence, lorsque nous décrirons les villes où ils existent.

JUSTICE. Le service de la justice est placé comme en France sous la direction du Ministre de la Justice. Il est exercé par : 1º une Cour Impériale, dont la juridiction embrasse toute l'Algérie; 2º neuf Tribunaux de 1re instance; 3º trente-quatre Justices de paix, dont quelques-unes à compétence étendue (1); 4º des Commissaires civils faisant fonctions de Juges de paix en certaines localités; et, 5º en territoire militaire, les commandants de place, remplissant les même fonctions.

(1) Les Juges de paix à compétence étendue, établis dans les localités les plus éloignées des Tribunaux de première instance, et qui connaissent de toutes actions personnelles et mobilières en matière civile et commerciale, prononcent en dernier ressort jusqu'à la concurrence de 500 fr. et, en premier ressort, jusqu'à la concurrence de 1,000 fr.

Aux termes de l'ordonnance du 26 septembre 1842, les crimes et délits commis en territoire civil par les européens et les indigènes, sont justiciables des tribunaux criminels ordinaires; un décret du 15 mars 1860, a, depuis, enlevé aux Conseils de guerre et également déféré aux Cours d'assises et Tribunaux correctionnels, la connaissance des crimes et délits commis en territoire militaire, lorsqu'ils l'ont été par des européens ou des israélites.

Les Cours d'assises jugent sans l'assistance du jury. Leur tenue a lieu, tous les quatre mois, dans chacun des chefs-lieux d'arrondissement où est établi un Tribunal de première instance, c'est-à-dire à Alger, Blida, Oran, Mostaganem, Tlemcen, Constantine, Bône, Philippeville et Sétif.

Le décret du 15 février 1857 avait soumis à un examen préalable les candidats aux emplois de muphtis, cadis, et autres agents judiciaires musulmans.

Le décret du 31 décembre 1859, qui régularisa la Justice civile musulmane, consacra la surveillance de la Justice indigène par notre magistrature

Le décret du 13 décembre 1866 qui réorganise les tribunaux civils musulmans, dispose, que la loi musulmane régit toutes les conventions et toutes les contestations civiles et commerciales entre musulmans, ainsi que les questions d'État. Toutefois, la déclaration faite dans un acte par les musulmans, qu'ils entendent contracter sous l'empire de la loi française, entraîne l'application de cette loi et en même temps la compétence de la justice française, sous certaines modifications. Les musulmans peuvent également, d'un commun accord, porter leurs contestations devant la justice française ; il est alors statué d'après les principes du droit musulman et suivant des formes déterminées par ce décret. Pour le jugement des appels entre musulmans, il y a une chambre spéciale composée de magistrats français et d'assesseurs musulmans.

ESPRIT DES HABITANTS. Par suite des sentiments de bienveillance naturels aux nations chrétiennes, l'esprit des Européens est favorablement porté à l'égard des Indigènes. On comprend qu'ils aient voulu défendre leur culte et leur pays contre des étrangers que des ambitieux leur désignaient comme hostiles à leurs croyances et à leurs usages. Aussi, après la victoire, après la soumission, les rapports se soudent immédiatement, sous les auspices de la loyauté française. On travaille ici beaucoup plus qu'ailleurs, par une surexcitation naturelle qui vient du climat, et encore par le désir impatient de voir établi ce que l'on crée. Un goût très-prononcé pour le plaisir se développe en compensation des labeurs. La mise des hommes est généralement soignée ; celle des femmes devient coûteuse. Elles recherchent avec empressement les occasions de se montrer, et la religion, tenue avec pompe et grandeur, leur fournit, comme partout, un moyen d'effet qu'elles ne négligent point. Peu de Français suivent sérieusement le culte. L'époque où l'on souffre une moralité douteuse dans une colonie est passée ; cet état de choses est dû à de dignes exemples offerts en haut lieu. La volonté d'augmenter le bien-être absorbe presqu'entièrement cette foule, qui est venue chercher une place plus belle au soleil, et laisse pourtant subsister en elle une très-chaude sympathie pour les malheurs personnels, causés par les événements de la vie. Un habitant de l'Algérie rencontre avec bonheur en France ou ailleurs, un homme qu'il n'a fait qu'entrevoir dans sa patrie d'adoption. Une gratitude justement acquise est vouée aux hommes de guerre, aux génies organisateurs, à quiconque fait quelque chose pour le bien de la colonie; on s'intéresse à eux, on ne les oublie jamais; l'inverse est en même proportion.

La nouvelle du prochain voyage du Chef de l'Etat sur nos plages africaines, fit tressaillir le sol d'une joie universelle, et la présence auguste de l'Empereur et de l'Impératrice en 1860, la seconde visite impériale en 1865, durant laquelle de nombreuses excursions ont pu être effectuées par Sa Majesté dans tous le pays, ont fait naître les plus riantes espérances.

PROPRIÉTÉ. Sous la date du 22 avril 1863 fut rendu un sénatus-consulte dont la partie générale peut être ainsi analysée, — la reconnaissance et déclaration de propriété en faveur des tribus, relativement aux territoires qu'elles occupent; — la division immédiate entre les douars (fractions de tribus) des terres de la tribu, avec faculté pour ces douars de vendre d'après des conditions déterminées par un règlement d'administration publique; — Enfin, le plus tôt et partout où faire se pourra, la répartition du territoire des douars en propriétés individuelles. — Un décret impérial, en date du 10 décembre 1864, relatif à la vente à prix fixe et à bureau ouvert des terres domaniales propres à la colonisation en Algérie, à réglementé sur de nouvelles bases leur aliénation, dont le décret du 25 juillet 1860 autorisait la concession. Le prix de chaque lot à vendre est fixé par le Gouverneur général, le Conseil du Gouvernement entendu. Ce prix est payable par cinquièmes : le premier cinquième au moment de la vente, et les autres d'année en année. L'intérêt légal, en Algérie, est dû pour la partie du prix non payée comptant.

Ce système est avantageux, surtout pour les personnes qui, ayant quelques avances, veulent sérieusement s'établir en Algérie, parce qu'il leur évite les lenteurs inhérentes à la délivrance d'une concession et leur permet d'user de suite de leur propriété de la manière qu'ils l'entendent, sans être astreints à aucune des conditions que l'administration avait dû imposer aux concessionnaires à titre gratuit.

TRADUCTEURS ASSERMENTÉS. Les transactions ont lieu souvent entre parties qui parlent des langues différentes, et ont besoin, par conséquent, d'un truchement pour s'entendre. L'arrêté du 2 février 1835 avait pourvu à cette nécessité par l'institution de traducteurs assermentés. L'ordonnance royale du 19 mai 1846, l'arrêté ministériel du 29 du même mois, et enfin le décret présidentiel du 20 novembre 1852 — ont fixé les honoraires qui leur sont alloués pour leurs vacations et rédactions.

DENRÉES. Les denrées sont généralement bonnes en Algérie. Des Commissions sanitaires, créées dans tous les centres de populations, pourvoient à ce que des matières d'une qualité nuisible ne soient pas mises en circulation ; ce qui ne peut pas s'entendre de la falsification de certains liquides que le luxe consomme.

HYGIÈNE. Il faut prendre garde à ne point s'exposer au soleil sans précautions, à l'époque des plus grandes chaleurs. Les ophthalmies sont amenées par l'imprudence de promener et de dormir en plein air aux heures où tombe le serein. L'excitation perpétuelle de tout le corps, que l'activité intempestive des Européens porte à l'extrême, les prédispose à des congestions cérébrales et appauvrit leur organisme : de là viennent des gastrites, des diarrhées. La dyssenterie est souvent la suite de l'abus des fruits ou des liqueurs alcooliques. La tempérance et un soin raisonnable de la santé, pareront à tous ces malheurs.

Il semble donc utile de se maintenir, en Algérie, dans un régime de modération ; ne point prendre l'habitude des breuvages spiritueux et choisir une habitation saine, facile à bien aérer et à maintenir dans un état constant de propreté.

Si, malgré toutes ces précautions, la mort, à laquelle personne n'échappe, venait à frapper quelqu'un de nos lecteurs durant son voyage en Algérie, il pourra dormir tranquille : l'institution, dans le ressort de chacun des Tribunaux de première instance d'Algérie, de curateurs aux successions vacantes, a pourvu à ce que les biens des défunts soient convenablement administrés et rendus aux héritiers; et le décret du 26 mai 1851 a rendu applicable à l'Algérie la législation métropolitaine concernant les cimetières où nous attend le repos.

Aucune maladie contagieuse ou endémique n'a son siège en Algérie. Les Arabes, les Maures, les Juifs, les Nègres, sont exempts de maux qui leur soient héréditaires, et jouissent également d'une bonne santé, aussi bien que les Européens.

LIVRETS D'OUVRIERS. Le décret du 7 mai 1856, rend exécutoire en Algérie la loi du 22 juin 1854, sur les livrets dont les ouvriers des deux sexes sont tenus de se pourvoir auprès des Maires.

BANQUE DE L'ALGÉRIE. L'assemblée nationale a adopté d'urgence la loi du 4 août 1851 qui a fondé, à Alger, une banque d'escompte, de circulation et de dépôt, sous la désignation de *Banque de l'Algérie*, au capital de 3 millions de francs, représentés par des actions de 500 francs. Un décret du 30 mars 1861 a permis que le capital fût porté à 10 millions. La Banque est autorisée, à l'exclusion de tous autres établissements, à émettre des billets au porteur de 1,000, 500, 200, 100 et 50 francs, remboursables à vue au siège de la Banque ou de ses succursales, Oran et Constantine. Par récente décision ministérielle, les fonds des trésoriers-payeurs des trois provinces sont déposés à la Banque de l'Algérie, qui en a le libre emploi, et en conséquence, MM. les trésoriers-payeurs prennent le titre de Commissaires du Gouvernement au sein du Conseil d'administration.

Les opérations de la Banque consistent :

A escompter les lettres de change et autres effets à ordre, ainsi que les traites du trésor public, ou sur le trésor public et les caisses publiques ;

A escompter des obligations négociables ou non négociables, garanties par des récépissés de marchandises déposées dans des magasins publics, par des transferts de rentes ou des dépôts de lingots, de monnaies ou de matières d'or et d'argent ;

A prêter sur effets publics, en se conformant à la loi du 17 mai 1834 et à l'ordonnance du 15 juin suivant ;

A recevoir en compte courant, sans intérêts, les sommes qui lui sont déposées ; à se charger, pour le compte des particuliers ou pour celui des établissements publics, de l'encaissement des effets qui lui sont remis, et à payer tous mandats et assignations, jusqu'à concurrence des sommes encaissées ;

A recevoir, moyennant un droit de garde, le dépôt volontaire de tous titres, lingots, monnaies et matières d'or et d'argent ;

A émettre des billets payables au porteur et à vue, des billets à ordre et des traites ou mandats.

La Banque reçoit à l'escompte les effets à ordre, timbrés, payables en Algérie ou en France, portant la signature de deux personnes au moins, notairement solvables et dont l'une au moins est domiciliée à Alger ou au siège d'une des succursales. L'échéance de ces effets ne doit pas dépasser cent jours de de date ou soixante jours de vue.

Le taux des escomptes est fixé à 6 p. 0/0 par an.

Pour les encaissements opérés à l'extérieur, la Banque est autorisée à percevoir un droit de commission qui sera fixé par le Conseil d'administration.

CRÉDIT FONCIER. Le privilége accordé au crédit foncier de France, est étendu au territoire de l'Algérie.

Les prêts faits par le crédit foncier aux propriétaires d'immeubles situés en Algérie, ne peuvent dépasser cinq pour cent de la totalité des prêts à eux effectués sur le territoire continental de France. Ces prêts sont réalisés en numéraire; ils sont remboursés par annuités comprenant : 1° l'intérêt (8 p. 0|0); 2° la somme nécessaire pour amortir la dette dans le délai de 30 ans au plus : 3° les frais d'administration (1 f. 20 c.).

Pour les emprunts d'une durée moindre de 30 ans, l'annuité est établie sur les mêmes bases que ci-dessus.

CAISSES D'ÉPARGNES. Des décrets successifs ont approuvé la fondation de Caisses d'épargnes à Alger (1852), à Bône et à Philippeville (1844), à Oran et Constantine (1855).

Sont déclarés applicables à l'Algérie les lois, ordonnances et décrets qui régissent, dans la métropole, les caisses d'épargne et de prévoyance. Ces caisses reçoivent en dépôt les sommes qui leur sont confiées par les personnes qui désirent y verser leurs épargnes.

Les dépôts sont reçus depuis 1 franc et produisent intérêt (5 p. %) de cette somme à partir du jour de la semaine suivante correspondant au jour du dépôt. On ne peut déposer plus de 300 francs à la fois, et on ne reçoit plus d'argent du même déposant lorsque les dépôts successifs ont atteint, en y comprenant les intérêts, le capital de mille francs.

TÉLÉGRAPHIE ÉLECTRIQUE. Depuis le 31 octobre 1857, la communication immédiate de l'Algérie avec Paris, au moyen du câble électrique sous-marin, est établie. Le fil partant du cap de Garde, près de Bône, atteint Marsala en Sicile, joint le cap Spartivento, à l'extrémité S. de la Sardaigne, passe par Cagliari ; de ce point un fil va sur Malte et Corfou, la Corse, la Spezzia en Piémont, Turin, Chambéry et Marseille.

En Algérie le développement total du réseau des fils électriques a plus de 3,000 kilomètres qui se prolonge en Tunisie, sur une étendue de 500 kilomètres exploitée par les soins de l'administration télégraphique algérienne.

Tarifs officiels pour une dépêche simple de 20 mots
(ADRESSE ET SIGNATURE COMPRISES.)

Entre deux bureaux de la même province d'Algérie... 1 00

Entre deux bureaux de provinces différentes d'Algérie. 1 50
Entre un bureau d'Algérie et un bureau de Tunisie.... 2 00
Entre un bureau d'Algérie et un bureau de France.... 8 00
Même taxe pour la correspondance échangée avec la Corse.

Toutes les taxes ci-dessus sont augmentées de moitié pour chaque dizaine, ou fraction de dizaine de mots en sus de vingt.

Les bureaux d'Alger, Constantine, Oran, sont ouverts de jour et de nuit, les autres sont à service limité, c'est-à-dire ouverts de 9 heures du matin à 7 heures du soir.

CHEMINS DE FER. Le décret du 8 avril 1857 ayant créé en Algérie un réseau de chemins de fer embrassant les trois provinces, la ligne d'Alger à Blida est livrée à l'exploitation. Les travaux d'exécution pour l'ouverture de sections nouvelles se poursuivent avec grande activité par la compagnie de la Méditerranée.

POSTES. Le service des postes dépend du Gouvernement général, quant aux questions d'organisation, et du Ministère des Finances, quant au personnel et à l'application des règlements et instructions qui régissent le service en France.

NAVIGATION COMMERCIALE. Les arrivages, en 1864, ont été de 3561 navires, jaugeant 465,845 tonneaux, avec 45,808 hommes d'équipage. Dans ce nombre, les navires venant des ports français de la Méditerranée entrent pour 1295, jaugeant 294,656 tonneaux et portant 24,679 hommes, — les navires venant des ports français de l'Océan pour 26, jaugeant 3,694 tonneaux, portant 204 hommes; — les navires venant des pays étrangers pour 2,240, jaugeant 167,495 tonneaux, portant 20,925 hommes d'équipage.

Il est sorti des ports de l'Algérie durant la même

période, à destination de France, — Méditerranée — 1,125 navires, jaugeant 272,367 tonneaux, montés par 23,583 matelots; Océan, 183 navires, jaugeant 29,280 tonneaux avec 1,453 hommes ; à destination de l'Étranger, 2,193 navires de 160,702 tonneaux, ayant 20,363 hommes d'équipage.

Les pays étrangers avec lesquels la Colonie a entretenu le plus de relations maritimes sont l'Angleterre, l'Italie et l'Espagne.

Le commerce de cabotage entre les ports de l'Algérie a participé au mouvement ascensionnel de la navigation coloniale. On a constaté l'entrée dans ces ports, en 1864, de 508,738 quintaux métriques, et un égal poids d'exportation (fait singulièrement remarquable qui, d'ailleurs, est en augmentation de 1,516 quintaux sur l'année précédente). Les céréales, les huiles, les boissons et en général toutes les denrées alimentaires, forment les principaux éléments de cette navigation.

MOUVEMENT COMMERCIAL. Les importations s'élèvent en 1864 (valeurs officielles) à 136,458,793 fr. La France a envoyé pour 121,410,361 fr. et l'Étranger pour 15,048,432 fr. Les exportations de l'Algérie ont été, sur la France de 80,262,225 fr. et sur l'Étranger, de 17,805,129 fr. Les recettes de toutes natures réalisées par le service des Douanes ont été en 1865 de 5,950,832 fr. — dont 2,424,414 fr. pour le Trésor et 3,526,398 fr. au titre de l'octroi de mer, perçu au profit des communes. Les marchandises soumises au tarif général des Douanes payent en moyenne, à l'entrée, 4f 39c p. % — et les denrées alimentaires et autres, imposées au titre de l'octroi de mer, acquittent un droit de 13f 43c p. %.

Voici maintenant la nomenclature des principales marchandises qui forment la matière du mouvement commercial de l'Algérie :

1° IMPORTATIONS. — Tissus de coton, de laine, de soie, de lin et de chanvre ; peaux préparées et ouvrages en peaux ; ouvrages en métaux ; merceries ; matériaux de construction, fonte, fer et acier ; bois à construire bruts ou équarris ; bois sciés ; houille ; viandes salées ; saindoux ; fromages ; poissons ; farines ; pommes de terre ; légumes secs et leurs farines ; riz ; fruits frais, secs ou tapés ; fruits oléagineux ; sucre brut, sucres raffinés ; cafés ; tabacs ; huile d'olive, de graines grasses ; savons ordinaires ; acide stéarique ouvré ; vins de toute sorte ; eaux-de-vie et alcools ; poterie de terre grossière, faïence, porcelaine et grès commun ; librairie, papier carton ; meubles.

2° EXPORTATIONS. — Chevaux, bestiaux ; bêtes à laine ; autruches ; sangsues ; peaux brutes ; laines en masse ; soie ; cire brute ; graisses de toute sorte ; poissons de toute sorte ; corail brut ; sabots et cornes de bétail ; blé, orge, maïs, avoine, farines ; pain et biscuit de mer ; légumes secs ; fruits frais, secs ou tapés ; tabac en feuille ; tabac fabriqué ; huiles d'olive ; fourrages ; drilles ; minerai de cuivre, de plomb auro-argentifère, d'antimoine ; marbres ; coton ; vannerie ; crin végétal et feuilles de palmier-nain.

INDUSTRIE. Les principales industries des populations indigènes consistent : 1º dans la fabrication des vêtements à l'usage des hommes et des femmes de la contrée : kaïcks en laine, et aussi en soie et laine; mouchoirs (foutah) de laine; gilets (fremlah) de velours brodé; gandoura en laine; pantouffles en maroquin jaune; babouches en velours chargées de broderies; anneaux de jambe, bracelets en argent repoussé; passementeries en soie et or; burnous blanc, gris, rayés, noirs de Mascara; chapeaux en plumes d'autruche; 2º tout ce qui constitue l'équipement des cavaliers : ceinturons, gibernes, porte-pistolets en maroquin et velours brodés d'or; sabres, avec fourreaux en maroquin ou en argent; platines, bois de fusils incrustés d'argent, de corail, de nacre et d'ivoire, éperons chevaleresques; 3º le harnachement des chevaux : selles arabes, en bois, recouvertes de cuir ou velours, richement brodées d'or ou d'argent, couvertures de cheval; 4º l'aménagement des tentes et des maisons : nattes en laine et en alpha, tapis en haute laine, en drap brodé; étoffes et coussins pour tentes; tentes (kouba) en toile; drap et passementerie de soie; peaux de chèvres teintes; lanternes peintes en fer blanc, de forme orientale; étagères en bois peintes de couleurs tranchantes et de fleurs impossibles; œufs d'autruches ornés d'arabesques, entourés de passementeries d'or et de soie; éventails de plumes d'autruche, brodés et brillantés de canetille et de clinquant; porte-monnaie, porte-cigares de même genre; têtes de pipes dorées et tubes en bois de jasmin ; vannerie, paniers, corbeilles, plats et cuillères de bois.

Par décret du 15 octobre 1866, l'Empereur a autorisé la Société anonyme formée à Paris sous la dénomination de *Société générale Algérienne,* ayant pour objet l'exécution de grands travaux publics et d'opérations agricoles, industrielles et commerciales en Algérie. Malgré l'opposition qui a été faite dans une partie de la presse parisienne, le public a souscrit 200,000 obligations et 54,000 actions.

L'Algérie exposant des produits si variés, et aussi, les productions si riches de son sol, doit fixer l'attention générale et acquérir toutes les sympathies. Cette colonie née d'hier au milieu de mille vicissitudes, étale déjà les éléments qui font la prospérité d'un grand pays. A la faveur d'un si beau spectacle la France sortira entièrement de ses doutes et de ses incertitudes à l'égard de sa nouvelle possession africaine, et son appui lui sera généreusement payé un jour par cette terre qui fut, au temps antique, une des plus belles portions de l'Empire Romain.

FIN DE L'INTRODUCTION.

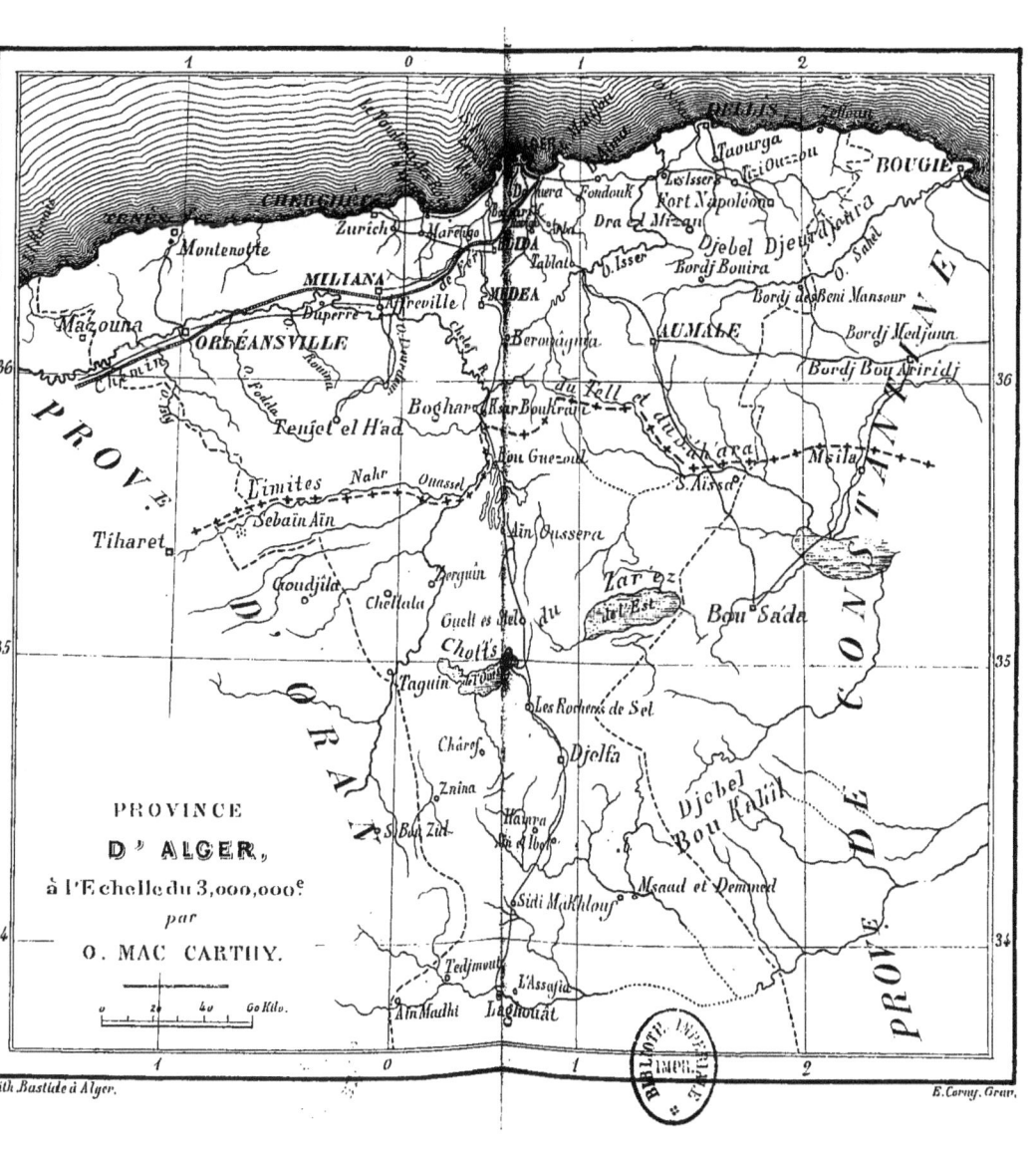

PROVINCE D'ALGER.

DE LA PROVINCE D'ALGER EN GÉNÉRAL.

SITUATION, LIMITES, ÉTENDUE. La province d'Alger comprend, le long de la Méditerranée, l'étendue de côtes qui serpente du cap Corbelin par 1°15' de longitude orientale, au cap Magraoua par 1°50' de longitude occidentale, — et se prolonge au S. entre les deux lignes sinueuses que forment les limites des provinces de Constantine à l'E., et d'Oran, à l'O., jusqu'au grand Désert. Sa superficie totale est de 19 millions d'hectares dont 3 millions dans les steppes, 13 millions dans le Tell, et 3 millions dans le Sahara.

MONTAGNES. Les masses qui dominent les vallées hautes, et s'avancent de l'E. à l'O. sont :

Le Dira, entre Dellys et Bousada;

Le Djeurdjeura, qui règne au N. de Hamza, et s'étend jusque vers Bougie ;

Le Mouzaïa, qui domine, au S., le bassin de la Métidja ;

Le Zakkar, qui s'élève un peu au N. de Miliana, entre le bassin de la Métidja et celui du Chélif ;

L'Ouarensenis, qui détermine le large coude du Chélif;

Les masses qui bordent le littoral et dominent les vallées basses, sont :

Le Tamgout, entre Bougie et Alger ;

Le Chenoua, près de Cherchell ;

Le Dahra, entre Ténès et Mostaganem.

PLAINE ET LAC. La plaine de la Métidja, qui a 96 kil. de long, sur une largeur moyenne de 22, est encadrée, au S., par l'Atlas, et au N.-O., par le Sahel d'Alger ; elle présente environ 211,200 hectares de terres cultivables.

Le lac Haloula, qui s'étendait à son extrémité occidentale et occupait une superficie de 8 kilom. de long sur un de large, a été desséché, par la dérivation de l'Oued-Djer dans le Bou-Roumi, et autres travaux qui feront succéder une riche plaine répandant la vie à des eaux croupissantes qui étaient une cause permanente de fièvres pour les riverains.

D'autres travaux de dessèchement ont été opérés aux marais de l'Oued-Tletat dans la Métidja, — aux environs de Bir-Rabalou, et près d'Aumale.

RIVIÈRES. Les cours d'eau les plus considérables sont, de l'E. à l'O. :

L'oued Sebaou, qui traverse la Kabylie de l'E. à l'O.; il a son embouchure à l'O. de Dellys;

L'Isser, qui a son embouchure entre le cap Bengut et le cap Matifou. Ses principaux affluents sont : l'oued el-Berber, l'oued el-Mela, l'oued Boukhelfoun, l'oued el-Arba, l'oued Zagroua, l'oued Souffate;

L'Harrach, qui a son embouchure au fond de la baie d'Alger, et prend sa source au versant N. du Djebel-Ouzra, près de Médéa;

Le Mas'afran, qui a son embouchure au N.-E. de Koléa, à 8 kilom. de Sidi-Feruch. Les principaux affluents qui le composent, sont : l'oued el-Hammam, la Chiffa, l'oued Sidi-el-Kebir, l'oued Djer;

Le Chélif, le fleuve le plus considérable de l'Algérie, qui prend sa source aux confins du Sahara, et s'avance du S. au N., avec des détours rapprochés, pour dévier à l'O., en décrivant une courbe de plus de 240 kilom. Il rentre dans la province d'Oran, après avoir reçu, à droite : l'oued el-Had, l'oued Melah, l'oued Harbîl, l'oued Tsagaret, l'oued Ebda, l'oued Akheh, l'oued el-Khamis, l'oued Bou-Kahil, l'oued Taria, l'oued Ras; et, à gauche : l'oued el-Kantara, l'oued Ouellezan, l'oued el-Dir, l'oued Djemma, l'oued Djelia, l'oued Tleta, l'oued Rouina, l'oued Bougem, l'oued Fodda, l'oued Tsir'aout, l'oued Belbous, et d'autres ruisseaux.

Les autres cours d'eau de quelqu'importance sont encore de l'E. à l'O. : l'oued Bou-Merdas, l'oued Hamiz, entre l'Isser et le cap Matifou; l'oued el-Hachem, entre le ras el-Hamouch et Cherchel ; l'oued Mousselmoum, l'oued Sebt, l'oued Khames, l'oued Bou-Ghoussem, l'oued Bou-Ecghell, entre Cherchel et Ténès.

RIVAGES, CAPS ET ILES. Dans l'exploration que nous allons faire, nous suivrons la route tracée par M. Bérard, capitaine de corvette, dans sa *Description nautique de l'Algérie,* dont nous empruntons tous les détails spéciaux contenus dans cet ouvrage. Ce savant officier a regardé Alger comme le point central auquel aboutissent toutes les communications qu'on peut avoir avec les autres parties du littoral. Il a donc supposé qu'on part de ce port, qu'on visite les côtes de l'E., et que, dans une autre course, on voit celles qui sont à l'O.

Le cap Matifou est formé par des terres basses, il occupe un espace de 2 mille, à 1/4 de mille ; à l'E., on voit un groupe de petits rochers d'un brun presque noir, dont le plus remarquable appelé Sandja, a environ 8 à 9 mètres d'élévation. Il y a des jours où le mirage le fait paraître très-grand. Le cap Bengut est formé par trois montagnes : le Bouberak, au milieu, dont le sommet paraît avoir 600 mètres de hauteur, et les monts Dellys et Ginet. Au pied de ce dernier est le Port des Poules *(Mers-el-Djadj)*. Dellys est assis sur des terrains élevés. A partir de la pointe qu'elle prolonge en mer, la côte suit à peu près une direction E.-N.-O., sans sinuosités bien remarquables. Le cap Tedlès forme cependant une saillie rocheuse ; il est peu élevé. La terre la plus saillante qu'on rencontre est le cap Corbelin, assez élevé, d'une couleur roussâtre et facile à reconnaître par les bandes inclinées que forment les diverses couches de rochers dont il est composé. A l'O. de ce cap on trouve une petite baie et un mouillage pour les vents d'E., appelé *Mers-el-Fahm* (Port au Charbon).

Arrivé à ce point extrême de la limite E. de la province d'Alger, nous reviendrons à la capitale, d'où nous sommes partis, et nous poursuivrons notre exploration de la côte vers l'O.

Le cap Caxine est cette masse de terre qui s'avance à l'O. de la baie d'Alger, dont le Bou-Zarriia est le sommet le plus élevé, et la Pointe-Pescade l'extrémité la plus saillante vers le N. Il se termine à la mer par des couches de rochers qui sont taillés à pic presque partout, excepté vers la Pointe-Pescade où il descend par une pente douce jusqu'à fleur d'eau. On voit les hautes montagnes qui sont situées au-delà de la Métidja, et il est impossible de confondre le mont Mouzaïa avec le Beni Salah, dont il est séparé par la vallée connue sous le nom de coupure de la Chiffa. A l'E. de la Pointe-Pescade, la côte s'arrondit peu à peu vers le S. Elle est très-dentelée et bordée de débris de rochers. A 2 milles et demi, il y a une falaise plus élevée que le reste de la côte, d'une couleur jaune et rousse, qui s'avance un peu au N. C'est ce qui est le plus communément appelé cap Caxine. On voit des carrières avant le Ras-el-K'nateur, qui est une pointe basse ; la côte après, tourne au S. et forme ensuite une grande anse.

Il y a une petite crique que les Algériens ont appelé le Port-Calfate ; la mer y est arrêtée par quelques falaises rocailleuses, après lesquelles vient une plage immense qui va rejoindre sans interruption la presqu'île de Sidi-Feruch. Cette presqu'île est large d'environ un tiers de mille. Elle s'avance d'un mille vers le N.-O., et forme ainsi deux baies très-ouvertes, remarquables par les grandes plages et les dunes qui les bordent ; elle est défendue, du côté de la mer, par une bande de rochers escarpés, qu'on peut approcher de très-près. A la partie N.-E., il y a une île de peu d'étendue et de hauteur, qui laisse un passage si étroit qu'on peut le franchir à pied sec. A la pointe S.-O., on voit d'abord, à une très-petite distance, deux îlots plats, et plus loin, deux autres semblables, entre lesquels les embarcations légères peuvent passer. C'est dans la baie du S.-O. qu'est venu mouiller, en 1830, l'armée française qui a fait la conquête d'Alger. La côte, à partir de là, suit une direction générale vers le S.-O. Elle est peu élevée. Fouka est assis sur une hauteur. On voit, au-dessus, le Tombeau de la Chrétienne, monument célèbre, situé à 16 kil. plus loin au S.-O., dans l'intérieur. Une baie assez ouverte s'offre ensuite ; une petite rivière s'y jette. A 1 mille plus vers l'E., auprès d'une petite pointe, on voit les ruines de Tipassa. Les terres qui forment le Ras-el-Hamouch, sont hautes ; elles occupent une grande surface de l'E. à l'O. La montagne principale, dont le sommet a 900 mètres de hauteur, est le Chenoua. A son extrémité la plus avancée, vers le N., on voit l'île Berinchel, rocher d'environ 20 m. de hauteur, d'un accès peu aisé, au sommet duquel il est resté un peu de terre végétale avec quelques plantes, des raquettes surtout ; sa distance au cap est de plus d'une encâblure. Le cap est souvent couvert de nuages, ce qui lui donne un aspect sombre. De Cherchel au cap Ténès, la côte suit une ligne presque régulière vers l'O., les terres de l'intérieur vont graduellement en s'élevant. A 1 mille et demi de la côte, il y a un rocher noir, à peine hors de l'eau de 2 mètres, qui est connu sous le nom de Achak (l'île des Amoureux). Lorsqu'on approche du cap Ténès, à la distance de 10 milles, on s'aperçoit que la côte présente quelques sinuosités plus profondes. Le cap Ténès est formé par une grande masse de roches escarpées qui occupe, de l'E. à l'O., une longueur de 3 milles ; il est plus avancé que les autres points de la côte.

La côte, à partir de Ténès, est assez droite, elle s'arrondit ensuite peu à peu en tournant vers le S.-O., et en faisant quelques sinuosités jusqu'à l'île Colombi ou Palombas. C'est un rocher d'une petite étendue, de 26 mètres de hauteur, éloigné de la côte de moins d'un demi-mille. On lui a donné ce nom à cause de la grande quantité de pigeons qui viennent l'habiter. Après l'île Colombi la côte se courbe vers le S.-O., formant une rentrée peu profonde, mais d'une grande longueur, et bordée d'une belle plage. Cette grande baie est fermée par la pointe Magraouta, qui marque, sur la côte, la limite occidentale de la province d'Alger.

TEMPÉRATURE. La température de la province d'Alger est généralement plus supportable que celle des deux autres provinces, sa plus grande étendue s'évasant au N. sur les côtes, et l'élévation de son sol n'étant pas aussi grande que celle de la province de Constantine, où l'on souffre, par conséquent, des grands froids en hiver. Son territoire cultivable et habitable n'est pas non plus autant prolongé vers le S. que celui de la province d'Oran, où de fortes chaleurs se font ressentir.

CULTURES. Les Européens et les Indigènes du territoire civil, formant une population agricole de 120,000 âmes, savoir : 53,000 Européens et 67,000 Indigènes, ont ensemencé en 1865-1866, une superficie de 95,000 hectares de céréales, dont le rendement total est approximativement évalué à 540,000 hectolitres de grains, déduction faite de la part des sauterelles qui ont dévasté la province. En 1864-1866 — les superficies couvertes en céréales avaient embrassé 91,000 hectares et donné un rendement de 700,000 hectolitres de grains. Le territoire militaire contient une population agricole de 740,000 âmes, qui a ensemencé une superficie totale de 500,000 hectares de céréales, dont le rendement approximatif est estimé à 1,000,000 d'hectolitres de grains.

En 1865, 2,665 hectares ont produit 2,320,000 kilog. de tabacs — savoir : 1,722,000 kilog. chez les colons, et 598,000 kilog. chez les Indigènes, qui ont rapporté aux planteurs 1,455,000 fr., chiffres ronds. C'est 62 fr.

70 cent. les 100 kilog. La qualité laisse toujours à désirer.

720 planteurs européens et 47 indigènes ont ensemencé, en 1866, 807 hectares qui ont produit 217,000 kilogrammes de coton brut, lesquels à l'égrénage ont donné 45,570 kilog. de coton net, longue soie presque exclusivement. Au prix moyen de 10 fr. le kilogramme, cette quantité représente une somme de 455,700 fr.

En 1866, — 700 hectares ont été ensemencés en lin de Riga ou d'Italie, et ont généralement été épargnés par les sauterelles. Il n'en est malheureusement pas de même du colza qui a été, partout, à peu près, entièrement ravagé. — On avait consacré 743 hectares à cette culture.

304 éducateurs de vers à soie ont opéré, en 1865, sur 16 kilog. 633 grammes de graines, qui ont produit 11,726 kilog. de cocons ; au prix moyen de 6 fr. le kilogramme, cette quantité représente une somme de 70,356 fr., seulement. L'industrie séricicole, favorisée par des appareils mis à la disposition des colons, et par des soins mieux entendus, permettra sans doute de constater plus de succès à l'avenir.

La situation de la vigne est toujours de plus en plus intéressante. Voici les résultats de la campagne 1865 : — 1,923 européens possédant 2,671 hectares de vignes, ont obtenu 99,244 hectolitres de vin, — et 358 indigènes, possédant 256 hectares, mais ne se livrant pas à la fabrication du vin, ont récolté et versé dans la consommation 260 quintaux métriques de raisins.

On comptait dans les communes du département d'Alger, en 1865, — 164,000 oliviers greffés, et en Kabylie, 370,000.— La récolte avait été de 291,365 kil. d'olives et de 1,468 hectolitres d'huile, pour le territoire civil seulement.

Il y a 105,500 pieds d'orangers en plein rapport. — En 1865, la province d'Alger a fourni 3,129 kilog. de graines forestières pour le reboisement des montagnes du midi de la France.

Le dommage occasionné aux cultures par les sauterelles a été estimé à 13,868,337 fr. de perte.

Plus de 210,000 hectares de forêts ont été reconnus, ils consistent principalement en :

32,400 hect. au bois de l'Ouarensenis, à 30 kil. O. de Teniet el-Had ;

18,000 — au bois de Soumata, à 18 kil. de Blida ;

14,400 — à la forêt des Beni Hassen et des Ouleds Anteur, près de Boghar ; le Chelif la partage en deux ;

10,000 — à la forêt de Ksenna, à 12 kil. E. d'Aumale, et, à l'O. du même point, 3,000 hectares encore ;

8,000 — au bois d'Aïn Kara et de l'Oued Dardar inférieur, à 32 kil. S. de Miliana ;

7,500 — au bois de l'Oued el-Belalle ou Dardar supérieur, à 50 kil. de Miliana ;

6,198 — à la forêt des Ouled Iounès, Ouled Abdallah, Ouled Ouffrid, aux environs de Ténès et d'Orléansville ;

6,000 — au bois des Beni Menasser, à 30 kil. S. de Cherchel ;
5,600 — au bois des Mouzaïa, à 9 kil. O. de Blida ;
5,200 — à la forêt d'Aïn Talazid, à 5 kil. S.-E. de Blida ;
4,000 — à la forêt du Djebel Tigremont, à 30 kil S. de Souk el-Had, chez les Beni Khalfoun (Kabylie) ;
4,000 — à la forêt de Teniet el-Ahd, à 3 kil. du poste ;
3,200 — à la forêt de Timezaret, chez les Flissa ;
3,000 — au bois des Ouzraz, à 12 kil. N. de Médéa ;
2,400 — au bois des Attaf, à 6 kil. O. de Miliana ;
1,200 — au bois de Medjedja, à 12 kil. N.-O. d'Orléansville ;
1,800 — au bois de Burouïs, à 24 kil. S.-E. de Cherchel.

Les bois du Massafran, du Boudouaou, de Beni Sliman, de l'Arba, sont encore les étendues boisées les plus importantes de la province d'Alger. Les forêts du Djeurdjeura sont peu connues, et leurs nombreux massifs restent à déterminer.

MINÉRALOGIE. Neuf mines concédées comprennent une étendue totale de 18,930 hectares 50 centiares. — La mine de fer des Gourayas a expédié, en 1865, une quantité de minerai représentant une valeur de 50,474 fr. 80 cent. ; celle de Souma, pour 311,570 fr. 42 cent. — Elle a produit à l'exploitation, en 1866 — 16,396,123 kilog. de minerai. — A Beni Ak'il on extrait le cuivre gris, à Mouzaïa, le cuivre gris et fer, à l'Oued Allelah, à l'Oued Tasfitales, à l'Oued Merdja, localités voisines de Ténès, et au cap de ce nom, — le cuivre pyriteux.

Parmi les gîtes minéraux qui présentent quelque importance, on distingue :

Les gîtes de minerai de cuivre de Sidi Bou Aïssi de l'Hammam R'ira ; — de minerais de cuivre et de fer du Djebel Hadid ; — de cuivre et de plomb de l'Oued Bou Hallou et de l'Oued Aïdous ; — de cuivre de plomb et de zinc de Dalmatie ; — de cuivre gris argentifère de l'Oued Tabrida ; — de fer avec pyrite de cuivre aux environs du marabout de Sidi Abder-Rahman ; — de fer bleuâtre du Djebel Temoulga ; — de fer, de cuivre et de plomb de l'Oued Rehan, d'Aïn Kerma et des Zaccar R'arbi ; — de plomb de l'Oued Fod'd'a, au pied nord de l'Ouarensenis. Le gîte de zinc carbonaté, associé à de la blende et à de la baryte sulfatée, au sommet des montagnes du même canton. Le gîte de galène dans les roches cristallines de la Bou Zarriia, auprès de la Pointe-Pescade, et de galène argentifère des environs de Tizi-Ouzzou. Le gîte de soufre à 40 kil. O. de Boghar, près du marabout de Sidi Bou Zid. Les filons ferrugineux du versant N. du Djebel Mermoucha, à peu de distance de la plaine de la Metidja. Le lignite du Bled Bou Frour, entre Ténès et Orléansville ; l'affleurement de combustible minéral sur la rive gauche de l'Oued Taskroun, à 4 kil. S. de Medéa ; le bois fossile d'Aïn el-Ibel. Les terrains salpêtrés de Msad, à 70 kil. de Laghouat. Le basalte de Dellys, pour pouzzolane ; la pouzzolane de Teniet el-Ahd ; le calcaire hydraulique du Ravin-des-Voleurs, à 12 kil. de Marengo.

Il y a quarante gîtes de plâtre ; des carrières de marbres précieux : marbre blanc de l'Oued Rouman, contenant des émeraudes, à 16 kil. E. de Blida ; marbre gris à filets rouges, au Fondouk, à 36 kil. E.-S.-E. d'Alger ; marbre du cap Matifou, gris jaunâtre, veiné de rouge et blanc zôné de bleu, à 15 kil. E. d'Alger ; marbre de Djelfa, à 240 kil. d'Alger, calcaire cristallisé de diverses nuances ; marbre cervelas de Laghouat, à 312 kil. d'Alger. Les carrières de toute nature exploitées en 1855 étaient au nombre de 103. Elles ont produit 137,521 mètres cubes de matériaux divers, valant 619,964 francs sur le lieu d'extraction.

L'administration des mines, le génie ou des particuliers ont fait opérer plusieurs sondages, dont voici le résultat :

DÉBIT EN LITRES PAR SECONDE.

	Profondeur.		Température.
Vallon de Bab el-Oued.	95	eau ascendante.	19° 75
Id.	30	Id.	20 50
Id.	32	Id.	18 00
Id.	77	Id.	19 73
Au Hamma.	50	Id.	»
Id.	87	Id.	»
Birmandrais.	42	Id.	»

	Profondeur.	Litres.		Température.
Méridja............	138	0 30	jaillissante...	25 50
Sidi Moussa........	118		eau ascendante.	»
Ben Tallah.........	81		Id.	»
Id.	200	0 95	jaillissante....	24 00
Baraki............	164	10 00	Id.	24 00
Oued el-Alleug.....	152		eau ascendante.	»
Id.	108	20 00	jaillissante....	22 50
Id.	71	21 00	Id.	22 50
Ferguen...........	89	20 50	Id.	21 60
Bonnery...........	49	30 24	Id.	21 20
Deugla............	53	11 00	Id.	21 20
Bouffarik..........	92		eau ascendante.	»
Lac Halloula.......	55	0 33	jaillissante....	17 50

Les sources salées sont nombreuses. Les eaux minérales sont : source acidule du Frais-Vallon, près Alger, et de Mouzaïa-les-Mines ; source acidule et ferrugineuse d'Aïn Hammama, à 3 kil. N.-O. de Miliana ; les sources thermales de l'Hammam el-Hamé, pour les galeux, dans le cercle d'Orléansville ; — d'Hammam R'ira, à 24 kil. N.-E. de Miliana, où un établissement reçoit les militaires affectés de douleurs chroniques ; — d'Hammam Melouan, dans la vallée de l'Harrach, à 33 kil. S. d'Alger ; — d'Aïn Hammam, à 32 kil. E.-N.-E. du caravansérail de Guelt es-Stel ; — du ksour Zerghin, cercle de Boghar. La source thermale de Berouaguïa, à 32 kil. S. de Médéa.

ZOOLOGIE. Les hyènes sont fort communes dans

cette province, et fort à craindre, aussi bien que les panthères. Ces animaux sont très-audacieux, et pénètrent, à la faveur des broussailles qui couvrent le Sahel, jusqu'au bord de la mer. Les sangliers et les chacals sont aussi nombreux dans les endroits solitaires.

RUINES SOLITAIRES. Un monument d'un haut intérêt est le sépulcre des anciens rois de Mauritanie, communément désigné sous le nom de *Tombeau de la Chrétienne* (Kober-Roumia), situé à 23 kil. de Koléa et à 10 kil. à l'E.-S.-E. de Tipasa. On en donnera la description à l'article ci-après : *Commune de Marengo*.

NOTE HISTORIQUE. Les Hafsites de Bougie en devenant maîtres de Tunis perdirent de leur prépondérance dans le pays que nous nommons la province d'Alger. L'anarchie ne tarda pas à le fractionner en un grand nombre de petits centres d'action, réciproquement hostiles. Profitant de cette situation, les Espagnols s'étaient rendus maîtres de Bougie, où ils étaient venus éteindre la piraterie, lorsque Barberousse les y attaqua. Ils le repoussèrent vigoureusement, mais eurent la douleur d'apprendre bientôt après que ce barbare s'était emparé d'Alger, qui l'avait invoqué à son secours contre leurs compatriotes bloquant son port. Les gens de Ténès accoururent pour venger le meurtre du cheikh d'Alger, indignement assassiné par Barberousse; ils furent battus par lui sur l'Oued-Djer, et Médéa aussi bien que Miliana, restèrent acquis à ses armes. Après la mort de Barberousse, sur les bords du Rio-Salado, son frère Khaïr-ed-Din lui succéda, rendit Tlemsen tributaire, s'empara de Cherchel, et fit hommage de son pouvoir à Sélim, sultan de Constantinople. Les pachas qui furent successivement envoyés pour gouverner, au nom de la Porte Ottomane, prirent leur résidence à Alger; ils en firent le principal repaire des écumeurs de mer. Aussi tous les efforts de la Chrétienté contre la piraterie se sont presque toujours concentrés sur Alger. La puissance des Turcs, souverains du pays, a laissé là aussi les plus profonds vestiges. La province était directement administrée par le pacha qui, en certains cas, nommait un bey de Titri, fraction du territoire presque intégral, à partir des monts de la Mouzaia, et au-delà. Le pacha, se bornant aux soins de la politique générale, confiait quelquefois à l'agha la police de la Metidja elle-même, et, lorsque les Français occupèrent Alger, depuis longtemps la côte, entre cette ville et

Bougie, aussi bien que le massif des montagnes de la Kabylie, étaient sous l'administration de caïds particuliers. La paix fut rarement troublée dans ce lieu de la centralisation de tous les moyens coërcitifs. Toutefois, les tribus des Flissa et les beys d'Oran et de Constantine, eux-mêmes, essayèrent plus d'une fois d'y porter le trouble à main armée.

En 1830, la France ayant à venger un outrage, y vint planter son drapeau sur la côte de Sidi-Ferruch. Maîtresse d'Alger, elle s'avança sur Blida. Au vainqueur, le maréchal de Bourmont, succéda le lieutenant-général Clauzel. Pour dissiper la coalition qui s'était formée dans la province, à l'E., par les prédications du marabout Ben-Aïssa et le concours de Ben-Zamoun, chef des Flissa; à l'O., par les menées de la famille des Embarek de Koléa et du marabout El-Berkani de Cherchel, et principalement par la perfidie de Bou-Mezrag, bey de Titri, d'abord venu à nous comme ami, le maréchal Clauzel marcha sur Médéa et y installa à sa place le maure Mustapha ben Omar. Pour arriver à ce point il avait fallu forcer le passage du Tenia (col de Mouzaia) : au retour il fallut encore combattre dans les rues de Blida même, et l'on comprit que le moment n'était pas venu de placer des postes aussi éloignés du centre de notre puissance nouvellement implantée. Au maréchal Clauzel, qui voulait se borner à l'entière possession de la province d'Alger et de Titri, succéda le lieutenant-général Berthezène, qui ramena notre bey de Médéa, et au retour essuya de grandes pertes au col de Mouzaia. Il crut s'assurer le concours des Arabes en nommant agha Sidi Mohammed ben Embarek de Koléa, et resserra encore les idées de la colonisation dans la banlieue d'Alger. Le lieutenant-général duc de Rovigo, son successeur, eut la gloire d'y commencer les deux premiers villages, Dély-Ibrahim et Kouba. Il châtia sévèrement les traîtres, destitua l'agha et se fit craindre. Bougie, dont la plage avait été ensanglantée par le massacre de l'équipage d'un brick de l'Etat, et qui ne pouvait apercevoir dans ses parages un pavillon chrétien sans lui porter insulte, fut prise; mais les tribus de la Kabylie, qui l'entouraient, ne furent pas soumises. Les Hadjoutes soulevés par l'arabe Abd-el-Kader, dont le personnage religieux avait pris, dans la province d'Oran, un caractère politique, commencèrent leurs brigandages aux alentours d'Alger, et le maréchal Clauzel, revenu au pouvoir, pour la seconde fois, vit avec douleur combien notre puissance était déchue en Algérie, lorsque vainement il voulut, — selon son ancien plan, établir encore des beys à Médéa, Miliana et Cherchel. Les perfides Kabyles de Bougie massacrèrent, dans une embuscade, le trop confiant commandant de cette place; Dellys prit part à la rébellion; enfin, sous le gouvernement du lieutenant-général Damrémont, apparut le traité conclu avec Abd-el-Kader, sur les bords de la Tafna, dans la province d'Oran, en conséquence duquel cet arabe, reconnu émir, était établi maître de l'ancienne province de Titri, dont le périmètre composait, ainsi que nous l'avons dit, la province d'Alger presque entièrement. Abd-el-Kader, dont l'ambition était loin d'être satisfaite de cette immense domination, excita les tribus kabyles à inquiéter le retour à Alger du prince royal, duc d'Orléans, rentrant de la province de Constantine par le passage des Portes de Fer. Le fort de Hamza fut occupé par nos troupes, malgré Ben Salem, chef des Flissa; mais à partir de ce moment, Abd-el-Kader ayant déclaré la guerre sainte, les beys de Médéa et de Miliana vinrent apporter le ravage dans la Mitidja; les Hadjoutes promenèrent la désolation dans les campagnes, et les détachements de nos troupes furent investis et massacrés près des camps de l'oued El-Halleg, de Bou-Farik, de Blida. Le prince royal, accompagné de son frère, le duc d'Aumale, chassa les troupes d'Abd-el-Kader du col de Mouzaia (12 mai 1840); occupa Médéa, Miliana et Cherchel. Plus tard il fallut encore châtier les Beni Menasser, tribu du voisinage de cette dernière ville, où des fanatiques entretenaient de sourds ferments de révolte. Ténès fut occupé; l'influence d'Abd el-Kader fut éteinte dans l'Ouarensenis, après que ses établissements eurent tous été ruinés par le lieutenant-général Bugeaud, gouverneur général. L'ex-émir n'ayant plus d'asile, errait aux limites du désert, traînant à sa suite une population de 12 à 15,000 personnes, qui avaient eu foi en sa fortune; il fut poursuivi et atteint près de Taguin, dans la région des Hauts-Plateaux, par le duc d'Aumale commandant supérieur de Médéa, qui lui tua 300 hommes, fit 3,600 prisonniers, saisit ses drapeaux et son trésor (16 mai 1843). Les restes de sa *smala* tombèrent quelques jours après entre nos mains, aux sources du Chélif et au pied du plateau de Djada, et Abd el-Kader ne dut son salut qu'à la vitesse de son cheval. A la suite de tous ces événements, le gouvernement de l'Algérie estima la province de Titri soumise devant les armes de la France.

Le général Bugeaud, promu à la dignité de maréchal de France, pénétra alors dans la Kabylie et enleva les crêtes des Flissa; durant cette excursion, Dellys fut occupé. Les événements survenus aux frontières du Maroc l'appelèrent dans la province d'Oran. Les révoltes suscitées dans le Dahra, par le jeune arabe Bou-Maza, qui se disait sultan de l'Algérie, par suite de l'investiture d'une société religieuse à laquelle il était affilié, attirèrent, en 1845, un châtiment terrible sur les Ouled Riah, étouffés par le feu dans des grottes impénétrables. L'Ouarensenis fut fouillé de nouveau, les Flissa attaqués, et les montagnes de la Kabylie encore abordées par nos soldats. Abd el-Kader reparaissant dans la vallée de l'Isser, vit son camp enlevé. Chassé du Djurjura, il essuya de nouveaux désastres chez les Ouled Naïls. Hadj Seghir, son lieutenant, agitait encore l'Ouarensenis; le duc d'Aumale désorganisa complètement le pouvoir qu'il s'était créé dans ces montagnes. Bou-Maza fut battu par les troupes de la subdivision d'Orléansville. Le prince, à la faveur des beaux jours revenus, se porta sur l'Ouannouga, et châtia les tribus qui avaient livré passage à l'ex émir, lors de sa fuite vers les Ouled Naïls. A la fin du même mois, le Tell et la presque totalité du Désert étaient soumis à notre loi. A Sour R'ozlan, au S. de la Kabylie, une ville nouvelle, sous le nom d'Aumale, était fondée. Les Arabes, à cette démonstration non équivoque de notre intention de fixer à jamais notre drapeau sur le sol, comprirent que le moment de leur soumission était arrivé, et se mirent en devoir de se rendre à nous.

Les heureux effets de la politique du gouvernement sur le massif de montagnes qui règne du Hamza à la mer, et de Dellys à Bougie, commençaient à éclore. Les gens de la Kabylie venaient journellement offrir leur soumission. Si Ahmed ben Taieb ben Salem, ancien khalifa de l'émir, se rendit lui-même au poste d'Aumale, le 27 février 1847. Le kaïd Bel Kassem Ou Kassi, influent dans le Djeurjeura, suivit son exemple, et il en résulta le réglement de nos relations avec toutes les tribus du revers N. et du revers S. de la grande chaîne rocheuse du Djeurjeura. Ces territoires furent divisés en deux gouvernements, celui de Bel Kassem Ou Kassi, pour le revers N., et le grand bassin du Sebaou, — et celui d'Omar ben Salem, frère de l'ancien khalifa, pour le revers S. Le maréchal Bugeaud quitta Alger, le 7 mai 1847, pour se mettre à la tête d'une colonne dirigée sur Bougie, à travers la Grande Kabylie, et, le 16, châtia sévèrement les Beni Abbès, qui avaient repoussé ses propositions de paix et dirigé une attaque de nuit contre nos troupes. La soumission de ces peuplades termina glorieusement la guerre et le cours des hauts faits du maréchal Bugeaud, qui n'a quitté l'Algérie (le 5 juin 1847), qu'en croyant l'avoir entièrement conquise. En effet, dès le 13 avril précédent, Bou-Maza s'était livré lui-même aux avants-postes d'Orléansville. Ainsi nos adversaires les plus redoutables par leur habileté à faire jouer les ressorts du fanatisme, et il faut le dire aussi, à remuer la fibre sacrée du sentiment national parmi les Arabes, étaient venus jurer la paix entre nos mains et assurer, autant qu'il est en eux, l'établissement de notre puissance sur leur pays.

En 1848, les Arabes, pensant que les troubles de la métropole diviseraient nos forces, se soulevèrent au S. de Médéa, et les Rir'a, les Beni Hassen, aussi bien que les Ouled Naïls, apprirent que nous étions toujours assez forts pour les punir. La tribu de Mzaïa Fouaga, dans la Kabylie, reçoit la même leçon, le 7 juillet. Les Beni Zoug Zoug, près de Miliana, et les Beni Menad sont contenus. Les Ouled Iounès se remuèrent en 1849, et furent activement poursuivis. Si Djoudy, chef des Zouaoua, et le marabout Si Amokran, usèrent de leur influence en Kabylie pour inquiéter les Beni Msaoud, nos aliés, et une expédition, qui finit le 30 mai, rendit à Bougie son importance, après avoir soumis les tribus de la rive droite de l'oued Sahel. Près d'Aumale, les Guechtoula, soulevés par les Marabouts de la Zaouïa (congrégation) de Sidi Abderhaman Boukobrin, sentirent le poids de notre bras. Les Ouled Naïls, dans le sud, s'imaginèrent qu'Abd el-Kader allait reparaître avec un sultan du Sous. Cette illusion leur fut fatale, le 12 juin, aussi bien qu'aux gens du Bou Sif (le 3 octobre), qui avaient accueilli un imposteur se donnant pour Bou Maza échappé de nos mains. Un nommé Bou Bar'la *(l'homme à la mule)*, se révéla, le 10 mars 1850, par le pillage du marabout de Chellata, au moyen des Zouaoua, qu'il conduisit contre nous jusque sous Bougie, où il fut battu (10 mai). La tête du faux Bou Maza, tué le 3 juin, fut envoyée à Miliana. En septembre on occupa Dra el-Mizan, sur les crêtes qui servent de limite aux Nezlioua et aux Guechtoula; et, le 16 octobre, on s'établit à Tizi-Ouzzou *(le col des genêts épineux)*. Les Flissa furent punis le 2 novembre, et Bou Bar'la, leur instigateur, fut partout repoussé par le lieutenant-général Pelissier. Ce général, appelé vers la fin de 1852, par M. le Gouverneur, à Laghouat, où, dès le 1ᵉʳ octobre, le chérif de Ouargla fomentait du trouble, l'assiégea dans cette place, qu'il enleva le 4 décembre, après quelques heures de combat; le même jour il écrasa les L'arba et les Ouleds Naïls, et poussa jusqu'à Aïn Mahdi, où le marabout Tedjini lui fit le plus noble accueil. La Kabylie attira encore nos armes vers le Babor, en mai 1853. — L'année suivante, le Gouverneur s'y transporta, en juin, après avoir fait punir, en avril, les mouvements des tribus du Sebaou. Il opéra entre Dellys et Bougie, et occupa le Sebt, qui est la clef du pays. — Le 26 décembre, Bou Bar'la était tué dans une razia qu'il tentait contre nos alliés. Privés de ce ferment d'insurrection, et interdits sur nos marchés, les Beni Raten firent leur soumission. En octobre 1855, un nouveau chérif apparut sous le nom de Bou Hamara *(l'homme à l'ânesse)*, et n'eut guère d'influence sur eux. Mais, dès les premiers jours de 1856, ils attaquèrent Tizi-Ouzzou, furent repoussés, et, exploitant une querelle entre les partis arabes, sur le marché des Ouadias, levèrent tout-à-fait l'étendard de la révolte, à laquelle Si Djoudy, qui s'était rendu à nous, dès le mois de mars 1852, et occupait l'emploi de bach-aga en notre nom, s'opposa vainement. Le marabout el-Hadj Amar primait son autorité parmi les turbulents. Il souleva les Guechtoula et attaqua Dra el-Mizan, les 2 et 4 septembre 1856. Ce mouvement attira durant tout ce mois l'incendie et la dévastation au cœur de la tribu rebelle, chez les Beni Mendez et les Beni Daoula, qu'elle avait entraînés. Tout sembla étouffé le 10 octobre, mais on ne pouvait compter sur des soumissions hypocrites, après avoir été si souvent trompé. L'attitude hostile de la grande Kabylie, au milieu de nos possessions, ne pouvait subsister seule, en face de notre puissance que toute l'Algérie reconnaissait avec gratitude, ou suggestion, du moins. — Le 17 mai 1857, M. le Gouverneur général arriva à Tizi-Ouzzou ; et, le 24, attaqua les hauteurs des Beni Raten, dont il s'empara le lendemain. Le 27, ces montagnards firent leur soumission. On s'occupa de créer, sur la hauteur de Souk el-Arba à 1,005 m au-dessus du niveau de la mer, une forteresse, sous le nom de *Fort-Napoléon*, du périmètre de 12 hect., se reliant à Tizi-Ouzzou ; la première pierre en fut posée le 14 juin. Une route de 25 kil. joignant Souk el-Arba à Sik Ou Meddour, fut ouverte et terminée en 17 jours, le 22 juin. Le 24, on reprit les opérations de guerre contre les Beni Yenni ; on s'éleva sur leurs plateaux, le 25, malgré la résistance énergique des gens d'Icheriden ; leurs villages Aït el-Arba, Aït el-Hassen, Taourirt Mimoun, furent pris et saccagés. Le 27 on forçait le col de Chellata, on prenait le rocher de Tijibert. Le 28 Taourirt el-Hdjadj nous cédait. Le 29, le piton de Tobana tombait en notre pouvoir. Aït el-Aziz fut enlevé le 30, après la lutte la plus vive ; Agmout Issen, le lendemain, et Si el-Djoudi, notre bach-aga, qui avait fait défection dès le commencement de juin, se rendit. Les Beni Menguillet furent attaqués le 2 juillet, les Beni Ouacif et les Beni Bou-Drar, le 3. Ils se rendirent tous le 4. — Le 9 juillet, les Beni Touragh, les Illiten et les Illoul Ou Malou virent pénétrer nos colonnes par le col de Tirourda, au pied du roc pyramidal qui porte le nom de Djerdjer. Les Beni Mellikeuch étaient vaincus le 20 ; El-Hadj Amar, la cause de toute cette conflagration, le Cheikh-Ou-Arab (chef des Beni Raten), Lella Fathma, la maraboute des Ben Illiten, et son frère Si Mohammes Tayeb, étaient pris le 11. — Le 12 juillet, tous ayant fait leur soumission, il n'existait plus dans toute l'étendue de la Grande Kabylie une seule tribu qui n'ait accepté, enfin, la domination française.

En 1860, l'Empereur, comblant les vœux de l'Algérie, voulut bien descendre sur ses rivages. Il aborda à Alger, le 17 septembre, accompagné de S. M. l'Impératrice. LL. MM. II. ne s'y arrêtèrent que trois jours.

Le 2 janvier 1861, le maréchal Pelissier, duc de Malakoff, vint prendre possession de son commandement, en qualité de Gouverneur général

Dans les premiers jours de septembre, le chérif Mohammed ben Abdallah pénétra dans le Sahara à la tête d'un parti considérable, pillant les caravanes et s'avançant jusqu'à Laghouat. Le caïd de cette résidence le poursuivit jusqu'à Ouargla, et le fit prisonnier le 18 septembre, au moment où il prenait position sur les rochers des Oregs.

La révolte qui éclata le 8 avril 1864, au S. de la province d'Oran, ne tarda pas à s'étendre dans la province d'Alger. L'histoire de ces troubles et des répressions sanglantes qui en sont la suite se trouve plus haut, à la notice relative à l'histoire générale de l'Algérie, p. 32. Les mouvements pivotant d'une province à l'autre durant tout le cours de cette guerre, ne sauraient être décrits, sans répétitions, dans un article spécial à une circonscription du territoire.

Le 22 mai 1864, mourut à Alger, le Maréchal Pelissier. S. Ex. M. le Maréchal de Mac-Mahon, duc de Magenta, lui succéda et arriva en Afrique le 19 septembre.

Le 3 mai 1865, S. M. l'Empereur honorait de nouveau l'Algérie de sa présence. Sa Majesté visita Miliana, Blida, Médéa, et se porta, le 14, dans la province d'Oran ; le 23, de retour à Alger, elle allait explorer Fort-Napoléon, et quittait Alger le 27, se dirigeant sur Philippeville.

Le 2 janvier 1867 et jours suivants, la ville d'Alger et toute la région du petit Atlas ont été profondément ébranlées par des secousses de tremblement de terre, qui ont renversé plusieurs villages aux entours de Blida.

POPULATION. La population de la Province d'Alger se compose ainsi qu'il suit :

En territoire civil	188,956
en bloc	6,980
En territoire militaire, centres colonisés	3,664
en bloc	460
Tribus indigènes	748,844
Total	948,904

ENSEIGNEMENT PRIMAIRE. L'enseignement primaire comprend dans la province, en territoire civil, 217 établissements fréquentés par 15,364 élèves. Ces établissements sont 40 écoles publiques et 21 écoles privées pour les garçons, — 34 écoles publiques et 32 écoles privées pour les jeunes filles. Plus, 50 écoles mixtes et 40 salles d'asile, dont 37 publiques et 3 privées.

42 cours d'adultes, fréquentés par plus de 1,000 jeunes gens, sont ouverts une grande partie de l'année par les soins des instituteurs publics.

BIENFAISANCE. Il existe, dans la province, cinq bureaux de Bienfaisance pour les Européns, à Alger, Blida, Médéa, Orléansville et à Bou-Farick Il y a encore 22 Sociétés de Secours mutuels autorisées, qui comptent 3,460 sociétaires.

SCIENCES ET ARTS. Il ne peut être question ici des travaux d'hommes spéciaux et éminents qui ont mission, par le Gouvernement, de diriger des services se rattachant aux matières scientifiques, telles que l'astronomie, — la géologie, — les mathématiques dans toutes leurs applications, — la médecine, etc.

Il n'est mention, en cet article, que des efforts particuliers tentés par des Européens résidant dans la province d'Alger.

L'archéologie préoccupe beaucoup d'intelligences sagaces, qui reçoivent leur impulsion, en partie, de la Société historique algérienne.

L'histoire a exercé la plume de plus d'un observateur; d'utiles documents seront conservés. La littérature, d'ailleurs, n'a guère consisté jusqu'ici, — pour ne point parler des écrits religieux et politiques, — qu'en compositions humoristiques, plus ou moins piquantes, — en essais poétiques et dramatiques d'amateurs, qui n'ont pas dépassé le deuxième ordre des différents genres.

La peinture n'a produit que des tableaux de chevalets, — costumes, — scènes d'intérieur, — paysages, — nature morte, — où la couleur, plus appréciable que le dessin, reflète souvent le lumineux éclat qui entoure chaque objet en ce pays. — Quelques bons portraits ont été faits ; — mais c'est de la photographie qu'on raffole aujourd'hui.

Parmi les arts d'agrément, c'est la musique que l'on préfère. On se donne pour difficile sans être délicat connaisseur.

L'architecture, la sculpture et l'ornementation n'ont été, jusqu'à ce jour, que des imitations des différents styles, parfois mêlés ensemble sans beaucoup d'entente.

Du reste, pour ceci comme pour bien des choses, l'Algérie, et Alger sa capitale elle-même, sont et doivent être *la province*, respectivement aux grands centres scientifiques et artistiques qui ont depuis longtemps leurs trônes ailleurs.

INDUSTRIE. L'industrie emploie, dans la province, 161 appareils à vapeur, dont la force totale est de 535 chevaux-vapeur. Pour ne citer ici que les principales branches de fabrication, nous mentionnerons les minoteries, — les nombreux moulins à huile, principalement dans la Kabylie, — la distillation des essences et matières de parfumerie, — les confections, façon arabe, de sellerie et de broderies sur cuir et étoffes.

TÉLÉGRAPHIE. Il existe dans la province d'Alger 1440 kilomètres de lignes électriques, et 17 stations télégraphiques : Alger, Aumale, Blida, Boghar, Boghari, Cherchell, Dellis, Djelfa, Dra-el-Mizan, Fort-Napoléon, Laghouat, Marengo, Médéa, Miliana, Orléansville, Teniet-el-H'ad, Tizi-Ouzou.

GOUVERNEMENT. L'administration générale du territoire civil et du territoire militaire de la province d'Alger est confiée au Général commandant la division, qui prend le titre de *Général commandant la province*. Le territoire civil est administré par un préfet, sous l'autorité de ce Général.

RÉPARTITION DU TERRITOIRE. La Province d'Alger se divise en territoire civil et territoire militaire.

Le territoire civil, formant le département d'Alger, se subdivise en trois arrondissements : I° Alger ; II° Blida ; III° Miliana. — Comprenant 29 communes, 89 sections, 34 villages.

Le territoire militaire forme une *Division* proprement dite, qui comprend six subdivisions, savoir :

I Alger, — II Aumale, — III Dellys, — IV Médéa, — V Miliana, — VI Orléansville. — Comprenant 10 communes colonisées. — 1 Section, — 32 Hammeaux, — 13 Cercles, — 2 Annexes.

Cet ouvrage étant plus spécialement destiné aux personnes qui ne font point partie de l'armée, nous donnerons d'abord la description des localités du département, et nous dirons, après, quelques mots sur la division militaire, qui englobe des villes et d'autres points dont nous aurons déjà eu à parler, à un autre titre.

DÉPARTEMENT D'ALGER.

ALGER

CAPITALE DE L'ALGÉRIE.

SITUATION. Alger est situé par 0° 44' 10" de longitude orientale et par 36° 47' 20" de latitude nord, sur la côte septentrionale de l'Afrique, à 1,644 kilomètres de Paris, 750 de Marseille, 657 de Tunis, 911 de Fez, 1,266 de Maroc, 410 d'Oran, 422 de Constantine.

ASPECT EXTÉRIEUR. Alger, vu de la mer, présente un vaste amas de constructions sur une pente exposée à l'orient, qu'on aperçoit de fort loin. La tour du *phare* se distingue d'abord à la base de cette agglomération qui s'étend le long de la plage, et dont le sommet, à 118 mètres au-dessus de la mer, est couronné par le château de la Kasba. Le boulevard de l'Impératrice, se développant au-dessus du quai et en face du port, dessine une succession de portiques qui s'étagent sur des rampes savamment ménagées, et forment comme un magnifique soubassement à la cité, qui en reçoit une physionomie locale du plus grandiose effet. La nouvelle enceinte des remparts, vers le haut de la ville, n'enveloppe encore que des terrains vagues et extrêmement accidentés. A droite du spectateur, la Salpêtrière et l'hôpital du Dey déploient leurs vastes bâtiments, le quartier de Bab-el-Oued étale ses usines nombreuses, que domine le mont Bou-Zaréa; enfin, plus près encore de la ville, on voit l'arsenal de l'artillerie et le jardin Marengo, accosté de l'importante bâtisse destinée au Lycée. A gauche, le quartier de l'Agha prolonge fort loin sur la côte l'ancien faubourg, dont les constructions, comprises aujourd'hui dans Alger, s'arrêtent au fort Bab-Azzoun; au-dessus apparaît au loin le fort l'Empereur. Dans cette direction, c'est-à-dire vers le S., et sur une ligne demi-circulaire, décrivant une courbe d'environ 16 kilom., qui revient à l'E., en face de la ville, — les coteaux (le petit Sahel), en descendant graduellement, vont mourir aux abords de la plaine de la Métidja, et se relever un peu pour former le cap Matifou. De nombreuses villas, maisons de campagnes assises sur les pentes verdoyantes de ces collines, bordent le golfe que forme cette configuration de la côte. Une seconde chaîne de montagnes sombres (les monts de Mouzaïa), étend un rideau continu sur le second plan du tableau, et les cimes neigeuses du Djeurdjeura se découpent en troisième ligne sur le ciel.

IMPORTANCE POLITIQUE. Alger, capitale de l'Algérie, est le siège du gouvernement-général du pays; le lieu de la résidence de S. Ex. M. le Maréchal Gouverneur général, du Conseil du Gouvernement et du Conseil supérieur, qu'il préside, — du Sous-Gouverneur, — du Général commandant la province, — du Secrétaire général du Gouvernement, — de Mgr l'Archevêque, — du Premier Président de la Cour impériale, — du Procureur-général près la Cour impériale, — du Préfet du département, — du Commandant supérieur du Génie, — de l'Inspecteur des Travaux publics, — de l'Inspecteur général des services financiers, — du Recteur de l'Académie d'Alger, — du Chef du Bureau politique, — du Contre-Amiral commandant supérieur de la marine, — de l'Intendant militaire de la division, — des chefs de service de toutes les parties spéciales des administrations civiles et financières.

C'est aussi le siège de la Cour impériale, — d'un Tribunal civil de première instance, — d'un Tribunal de police correctionnelle, — d'un Tribunal de commerce, — de deux Justices de paix (canton S., canton N.), — d'un Conseil de guerre et d'un Conseil de révision.

La police municipale est exercée par un commissaire central, ayant sous ses ordres six commissaires de police.

NOTE HISTORIQUE. — Alger a été fondé par des compagnons d'Hercule le Lybien, qui, au nombre de vingt, quittèrent l'armée de ce héros, et se fixèrent dans l'endroit qu'on nomma plus tard *Icosium*, de leur nombre (Eicosi, *vingt*); les Romains ayant ainsi latinisé le mot grec.

La ville d'*Icosium* fit partie de la Mauritanie Césarienne. A la chute de l'empire, elle devint la proie d'un chef vandale qui la détruisit, mais elle ne tarda pas à sortir de ses ruines, et, à l'époque de l'invasion arabe, elle devint la propriété des Beni-Mezrr'anna. Elle dépendit longtemps du royaume de Tlemsen, et formait l'apanage du deuxième fils du roi de ce pays. Lorsque les princes de Tunis eurent soumis Tlemsen à leur puissance, et transporté à Bougie les priviléges des Beni-Mezrr'anna, les habitants de la ville que possédaient ces derniers, payèrent une redevance, au prix de laquelle ils se trouvèrent libres, et, à la faveur de la tribu des Oulad Tchaliba, dont une famille, les Beni Teumi, était établie dans la plaine de la Métidja, ils se déclarèrent indépendants, et armèrent des navires pour la course. Pour arrêter ces corsaires, les Espangols, avec Pierre de Navarre, sous le règne de Ferdinand V, vinrent élever un château, dit le *Pégnon*, sur un des îlots qui étaient en face de la ville, désignée alors sous le nom de Djezaïr Beni Mezrr'anna *(les îles des enfants de Mezrr'anna)*, d'où l'on a fait, par abréviation, El-Djezaïr *(Alger)*.

Le cheik des Oulad Tchaliba, Sélim el-Teumi, qui prenait le titre de roi, et avait consenti à payer un tribut aux Castillans, appela à son secours Baba Haroudj *(Barberousse)*. Ce pirate, malheureux devant Bougie, accourut de Djidjeli à Alger. Ses efforts furent encore inutiles contre les remparts dont les Chrétiens avaient entouré l'écueil où s'élève aujourd'hui la tour du phare. Pour tout exploit, il étrangla au bain, Sélim, dont il fit pendre le cadavre aux créneaux de la porte Bab-Azzoun. Le fils de Sélim s'enfuit en Espagne, où il obtint 10,000 hommes, sous la conduite de Diego de Vera, et ne tarda pas à débarquer devant Alger (1515), avec ces forces qui furent repoussées dans leurs navires et anéanties dans la bourrasque qui les accueillit au large. Khaïr-ed-Din, après la mort de son frère Barberousse, eut un succès pareil (1517) sur Hugo de Moncade, réduit en esclavage avec toute son armée, après la perte de leurs vaisseaux. Il prit enfin, sur Martin de Vargas, la forteresse du Pégnon, en mai 1520, aidé par un corsaire français, dont le canon rasa en partie la forteresse. Il établit alors, en trois ans, au moyen de trente mille esclaves chrétiens, le môle qui forme l'ancien port. Il fut remplacé par le vieil eunuque Hassan, en sa position de pacha d'Alger, d'après les ordres de l'empereur de Constantinople, auquel il avait fait hommage de son trône. Charles-Quint, enflé de la gloire que son heureuse expédition contre Tunis lui rapportait dans toute la chrétienté, débarqua devant Alger, le 23 octobre 1541, à la tête d'une armée de 25,000 hommes, la plus belle que l'on eût vue depuis longtemps. Toute l'élite de la noblesse de l'Europe faisait partie de ce magnifique armement. Vaincues par un orage, ces bandes célèbres se retiraient en déroute, le 27, et le 29, se rembarquèrent à Matifou, sur les débris de leur flotte dispersée par une tempête.

Alger, depuis ce moment, devint le plus redoutable repaire

de pirates qui fût au monde. Hassan conquit Biskra, Mostaganem, Tlemsen, et mourut à 56 ans. — Son successeur, Hassan, fils de Khaïr ed-Din, marcha contre le chérif de Maroc, dont il rapporta la tête à Alger (1544). Rappelé par suite d'intrigues de cour, il revint à quatre reprises au pouvoir, et se montra toujours digne de sa naissance, par son courage et la vigueur avec laquelle il poussa ses entreprises. — Salah Raïs, qui reprit Bougie aux Espagnols, mourut de la peste à Matifou (1555). — Mohammed Kordougli fut assassiné à coups de lance, dans le marabout de Sidi Abd el-Kader el-Djilani, à la porte Bab Azzoun, où il s'était réfugié (1556). — Mohammed, fils de Salah Raïs, embellit la ville, purgea la campagne des brigands qui l'infestaient, et fut destitué à cause de sa sévérité (1567). Ali Fortas, célèbre corsaire, se distingua à Lépante, où il commandait la flotte musulmane (1571). Il ravit à la galère capitane de Malte, la statue de St-Jean, qui en décorait la proue, et vint pendre ce trophée à la porte de la marine d'Alger. — Hassan, renégat vénitien, pilla les côtes d'Espagne, d'Italie et de Sardaigne (1582). — Memmy et Akmed Turqui, passèrent successivement du gouvernement d'Alger à celui de Tunis (1583). — Chaban et Mustafa (1592), se firent aimer par leurs vertus. — En 1601, Doria paraît devant Alger avec des Espagnols qu'il rembarque, de crainte des vents contraires menaçant ses vaisseaux du même malheur que ceux de son oncle, sous Charles-Quint. En 1616, le magasin des poudres saute, et l'année suivante, M. de Beaulieu, ayant à venger des insultes faites à notre consul et à nos marchands, vint couler quelques bâtiments. — Le 21 mars 1619, un nouveau traité de commerce, fort inutile par ses effets, est signé entre Louis XIII et le pacha Hussein el-Cheikh. — L'amiral anglais Robert Mansel, ayant à obtenir aussi un traité, parut devant Alger, avec 20 vaisseaux (1620). — M. Chaix, vice-consul de France, fut massacré l'année suivante, par représaille d'un pareil crime, commis à Marseille, sur des sujets de la Régence. En 1624, l'amiral hollandais Lambert se montra avec six vaisseaux. — C'est en 1626, que les Koulour'lis, fils des Turcs, exclus de tous les emplois, se révoltèrent et furent presque tous massacrés. La milice des janissaires, après cette barbare exécution devint intraitable En 1629, elle renvoya à Constantinople le pacha Younès, qui ne lui plaisait pas, et, en 1631, mit en prison le pacha Hassan, qui n'avait pas été en fonds pour faire la solde. M. Blanchard, consul de France, fut mis aux fers, la piraterie se montra plus audacieuse que jamais. En même temps, la disette désolait le pays, et les pachas, aggravant les maux de leurs administrés, frappaient des contributions excessives. — Dans les deux années 1631 et 1634, l'incendie éclata à la Kasba. — Des navires français, en 1637, prirent le pacha Ali, qui venait de Constantinople. Un tremblement de terre renversa Alger presque tout entier, et les habitants, fuyant leur pays, que ravageait la peste, furent battus sur mer par les Vénitiens, et sur terre par les tribus de Constantine, émigrant en masse pour chercher du pain. Les Janissaires se révoltèrent alors contre le pacha. La Porte en envoyait un nouveau presque tout les ans. — En 1650, les esclaves eux-mêmes, rompirent leurs fers, et commirent les plus grands excès joints aux ravages de la peste, qui reparut et régna jusqu'en 1654

Enfin, Khelil se mit à la tête d'un mouvement qui eut pour résultat d'annihiler le pacha, et mit le gouvernement entre les mains d'un conseil d'officiers (aghas), qui le massacrèrent quelques jours après (1660). Toutefois, le Grand Seigneur approuva cette modification dans l'administration, et envoya, en qualité de pacha, Ismaïl, homme nul, qui n'était que le représentant du sultan, sans exercer aucune autorité. Ramdan, Chaban, Ali, qui se succédèrent à la présidence du conseil des aghas, furent tour-à-tour massacrés en plein divan. A cette époque, le chevalier Paul, commandeur de Malte, nettoya la mer avec 15 vaisseaux, qui anéantirent beaucoup de corsaires. A la suite de l'expédition du duc de Beaufort sur Djidjeli, la paix fut signée avec la France, le 17 mai 1666.

Les janissaires, simples soldats, remanièrent encore, en 1671, le faîte du pouvoir ; ils nommèrent l'un d'entre eux, Hadj Mohammed Trik, pour commander dans le divan, sous le nom de Dey (patron, protecteur). — L'amiral anglais, Edouard Sprag, et l'amiral hollandais, Ruyter, manœuvrèrent dans la baie d'Alger, doublement menacé par la peste et l'incendie. La poudrière sauta (1677), et le dey, effrayé de tant de malheurs, s'enfuit à Tripoli. — Duquesne vint bombarder, le 4 septembre 1682, et le 26 juin 1683; Baba Hassan, dey, fut poignardé par Mezzo Morto, au moment de ce dernier châtiment, et son assassin, poursuivant le cours des crimes les plus atroces, fit mettre à la bouche d'un canon le P. Levacher, consul de France, et massacrer 25 Chrétiens. Lorsque le marchal d'Estrée vint bombarder, de nouveau, du 1er au 16 juillet 1688, les mêmes scènes d'horreur se renouvellèrent, et M. Piolle, consul de France, périt de la même manière, avec 39 de ses compatriotes. Mezzo Morto réunit en ses mains les pouvoirs de pacha et de dey, et après quelques mois de règne, disparut tout-à-coup. Durant les dernières années de ce siècle, ce ne sont que des assassinats qui s'alternent avec des combats contre Tunis et Maroc. — En 1700 l'Anglais Beach vint couler 7 frégates. — La population d'Alger est décimée par la peste, et les deys subissent le cordon, l'exil ou la prison, lorsqu'ils ne sont pas en mesure de payer la solde aux troupes. — Le bey d'Oran, venu en armes contre Alger, essuya une grande défaite sur les bords de l'Harrach (1710). et sa tête fut attachée à la porte Bab Azzoun.

Ali Chaous, dey, renvoya alors à Constantinople Baba Bou-Sebà, qu'on envoyait en qualité de pacha, et obtint qu'à l'avenir, le dey serait investi de cette dignité après son élévation à ce poste par l'élection des Janissaires tenant garnison à Alger, et y demeurerait le seul maître. — Le grand tremblement de terre qui détruisit toute la ville, en 1716, ne parut pas, aux yeux des musulmans, d'un bon augure pour ce nouvel arrangement. — Mohammed Effendi, qui succéda et eut à lutter 3 ans contre une disette affreuse, fit un traité de paix avec la France, le 23 décembre 1719. Fort débauché, il reçut la punition de ses galanteries : il fut tué d'un coup de fusil, en passant devant la caserne de la porte de la Marine (1724). — Des froids excessifs se firent sentir en 1726; Alger était étouffé sous la neige. Le dey Carabdy ne voulut pas laisser débarquer Azlan Mohammed, que le Grand Seigneur envoyait avec le titre de pacha, pour rétablir cette position dans la Régence; il mourut tranquillement dans son lit en 1732. Il fut loin d'en être ainsi pour ses successeurs : le 23 août, jour de sa mort, six furent élus et massacrés dans la même matinée; Ibrahim, le septième, demeura souverain. Sous son règne, la peste et la guerre contre Tunis furent les événements les plus remarquables. — Ibrahim Khaznadji, son successeur, (1745), fut aussi heureux que lui contre Tunis et Tlemsèn, et mourut d'apoplexie (1748). — Mohammed, surnommé *Il Retorto*, poète vertueux, vint après. De son temps, une éclipse de soleil épouvantable jeta la terreur dans le pays (1753). Des froids rigoureux, la neige, la glace, étonnaient les habitants. Il fut assassiné l'année suivante. — Ali, dey, qui fit la guerre avec bonheur contre Tunis, accabla d'outrages nos consuls (1757). L'escadre du chevalier Fabry vint l'obliger à des excuses humiliantes (1766). — Mohammed ben Otsman, son successeur, ne remporta aucun avantage dans sa longue guerre contre les tribus. Il vit les Danois faire une vaine démonstration contre Alger en 1770, et, en 1775, fut témoin de la désastreuse expédition des Espagnols, sous la conduite d'O'Reilly, qui se rembarquèrent en désordre au nombre de 22,000, après avoir perdu 4,000 hommes dans la plaine de Mustapha pendant six heures de combat. Ils revinrent bombarder deux fois, en 1783 et 1784, avec l'amiral Barcelo. — Baba Hassan, en 1793, fournit des grains à la France, et en 1798, Mustapha, son successeur, se voit forcé à nous déclarer la guerre, par suite de l'expédition d'Egypte. —En 1800, un armistice fut signé. — Le fléau des sauterelles dévasta les campagnes; l'amiral Nelson, en 1804, vint menacer Alger avec une flotte formidable. — L'année 1805 fut fatale aux Juifs; ils furent tous pillés, et Busnach, leur chef, fut assassiné comme ami des Français. — Les deys Ahmed (1808), Ali Khodja Gharsol, (1809), Hadj Ali (1815), et Mohammed Khaznadji, furent étranglés les uns après les autres. — Omar agha, enfin élu, accorda au commodore Décatur que les Etats-Unis seraient affranchis de toute redevance auprès du divan. Lord Exmouth vint dicter les conditions de la sainte-alliance relativement à l'abolition de l'esclavage des blancs. Mal accueilli, il revint bombarder Alger (1816), avec l'amiral hollandais Van-Den-Capellen. — Les sauterelles reparurent avec la peste, et Omar fut étranglé le 8 septembre 1817. On élut à sa place Megheur Ali Khodja, maniaque sanguinaire qui, en une nuit, transporta le siége du gouvernement à la Kasba. Dans l'intérêt des mœurs, il exila toutes les femmes publiques à Cherchel, ce qui causa la révolte des Turcs, qui se réunirent hors d'Alger, et vinrent former le siége de la Kasba. Ali y mourut de la peste au mois de février 1818. — Hussein lui succéda sans élection régulière et se tint enfermé dans la forteresse. Il accueillit mal les amiraux Jurieu et Freemantle, lorsqu'ils vinrent le sommer d'arrêter la piraterie. — Ce fut le 30 avril 1827 qu'eût lieu la violente discussion avec le consul de France, relative au paiement arriéré de la fourniture des grains, à la suite de laquelle la guerre fut déclarée. L'amiral Collet vint recueillir tous les nationaux (21 juin 1827), et commencer le blocus. L'amiral La Bretonnière le maintint (1829). Le 14 juin 1830, enfin, 35,000 Français, sous les ordres du lieutenant-général de Bourmont, prenaient terre à Sidi-Ferruch. Le 19, on gagnait la bataille de Staouéli, le 24, celle de Sidi Khalef; le 4 juillet on prenait le Fort l'Empereur, et la ville était rendue le 5. L'ex-dey Hussein fut déporté en Italie le 17.

Il nous est agréable de terminer le sommaire de tant d'événements violents, souvent déplorables ou sanglants, par le souvenir d'une haute faveur qui s'est inscrite en caractères ineffaçables dans la mémoire reconnaissante des habitants de la ville d'Alger.

Le 17 septembre 1860, S. M. l'Empereur Napoléon III, cédant aux vœux qui l'appelaient sur le rivage africain, arriva en vue d'Alger, accompagné de l'Impératrice. LL. MM. débarquèrent au milieu des acclamations les plus vives, et, après une courte station à la cathédrale, étaient reçues dans le palais du gouvernement préparé pour leur séjour. A midi, le Bey de Tunis entrait dans le port. Il descendait à la préfecture et se rendait immédiatement auprès de l'Empereur pour le saluer. Le 19 septembre, à neuf heures du soir, LL. MM. reprenaient la mer, quittant Alger qui avait compté sur un plus long séjour de ses augustes hôtes.

Le 3 mai 1865, l'Empereur honorait de nouveau Alger de sa présence et, après diverses excursions dans l'intérieur de la province, faisait diriger, le 14, la flottille impériale sur Oran. Revenu par mer le 23, il partit par la même voie pour Stora le 27.

POPULATION. La population de la ville d'Alger y compris celle du faubourg Bab-el-Oued et de la banlieue (quartiers de l'Aga et d'Isly), est de :

Français	16,561
Etrangers	16,003
Israëlites	6,565
Musulmans	9,491
Population en bloc	3,699
TOTAL	52,319

BAIE D'ALGER. La baie d'Alger occupe un espace de 8 à 9 milles, de l'E. à l'O., et sa profondeur est d'environ 4 milles. Elle n'offre aucun mouillage assuré contre les gros temps de l'hiver; car on ne peut nulle part s'y mettre à l'abri des coups de vent du N. Durant la belle saison, on mouille partout indifféremment, dès qu'on est à la distance d'1 mille à 1 mille 1/2 de la côte. Au N. du phare toute la côte est rocailleuse; on n'y mouille jamais.

Au S.-S.-O. du phare, à la distance d'un mille environ, est le fort Bab-Azoun, construit sur le roc, à la naissance de la jetée du S. Au S. de ce fort, la côte forme une petite anse où l'on croirait, au premier abord, que le bâtiment pourrait trouver un abri; mais pendant les grands vents du N., il y a un ressac très-dangereux. La côte continue à être rocailleuse jusqu'à l'embouchure d'un ravin assez profond, qui conduit à la mer les eaux pluviales des hauteurs voisines; ensuite commence une grande plage qui tourne à l'E.-S.-E., et se courbe insensiblement en remontant enfin vers le N. jusqu'à l'Oued-el-Khremis, formant ainsi la plus grande partie du circuit de la baie. Cette plage conserve presque partout une grande largeur. Elle doit être redoutée par les baigneurs.

L'embouchure de l'Harrach se trouve presque au milieu de la baie ; elle est souvent obstruée par un banc de sable que les vagues y forment et que les eaux de la rivière emportent tous les ans à l'époque des pluies. A l'E. de l'Harrach la plage commence à se relever vers le N. 2 milles et 1/2 à 3 milles plus loin, elle est interrompue par un pâté de roches basses, où l'on a bâti le Fort-de-l'Eau. Un joli village portant le même nom, est assis en avant, en face de la mer. A l'Oued-el-Khremis, le sable disparaît entièrement. Là c'est une falaise qui, s'élevant graduellement jusqu'au cap Matifou, dans une direction N. et S., ferme la partie orientale de la baie d'Alger.

PORT. Le port d'Alger est entièrement artificiel. Il se composait, à l'arrivée des Français, d'une jetée de 210 mètres environ de longueur, allant de l'O. à l'E. bâtie par Khaïr-ed-Dîn Barberousse, en 1518, au moyen de quelques îlots reliés ensemble, et rattachant la ville au château du phare. Ce fort fut bâti par Pierre de Navarre ; il est élevé sur un groupe de rochers qui a, du N. au S. une étendue de 350 mètres formant un coude à partir du château, sommet de l'angle, et qui, fléchissant en pointe de musoir, revient vers la ville. Entre cette extrémité, où sont les forges de l'artillerie, et l'avancée où se trouve le bureau de la santé, est l'entrée de ce vieux port, dit Darse des Turcs.

Dès l'année 1836, divers projets pour l'enrochement

de cette partie du môle, qui est ramenée du N. à l'E., vers l'intérieur de la baie, par une déviation d'environ 40°, ont été mis à exécution. Des blocs de beton, de 14 mètres cubes, ont été lancés à une profondeur de 10 à 30 mètres, et forment une digue qui porte le nom de jetée du N. Son développement est de 700 mètres; à la pointe s'élève un fort. Un prolongement de plus de 200 m. vers l'E., sera donné à cette digue.

La jetée du S. a un développement de 1235 mètres à partir de l'angle S.-E. du fort Bab-Azoun. Elle se compose de deux branches faisant entre elles un angle de 97° 15'. La branche d'enracinement a une longueur de 500 mètres. Elle est orientée E. 15° S. La branche du large, à partir d'un fort dit *du coude*, prend la direction du N.-N.-E. Elle présente un développement de 735 mètres. Un fort se dresse à son musoir. Il y a 340 mètres de passe entre les musoirs des deux jetées. Les profondeurs d'eau, sur la branche d'enracinement sont de 13 à 14 mètres au milieu, et de 18 mètres à l'extrémité. Sur la branche du large, entre le coude et le musoir, elles sont comprises entre 18 et 23 mètres. L'élévation des deux jetées au-dessus du niveau de la mer est de 3 mètres.

La longueur des quais, au pied du boulevard de l'Impératrice, depuis le fond du port jusqu'à la Santé, et de ce point jusqu'à l'origine de la rampe Bab-Azoun, est de 700 mètres. La profondeur de l'eau est, en moyenne, de 2 mètres 15 cent. sur le devant de ce premier alignement, et de 5 mètres 30 cent. pour l'autre.

Sur ce dernier développement le commerce trouve à sa disposition un quai très-large, qui est accostable suivant les besoins, par les navires marchands du plus fort tonnage.

Le port, ainsi constitué, a une étendue de 95 hectares. Il peut contenir 40 bâtimens de guerre et 300 navires de commerce de 100 à 150 tonneaux. En 1866, fin septembre, il était entré 173 navires à vapeur et 639 voiles. — Il était sorti 176 vapeurs et 634 voiles. On a élevé, au milieu du port, une batterie sur un rocher nommé el-Djefna.

QUARTIER DE LA MARINE. A partir du point où la jetée du N. se rattache à l'entrée de l'ancien port, on trouve des batteries formidables défendant la baie. Quelques grotesques peintures du temps des Turcs se voient encore aux voûtes massives des portes extérieures de ces fortifications. Tous ces bâtiments sont actuellement occupés par l'administration de la marine, qui est parvenue à les utiliser pour magasins, ateliers, bureaux ou logements. Quelques travaux de carénage pour la marine impériale, ont lieu sur le quai qui suit ce prolongement.

Au point le plus avancé vers le N., la tour du phare est élevée sur les fondations de la forteresse espagnole dite le *Pégnon*, prise en 1520 par Khaïr ed-Dîn Barberousse. La construction actuelle est l'œuvre de son fils Hassan-Pacha, en 1544. La tour est octogone. Le phare, qui a 35 mètres d'élévation au-dessus du niveau de la mer, est éclairé par un feu tournant, de quatrième grandeur, dont la portée est de 5 lieues, et dont les éclipses, se succédant de demi-minute en demi-minute, ne sont totales qu'au-delà de 2 lieues. Des batteries et un parc d'artillerie occupent l'intérieur de cette tour.

Au fond du port, et à l'endroit où le jetée *Khaïr ed-Dïn* joint l'emplacement de la tour du phare, est un débarcadère voûté, au-dessus duquel se voit un pavillon carré, couronné d'une coupole. Il a été bâti par Hussein, le dernier dey. Il servit de demeure au ministre de la marine du temps des Turcs, et, depuis l'occupation française, a été affecté à l'habitation du contre-amiral commandant supérieur de la marine impériale.

Des hampes de pavillons, pour les signaux, s'élèvent au-dessus de cette construction. L'état-major de la marine et un tribunal maritime, occupent les maisons voisines. Le corps de la marine occupe aussi un magasin faisant face au Sud, s'étendant tout le long du quai de l'E. à l'O., où sont établis les bureaux de l'inscription maritime, de la direction du port et des armements, un corps-de-garde de marins et autres postes de service. Un autre magasin parallèle règne à la partie supérieure de cette jetée, du côté du Nord. Il est affecté aux objets de campement qui arrivent ou qu'on embarque, à l'entrepôt des subsistances militaires et aux magasins du génie.

Sur un petit môle qui, s'avançant de l'O. à l'E. formait l'ancien port, apparaît un monument à colonnes, à l'instar d'un temple grec. Cet édifice est affecté au logement du directeur du port et au service de la santé. A la pointe de l'avancée est une petite pyramide en marbre blanc, ornée de couronnes de chêne et de lauriers, dont le socle, accosté de deux bassins avec têtes d'anubis en bronze, a été disposé à usage de fontaine. Cet espèce de cénotaphe est élevé à la mémoire de Charles de Lyvois, capitaine d'artillerie, mort à 33 ans, victime de son dévouement, dans la tempête du 11 février 1835, ou quatorze navires de commerce et un aviso à vapeur de l'État se brisèrent dans le port.

En suivant le nouveau quai, qui s'avance au S. et fléchit à l'E., on longe à gauche, du côté de la mer, un premier bassin pour le déchargement des petits navires de commerce, — puis, l'entrepôt de la Compagnie de la navigation mixte, — la Douane, — l'entrepôt du service maritime des Messageries impériales, — un second bassin. Les chantiers pour la construction de la gare du chemin de fer, font régner plus loin une grande activité. Plus loin encore, on parvient aux deux bassins de radoub, grande et petite forme, qui sont une œuvre gigantesque, en face du fort Bab-Azoun. On est arrivé à ce point en longeant, vers la ville, du côté droit, à partir du fond de l'ancien port, toute l'étendue du boulevard de l'Impératrice, développant ses arceaux où sont installés des docks, des bureaux pour la navigation commerciale, des magasins pour le lestage des navires, — la succursale de l'usine du gaz à l'agha, des entrepôts pour le gréement — et diverses industries.

Les maisons de la ville, des galeries de mosquées,

les balustrades du boulevard et autres constructions importantes, dominent et couronnent tout ce parcours.

S. M. l'Impératrice a posé la première pierre du boulevard honoré de son nom, le 18 septembre 1860. Ce boulevard s'arrête au magasin du campement. Les travaux qui ont 2,000 mètres de développement, auront un prolongement de 800 mètres, pour former la ligne de défense.

ENCEINTE. La ville d'Alger a deux enceintes : les anciens remparts, et les nouveaux, qui doublent l'étendue de la cité. Hassan, en 1540, éleva le mur, long de 900 mètres, au N.-O., et de 750 au S.-O., creusa les fossés remplis de verdure et de jardins, qui enveloppent encore Alger du point culminant de la Kasba au Fort-Neuf, vers le N., à la nouvelle rue Napoléon, vers le S. Cette muraille, double et triple en quelques endroits, est couronnée de créneaux, percés eux-mêmes de meurtrières et coiffés d'un sommet en triangle qui leur donne l'apparence d'autant de guérites de pierre. Elle renfermait 50 hectares 53 centiares. Les anciens remparts avaient cinq portes.

La Kasba était devenue le lieu de la résidence du souverain d'Alger, depuis la translation (novembre 1816), du siège du gouvernement dans cette citadelle par Megheur-Ali, craignant autant les conspirateurs que la peste qui désolait alors le pays. Ce fut dans cette forteresse que Hussein-Dey se rendit coupable envers la France de l'injure qui amena son expulsion ; mais on ne trouve plus guère de vestiges de son séjour dans cet édifice, qui est devenu une caserne. La porte du château existe encore, bardée de tôle, peinte en vert et fermée par une chaîne avec cadenas, suivant l'usage des Maures. Elle est surmontée d'une inscription arabe et d'une galerie mauresque en bois, où brûlait le fanal et se déployait le drapeau, double emblème de la puissance souveraine. On voit encore dans la Kasba un minaret assez gracieux, quelques arceaux à colonnes de marbre, et des peintures de plafonds qui s'effacent, — un jardin privé, dont les murs intérieurs sont recouverts de carreaux vernissés et entourent une vasque de marbre. Mais il faut renoncer à retrouver le célèbre *Salon des Miroirs*, où quatre-vingts pendules sonnaient midi durant une heure, et le kiosque où le prince barbare s'emporta contre le consul Deval. Des caveaux qui renfermaient le trésor, gardent cependant quelques traces de leur ancienne destination. Tout cela est encastré, perdu, dans des transformations à la française, des chambrées de soldats, des cantines, des salles de police. Les militaires et les gens qui vinrent à leur suite au moment de la conquête du pays, n'y ont rien estimé digne d'aucun souvenir. La demeure du commandant du fort est encore belle et riche de perspective.

Les Français ont fait passer une route au milieu du château de la Kasba, qu'ils ont ouvert par deux portes, vis-à-vis l'une de l'autre, vers l'O. Ils ont encore percé une autre petite porte dans l'ancien rempart non loin du fort, et au-dessous vers le N., qui est nommée Porte de la Victoire,

La nouvelle enceinte commence au-dessus de la Kasba et du quartier des Tagarins, à l'endroit où sera bâtie une citadelle heptagonale, et descend vers la mer, sur deux lignes, dont l'une, N.-O., de 1,600 mètres, atteint la plage Bab-el-Oued, et l'autre au S.-O., de 1,500 mètres, se termine au fort Bab-Azoun.

Les remparts, bâtis en pierres, soutiennent des boulevards sinueux, plantés d'arbres et bordés de rigoles maçonnées qui contiennent les eaux descendant le long des mille lacets de cette promenade magnifique, d'où la vue embrasse toute la ville et l'immense horizon de la mer. Des jardins, des vallons, des fontaines, des maisons champêtres, du côté du Sud ; deux grandes routes impériales qui partent, l'une du quartier Bab-Azoun, et l'autre de Bab-el-Oued, pour se réunir à la porte du Sahel, sont enfermés dans cette défense, qui a un circuit de plus de trois quarts de lieue sur un plan très-incliné. Treize forts bastionnés, suivant le système de Vauban, viendront encore s'ajouter à cette œuvre formidable, qui enveloppe aussi le Fort-Neuf, bâti à Bab-el-Oued par le dey Mustapha. Il sert aujourd'hui de prison aux militaires condamnés aux travaux.

Le fort Bab-Azoun, au bord de la mer, fut bâti avec les ruines de Rusgunium par Hassan pacha, renégat vénitien, en 1582 ; augmenté en 1798 par le dey Mustapha, il fut réparé en 1816 par des officiers du génie exilés de France pour cause politique. On en a fait une prison pour des militaires.

Les portes de la nouvelle enceinte sont :

La porte Bab-Azoun, au S., auprès du fort de ce nom, qui n'est qu'une ouverture dans la courtine du rempart, que l'on nomme aussi *Passage de Constantine.*

La porte de Constantine, dite d'*Isly*, à peu de distance au-dessus vers l'O.; construction monumentale d'un effet grandiose, qui ouvre deux portiques ornés de colonnes et couronnés d'entablements ;

La porte du Sahel, plus à l'O. encore ;

La porte Valée, au N.-E., vers Bab-el-Oued ;

La porte Bab-el-Oued, à peu de distance de la plage.

PHYSIONOMIE LOCALE. Il n'est guère possible à un Français d'entrer dans Alger sans éprouver une profonde émotion. La vue de tant de travaux opérés pour transformer une ville barbare en capitale d'une nouvelle France, pénètre d'un noble attendrissement et d'une généreuse confiance que l'habitude n'use quelquefois pas, même après de longues années d'efforts sur cette terre d'avenir.

L'intérieur de la ville d'Alger présente un grand disparate dans son aspect : ici des rues larges et nivelées, parfaitement alignées, bordées de constructions neuves, à arcades, et d'une architecture toute européenne, souvent élégante; là, des ruelles étroites et tortueuses que des maisons mauresques, appuyant leurs murs l'un contre l'autre aux étages supérieurs, privent quelquefois d'air et de clarté. Ces labyrinthes escaladent des pentes rapides, et aboutissent presque toujours à des impasses.

Du reste Alger, la capitale de l'Algérie, ne semble

exister que dans cet espace aplani qui s'étend du fort Bab-Azoun à Bab-el-Oued, et à la naissance du rocher incliné sur lequel sont assis les deux tiers de la ville. Les Romains n'en occupèrent pas davantage.

RUES. Les belles rues sont : la rue de la Marine, conduisant du port à la place du Gouvernement ; toutes les ruelles qui desservent le quartier marchand de la ville, tombent dans cette rue où règne un air de solitude aux heures et aux jours de repos.

La rue Bab-el-Oued se montre plus fréquentée ; elle joint la porte de ce nom, qualifiée aussi *Place d'armes*, vers le N., à la place du Gouvernement.

La rue Bab-Azoun, qui part de la place du Gouvernement et va joindre la place Napoléon au S., — la rue Napoléon qui va de la place Malakoff à celle de la Lyre, — sont les plus populeuses d'Alger. Comme les deux autres, elles sont bordées d'arcades, promenoirs à l'abri du soleil et de la pluie, où se presse la foule à toute heure.

La rue de Chartres, parallèle à la rue Bab-Azoun, est toujours encombrée de la population qu'attire le petit commerce ; elle longe la place de Chartres où se tient le marché aux légumes.

La rue Juba, entre la rue de Chartres et la place du Gouvernement, — la rue Neuve-Jénina, la rue du Vieux-Palais et la rue Mahon qui aboutissent à la rue Bab-el-Oued, — la rue Cléopâtre ; — les rues Bugeaud, d'Isly et de Tanger, au nouveau quartier Bab-Azoun, sont de larges rues, nouvellement construites, qui feraient honneur aux plus grandes et aux plus belles villes.

La rue de la Kasba, qui montait par 497 marches, de la rue Bab-el-Oued à la Kasba, élevée à 118 mètres au-dessus du niveau de la mer, — la rue de la Porte-Neuve, qui descend le long du même coteau, — la rue des Consuls, etc., ont aussi quelques constructions neuves d'une grande élévation.

La rue Randon qui s'ouvre de la place de la Lyre à la Synagogue, rue Caton, se borde de maisons d'une grande importance par leur aspect.

C'est dans le haut de la ville qu'il faut voir ce que c'est qu'une rue, ainsi que l'entendent les Maures. La rue Kléber, qui est restée une des plus grandes et des plus belles voies de communication dans ce genre, pourra donner une idée de ce qu'il a fallu faire pour transformer la partie inférieure d'Alger comme on la voit aujourd'hui.

MAISONS. Généralement, les maisons françaises de la partie basse d'Alger ont une belle apparence et sont assez commodes. C'est au quartier Bab-Azoun, aux approches et aux entours des places d'Isly et du Gouvernement, que s'élèvent en plus grand nombre les constructions remarquables avec façades ornées de sculptures, de niches monumentales pour statues, de fenêtres à balcons, corniches et consoles sculptées, dont l'architecture ne manque pas de grandiose.

Les maisons mauresques sont bien autrement riches et curieuses. Elles sont bien différentes de celles en usage aujourd'hui en Europe; les maisons romaines, les anciens monastères, les couvents avec leurs cloîtres, pourraient toutefois en donner une idée. Elles présentent, à l'extérieur, l'aspect d'une prison : porte de chêne garnie de gros clous en fer et de guichets grillés; murs blanchis, percés de quelques fenêtres, fermées par de nombreux barreaux. Derrière une espèce de poterne s'ouvre un ou plusieurs vestibules sombres, dont le parallélogramme est bordé de bancs en marbre qui supportent des colonnettes formant une suite de petites niches. C'est là que les fermiers, clients et amis venaient visiter le propriétaire de la maison. Des lampes suspendues par des chaînes à la voûte cintrée, éclairaient cette salle d'attente d'où part l'escalier de la maison, qui conduit à une cour carrée, pavée de marbre ou de faïence vernissée; cette cour est au milieu d'une galerie de une, deux, trois et quelquefois quatre arcades à ogive, sur chacune de ses faces. Des colonnes torses à gracieux chapiteaux, de hauteur d'homme, soutiennent cette galerie dominée par un second péristyle décoré d'une balustrade en bois, travaillée avec goût. Les divers appartements de la maison prennent leur entrée et leurs jours sur cette galerie intérieure. Les portes sont à deux battants, garnis chacun d'une plus petite porte. Les fenêtres carrées et défendues par des grilles de cuivre ou de fer, sont fermées de vitres enchassées dans des croisées que renforcent des volets de marqueterie. Les chambres sont hautes, étroites, et de toute la longueur de chacun des côtés de la maison. Vis-à-vis de la porte s'enfonce une niche où est placé d'ordinaire un divan. Vis-à-vis de chaque fenêtre, une retraite du mur ménage parallèlement une petite armoire. Aux deux bouts de chaque pièce règne, à quatre ou cinq pieds au-dessus du sol, une estrade cachée par un rideau pour recevoir les lits auxquels on parvient au moyen d'une échelle. Quelquefois une étuve avec son plafond en dôme se trouve dans ces habitations, où de nombreuses retraites sont ménagées avec assez d'art. Le toit de l'édifice, où s'ouvre un portique du côté de quelque beau point de vue, est aplani en terrasse

Toutes les maisons mauresques sont établies sur le même plan, et ne diffèrent que de dimension et de magnificence. Ici telle partie est en brique, en pierre, en fer, qui ailleurs est en émail, en marbre, en cuivre, admirablement entretenus.

Les habitations de maîtres, à la campagne, sont conçues dans le même genre, quant au corps de logis, et répandent aux alentours des constructions pittoresques dans des sites romantiques choisis avec bonheur.

Nous indiquerons, comme maisons mauresques les plus dignes de l'admiration des européens : la maison provenant d'Hassan-Pacha, où demeure le Gouverneur-

Général. Les colonnes de marbre blanc à chapiteaux peints et dorés, qui forment le péristyle intérieur, aussi bien que les piliers de la salle à manger, sont d'une grande beauté; une étuve mauresque, en deux cabinets, toute revêtue de marbre de Carrare, et dont le dôme en dentelle de pierre, soutenu par des colonnettes d'albâtre, laisse filtrer le jour à travers des vitraux azurés, se trouve dans un des détours de cette vaste demeure, pleine de réduits mystérieux, habilement ménagés. Les plafonds des appartements, sculptés en bois, sont richemens coloriés et rehaussés de dorures. Le génie militaire, dans l'intention de donner une façade à cette habitation princière, a construit un bâtiment accolé contre, revêtu de marbre blanc, et percé de fenêtres qu'on dit être dans le goût vénitien. Ce travail a donné à l'hôtel du Gouverneur général quelques corps-de-garde en plus, un escalier et une grande salle de réception étouffée par un plafond trop bas, mais, au demeurant, meublée avec magnificence.

L'archevêché, qui s'élève vis-à-vis, est remarquable par les délicates dentelles de stuc qui encadrent les ogives, et par son double portique, à la galerie supérieure.

Non loin, dans la rue de l'État-Major, est l'ancienne demeure de Mustapha Pacha, plus vaste que belle, où sont établis la Bibliothèque publique et le Musée. Auprès, est l'Intendance militaire, la plus vaste maison mauresque d'Alger. Le Tribunal de première instance qui communique avec la Cour impériale, dont l'entrée est dans la rue Bruce; l'hôtel du Sous-Gouverneur, vis-à-vis ; les maisons du Général commandant du génie, rue Philippe, et celle du Secrétaire général du Gouvernement, rue de la Charte, sont toutes pourvues de charmantes colonnes en marbre blanc. La maison de M. le premier Président, rue Socgéma, possède un beau salon sculpté par M. Latour en architecture sarrazine, dans le goût de l'Alhambra.

D'autres maisons, importantes par leur étendue et leurs ornements, jouissent de la vue ravissante de la mer, telle que la maison rue des Lotophages, où était autrefois la Bibliothèque, la plus riche de toutes en marbre blanc, entièrement garnie de faïence et d'émaux de couleurs. Quelques maisons, rues Bab-el-Oued et Bab-Azoun, — celles qui entourent d'arcades la place du Gouvernement, bordent le boulevard de l'Impératrice, et diverses autres constructions dans les rues Napoléon et d'Isly, seraient qualifiées à Rome et à Florence du titre de palais.

PLACES. La place du Gouvernement a 130 mètres du N. au S., sur une largeur de plus de 85 mètres ; elle est subdivisée en plusieurs parties par les rues Cléopâtre, de la Marine, Bab-Azoun et Bab-el-Oued, qui la traversent en divers sens, plutôt qu'elles n'y viennent aboutir. Un espace impénétrable aux voitures, présente un parallélogramme s'étendant en vue de la mer, au-dessus de magnifiques magasins voûtés, actuellement affectés aux services de l'armée. On parvient à ces vastes casemates, par un escalier menant aussi à la poissonnerie. Le quadrilatère de la place bordé par des candelabres de bronze éclairés au gaz, est marqué au N., au S. et à l'O., par une double rangée de platanes. Vers la mer se développent des garde-fous en fonte, espacés par des socles, portant des candelabres de même, comme toute la balustrade du boulevard de l'Impératrice au-dessus des quais. C'est vers la partie orientale de la place que s'élève, sur un piédestal en marbre blanc, la statue équestre du duc d'Orléans, fondue par M. Soyez, de Paris, avec du bronze provenant des canons pris à Alger. Cet ouvrage est dû au ciseau de Marochetti. Le groupe entier a 5 mètres et pèse 8,000 kilogrammes. Les faces du piédestal sont décorées de deux bas-reliefs en bronze, représentant au N. la prise de la citadelle d'Anvers, au S., le passage du col de la Mouzaïa.

La rue Cléopâtre vient joindre, à angle droit, la chaussée de la rue de la Marine qui traverse de l'E. à l'O. la place du Gouvernement, et coupe ainsi en deux le vaste périmètre occupant l'emplacement du forum de l'antique *Icosium*. A l'E., c'est un espace planté d'orangers; à l'O., c'est une charmante promenade ombragée d'arbres de la même espèce, de palmiers, de bambous et pareillement défendue par des bornes de fonte. Au milieu, un jet d'eau épanche dans une coupe de fonte une onde qui tombe en cascade dans une vasque de granit. Quand la nuit, où le ciel laisse briller tous ses astres, on voit à la lueur des feux du gaz scintiller autour de cette élégante fontaine l'eau qui flotte en panache au moindre souffle du vent, le spectacle est vraiment féerique, bien qu'il ne soit guère animé que par la partie la moins brillante de la population qui s'est, comme exclusivement, adjugé les causeuses et reposoirs de cette ravissante oasis.

Au N., et ajoutant encore par la décoration de ses arcades et la vivacité de son éclairage au charme de cet endroit, règne la maison La-Tour-du-Pin, déployant sa façade sévère où s'ouvrent de riches magasins.

Chaque heure amène sur ce grand théâtre son genre d'habitués ; le costume des personnages y change aussi souvent que l'aspect de la scène.

Le jour, on jouit de la vue de la mer qui fait miroiter au soleil sa surface d'azur chargée de paillettes d'or. Le navire à vapeur, en exhalant sa fumée, quitte le port sous les yeux des heureux oisifs qui voient, au même instant, les vaisseaux entrer dans la baie, à pleines voiles, se couronner de mille couleurs éclatantes, comme des corbeilles de fleurs, et, tout-à-coup, enveloppés de blancs nuages, lancer pour salut leurs bordées retentissantes. La ville toute entière s'étage vis-à-vis en amphithéâtre, et semble ouvrir les yeux de toutes ses maisons pour contempler ce grand spectacle. Les coteaux verdoyants de Mustapha et la bordure sombre du Djeurdjeura au lointain, encadrent ce tableau qui est un des plus riches sur lequel l'œil puisse se reposer.

Le soir, la place du Gouvernement se couvre de sièges pour la commodité des promeneurs fatigués. Dans les belles soirées de toutes les saisons, quand la lune plane et que, en été, la musique exécute des morceaux à grand effet, il est doux de se reposer là, sous les fraîches influences de la brise marine. Une guirlande de feux entretenus par les brillants cafés, — les portiques lumineux qui environnent la place, l'entourent de chatoyants reflets. Cependant la cathédrale d'un côté, et la mosquée de l'autre, se regardant immuables et tranquilles, au milieu de cette agitation des plaisirs, mêlent quelques idées graves aux pensées des amateurs de la promenade sur cette place qui est une des plus belles du monde.

La place de la Pêcherie qui n'est séparée de la place du Gouvernement que par la maison à arcades du café d'Apollon, formant saillie, est le lieu de station des fiacres en forme de calèches.

La place de Chartres, entre les rues de Chartres et Bab-Azoun, se rattache à cette dernière par un large escalier de 34 marches. Elle est bordée d'arcades sur trois de ses faces, au milieu s'élève une fontaine abondante, où l'eau s'épanche d'une double coupe en pierre dans un bassin quadrangulaire.

La place Malakoff, est un espace assez étroit entre la Cathédrale, le palais du Gouverneur-Général, dont nous avons parlé à l'article *Maisons mauresques*, et l'Évêché, lequel offre, pour tout ornement extérieur, une porte dont l'encadrement est de marbre sculpté.

La place du Soudan, plus étroite encore que la précédente, n'en est séparée que par un angle saillant du bâtiment de l'Évêché.

La place de la Victoire, devant la porte de la Kasba, du côté de la ville, n'est guère plus étendue que la précédente ; le portique en marbre où l'on a établi des écoles et des vestiaires d'enfants de chœur, qui fait face à l'entrée de l'ancienne demeure du dey, était le lieu où l'agha, général en chef des Turcs, tenait son tribunal dont la juridiction s'étendait sur toute la campagne environnante.

La place Bab-el-Oued, ou place d'armes, est un champ de manœuvres triangulaire, au bord de la mer, entre un marabout devenu le pied-à-terre, à Alger, des trappistes de Staouëli, et l'arsenal de l'artillerie qui contient une belle bibliothèque à la disposition exclusive des officiers de cette arme. Un peu plus à l'O., sur la route qui conduit à la Kasba, se trouve l'arsenal du génie. C'est sur la place Bab-el-Oued que les amateurs du jeu de boules se donnent rendez-vous. On voit dans l'enceinte de l'arsenal d'artillerie les derniers affleurements de la masse rocheuse où était assis le *Fort des Vingt-Quatre-Heures*, ainsi nommé du temps qu'y passaient au corps-de-garde les janissaires chargés de sa défense. Ce petit château mauresque avait été bâti, en 1569, par le pacha Ali el-Euldje. Ce fut le 27 décembre 1853, que, procédant à sa démolition, on découvrit par l'explosion d'un pétard qui fendit un bloc de béton dans le sens de la longueur, un squelette humain qui fut reconnu pour être les restes de *Géronimo*, jeune Arabe sacrifié pour la foi en Jésus-Christ, et maçonné dans le mur, le 18 septembre 1569, ainsi que l'indiquait l'historien espagnol Haëdo. Ces saintes dépouilles furent transportées triomphalement, le 28 mai 1854, par Mgr l'Évêque d'Alger, dans la cathédrale (1).

Il y a sur la place Bab-el-Oued des carrioles et des mulets pour les excursions vers l'O.

La place Napoléon, ancienne place Bresson, traversée par la rue Bab-Azoun, s'étend sur l'emplacement des deux vieilles portes de la ville, entre le théâtre impérial, à l'O., et un terrassement; à l'E., en vue de la mer, désigné autrefois sous le nom de place du Bournous, et communiquant de plain-pied avec le boulevard de l'Impératrice. La place Napoléon est vaste, elle est le lieu de stationnement des carrioles et voitures publiques, et semble destinée à devenir la plus belle d'Alger.

La place d'Isly, que traverse la rue de ce nom pour conduire à la porte de Constantine, entre une belle allée de caroubiers. Tout le côté O. de son quadrilatère est bordé par le beau collège français-arabe et la maison du Mont-de-Piété. Au milieu surgit la statue du maréchal Bugeaud. Elle a été exécutée par M. Dumont, de l'Institut, et coulée en bronze par MM. Eck et Durand, fondeurs à Paris. Le maréchal est représenté dans son costume de guerre, bien connu de ses anciens compagnons d'armes ; il a la face tournée vers la ville, et peut être aperçu des deux extrémités de la belle

---

(1) Voir *Géronimo, ou le Martyr du Fort des Vingt-quatre-heures*, par M. BERBRUGGER, 2ᵉ édition, BASTIDE, éditeur.

voie qui conduit à la porte monumentale de Constantine. La statue, placée sur un piédestal de granit gris de mer, provenant du cap de Fer, d'après le dessin de M. Blouet, de l'Institut, est défendue par un grillage octogone en fonte, formé de flèches, de javelots et de piques en faisceaux à chaque angle. En revenant vers le centre de la ville et avant d'entrer dans la rue Napoléon, est la place de la Lyre, située au-dessus de l'escalier dit *monumental*, s'élevant derrière le théâtre. C'est le lieu de station des revendeurs et marchands de ferrailles.

PASSAGES. Il existe à Alger, plusieurs passages :

Le passage Gaillot, qui met la rue des Consuls en communication avec la rue d'Orléans.

Le passage Duchassaing, qui communique avec la rue Bab-Azoun et le Boulevard de l'Impératrice, est couvert de vitres.

Le passage Mantout, communiquant avec la place de Chartres et la rue du même nom, — avec la rue et l'impasse Scipion. Il est habité par des Israélites tailleurs, et traverse une cour carrée.

Le passage Narboni. Des maures, marchands de tabac et de menus objets, ont établi leur commerce dans ce passage, à ciel ouvert, qui forme l'Y, — aboutissant aux rues Bab-Azoun, de Chartres et du Caftan.

Le passage Malakoff, entre les rues du Vieux Palais, Bab-el-Oued, Jénina, Neuve-Mahon, au centre duquel M. Picon a fait placer un buste en bronze du maréchal Pélissier, sur un cippe de marbre blanc.

Le passage Martinetti, qui n'a rien de remarquable, fait communiquer la rue Bab-el-Oued avec celle des Trois-Couleurs.

Le passage du Commerce, mettant en communication la rue de Chartres et la place du Gouvernement, traverse la maison de la compagnie Liaou Chich. Il est couvert de vitres.

Le passage Napoléon, parallèle au précédent, est recouvert d'un splendide vitrage; il est orné de sculptures, dallé de marbre, éclairé au gaz avec un superbe éclat; bordé de magnifiques magasins, c'est un des plus beaux ornements de la ville d'Alger. Le Cercle du Commerce y prend entrée.

MARCHÉS. Le marché pour les objets de consommation journalière, est tenu sur la place de Chartres. Il y en a un autre presqu'aussi important, sur la place d'Isly, où viennent les Arabes, qui y apportent des denrées de toute espèce; c'est là que les touristes trouveront en tout temps des oranges succulentes et à très-bas prix.

Le marché aux poissons est à la Pêcherie, près de la place du Gouvernement, dans les constructions du boulevard de l'Impératrice.

Le marché pour les fruits, le gibier et la volaille se tient au bas de la rampe de la Pêcherie.

Le marché aux bestiaux, établi à Mustapha, est fréquenté par 250 à 300 Arabes. Ce marché fournit, terme moyen, 80 taureaux, bœufs, vaches, veaux, et 100 moutons par jour.

Le marché aux grains et aux huiles, où les indigènes apportent leurs produits, est établi dans des baraques, rue d'Isly, non loin de la porte de ce nom.

Le bazar Parcifico, rue de Chartres, cour ronde, couverte d'un toit en verre, une grille en fer à la porte, est occupé par des Arabes qui y font des burnous, y vendent des poteries du pays et de grossiers ouvrages de sellerie.

INDUSTRIE. Il n'y a de spécial à Alger, sous le rapport de l'industrie, que des confections isolées de broderies sur cuir, en or et en argent pour selles mauresques, portefeuilles, gibernes, pantoufles. On fait aussi des ceintures de soie brochées d'or, des essences de rose et de jasmin. Les Européens, et surtout les Maltais, se consacrent avec un entrain que le succès justifie, à desservir des débits de comestibles sous toutes les formes. Les tailleurs et les marchands d'habillements, d'étoffes et d'objets de luxe, ont aussi trouvé à placer avantageusement les produits dont la vente les fait vivre dans les grandes villes.

De nombreuses usines existent dans les environs d'Alger; quelques-unes sont très-importantes. Il y a des minoteries à vapeur, des fonderies de métaux, une verrerie, des savonneries, des tanneries, des usines opérant sur le palmier-nain pour en obtenir de la pâte à papier et du crin végétal, — des brasseries, des distilleries de sorgho, de figues, de caroubes et de fleurs odoriférantes, etc.

MONUMENTS PUBLICS. Alger est trop nouveau

encore entre nos mains pour que nous ayions pu y fonder beaucoup de monuments publics On y remarque cependant :

La cathédrale, sous le vocable de St-Philippe, sur la place Malakoff, n'est point achevée, bien que les fidèles puissent jouir de toute son enceinte. Le portail est décoré de quatre colonnes de marbre noir veiné de blanc, au-dessus de 23 marches de granit; il est accosté de deux tours mesquines et d'un style étrange. La voûte en stuc de la nef, sculptée par Fulconis et Latour, est soutenue par des colonnes de marbre blanc, dans le goût mauresque. Ces appuis soutenaient le dôme d'une charmante mosquée située au même endroit, la Djema Ketchaoua, qui a servi de cathédrale pendant plusieurs années. Sous un nouveau dôme s'élève le grand autel au milieu d'un chœur décoré de quatre grandes colonnes en marbre gris avec bases en porphyre et chapiteaux en albâtre. Au chevet de l'église sont la chapelle de la Ste-Vierge, où est une statue de bois délicatement travaillée et couronnée d'un diadème d'argent repoussé, rapporté de Sébastopol par M. le chanoine G'Stalter, On trouve encore en cette partie du vaisseau les chapelles de St-Joseph, Ste-Anne, St-Augustin, St-Louis, toutes possédant un bel autel en marbre blanc et des vitraux habilement peints. Il y a aussi des vitraux représentant les apôtres et des saints de l'Algérie et éclairant les bas côtés.

Quelques autres chapelles se trouvent à l'entrée de l'édifice. Dans une d'entre elles s'élève le tombeau en marbre blanc du vénérable Géronimo. On y lit cette inscription en lettres d'or :

OSSA
VENERABILIS SERVI DEI GERONIMO
QUI
ILLATAM SIBI PRO FIDE CHRISTIANI MORTEM OPPETIISSE
TRADITUR
IN ARCE DICTA A VIGINTI QUATUOR HORIS
IN QUA INSPERATO REPERTA
DIE XXVII DECEMBRIS ANNO MDCCCLIII.

Ce qui signifie :

« Ossements de Géronimo, vénérable serviteur de
» Dieu, qui, pour la foi chrétienne, a souffert volon-
» tiers la mort, selon la tradition, au fort des Vingt-
» quatre-heures, où ses restes ont été retrouvés d'une
» manière inespérée le 27 décembre 1853. »

Deux plaques de marbre encastrées dans le mur, des deux côtés du tombeau, portent, l'une la copie gravée de la bulle qui donne introduction au procès de la béatification du vénérable Géronimo, l'autre les noms des commissaires d'enquête qui ont vérifié l'identité des restes du martyr.

Trois tableaux médiocres, dont deux copies, sont les seuls qui décorent cette église, riche d'ailleurs en vases et ornements sacerdotaux.

Il y a dans la nef une chaire formée avec les marbres qui composaient l'ancienne tribune du prédicateur musulman, au même lieu.

Le Temple protestant, rue de Chartres, ouvre un

beau portique, composé de quatre colonnes cannelées, de l'ordre toscan, soutenant un fronton. Sur la porte, on lit : *Au Christ Rédempteur.* Ce vaisseau, d'une simplicité grave, est éclairé par la voûte. C'est un carré long, dont trois des côtés sont ornés de colonnes supportant une galerie à pilastres. Au fond de cet édifice, et vis-à vis l'entrée, une demi-coupole gigantesque, qui creuse toute la surface du quatrième côté, contient la chaire évangélique, bel ouvrage en bois de noyer, précédé d'un pupitre et accosté de deux escaliers. La table de communion, en marbre blanc, est au devant. Des stalles et des fauteuils remplissent l'hémicycle. Des tapis et des sièges d'une grande propreté, complètent le mobilier de ce temple. Les dépendances en sont disposées de manière à offrir des salles d'archives commodes et des logements pour le Pasteur et les Chantres.

Une grande synagogue, dans la rue Caton, n'offre rien de fort remarquable à l'extérieur, bien qu'elle puisse être citée comme un des plus beaux édifices religieux de la colonie. A l'intérieur c'est un carré surmonté d'une magnifique coupole. L'architecture de ce temple est simple et sévère. Au milieu se trouve la chaire pour le Rabbin officiant ; elle fait face à l'armoire sacrée qui renferme le Pentateuque et que recouvre un riche rideau de velours grenat broché d'or ; le dessin représente deux lions soutenant une couronne. Cette synagogue, qui n'a pas de grandes proportions, contient environ 300 places numérotées pour les hommes ; il y a aussi un certain nombre de places pour les pauvres et les étrangers. Trois vastes galeries sont à la disposition des dames israélites.

La galerie de 14 arcades sarrazines, de 3 mètres d'ouverture chacune, qui, courant de l'E. à l'O., longe au S., la rue de la Marine, figure les portes de la grande mosquée. Elle a été construite par les condamnés militaires, depuis notre occupation, avec les colonnes provenant de la mosquée bâtie par le pacha Ismaïl, en 1671, qui occupait une partie du périmètre de la place du Gouvernement. Cette galerie, établie sur une ligne brisée, présente, au sommet de l'angle obtus qu'elle forme, un double portique soutenu par des faisceaux de colonnes. Une coupe en marbre blanc s'élève au-dessus d'un bassin de marbre noir, qui est disposé de manière à se déverser dans une seconde cuve de même matière.

On voit, encastrée dans le mur, au pied du minaret, une inscription romaine, reste de l'antique Icosium, portant :

..... VS RVFVS AGILIS F. FL.
..... ATVS D. S. P. DONVM D.

qui indique le don votif d'une construction élevée aux frais de Lucius Cœcilius Rufus, fils d'Agilis.

L'Hôtel-de-ville est un édifice qui a deux faces, l'une rue Bruce, l'autre rue du Vieux-Palais, et longe une partie de la rue Jénina. Là sont établis les bureaux de la Mairie et toutes les centralisations de la maison commune ; on y voit de beaux escaliers ; une cour intérieure entourée d'une galerie, — une belle fontaine monumentale, entourée de feuillages, y fait murmurer ses ondes. Il y a de magnifiques salles et appartements pour le logement du premier magistrat de la cité.

Le Théâtre impérial, sur la place Napoléon, ancienne place Bresson, est le monument le plus remarquable de la ville. Il a été construit par M. Sarlin, sur les plans de MM. Chassériau et Ponsard. Il présente une façade de 30 mètres de largeur, élevée au-dessus de 11 marches, accostées de rampes et de candélabres en bronze. Le gaz est le moyen d'éclairage employé dans tout l'édifice. Sept portiques donnent entrée dans un vestibule grandiose, d'où partent des escaliers de marbre d'une grande beauté. Un magnifique foyer qui occupe toute la façade en vue de la mer, est éclairé par de doubles fenêtres à entrecolonnement. Une toile de 10 mètres de long et de 5 mètres de hauteur y déploie le grand tableau d'Alf. Couverchel, — donné par l'Empereur en 1866, — représentant la prise du chérif Mohammed ben Abdallah, capturé auprès d'Ouargla, le 18 septembre 1861. — Au-dessus, s'élève encore un autre foyer, dit *des fumeurs*, communiquant avec les vastes terrasses qui entourent la voûte de l'édifice, recouverte en zinc. Le bâtiment est complètement isolé. Tout son revêtement extérieur présente un appareil de solides pierres de taille. Il est orné de sculptures; mais ce n'est qu'au frontispice du monument que des statues emblématiques, des mascarons, des marbres encastrés, des frises et corniches festonnées, se montrent avec splendeur sous la protection d'un aigle gigantesque qui plane sur tout le monument. L'intérieur de la salle est décoré par Cambon de peintures blanc et or, et de tapisseries rouges. Le plafond, où se suspend un lustre étincelant, imite une coupole azurée, fleurie et historiée d'emblêmes. Il y a place pour 1534 spectateurs qui se plaignent quelquefois de l'exiguité du local, et toujours de la perspective et de l'acoustique. Du reste, le public algérien est difficile à satisfaire. Il se pique de goût et de sévérité artistiques.

Un escalier monumental, derrière le théâtre, met la place de la Lyre en communication avec le bas quartier de la ville. Entre les deux rampes s'ouvre une niche gigantesque qui attend une fontaine ou quelque statue. Nous proposons à MM. les membres du conseil municipal d'y faire placer celle de Regnard, notre second poète comique, qui fut esclave à Alger, vers 1680. L'ombre de *la belle Provençale* viendra peut-être quelquefois errer autour de ce monument.

La statue du duc d'Orléans, celle du maréchal Bugeaud, la fontaine de la place du Gouvernement et la fontaine de la place de Chartres; dont nous avons déjà eu lieu de parler, sont tout ce qu'Alger possède encore comme monuments, — en y joignant, si l'on veut, quelques fontaines, dont plusieurs ne manquent pas d'un cachet original.

On compte à Alger un grand nombre de fontaines, et l'eau n'y manque pas en temps ordinaire. Quatre aqueducs, créés par le pacha Hussein, en 1622, — ceux du Hamma, de Telemly, d'Aïn Zeboudja, et de Bir

Treriah, avec une source dite du Rempart, y portent une quantité d'eau qui suffit aux besoins de la ville.

Un immense monument souterrain est le grand égoût de ceinture qui se déverse, au N., derrière le Fort-Neuf, et, au S., derrière le fort Bab-Azoun.

ÉGLISES. Le culte catholique a pour ses cérémonies quatre temples à Alger.

La Cathédrale, déjà décrite à l'article *monuments*.

Notre-Dame-des-Victoires, mosquée à l'angle des rues de la Kasba et Bab-el-Oued. C'est un dôme, entouré de petites coupoles, recouvrant un espace fort insuffisant pour la population de la paroisse. Un chœur a été bâti; la voûte qui le domine prend jour à travers un grand vitrage de couleur. Les murs sont revêtus d'une boiserie sculptée. Un magnifique autel de marbre blanc, rehaussé d'or, a été élevé par souscription des fidèles. Un groupe en pierre, reproduit la Sainte-Vierge avec son divin Fils, d'après le type adopté par l'archiconfrérie centrale de Paris, qui en a fait don. Quatorze tableaux, peints sur toile et richement encadrés, autre don fait par les pensionnats et les fidèles de la paroisse, marquent les stations du chemin de la croix.

Sainte-Croix de la Kasba *(ara cœli)*, est une autre mosquée, tout aussi peu grande, située à l'angle des rues de la Kasba et de la Victoire.

L'Église de la paroisse Saint-Augustin est provisoirement installée dans l'ancien bâtiment de l'entrepôt des farines, à l'angle de la rue d'Isly et de la place du même nom.

Les RR. PP. Jésuites ont construit, rue des Consuls, une chapelle en style roman, se terminant par un chœur en rotonde. Deux nefs latérales accompagnent le vaisseau central; au fond de chacune d'elles est une chapelle. Au-dessus de la nef du milieu, court une tribune à colonnade, séparée des arceaux du chœur par des tympans. L'orgue est au-dessus de la porte d'entrée. Les mêmes Religieux tiennent aussi dans leur maison professe, rue de la Licorne, plusieurs chapelles fréquentées par les Italiens et les Espagnols, qui s'y réunissent en Congrégations.

Les prêtres lazaristes ont une chapelle, rue Saint-Vincent de Paul, à côté d'un joli jardin parfaitement entretenu.

Les Frères de la Doctrine chrétienne ont un oratoire, pour leurs élèves, dans la rue de l'Intendance, où est leur maison centrale.

Le temple protestant a été décrit à l'article *monuments*.

MOSQUÉES. Il n'y a plus que quatre mosquées où se fasse la prière d'obligation du vendredi. La Grande mosquée *(Djama kebir)*, rue de la Marine, à laquelle la galerie de marbre, décrite à l'article *monuments*, sert comme de portique; c'est un édifice carré, dont les nefs sont soutenues de pilastres. Les murs intérieurs sont blanchis à la chaux. Des nattes d'alfa sont étendues à terre et enroulées autour des piliers à hauteur d'homme. Cet édifice qui est affecté au rite maléki, prend jour du côté du boulevard de l'Impératrice, et se trouve accosté de terrasses où les moudzins entretiennent quelque verdure. La mosquée Djedid, formant l'angle de la rue de la Marine et de la place du Gouvernement, prend jour aussi du côté du Boulevard. Elle est bâtie en forme de croix par un architecte génois qui reçut la mort pour prix de son travail, considéré des imans comme une insulte à la religion de Mahomet. Les quatre nefs voûtées ont, à leur jonction, un dôme que l'Administration française a fait revêtir de peintures en arabesques. Quatre pavillons ajoutés par les Turcs dans les angles des bras de la croix, ont fait de ce temple un bâtiment carré. Une couronne de créneaux sarrazins encadre tout le pourtour. Une galerie ouverte, fort vantée par Léon l'Africain, règne du côté de la mer. Le minaret est une tour carrée de 25 mètres de haut, revêtue d'émail, où est établie l'horloge publique, dont les trois cadrans sont éclairés la nuit. Cette mosquée, où l'on garde un manuscrit du Coran remarquable par ses enluminures, est affectée au rite hanefi, professé par les Turcs. La mosquée dite Djama Safir, rue Kléber, et la mosquée Sidi Ramdan, dans la rue de ce nom, sont situées dans la partie haute de la ville.

Ces quatre mosquées sont les seules qui soient en correspondance ostensible par les signaux et l'appel vocal, aux heures de prières.

L'intérieur des mosquées est simple : des tapis ou des nattes et quelques lampes, sont tout l'ornement de ces temples où se trouve une chaire à prêcher, une niche vide désignant la situation relative de la Mecque, et quelques cadres renfermant des versets du Coran et la configuration des pantoufles du prophète, entourées d'arabesques. Tout chrétien peut venir examiner l'intérieur de l'édifice. Il verra, à l'entrée, une fontaine qui sert aux ablutions préalables à la prière. Aux heures canoniques il remarquera, sans doute, dans le jour, une petite bannière blanche ou verte, — dans la nuit, un fanal, — que l'on hisse à une potence fixée sur les minarets, — appelant de loin les fidèles que la voix du crieur ne pourrait atteindre.

Il y a encore à Alger un grand nombre d'oratoires sur les tombeaux de saints personnages, ou en des lieux consacrés par le sentiment religieux des Musulmans. La nouvelle enceinte a enveloppé, à Bab-el-Oued, le plus remarquable de tous, le sanctuaire de Sidi Abd er-Rhaman et-Talebi, sorte de Saint-Denis des pachas d'Alger, agrégation de bâtiments et de chapelles au milieu desquels on voit une longue salle où reposent plusieurs deys, autour de la tombe du patron de l'endroit.

Les marabouts reposent, pour la plupart, dans de petites constructions isolées, recouvertes d'une coupole que leur nom désigne. On n'y trouve guère que le tombeau du vénérable personnage, protégé d'un grillage en bois peint de couleurs riantes, environné de drapeaux de soie, et de pans d'étoffes, offerts en manière d'*ex-voto*.

Il faut bien se garder de confondre les exercices religieux des musulmans avec les sacriléges jongleries de quelques indigènes qui se rendent au bord de la mer, en de certains endroits solitaires, et, pour obtenir la santé ou quelque avantage temporel, immolent aux esprits (djinn), des moutons ou des poules, dont le sang est répandu sur un réchaud saupoudré d'encens. Ce spectacle se renouvelle tous les mercredis, au soleil levant, près d'Alger, auprès de deux sources connues sous le nom d'Aïoun Beni Menab, sous les rochers qui bordent la plage Bab-el-Oued, vers la Salpétrière. C'est là, dit Pierre Dan, en son chapitre *des sortiléges*, que les femmes d'Alger allument un petit feu, brûlent de l'encens et de la myrrhe. Cela fait, elles coupent la tête à un coq, dont elles font découler le sang dans ce même feu, en abandonnant la plume au vent, après l'avoir rompue en plusieurs pièces qu'elles sèment de tous côtés, et en jettent la meilleure partie dans la mer. A quoi ces misérables s'emploient avec passion, à cause que par cette cérémonie, qui est, à vrai dire, un pacte avec le diable, elles croient que leurs maris doivent avoir un bon succès dans leur voyage, et qu'elles accoucheront heureusement.

SYNAGOGUES. La grande synagogue, dont il a été parlé à l'article *monuments*, est sur une place à laquelle elle donne son nom, vers le milieu de la rue Randon. Une autre synagogue est encore tenue dans un bâtiment qui prend son entrée dans la rue Sainte, et ses jours sur la place de Chartres.

Les Israélites ont d'autres lieux de prière en divers quartiers de la ville, principalement rue Bisson, où ils ont inhumé un Juif du nom d'El-Ghideur, qui s'était fait musulman, et qu'ils honorent comme Saint. Ils ont encore, dans un de leurs anciens cimetières, à Bab-el-Oued, deux personnages : Harouch et Barrouch, devant la tombe desquels ils n'oseraient mentir en cas de contestation.

CIMETIÈRES. Les cimetières des différents cultes sont au dehors de la ville et du faubourg Bab-el-Oued. Le cimetière chrétien, vis-à-vis du *Fort des Anglais*, est divisé d'après les diverses communions, et circonscrit de murs dans une partie de son périmètre. Un portique d'un style grave y donne entrée. Tout est parfaitement entretenu dans ce séjour du repos. Beaucoup de tombes monumentales et des caveaux de famille s'y font remarquer. Un prêtre pour les dernières prières, habite dans le cimetière. Il y a une chapelle et un caveau de dépôt pour les cercueils que les familles veulent faire porter en France.

Les Musulmans ont deux cimetières : l'un à Mustapha, auprès de la mosquée où se trouve un des tombeaux de sidi Mohammed, surnommé *Bou Koberin* (1), et l'autre sur le versant N. de la Kasba.

Le nouveau cimetière des Israélites est à Bab-el-Oued, un peu plus loin que le cimetière chrétien auquel il est contigu.

A l'angle N. du bastion qui flanque à l'E. la porte Bab-el-Oued, est encastrée une plaque de marbre blanc, portant en caractères hébraïques et romains : *A la mémoire d'un ancien grand rabbin Simon Durand, décédé l'an 1442. — Alger, 24 août* 1866.

Au sortir de la porte Bab-el-Oued, sur la droite de la route Malakoff, s'élève un massif de maçonnerie qui porte une plaque de marbre du même genre : *A la mémoire d'un autre ancien grand Rabbin — Isaac Berft, — décédé l'an* 1440.

(1) Voir les *poëmes barbaresques,* traductions et imitations de légendes et de poésies algériennes, par V. Bérard. In-18. Librairie *Bastide.*

Les vénérables personnages inhumés en ces endroits, où s'étendait un cimetière, furent les chefs d'une émigration israélite qui vint d'Espagne à Alger au XVe siècle.

ÉTABLISSEMENTS MILITAIRES. Les établissements militaires sont nombreux à Alger.

La Direction politique des Affaires arabes est établie rue Joinville. Le bureau divisionnaire arabe est rue du Faubourg Bab-Azoun. L'Intendance militaire divisionnaire est rue de l'Intendance. La Direction de l'Artillerie est rue Jean-Bart. La Direction du Génie est rue Philippe. La caserne Lemercier, rue de la Marine, et les deux casernes de la rue Médée, sont d'anciennes casernes de janissaires. La caserne de la Kasba est l'ancien palais du Dey. La caserne d'Orléans au N. de la Kasba, est un immense bâtiment qui peut loger un régiment tout entier. Le Grand Tagarin est un ancien caravansérail voûté, que le dey Hussein fit construire au moment du débarquement de l'armée française pour servir de refuge aux habitants qui fuyaient la ville, dans la crainte d'un bombardement. C'est aujourd'hui un quartier d'artillerie, au-dessus de la Kasba. Le quartier de la Gendarmerie occupe une maison particulière dans la rue du faubourg Bab-Azoun.

La poudrière, située sur un mamelon dominant le cours de l'Oued, a été laissée en dehors de la nouvelle enceinte qui, du côté du Fort l'Empereur, a enveloppé un autre dépôt de poudre et la salle d'artifice.

Les magasins des fourrages ont une succursale rue du faubourg Bab Azoun, et leur entrepôt général à

Mustapha Inférieur. La manutention *(Pain)* est au même quartier. Les magasins des subsistances *(Vivres de campagne et liquides)* sont sous les voûtes immenses qui supportent le terrassement de la place du Gouvernement, et à la Salpêtrière *(Magasins aux blés)*, qui sert parfois de succursale à l'hôpital militaire du Dey. Le Fort-Neuf contient un dépôt de *blé* et d'*orge*. Le magasin central des hôpitaux militaires est rue des Consuls ; l'entrepôt de la Pharmacie Centrale, rue Macaron, dans une ancienne caserne de janissaires. Le magasin du *Campement* occupe un bel édifice, au bord de la mer, rue du faubourg Bab-Azoun. L'hôtel des Conseils de guerre est situé rue Scipion. C'est au fort l'Empereur que les militaires subissent les punitions disciplinaires. Ceux d'entre eux qui sont condamnés aux travaux publics, habitent le Fort-Neuf. Les locaux, qui sont fort étendus, se composent d'une suite d'anciennes casemates bien aérées, où l'on a établi une grande chapelle voûtée, une école d'enseignement mutuel, des salles de conférences, de lecture, de gymnastique, et même de spectacle. Les condamnés à la réclusion sont enfermés au fort Bab-Azoun.

L'hôpital du jardin du Dey, magnifique villa bâtie en 1791, se composant de beaux et grands édifices mauresques et de jardins enchanteurs, arrosés des eaux les plus vives, est un beau séjour, enclos de murs, qui appartenait à la famille de Hassan-Pacha. L'administration militaire a élevé une grande construction contenant 1,600 lits, une chapelle, et de vastes dépendances sur cette propriété. La Salpêtrière (édifice construit pour la confection de la poudre au temps des Turcs), développe aussi des cours et des constructions étendues, qui sont contiguës au jardin du Dey.

L'État-Major de la Place a sa maison place de la Pêcherie, à l'angle de la rue de la Marine.

L'Inspection générale des lignes télégraphiques est rue des Consuls. La direction pour l'envoi et la réception des dépêches est dans le nouvel édifice de l'hôtel du Trésor, sur le boulevard.

ÉTABLISSEMENTS CIVILS PUBLICS. Le palais de Son Exc. le Gouverneur général est situé sur la place dite Malakoff.

Sont situés : le Secrétariat-Général, rue de la Charte; la Cour impériale, rue Bruce, — on y conserve une bibliothèque à l'usage exclusif des membres du Parquet; — les Tribunaux civils de première instance, rue de l'Etat-Major; les prétoires de Justices de paix, rue Jean-Bart; le Tribunal de commerce, rue d'Orléans; l'Archevêché, sur la place Malakoff; la Préfecture, dans la rue Soult-Berg, entre les rues d'Orléans et de la Révolution. L'entrée des Bureaux de la Préfecture est rue d'Orléans.

Les bureaux de l'Ingénieur en chef des Ponts et Chaussées sont rue Neuve-Mahon. Ceux de l'Ingénieur en chef des Mines sont rue Bab-Azoun, maison Catala; les laboratoires et les collections de minéralogie sont rue Bab-Azoun, ancienne caserne des Lions. La Direction des Domaines a ses bureaux rue Neuve-du-Soudan; la Direction des Douanes, dans la maison Catala, rue Bab-Azoun; la Direction des Contributions diverses, rue Neuve-Mahon. La vérification des Poids et Mesures a lieu rue des Marseillais. Le service des Bâtiments civils est situé rue Napoléon, au coin de la rue du Lézard. Les bureaux des Bâtiments communaux sont à la Mairie; l'hôtel de la Mairie a une entrée dans la rue Bruce, une autre rue du Vieux-Palais. Les bureaux de la Police centrale sont rue de l'Intendance.

Le bureau arabe départemental est à la Préfecture. Le Cadi tient une prison dans la rue de la Charte.

La Prison civile, entre les deux enceintes, du côté de Bab-el-Oued, est un fort beau bâtiment neuf d'une grande étendue, d'une grande salubrité et parfaitement entretenu. Toutes les cellules rayonnent vers un point central où on célèbre les offices religieux.

Le bureau de bienfaisance pour les Européens est rue Bruce. Le bureau de bienfaisance spécial pour les Indigènes, et le bureau arabe civil, distribuent des secours aux pauvres musulmans, en faveur desquels de nombreuses fondations avaient été faites, au temps des Turcs, En 1866, une somme de 57,542 fr. 82 c. a secouru 6,574 individus, c'est-à-dire la moitié à peu près de la population musulmane; 22,000 fr. de subsides ont été distribués à d'anciens employés musulmans. Il a été ouvert une maison de refuge pour trente-six vieillards musulmans, que soignent les Sœurs de la miséricorde, rue des Pyramides. Le consistoire protestant est venu en aide à 329 individus et le consistoire israélite à 2,500 pauvres de sa religion.

Le Mont-de-Piété est situé place d'Isly ; il y a eu en 1865 — 53,893 déposants.

L'hôtel de la Banque est un beau bâtiment sur le boulevard de l'Impératrice.

La Caisse d'épargne est ouverte le dimanche, rue Bruce. Au 31 décembre 1865, — 3.275 déposants avaient versé la somme de 988,254 fr. 34 c.

L'Hôpital civil est en dehors d'Alger, à Mustapha inférieur ; il est établi dans un ancien camp, où 450 lits remplissent des baraques qui tombent en ruines. Des sœurs de charité et des infirmiers donnent leurs soins aux malades. Du 1er juillet 1865 au 30 juin 1866, il y a été traité 6,232 malades. En 1865, — 2,754 vaccinations ont été opérées. La maison de la Miséricorde alimente 142 nourissons. Les aliénés dans l'indigence sont entretenus aux frais de l'administration à Aix et autres asiles de la métropole. Il y a une crêche pour les enfants au quartier Bab-Azoun.

Dans la rue Gagliata, se trouve un hôpital (dispensaire), pour les femmes surveillées, qui sont malades ou insoumises. Il y a 60 lits dans cet établissement, et une chambre de correction. Le nombre de ces femmes, inscrites sur les contrôles de la police, dépasse le chiffre de 600. Au quartier de l'Agha, à l'ancien Lazaret, est une prison pour les femmes.

L'abattoir civil est dans la rue du faubourg Bab-Azoun, vers la mer.

L'Exposition permanente des produits algériens occupe cinq voûtes du boulevard, remplies des plus curieux échantillons de la culture, des produits naturels et de l'industrie du pays. Qu'on aille dans ce vaste musée se pénétrer un peu de ce noble orgueil que ressentent les cœurs généreux et français, en admirant ces trophées de la conquête que nous sommes venus faire sur ces bords, au profit de la civilisation de l'Afrique et de la gloire de la France. Dans une salle, à l'entrée, s'élève un buste de l'Empereur sur un stylobate d'agathe translucide d'Aïn Tek'balet, reposant sur un socle de marbre blanc de Filfila. Des armoires vitrées contiennent une collection intéressante relative à la zoologie locale. Il y a surtout une belle collection ornithologique.

BIBLIOTHÈQUES ET MUSÉE. La Bibliothèque de la ville d'Alger, qui possède aujourd'hui 15,000 volumes et brochures, et 3,000 manuscrits arabes, est ouverte tous les jours de la semaine, de midi à cinq heures, excepté le jeudi et le dimanche. Elle est installée dans la vaste maison dite de Mustapha-Pacha, rue de l'État-Major. L'Empereur l'a visitée le 9 mai 1865. A la galerie supérieure on voit un tableau d'Eugène Ginain, donné par Sa Majesté en 1863, représentant la soumission de Mahi-Eddin, agha des Beni Slimann, le 27 septembre 1842. Dans les salles du Musée, au rez-de-chaussée, on voit une copie, par Ronot, du grand tableau de Gendron, représentant les chefs du Caire faisant leur soumission à Bonaparte, et une autre toile remarquable, reproduisant la tempête du 11 février 1835, dans le port d'Alger, par Morel Fatio. Un grand nombre d'inscriptions arabes et de débris d'anquités sont rangés dans les salles basses. — Les antiquités les plus remarquables sont: une belle statue de Neptune de 2 m. 40 c. de hauteur, — un torse de Vénus, une statue de jeune fille, un jeune Bacchus, un groupe fruste d'hermaphrodite, — trois grands cercueils, dont deux curieusement sculptés; un bas-relief provenant de Carthage, composé de trois personnages, — une chaise de bain, — tous ces objets sont en marbre blanc. En mosaïque on voit trois amphitrites, un chasseur, un Bacchus et un parquet d'un dessin fort élégant; il a été découvert près de deux citernes romaines, lorsqu'on creusa sur la place Malakoff pour asseoir les degrés du portique de la cathédrale. On voit encore le plâtre original obtenu au moyen de l'empreinte laissée par le propre corps du vénérable martyr Géronimo, dans le bloc de pisé où il fut jeté vif par les Turcs d'Alger, le 18 septembre 1509. — Quelques pierres tumulaires et des restes d'églises chrétiennes complètent toute la richesse de ce Musée. Il existe dans les salles de dépôt une quantité de menus objets curieux, qui ne peuvent être exposés faute de locaux. — La relique la plus importante pour la fixation du lieu où s'élevait Icosium (Alger d'aujourd'hui) ne figure pas parmi ces archives du passé. C'est une pierre cubique, employée dans la construction d'une maison à l'angle des rues Bab-Azoun et du Caftan. On y lit:

<pre>
            J. SITTIO. M. F. QVIR.
                PLOCAMIAN
                   ORDO
                 ICOSITANOR
            L. SITTIVS. P. F. QVI
                CAECILIANVS
                 PRO FILIO
                PIENTISSIMO
                 H. R. I. R.
</pre>

D'où il résulte, suivant la traduction de M. *Berbrugger :* que l'ordre des décurions d'*Icosium* a dédié cette inscription tumulaire à Julius Sittius Plocamianus, fils de Marcus Cæcilianus, qui faisait partie de la tribu Quirina.

Bibliothèque du Gouvernement général, contenant 6,000 volumes et des manuscrits précieux ; cette Bibliothèque est ouverte au public, hormis les jours fériés, de midi à quatre heures, — et de 7 à 10 heures du soir. — Elle est située rue d'Orléans, n° 10.

L'industrie particulière compte sept imprimeries en caractères, qui sont plus que suffisantes pour les besoins du pays. Il y a aussi plusieurs imprimeries lithographiques et autographiques.

JOURNAUX ET REVUES. On compte, en ce moment, à Alger, plusieurs publications périodiques : 1° le *Bulletin officiel du gouvernement général de l'Algérie*, — 2° le *Moniteur de l'Algérie*, journal officiel paraissant tous les jours, excepté le lundi, — 3° le *Mobacher*, journal officiel arabe-français imprimé dans les deux langues, paraissant trois fois par mois. Cette feuille est destinée à propager nos idées civilisatrices dans les populations indigènes, — 4° l'*Akhbar*, paraissant les mardi, jeudi, vendredi et dimanche, — 5° le *Courrier de l'Algérie*, paraissant tous les jours, excepté le lundi, — 6° la *Revue africaine*, journal des travaux de la Société historique algérienne, paraissant tous les deux mois, — 7° la *Gazette médicale de l'Algérie*, paraissant tous les mois, — 8° le *Bulletin de la Société d'agriculture*, paraissant tous les trois mois, — 9° le *Journal de la Jurisprudence de la Cour impériale*, paraissant aussi tous les trimestres.

Enfin, la *Colonie*, le *Chitann*, l'*Algérie*, etc., feuilles littéraires et humoristiques.

INSTRUCTION PUBLIQUE. Une école préparatoire de médecine et de pharmacie est instituée, par décret du 4 août 1857. En l'année scolaire 1865-1866, 31 élèves, dont 4 musulmans, ont suivi les cours. Il a été pris 69 inscriptions.

Le Lycée impérial, rue Bab-Azoun, est dans une ancienne caserne de janissaires, que l'on va démolir pour le prolongement du Boulevard. On compte plus de 650 étudiants.

Des ministres des différents cultes sont attachés à l'établissement. — L'enseignement comprend les langues française, latine, grecque, arabe, anglaise, belles-lettres, philosophie, mathématiques pures et appliquées, cosmographie, physique, chimie, sciences naturelles; le dessin d'imitation, dessin linéaire, le lavis, l'écriture, la musique vocale.

L'enseignement classique est réparti en trois divisions :
1° Division élémentaire; 2° Division de grammaire; 3° Division supérieure, qui comprend les quatre classes d'humanités et a pour sanction le baccalauréat ès-lettres.

Un cabinet de physique, des collections d'histoire naturelle, et un laboratoire de chimie, permettent de donner aux cours de sciences le développement expérimental qu'ils réclament.

En dehors de l'enseignement classique, il existe au Lycée un enseignement spécial pour les jeunes gens qui se destinent à des carrières où le titre de bachelier n'est point exigé. Une école primaire est aussi annexée au Lycée. Les pensionnaires et demi-pensionnaires prennent deux leçons de gymnastique par semaine. Ils reçoivent à l'infirmerie tous les soins que réclameraient leur état de maladie. Il y a deux sorties par mois. Les élèves pensionnaires entretenus par le Lycée, payent 800 fr. par an et doivent, ainsi que les boursiers de l'Etat, fournir un trousseau. Les élèves entretenus par leurs parents, paient 740 francs par an. Les demi-pensionnaires payent 500 francs par an.

Les livres classiques, les papiers pour devoirs, dessin et écriture, les plumes et les crayons, sont fournis par le Lycée. Un arrêté du pouvoir exécutif, en date du 23 décembre 1848, a reconnu 52 boursiers, à trois quarts et à demi prix. Les externes surveillés payent 80 francs par an. Les externes libres, 100 francs par an dans la division supérieure, 80 francs dans la section de grammaire et 60 francs dans la division élémentaire.

On achève de construire sur la place Bab-el-Oued, le nouveau Lycée qui semble devoir être le monument le plus remarquable de la capitale de l'Algérie et recevra 800 élèves.

En creusant les fondations on a découvert, le 16 juin 1863, à une profondeur de 12 m. 50 cent. un caveau sépulcral nommé par les anciens *Sepulcrum familiare* (tombeau de famille). — Cet hypogée voûté, haut de 2 m. 65 cent. et large de 2 m. 24 c. a été conservé sous les constructions nouvelles. Il consiste en un petit couloir, contenant deux niches et séparé de la chambre sépulcrale par une porte en pierre, dont les pivots roulent dans des crapaudines creusées dans le seuil et le liteau. On descend trois marches pour parvenir dans la crypte voûtée dont les murs offrent des niches (columbaria) et une banquette de pierre (podium) sur les quatre faces. On y a recueilli deux lampes, dix-huit vases en verre (lacrymatoires) et quinze autres en terre, contenant des ossements calcinés. Cette sépulture date de l'époque des Antonins et n'a pas moins de seize à dix-sept siècles.

Une chaire de langue arabe est tenue dans une des salles de la Bibliothèque de la ville, tous les jours, — exceptés les jours fériés.

Diverses conférences sont ouvertes au public le soir : 1º cours d'instruction élémentaire pour les adultes, rue de l'Intendance, à l'école des Frères ; 2º école préparatoire aux Arts-et-Métiers, rue Bab-el-Oued ; 3º orphéon dans une des salles de la Mairie. En outre un cours de mathématiques appliquées se tient dans le local de l'école préparatoire aux Arts-et-Métiers et des cours de littérature et de géographie ont lieu à l'école communale de la rue Socgéma.

Il y a, à Alger, cinq écoles primaires communales, qui sont situées : rue Mogador, rue de l'Intendance, rue Doria, rue Bélisaire et rue Soggéma, sous le dôme d'une ancienne mosquée. Les trois premières sont dirigées par les Frères de la Doctrine chrétienne. Les jeunes protestants ont une école qui leur est particulière, et qui se tient dans leur temple, rue de Chartres.

Quant aux écoles communales pour les jeunes filles, elles sont tenues par les Dames religieuses de la Congrégation de St-Vincent-de-Paul, qui ont leurs classes au couvent de la Miséricorde, derrière la cathédrale ; elles ont aussi une salle d'asile en cet endroit, et une autre au faubourg Bab-el-Oued. Les Sœurs de la Doctrine chrétienne ont une école communale, rue Charles-Quint et une autre avec pensionnat et salle d'asile, rue des Mulets. Les demoiselles protestantes ont une école à part.

L'industrie privée a fondé une quantité d'autres établissements sous le titre d'écoles d'instruction élémentaire, ou d'écoles primaires, dont quelques-unes préparent les sujets pour les humanités et les hautes études.

Plusieurs Dames ont ouvert de bonnes maisons d'éducation pour les jeunes demoiselles.

Les Musulmans et les Israélites ont pareillement divers moyens d'arriver à l'instruction :

Un collége impérial arabe-français est créé à Alger, par décret du 14 mars 1857.

Ce décret dispose : Art. 1er...... Les jeunes Français sont admis à suivre les cours du collége.

Art. 24. Les élèves qui auront subi avec succès, au terme de leurs études, un examen officiel, recevront un diplôme spécial, qui équivaudra au baccalauréat pour les emplois donnés en Algérie par le Gouvernement général.

Le collége arabe-français compte 166 élèves ; 99 pensionnaires, 67 externes.

L'école arabe-française, rue de la Porte-Neuve, reçoit 158 musulmans et 22 européens.

110 bourses d'apprentissage ont été distribuées à des sujets méritants, en 1866, sur la proposition de la Commission de patronnage.

Les demoiselles mauresques, au nombre de 200, reçoivent l'instruction dans deux ouvroirs.

Les jeunes Maures et Israélites ne manquent pas de petites écoles ouvertes dans les quartiers les plus fréquentés par leurs familles, où leur sont donnés, dans leur langage, les éléments de lecture pour leurs livres sacrés, et les premières instructions de leurs religions. Une salle d'asile pour les enfants musulmans, est fréquentée par 150 enfants.

Les Israélites ont deux écoles françaises : l'une située rue Bleue, sous le nom de *Talmud Thora*, donne, par souscription, à ses élèves les plus pauvres, la nourriture et l'habillement ; l'autre est rue Scipion, n° 4.

Les demoiselles israélites ont une école française, rue Bélisaire, et une salle d'asile, rue Jean-Bart, fondées par M. H. Cohen Solal, et administrées comme l'école du Talmud thora.

SOCIÉTÉS. L'archiconfrérie de la Ste-Vierge se réunit les dimanches et fêtes, à sept heures du soir, dans l'Église Notre-Dame-des-Victoires, rue de la Kasba. — L'association des Dames de charité, se compose d'une réunion de personnes pieuses qui, sous la présidence de l'une d'entre elles, veille aux moyens d'existence et d'éducation d'un nombre de jeunes orphelines confiées aux soins des Dames du Bon-Pasteur, et s'adonne aux bonnes œuvres de toute espèce. — La société de St-Vincent-de-Paul compte quelques membres laïques recherchant les malheureux pour les secourir et les sustenter. — Le comité des secours pour les protestants travaille par les mêmes moyens et dans les mêmes intentions de miséricorde. — La société de St-François-Régis s'occupe officieusement à régulariser les mariages des personnes qui veulent rentrer dans le devoir et reconnaître leurs enfants. Fondée le 17 décembre 1844, dans une période de dix ans elle a fait légitimer 1,083 unions ; en 1855, 202 mariages, dont 109 à Alger, ont été régularisés. — Les Italiens et les Espagnols ont de nombreuses congrégations et confréries, dirigées par les RR. PP. Jésuites. — Comme réunion spéciale de bienfaisance, s'occupant de haute morale et de littérature philosophique, il convient de mentionner ici la Loge maçonnique chapitrale et aréopagite, sous le titre distinctif de *Bélisaire*, dont le local est au fond de l'impasse Navarin.

Les décrets des 6 octobre 1850 et 22 avril 1853, ont institué une Chambre Consultative d'Agriculture.

La Société Impériale d'Agriculture, fondée par 30 membres, doit être mise en tête de toutes les réunions scientifiques, comme ayant été constituée par arrêté du maréchal Valée, en date du 25 octobre 1840. — La Société Historique Algérienne, s'occupant de recherches archéologiques relatives au pays, a été créée par arrêté de M. le Gouverneur-Général, du 7 avril 1856. Elle se réunit les premiers vendredis de chaque mois, à 8 heures du soir, dans une des salles de la Bibliothèque.

Alger compte trois sociétés de secours mutuels :

1º Arts et métiers, la première fondée à Alger, en 1858, par M. Malleval, facteur de la poste aux lettres ;

2º Société des médaillés de Ste-Hélène, créée par décret du 22 février 1862 ;

3º La famille.

La société et cercle de climatologie algérienne, a son local rue des Trois-Couleurs, nº 19.

Il existe aussi :

La société des anciens élèves du Collége et du Lycée d'Alger.

La société des anciens élèves des arts et métiers.

La société des sauveteurs, inaugurée par M. Philippe, libraire.

La société des sapeurs-pompiers.

Le Cercle d'Alger a son magnifique local dans la maison Lesca, ayant vue sur le boulevard et sur la place du Gouvernement. Il est pourvu d'un excellent maître d'hôtel. Le Cercle du Commerce, composé des notables habitants et des principaux commerçants d'Alger, passage Napoléon, a vue sur la place du Gouvernement. On y reçoit tous les journaux et les publications mensuelles.

Il existe une société protectrice des animaux.

Les Musulmans ont des confréries religieuses, telles que celles des Aïssaoua, rue Sidi Boukdour, qui mangent des scorpions, des serpents, du fer rouge, des carreaux de vitres (c'est une chose à voir); celles de Moulai Taïeb, rue de la Mer Rouge, d'Abd er-Rahman Talebi, de sidi Mohammed Bou Koberin, etc.

Les Nègres idolâtres se rassemblent dans les rues Sidi Abdallah, Katarougil et impasse du Darfour, dans des maisons nommées *zouzou*, où ils se livrent à des cérémonies bizarres, aux jours de leurs fêtes appelées *dordoba*, au milieu desquelles apparaissent *chitan* (satan), les *djinn* (les diables), et autres gens de fort mauvaise société.

THÉATRE IMPÉRIAL. Cet édifice qui s'élève sur la place Napoléon, a été décrit ci-dessus, à l'article *monuments*, page 124. On donne, sur ce théâtre, le grand opéra, l'opéra comique, la comédie, le drame, le vaudeville, — aux jours de dimanches, mardis, jeudis et samedis. Des bals, des concerts, des représentations extraordinaires d'artistes de passage, en tous genres, ont lieu aussi dans ce bâtiment. MM^es Laurent, Tedesco, Wertimberg et Juliette Borghèse, se sont fait entendre sur cette scène dans les divers genres d'interprétation où elles excellent; Me Cabel a été l'objet d'un véritable triomphe.

Le célèbre Roger est aussi venu chanter dans cette salle, et y a été accueilli comme le mérite son talent.

Le vaisseau ne contient que 1,534 spectateurs, dont un certain nombre jouit exclusivement, à titre d'abonnement, d'une quantité fixe de places et de loges.

PRIX DES PLACES,

Y COMPRIS LE DROIT DES PAUVRES, A RAISON DE 10 p. 0/0 :

Loge de balcon............	4 places, 13 fr.	20 c.
Baignoire de pourtour......	4 — 11	00
Loge de première..........	4 — 8	80
— de seconde.........	4 — 6	60
Fauteuil d'orchestre..............	3	30
Stalle de balcon.................	2	75
Stalle d'orchestre................	2	75
Stalle des premières	2	20
Amphithéâtre des secondes........	1	10
Parterre	1	25
Troisième.......................	0	55

On peut, de midi à 4 heures, retirer au bureau de location, situé au contrôle du Théâtre, des billets d'entrée moyennant une augmentation de 0 fr. 55 c. Toutefois, en ce cas, les places de parterre ne sont augmentées que de 0 fr. 10 c. et celles de deuxième et troisième de 0 fr. 05 c. seulement.

Le règlement du 30 juillet 1851, sur la police des Théâtres, est applicable à cet établissement.

PROMENADES. La place du Gouvernement forme un lieu de promenade très-fréquenté. Le Boulevard de l'Impératrice prolonge la plus agréable et facile excursion qu'un piéton, qui n'aime pas les accidents de terrains, puisse faire sans quitter la ville. La vue du port et de toute la baie intéresse une foule qui stationne incessamment le jour et même le soir le long des balustrades qui règnent par étages au-dessus du quai, le long de ce magnifique boulevard. La place Bab-el-Oued offre aussi un bel espace et l'air frais de la mer, aux amateurs de la solitude. Le jardin Marengo, ainsi nommé d'un colonel qui l'a créé par le moyen des condamnés militaires qui étaient sous sa direction, s'élève en terrasse en vue de cette place, et entoure de ses fleurs et de sa verdure la mosquée de Sidi Abd er-Rahman et-Talebi. On y trouve des kiosques tapissés d'émail, — un buste colossal de Napoléon Ier, par Auguste Déligaud, en marbre blanc, et une colonne de même matière, commémorative des batailles de l'Empire, — des jets d'eau, — des parterres aux lignes droites, dessinés dans le goût de la France, et des allées sinueuses, dans le genre des jardins anglais.

HOTELS. Alger est plein d'hôtels où les voyageurs de toutes les conditions et de toutes les fortunes peuvent trouver ce qu'ils désirent, comme dans les plus grandes villes d'Europe, et au même prix.

Les principaux établissements de ce genre, et quelques autres, sont : les hôtels de la Régence, place du Gouvernement; d'Orient, boulevard de l'Impératrice; de la Porte de France, rue des Consuls; de la Marine, rue de la Marine; d'Europe, place Napoléon; de Génève, place de la Pêcherie; de Paris, rue Bab-el-Oued; des Frères Provençaux, rue Philippe, etc. On peut prendre pension, pour la nourriture, dans ces maisons, ou se faire servir à la carte et au prix que l'on veut.

On rencontre aussi des pensions bourgeoises, des restaurants nombreux de tous les étages et à tout prix. Les établissements en ce genre les plus connus, sont le *Veau qui tète*, rue Neuve-Jénina, — l'*Ours blanc*, même rue et passage Martinetti, et l'hôtel Bazin, rue de la Marine.

Dans ces derniers temps, beaucoup de particuliers ont aménagé des chambres garnies, dans l'espoir de les louer aux étrangers qui ont commencé à venir passer l'hiver en Afrique.

La taxe sur les loyers a été édictée par l'arrêté du pouvoir exécutif, en date du 4 novembre 1848 : le ministre en prescrivit l'application à partir de 1855. Elle est aujourd'hui exigée des habitants d'Alger, et payable par l'occupant.

BAINS. Les bains, suivant l'usage européen, sont ceux du Bazar, rue de Chartres; les bains français, rue du Soudan, et les bains de la Marine, dans la rue de ce nom.

Aux abords de la plaine de Mustapha-Pacha, il existe

un établissement de bains de mer chauds et froids, réunissant tout le confortable que l'on puisse désirer : appartements meublés, restaurant et café.

Au quartier de l'Agha sont les bains Perrin, bains de mer chauds et froids; au-dessous de l'esplanade Bab-el-Oued, les bains de mer Nelson. Un emplacement est réservé pour les personnes du beau sexe.

C'est ici le lieu de prévenir les amateurs de l'exercice du bain en plein air, que M. le Maire, considérant qu'il appartient à l'autorité municipale de prendre toutes les mesures réclamées en pareil cas par la décence publique, a, par arrêté du 22 juin 1844, défendu de se baigner dans le port, et prescrit de prendre un caleçon à tous ceux qui voudraient nager dans l'espace compris entre l'hôpital du Dey et le champ de manœuvres de Mustapha.

Les bains maures, étuves curieuses à visiter et à fréquenter, si le tempérament s'en arrange, sont :

Les bains de la rue de l'État-Major, de la rue du Divan, de la rue de la Kasba, de la rue de Nemours, de la rue Porte-Neuve, des rues Sidi-Ramdam et Boutin.

Les bains maures ne ressemblent en rien aux nôtres, et méritent une description particulière :
Dans un vestibule couvert on trouve une estrade garnie de tapis et de matelas, dont on choisit un pour s'y reposer plus tard, après le bain; on dépose ses habits sur des rayons disposés à cet effet au-dessus des matelas. On remet son argent et ses bijoux au maître du lieu, qui les garde fidèlement dans un coffre fermé. Les garçons de bains sont des jeunes gens de seize à dix-huit ans, qui ne portent, pour tout vêtement qu'un lambeau de toile bleue autour des reins, et pour chaussure, que des patins de bois. Ils accoutrent de la même façon ceux qui se présentent à l'établissement et s'abandonnent à leurs soins. Ils les conduisent par une galerie dont la

température est graduellement élevée, jusque dans une salle chauffée à 30 ou 35°, au milieu de laquelle est une sorte de table en pierre recouverte de dalles de marbre. Le long des murs sont des niches où l'on peut s'asseoir, et plusieurs petites fontaines d'eau fraîche. On s'assied d'abord sur les dalles de la table de pierre, au-dessous de laquelle est le foyer, et bientôt on se trouve baigné de sueur. Alors le baigneur vous étend sur le sol, pareillement pavé de marbre, et recouvert par lui d'un linge cotonneux; il vous y frictionne avec une mousse savonneuse, et au moyen d'un gant en crin. On en éprouve, quelques instants après, un grand bien-être. Après s'être lavé avec de l'eau tiède, s'être promené dans la salle, ou avoir recommencé plusieurs fois l'exercice déjà décrit, on se revêt, avec l'aide du baigneur, qui vous essuie de linges bien chauffés, et on retourne dans le vestibule où on a laissé ses habits. Là on trouve un lit tout garni, où l'on repose tant qu'on y prend plaisir, recouvert d'un tapis de coton, et avec une pipe et du café, si on le demande. Le jeune homme qui vous a assisté au bain reste auprès de vous jusqu'au moment de votre départ, vous massant doucement et épiant vos moindres désirs. Le prix est de 1 fr 25 cent. Le bain est ouvert et toujours prêt de dix heures du soir à midi du lendemain. A partir de ce moment, les hommes sont exclus, et les dames admises.

CAFÉS ET BRASSERIES. Les cafés les plus opulents à divers degrés, sont :

Les cafés de Bordeaux, Bosa, et le café Valentin, où se réunit la fashion, boulevard de l'Impératrice; on y déjeûne à la fourchette.

Le café d'Apollon, où l'on déjeûne aussi, magnifique d'ornementation et de peintures, — et le café de la Bourse, où l'on déjeûne, dîne et soupe, — chacun à l'un des angles de la place du Gouvernement. Le café de Paris, rue Bab-el-Oued, au premier étage, où l'on voit le portrait du roi Gambrinus. Le café de la Marine, rue de la Marine et boulevard. Le café de l'Europe et du Théâtre, place Napoléon. Le café Jean, place de la Mairie. Le café de la Perle, rue de la Flèche et rue de l'Aigle, habilement dirigé par M. Mikriditz, est ce qu'on appelle un café chantant. Chaque soir on y jouit d'un spectacle récréatif et varié ; souvent on y entend de fort belles voix et toujours des comiques désopilants.

La brasserie Kling, rue Cléopâtre, la brasserie centrale, rue de la Flèche, et celle du Cheval blanc, rue d'Isly, deux ou trois autres aux quartiers Bab-Azoun et Bab-el-Oued, sont les mieux en ce genre.

Un Tivoli existe à Mustapha ; en été s'ouvrent, à Bab-el-Oued, le *Château des fleurs* et le *Théâtre Malakoff*, où l'on joue la comédie. Dans ces deux établissements, à côté l'un de l'autre, se donnent les fêtes de nuit à la vénitienne, les luttes d'hercules, et il y règne un entrain juvénil des plus ronflants.

Il n'y a plus à Alger de ces cafés maures où se montraient les danseuses du pays, où *Garagouss* lançait les lazzis de ses plaisanteries plus que croustilleuses, à travers le papier huilé de son théâtre. Son ombre s'est évanouie. On entend encore cependant de la détestable musique dans le goût des indigènes, dans un café en haut de la rue de la Kasba, et dans différents quartiers de la ville. Beaucoup de cafés maures sont répandus dans la ville, où l'on boit du café à la façon de Barbarie.

TRÉSOR ET POSTES. Le local où sont établis les bureaux est un bel édifice sur le boulevard de l'Impératrice.

Trésor. — Les bureaux du Trésor sont ouverts au public (fêtes et dimanches exceptés), de 8 heures du matin à 10 heures, et de midi à 4 heures, pour les paiements, et jusqu'à 3 heures seulement pour les versements et aussi bien que pour la délivrance, au pair, de traites à dix jours de vue, payables : soit à Paris, au Trésor, — soit à Marseille, à la Recette générale, — dont les coupures sont de 100 fr., 200 fr., 300 fr., 500 fr., 1,000 fr., 2,000 fr., 5,000 fr., 10,000 fr. et 20,000 fr. Les coupures de 20,000 fr., sur Paris seulement.

Les personnes qui ont à prendre des traites sont tenues de se munir d'un bulletin écrit à l'encre et contenant l'indication de la somme versée, les coupures de traites, l'ordre — et le nom de la place sur laquelle elles ont à faire leur remise, soit à Paris, soit à Marseille.

Les traites sont déposées les jours de courrier, jusqu'à 9 h., pour Marseille, et 9 h. et demie, pour Paris.

La caisse des Dépôts et Consignations, annexée au Trésor, est ouverte jusqu'à 3 heures pour les opérations de recettes et de dépenses.

Postes. — Les bureaux de la poste aux lettres sont ouverts au public, tous les jours, de 7 heures du matin, à 6 heures du soir, en été, et de 8 heures du matin à 6 heures du soir, en hiver. Les dimanches et fêtes, jusqu'à 3 heures de l'après-midi, seulement.

Les paiements d'articles d'argent ont lieu tous les jours, jusqu'à 6 heures du soir, les dimanches et fêtes, jusqu'à 3 heures du soir.

A l'arrivée de tous courriers de France, les bureaux sont fermés pendant le triage des dépêches. La distribution a lieu immédiatement après leur ouverture, et se continue sans interruption.

Pour les lettres à destination d'Alger :

LEVÉES.	DISTRIBUTIONS.
1re à 9 h. du matin.	1re à 9 h. 1/2 du matin.
2e à 3 h. du soir.	2e à 3 h. 1/2 du soir.
3e à 7 h. 1/2 du soir.	3e à 8 h. du soir.

La dernière levée, pour les communes rurales, a lieu à 5 heures du matin.

Il y a dix boîtes aux lettres supplémentaires :

1º Église St.-Augustin, rue d'Isly ;
2º Rue Napoléon, nº 60 ;
3º Vis-à-vis la Synagogue, maison particulière ;
4º Église Notre-Dame-des-Victoires, rue Bab-el-Oued ;
5º Sécrétariat général, rue de la Charte, nº 3 ;
6º Magasin central des hôpitaux, rue des Consuls ;
7º Mosquée, place de la Pêcherie ;
8º Archevêché, place Malakoff ;
9º Magasin de tabac, à l'angle de la place du Gouvernement et de la rue Bab-Azoun ;
10º Hôtel des Mines, même rue.

La 1re levée a lieu à 5 heures du matin.
    2e   —   à 10 —   —
    3e   —   à 1 —   du soir.
    4e   —   à 4 —   —
    5e   —   à 6 —   —

La marche des Courriers est ainsi fixée :

DÉPARTS POUR

DERNIÈRE LEVÉE.

Marseille. — Mardi, jeudi et samedi, à midi.......................... 11 h. du m.

Aumale. — Tous les deux jours, à...... 7 h. du s.
Blida et route. — Trois fois par jour,
  6 h. 1/2 du m., 11 h. 1/2 du m. et 4 h. 1/2 s.
Bône. — Le samedi à................ 11 h. du m.
  dernière levée, à 10 heures.
Miliana. — Tous les jours à........... 4 h. 1/2 s.
Cherchel. — Tous les jours à.......... 4 h. 1/2 s.
Dellys. (par terre). — Tous les jours à 5
  heures du matin, la veille à......... 8 h. du s.
Oran. — Tous les jours (par terre), à... 4 h. 1/2 s.
  le samedi (par mer), dernière levée, à.. 9 h. du s.
Orléansville. (par terre). — Tous les jours
  à............................... 4 h. 1/2 s.
Ténès. (par terre). — Tous les jours à... id.
Postes militaires de la Kabylie. — Tous
  les jours à...................... 8 h. du s.

Arrivées de

Marseille. — Les lundi, jeudi, samedi.
Aumale. — Tous les 2 jours.
Blida et route. — Tous les jours, 3 fois par jour.
Bône. — Le vendredi.
Miliana. — Tous les jours.
Cherchel. — Tous les jours.
Dellys. — Tous les jours.
Oran.— Tous les jours, par terre, et le vendredi par mer.
Orléansville. — Tous les jours.
Ténès. — Tous les jours.
Postes militaires de la Kabylie. — Tous les jours.
  Du 1er avril au 30 novembre, un départ d'Alger pour

Constantine, par voie de terre, a lieu chaque mardi à 9 heures du soir. — La dernière levée de la boîte est faite à 8 heures.

L'arrivée de Constantine à Alger, par la même voie, a lieu le mardi à 8 heures du soir.

NAVIGATION. Nous avons donné, dans l'article préliminaire relatif aux moyens de transport de France en Algérie, ce qui se rapporte aux bateaux à vapeur qui, à différents titres, font le trajet pour aller et revenir, — les jours de leur départ et le prix des places pour les diverses destinations. Nous n'avons plus à ajouter ici que des renseignements particuliers aux paquebots des Messageries impériales, à Alger, et de la compagnie Touache, pour ceux qui veulent ou doivent les employer.

COURRIER DE FRANCE. — Les passagers doivent envoyer leurs bagages pour être enregistrés, à 10 heures, aux siéges des agences, sur le quai, entre les deux bassins ; passé ce délai, les bagages seront embarqués à leurs frais. Les départs du courrier de France ont lieu les mardi *(Messageries Impériales)*, jeudi *(Arnaud Touache)*, et samedi *(Messageries Impériales)*, à midi; les voyageurs doivent se trouver à 11 heures et demie à bord.

COURRIER DE L'EST. — Le départ a lieu le samedi à 11 heures, — passagers à bord, à 10 heures et demie, bagages, jusqu'à 9 heures et demie.

COURRIER DE L'OUEST. — Le départ a lieu le samedi à

minuit, — bagages à 4 heures du soir, voyageurs à bord, à 11 heures du soir.

BATELIERS. Un arrêté a organisé une corporation des bateliers du port d'Alger, et les a soumis à un règlement qui détermine d'une manière précise leurs droits et leurs obligations vis-à-vis le public.

TARIFS DES BATELIERS :

Par personne..............................	30 c.
Par malle.................................	20
Par colis.................................	20
Par sac d'argent.........................	20
Pour aller au stationnaire...............	50

Au-delà du stationnaire, le prix est réglé de gré à gré.
Chaque quart d'heure de retenue à bord, donne droit au batelier à 0 fr. 15 cent.
Si la retenue a lieu à bord d'un courrier, pendant l'embarquement ou le débarquement des voyageurs, le prix sera réglé de gré à gré.

PORTEFAIX. Le portefaix a été aussi soumis à un règlement uniforme, dans l'intérêt du commerce et de la population, par l'arrêté du 5 décembre 1861. — Nul ne pourra exercer la profession de porteur ou commisssonnaire, sans une autorisation de la police, qui délivrera une plaque sur laquelle sera gravée le n° d'enregistrement et devra être toujours portée d'une manière apparente par le titulaire ; cette plaque pourra lui être retirée à la suite d'actes de violence, d'inconduite ou d'improbité.

Il est d'usage à Alger de donner 0 fr. 10 cent. à un enfant qui porte un paquet ; 0 fr. 25 cent. à un homme ; 0 fr. 50 cent. pour une malle qui, venant de la Marine, ne dépasse point les remparts.

MOYENS DE TRANSPORT. Pour parvenir aux

diverses localités qui entourent Alger, de nombreux omnibus dits *corricolos* sont au service de la population. L'arrêté du 28 février 1861 fait connaître les dispositions auxquelles sont assujettis les loueurs de voitures publiques, dans l'intérêt de la circulation, de la sûreté et de la commodité des voyageurs, aussi bien que les tarifs des distances parcourues et les obligations des cochers dans leurs rapports avec ceux qui font usage de leurs véhicules. Une planchette, fixée dans l'intérieur de la voiture, porte un extrait de ces diverses dispositions, entre autres (art. 21) qu'on n'y doit admettre aucun fumeur, aucun paquet, panier, chien ou ivrogne. Il est pourtant ordinaire de trouver quelque échantillon de l'un de ces désagréments, chaque fois qu'on y monte. Ces carrioles stationnent sur la place Napoléon et auprès de l'ancienne porte Bab-el-Oued. — Les cochers seront tenus, lorsqu'ils en seront requis, et sans aucune rétribution supplémentaire, de ramener les voyageurs jusque sur la place du Gouvernement. La nuit, ils doivent porter une lanterne allumée.

M. le Maire, considérant que les voitures desservant la ville et ses environs, n'offrent pas les avantages que réclame la classe aisée de la population, a autorisé l'établissement d'autres voitures de places, dites calèches, coupés et berlines, qui peuvent être loués à l'heure, à la demi-journée et à la journée : elles stationnent sur la place de la Pêcherie et sur la place Napoléon.

Voici les traifs des unes et des autres :

TARIF

ANNEXÉ A L'ARRÊTÉ RÈGLEMENTAIRE SUR LES VOITURES PUBLIQUES, DU 28 FÉVRIER 1861.

Calèches, berlines et corricolos à 2 ou 3 chevaux.

PRIX

De la journée de 12 heures	20 fr.
De la demi-journée, de 6 heures	12 »
De l'heure	2 »

Calèches et berlines

Dans la ville basse, jusqu'à la hauteur du 2ᵉ tournant Rovigo et du caroubier du jardin Marengo, les deux faubourgs à Bab-el-Oued jusqu'au chemin de ronde, derrière l'hôpital du Dey	1 fr.
Dans la ville haute, jusqu'à la porte du Sahel	2 »
En dehors de la ville et des points ci-dessus indiqués, la course est supprimée, et l'heure est fixée à	2 »

Corricolos-omnibus

Par personne (y compris le service de nuit pour le théâtre, quelle que soit l'heure).

PRIX DE LA COURSE D'ALGER

Dans l'enceinte de la ville, entre les nouveaux remparts

1° Dans la ville basse, jusqu'à hauteur du 2ᵉ tournant Rovigo et du caroubier du jardin Marengo.	0 fr. 15 c.
2° Dans la ville haute, jusqu'à la porte du Sahel.	0 » 25 »

MUSTAPHA-INFÉRIEUR

1° A l'Agha, à l'angle des deux routes.	0 fr. 15 c.
2° Au Champ de manœuvres, à l'angle du marché aux bestiaux.	0 » 20 »
3° Au restaurant Belcourt, Marabout (cimetière maure).	0 » 30 »
4° Au Jardin d'Acclimatation, par les deux routes.	0 » 40 »
5° Au Ruisseau, par les platanes	0 » 45 »
6° Au pont d'Hussein-Dey, par la route de la mer.	0 » 45 »

MUSTAPHA-SUPÉRIEUR

1° Au chemin du Sacré-Cœur	0 fr. 25 c.
2° A l'église de Mustapha-Supérieur	0 » 40 »
3° A la colonne Voirol	0 » 50 »

FRAIS-VALLON, SAINT-EUGÈNE, POINTE-PESCADE

1° Au Pont-Laugier	0 fr. 20 c.
2° A l'entrée du Frais-Vallon, au rond point au-dessus de la Poudrière.	0 » 25 »
3° Au moulin Léo.	0 » 40 »

4° Au moulin de l'Oued . . . . 0 0 20 »
5° A l'hôpital du Dey. . . . . 0 » 20 »
6° A la Salpétrière. . . . . 0 » 20 »
7° A Saint-Eugène, au lieu de stationnement . . 0 » 25 »
8° A la Pointe-Pescade, au lieu dit Retour de la Pêche, ou Deux-Moulins. . . . . 0 » 40 »
9° Derrière l'hôpital du Dey, au pied de la montée 0 » 70 »

EL-BIAR ET BOU-ZARIIA

1° Au pont du Beau-Fraisier . . . . 0 fr. 25 c.
2° Au moulin, sous le fort l'Empereur . . . . 0 » 45 »
3° Au commencement du village d'El-Biar, embranchement de la colonne Voirol. . . . . . 0 » 60 »
4° Au bivouac des Indigènes . . . . 0 » 75 »
5° A Ben-Aknoun . . . . 0 » 90 »
6° Au grand bassin de Ben-Aknoun . . . . . 1 » 00 »
7° A l'église de la Bou-Zariia, par El-Biar ou Bab-el-Oued. . . . . 1 » 10 »

On trouve, à la porte Bab-el-Oued, des mulets qui font le transport des personnes au Bou-Zariia, moyennant 4 fr. pour la journée, 2 fr. 50 c. pour la demi-journée, et 1 fr. pour la course d'une heure et demie. Leurs conducteurs doivent être pourvus d'une plaque délivrée par la police, et, aux termes de l'arrêté du 27 septembre 1845, peuvent être punis du retrait de ce signe pendant huit jours, s'ils se refusaient de marcher aux prix du tarif.

Les particuliers qui parcourent à cheval ou en voiture l'intérieur de la ville, les routes de Bab-Azoun, entre Alger et le quartier de l'Agha et l'hôpital du Dey, devront se souvenir qu'il leur est défendu par l'arrêté du 22 avril 1834, de galoper ou d'aller au trot. Les propriétaires de cabriolets et autres voitures de luxe auront à en faire déclaration au commissaire central de police, pour obéir au vœu de l'arrêté du 9 octobre 1841, et à se munir d'un fanal allumé dans leurs courses nocturnes; ils devront prendre la droite lorsqu'ils rencontreront d'autres voitures, et leur laisser libre, au moins la moitié de la chaussée.

Il y a plusieurs services réglés de diligences, qui ne vont pas plus loin que Birkhadem, Birmandraïs, El-Biar, etc. On n'y retient pas ses places. Elles partent de la rue Mahon et des abords de la place du Gouvernement.

La compagnie des *Messageries générales de l'Algérie*, place du Gouvernement, dirige des voyageurs et des colis sur divers points dont le tableau est ci-après :

Marche des voitures.

D'ALGER A

AUMALE, tous les deux jours, un départ à 9 h. du soir. Retour, 1 heure du matin.

COLÉA, tous les jours, deux départs à.... 6 h. du mat. et 2 h. du soir. Retour, mêmes heures.

L'ARBA, tous les jours, trois départs à... 6 h. et demie, midi et 5 heures du soir. (Chemin de fer). Retour mêmes heures.

DELLIS et TIZI-OUZOU, tous les jours, un départ à.................. .... 5 h. du mat. Retour, même heure.

MÉDÉA, tous les jours, deux départs à... 6 h. 1/2 mat. et midi. (Chemin de fer). Retour, 6 h. du matin et 2 heures du soir.

MILIANA, tous les jours, un départ à..... 5 h. du soir. (Chemin de fer).

ORLÉANSVILLE, tous les jours, un départ à 5 h. du soir.
Retour, 4 heures du matin.

MOSTAGANEM, tous les jours, un départ à 5 h. du soir.
(Chemin de fer compris). PRIX : 35 fr.
Retour, 8 heures du soir.

ORAN, tous les jours, un départ à ..... . 5 h. du soir.
(Chemin de fer compris). PRIX : 40 fr.
Retour, 11 heures du matin.

De MÉDÉA à BOGHARI, tous les jours impairs, sauf le 31, retour tous les jours pairs du mois.

Sur la place du Gouvernement sont des services de voitures pour l'Arba, par la Maison-Carrée, — pour l'Arba et Rovigo, — pour Douéra, — pour Bouffarik, passant par la plaine.

Près de cette place, dans la rue Cléopâtre, se tient un bureau d'omnibus qui partent tous les jours pour Hussein-Dey, Mustapha supérieur, le Sacré-Cœur, la Colonne Voirol.

Dans le voisinage de la même place, rue Neuve du Soudan, il y a concurrence aux départs sur les mêmes lignes, et voitures allant à St-Eugène, à la Vallée des Consuls, à la Bou-Zariia.

Les Messageries du Midi, place Napoléon, vont à Rouïba, à la Rér'aïa, à l'Alma, aux Issers ; au Fondouk, à Tizi Ouzzou.

Des voitures et des chevaux de louage sont à la discrétion des promeneurs et des voyageurs.

On trouve aussi des services accélérés de roulage sur tous les points.

Le chemin de fer, dont la gare est sur le quai, n'exploite encore qu'une ligne de 49 kilomètres, d'Alger à Blida.

Le premier railway algérien n'est pas long, — mais c'est le commencement d'un réseau qui va bientôt s'étendre jusqu'à Oran et Constantine. La voie suit d'abord le rivage de la mer, puis, arrivée à Hussein-Dey, elle s'en éloigne un peu jusqu'à la Maison-Carrée. Puis de là, une échancrure du Sahel lui donne entrée dans la Mitidja. Alors, décrivant une courbe allongée, la voie se dirige du N.-E. vers le S.-O., — traverse des espaces à demi-dénudés où des troupeaux nombreux se montrent çà et là, paissant l'herbe rare, et où, parmi des bouquets de verdure, apparaissent quelques habitations européennes et quelques douars indigènes. Après ces immenses jachères, on rencontre au Gué-de-Constantine dans l'Harrach, à 14 kilomètres d'Alger, des vignes, des champs de tabac, de vastes plantations; c'est la campagne de Birtouta, l'Arba, Sidi Moussa, Rovigo, — de Bouffarik, *un ancien marais*, dont, suivant l'expression de Théophile Gautier, — un des représentants de la presse parisienne à l'inauguration de la ligne, — *nos laboureurs rivalisant de courage avec nos soldats, ont fait une Normandie*. Quelques minutes après, on atteint Beni Méred et les orangeries de Blida. (*Guide à Alger et ses environs* — 1864.)

ROUTES. Trois routes impériales rayonnent d'Alger :

1º *Route nº 1, d'Alger à Laghouat*, ou *route du Sud*, qui passe par Birmandraïs et Kouba, pour s'embrancher à celle qui met l'Arba en comunication avec le hameau dit des *Quatre chemins*.

2º *Route nº 5, d'Alger à Constantine*, ou *route de l'Est*, qui se bifurque à Mustapha. La ligne qui court vers l'Est, le long de la mer, traverse la voie ferrée sous la Maison-Carrée qu'elle contourne, atteint le Bordj Menaïel, d'où elle descend au N.-E. jusqu'à Dellis. — L'autre ligne va au S.-E. vers l'Arba.

3º *Route nº 4, d'Alger à Oran*, ou *route de l'Ouest*, qui se bifurque à El-Biar. Une branche passe à l'O.-S. par Chéraga, jusqu'à Koléa. L'autre va au S.-O., à travers Dely-Ibrahim, Douéra, les Quatre-Chemins et Bouffarik, jusqu'à Blida.

La route de Tipaza ou Malakoff, faisant suite à la route de St-Eugène, dessert, par le bord de la mer, le village de Guyotville, avec embranchement sur Staouëli et Sidi Ferruch.

Un réseau compliqué d'autres chemins carrossables et de nombreux sentiers sillonnent les flancs des coteaux formant ce qu'on appelle le *massif d'Alger*.

ENVIRONS D'ALGER. Les environs d'Alger sont justement célèbres par leur beauté. Il est difficile de voir un panorama plus riche et plus varié que celui qui entoure cette ville. Des hauteurs d'El-Biar, le spectacle est splendide. Dans un espace que l'œil embrasse, et qu'on peut parcourir en quelques heures, sont réunis des sites que rarement on trouve aussi rapprochés : aspect grandiose de la mer et des sommets neigeux de montagnes qui, s'étageant à l'horizon, viennent mourir sous des tapis de verdure, au bord du golfe ; — à Matifou, les vastes ruines d'une cité romaine ; non loin, les neuves constructions de tous nos jeunes villages ; — à Mustapha-Pacha, les palais champêtres des Maures, avec leurs colonnades et leurs cyprès ; — plus près de la cité, les forteresses massives des Turcs, revêtues de leur robe éblouissante de blancheur. Puis les coteaux verdoyants, les jardins, les établissements militaires alignés comme des troupes rangées en bataille ; — les sentiers de la colline et les routes impériales, déployant leurs vastes rubans, sur les flancs de la hauteur, où serpentent le chameau du désert et le fiacre de la banlieue ; puis au-delà et autour, la plaine immense avec son lointain azuré, comme une autre mer.

FORTIFICATIONS. Les constructions de défense qui entourent Alger sont :

Le Fort l'Empereur, au S. de la ville, éloigné de 2,300 mètres de la Kasba, et situé à 45 mètres au-dessus d'elle, qui domine toute la pente jusqu'à la mer, et toute la campagne d'alentour ; ce fort se trouve à 1,050 mètres de la citadelle projetée, et à 700 mètres du saillant des nouveaux remparts. Le fort que nous appelons de l'Empereur (Bordj Muley Hassan), fut bâti par Hassan Pacha, en 1541, à l'endroit même (Coudiat es-Saboun), où l'empereur Charles-Quint, dont il a conservé le nom, avait fait dresser sa tente, lors de sa malheureuse expédition contre Alger. On dit même que la tour qui était au milieu de ce château, et que les Turcs ont fait sauter en l'abandonnant, le 4 juillet 1830, était l'ouvrage des troupes espagnoles. C'est au milieu de ce fort que M. de Bourmont reçut la capitulation du dey d'Alger, le lendemain.

Ce fort est éloigné de 20 kilomètres de la pointe de Sidi-Ferruch, où l'armée française est débarquée ; les remparts ont été déblayés et restaurés. Il sert de caserne et de prison disciplinaire.

La Maison-Carrée, qui est une grande caserne en deux corps principaux, liés ensemble par des murs, peut contenir un bataillon ; on en a fait la maison centrale dite de l'*Harrach*, pour les condamnés indigènes et européens. Elle est située à 12 kilomètres d'Alger, au-delà du pont de l'Harrach, éloigné lui-même de 1,800 mètres de la mer et construit, en 1697, par le dey Hadj Hamed, et réparé par Ibrahim, en 1737; ce pont a 40 mètres de long sur 4 de large.

Le Fort de l'Eau, à 18 kilom. d'Alger, au bord de la mer, pourvu d'un bon puits, auquel il doit son nom. Il y a un poste de douaniers.

A 30 kilom. d'Alger, par terre, et à 18 kilom. par mer, s'élève le Fort Matifou, situé à 650 mètres du cap de ce nom, qui ferme la baie d'Alger, au N.-E. On trouve des puits et des citernes abondantes dans cette belle et solide construction, due au pacha Mohammed Kurdogli, qui régnait en 1556.

Le Fort des Anglais, bâti en 1825, dans la crainte d'un nouveau bombardement par ces formidables insulaires, au lieu déjà défendu par une tour qui portait le nom de Bordj el-Kala, est une redoute maçonnée, au bord de la mer. Ce fort sert actuellement de lieu de détention pour des militaires. On y a établi des batteries rasantes.

Le Fort de la Pointe-Pescade, à 7 kilom. d'Alger, et au bord de la mer, se compose de deux constructions : l'une assise sur un récif, et que l'on dit avoir été construite par Barberousse ; l'autre faite par le pacha Abdy, en 1736. Un poste de douaniers y tient garnison.

ARRONDISSEMENT D'ALGER.

L'arrondissement d'Alger comprend seize communes qui, dans l'ordre alphabétique, sont : I. Alger, II. Alma, III. Arba, IV. Aumale, V. Birkhadem, VI. Chéraga, VII. Dellis, VIII. Dely-Ibrahim, IX. Douéra, X. Fondouk, XI. Kouba, XII. Rassauta, XIII. Rouiba, XIV. Rovigo, XV. Sidi-Moussa, XVI. Ténès.

I.
COMMUNE D'ALGER.

Alger a pour sections communales : 1° son faubourg Bab-el-Oued, nommé cité *Bugeaud*, où est une église en planches et une école de jeunes filles, et 2° la banlieue, les quartiers de l'Agha et d'Isly, dont la population a été recensée avec celle de la ville. (Population de Bab-el-Oued, 4092, de la banlieue, 1208.)

L'Agha est une localité entre Mustapha et Alger, au S., où l'industrie compte de nombreux établissements : moulin à vapeur, grande boulangerie, scierie mécanique, fabriques d'instruments aratoires, ateliers de carrossiers, charrons, potiers, etc.
En se rapprochant de la cité, ce qu'on voit de plus important c'est, à droite, au bord de la mer, — la prison des femmes, dans l'ancien Lazaret, dont nous avons déjà parlé, — la gare provisoire du chemin de fer, et l'usine à gaz.
A gauche de la route, — un aqueduc ancien, réparé par les Maures, occupe deux rangs d'arcades superposées, dans le vallon qui débouche au lieu dit *Aïn-Rebot*. Là, se décharge à la mer l'oued Beni-Mzab, petit ruisseau; là fut écrasé le der-

nier effort de Charles-Quint, qui accourait au secours des cent-vingt chevaliers de Malte repoussés des abords de la porte Bab-Azoun, dans la matinée du 26 octobre 1541. Là encore, on voit des fours bâtis par ses soldats, qui tenaient ce cantonnement.

Dans un repli de la route qui monte au fort l'Empereur, et fut la première de ces magnifiques voies de communications dont les amples lacets entourent Alger, les anciens fondateurs de tout ce que la France est venu apporter sur ce rivage, ne verront peut-être pas sans quelque émotion, dans le roc schisteux, et entouré de pariétaires, une simple plaque de marbre blanc, portant : *Rovigo*, 1832.

Les autres sections communales sont :

3° BOU-ZARIIA. Village situé à 6 kil. au N.-O. d'Alger, sur une montagne élevée à 407 m. au-dessus du niveau de la mer, d'où la vue s'étend sur un espace de 600 lieues carrées : une chapelle, une école mixte, une vigie, où l'observatoire sera installé, un puits et un abreuvoir y sont établis. Il y a un café maure sur la place de Bir Semmam; on y parvient par une route sinueuse qui parcourt les flancs d'un coteau admirable de végétation et de points de vue romantiques. Deux autres chemins relient Bou-Zariia à Alger : l'un partant du principal groupe des maisons, descend du côté de la mer en traversant la vallée des Consuls au-dessus de St-Eugène; l'autre va rejoindre la route d'Alger dans le Sahel, par El-Biar. A 1 kil. au dessus du village, on voit la petite mosquée de Sidi Nouman et plusieurs Koubba ombragées par de vieux palmiers. Il y a là aussi un café maure. — Population — 1792 individus.

4° EL-BIAR (les puits) à 6 kil. S.-O. d'Alger, sur le Sahel, est un village dont les constructions bordent la route, et les maisons de campagnes sont éparses ou groupées au milieu de jolis jardins et de prairies abondantes en foins. Le canton d'Hydra est surtout le plus riant et le plus fertile. — Eglise, école primaire, brigade de gendarmerie, auberges, restaurants, cafés — L'observatoire créé par décret du 6 juillet 1861, est installé provisoirement dans cette localité. Un vaste couvent habité par les sœurs du Bon-Pasteur est un pensionnat et un orphelinat. Dans une dépendance de cette maison existe aussi un refuge pour les filles repenties. — Population — 539 français —780 étrangers— 343 indigènes.

Un ruisseau qui naît sur la pente orientale de ce point élevé forme l'oued Khrenis qui, des coteaux de Mustapha descend à Birmandraïs, et gagne de là Hussein-Dey, en traversant le ravin de la Femme Sauvage. Les eaux d'une autre source très-abondante alimentent une partie des fontaines d'Alger où elles sont conduites par un bel aqueduc. Un chemin vicinal de 2 kil. part d'El-Biar et va rejoindre la route de Birmandraïs, près la colonne Voirol. Au-dessus d'El-Biar, la route pousse un rameau à gauche, passant devant l'orphelinat de Ben-Aknoun, pour atteindre Dély-Ibrahim ; au *Bivac des Indigènes*, elle se bifurque, continuant vers Cheraga, et à droite conduit au Bou-Zarriia en dominant le Frais-Vallon, où l'on a trouvé des marbres dits *aragonites agathisés*.

5° MUSTAPHA-PACHA. Cette localité au S., — la plus rapprochée de la ville d'Alger, semble n'en être que le faubourg. De même qu'El-Biar, Mustapha-Pacha est couvert de charmantes maisons de campagne, éparses dans des jardins disposés avec goût. Son territoire longe la plage et se relève en s'étageant sur la colline. C'est dans cette position que les palais champêtres des riches habitants d'Alger sont assis en amphithéâtre. La plus remarquable est celle où est inhumé le général Jusuf, dans un pavillon en style oriental. Il mourut à Cannes, en Provence, le 16 mars 1866. Le couvent des Dames du Sacré-Cœur, sur ces pentes verdoyantes, a ouvert un important pensionnat de jeunes personnes. Au-dessus du quartier dit de l'Agha, à cause du camp que tenait en cet endroit le Général des troupes turques, une demeure mauresque a été disposée pour S. Exc. le Gouverneur général. La vue magnifique dont on y jouit et l'ameublement en font toute la valeur. LL. MM. Impériales ont honoré ce séjour de leur présence. On y voit un tableau d'Horace Vernet représentant le prince Louis Napoléon à la revue de Satory. Des constructions plus importantes règnent autour. On distingue surtout l'ancien consulat de Danemark qui semble un établissement public à cause de son étendue ; le quartier de cavalerie, l'orphelinat tenu par les Dames de St-Vincent de Paul, où sont élevées 196 jeunes filles,— couvent entouré de magnifiques jardins ; l'école normale primaire où étudient 29 élèves ; le noviciat des sœurs de la Doctrine chrétienne. Le marché aux bestiaux est sur les plateaux voisins. La *Maison des Arcades*, sur la crête des hauteurs, est un pittoresque séjour. Plus bas, est la villa Roux, et à côté de la délicieuse orangerie de Mustapha-Pacha, qui embaume toute la plage, est la petite mosquée où l'on révère un des tombeaux du marabout Sidi Mohammed Ben Abd-er-Rahman Bou Koberin, qui a le privilège d'être enterré dans deux endroits, ainsi que son nom l'indique. L'autre tombeau est chez les Guechtoula des Zouaoua, en Kabylie. Les Arabes vont en pèlerinage de l'un à l'autre en grande cérémonie. Un peu plus loin, à l'E., et dans la partie aplanie qui s'étend vers la mer, on trouve le *Jardin d'Acclimatation*, ancienne Pépinière du gouvernement, qui a une étendue de 50 hectares en la figure d'un carré parfait, où de belles constructions ont été élevées. Une magnanerie, une filature de soie, des machines pour égrener le coton, de vastes serres complètent ce bel établissement. Entretenu avec le plus grand soin, divisé par des allées en berceau, plein de bosquets et de parterres peuplés des plus curieuses productions du règne végétal, aussi bien que des plus utiles à propager, ce bel endroit est une promenade ouverte aux habitants d'Alger, à 5 kil. de la ville. Ils viennent en foule le visiter au jour de repos. C'est alors que le café maure, surnommé le *Café des Platanes*, qui est vis-a-vis de l'entrée du Jardin, auprès d'un bassin abondant, ombragé de platanes gigantesques auxquels il doit son nom, fait de bonnes recettes en servant la liqueur de moka, préparée à la mauresque, aux amateurs de cette sombre décoction. Derrière est un vaste réservoir qui alimente les fontaines de la ville d'Alger.

En revenant vers la ville, on rencontre la plaine dite de *Mustapha*, champ de manœuvres, où les troupes sont passées en revue; où les carrousels, les fantasias et les courses de chevaux ont lieu. On peut y mettre en mouvement une armée de 25,000 hommes. Rien de plus beau que ce grand appareil militaire, lorsqu'il se déploie sous le magnifique soleil de l'Afrique, dans cet espace encadré par la mer et les riches coteaux de Telemly, par les ombrages du Hamma, et les vastes établissements militaires dont une partie est affectée à l'hôpital civil.

Il y a deux églises à Mustapha : l'une dans la partie supérieure de la localité, qui n'est qu'une maison mauresque, aménagée pour y célébrer les divins offices ; vis-à-vis est le bureau de l'adjoint de la Mairie ; l'autre à Mustapha inférieur, grande baraque en planches aux abords du Champ-de-Manœuvres. — Ecole, fontaine et lavoirs publics, parc aux fourrages, hôtel de Tivoli avec bains de mer, nombreux cafés et débits de boissons, usines nombreuses pour la confection d'ouvrages en sparterie. Population : 3053 français — 2032 étrangers — 50 juifs - 281 maures — en bloc 766.

6° SAINT-EUGENE. Joli village tout composé de maisons de plaisances bâties à la française ou suivant un goût capricieux et riant, assis au bord de la mer, au N. d'Alger. L'Empereur l'a traversé le 4 mai 1865. Il y a une église et une école pour les jeunes filles. Tout contre le *Fort des Anglais*, on remarque le château des Tourelles, construction dans le goût de Walter Scott. Sur la hauteur est l'ancien consulat de France, résidence qu'affectionnait, en été, feu Mgr. l'Evêque d'Alger, qui avait établi dans cette charmante villa l'école secondaire ecclésiastique (petit séminaire), où étudient plus de 150 élèves. Il avait également béni, le 20 septembre 1857, une chapelle sous le titre de *Notre-Dame d'Afrique*, but d'un pèlerinage. C'est un grand édifice en construction, dont la gracieuse silhouette se dessine sur un des contreforts du mont Bou-Zariia. On l'aperçoit de fort loin en mer par les reflets diamantés d'une croix qui la domine. On y parvient par des sinuosités qui contournent le coteau à partir de l'hôpital du Dey, près Alger.

à St-Eugène, sont de nombreux cafés et restaurants. Le mouvement des voitures y est continuel.

La Pointe-Pescade (Mers-el-Debban — Port des mouches). Localité située à 6 kil. au N. d'Alger, répand ses habitations sur un territoire profondément raviné et incliné au N. vers la mer. Le décret du 5 mai 1866 a réuni cette section rurale à St-Eugène. Une vaste construction à l'aspect sévère a été, dit-on, la maison de campagne de Barberousse. De belles habitations y jouissent d'une vue magnifique. Nous avons eu lieu déjà de parler du fort de la Pointe-Pescade, qui a donné son nom à la localité et s'avance dans la mer sur une pointe rocheuse. La route qui mène à Alger suit les sinuosités du rivage et forme la promenade la plus austère qu'il soit possible d'entreprendre. Cependant un établissement dit le *Retour de la Pêche*, ainsi que plusieurs autres à la Pointe-Pescade, reçoivent de joyeuses compagnies. — Population — 1355 habitants.

II.

COMMUNE DE L'ALMA.

L'Alma est située auprès des rives du Bou Douaou, sur la route de Dellys à Alger, à 36 kil. de cette ville. Un brillant combat de 950 Français contre 6,000 Arabes avait eu lieu dans cette localité le 25 mai 1839. — Le décret du 25 juillet 1856 y créa un centre de colonisation où les céréales et les vignes ont prospéré. De nombreuses fermes entourées de vergers et d'orangers, y rafraîchissent le regard. Là se termine la zône de la colonisation européenne. Le décret du 22 août 1861 y a établi la commune en plein exercice. L'Empereur est passé dans cette commune le 24 mai 1865, se dirigeant sur Fort-Napoléon. Il y a une église, une école tenue par des Religieuses, une salle d'asile, une infirmerie, une fontaine, un lavoir couvert, une gendarmerie.

La population est de 159 français, 190 étrangers, 5 juifs, 41 musulmans.

Les sections communales sont :

1° LA REGHAIA est un village à 6 kil. de l'Alma, à 36 kil. d'Alger, entre la Rassauta et le Bou-Douaou, sur la route d'Alger à Dellis, créé par décret impérial du 14 octobre 1854, sur le vaste domaine de la Reghaïa, qui a laissé son nom à la localité. Il s'étend sur le bord de la mer, où se jette un cours d'eau qui prend naissance dans ses limites et devient navigable pour les embarcations de 12 à 15 tonneaux ; à partir de la maison principale d'exploitation, distante de 4 kil. de l'embouchure de ce petit fleuve, il y a des chutes d'eau, des bois de chênes-lièges, des orangeries, des vergers, des pépinières. Église. — Population : 44 français — 183 étrangers.

2° ST-PIERRE — ST-PAUL. Centres créés par décret du 26 décembre 1857, l'un au lieu dit Sidi Salem, l'autre au lieu dit Ouled Moussa. Population : 91 français — 65 étrangers.

3° L'OUED-CORSO à 45 kil. d'Alger, où habitent 46 Français et 25 étrangers. On y trouve une tuilerie, un moulin à huile et un moulin à blé. Les Arabes de la tribu des Khachena sont au nombre de 7133.

Au *Col des Beni-Aïcha* où se trouvent quatre maisons, il y a une caserne de gendarmerie. Sur la rive droite d'un affluent du Bou-Douaou, est un caravansérail dit *Souk el-Djemma*, où se tient un marché hebdomadaire.

III.

COMMUNE DE L'ARBA.

L'Arba est situé dans la Métidja orientale, à 32 kilom. E. d'Alger, à la rencontre de la route d'Alger à Aumale, avec celle du pied de l'Atlas, qui joint Blida au Fondouk.

L'Arba doit son nom aux mots arabes نهار العربعة (quatrième jour), qui indiquent le marché important que les Arabes y tiennent tous les mercredis. Ce village a été créé par le décret présidentiel du 22 août 1851, et érigé en commune par décret impérial du 31 décembre 1856.

La population est de 547 Français, 335 Étrangers, 11 Juifs et 893 musulmans. L'Arba a une église depuis les premiers jours de 1854, et une mairie.

Les rues et les places publiques du village de l'Arba sont bordées d'arbres, platanes et ormeaux de belle venue. Il y a des orangeries importantes. Deux d'entre elles ont été concédées à la commune, par décret du 17 juin 1862, pour une promenade publique. Première étape d'Alger à Aumale, la localité a profité du transit continuel des voyageurs. Les cultures fort belles, en céréales et en tabac, sont largement arrosées par l'oued Djemma. Il existe un moulin à deux tournants.

Le cadre de cet ouvrage ne nous permet pas de citer ici nominativement tous les établissements agricoles et industriels qui existent aux alentours; disons seulement que, de jour en jour, la plaine se couvre de grandes et belles fermes, qui font heureusement augurer de l'avenir.

Deux routes conduisent à l'Arba : une par la Maison-Carrée et l'autre par Kouba.

L'Arba a pour section communale :

RIVET, situé à 2 kilom. de l'Arba, sur la route, entre les villages de l'Arba et du Fondouck. Il a été créé par décret impérial du 5 juin 1856. Ce village est dans une très-heureuse position ; la place est une magnifique orangerie qui a été réservée lors de sa création.

La population est de 95 Français, 173 Étrangers, et 268 Arabes.

Il y a, d'ailleurs, dans cette commune 1671 Indigènes.

IV.

COMMUNE D'AUMALE.

SITUATION. Aumale est situé par 36°09' de latitude septentrionale, et 1°21' de longitude orientale, dans l'intérieur de l'Algérie, à 105 kilom. S.-E. d'Alger, 136, S.-E. de Blida, 112, E. de Médéa. 180, O. de Sétif, entre ces deux villes, au point de passage qui donne communication du S. aux plaines du Hamza, avec les montagnes de la Kabylie.

PHYSIONOMIE LOCALE. Aumale, non loin du Djebel Dira, est assis sur un plateau entouré d'une petite plaine, dominée elle-même par de hautes montagnes. L'aspect du pays est aride. Le paysage est rocheux et sec.

NOTE HISTORIQUE. — Les Romains avaient en cet endroit une station sous le nom d'*Auzia*. De nombreux restes antiques, une belle mosaïque, en font foi. Les Turcs construisirent avec ces débris un fort qu'ils nommèrent Sour R'ozlan. Aumale fut fondé sur son emplacement pour surveiller la Kabylie et influer sur la vaste contrée qui s'étend au S. du Djeurdjeura.

IMPORTANCE POLITIQUE. La ville est la résidence du Général de brigade commandant la subdivision militaire d'Aumale, — d'un commissaire civil. Le décret impérial du 7 décembre 1853 y a fondé une Justice de Paix. La population civile est de 2,912 individus, dont 870 Français; 204 Étrangers, 219 Juifs, 1,619 Musulmans.

ENCEINTE. La ville est entourée d'un bon mur crénelé, protégé par un ravin escarpé qui la rend imprenable à des Arabes. Elle ne consiste guère qu'en une seule grande rue, fort animée, et d'un quart de lieue de longueur. Les plus belles constructions, sont : la maison du commandant de la subdivision, les casernes d'infanterie et de cavalerie, les magasins du Génie et de la manutention, vastes et magnifiques ; un bel hôpital. Il y a une église. La mosquée est en dehors de la ville, à l'endroit où les Arabes tiennent leur marché le dimanche. Quatre portes donnent entrée dans Aumale : les portes d'Alger, de Bou Sada, de Sétif et de Médéa. Il y a une station télégraphique. La place de l'église, celle du marché et un jardin public, s'ouvrent aux promenades des oisifs. Ils ont aussi le Cercle militaire, parfaitement bien tenu ; les cafés Perrault, Sérié, Guiol. Le café chantant de l'Échelle, qui prête ses sujets pour monter la troupe théâtrale, organisée de loin en loin par les amateurs de la garnison. De nombreux hôtels prennent en pension au mois.

ENVIRONS. Toutes les eaux supérieures de la ville ont été détournées pour son alimentation ; leur produit ne dépasse guère 5 litres par seconde, à l'étiage. Celles qui lui sont inférieures forment, par leur réunion, l'Oued Lekal, sur lequel sont établis quatre moulins à blé, parfaitement installés. A 1 kil. de la ville, on visite une brasserie dans un joli jardin qui ombrage un jeu de boule et un tir au pistolet. Les promeneurs aristocratiques préfèrent se rendre à la fontaine dite *du Docteur*, à 8 kilomètres d'Aumale. L'équitation est un exercice qu'il faut avoir pratiqué si l'on veut parcourir les environs fort abruptes; la voiture étant un moyen presqu'impossible, dont l'ombre est inconnue dans ces cantons montagneux. Toutefois, la route d'Aumale à Bougie, ouverte en partie par les tribus kabyles, est carrossable dans tout son parcours. Elle longe, sur les versants méridionaux du Djeurdjeura, toute la vallée de l'Ouéd Sahel, et assure notre domination de ce côté, comme Fort-Napoléon sur les versants septentrionaux.

Les colons d'Aumale ont cultivé, en céréales, une zône qui leur a été concédée autour de la ville. On élève dans la banlieue une assez grande quantité de bétail. Des essais de plantation de vigne ont réussi.

Le pays offre des ressources en pierre à chaux, plâtre, terre à briques. On y trouve quelques bois, à 12 kilom. d'Aumale, dans le Kecenna. Le bois de chauffage se rencontre à 2 kilom. d'Aumale. Le voisinage du Djebel Dirah, et l'élévation du plateau de Sour R'ozlan, 850 mètres au-dessus de la mer, y rendent l'hiver assez rigoureux.

Aumale n'a qu'une section communale :

BIR RABALOU — à 19 kilom. d'Aumale, dans la plaine des Azib et sur la route d'Alger ; — bien assis au milieu d'un territoire fertile, de vastes prairies et des eaux abondantes. — Population, 327 individus : 91 Européens et le reste Indigènes. Sur le ruisseau de Bir Rabalou, les Arabes ont établi par association, un moulin à blé à deux paires de meules, montées à la française.

Bir Rabalou a deux annexes :

Les Trembles, où se trouve une population de 64 Européens et de 1,614 Indigènes.

Guelt Zerga, population, — 45 Européens, 77 Indigènes.

V.

COMMUNE DE BIRKHADEM.

Birkhadem est situé à 10 kilom. E. d'Alger, dans un vallon du Sahel, au-dessous d'un ancien camp assis sur un mamelon. Ce canton fertile et bien ombragé, possède des constructions gracieuses. C'est un but de promenade pour les citadins d'Alger.

La localité de Birkhadem *(le puits de la Négresse)*, ainsi nommé à cause des apparitions fréquentes d'une femme noire, qui sort d'un puits et se promène aux environs, fut couverte, dans les premières années de l'occupation, par un camp qui reliait Dely-Ibrahim à la Maison-Carrée et à la Ferme-Modèle, par Tixeraïn et Kouba, et faisait en ce lieu une position centrale qui fermait l'ancienne route d'Alger à Blida. Il n'est plus aujourd'hui occupé militairement, et a servi successivement d'hôpital et de prison de dépôt. A l'abri de cette défense, un grand nombre de propriétaires et de cultivateurs se sont installés et ont formé le village qui a été reconnu par arrêté du 22 avril 1835, et où l'administration communale est organisée depuis le 16 novembre 1842.

La population est de 214 Français, 344 Etrangers, 605 Indigènes.

Les cultures maraîchères sont une source de prospérité pour Birkhadem. La route de Blida traverse la place de ce village, qui a une jolie église, un café maure, jouissant d'une grande réputation parmi les Indigènes, et une belle fontaine, sous des platanes. Les mûriers et les vignes se montrent partout, au milieu d'arbres fruitiers de toute espèce.

Tixeraïn est à droite du village. Sur la route d'Alger, on voit l'ancienne caserne de cavalerie, connue sous le nom de *Ben Siam*.

Sur le versant du Sahel dominant la Mitidja, on trouve la *Ferme-Modèle*, à 14 kilom. d'Alger, au pied de laquelle passe le chemin de fer. Cet édifice connu par les Indigènes sous le nom de Haouch Hussein-Pacha, fut érigé en ferme expérimentale par le maréchal Clauzel, dès 1831.

Les sections communes de Birkhadem sont :

1° BIRMANDRAIS, par contraction de Bir Mhamed Raïs *(Le puits du Turc Mohammed, capitaine de navire)*, est un joli village entre de hauts mamelons couronnés d'arbres, de cultures et de moulins à vent, à 7 kilom S. d'Alger. L'oued Knis y coule ; on le traverse sur un petit pont, avant qu'il ne descende vers Hussein Dey, par le vallon de la *Femme sauvage*, ainsi nommé, moins à cause du caractère et des manières fort civilisées d'une jeune femme qui tenait là un joli café-restaurant adossé contre une grotte, — que pour la localité sauvage elle-même. Dans ce ravin, plusieurs moulins à farine fonctionnent par l'action de l'eau. Une filature de soie est établie par M. Chazel et Redon. Il y a dans le village une église et une belle fontaine sous des arbres touffus. De jolies habitations et des plantations importantes, donnent à ce canton un attrait que les promeneurs du dimanche suivent assidument. Sur le chemin qui serpente entre celui d'Hydra et celui de Kadous, au plus haut point, à 210 mètres au-dessus du niveau de la mer, s'élève une colonne en pierre, en mémoire de l'ouverture de cette route, en 1834, par l'armée, sous les ordres du général Voirol.

Sur la route de Birmandraïs à Alger, dans des parties rocheuses bordant le chemin qu'une déclivité fort accentuée marque de l'autre côté, un amateur, d'un talent tout-à-fait primitif, a sculpté Adam et Ève, le serpent, une croix, des cœurs et une femme dans une position intéressante.

Ce centre, créé par arrêté du 22 avril 1835, et constitué le 17 décembre 1843, présente une population de 226 Français, 452 Etrangers, 342 Musulmans.

2° SAOULA, centre de population, à 3 kilom. de Birkhadem, à 13 kilom. d'Alger, sur la route de Douéra, au milieu des vallées qui aboutissent à celle de l'oued Kerma, dans un bas-fond très-fertile en légumes, et bien arrosé, a été créé par arrêté du 17 février 1843. Il y a trois moulins à 3 et 4 tournants, mis en mouvement par la force hydraulique et constamment occupés par la boulangerie d'Alger et la manutention militaire. Des saules-pleureurs balancent leurs verts panaches et les vignes agitent leurs pampres dans cet agréable séjour. Population, 105 Français, 156 Etrangers, 379 Musulmans.

VI.
COMMUNE DE CHÉRAGA.

Chéraga est situé à 12 kilom. O. d'Alger, à l'entrée de la plaine de Staouéli, à 198 mètres au-dessus du niveau de la mer.

L'arrêté du 22 août 1842 le constitua administrativement. En 1845 eurent lieu des dessèchements qui ont assuré la salubrité sur ce point. Des familles sobres et laborieuses venues de Grasse (Var), ont apporté la culture des plantes odoriférantes, pour lesquelles des distilleries expédient en France des produits estimés. Chéraga est reconnu commune par le décret impérial du 31 décembre 1856.

La population est de 488 Français, 123 Etrangers, 448 Indigènes. L'église fort jolie est ornée de plusieurs statues données par les habitants.

Le territoire de Chéraga est celui où les cultures sont le plus avancées dans le Sahel. Elles consistent en blé, orge, fèves, maïs, tabac, coton, vignes dont le vin est estimé, et plantes à huiles essentielles. La route d'Alger à Koléa traverse le village. On y trouve un jardin public, un lavoir et abreuvoir. Sur la place est une fontaine surmontée du buste du duc de Malakoff.

Il y a un moulin à farine, mu par la force hydraulique, et un moulin à manége pour les huiles. On fabrique en grand le crin végétal provenant du palmier-nain. L'éducation des bestiaux est favorisée par des eaux abondantes et des prairies étendues. Deux briqueteries sont en pleine activité. Les produits des laiteries et les fromages sont renommés. Il y a des hôtels et des auberges dans ce très-joli village.

L'Empereur a parcouru cette commune lorsque, le 4 mai 1865, il fut visiter Sidi-Ferruch, Staouëli et le monastère de la Trappe qui y est situé.

Les sections communales de Chéraga sont :

1° AIN BENIAN, ou GUYOTVILLE, ainsi nommé parce que ce centre de population fut fondé sous l'administration de M. le compte Guyot, directeur de l'intérieur, par arrêté du 19 avril 1845, à 2 kilom., à l'E. du cap El-K'nateur, — à 9 kilom. d'Alger, par Chéraga et 14 par la nouvelle route Malakoff, au bord de la mer, qui est une des plus pittoresques et des plus belles de la province d'Alger. Un chemin vicinal d'une longueur de 7 kil. conduit de Chéraga à Guyotville, à travers un sol mamelonné que coupe le ravin des Béni-Messous, où se trouvent plusieurs belles fermes. Un canal amène les eaux dans une fontaine construite au milieu de la place du village : il y a un lavoir et un abreuvoir. Des plantations nombreuses de vignes ont été faites.

Sur le plateau d'Aïn Benian, qui sépare Guyotville de Chéraga, on recueille de belles moissons. On voit par les champs une centaine de dolmens, pareils à ceux de Bretagne, que l'on croit être les tombeaux d'une légion armoricaine, qui aurait campé aux environs de cette position élevée. Il y aussi des ruines romaines au cap El-K'nateur.

Population, 131 Français, 190 Etrangers.

2° SIDI-FERRUCH, est une pointe, à 25 kilom. O. d'Alger, s'avançant de 1,100 mètres dans la mer. C'est dans la baie O. que débarquèrent les Français, le 14 juin 1830. Ils y trouvèrent une mosquée renfermant les restes du marabout qui donne son nom à la localité, et une petite tour carrée, bâtie par les Espagnols et nommée par eux *Torre chica*. Il y a six puits dans les lignes du camp, qui fut tracé sur un développement de 800 mètres pour isoler complétement la presqu'île, offrant une étendue de 80 hectares. Des sources, obstruées par les sables, se trouvent aussi sur la plage. De juin à septembre, il se forme de fort beau sel sur les rochers du rivage. Sur les bords de l'oued el-Bridja, qui coule à l'O., il y a une excellente terre plastique, propre à la confection de la poterie.

L'arrêté du 13 septembre 1844, a créé sur ce point un village qui a prospéré quelque temps au moyen de la pêche des huîtres et des sardines, mais qui a été presqu'entièrement abandonné en 1853. L'érection d'une belle caserne, qui peut contenir 2,000 hommes dans un fort garni de formidables batteries, ramène sur ce point les efforts des colons et des pêcheurs. La porte monumentale de cet édifice, frontispice orné de quatre colonnes engagées et de trophées de la paix et de la guerre, est surmontée d'une large table de marbre, où les premiers pas de la conquête algérienne sur ces bords sont commémorés en style lapidaire. On y lit :

ICI
LE 14 JUIN 1830
PAR L'ORDRE DU ROI CHARLES X
SOUS LE COMMANDEMENT DU GÉNÉRAL DE BOURMONT
L'ARMÉE FRANÇAISE
VINT ARBORER SES DRAPEAUX
RENDRE LA LIBERTÉ AUX MERS
DONNER L'ALGÉRIE A LA FRANCE

Dans les premiers jours de janvier 1846, Mgr Dupuch, premier Evêque d'Alger, a découvert sur un lieu élevé, au bord de la mer, où étaient les ruines curieuses d'une église chrétienne détruite par les Vandales et par les flots, la massue, hérissée de pointes de fer, instrument du supplice de Saint Januarius et le *vas sanguinis* de ce martyr, sacrifié vers l'an 410, ainsi que le témoignait une inscription fruste en mosaïque, placée sur ces restes qu'avait recueillis la pieuse dame Sabine, en cet endroit. Mgr Dupuch a cru y retrouver les *Casæ favenses* du sommaire n° 138 de Morcelli.

Population, 31 Français, 10 Etrangers.

3° STAOUELI, est une plaine de 48 kilom. carrés, solitude couverte de broussailles que la culture élague et repousse chaque jour, hachée de ravins, refuge des sangliers et rendez-vous des chasseurs, qui y trouvent du gibier en grande quantité. C'est là que les Français, après leur débarquement, livrèrent la bataille qui leur a ouvert la conquête de l'Algérie. Une croix de fer sur un socle de pierre, indique ce lieu mémorable. Les RR. PP. Trappistes ont obtenu, par arrêté ministériel du 11 juillet 1843, d'élever, sur une concession de 1,020 hectares, un monastère de leur Ordre, dont l'Evêque d'Alger a posé la première pierre, le 14 septembre de la même année, sur un lit de boulets ramassés à l'endroit même qui fut le théâtre du combat. La consécration de l'édifice, qui fut érigé en abbaye, a eu lieu le 30 août 1845. L'oued Bridja à l'E., l'oued Boukara à l'O., étaient les limites de la concession, qui a été agrandie.

Le bâtiment principal du monastère forme un rectangle de 48 mètres de longueur sur 12 mètres de hauteur. La cour intérieure est occupée par un jardin entouré d'un cloître à deux rangs d'arcades au rez-de-chaussée et au premier étage. La chapelle occupe toute une aile. La cuisine et le réfectoire sont au rez-de-chaussée; les dortoirs et l'infirmerie au premier étage. Les murs sont couverts d'inscriptions qui rappellent le néant et les misères de la vie, entre autres : *S'il est triste de vivre à la Trappe, qu'il est doux d'y mourir!* — et d'écritaux qui indiquent à chaque Religieux les corvées du cloître et les travaux extérieurs de la saison.

A gauche de l'abbaye est la ferme, grande enceinte de 60 mètres carrés, formée par les écuries et les hangars de l'exploitation agricole. — A droite sont les ateliers et autres dépendances, forge, serrurerie, charronage, menuiserie, boulangerie, buanderie, laiterie, basse-cour. Le cimetière est aussi de ce côté. En avant est un autre corps de logis, dont l'entrée est formellement interdite aux femmes. Là les voyageurs reçoivent gratuitement l'hospitalité pendant trois jours. — Quant on en a franchi la porte, on aperçoit en avant de l'abbaye, un bouquet de palmiers qui ombrage une statue de la Sainte Vierge dont le nom, sous le titre de *Notre Dame de Staouéli*, est le vocable de la maison. Le mur de clôture haut de 2 mètres et demi renferme 50 hectares, le verger, les vignes, l'orangerie. Les eaux ont été recueillies et desservent toutes les parties du monastère; dirigées sur un aqueduc de 11 mètres de hauteur, elles viennent faire mouvoir deux moulins, et alimentent encore les fontaines du nouveau village. En dehors de la clôture, 400 hectares sont défrichés. Le miel, le lait, le beurre y sont excellents, la viande est succulente. On compte 108 Religieux, dont 22 Pères de chœur. On emploie 20 ouvriers civils, et tous ceux qui, sans ouvrage, viennent y travailler pour le vivre et le couvert.

Une hôtellerie louée à un restaurateur, vend à manger aux pèlerins. La route d'Alger à Koléa passe devant la porte de l'abbaye.

Un décret impérial du 24 mars 1855, a décidé la création, à 18 kilom. d'Alger et à 2 kilom. N. de la Trappe, entre le couvent et la presqu'île, d'un centre de population. Les Ponts-et-Chaussées ont amené les eaux de l'oued Boukara par un barrage de retenue, au-dessous du moulin des Trappistes, qui les conduit dans une construction en forme de marabout, d'où elles sont réparties en une fontaine qui débite 100 mètres cubes d'eau en 24 heures, et en un canal d'irrigation qui reçoit 500 mètres cubes, durant le même temps. Un abreuvoir et un lavoir, complètent les travaux qui concernent les eaux. 597 arbres d'essences forestières ont été plantés sur la place et dans les rues du village. Population, 242 Français, 90 Étrangers. A 6 kilom. de la Trappe, on quitte la route de Koléa pour prendre un chemin de 3 kilom. qui conduit à Sidi-Ferruch. Une inscription placée sur une petite pyramide, à la rencontre des deux routes, indique au voyageur le chemin à prendre.

4° ZERADLA, situé à 4 kilom. de la mer, sur la rive droite du Mazafran, au N. d'un cours d'eau et à 12 kilom. N.-E. de Koléa, — à 26 kilom. d'Alger, a été créé par arrêté du 5 septembre 1844. Une conduite en maçonnerie, de 1,400 mètres, amène l'eau jusqu'au milieu du village où s'élève une église. Il y a aussi une école de garçons. Un puits circulaire de 20 m. de profondeur, donne encore une eau excellente. Un pont met Zeradla en communication avec Douaouda et Koléa. L'Empereur se dirigeant vers cette ville, a traversé Zéradla le 6 mai 1865. Les habitants au milieu de fortes broussailles, existent de leur industrie de bûcheron, et sont au nombre de 174 Français et 72 Étrangers. Ils ont presqu'entièrement défriché les terrains qui leur ont été concédés. Il y a 356 Arabes.

VII.
COMMUNE DE DELLIS.

SITUATION. Dellis est situé sur la côte septentrionale de l'Afrique, par 1° 35' de longitude E., et 36° 55' de latitude N., à 14 lieues marines E. d'Alger, et à 22 lieues O. de Bougie ; par terre, à 106 kil. d'Alger, et à 189 kil. d'Aumale.

MOUILLAGE. La pointe de Dellis est longue, étroite et couverte de tombeaux que domine un marabout. Elle s'avance comme un môle pour protéger le mouillage de Dellis contre la mer et les vents de la partie de l'O. Quelques rochers peu élevés au-dessus de l'eau et placés dans la même direction que la pointe, la protègent encore d'environ une encâblure et demie. Il n'y a aucun danger dans les environs de Dellis. Les bords de la mer à l'O. sont remarquables par la manière et les soins avec lesquels ils sont cultivés : c'est une suite de jardins d'un aspect fort agréable, qui annonce dans les habitants des campagnes, de l'ordre, une certaine industrie et l'amour du repos.

Lorsqu'on double la pointe de Dellis, on aperçoit, dans l'intérieur des terres, vers le S.-E., une montagne isolée nommée le *Pic des Beni-Sliem*. Son sommet est facile à reconnaître, parce qu'il montre une excavation semblable au cratère d'un volcan. Bientôt après on découvre le mouillage de Dellis, où les bâtiments peuvent se mettre à l'abri des vents d'O. et de N.-O. On y trouve un bon fond de sable et vase par 13, 14 et 15 brasses. Pendant la belle saison on peut y rester avec les vents d'E. et de N.-E.

ASPECT EXTÉRIEUR. La nouvelle ville de Dellis est bâtie sur un plateau au bord de la mer, exposé à l'orient. Le vieux Dellis, plus au N., est paralèllement adossé à une montagne. Ses maisons mauresques y sont en mauvais état sous une chemise blanche récemment rafraîchie. Entre les deux villes, et comme moyen de contact habilement échelonnés, on voit la maison du bureau arabe, intermédiaire de relation ; l'hopital neuf, où les deux religions se montrent rapprochées; la nouvelle mosquée, dont le minaret élevé par les Français, prouve leur esprit de tolérance. Des crêtes assez élevées, qui séparent Dellis des Beni-Thour et dominent l'oued Nessa, encadrent au S. le paysage.

NOTE HISTORIQUE. Les ruines romaines trouvées à Dellis ont démontré qu'il occupait l'emplacement de la colonie désignée par Antonin sous le nom de *Rusuccurus*. On y voit la trace de murs décrivant un vaste périmètre, principalement à l'O. On a découvert, le 31 décembre 1857, un magnifique sarcophage en marbre blanc, qui est déposé au Musée d'Alger. Le marabout de Sidi Soussan, remplacé aujourd'hui par un fortin, sur un mamelon élevé de 210 mètres et dominant la ville, marquait l'endroit où se trouvait autrefois une citadelle. Les antiques constructions semblent avoir été renversées par un tremblement de terre dont l'époque ne nous est pas connue : les Arabes construisirent Dellis avec les décombres. Lorsqu'en 1517, les deux Barberousse se partagèrent la Régence, Khaïr-ed-Din y établit le siège de son autorité.

En 1837, un bateau à vapeur et une gabarre parurent en vue de Dellis pour châtier les habitants, qui avaient pris part à l'insurrection des Kabyles; effrayés de cette démonstration, ils se hâtèrent de faire leur soumission. Au printemps de 1844, le Gouverneur général voulant porter jusqu'au centre des Flissas un dernier coup à l'ex-émir, en la personne de Sidi Ahmed-Taïeb-Ben-Salem, son khalifa, s'empara de Dellis le 7 mai. Les habitants nous reçurent avec empressement, après avoir vu partir leur kaïd, Abd er-Rhaman, oncle de Ben-Salem. Ils nous offrirent leur mosquée pour nos blessés et plusieurs maisons pour y loger une petite garnison qu'ils imploraient. Le 12 mai une action glorieuse pour nos armes eut lieu en avant de la ville; le 17, un succès plus complet encore fut obtenu par nos troupes à Ouarez ed-Din, contre une immense réunion de Kabyles. Ben-Salem ranima leur courage après cette défaite, et obtint le 21 du même mois, quelques avantages contre le colonel Comman. Le maréchal Bugeaud vint rétablir la tranquillité, qui depuis n'a pas été troublée, du moins aux entours de Dellis.

IMPORTANCE POLITIQUE. Un arrêté du 2 mars 1846, avait établi à Dellis un centre de population de 200 familles. La commune y a été constituée par décret impérial du 31 décembre 1856. Ce point est la résidence d'un Général de brigade commandant la subdivision militaire de Dellys et d'un commissaire civil. Justice de paix. Direction du port. La population est de 486 français, 137 étrangers, 162 juifs, 1892 arabes.

ENCEINTE. Six blokhaus, entourés de redoutes en maçonnerie, et reliés entre eux par une muraille continue de 1,800 mètres de développement, forment l'enceinte de Dellis. Il y a cinq portes : les portes d'Alger, d'Isly, des Jardins, d'Aumale, d'Assouaf.

PHYSIONOMIE LOCALE. L'intérieur du nouveau Dellis est assez animé. Des petits jardins cultivés par des colons occupent la partie E. du mur d'enceinte, et réjouissent la vue sur ce point où les efflorescences rocheuses du sol ont été courageusement combattues.

Les rues principales sont : la rue d'Alger, d'Isly, Mogador et de la Marine, qui a été la première ouverte et construite. Elles mènent à la place de l'Eglise et à celle du Marché ; on y voit quelques jolies maisons.

Quant à la ville arabe, elle ressemble à toutes celles de la même espèce : maisons entassées, sales, mal bâties et mal distribuées, ayant toutes pour entrée une écurie, et consistant ici en murs de pierre, protégés de tuiles creuses. Les rues sont étroites, tortueuses, boueuses, remplies de fumier.

ÉTABLISSEMENTS MILITAIRES. L'hôpital, très-vaste, est parfaitement situé. L'ancienne mosquée sert de magasin pour les subsistances et les effets de campement. Des baraques sont encore occupées par tous les services ; le casernement lui-même, y est établi pour

800 hommes. Il y a un Cercle et une bibliothèque militaire.

ÉTABLISSEMENTS CIVILS. La jolie mosquée dont nous avons eu lieu de parler, qui a été bâtie par les Français, en échange de celle que les Musulmans avaient cédée pour y installer nos malades, est un édifice gracieux. Une école pour les jeunes enfants est tenue avec zèle. Les eaux de la montagne de Sidi Soussan, qui domine Dellis à l'O., où l'on a trouvé des citernes romaines, ont été amenées dans un grand réservoir situé sur la place, pouvant contenir 400 hectolitres; cependant l'eau vient quelquefois à manquer en été et on a recours aux eaux du Sebaou. Un lavoir a été établi rue Mogador. Il y a une station télégraphique. Un phare est établi à la pointe de Dellis; il éclaire à 3 milles en mer. L'hôtel de la *Colonie,* est le meilleur des établissements de ce genre; on y trouve un café. On fréquente aussi celui de l'*Europe* et celui de l'*Algérie*. Un grand nombre de buvettes sont ouvertes aux consommateurs les plus indulgents. L'industrie particulière a des briqueteries. — Un abattoir fonctionne au pied du fort. Un fondouck donne asile aux arabes qui viennent tous les jours au marché qui se tient à côté du bureau arabe. Cinq à six fois par an, à la porte des Jardins, en un endroit dit *Sidi Mousa,* les Indigènes se rendent à une sorte de foire, aux pieds de magnifiques oliviers.

ENVIRONS. Le pays est un des plus sains et des plus pittoresques de l'Algérie; des sites variés et très-rapprochés les uns des autres, rendent la promenade délicieuse ; le paysage prend un aspect nouveau à chaque instant. A l'E. et au S. de la ville, le sol est couvert de roches, en forme de cailloux, qu'on ne trouve qu'à la surface, sur une étendue de 1 kil.; la culture les écarte tous les jours. Des mosaïques remarquables, au bord de la mer et à 800 mètres même de la pointe, avaient conservé les vestiges de l'antiquité, dont les médailles et les amphores trouvées en creusant les fondations de l'hôpital et de la mosquée, sont des monuments fidèles. A l'O., des métairies, au milieu d'ombrages délicieux et de sources abondantes, bordent la mer sur un développement de 6 à 8 kil., et fournissent un sûr moyen de bien-être aux cultivateurs. La route d'Alger à Dellis, qui longe la vallée sur 12 kil., traverse Ben-Nechoud; on trouve encore les quatre villages arabes de Thouabet, Tekedempt, Assouaf et Beni-Ouazeroual, qui sont placés en face des Issers. Les vallées de l'oued Isser, à 12 kil., et de l'oued Nessa, à 8 kil., sont riches en cultures. Elles sont couvertes d'habitations en pierre, avec toits en tuiles creuses, en chaume ou en roseaux tressés. La population s'élève graduellement sur la rive gauche de l'oued Sébaou, jusqu'aux crêtes sud de la vallée. Des marchés nombreux et fort considérables se tiennent dans un rayon assez rapproché de Dellis. Le marché d'Aïn el-Arba, entre les Beni-Ouaguenoun et les Taourga, à 24 kil., est fréquenté le mercredi par un millier d'Arabes; le marché des Issers, à 8 kil., le lundi, réunit un pareil nombre d'individus. Celui d'El-Sebt, chez les

Amraouas, le lundi, et celui de Djema-Saharidj, le samedi, sont les deux entrepôts de la Kabylie, et réunissent de 3 à 5,000 marchands et acheteurs. Les Kabyles apportent des grains, de l'huile, des figues sèches, du miel; ils emportent en retour du sel, du fer, de l'acier, des tissus de coton, de la quincaillerie, des ornements de femme. Leur industrie consiste dans la fabrication des armes à feu, des sabres dits *flissas*. Ils confectionnent des burnous, des haïcks, gandouras, souliers, poteries, briques et tuiles. Aux environs de Dellis, près du cap Bengut, dans le basalte, on rencontre des nodules isolés d'un combustible minéral, présentant l'aspect d'une houille de bonne qualité. Il y a une société pour l'exploitation des salines.

Les chevaux et les mulets sont les seuls moyens de transport aux entours de la place. La seule route entièrement tracée est celle d'Alger.

La durée du voyage par mer n'est que de 7 heures de Dellis à Alger. Voir, pour les transports par cette voie, l'article préliminaire relatif à la navigation.

La seule section communale de Dellis est :

REBEVAL, qui a une population de 75 Français et 15 Etrangers.
Les annexes sont :
Ben N'Choud, à 10 kilom O., — dans la vallée de l'oued Sebaou, au milieu de populations kabyles, formé en 1854. Il y a 71 Français, 13 Etrangers, 21 Musulmans.
Tnin, où l'on trouve 21 Français.
Beni Teur, où il y a 5,277 Arabes.
Tourga, où l'on en compte 2,961.

VIII.
COMMUNE DE DELY-IBRAHIM.

Dely-Ibrahim est assis sur un plateau élevé de 200 à 275 mètres au-dessus de la mer, dont les brises le rafraîchissent constamment, à 11 kilom. S.-O. d'Alger, à 39 kilom. de Blida.

Dely-Ibrahim était un avant-poste surveillant la plaine de Staouéli et de Sidi-Khalef. En 1832, des émigrants alsaciens, réunis au Havre pour se rendre en Amérique, furent amenés en Algérie et concoururent aux premiers essais de colonisation, que le duc de Rovigo tenta à Kouba et à Dely-Ibrahim. La commune y a été instituée par le décret impérial du 31 décembre 1856.

Dely-Ibrahim compte 135 Français, 154 Etrangers. Plusieurs d'entre eux étant protestants, ils ont un pasteur de leur culte, un temple et une école. Les Catholiques ont un curé qui dessert une jolie église dont le clocher est orné d'une horloge retentissante. Il y a une école mixte. 121 Arabes sont aux environs.

Le Bassin de la Chasse, distant de 1,600 mètres, un autre à 850 mètres du village, un troisième plus rapproché (250 mètres), qui fournit 4,000 litres en 24 heures, et enfin une fontaine entourée de 40 platanes, sur la place, abreuvent suffisamment Dely-Ibrahim, que des sources soigneusement recueillies viennent mettre enfin à l'abri des inquiétudes de la sécheresse.

On voit un buste en bronze du Maréchal Pelissier. Des cultures en céréales, en tabacs, en fourrages, et de remarquables vignobles, dont les vins sont estimés, se montrent aux alentours et principalement dans une grande ferme, parfaitement entretenue, qui dépend de l'Orphelinat fondé en ce quartier par le consistoire protestant d'Alger, où sont 71 élèves.

Les sections communales de Dely-Ibrahim sont :

1° DRARIA, fondé par décret du 10 janvier 1842; Il est situé à 14 kilom. S. d'Alger, à 205 mètres d'altitude. De belles maisons de campagne décorent le paysage. Un mur d'enceinte, que vient baigner l'oued Kerma, donne au village la forme d'un carré long, qui se termine en pointe vers le S. La fontaine, ombragée de saules-pleureurs, et le lavoir public, occupent cette saillie. Des bâtiments communaux, une école, une jolie église offrent depuis longtemps, l'apparence de la France dans ce joli endroit, où les cultures des céréales, du tabac, du coton, de la vigne, et l'exploitation de six carrières de pierres, d'une qualité fort estimée, ont fixé 180 Français, 240 Etrangers, 377 Arabes. Dans cet ensemble, doit être comprise la population de Kadous, qui est annexé à Draria.

Kadous, à 9 kilom d'Alger, créé par arrêté du 22 avril 1835, est un hameau de quelques fermes et de jolies propriétés particulières, élevées sur un terrain excellent où, du temps des Maures, on construisait une sorte de poterie pour les conduits et canaux (Kadous), dont le nom est resté à la localité.

2° EL-ACHOUR, situé à 2 kilom. de Dely-Ibrahim, sur le versant d'une colline, à gauche de la route d'Alger à Douéra, à moitié chemin de l'un à l'autre de ces deux points, est fertile en fourrages. Les sources de l'oued Kerma y prennent naissance et alimentent une jolie fontaine. Il y a un lavoir, de nombreuses et belles plantations publiques. — Eglise, presbytère, école, — un moulin. Ce village a été créé par arrêté du 20 avril 1842. Sa population est de 151 Français, 58 Etrangers.

3° OULED FAYET, ancien avant-poste, actuellement un des plus jolis séjours du Sahel, un des plus fertiles en cultures maraîchères, et où les bestiaux sont élevés avec le plus de bonheur. Ce village a été créé par arrêté du 2 décembre 1842. C'est un losange dont l'Haouch Deschiaoud forme l'angle N., situé à 16 kilom. S.-O. d'Alger, à 3 kilom. de Dely-Ibrahim et à 1,220 mètres de la route de Douéra. Il est assis sur une éminence, à 249 mètres au-dessus de la mer, pourvu d'eau, entouré d'un ravin, et voisin de quelques palmiers. De ces crêtes, la vue s'étend sur Chéraga, la plage et Dély-Ibrahim. On y trouve tous les bâtiments communaux. La population est de 186 Français, 42 Étrangers, 24 Musulmans.

IX.
COMMUNE DE DOUÉRA.

Douéra est situé sur le Sahel, à 180 mètres au-dessus du niveau de la mer, par 0°37' de longitude O., et 36°40 de latitude N., à 23 kil. d'Alger, à 13 kil. de Boufarik, à 27 kil. de Blida.

Le pays est fort accidenté, il y a peu d'arbres. De vastes pâturages, de belles cultures, d'autant plus difficilement obtenues que l'eau est moins abondante dans la localité, entourent la ville, dont le périmètre affecte la figure d'un carré long.

Douéra n'était qu'une agglomération de gourbis au milieu d'une petite propriété, lorsque les Français, se dirigeant sur Blida, y passèrent dès 1830. On s'occupa, en 1835, d'y établir un poste pour surveiller la plaine de la Métidja. Le 21 décembre 1842, un arrêté fixa la délimitation de son territoire. La municipalité y fut constituée en 1850. La secousse du tremblement de terre du 2 janvier 1867 a fortement ébranlé beaucoup de maisons.

Il existe une Justice de paix et une lieutenance de gendarmerie. La religion catholique a un curé et un vicaire, et le culte protestant, un pasteur. La population est de 1026 français, 229 étrangers, 11 juifs, 320 musulmans. Le pénitencier militaire enferme 600 sujets.

Les rues sont régulières, mais encore à l'état d'ébauche en plusieurs endroits, quelques-unes ont été empierrées. La plus belle est la rue d'Alger, traversant toute la ville en ligne droite et bordée d'arbres. Des jardins sont enclos dans le corps même de la ville, qui est toute de construction européenne. L'église est bâtie sur une élévation ; on y parvient par un large escalier. Elle est de bon goût et surmontée d'un haut clocher, avec horloge. Le temple protestant est une construction bien située, auprès d'une fontaine abondante. Il y a d'autres fontaines à la porte d'Alger; à la porte de Blida; celle de la place du Marché est alimentée au moyen d'une pompe puissante. Elles débitent 15 m. cubes d'eau par 24 heures, dans les plus fortes chaleurs. La place de l'ancien marché, où l'on parvient par des marches, et celle du camp, sont les espaces les plus développés de cette petite localité.

Dans l'ancien camp se trouvent quelques constructions où des prisonniers sont retenus, et où l'on entrepose quelque matériel appartenant au service de la Guerre.

Un fort bel hôpital est le plus important établissement de la ville. Il comprend un hospice pour les vieillards et incurables. Un abattoir, simple baraque en planches, est établi hors de l'enceinte. Il existe deux écoles primaires pour les garçons : une pour les Catholiques, l'autre pour les Protestants. Une école communale pour les jeunes filles, qui reçoit en pension, et une salle d'asile, sont tenues par des Religieuses. Un marché est abondamment pourvu tous les matins. Un Comice agricole dit du Sahel, se réunit chaque mois.

Il y a une Société de secours mutuels. L'industrie particulière consiste en céréales, bétail, tabac; — crin végétal; — moulin à vent. Le principal et le meilleur hôtel est celui dit *du Sahel,* rue d'Alger. C'est là que s'arrêtent et se croisent les diligences. Là aussi est un café. On trouve à louer des voitures et des chevaux. Les environs ne présentent que des coteaux et des ravins.

Les routes qui viennent aboutir à Douéra sont celles d'Alger à Blida, celle d'Alger par Crescia, et celle de Sainte-Amélie, avec embranchement sur Saint-Ferdinand.

La route de Cherchel, par le pied du Sahel et aboutissant à Koléa, est jalonnée de belles fermes dont les terrains sont en pleine culture et donnent de belles récoltes.

Les sections communales de Douéra sont :

1° BABA-HASSEN, situé à 5 kil. N. de Douéra, à 175 mètres d'altitude, est un joli village, presqu'entièrement conquis sur les broussailles et les palmiers-nains, riche en tabac, oliviers, vignes et cotons. On y remarque des cultures de nopal *(opuntia coccinillifera).* Il y a trois fontaines d'une eau excellente, un abreuvoir et un lavoir. — Population, 166 Français, 49 Étrangers, 19 Musulmans.

2° CRESCIA, à 4 kil. E. de Douéra, village qui a été créé par arrêté du 5 juillet 1843, sur l'emplacement de l'ancien haouch Ben Kadéri, où l'on avait établi un poste de surveillance dont les constructions importantes ont été concédées aux colons. Il y a une chapelle. Ce village est répandu sur les altitudes de 169, 206, 208, 211 mètres au-dessus du niveau

de la mer. Les broussailles y font place, chaque jour, à des cultures fructueuses. Le canton jouit d'une grande fertilité.
Population, 174 Français, 59 Etrangers, 275 Musulmans.

3° MAHELMA, à 9 kilom. O. de Douéra, sur une altitude de 200 mètres. C'est l'ancien poste des Zouaves au temps des Turcs.
Les troupes que la France entretient sous le même nom, ont été longtemps cantonnées sur ce point. Une pyramide, que ces militaires ont élevée au-dessus d'une fontaine et qu'ils ont décorée d'un écusson portant un coq gaulois et d'une inscription, conserve le souvenir de leur séjour et de leurs travaux dans cet endroit. Il y a là un mamelon, assiette de l'ancien camp dominant un ravin qui va à la Métidja et un autre à Staouéli; il commande aussi la magnifique vallée du Massafran, coulant à l'O. Le village a été bâti, en six mois, par les soldats disciplinaires, et fut peuplé, en partie, de colons militaires. Il y a sur la place une fontaine recouverte d'un dôme. Un bois de trembles sert de promenade publique. Maison commune, chapelle, école mixte. Le foin, le tabac et la vigne y prospèrent.
Le défrichement est difficile sur ce sol couvert de palmiers-nains, dont les habitants obtiennent beaucoup de crin végétal.
Population : 271 Français, 28 Etrangers, 239 Musulmans.

4° SAINTE-AMÉLIE, à 6 kil. O.-N. de Douéra, et à 3 kil de Mahelma, sur l'emplacement du haouch Ben Omar. Sainte-Amélie est une localité pittoresque et fertile, coupée par de frais vallons, et abreuvée par de nombreuses fontaines coulant sous des palmiers. On a trouvé d'intéressantes ruines romaines à l'ombre de ces arbres et dans le voisinage de ces cours d'eau : une mosaïque avec inscription latine, des salles bien conservées, avec leur pavage en carreaux vernissés. Les légendaires ont prétendu y retrouver le palais d'une fée célèbre par sa beauté et ses grâces de syrène, qu'on appelait la princesse Métidja. Le village a une église et une école mixte. La population est de 103 Français, 36 Etrangers, 238 Musulmans.

5° SAINT-FERDINAND, à 8 kil. N.-O. de Douéra, sur un plateau de 120 mètres d'altitude, au centre du Sahel, dominant la plaine de Staouéli, est un beau et riant village; on y élève beaucoup de bétail. Au temps de la guerre, c'était là le repaire des brigands qui désolaient les entours d'Alger. L'arrêté du 16 janvier 1843, y créa le centre de population qu'on y voit aujourd'hui. Les condamnés militaires en ont élevé les maisons pour les colons qui sont venus s'y établir. On y voit une sorte de château, maison de plaisance couverte d'ardoises et décorée d'écussons sculptés. Des jardins entourent cette propriété.
Une colonne et une belle croix en fer sont aussi des monuments de la localité. Il y a une église et une école mixte.

A 1 kil., on rencontre la ferme dite *la Consulaire*, hameau formé pour cinq familles, sur les fondations d'une ancienne maison romaine affectée, aux temps antiques, à l'exploitation agricole de ces contrées. Sur une tour adossée aux constructions, les armoiries du maréchal Bugeaud, entourées d'instruments aratoires, ont été sculptées.

A 1,200 mètres O. de la Consulaire on trouve le marabout, dit d'*Aumale*, qui est à une égale distance de Sainte-Amélie et de Saint-Ferdinand (2 kil.). Autour de ce marabout en maçonnerie, parfaitement conservé, et auprès d'une belle fontaine, cinq maisons doubles ont été groupées.

La population de St.-Ferdinand est de 124 Français, 87 Etrangers, 6 Arabes.

Les annexes de ce centre sont :

Ouled Mendil élevé à 156 mètres au-dessus du niveau de la mer. C'est une ancienne redoute. Un marabout et les quelques tentes d'une tribu formaient toute son importance, quand les Ponts-et-Chaussées vinrent y construire des baraques, en 1838. Une pierre tumulaire, élevée sur les corps massacrés d'une petite troupe d'artilleurs surpris au flanc de ce coteau par les Arabes, en 1841, est un monument qui perpétuera le souvenir des dangers qu'on courait naguère, en traversant ces localités aujourd'hui si paisibles et si fréquentées.

Population : 282 Arabes.

St-Jules, 17 habitants.

Ben-Chaban, 57 Français, 3 Etrangers.

X.

COMMUNE DU FONDOUK.

Le Fondouk est situé à 32 kilom. E. d'Alger, sur la rive gauche de l'oued El-Khremis, sur le versant N.-O. d'une montagne où les Arabes avaient autrefois un marché, sorte de halle couverte, comme l'indique le mot *fondouk*, à l'extrémité orientale de la Métidja.

Plaine de la Métidja. Cette plaine qui s'étend de l'O. à l'E.— du pied du mont Chenoua jusqu'à l'oued Boudouaou, sur une longueur de 96 kil. et une largeur de 22, — déroule entre l'Atlas et le Sahel une zône concentrique autour d'Alger. Le sol ondule en petites collines du S. au N., en descendant vers la mer. La Chiffa, l'Harrach et de nombreux cours d'eau la traversent. L'oued El-Khremis développe les sinuosités de son cours du S. au N., dans la partie la plus orientale. Les rocailles que ce fleuve charrie dans son lit, s'agglomérant aux déclivités du terrain, dont l'inclinaison est sensible aux approches de la mer, entretiennent dans cet endroit quelques marécages.

Les Tagarins et les Mojadares, Maures andalous, proscrits des royaumes de Valence et d'Aragon, y apportèrent autrefois les arts de la culture et la prospérité; mais accablés de vexations par les Turcs, qui s'établirent alors à Alger, ils s'éloignèrent avec tous les éléments de civilisation de cette terre fertile, qui n'attend pas la main de l'homme pour se couvrir des plus riches pâturages et se parer des plus belles fleurs.

Un camp fut établi au Fondouk dès 1839 ; on éleva un mur d'enceinte, défendu par quatre bastions ; on créa de vastes et beaux établissements militaires. Un village se forma au pied et sur la rive gauche de l'oued ; on ménagea des fontaines, des abreuvoirs, des lavoirs, etc. La politique de 1842 en ordonna l'évacuation. Les systèmes de colonisation de la plaine ont ramené sur ce point. Un arrêté du 14 octobre 1844 a ordonné la délimitation de 1,200 hectares, pour le placement de 150 familles. Depuis cette reprise d'occupation, l'état sanitaire du pays s'est beaucoup amélioré, à cause des grands travaux de dessèchement qui rendront à la plaine son ancienne étendue labourable. Un décret présidentiel y constitua la commune, dès le 22 août 1851. Le décret impérial du 31 décembre 1856 a définitivement fixé la municipalité au Fondouk.

La population est de 222 Français, 224 Étrangers, 3,100 Arabes. Il y a une église, une mairie, une école.

Une conduite d'eau de 1,500 mètres environ de longueur, a été construite, et alimente une fontaine qui débite 15,000 litres en vingt-quatre heures, par les plus fortes chaleurs. Le trop plein se rend dans un abreuvoir et un lavoir couvert. Les eaux de l'oued El-Khremis ont été employées à l'irrigation, au moyen d'un canal de dérivation de 2,500 mètres de développement. Soixante hectares de terrain sont ainsi arrosés. Ce travail permet aux habitants de se livrer aux cultures industrielles; ils ont consacré leurs terres irrigables à celles du tabac et du coton. Un moulin à farine, d'un seul tournant et pouvant moudre 20 quintaux de grains par jour, a été construit sur le canal de dérivation.

Plusieurs exploitations agricoles sont disséminées sur le vaste territoire du Fondouk, qui a trouvé un puissant aliment de vitalité dans l'achèvement de la route qui relie Dellis à Alger. La ferme d'Aïn Khadra, comprend de vastes dépendances et un moulin à farine mû par l'eau.

XI.

COMMUNE DE KOUBA.

Kouba est situé à 8 kilomètres E. d'Alger Le 21 septembre 1832, l'administration fonda, à un kilomètre plus au Sud, sur une hauteur du Sahel d'où l'œil embrasse un vaste et magnifique horizon, un village qui fut nommé le *Nouveau Kouba*, pour le distinguer d'une localité du même nom qui existait entre le pied du coteau et la mer. Les colons alsaciens qu'on y établit sous la protection d'un camp qui est devenu le grand séminaire, dont l'église se profile à l'horizon dans des proportions imposantes, le quittèrent faute d'eau et vinrent se fixer au *vieux* Kouba qui devint le *nouveau* par leurs neuves habitations. Ce qu'on désigne sous le nom de *Vieux Kouba* fut donc leur premier séjour. La commune a été définitivement constituée par le décret du 31 décembre 1856. Les 24 et 25 mai 1865, l'Empereur allant à Fort-Napoléon et au retour, a traversé Kouba.

La population est de 362 Français, 604 Étrangers, et 354 Maures, cultivateurs et jardiniers. Il y a une société de secours mutuels.

Le territoire de Kouba comprenait ce que les Turcs appelaient le Fahs (la banlieue) d'Alger. De jolies maisons de campagne y ont existé de tout temps : les Européens les ont singulièrement embellies. Les arbres et la vigne semblent s'y plaire. Une maison d'orphelins de la *Sainte-Enfance,* sous la conduite des Dames de Saint-Vincent, et le grand séminaire, sont les établissements les plus en évidence. Il y a une église. L'oued Knis passe au pied du coteau, sous un pont de pierre, après avoir fait tourner plusieurs moulins à farine. Des briqueteries et des carrières sont exploitées avec avantage.

Kouba a pour section communale :

HUSSEIN-DEY. C'est un village créé par arrêté du 23 mai 1845, à 6 kilom. d'Alger. Il doit son nom à une belle habitation qui appartenait au dernier Dey et qui est devenue le noyau du vaste établissement où le service des tabacs a ses manipulations et ses magasins, et entretient un nombreux personnel. Le territoire, dont une grande portion longe la plage, est bien boisé et fertile en légumes. Il est animé par 1,838 habitants, dont 448 Français, 1,150 Étrangers, la plupart s'adonnant à la culture des plantes potagères, — 240 Arabes. De ravissantes villas parsèment la verdure touffue de ce beau canton; des usines s'y sont aussi formées. Une jolie chapelle, au bord de la mer, jette aux brises les joyeux tintements d'une cloche argentine que suspend un gracieux clocheton, et que les maraudeurs nocturnes du quartier, qui ne respectent rien, ont plusieurs fois enlevée.

Il y a une école et une fontaine avec abreuvoir. Le chemin de fer, qui a une station au bord de la mer, longe cette commune. Auprès du cimetière, qui est dans le sable, se trouve le polygone pour les exercices du tir de l'artillerie.

XII.

COMMUNE DE LA RASSAUTA.

La Rassauta est située à 18 kil. E. d'Alger, sur un coteau qui incline vers la Métidja; au pied, à l'E., coule l'oued el-Khremis en détours sinueux, avant de se jeter dans la mer.

La Rassauta était une belle propriété de 11,069 hect. 58 cent., ancien haras des Turcs, où s'élèvent deux constructions propres à recevoir des troupes. En 1836, M. le prince de Mir, Général polonais, réfugié, avait obtenu la concession de ce vaste domaine pour y faire des essais de grande culture qui ont échoué. Par ordonnance royale, du 22 décembre 1846, un centre de population indigène, destiné à recevoir la tribu des Aribs, fut délimité à 1,600 hectares sur ce territoire.

Des exploitations agricoles ayant été suivies avec succès dans ce canton fertile par plusieurs Européens, l'administration y fut établie par décret présidentiel du 22 août 1851. — La commune y a été constituée par décret impérial du 31 décembre 1856. Les 24 et 25 mai 1865, l'Empereur allant à Fort-Napoléon et au retour, a traversé le territoire de la Rassauta et de la Maison-Carrée.

La population est de 316 Français, 474 Etrangers, 700 indigènes y compris la population de la Maison-Carrée, dans la prison de laquelle sont 602 individus.

Des travaux considérables de construction et de culture ont été exécutés par les colons, à qui la route d'Alger, qui se bifurque sur leur territoire pour se continuer à gauche vers Dellis, à droite sur le Fondouk, offre de faciles débouchés. On y compte des exploitations isolées, concessions ou acquisitions, sur plusieurs desquelles l'éducation des chevaux et des bestiaux se fait dans de grandes proportions.

L'annexe de la Rassauta est la *Maison-Carrée*. Un fort qui portait ce nom, construit en 1724, était une espèce de caserne d'où les Turcs tombaient à l'improviste sur les tribus pour les châtier et les forcer à payer l'impôt. Après 1830, cette construction crénelée, sur un monticule, fut appropriée pour défendre le passage de l'Harrach et surveiller le côté E. de la Métidja. Elle est devenue le lieu de détention pour les condamnés arabes, sous le nom de *Maison centrale de l'Harrach*.

Un village répandu autour, à 12 kil. E. d'Alger, sur la rive droite de l'Harrach, fut fondé par décret présidentiel du 22 août 1851.

Le 18 septembre 1860, Leurs Majestés l'Empereur et l'Impératrice arrivèrent dans le voisinage de la Maison-Carrée où les attendait une fête arabe, dans laquelle les goums se livrèrent, en leur présence, au jeu national et guerrier de la fantasia, — simulèrent l'attaque d'une caravane et des chasses au désert. Les principaux chefs indigènes vinrent offrir à l'Empereur des chevaux magnifiquement harnachés, et à l'Impératrice des présents de leurs pays.

Entre Kouba et l'Harrach, à l'entrée de la plaine de la Métidja, une compagnie possède une importante usine pour la fabrication des papiers. Cette société ayant obtenu une chute d'eau près du Gué-de-Constantine et de la route d'Alger à Rovigo, a construit un canal de 4,000 mètres qui lui permet, avec l'aide de la vapeur, de fabriquer 1,000 kil. de papier par jour. Il y a une station du chemin de fer, et un peu plus loin un pont de pierre sur l'Harrach.

La section communale de la Rassauta est :

FORT-DE-L'EAU, à 18 kil. d'Alger. Un décret présidentiel du 11 janvier 1850, a créé, sur 500 hectares du domaine de la Rassauta, et à 3 kil. de ce point, un centre de 50 feux, exclusivement habité par des Mahonnais. Ce village est d'une propreté charmante, selon les habitudes de ces nationaux sobres et laborieux. Tout-à-fait approprié à leurs usages, ce centre a une jolie chapelle. On désirerait y voir des arbres. Les hameaux de la *Maison-Blanche*, à l'endroit où la route se bifurque, et celui du *Retour de la Chasse*, dépendent de ce centre.

La population totale est de 185 Français, 582 Etrangers, 776 Arabes.

XIII.

COMMUNE DE ROUIBA.

Rouïba, village sur un mamelon à 25 kilom. E. d'Alger, traversé par la route de Dellis, et créé par décret impérial du 30 septembre 1853, a été reconnu commune en plein exercice par le décret du 22 août 1861. — On y parvient par la route d'Alger au Fondouk, que l'on quitte à la maison du *Retour de la chasse*, en prenant à gauche, et l'on traverse l'oued el-Khremis sur un pont. Il n'y a pas d'eau courante dans cette localité et les puits à noria y suppléent. Sur la place une pompe, dite *Castraise*, remplit deux bassins et un abreuvoir. Des platanes et ormeaux ont été plantés par l'administration. Les colons, dans une vaste plaine sans arbres, s'adonnent principalement à la grande culture. De belles fermes se font remarquer. Il y a, à Rouïba, un marché du samedi fort fréquenté. La population est de 118 Français, 288 Etrangers, 654 Indigènes. Les 24 et 25 mai 1865, l'Empereur allant à Fort-Napoléon et au retour, a traversé Rouïba.

La section communale de Rouïba est :

AIN T'AIA, centre de population sur la plage de la baie Est du cap Matifou, entre l'oued el-Khremis et le Bou Douaou, à 31 kilom. E. d'Alger, créé par décret impérial du 30 septembre 1855. Des arbres, — ormes, platanes et saules de toute beauté, ont été plantés autour des sources de la localité. Les fruits y sont excellents. Il y a un réservoir situé à un niveau supérieur au village. L'ouverture d'un canal de dérivation porte les eaux à un bassin de partage, d'où une conduite en fonte alimente une belle fontaine en pierre de taille, avec abreuvoir et lavoir couvert. Divers canaux d'irrigation atteignent les jardins contigus aux habitations. Une chapelle et une maison commune complètent les constructions élevées par l'administration. La route du Fort-de-l'Eau situé à 11 kilomètres, traverse le village, se dirigeant sur Rouïba. A droite sont des fermes importantes. La population est de 77 Français, 699 Etrangers, 372 Indigènes.

Les annexes d'Aïn Taïa sont :

1° *Aïn Beïda,* hameau de 40 feux, qui a une fontaine et deux bassins.

2° *Matifou,* à 27 kil d'Alger, autre hameau, abreuvé par de pareils aménagements, non loin d'une fontaine nommée *ochrob ou hereub* أشرب وهرب ce qui veut dire : *Bois et vas-t'en,* parce que la fièvre y prenait, autrefois, ceux qui s'arrêtaient sur ses bords. Nous ne saurions garantir du même malheur, aujourd'hui, ceux qui s'y rafraîchiraient.

A un quart d'heure de marche, vers le S., s'étendent, — sur un emplacement oblong de près d'une lieue, que la côte escarpée limite au N.-E., — les ruines de *Rusgunium,* ville romaine, dont les débris ont servi à la construction de la plupart des vieux édifices d'Alger. On voit encore des voûtes, restes d'anciens bains, des tronçons de colonnes, des mosaïques, de profonds fossés, des traces de fondations, dont les pierres ont été arrachées. Non loin est une carrière dont les produits ont dû être employés à l'embellissement de cette antique cité. Au N. est un bon mouillage par les vents d'E. et de N.-E., sur un fond de sable et de vase, par 10 à 12 brasses d'eau. C'est là que Charles-Quint rembarqua les débris de son armée, sur la flotte de Doria, en 1541, et jeta de dépit, dit-on, sa couronne dans la mer ; — avis aux plongeurs.

La population d'Aïn Beïda et de Matifou est de 8 Français et 84 Étrangers.

XIV.

COMMUNE DE ROVIGO.

Rovigo est situé à 30 kilom. S. d'Alger, entre l'Arba et Souma, près de l'endroit où l'Harrach débouche dans la plaine.

Ce village qui porte le nom du duc de Rovigo, qui fut Général en chef de l'armée en Algérie, de décembre 1831 à mars 1833, a été commencé en 1849 et inauguré en 1851, au voisinage de l'ancien camp de l'Harrach. Il a été constitué en commune de plein exercice par décret du 22 août 1861.

La population est de 277 Français et 79 Étrangers. Les Indigènes sont au nombre de 1,279. Il y a une maison commune, une église, une salle d'asile, un lavoir couvert et deux bassins.

Rovigo est un endroit fécond où l'on élève beaucoup de bétail. Des oliviers nombreux ombragent le pays. Le canal de dérivation des eaux de Thiammémin y assure la salubrité. Il y a un moulin à farine. Le plâtre qu'on tire de la localité est très-beau et dessert toute la province.

A 2,700 mètres du village, sur la rive gauche de l'Harrach,

sont les sources d'*Hammam Mélouan,* qui sont analogues à celles de Balaruc, Lucques, Bourbon-les-Bains, et sont d'une efficacité constatée dans les maladies de la peau, les rhumatismes, les engorgements abdominaux, principalement de la rate et du foie. Des sources nombreuses qui sourdent à Hammam Melouan, deux sont abondantes : la source de la Koubba de Sidi Sliman, la plus chaude, dans un bassin de deux mètres de long, sur un mètre de large et de soixante centimètres de profondeur — et la source du Puisard. L'eau est d'une amertume fraîche, analogue à la saveur de l'eau de mer, d'ailleurs limpide, claire, inodore, très-légèrement onctueuse au toucher. La température paraît être, terme moyen, 39 à 40° centigrade. Son analyse a donné une proportion considérable de sel marin : 26 grammes 50 centigrammes. Elle égale, ainsi, presque celle de la mer *(Docteur Payn).* Les Maures d'Alger en ont été de tout temps les visiteurs assidus, et depuis quelques années, beaucoup d'Européens malades s'y sont rendus et en ont obtenu d'excellents effets. La concession de ces eaux thermales, avait été faite, à charge de construire près des sources une maison de santé. On a voulu que l'établissement à créer fût en rapport avec les immenses et précieuses ressources des thermes, et avec le nombre considérable de malades qui, de tous les points de l'Algérie, de la France et de l'Angleterre, viendront, hiver comme été, y chercher la santé. Les Algériens auront ainsi à leurs portes, les moyens curatifs et le confort que l'on va, à grands frais, demander aux eaux de France et d'Allemagne. La douceur de la température, la haute valeur thérapeutique des eaux, le puissant attrait du pays, l'extrême proximité d'Alger, — tout concourt à assurer un brillant avenir à l'établissement d'*Hammam Mélouan. (Guide à Alger et ses environs,* 1864).

XV.

COMMUNE DE SIDI MOUSSA.

A la jonction des trois routes de Bouffarik, de Rovigo et d'Aumale, à 23 kilom. S.-E. d'Alger, est situé le village de Sidi Moussa, créé par décret du 14 juin 1852. Cette commune est entrée en plein exercice, en vertu du décret du 22 août 1861. — Il y a plusieurs fermes en état de prospérité. Il y a une école et un lavoir et tous les bâtiments communaux. La population est de 132 Français, 162 Étrangers, 1,221 Arabes.

XVI.

COMMUNE DE TENÈS.

Tenès est situé sur la côte septentrionale de l'Afrique, par 1° 2' de longitude O. et 36° 31' de latitude N., à 34 lieues marines O. d'Alger, à 17 lieues marines O. de Cherchel, à 263 kilom. d'Alger, par Cherchel et Koléa, à 53 kilom. N. d'Orléansvil'e.

Le nouveau Tenès est bâti au bord de la mer, sur un plateau élevé de 50 mètres, qui semble isolé de tous côtés. Les pentes de ce mamelon sont en effet presque à pic, au N., où elles descendent rapidement jusqu'au rivage; à l'E., où elles commandent la petite plaine de l'oued Allêla et à l'O. de petits ravins. Un espace d'environ 30 mètres, au S., espèce de contrefort dont le plateau est accosté, relie le nouveau Tenès aux montagnes contre lesquelles le Vieux Tenès est adossé. Vue de la mer, la jeune cité a l'aspect le plus coquet. Ses constructions entièrement neuves sont dominées par l'hôpital militaire, édifice imposant. Dans certaines positions on découvre entièrement l'ancien repaire des pirates, le Vieux Tenès; dans beaucoup d'autres aspects, on reconnaît de loin le Vieux Tenès à son minaret peint en blanc.

On mouille à un mille environ de Tenès, au N. d'une

falaise rouge qui se trouve au S.-O. de deux îlots entourés de rochers au fond de la baie de l'O., formée par le cap Tenès. On y est sur un bon fond et à l'abri des vents d'E. et de N.-E. Ce mouillage n'est pas tenable avec les vents de la partie de l'O. Un phare de premier ordre a été récemment bâti.

On a établi sur la plage de Tenès un débarcadère en charpente de 28 mètres de longueur, appuyé à une culée de maçonnerie. Une rampe facile mène à la ville. De ce point on ne l'aperçoit plus, bien qu'on soit fort près d'y entrer.

NOTE HISTORIQUE. Le nouveau Tenès auquel cet article est spécialement consacré, occupe l'emplacement d'une colonie romaine qui portait le nom de *Cartennæ*. La présence des Romains sur le plateau où est assise la ville française, est suffisamment prouvée par les ruines antiques de toutes sortes qui y ont été trouvées. Un grand nombre de médailles à l'effigie de Constantin, nous font penser qu'elle florissait au temps de cet empereur. Une vaste mosaïque, appartenant sans doute à quelque basilique, a été aussi découverte, et les traces du feu que portent les murs renversés, dont on trouve les débris dans les fouilles, de 2 à 3 mètres de profondeur, induisent à croire que Cartennæ n'aura été ruinée que sous les Vandales, ou lors de l'invasion musulmane.

Dans le but de créer un centre de population et de force militaire entre Miliana et Mostaganem, Orléansville dut être fondée et Tenès relevé, pour lui servir de port. Une colonne, sous la conduite du général Changarnier, reconnut la position de Cartennæ, le 27 décembre 1842. Le 1er mai de l'année suivante, le général Bugeaud y installa nos troupes, laissant les Hadars dans leur triste ville qui ne répondait en rien aux nécessités d'un nouvel établissement. Le développement du nouveau Tenès fut rapide. Créé sur un champ de fèves et d'orge, il consistait déjà, quelques mois après, en plus de 200 baraques en bois et une enceinte en palanques. Les soldats nommèrent plaisamment ce singulier séjour *Plancheville*.

Une ordonnance du 14 janvier 1848 a fait de Tenès un district de l'arrondissement d'Alger, sous l'administration d'un Commissaire civil. Le décret du 9 juillet

1849 lui a donné un Juge-de-paix. La population est
de 653 Français, 870 Étrangers 64 Juifs, 54 Maures.

Tenès, sur un plateau de 700 mètres de longueur
sur 400 de largeur, s'étend au Nord sur un développement de 150 mètres ; à l'Est sur un parcours
d'environ 600 mètres. Un bon mur crénelé, avec
bastion battant les abords, le protége sur une ligne
sinueuse de 100 mètres du côté du S.-E. et du S.-O.
La place n'est accessible à l'ennemi qu'au Sud, par
l'espace de 30 mètres dont nous avons parlé, qui lui
donne communication avec le vieux Tenès, distant de
600 mètres, et avec les montagnes du S., le séparant
des plaines de l'intérieur. Un ravin qui débouche à
la mer, couvre du côté de l'O. la ville, qui a 650 mètres de développement sur ce point. Cette enceinte est
faite pour une population de 5,000 âmes et une garnison de 1,300 hommes. Il y a quatre portes, deux à
l'O., dites de France et de Mostaganem, une au S., dite
d'Orléansville, une à l'E., dite de Cherchel.

La ville, qui est toute de construction neuve, est fort
riante. Elle est divisée en trois parties, du N. au S.,
par trois belles rues de 18 mètres de largeur, plantées
d'arbres de chaque côté ; ce sont les rues de la Colonie,
vers l'E., d'Orléansville, vers l'O., de France, au milieu.

La rue d'Orléansville, partant de la porte de ce nom,
ouverte au S., a en perspective le bel hôpital militaire,
situé au N.-O., s'élevant à pic au-dessus de la mer.

La rue de France aboutit à une place, occupée par
une caserne située au S. Une fontaine, entourée d'une

double ceinture de mûriers, décore le milieu de cette place, où se tient, tous les jours, un marché aux légumes. Un autre, pour les grains, est ouvert dans un vaste hangar. Il y en a un autre fréquenté par les Arabes, surtout le jeudi, entre les deux villes. La place de l'Eglise est complantée d'arbres. Un puits romain, nouvellement restauré, contribue abondamment à satisfaire la consommation journalière.

L'eau qui alimente la fontaine a été prise par un canal romain restauré, à 5,000 mètres au-dessus de l'embouchure de l'oued Allèla, qui longe la ville à l'E. Un réservoir, servant de château-d'eau, a été ménagé, et des bornes-fontaines répandent l'eau dans tous les quartiers de la ville; elles débitent une quantité de 30,000 hectolitres par 24 heures. Indépendamment de cet avantage public, chaque établissement à sa fontaine particulière.

L'hôpital contient 300 lits. Une belle caserne loge 600 hommes. Le service du campement et celui des subsistances ont leurs bâtiments sur la place de l'Eglise. Le Cercle militaire a une bibliothèque qui est fréquentée par les officiers et les fonctionnaires civils.

Une école de garçons, — une école de jeunes demoiselles et une salle d'asile, auxquelles président des dames de Saint-Vincent, sont en voie de prospérité. Au pied de la ville, au N., sur le rivage, existe un entrepôt de la douane. A l'O. et à 100 mètres au bord de la mer et d'un fort courant d'eau, on voit l'abattoir civil. Les Arabes ont, auprès du marché aux grains, un fondouk où ils peuvent emmagasiner leurs produits.

La place a un mouvement commercial de 30,000 tonnes de marchandises par année, représentant une valeur de 10,000,000 de francs. Tenès est le débouché naturel et forcé de toute cette partie de la vallée du Chélif dont Orléansville est le centre d'action. Il y a un marché aux bestiaux tous les jeudis. Les voyageurs trouvent à Tenès les hôtels *de la Poste, de France* et *du Commerce;* des Cafés et débits de boissons de toute espèce. Un théâtre agencé dans une ancienne baraque du train des équipages, donne le vaudeville pendant les trois mois d'été.

Au Nord, c'est la mer, — à l'Est, la petite plaine de l'oued Allèla, toute fertile et terminée par les montagnes qui forment le cap Tenès. Au midi, on voit le Vieux Tenès et de hautes montagnes couvertes de thuyas et de lentisques. A l'Ouest se déroule une plaine longue et étroite, où plus de 300 hectares sont en pleine culture; on y remarque quelques jolis jardins. Le lieu le plus fréquenté des promeneurs est la route de Montenotte sur les bords sinueux de l'Allèla, dans un col entre deux hautes montagnes, dont l'une, à pic, est hérissée de rochers abruptes, où les vautours et les milans font leurs nids.

La route d'Orléansville s'ouvre sur la berge gauche de l'oued Allèla, lequel forme à son embouchure une baie où le port de Tenès pourrait avoir 22 hectares de superficie, avec des fonds de 12 à 15 mètres. Cette route, sur un parcours de 3,300 mètres, traverse un sol de rochers déblayés à la mine. Elle a pu s'élever ainsi, par des pentes presqu'insensibles, jusqu'au point de partage de la chaîne du Dahra d'où, à la faveur de la vallée de l'oued Ouaran, elle gagne, par des rampes également avantageuses, le pont d'Orléansville Déjà ouverte sur tout son tracé définitif, elle présente partout une viabilité facile. Les autres routes vers Cherchel ou Mostaganem, ne sont guère que des sentiers frayés par les Arabes.

Les moyens de transport pour les particuliers, dans toutes ces directions, sont des chevaux et des mulets.

Voir, pour les transports par voie de mer, l'article préliminaire relatif à la navigation.

L'annexe de Tenès est le *Vieux Ténès*, fondé, au rapport de Marmol, par les gens du pays. Ptolémée le nomme *Lagnouton*. Les habitants faisaient la piraterie avec une audace et une cruauté célèbres. Sidi Ahmed ben Yousef, de Miliana, qui a laissé des adages sur toutes les villes voisines existant à son époque, n'a guère fait l'éloge de Ténès, lorsqu'il a dit : « Elle est bâtie sur du cuivre, son eau est comme du sang, son air est empoisonné » Ce triste séjour était pourtant la capitale d'un royaume, au temps des Barberousse. Khaïr ed-Din s'en empara en 1518, en chassa le roi, qui se sauva auprès de Charles-Quint, et se fit Chrétien. Nous voyons qu'en 1755, les habitants de Ténès, révoltés, donnèrent fort à faire au dey Baba Ali pour les soumettre.

Le vieux Ténès, situé à 1 kil. de la mer, et au S. de la nouvelle ville, est entouré de remparts construits en larges pierres. Nous avons réparé la mosquée et le caravansérail, qui menaçaient ruine, et la conduite d'eau française l'a doté d'une fontaine, dont les eaux sont venues au secours du faible courant de l'oued Allèla, baignant ses pieds à l'E. On y voit quelques jolies petites maisons mauresques encore assez bien entretenues. La population est de 887 Arabes, qui ont un muphti. Le décret du 31 juillet 1851, a constitué ce point en le reliant à la nouvelle ville.

La commune de Ténès a pour section communale :

MONTENOTTE. Le plan de ce village a été fixé par l'arrêté du 17 novembre 1851.—Il est assis, à 8 kil. de Tenès, sur un plateau couvert de céréales, d'oliviers, d'amandiers, de figuiers, de vignes, et traversé par la route d'Orléansville. L'oued Allèla le baigne.

La population est de 262 Français, 46 Etrangers et 56 Indigènes.

Les mines de cuivre le long de l'oued Allèla, sont une annexe de Montenotte, aussi bien que les Arabes de Mouzaïa, au nombre de 5,043.

ARRONDISSEMENT DE BLIDA.

L'arrondissement de Blida comprend neuf communes:
I. Blida, II. Boufarik, III. Chebli, IV. Cherchel, V. Koléa, VI. Marengo, VII. Médéa, VIII. Mouzaiaville, IX. Oued el-Alleug.

I.

COMMUNE DE BLIDA.

SITUATION. Blida est située par 0°30' de longitude O., et 36°28' de latitude N., dans l'intérieur de l'Algérie, à 48 kil. S.-O. d'Alger, à 42 kil. N.-N.-E. de Médéa, à 70 kil. E. de Miliana.

ASPECT EXTÉRIEUR. Blida, à l'extrémité S. de la plaine de la Métidja, assise sur un terrain uni, au pied septentrional du Petit-Atlas, dont les premiers gradins ne sont éloignés que de quelques centaines de mètres de ses murs, est élevée de 100 mètres au-dessus du Masafran, et de 185 au-dessus du niveau de la mer. Une ceinture du plus beau feuillage l'entoure en toutes saisons. A l'abord même, elle semble perdue dans une forêt d'orangers de la plus luxuriante verdure. A distance, la ville développe une grande étendue où s'élèvent de belles constructions, qui semblent annoncer une cité importante et opulente, placée dans le site le plus heureux.

NOTE HISTORIQUE. Ce lieu, quel que soit le nom antique dont il fut décoré, a dû être occupé de tout temps, à cause de la position avantageuse et charmante qu'il offre, mais rien jusqu'ici n'a prouvé qu'il ait jamais été une station militaire aux époques reculées. Des marabouts, dont les tombeaux vénérés sont situés près de la source, et sur les bords de l'oued Kebir, furent les premiers habitants qui laissèrent quelques traces dans ce canton. C'est au temps de l'invasion turque qu'il semble qu'on doive rapporter la fondation de la ville, qui fut détruite par le tremblement de terre du 2 mars 1825, à 10 heures 1]2 du matin. Ce séjour du repos et du plaisir devint un lieu de désolation et un monceau de ruines. Une vaste enceinte carrée fut élevée plus au N., dans la plaine, à 2 kil. de l'ancienne ville détruite, pour protéger les nouvelles constructions, et recevoir ce qui restait de la population que des auteurs portent à 18,000 âmes avant la catastrophe, où plus de la moitié périt. Mais les Blidéens restèrent fidèles à leur ancienne position, et relevèrent leurs maisons sans vouloir habiter le nouvel enclos, qui est vide et tombe en ruines à son tour.

Le 25 juillet 1830, le général de Bourmont poussa une reconnaissance vers Blida, y fut accueilli avec cordialité, et resta un jour. Au retour, les Kabyles accompagnèrent l'armée de leur fusillade. Le 19 novembre de la même année, le maréchal Clauzel ne put pénétrer dans la ville qu'après un combat. Il y laissa un corps d'occupation qui, pour la défense de la place, dévasta les jardins aux entours. Ben Zamoun ne cessait de tourmenter la garnison. Le 26, il pénétra dans Blida, mais ne put s'y maintenir. En revenant de Médéa, le maréchal Clauzel évacua la ville, où d'inutiles massacres venaient d'avoir lieu en représailles des attaques faites par les Arabes, et une partie de la population suivit nos soldats dans leur mouvement de retraite. Les autres habitants de Blida, qui avaient abandonné leurs foyers à notre approche, revinrent après l'évacuation des troupes françaises, chassèrent le hakem que la France avait laissé, mais furent forcés de se soumettre, en mars 1831, aux armes du général Berthezène. Cependant, ils entrèrent peu après dans la grande coalition formée par Sidi Saadi. Le 20 novembre 1832, ils abandonnèrent de nouveau leur ville, qui fut saccagée par le duc de Rovigo, pillée, évacuée encore par les troupes françaises. Les malheureux habitants acceptèrent alors un hakem de l'émir Abd el-Kader, et en furent punis, le 29 avril 1837, par le général Damrémont. Le traité de la Tafna conservait Blida à la France; le maréchal Valée en prit définitivement possession le 3 mai 1838, et fit tracer deux camps; l'un dit *camp supérieur*, à l'O., sur la rive gauche du ravin que la tradition désigne comme l'ancien lit de l'oued Kebir; l'autre, *camp inférieur*, à l'E., et à l'entrée même des jardins couvrant la route qui conduit de Méred au camp supérieur. L'occupation de la ville ne fut effectuée que petit à petit, afin de prévenir les collisions et les dévastations. L'arrêté du 4 novembre affecta à l'hôtel-de-ville la maison dite *Dar Ibrahim Agha*. En 1842, Blida entra dans une voie de progrès qui fit concevoir les plus brillantes espérances. Une grande partie du numéraire d'Alger et les efforts de la portion la plus active de la population, furent dépensés dans cette ville d'avenir. Trop de monde à la fois peut-être, se hâta de compromettre des capitaux en constructions ambitieuses et dispendieuses, à cause des frais de transports, et, dès 1846, Blida commença à décliner. Elle se releva depuis, et l'ouverture du chemin de fer, lui promit une nouvelle ère de richesse et de prospérité.

Les 7 et 8 mai 1865, l'Empereur allant à Miliana et au retour, — les 11 et 12 du même mois, S. M. allant à Médéa et au retour, — a traversé Blida, et l'a visitée avec satisfaction.

Le 2 janvier 1867, à 7 heures 15 minutes du matin, une violente secousse de tremblement de terre lézarda un grand nombre de maisons et en fit écrouler quelques-unes.

Voici, d'après un article inséré dans le journal le *Courrier de l'Algérie*, quelle fut la physionomie de Blida pendant et après le tremblement de terre du 2 janvier 1867.

Le narrateur dont nous empruntons une partie de la description, s'exprime ainsi :

Nous allons essayer de dire nos impressions pendant la terrible journée du 2 janvier et celles qui la suivirent.

Sept heures du matin ont sonné à l'horloge de Blida..... Il pleut, et les gens qui vivent de la terre en remercient le Ciel. L'espoir renaît, le courage des cultivateurs se relève : 1867 *a les éperons verts*, selon l'expression arabe.

Tout-à-coup un roulement sinistre se fait entendre dans l'O.; les oiseaux fuient avec la rapidité de la flèche en jetant un cri aigu ; un bruit souterrain, pareil à celui de lointaines détonations d'artillerie ou au fracas de lourdes voitures, gronde bientôt sous nos pieds. Il résonne, il est saccadé comme les éclats du tonnerre ; il retentit comme si des masses de roches vitrifiées se brisaient dans des cavernes souterraines. Un souffle chargé de soufre passe sur la ville, puis le sol oscille, il se gonfle, il ondule ; la ligne de propagation s'allonge de l'Ouest à l'Est, et parallèlement à la chaîne du Petit-Atlas. La terre semble se soulever en vagues solides ; l'oscillation est horizontale ; on sent aussi de la trépidation, comme si la croûte terrestre était choquée de bas en haut ; c'est une série de commotions et de secousses précipitées. Les constructions ébranlées, craquent comme un navire dans la tempête ; les bois se déchirent en gémissant, les poutres se déchaussent, les planchers glissent comme des tiroirs, les vitres se brisent et volent en éclats, les murailles se disjoignent aux angles, les cloisons secouées se fendillent, se gercent, se crevassent et perdent leur aplomb ; les plâtres s'exfolient en lamelles squammeuses et volent dans l'air comme des flocons de neige ; les tentures se déchirent de haut en bas, les terrasses s'entrouvrent et laissent voir un lambeau du ciel grisâtre. Les meubles se heurtent sourdement, les verres se choquent et vibrent, les sonnettes sonnent, les cloches tintent lugubrement, les glaces se détachent, se renversent et se brisent, les porcelaines et les faïences se fêlent. Tous les enfants crient ; les musulmans sont résignés ; les mauresques lèvent leurs mains vers le ciel et cherchent à désarmer Allah. Les Juifs, fous de terreur, implorent Jéhovah ; les Juives poussent des sons inarticulés. Chacun s'adresse à son Dieu. Les faux superbes se courbent et se font petits dans ces terribles instants. Dieu exécute sa menace : « Je saisirai la terre comme je le ferais d'un nid d'oiseau que je briserais avec la couvée ! »

Que de douloureux épisodes, que de scènes dramatiques, terribles, ont dû se passer entre ces murailles menaçantes, sous ces terrasses prêtes à s'effondrer, sur ces planchers fuyants sous les pieds ! Quelles pensées effrayantes ont dû surgir dans ces cerveaux que la mort va briser peut-être ! Chaque animal jette son cri de frayeur : le chien glapit en fuyant, les chevaux soufflent et brisent leurs liens. La terreur est chez tous et partout. La population — dont les trois quarts étaient au lit — fuit ses demeures, éperdue, affolée, prise de vertige, et dans le costume où le fléau l'a surprise : des femmes serrant leurs enfants dans leurs bras, des jeunes filles s'échappant, par la pluie, à peine couvertes, échevelées, les pieds nus. Les secousses continuent furieuses ; c'est toujours du roulis et de la trépidation ; les secousses sont des éternités ! Nous sentons le fléau courir sous nos pieds ; la terre semble un corps mou, le sol fuit et se relève.

Plusieurs personnes sont renversées par la violence de la commotion. C'est comme une houle de la mer, et l'on en a les étourdissements ! moment terrible où une population, pleine de jeunesse et de santé, peut, en quelques instants, n'être plus que de la boue humaine ! La mort est partout ; elle est sur nos têtes, sous nos pieds ; elle est devant, derrière nous.

Il pleut des pierres, des tuiles, des briques ; c'est un chaos, un fouillis de débris qui s'entre-choquent et se rompent. Tout semble pris d'un délire vertigineux ; les arbres eux-mêmes sont agités et se plaignent, et le frisson des feuilles n'est qu'un mystérieux et glacial susurrement. C'est le désordre du dernier jour.

Les murs extérieurs se lézardent ; les corniches se détachent et tombent sourdement, les pignons s'émiettent et forment un tourbillon de poussière jaunâtre, les tuiles volent en sifflant, les cheminées vacillent comme un homme ivre ; elles hésitent, chancellent et s'abattent ; quelques-unes restent debout après avoir tourné sur elles-mêmes.

Des pans de murs se détachent comme un décor de théâtre, et laissent voir les entrailles des maisons ; les minarets s'inclinent, se redressent et se découronnent, les clochetons de l'église s'agitent sur leurs bases et se disloquent ; l'un des cadrans est précipité sur le sol ; l'horloge s'arrête et marque l'heure fatale — 7 heures 15 minutes.

Dix secondes ont suffi pour mener à fin les terrifiantes péripéties du drame dont nous venons de peindre l'imparfait tableau. Toute la population est dehors, sur les places publiques ; l'inquiétude est sur tous les visages ; on se cherche avec anxiété, on se rencontre, on s'embrasse, on se serre la main, on se raconte les dangers qu'on a courus.

Après la première secousse, les plus hardis étaient rentrés dans leurs demeures pour s'habiller ou pour y prendre les vêtements de leurs femmes ou de leurs enfants ; mais un second ébranlement, très-court d'ailleurs, qui se produisit quelques minutes après le premier, les en avait chassé de nouveau. Des malades furent évacués de leurs habitations et apportés, malgré la pluie, sur les places publiques. Trois autres secousses qui se firent successivement sentir à 8 heures 6 minutes, à 9 heures 10, et à 9 heures 30 minutes, achevèrent de ruiner la confiance que quelques tenaces paraissaient avoir dans la solidité de leurs habitations. La plupart des maisons, fortement dégradées par cette dernière secousse, dûrent être définitivement abandonnées. Les prisons furent vidées, et les troupes d'infanterie quittèrent leurs casernes, devenues inhabitables, pour aller camper en dehors de la Porte Bizot ; les malades de l'hôpital militaire furent établis, aussi bien qu'on le put, dans les cours de cet établissement.

Des prélarts furent étendus sous les arbres de la place d'Armes, pour abriter provisoirement contre la pluie les malheureux dont les maisons ne pouvaient plus être habitées sans danger. Les gens nerveux prétendaient même que la terre ne cessait de frissonner.

La nouvelle de la destruction de Mouzaïaville, fut apportée par un gendarme vers les dix heures du matin.

Des tentes de campement avaient été demandées à Alger, et on les attendait dans la journée. Le soir, chacun se casa comme il le put, les uns sous des tentes de l'administration ou dans le camp des Tirailleurs, les autres dans des voitures ou sous des hangars ; la pluie ne cessait de tomber.

Des secousses intermittentes, accompagnées de grondements

souterrains ou de détonations lointaines, furent ressenties, cette nuit, du 2 au 3.

Le lendemain Blida n'était plus qu'un camp; les places, les boulevards, les terrains de la Remonte étaient hérissés de tentes ou de baraques; les services publics, installés sur la place d'Armes, fonctionnaient immédiatement; une ville de toile s'élevait dans la ville de pierre. Le problème de la fusion était même résolu : Chrétiens, Musulmans, Israélites, réunis par la communauté du danger et par la nécessité, habitaient sous la même toile.

La population blidéenne s'était déjà faite à ce nouveau genre d'existence. Dès le soir du 3, l'accordéon français, la guitare espagnole, la flûte arabe, le violon israélite retentissaient sous les tentes. Parfois, un tressaillement du sol venait interrompre brusquement cette harmonie, et rappeler à ceux qui l'avaient oublié, que le courroux de la terre n'était point calmé, et qu'ils se réjouissaient sur un volcan.

Les érudits se racontaient aussi des épisodes du tremblement de terre qui avait détruit Blida en 1825; ils faisaient remarquer cette singulière coïncidence de quantième du mois et de jour de la semaine : Ce fut, en effet, le 2 mars, et un mercredi.

L'agitation n'avait cessé de se manifester, mais à des intervalles plus ou moins rapprochés, pendant la journée du 3. Ce n'étaient, à vrai dire, que des frémissements paraissant avoir toujours leur point d'origine dans l'ouest; aussi, quelques personnes s'étaient-elles décidées à rentrer dans leurs demeures délabrées. Deux secousses successives assez violentes vinrent, à une heure trois quarts de la nuit du 3 au 4, troubler leur quiétude et les pousser de nouveau sur les places publiques. La pluie n'avait pas discontinué de tomber. Vers quatre heures du matin, un ébranlement court mais intense, chassa définitivement de leurs habitations ceux que la pluie ou l'ignorance du danger y avaient maintenus. Ils durent se résigner à aller prendre leurs bivouacs sur la place publique.

Les journées des 4, 5 et 6 ne furent troublées que par quelques tressaillements sans importance, qui paraissaient être les dernières convulsions intestines de notre planète. Le moral de la population était remonté et la confiance revenue : on s'occupait de mastiquer les lézardes; mais, le 7, à 5 heures et demie du soir, une brusque commotion, précédée d'un grondement souterrain accourant de l'ouest, vint avertir les confiants que le phénomène n'avait pas pris fin. Les maisons se vidèrent une troisième fois, et ceux qui avaient essayé de s'y installer se décidèrent franchement à camper.

Depuis le 7, on n'a plus compté que quelques vibrations qui n'ont rien ajouté aux dégâts produits par les secousses antérieures.

Aujourd'hui, on a commencé la démolition des constructions menaçant ruine, et la consolidation des autres. La ville aux fruits d'or, un moment morne, triste et abattue, reprendra bientôt ses charmes et les attraits qui nous la faisaient tant aimer. Oublions nos maux, mais non la leçon. Nous voudrions qu'elle profitât aux propriétaires présents et futurs, et qu'à l'avenir, ils fissent construire dans des conditions de sécurité plus en rapport avec la constitution du sol sur lequel Blida est assise.

Mais pourquoi nous décourager quand déjà les oiseaux chantent leurs amours dans nos jardins, et que les orangers nous jettent à profusion leurs plus délicieux parfums ? La science dit d'ailleurs qu'il n'est aucune portion de la surface du globe, soit continentale, soit océanique, qui ne soit exposée aux tremblements de terre. Quoi qu'il en soit, nous sommes avertis.

IMPORTANCE POLITIQUE. Blida, chef-lieu d'arrondissement, a un Sous-Préfet, un Tribunal de première instance, une Justice de paix. La population de la ville et banlieue est de 2,814 Français, 2,510 Etrangers, 570 Juifs, 3,449 Arabes; en bloc, 632. Le culte catholique a un curé et plusieurs vicaires ; l'Islamisme a un muphti.

ENCEINTE. Blida est entourée d'un mur de 4 mètres de hauteur, percé par six portes, qui sont : la porte d'Alger, du Camp des Chasseurs, Bab-Zaouïa, Bab-el-Rahba, Bab-el-Sebt et Bab-el-Kebour ou de Bizot. Le tracé d'une enceinte plus vaste circonscrit le périmètre de la ville en la figure d'un losange, dont la pointe la plus aiguë se prolonge au S.-E. Le fort Mimich, assis sur un versant de la montagne, à 398 mètres au-dessus du niveau de la mer, et sur la rive gauche de l'oued Kebir, coulant entre lui et la ville, la protége au S.

PHYSIONOMIE LOCALE. Blida est un composé d'habitations arabes et de constructions gracieuses, quelquefois grandioses. A côté de la hutte de l'Arabe, de l'ancienne maisonnette, dont un rez-de-chaussée autour d'une petite cour carrée, plantée de quelques orangers, formait toute l'importance, s'élève sur des arcades la maison avec ses hautes fenêtres, ou bien la fraîche demeure de l'homme plus sage et plus modeste, dont les persiennes vertes s'ouvrent sur les plus riches paysages. Beaucoup de maisons jouissent de la vue immense de la plaine de la Métidja au N. — L'Atlas, qui domine la ville au S., à petite distance, plane de toute la hauteur de son imposant aspect sur tous les quartiers et se voit de presque toutes les rues. La ville, établie sur une surface plane, est régulière, bien percée, et alignée comme une cité américaine. A l'entrée de chacune des portes de Blida est une petite place. Dans les rues Bab-el-Sebt, Bab-er-Rahba, d'Alger, Abdallah (dite des *Juifs*), rue Grande, rue du Bey (dite des *Bains-Français*), on voit de hautes maisons françaises ; celles qui forment le carré de la place d'Armes, qui est ornée d'un bassin et de deux rangées d'arbres, sont à arcades et d'une architecture régulière ; celles de la place Bab-el-Sebt, où s'élève une jolie fontaine, rivalisent par leur élégance avec ces importantes constructions. La place de l'Orangerie est embellie d'orangers grands et forts. La grande place du Marché des Indigènes, réunit tous les jours une foule d'Arabes qui trouvent, à Blida, deux fondouks et deux bazars, et viennent y apporter les produits de leurs jardins, tandis que les Européens ont leurs étalages sur la place Bab-el-Sebt ; ils ont aussi, au même lieu, des bâtiments affectés au même usage. La viande et le combustible y sont moins chers qu'à Alger.

La vie n'y est guère à meilleur marché. Les indigènes, tous les vendredis, viennent en grand nombre, à l'O. de la ville, et y tiennent une foire, où l'affluence est prodigieuse. Ils y conduisent des bestiaux, des chevaux et bêtes de somme, — y apportent des céréales, des peaux, laines, charbon, bois à brûler, — du sel provenant des montagnes. Les Zouaoua offrent leur savon, les Mouzaïa, leur tabac, les Beni Sala, des substances tinctoriales. Ces arabes achètent en échange des fers bruts, de la mercerie, de la quincaillerie, des tissus de coton, des calicots, des foulards, du sucre, de l'épicerie. Il y a une foire du 15 au 20 août de chaque année. Autrefois Blida était renommée pour ses teintureries, ses tanneries, où la préparation du maroquin pour la chaussure, l'équipement et l'harnachement était excellente; on y fabriquait des instruments aratoires. De nombreux moulins à farine, établis sur l'oued El-Kebir, qui prend sa source à 4 kil. S. de la ville, dans la gorge profonde à l'embouchure de laquelle est assise la ville, avaient été habilement établis au lieu où des chutes d'eau indiquaient l'emplacement d'usines de ce genre.

Aujourd'hui, ces industries sont bien délaissées. Toutefois, plusieurs minoteries importantes, exploitées par des Européens, sont en pleine activité; quelques-unes même fonctionnent jour et nuit, et méritent d'être visitées. On verra aussi avec intérêt une grande volière chez M. Giraud.

L'oued El-Kebir presque tout entier, est pris au-dessus de la ville, où l'on a fait un barrage; ses eaux arrivent à Blida par des conduits souterrains savamment ménagés. Ce travail, et des aqueducs qui passent par Joinville et Montpensier, déversent une abondance de liquide qui est débité par les fontaines de la place El-Sebt — des portes d'Alger, Bab-er-Rahba, Bab-el-Sebt et des bornes-fontaines, répandant plus de 13,000 m. cubes d'eau en 24 heures, dans le temps des plus fortes chaleurs. L'excédant suffit à l'irrigation des nombreux jardins cultivés aux entours de la ville, et va encore enrichir les villages de sa surabondance. Un beau lavoir et trois abreuvoirs publics réunissent une partie de ces ondes, qui coulent sans cesse.

ÉTABLISSEMENTS MILITAIRES. Les bâtiments militaires sont fondés sur un plan bien entendu. Les casernes peuvent recevoir 3,000 hommes. Il y a cinq quartiers de cavalerie et un bel établissement des remontes, avec un dépôt d'étalons bien situé, bien tenu. On y voit plus de 60 beaux étalons destinés à la reproduction, auprès desquels les Indigènes s'empressent d'amener leurs juments. Un vaste hôpital s'élève près de la porte d'Alger. Le premier conseil de guerre siège à Blida.

ÉTABLISSEMENTS CIVILS. Les constructions de quelqu'importance sont la Sous-Préfecture, la Mairie et la nouvelle église.

Les mosquées Ben Sadoun, et des Turcs, sont restées à l'Islamisme. Une école primaire, tenue par les Frères de la Doctrine chrétienne, dans un édifice spécial, donne la première instruction aux jeunes garçons. Il y a aussi une école maure-française. Les demoiselles fréquentent une institution tenue par les Sœurs de Saint-Joseph. L'institution d'un bureau de bienfaisance a été confirmée le 31 juillet 1853. Un jardin public, clôturé, offre, au bois dit des *Oliviers,* un lieu de promenade des plus agréables. En face, et sur les bords de l'oued El-Kebir, un très-bel abattoir civil dessert la ville, qui a aussi un entrepôt de farine et un entrepôt de tabacs. Une station télégraphique a été établie.

INDUSTRIE PARTICULIÈRE. Un journal se publie sous le titre *du Tell.* L'orangerie du Tapis-Vert est un Tivoli délicieux, en dehors de la porte d'Alger, où les chanteurs, les acteurs ambulants, les jeux de toute espèce, les danseurs prennent leurs ébats au milieu des plus charmants parterres et sous l'ombrage parfumé d'arbres touffus ; c'est le théâtre, en la saison d'été. Les beaux cafés sont ceux *du Commerce, des Arts, de France,* et le café *Laval* qui ne leur cède guère par le goût des ornements et les bonnes consommations. Les hôtels sont bien servis : l'hôtel au coin de la rue d'Alger et de la place d'Armes, les hôtels *de la Régence, du Périgord, des Bains français, d'Orient.* Blida a un comice agricole.

ENVIRONS. Blida est une corbeille de fleurs. Sidi H'amed ben Yousef, le poète satyrique, n'a trouvé pour elle qu'un madrigal, en disant : *on t'a nommé petite ville, moi je t'appellerai petite rose.* Les environs sont enchanteurs, à cause de la forêt d'orangers et des beaux jardins cultivés avec intelligence, du milieu desquels s'élèvent ses murs. Les orangeries s'étendent sur une superficie de 110 hectares; elles comportent 10,781 pieds d'orangers en plein rapport, 4,119 citronniers, 2,026 limoniers, 265 cédratiers et 2,148 orangers chinois et 4,502 mandarins. En 1861, 8,000 caisses d'oranges, à 15 francs l'une, en moyenne sur place, ont été exportées. Ses champs s'étendent dans un immense lointain, au N., à l'E. et à l'O., et se prolongent dans la plaine de la Métidja jusqu'au Sahel de Koléa et au Chenoua, qui cache la vue de Cherchel, ou bien sont disposés en amphithéâtre, au S., sur les pentes de l'Atlas. Là, croissent la garique, l'yeuse, le lentisque, le micocoulier, le caroubier, le palmier éventail, le genévrier, dans un désordre fantastique et charmant. Lorsqu'en pénétrant dans la vallée profonde, à l'entrée de laquelle est assise Blida, on remonte au S. par un sentier fleuri et ombragé, vers la source de l'oued El-Kebir, qui se montre à 8 kilom. de la ville, on voit les tombeaux très-vénérés du marabout Sidi Mohammed el-Kebir et de ses deux fils, qui consistent en trois dômes fort fréquentés des pèlerins, qui y apportent des présents. Au bois des Oliviers, dit le *Bois sacré*, au S.-O. de la ville, et sur la rive droite de l'oued El-Kebir, se trouve aussi le tombeau d'un Sidi Mohammed Blidi, très-illustre dans les légendes. Ces lieux de dévotion forment des promenades on ne saurait plus pittoresques. Dans la direction de l'O., et à 8 kilom. de Blida, est le pont de la Chiffa, auprès duquel l'ordonnance royale du 22 décembre 1846, a créé un village dont la moitié des maisons a été renversée par le tremblement de terre du 2 janvier 1867. La vallée de la Chiffa, longue de 16 kilom., va en se rétrécissant au S., laissant des échappées de vue magnifiques entre les rochers. Quatre filets d'eau principaux, tombant à 100 mètres, à l'endroit où la gorge est la plus resserrée, et rejaillissant en perles liquides sur des anfractuosités tapissées d'oléandres, de salicaires et de lauriers-roses, forment ce qu'on appelle les *Cascades de la Chiffa*. On passe devant elles en suivant la route qui conduit à Médéa. Dans ces gorges est une pépinière en voie d'expérimentation pour le quinquina, qui est une annexe du Jardin d'acclimatation d'Alger. Auprès d'un ruisseau nommé le *Ruisseau des Singes*, est une bonne auberge où l'on ne couche pas. L'Empereur allant visiter Médéa, déjeûna avec sa suite, le 11 mai 1865, au bord de ce ruisseau.

ROUTES. Les routes qui partent de Blida sont :
1º Au S.-E. la route de Rovigo ;
2º Au S. la route d'Alger, par Boufarik et Blida ;
3º Au S.-O. la route de Koléa ;
4º A l'O. la route de Cherchel.

TRANSPORTS. La ligne du chemin de fer d'Alger s'arrête à Blida. Des voitures de toute espèce sont à la disposition des voyageurs peu ingambes et autres. Des mulets conduits par d'infatigables Arabes servent aussi aux transports.

Les sections communales sont :
1º JOINVILLE, village situé à 2 kilom. à l'O.-N.-O. de Blida,

occupe un plateau qui domine la Métidja. C'est l'emplacement du camp dit *Supérieur*, établi par le maréchal Valée, en 1838. L'arrêté du 5 juillet 1843 a établi dans son enceinte même, le centre de population pour 50 familles. Un bel aqueduc y amène des eaux abondantes qui remplissent une fontaine et un lavoir. L'éducation des plantes potagères se joint à la culture heureusement conduite dans cette localité, qui est comme un faubourg de Blida. La population est de 219 Français, 161 Etrangers, 31 Arabes.

2° MONTPENSIER est situé à 2 kil. au N. de Blida, non loin et à l'E. de l'enclos inhabité qui avait été préparé, du temps des Turcs, pour recevoir les habitants de cette ville, après le tremblement de terre de 1825. Ce village a été établi, par arrêté du 23 juin 1843, dans l'enceinte même du camp dit *Inférieur*, pour 20 familles. Les eaux d'alimentation et d'irrigation y viennent par des canaux maçonnés, et en excellent état de conservation. Il y a un lavoir couvert. L'hortolage fait l'occupation la plus lucrative des gens de l'endroit, qui ont l'écoulement fructueux de ces produits par le voisinage de Blida. Ils ont aussi des céréales et de beaux tabacs. La population est de 120 Français, 51 Etrangers, 16 Arabes.

3° DALMATIE, à 4 kilom. N.-E. de Blida, par 213 mètres d'altitude, village créé par arrêté du 13 septembre 1844, possède un territoire des plus fertiles. Il est bien arrosé d'eaux qui viennent de l'Atlas et ne tarissent jamais. Le lavoir est couvert. Un moulin à farine et un à huile fonctionnent dans une gorge. La population est de 160 Français, 79 Etrangers, 341 Arabes. Il y a une église, une école de garçons, un orphelinat libre pour les jeunes filles.

4° BENI-MÉRED, à 7 kilom. N.-E. de Blida, et à égale distance de Boufarik, par 129 mètres d'altitude, fut dans le principe une colonie de soldats. On y voit encore un mur crénelé, flanqué de petites tours aux angles. C'est entre Boufarik et Beni-Méred que, le 11 avril 1842, vingt-deux hommes, porteurs de la correspondance, et commandés par le jeune sergent Blandan, furent attaqués en plaine par 300 cavaliers de Ben Salem, et périrent presque tous. Une colonne commémorative, élevée par souscription, décore la place de Beni-Méred ; une fontaine établie au-dessous, verse l'eau par quatre mascarons de bronze dans des vasques de granit. Les eaux affectées au village sont prises dans l'oued Beni Aza, par un canal de dérivation qui les conduit dans un réservoir d'où elles sont réparties en quantités déterminées. L'arrêté du 16 janvier 1843 érigea Beni-Méred en village militaire. Il fut nécessaire d'y créer une annexe civile, par l'arrêté du 15 décembre 1845. Eglise, école de garçons. La route de Blida à Boufarik traverse ce joli village, à l'E. duquel passe le chemin de fer. Il y a une station. L'Empereur allant à Miliana, a suivi ce parcours le 7 mai 1865. Les cultures sont belles et variées à Beni-Méred. On exploite des ardoisières sur les lieux, et à Ferouka, dans l'Atlas.

Les annexes de Beni-Méred sont : *Sidi Moussa* et *Cheblaouï.* Population totale, — 375 Français, 73 Etrangers, 172 Musulmans.

Tous ces villages sont reliés à Blida par des chemins vicinaux si parfaitement entretenus, qu'on pourrait les prendre pour des allées de jardins.

II.

COMMUNE DE BOUFARIK.

Boufarik est situé à 13 kil. N. de Blida et à 35 kil. S.-O. d'Alger, au centre de la Métidja.

Boufarik, traversé par l'armée française en 1830, lors de son excursion vers Blida, n'était qu'un humide bocage, entouré de marais aux exhalaisons malsaines, où les Arabes tenaient un grand marché de bestiaux tous les lundis. En 1832, ce fourré fut fouillé par les chasseurs d'Afrique qui en débusquèrent l'ennemi. Ce fut là que s'établit le premier poste de l'armée dans la plaine.

Le 27 septembre 1836, le mode de la concession des fermes domaniales d'Haouch Chaouch et de Bou Iaqueh, au même endroit, fut déterminé par un arrêté du maréchal Clauzel, et le plan de la ville, où les rues sont tirées au cordeau, fut mis à l'étude. L'arrêté ministériel, en date du 17 février 1840, fixa la délimitation du district à 729 hectares. Ce territoire fut augmenté de plus du double par arrêté du 31 janvier 1844. Le climat, d'abord fort malsain, s'est heureusement modifié, grâce à la culture. Il n'est point de centre de l'Algérie qui ait fait un progrès plus rapide et soit arrivé à une plus grande prospérité.

Le camp d'Erlon, monument de notre première pensée de colonisation dans cette belle contrée, les vastes bâtiments militaires qui y furent établis, et 117 hectares 26 ares 98 centiares de terrains environnants, ont été abandonnés par décret présidentiel du 16 août 1851, au R. P. Brumauld, à condition de consacrer pendant 20 ans ces immeubles à une maison d'apprentissage de jeunes orphelins. Depuis, et par décret impérial du 7 juillet 1856, divers lots de l'haouch Ben Chaban, près Boufarik, ont été ajoutés à cette magnifique concession. Les orphelins qui l'habitent, au nombre de 308, reçoivent une éducation particulièrement agricole et professionnelle, et mettent en culture de vastes jardins. Ils ont planté une véritable forêt de saules.

La population est de 1,857 Français, 1,176 Étrangers, 43 Juifs, 2,243 Arabes, en bloc 308. Un curé dessert une belle église. Le décret du 5 décembre 1857 a reconstitué la Justice-de-paix. La commune est en plein exercice depuis 1851. Il y a une mairie, une caserne de gendarmerie, une direction des postes, une société de secours mutuel, un orphéon. L'Empereur a visité cette localité le 6 mai 1865.

L'État a fait construire depuis longtemps une école pour les garçons. Les demoiselles sont instruites par les Sœurs de la Doctrine chrétienne qui ont soin aussi d'une salle d'asile. Boufarik est une ville toute champêtre. Ses rues sont de larges avenues plantées de platanes aux verts ombrages, ouvrant de ravissantes perspectives sur la plaine que limitent, d'un côté, les flancs abruptes de l'Atlas, de l'autre, les riants coteaux du Sahel. Partout les eaux circulent le long des rues en ruisseaux limpides et gazouillants, répandant la fraîcheur et la santé là où elles portèrent si longtemps la maladie et la mort. Un canal de dérivation amène une partie des eaux de l'Harrach sur divers points de la commune, et un autre, les eaux de l'oued Ben Chemala jusqu'à Boufarik même. Au milieu de Boufarik sont une fontaine et un abreuvoir alimentés par d'excellentes eaux qui se rendent ensuite dans un grand bassin, où l'on fait baigner les bestiaux. L'élève et l'engrais du bétail s'y font sur une très-grande échelle. L'abattoir civil est tenu par un receveur, un vérificateur, un vétérinaire et un personnel spécial. Les éleveurs de la commune fournissent en grande partie le marché du lundi, qui est tenu près d'un vaste caravansérail. Les bouchers d'Alger et les colons de Blida y viennent faire leurs achats et leurs approvisionnements. Tous les jours plusieurs diligences et un nombreux roulage allant de l'une à l'autre de ces deux villes, traversent Boufarik, où les rues sont belles et larges. Il y a une station du chemin de fer.

Tous les colons sont dans l'aisance ; beaucoup sont riches. La position centrale de Boufarik, où aboutissent en tous sens des communications faciles, en fait le rendez-vous des faucheurs et des moissonneurs de la plaine. Des plantations considérables ont été faites et toutes ont parfaitement réussi. Il y a un très-beau moulin à plusieurs tournants. S. M. l'Empereur a visité l'usine de M. Dumesgnil, pour le rouissage et le teillage du lin. Les hôtels où l'on peut prendre pension, sont : l'hôtel *Mazagran*, sur la place de ce nom, et l'hôtel *du Commerce*, rue de Médéa. Il y a deux cafés sous les mêmes enseignes. Toutefois celui *du Commerce* est sur le boulevard Duquesne, et celui *de la Poste*, rue de Blida.

En vertu du décret du 8 mars 1862, les propriétaires intéressés à la conservation des canaux exécutés par l'État pour l'assainissement et le dessèchement de Rhylen, Cheurfa, Goreith, Boufarik, forment entre eux une association dite *Syndicat des canaux de dessèchement de Boufarik*, pour assurer annuellement le curage et l'entretien desdits canaux. La commune supporte le quart de la dépense. Les propriétaires jouissent, en conséquence, de prises d'eaux pour les irrigations de leurs cultures.

Boufarik a pour sections communales :

1° SOUMA. Village créé par arrêté du 20 septembre 1845, à 7 kilom. de Boufarik, à 10 kilom. de Blida, sur un territoire de 900 hectares, à cheval sur la route du pied de l'Atlas. Les eaux qui l'alimentent sont fournies par l'oued Bou Chemla, qui mettent en mouvement des moulins. On remarque de beaux vergers et une vaste orangerie. A l'exposition de 1849, Souma a mérité une médaille d'argent pour ses cultures de mûriers et éducation de vers-à-soie. Il y a une église, une école mixte. On y exploite une mine de fer. Population : 281 Français, 157 Étrangers, 1,359 Arabes.

2° BOUINAN, centre de population créé par le décret du 5

décembre 1857. — sur l'oued Riat, à 8 kilom. E de Souma, près d'une gorge boisée d'orangers et d'oliviers. Air salubre, cultures en céréales, vignes et tabac. Population : 177 Français, 69 Etrangers, 276 Arabes.

L'annexe de Bouinan est

Quatre-Chemins, hameau à l'entrée de la Métidja, à la rencontre des routes d'Alger à Blida, par Douéra et par la plaine, et du prolongement de celle de Koléa, — à 7 kilom. N. de Boufarik, à 21 kilom. N. de Blida, à 27 kilom. S. d'Alger. Il y a deux auberges.

Population : 70 Français, 11 Etrangers, 95 Arabes.

III.
COMMUNE DE CHÉBLI.

Chébli, village créé par décret impérial du 21 juillet 1854, à 8 kilom. de Boufarik, entre ce village et l'haouch Mimouch, sur la route médiane de la plaine de la Métidja, pour 40 familles, sur un territoire de 1,072 hectares, doté d'un communal de 96 hectares. Le décret du 22 août 1861 a reconnu la commune de Chébli en plein exercice. Il a été planté, sur les places, rues et boulevards de Chébli, 1,409 arbres d'essence de platanes et de mûriers. Les travaux d'aménagement des eaux comprennent l'établissement, au centre de la place principale, d'un puits surmonté d'une pompe, d'un abreuvoir, d'un lavoir public. Une rigole de dérivation des eaux de l'Harrach alimente ces réservoirs et arrose les terres. Chapelle, école mixte.

Population : 408 Français, 466 Étrangers, 2,515 Arabes.

Birtouta a été rattaché à Chébli par décret du 20 avril 1866, comme section communale.

BIRTOUTA *(le Puits du Mûrier)*. Village au lieu où s'élevait le quatrième blokhaus, un de nos anciens avant-postes, à 27 kilom. d'Alger, créé par décret présidentiel du 15 décembre 1851, sur la route d'Alger à Blida. Il y a une station du chemin de fer.

Population : 169 Français, 30 Etrangers.

IV.

COMMUNE DE CHERCHEL.

Cherchel est situé sur la côte septentrionale de l'Afrique, par 0° 09' de longitude O. et par 36° 37' de latitude N., à 14 lieues marines O. d'Alger, et à même distance E. par la même voie, de Ténès. — A 68 kilom. N.-O. de Blida, et à 32 kil. N. de Miliana.

Lorsqu'on vient de l'E., on peut reconnaître la position de Cherchel à 6 ou 8 milles avant d'y arriver, à une pointe basse et longue, à 350 mètres de laquelle est un petit îlot couronné par une fortification. Il y a une autre batterie sur la partie la plus haute de la pointe, qui porte le nom de Joinville. Là est un phare, à feu fixe, de troisième ordre. La darse de Cherchel est projetée par une jetée qui, partant de l'îlot, se prolonge de 110 mètres dans la direction de l'E. Dans cet avant-bassin, creusé de 4 mètres 50 c., peut entrer un bateau à vapeur. Le Cothon, ou port artificiel, — situé dans une petite anse circulaire, que les Romains avaient creusé à l'O. de l'îlot, — a été nettoyé et entouré de solides murailles en blocs de béton. Il a 2 hectares de superficie, et 3 m. 20 cent. de profondeur, au-dessous des plus basses eaux : 40 navires de 100 à 150 tonneaux peuvent y prendre place.

La ville s'étend en amphithéâtre, vers le S. Les maisons, bâties en pierres et recouvertes en tuiles, sont presque toutes entourées d'arbres ou de jardins, et présentent l'aspect le plus gracieux. De hautes constructions européennes dominent ces frais séjours mauresques. Les environs présentent des points de vue agréables sous le rapport de la végétation. La chaîne du Zakkar, qui l'abrite du S., en forme de croissant, semble l'isoler du reste du continent ; ces montagnes sont très-remarquables par la manière dont elles sont cultivées jusqu'à leurs sommets. Le Chenoua, à l'E., interpose sa masse énorme et sauvage entre Cherchel et la plaine de la Métidja. Au milieu du port, lorsque le temps est calme, on voit sous l'eau quelques ruines romaines, que la mer a couvertes. De chaque côté de la presqu'île, la côte est formée par des falaises de moyenne hauteur, taillées à pic, qui se prolongent à une assez grande distance ; lorsqu'on les considère avec attention, on est porté à croire qu'elles n'ont dû prendre cet aspect qu'à la suite d'un éboulement considérable.

NOTE HISTORIQUE. Cherchel est l'*Iol* des Carthaginois, que Juba, deuxième du nom, agrandit, embellit, et dont il fit, sous le nom de *Julia Cæsarea,* la capitale de la Mauritanie Césarienne. Le développement de ses murailles, dont les ruines subsistent encore, avait 8 kilom. La ville d'aujourd'hui a 700 mètres à peine de diamètre ; l'ancienne en avait 2,000. Ses 25 hectares environ de contenance n'occupent pas la dixième partie du périmètre de la cité de Juba. On trouve encore, — à l'E., les restes d'un cirque, où Sainte Marciane a été livrée aux bêtes, et les époux Saint Sévérien et Sainte Aquila ont été brûlés vifs ;

— au centre de la ville, près des ruines du palais des proconsuls, les restes d'un théâtre, où Saint Arcadius a été coupé en morceaux; — à l'O., un hippodrome, les restes intéressants de thermes monumentaux près de la manutention militaire, plus loin, des bains à ciel ouvert, consacrés à Diane; — au N. du phare, un temple de Neptune; — dans le champ de manœuvres, les restes d'une basilique, — et partout une infinité de marbres mutilés, inscriptions et statues.

Après 45 ans du règne le plus heureux, Juba légua le trône à son fils Ptolémée, qui périt victime d'un crime. La Mauritanie Césarienne, réunie à l'empire romain, envieux de ses richesses, fut alors désolée par une suite de révoltes et de guerres intestines excitées par des religionnaires. Firmus, profitant des querelles suscitées par des points de dogme, entre les Catholiques et les Donatistes-circoncélions, descendit des montagnes et s'empara de Cherchel, qu'il détruisit. Théodose, après avoir vaincu ce barbare, releva la ville, que les Vandales ne tardèrent pas à ruiner de nouveau. Elle paraît avoir repris quelque splendeur sous les Gréco-Byzantins. Marmol dit que le khalife hérétique Kaïm, qui régnait à Kaïrouan, la bouleversa de fond en comble. Léon l'Africain dit que ses compatriotes, les Grenadins, se réfugièrent à Cherchel, lors de leur expulsion d'Espagne, et s'y livrèrent avec succès à l'éducation des vers-à-soie. En 1531, André Doria vint y brûler la flotte que Barberousse y avait rassemblée, mais ne put se maintenir dans le port, dont un coup de main l'avait rendu maître.

Dès 1830, il fut porté à la connaissance du chef de l'armée française à Alger, que le cadi de Cherchel était dans nos intérêts. Le maréchal Clauzel crut que le moment était venu, en 1835, d'établir un bey dans cette ville, et, par arrêté du 9 septembre, nomma à cette dignité Hadj Omar, ex-bey de Titteri, qui ne put s'y maintenir. Berkani, homme du pays et khalifa d'Abd el-Kader, vint y prendre l'autorité au nom de l'émir. Le 26 décembre 1839, les habitants s'étant emparés d'un bâtiment de commerce français, surpris par le calme devant la ville, le maréchal Valée, pour étouffer ce foyer nouveau de piraterie, parut le 13 mars 1840 devant la ville, qu'il trouva déserte et y laissa une garnison que les Arabes revinrent attaquer consécutivement du 27 avril au 6 mai. Leurs balles pleuvaient dans la ville et sillonnaient les rues. Les 15 et 16 août, Berkani tenta une attaque furieuse, qui fut la dernière; les tribus voisines demandèrent à fréquenter le marché, et firent leur soumission. Un arrêté du 20 septembre créa un centre de population pour 100 familles à Cherchel. Le 8 mai 1841, un commissariat-civil fut établi dans cette ville, qui devint chef-lieu de district. Le maréchal Bugeaud ayant appris qu'une zaouïa, dans les Beni Menasser, était un lieu de réunion de fanatiques, dont l'esprit exalté nourrissait dans les populations arabes une volonté turbulente, la détruisit en 1842, et assura la paix dans ce canton par cette mesure énergique. Le 15 juillet 1846, une ordonnance royale fixa la délimitation du territoire civil, et, en 1854, un décret impérial la constitua en commune.

Cherchel est sous la direction d'un Commissaire civil. Une Justice de paix a été installée par décret du 21 novembre 1860 — dépendant de la circonscription judiciaire de Blida. La population de la ville et de la banlieue est de 813 Français, 350 Étrangers, 42 Juifs, 2,295 Musulmans. La religion catholique a un curé, le culte protestant un pasteur, et les Musulmans un muphti.

Une muraille (simple chemise) entoure, au S., à l'O. et à l'E., Cherchel, défendue, au N., par la batterie Joinville, élevée sur la pointe, à l'entrée du port. Au S. des postes extérieurs, suivant la ligne de l'ancienne enceinte des Romains, embrassaient 420 hectares; ils sont délaissés aujourd'hui et tombent en ruines. Les portes d'Alger, de Miliana, de Ténès, donnent entrée dans la ville même.

La ville de Cherchel est assise en regard de la mer, sur un côteau bien boisé de 100 mètres d'altitude, premier contrefort d'une chaîne qui se dresse à 28 kilom., pour former l'horizon, jusqu'à une hauteur de 34 mètres en arrière, et au-dessus de laquelle domine plus loin, au S., le Zakkar de Miliana.

L'intérieur de la ville présente un aspect gracieux, où les constructions arabes et européennes se lient entr'elles par un enchaînement pittoresque et bien entendu. La rampe du port, la rue de Ténès, qui va de la porte de ce nom à la porte d'Alger, la rue Miliana, qui lui est perpendiculaire, les rues du Centre, de la Fontaine, sont les plus belles. Elles sont macadamisées et conduisent à des places complantées avec soin, qui sont celles de l'Eglise, du Fort-Cherchel, Bugeaud, Sidi-Ali ou du Marché. Sur cette dernière se tient, ainsi que le nom l'indique, un marché de tous les jours, qui se couvre de légumes et de fruits excellents. Les Arabes apportent, les lundis et vendredis, des grains, des huiles, des laines, des pelleteries et de la poterie grossière. Ils ont un fondouk sur la place du Marché : leur caravansérail, à la porte d'Alger, est actuellement occupé par le bureau arabe ; ils ont aussi des bains remarquables.

La belle mosquée à trois nefs supportées par 100 colonnes de granit, dont les chapiteaux sont habilement sculptés, et qui sert d'hôpital militaire, est située au milieu de la ville, qu'elle domine par un minaret très-élevé, où l'horloge est établie. Les malades y occupent 250 lits. Une grande caserne contient mille cent hommes, et peut passer pour un monument aussi bien que le bâtiment de la manutention des vivres. Les magasins des subsistances, de l'habillement, du campement, des lits militaires, sont commodes. Il y a une bonne poudrière, une prison au fort Cherchel. Les officiers ont un cercle avec une Bibliothèque. Cherchel possède un Musée où l'on remarque de curieux restes antiques, dont le nombre s'augmente tous les jours. — Station d'étalons. Station du Télégraphe.

L'église est une mosquée appropriée au culte catholique. Les garçons fréquentent une école, et les demoiselles deux institutions. La ville est abreuvée par plusieurs fontaines. Les vastes citernes des Romains ont été retrouvées et déblayées. L'eau y venait autrefois d'au-delà du Chenoua, à l'E. On voit encore un aqueduc dans la vallée de l'oued el-Hachem, à 24 kilom. de Cherchel, et celui des Beni-Habiba, le mieux conservé et le plus beau, bien que tout aussi inutile; il a 17 arches, dont celles du milieu ont trois étages. Les détours souterrains et à ciel-ouvert qu'il faisait pour apporter l'eau à la ville, suivaient une sinuosité de près de 32 kilom. L'aqueduc des Roseaux qui vient de l'Aïn el-Kossob, au S.-O. de la ville, est le seul qui fonctionne, avec quelques autres prises d'eau. Une Loge maçonnique, sous le titre de *Julia Cæsarea*, dégrossit la pierre brute.

Deux cafés dits *du Commerce* et *de Cherchel*, avec un théâtre qui n'a pas de troupe régulière, sont les lieux de réunion. L'hôtel *du Petit Paradis*, *du Commerce*, *de la Poste*, reçoivent les voyageurs et prennent en pension.

Cherchel est dans la situation la plus heureuse pour son accroissement. La campagne environnante est riante et fertile. La plaine de l'oued Bella, près de la ville, est entièrement allotie et cultivée. Les travaux agricoles s'étendent sur le rideau des pentes septentrionales du Zakkar. Elles sont cultivées en céréales et en vignes.

C'est à cheval ou à dos de mulets que les excursions

se font dans la campagne. On trouve aussi des voitures en location pour la journée.

Trois routes partent de Cherchel : 1º une au S.-E., poussant à l'E. un rameau vers Koléa, et, au-dessous, dans la même direction, un autre vers Blida; 2º une au S., qui serpente vers Miliana; 3º une autre enfin à l'O., qui suit la côte jusqu'à Ténès.

La commune de Cherchel comprend deux sections communales :

1º ZURICH, colonie agricole de 1848, à 13 kilom. S.-E. de Cherchel, sur les deux rives de l'oued El-Hachem et la route de Blida. Le plan du village a été adopté par arrêté ministériel du 17 novembre 1852. On a planté des arbres de diverses essences dans les avenues. Tous les bâtiments communaux existent dans cette localité. La population est de 101 Français, 16 Etrangers, 37 Musulmans. Au quartier des Chénoua, où les Arabes de ce nom sont au nombre de 2,318, il y a 15 Français et 14 Etrangers.

2º NOVI, autre colonie agricole fondée en 1848, au lieu dit *Sidi Rilas*, à 7 kilom. O. de Cherchel, sur une plaine fertile, bornée de l'E. à l'O. par deux ruisseaux, et s'inclinant vers la mer, qui n'en est éloignée que de 150 mètres. L'arrêté du 9 juillet 1852, l'a annexée à Cherchel. Population, 179 Français, 15 Etrangers, 164 Arabes.

V.

COMMUNE DE KOLÉA.

Koléa est située au revers méridional du sahel algérien, à 6 kilom. N. de la mer, en face de Blida, dont elle est éloignée de 21 kilom. N. et à 38 kilom. O. d'Alger.

Koléa, sur un plateau élevé à 150 mètres au-dessus de la mer, vu de la plaine de la Métidja et du mamelon qui la domine au S.-O., présente le tableau le plus champêtre et le plus paisible qu'une âme tranquille puisse désirer. La ville est entourée de la plus fraîche verdure qu'y entretiennent des eaux murmurantes, s'écoulant dans un profond et tortueux ravin, courant au S.-E. que les indigènes ont nommé le *Cou du Chameau* (Ank el-Djemel). On a dit, avec infiniment de grâce, que les maisonnettes blanches composant cette petite cité arabe, semblent placées capricieusement dans une corbeille de fleurs. Un beau minaret, d'une grande hauteur, accosté d'un superbe palmier, s'élève auprès du tombeau de Sidi Ali Embarek, marabout de l'endroit.

NOTE HISTORIQUE. Koléa n'est illustrée par aucun souvenir antique, pas plus que Blida, qui la regarde de l'autre côté de la plaine. Les Romains semblent avoir dédaigné la Métidja, et s'être bornés à occuper les côtes de cette partie de la province. C'est à Fouka, situé à 4 kilom. au N. de Koléa, que l'on a trouvé des restes remarquables de l'occupation romaine : grands tombeaux en pierre, lacrymatoires, vases, médailles en quantité, le tout enfoui aux entours d'un bocage d'oliviers qui ombrage une abondante fontaine. Des travaux d'une époque fort reculée ont été exhumés, lors de la restauration de ce monument. C'est donc à cette localité, sur un coteau faisant face au N., et à 1 kilom. de la mer, qu'il faut attribuer le nom de *Casæ Calventi* (les Huttes du Chauve).

Koléa emprunte toute sa gloire de Sidi Ali Embarek, dont les miracles éclatèrent, il y a plus de 300 ans, dans cette ville, lorsque Sidi Ferruch, natif de l'endroit, se fut retiré, pour être plus recueilli en Dieu, sur la presqu'île qui porte son nom. Sidi Ali Embarek était le serviteur rustique d'un riche propriétaire appelé Bou Smail, qui le fit héritier de tous ses biens. Le saint homme s'appliqua à la culture, et après une vie toute pleine de bonnes œuvres et de travaux utiles, fut enterré entre un cyprès et un palmier très-hauts, dont la semence provenait de la Mecque. Autour de son tombeau se forma la ville bâtie par Hassan-Pacha, et peuplée de réfugiés andaloux. Il continua, après sa mort, à en faire la prospérité, les pèlerins n'y faisant point faute; il en venait plus de dix mille tous les ans. Dans le tremblement de terre qui eut lieu en 1825, et bouleversa la Métidja, Koléa s'écroula tout entière, le marabout du saint resta seul immobile. Le dey Mustapha Pacha le fit entourer du péristyle qu'on voit encore, et fit élever, à côté, la belle mosquée qui sert aujourd'hui d'hôpital.

Nous ne nous étendrons pas davantage sur les vertus champêtres d'Ali Embarek, ni sur ses apparitions dans les nuits d'orage sous forme d'un lion noir. Nous nous bornerons à rappeler que l'armée française parut dans les premiers jours de mars 1831, sous les murs de Koléa, dont les habitants reçurent avec empressement le Général en chef Berthezène. La guerre sainte ayant éclaté vers la fin de septembre 1832, le Général Brossard fut envoyé pour se saisir, à Koléa, de l'aga Sidi Mohammed ben Embarek, accusé d'avoir favorisé les soulèvements. Ne le trouvant pas, il emmena prisonniers deux vénérables marabouts de sa famille, et frappa la ville d'une contribution de 1 million 100,000 fr., dont elle ne put jamais payer que 10,000. En avril 1837, le Général Damrémont poussa une reconnaissance jusqu'à Koléa. Le 26 mars 1838, le maréchal Valée la fit bloquer par un camp, pour en écarter les Hadjoutes qui y faisaient le foyer de leurs rassemblements hostiles. Ces derniers ne la quittèrent qu'en forçant à l'émigration tous les habitants valides. A la reprise de la guerre, en 1839, nos troupes descendirent du camp, dont les constructions imposantes dominent la ville du côté de la plaine, et l'occupèrent définitivement. Elles n'y trouvèrent que des ruines et une population inoffensive. Le 1er mai 1841, elle fut attaquée du côté des deux tours par le bey de Miliana, qui fut mis en pleine déroute. Koléa, longtemps restée, par suite de l'arrêté du 17 février 1840, sous l'autorité exclusive des commandants militaires, fut administrée par un Commissaire civil, en exécution de l'arrêté du 21 décembre 1842. Une Justice-de-paix y fonctionne depuis le 9 septembre 1847. Un décret du 21 novembre 1851, a érigé Koléa en municipalité. L'Empereur l'a visitée le 6 mai 1865.

Koléa, détruite par le tremblement de terre de 1825, ainsi que nous l'avons dit, a été réédifiée entièrement. Les maisons qui furent alors relevées, et qui sont déjà à l'état de ruines, pour la plupart, ne sont qu'une ou deux chambres au rez-de-chaussée, couvertes en tuiles; elles occupent le fond d'une petite cour où fleurissent un oranger, un grenadier, un citronnier, quelquefois une treille, et plus souvent un jujubier. Les rameaux de ces arbres y entrelacent un doux ombrage, dont la verdure surabonde, déborde au-dessus des murs de clôture et pend sur la rue. Sur six rues larges et tirées au cordeau, il y en a quatre qui ne sont point pavées ; au tomber du jour, les troupeaux qui reviennent des pâturages remplissent à grand bruit leur morne solitude. Cette petite ville compte cependant quelques constructions européennes. Auprès de la mosquée, coule une large fontaine. Devant la caserne de la gendarmerie, à laquelle vient aboutir la rue El-Souk, se trouvent aussi deux bassins. Une masse d'eau considérable, prise au N. de la ville, la traverse au moyen de syphons en maçonnerie, ménagés dans l'épaisseur du mur de quelques maisons, et va se jeter dans l'Ank el-Djemel. D'ailleurs, dans chaque maison il y a un et quelquefois deux puits. L'enceinte de Koléa est actuellement ouverte de toutes parts.

. Le camp est un établissement militaire de première ligne. Il est assis sur un mamelon au S.-O. Ses vastes pavillons, d'un développement grandiose, détachent leur relief sur l'Atlas, déroulant au loin un rideau dont le mirage fait quelquefois distinguer tous les replis dorés par une limpide lumière.

Dans ce camp, 1,200 hommes peuvent être casernés. Là aussi, sont : les magasins de campement, des subsistances, et la manutention. La gendarmerie, en ville, est une grande cour, entourée de quelques bâtiments au rez-de-chaussée, où les individus appartenant à l'ordre civil sont détenus, au besoin. Il y a au camp une bibliothèque choisie, à l'usage des militaires qui tiennent un cercle.

Au-delà d'une esplanade occupant le petit vallon qui sépare le camp de la ville, est une belle promenade réservée aux officiers de la garnison. Ce jardin,— parterre entretenu avec le plus grand soin, plein de fleurs rares, orné de kiosques et allées en treillages, sous l'ombre d'énormes citronniers et orangers en pleine terre, dont quelques-uns ont plus de 40 pieds de haut, et qu'un homme aurait peine à embrasser, — descend de cette esplanade au fond de l'Ank el-Djemel, par des rampes qui se perdent sous des feuillages peuplés d'oiseaux chanteurs, et remontent du fond du ravin jusqu'aux abords de la mosquée de Sidi Ali Embarek. Un riche potager est joint à ce jardin.

La mosquée bâtie auprès du tombeau de Sidi Ali Embarek, actuellement affectée au service de l'hôpital militaire, est un véritable monument, pour la solidité et l'élégance de sa vaste construction. Deux cents lits sont placés à l'aise sous ses nefs cintrées, qui sont au nombre de cinq, soutenues par des colonnes de pierre. Nous avons déjà parlé du haut minaret qui la surmonte. Le tombeau du saint personnage, sous la protection duquel cet édifice fut placé, est une chapelle fort pieuse, entourée d'un péristyle et totalement détachée de la mosquée, dont une dizaine de pas la sépare. Ce tombeau, encastré dans l'ensemble des bâtiments occupés par l'hôpital militaire, en est pourtant isolé au moyen de cloisons en planches, impénétrables aux regards des Chrétiens. Il est peu de sanctuaire où l'on respire un air de dévotion plus profondément senti. Des tapis, des textes dorés, et des lustres en cuivre et en cristal, en font le principal ornement.

L'église est établie dans un ancien caravansérail. Au S.-O. de la ville, non loin de la gendarmerie, une orangerie, qui compte plus de 300 sujets, offre une délicieuse promenade aux habitants.

Le marché se tient dans la rue El-Souk, devant la mosquée Hanefia, qui n'a rien de remarquable. Les denrées de première nécessité n'y sont pas chères. Le poisson y est excellent et à bon marché. Le voisinage de la mer permet d'y voir de magnifiques homards, langoustes et coquillages, prisés des gastronomes. Tous les vendredis, ce marché est fréquenté par les Arabes des alentours, qui amènent des bestiaux et apportent du charbon. — Il y a un bureau de poste et plusieurs écoles primaires. Les habitants ont formé un cercle. Hôtel *de Paris*, autres auberges et cafés. Deux moulins fonctionnent dans la localité.

Le sol est presque entièrement composé de tuf calcaire, en couches inclinées vers la plaine. On croit que ce sont des dépôts de sources thermales. Quelques gisements sont fort durs et fournissent une très-belle pierre de taille. Au-dessus de ces bancs calcaires, on voit percer dans le vallon, comme sur les bords du défilé du Mazafran, des couches épaisses de marne bleue. Ces marnes, par leur imperméabilité, retiennent les eaux et donnent naissance aux belles sources de Koléa.

Les environs de Koléa sont très-verts, très-fertiles. Une ceinture de feuillage entoure la ville ; c'est une suite de petits vergers et jardins où l'hortolage est magnifique. Un peu au-delà s'étendent les terres labourables, fractionnées encore en petits lots. Une troisième zône de larges prairies règne alors sur des terrains onduleux, qui descendent par des pentes rapides, au N., vers la mer, au S. et à l'E. jusqu'aux rives du Mazafran, qui les contourne du S.-S.-E. au N.-E. On passe ce cours d'eau sur un beau pont de pierre construit par l'administration des Ponts-et-Chaussées. C'est sur la rive droite, non loin d'un gué connu sous le nom de Mokta Nçara *(Gué des Chrétiens)*, et dans le large vallon qui garde le nom de Mazafran, que le 3e léger a été cruellement décimé par les troupes de l'émir, en juin 1841.

On a tant qu'on veut des chevaux et des voitures de louage. Des diligences vont et viennent entre Alger et Koléa, — et entre ce point et Blida.

Les routes qui aboutissent à Koléa, sont : celle d'Alger, au N.-E., de Douéra, à l'E., de Blida, au S., de Cherchel, au S.-O.

La population de Koléa, y comprise celle de ses trois annexes Zoug-el-Abbès, Saïghr et Chaïba, est de 882 Français, 306 Étrangers, 1,361 Arabes.

Zoug-el-Abbès, à 2 kilom. sur la route d'Alger, — *Saïghr*, à 3 kilom. sur la route de Bou-Ismaël, sont de petites localités qui, avec Messaoud et Berbessa, dont nous aurons lieu de parler ci-après (section communale de Bérard) ont été fondées sous le nom de *Hameaux suisses*, dans les derniers mois de 1851, pour donner asile à des cultivateurs du Bas-Valais.

Chaïba, à 4 kilom. S.-O. de Koléa, est une colonie militaire installée en 1852 sur l'emplacement même occupé par les bâtiments d'exploitation de la vaste propriété de M. Fortin d'Ivry. Elle réunit tous les éléments désirables de prospérité.

La commune de Koléa comprend cinq sections communales:

1° FOUKA. L'arrêté du 25 avril 1842, prenant en considération l'importance d'établir sur la limite même de l'obstacle continu, dont la politique du temps avait fait une ligne de démarcation avec le pays arabe, une population qui pût opposer à l'ennemi une résistance énergique, créa le village d'Aïn-Fouka, dont les constructions furent élevées par le génie militaire, pour 80 feux. Aïn-Fouka, renfermant une fontaine antique et un bouquet d'oliviers dont nous avons parlé, fut défendu par un mur carré, ayant une tourelle à chaque angle. Ce village est situé à 4 kilom. de Koléa, à mi-côte du versant N. du Sahel, en face de la mer, dont 1 kilom. la sépare. Il a une chapelle, un moulin et une briqueterie. Il a été peuplé d'abord de militaires libérés du service, dont quelques-uns s'étaient mariés avec des jeunes personnes de Toulon et de Marseille, dotées par ces villes. Population, 317 Francais, 31 Etrangers. Il y a 56 Arabes aux entours.

L'arrêté précité, avait déterminé dans la partie du territoire qui touche à la mer, un emplacement propre à la création d'un village, principalement destiné à l'établissement d'entrepôts pour les besoins et les opérations du commerce. L'ordonnance royale du 7 janvier 1846, en ordonna la fondation, sous le nom de *Notre-Dame-de-Fouka,* autour de la crique de ce nom; cet établissement est tombé dans l'eau.

2° DOUAOUDA, village à 4 kilom. N.-E. de Koléa, sur un plateau élevé de 104 mètres, borné au N. par la mer, à l'E. par le Mazafran qui déroule un ruban sinueux. Ce centre de population a été créé par arrêté du 5 juillet 1843, pour 70 familles de Franc-Comtois, sur un territoire de 807 hectares auquel sont venus se joindre des concessions partielles dans les belles prairies de Farghen. Ce pays attrayant, dont la fertilité est entretenue par l'abondance de ses fontaines, a de belles constructions dans la position la plus avantageuse de toute la commune, par leur proximité avec Alger, Koléa, le Mazafran, et la mer. C'est un des plus beaux villages du Sahel. On y voit une église et une école de garçons. L'Empereur a visité cette localité le 6 mai 1865. La population est de 202 Français, 73 Etrangers.

3° CASTIGLIONE, sur un plateau disposé en gradins, en face de la mer, à 9 kilom. O. de Koléa, sur le trajet de la route qui doit relier Alger à Cherchel, fut fondé en 1848 pour recevoir des émigrants parisiens, envoyés par l'Assemblée constituante. Ils s'y livrent aux cultures industrielles, et on voit chez eux des champs de tabacs parfaitement soignés et des jardins maraîchers très-intelligemment entretenus. Ils ont une chapelle et une école de garçons, des fontaines, des abreuvoirs, des lavoirs couverts.

A ce centre se rattache :

Bou-Ismaël, ancienne colonie militaire de la même époque. Des ruines, objets antiques et inscriptions qu'on a retrouvés, semblent y indiquer une station romaine.

Population : 293 Français, 86 Etrangers.

4° TEFECHOUN, à 6 kilom. de Koléa, village qui a sa chapelle et son école. La conduite alimentaire de la fontaine a été construite sur un développement de 460 mètres. Elle est en poterie et en tuyaux de fonte sur le parcours de 100 mètres. Cette localité a de grandes cultures qui offrent le plus bel aspect.

Population : 195 Français, 58 Etrangers, 125 Arabes.

5° BERARD (ainsi désigné du nom de l'officier de marine, souvent cité dans cet ouvrage, qui a reconnu et décrit les côtes de l'Algérie), est un village maritime habité par des pêcheurs, situé sur l'emplacement de la ferme d'Aïn-Tagourcit, à 4 kil. O. de Tefechoun, — à 10 kil. O. de Castiglione, — à 16 kil. E. de Tipaza. Il a été créé le 13 octobre 1858.

Berard a pour annexe *Berbessa* et *Messaoud* à 2 kil. de Koléa, vers la mer, qui ont fait partie des Hameaux suisses fondés en 1851. Les terres de Berbessa, situées sur les bords du Mazafran et pour ainsi dire dans la plaine de la Métidja, sont de toute beauté. Messaoud, qui n'est guère que la continuation du village de Chaïba, est aussi dans de très-bonnes conditions de réussite. Population totale : 580 Français, 76 Etrangers, 1,664 Arabes.

Par décret du 28 août 1862, il a été créé dans la plaine de la Métidja, à 40 kilom. S.-O. d'Alger, à 11 kilom. O. de Koléa, sur la route de cette ville à Marengo, sur un territoire de 1,650 hect. 66 ares 25 cent. un centre de population de 60 feux sous le nom d'*Attatba*. L'assiette du village a eu lieu sur l'emplacement d'une forêt séculaire qui avait été longtemps le repaire des sangliers, des hyènes, des panthères et des Hadjoutes, dont on retrouve les campements et les grottes de refuge. D'importants travaux ont été entrepris dans cette localité ; de longs sentiers ont été ouverts jusque dans les coins les plus reculés de la forêt, — des canaux ont été construits et amènent une eau pure et salubre sur les places du village, — des terres ont été aménagées pour la culture. Le sol est admirablement propre aux plantes délicates. Des plantations de coton y ont réussi. Une belle route se dirige sur Koléa, au N.-E., et sur Marengo au S.-O. (P. Hawke.)

VI.

COMMUNE DE MARENGO.

Marengo est situé à l'extrémité occidentale de la plaine de la Métidja, à 38 kilom. O. de Blida, et à 28 kilom. S.-E. de Cherchel, sur la route de ces deux villes.

Marengo est placé sur une des ondulations qui ferment la plaine du côté de l'O. C'est l'endroit le plus considérable des centres agricoles du département.

Des collines et pentes modérées existent entre son territoire et la mer, avec laquelle elle a des communications faciles et promptes, par la vallée fertile et boisée de l'oued Nador qui débouche à l'Ouest des ruines de Tipaza.

Marengo a été fondé en vertu du décret du 17 septembre 1848, pour recevoir des ouvriers de Paris. Le décret impérial du 13 janvier 1855 l'a constitué en commissariat civil, et celui du 31 décembre 1856, en commune. Il y a une station télégraphique. La population est de 555 Français, 60 Étrangers, 9 Juifs, 166 Arabes, en bloc 41 individus.

Marengo a un hôpital dirigé par les Sœurs de St-Vincent-de-Paul, auquel sont annexées une école de filles et une salle d'asile. Un canal, dérivé de l'oued Meurad, de plus de 8,000 mètres de longueur, qui dans son parcours donne naissance à quatre chutes d'eau, de

15 à 30 mètres, amène une quantité de 200 litres par seconde. Un moulin à deux tournants est en fonction. Marengo tient, à son entrée, un marché, connu sous le nom de l'*Arba des Hadjoutes*, fréquenté par les Arabes qui y apportent des figues, des raisins secs, du miel, de la cire, des bestiaux, des laines. Des maisons d'Alger, faisant le commerce des blés, ont établi des succursales à Marengo qui, par sa situation entre le Chélif et Tipaza, port d'embarquement, se trouve être un lieu d'entrepôt pour les productions du Chélif et de l'O. de la plaine. Bon hôtel, dit *Hôtel du Lion d'or*.

La forêt de Sidi Sliman, de l'étendue de 300 hectares, située à 2,000 mètres du rivage, est composée d'ormes et de frênes, que surveille l'administration spéciale. Les colons auxquels de petits lots ont été attribués dans cette forêt, profitent des prairies qui y font suite, au N., pour élever du bétail. Ils ont aussi planté des mûriers et des platanes. Leurs cultures en céréales et en tabacs réussissent parfaitement. La route de Miliana, ouverte par l'armée, est une voie de communication qui favorise encore le bien-être dans la localité.

Les sections communales de Marengo sont :

1° BOURKIKA, à l'embranchement des routes de Blida, de Cherchel et de Miliana, à 6 kilom. E. de Marengo, à 31 kilom. O. de Blida. Ce centre fut fondé en 1849 pour des familles allemandes. Le territoire, couvert de palmiers-nains, a offert un défrichement difficile. Aujourd'hui les cultures et la récolte des fourrages sont importantes.
Population, 187 Français, 24 Etrangers, 47 Arabes. L'Empereur allant à Miliana, a traversé, le 7 mai, cette localité aussi bien qu'Ameur el-Aïn.

2° AMEUR EL-AIN est un centre créé dans les mêmes conditions que Bourkika, à 24 kilom. O. de Blida, et à 14 kilom. E. de Marengo. La moitié du village, celle qui s'étend au côté S. de la route, avait été bâtie par le Génie militaire ; un puits et deux sources réunies, qu'on a prises dans la montagne, alimentent deux fontaines à abreuvoirs et un lavoir. Il y a une petite chapelle. L'administration a planté, sur les boulevards, une grande quantité d'arbres d'essences diverses. Le transit continuel des voitures et roulages procure plus d'un avantage aux habitants, qui sont au nombre de 240 Français, 48 Etrangers, 11 Maures. Le tremblement de terre du 2 janvier 1867, a lézardé toutes les maisons qui, au nombre de 98 sont devenues inhabitables. — 3 personnes ont été tuées et 2 blessées.

3° TIPAZA, situé à 8 kilom. de Marengo, est un village maritime établi au débouché de la vallée de l'oued Nador, sur un petit port, dont la rade est bien abritée des vents d'O. par le Chenoua. La navigation légale y a été autorisée en août 1853, époque où l'entreprise du centre de population a été concédée à M. de Mouchy, sur 2,672 hectares, pour 500 familles. Un poste de douaniers a été établi. On n'obtient de l'eau qu'au moyen d'un puits. Les réparations à un aqueduc romain amèneront de l'oued Nador d'abondants moyens d'arrosage. Sur la pente couverte d'épaisses broussailles, qui descend de l'E., dernière colline du Sahel algérien, se montrent, parmi de hauts oliviers, les ruines de Tipaza, ville romaine, dont l'enceinte était de 3,450 mètres, — 500 à l'E., 1,100 au Sud, 450 à l'O. et 1,400 sur le rivage. Le village est assis dans les ruines mêmes. L'Empereur Claude accorda le droit latin à cette antique cité. A l'époque des Vandales, les habitants catholiques aimèrent mieux s'expatrier en Espagne que d'accepter l'évêque arien que ces hérétiques voulaient leur imposer. Quelques-uns eurent la langue coupée en cette occasion. Les Arabes nommèrent *Tfessadt* (la Ruine), cette ville abandonnée, dont les Turcs et les Français tour-à-tour, ont achevé la désolation en détruisant ce qui en restait, pour employer les matériaux à leurs propres constructions. On trouve encore de belles briques de 8 centimètres d'épaisseur et de 30 centimètres carrés. Au milieu de ces décombres sont les débris d'une basilique que l'on désigne sous le nom d'*Eglise de l'Est*. C'est un édifice en pierres de taille, de 60 mètres de long sur 30 de large, ayant la figure d'un carré long. Les murs subsistent encore à diverses hauteurs. L'entrée est à l'O., au N. s'ouvre une grande fenêtre cintrée, et au S deux chapelles. Un mur, avec portique ouvert, sépare le chœur de la nef. Les chapitaux gisent encore au pied des colonnes qu'ils décoraient jadis. 85 colons en compagnie de 72 Arabes, promènent dans cette solitude.

A 23 kilom. de Koléa, et à 10 kilom. à l'E.-S.-E. de Tipaza, est situé, sur le plateau du Sahel, le sépulcre des anciens rois de Mauritanie, vulgairement désigné sous le nom de *Tombeau* de la *Chrétienne* (Kober-Roumia). C'est un édifice rond de 32 mètres de hauteur, dont le soubassement carré a 63 mètres sur chaque face. Le périmètre de la base du monument est orné sur tout son développement d'une colonnade de 60 demi-colonnes engagées, de l'ordre ionique, divisée en quatre parties égales par 4 portes de décoration, répondant à peu près aux 4 points cardinaux, et d'une hauteur chacune de 6 m. 20 c. Au-dessus, commence une série de 33 degrés, hauts chacun de 58 cent. qui, en rétrécissant graduellement leur plan circulaire, donnent au mausolée l'apparence d'un cône tronqué. Sala Raïs, en 1552— et Baba Mohammed, pacha, en 1766, ont fouillé ce bâtiment du côté de l'E. — M. Berbrugger, Conservateur du Musée d'Alger, l'avait exploré à la fin de 1855 et dans les premiers mois de l'année suivante. Dès le 23 novembre 1865, commencèrent de nouvelles explorations ordonnées et patronées par l'Empereur, qui chargea M. O. Mac Carthy, ingénieur civil, d'entreprendre les travaux de recherches, conjointement avec M. Berbrugger. Le 5 mai 1866, la sonde artésienne indiqua une cavité bâtie; le 15 du même mois, on pénétra horizontalement dans une galerie dont la porte fut découverte le 18. Au pied, et au-dessous de la fausse-porte de l'Est, on trouve un couloir bas, en pierres de taille. En débouchant de ce passage dans l'intérieur, on arrive à un grand caveau voûté, au fond duquel apparait une excavation. A droite est la porte basse d'un nouveau couloir. Cette porte est surmontée d'un linteau où sont sculptés en relief un lion et une lionne d'un travail assez médiocre. Arceaux, couloir et galerie, tout est dallé en pierres ajustées au moyen d'entailles faites aux angles. Du couloir dont on vient de parler, on passe dans la grande galerie, à laquelle on monte par un escalier de sept marches. La grande galerie haute de 2 m. 52 c. et large de 2 m. 07 c., est bâtie toute en pierres de taille comme le reste. De trois mètres en trois mètres, environ, on a ménagé dans l'épaisseur du mur de petites niches destinées à recevoir des lampes, ainsi que l'attestent des traces de fumée. Quand on parcourt une bonne partie de la grande galerie, on trouve sur la gauche une énorme excavation. Un peu plus loin, sur la droite, on rencontre l'issue ou boyau de mine, par lequel on est entré dès le 15 mai. En continuant de parcourir la grande galerie, on remarque qu'elle s'infléchit fortement à gauche et de manière à se diriger vers le centre du tombeau. A l'extrémité on rencontre un nouveau couloir. Après l'avoir dépassé on est dans un caveau, d'où l'on pénètre, par un second couloir, dans un caveau plus grand, où avaient été probablement déposés les restes de Juba II et de Cléopâtre Séléné.—On y remarque trois grandes niches à lampes. Deux grandes pierres restaient sur le sol et ont pu appartenir au socle sur lequel étaient déposées les urnes ou les momies. Couloirs, caveaux et galeries ont un développement total d'environ 170 mètres.

Jusqu'ici, et sauf découvertes ultérieures, les objets recueillis dans ce monument et les notions qui le concernent plus ou moins directement, conduisent à ces conclusions :

Le Tombeau de la Chrétienne doit avoir été violé peu après la mort du dernier roi de Mauritanie, assassiné à Rome 40 ans après J.-C., par ordre de Caligula; il semble que son entrée n'a pas été connue par les Arabes. En tous cas, il est certain que son entrée n'était pas connue dans le XVIe siècle, puisque, pour la chercher, Sala Raïs, pacha d'Alger, a ouvert du côté de l'E., une brèche considérable dans le monument.

Les personnes qui désirent visiter le Tombeau de la Chrétienne sont informées que, d'après une décision officielle, la clef en est actuellement confiée à la garde de MM. Dorvaux et Meyer, fermiers à Beauséjour, entre Tagoureit-Bérard et Tipaza, sur la route du littoral, à 2 kilom. au N.-E. du monument et sur la ligne même qu'il faut suivre pour y arriver, en venant d'Alger ou de tout autre point intermédiaire.

Afin d'éviter aux visiteurs qui viendraient par une autre direction, notamment par la plaine, le surplus de chemin qu'il leur faudrait faire pour aller à Beauséjour, au bord de la mer, et remonter sur le plateau du *Kober Roumïa*, il a été disposé que, le *jeudi* et le *dimanche*, il y aurait toujours quelqu'un en station au Tombeau avec la clef de l'hypogée. En choisissant un de ces deux jours, les visiteurs dont il s'agit éviteront l'inconvénient qu'on vient de signaler.

Dans l'intérêt des touristes qui veulent visiter le mausolée royal de Mauritanie, nous ajouterons à l'avis qu'on vient de lire quelques renseignements essentiels sur les différentes manières de faire cette très-curieuse excursion.

Le visiteur qui peut ne pas regarder au temps ni à la dépense, doit aller au Tombeau de la Chrétienne — dans sa voiture ou dans une calèche de louage — en suivant constamment le bord de la mer, par une route excellente jusqu'au Mazafran et passable sur l'embranchement qui passe par Fouka maritime, Bou-Ismaël, etc. Il reviendra ensuite par Koléa.

Dans ce système, voici l'emploi du temps :

1er jour. — Départ d'Alger; dîner et coucher à Bou-Ismaël, à l'hôtel Cheviron.

On a tout le loisir de voir ce beau village qui donne une idée de l'heureuse transformation que peut subir notre littoral algérien, aujourd'hui couvert encore de broussailles presque partout

2e jour. — Arrivée au Tombeau, vers 7 ou 9 heures du matin, selon la saison (1). On a tout le temps de l'examiner en détail, au dedans comme au dehors, et même de déjeûner.

(1) Ne pas oublier, en passant devant la ferme de Beauséjour, située à gauche du chemin, quatre kilom. environ après Tagoureit-Bérard, d'avertir le surveillant qui se munira de la clef du Tombeau et guidera le visiteur dans le souterrain.

Par prudence, se munir de provisions de bouche.
Dîner et coucher à Koléa, hôtel *de Paris*, chez M. Pizot.
3e jour. — Retour à Alger pour l'heure du déjeûner.
Quant au touriste qui est obligé de ménager le temps et la dépense, voici un devis qui lui convient.

1er jour. — Aller à Koléa par la voiture de 3 heures de l'après-midi	3 fr.
Dîner et coucher à Koléa	5
2e jour. — Aller au Tombeau et revenir dans une voiture de louage	10
Déjeûner et menus frais imprévus	4
Retour à Alger par la diligence de l'après-midi	3
	25 fr.

Total des dépenses : vingt-sept heures et vingt-cinq francs. On aura eu rarement occasion de faire un meilleur usage de son temps et de son argent *(Moniteur de l'Algérie)*.

4° CHATERBACH, hameau de 18 habitants.

VII.

COMMUNE DE MÉDÉA.

SITUATION. Médéa est située par 0°05 de longitude orientale, et 36°16 de latitude septentrionale dans l'intérieur de l'Algérie, à 35 kilom. S. de Blida, à 80 kilom. E. de Miliana, à 84 kil. S. d'Alger.

ASPECT EXTÉRIEUR. Au revers méridional du Nador, au-delà de la première chaîne de l'Atlas, à l'extrémité d'un contrefort d'un accès difficile, Médéa est assise sur un plateau incliné au S.-E. Ses maisons, couvertes en tuiles, comme les habitations du midi de la France, s'échelonnent sur cette pente et jusqu'à son sommet, qui s'élève à 940 mètres au-dessus du niveau de la mer. Quelques minarets élégants dominent la masse des constructions de la ville, détachée des abords de la campagne par le redressement graduel du sol, sur quatre des côtés du pentagone qu'elle décrit; un aqueduc à deux rangs d'arceaux, monument hardi et prolongé, qui la joint à l'E., forme le caractère distinctif de sa silhouette.

NOTE HISTORIQUE. La ville que nous désignons aujourd'hui sous le nom de Médéa, occupe l'emplacement de l'ancienne *Mediæ* ou *ad Medias*, ainsi appelée de ce qu'elle était à égale distance entre *Tirimadis* (Berouaguia) et *Sufasar* (A'moura) sur le Chélif. Au Ve siècle elle était la résidence d'un évêque. La séparation de la citadelle romaine d'avec la ville numide, pouvait encore être étudiée sur les ruines de la muraille antique qui régnait jadis à mi-côte. Le khalife schismatique El-Mahydi prit et ruina ce centre de population, éleva un château et donna à la ville le nom d'El-Mehedia, peu différent de celui qu'elle portait autrefois. Elle fut la capitale de la province de Titeri. au temps des pachas d'Alger, qui la considéraient comme une de leurs principales forteresses, et y entretenaient 800 Turcs.

Le 21 novembre 1830, le Général Clauzel passa le col de Mouzaïa, et, après un combat glorieux, fit une entrée pacifique le lendemain à Médéa, où il venait remplacer par Omar, l'ex-bey Bou-Mezrag, qui nous avait trahis. Les troupes qu'il laissa sur ce point furent attaquées les 27, 28 et 29 novembre, et rentrèrent à Alger le 4 janvier 1831. Le fils de Bou-Mezrag, après que son père eut été pardonné, revint à Médéa, et s'employa à tracasser l'administration du nouveau bey que nous y avions installé. Le 25 juin, le Général Berthezène, successeur du Général Clauzel, vint visiter le bey Omar que, sur ses instances, il ramena à Alger le 2 juillet. Ce fut au retour que l'armée, qui avait passé le col sans combattre, eut à essuyer toute la fureur des Arabes, et éprouva des pertes fort exagérées en ce temps. Médéa, abandonnée à elle-même, refusa pourtant d'entrer dans la coalisation que Si Saadi avait formée contre notre domination. Le bey de Constantine parvint plus tard à lui imposer un bey à son choix. L'anarchie régnait dans la ville; pour y échapper, les habitants se jetèrent dans les bras d'Abd el-Kader. Mohammed ben Hussein, nommé bey par la France, s'introduisit dans la ville, et fut assez habile pour s'y faire reconnaître en sa nouvelle dignité, que le Maréchal Clauzel, chef suprême de l'armée pour la seconde fois, vint confirmer de tout le poids de ses armes. le 4 avril 1836. Mais Berkani, marabout de Cherchel, son compétiteur, parvint à le prendre par trahison, et l'envoya enchaîné à Abd-el-Kader, qui parut lui-même au commencement de 1837. Berkani, en 1840, fut confirmé par l'ex-émir en sa qualité de bey de Médéa, ce qui ne lui donna pas la confiance de nous y attendre lorsque le 17 mai 1840, le duc d'Orléans, ayant forcé glorieusement le passage du col, arriva sous les murs de la ville qu'il trouva déserte. Abd el-Kader dirigea de vives attaques sur cette place, qui fut ravitaillée en août 1840 et mai 1841. Le duc d'Aumale y commanda la subdivision, et y maintint la puissance de la France, qui n'y a plus été compromise. Le décret présidentiel du 14 août 1852 en délimita la circonscription. Érigé en commune le 17 juin 1854, ce pays a cessé d'être administré par un Commissaire-civil, aux termes du décret du 31 décembre 1846. L'Empereur est venu visiter Médéah le 11 mai 1865. Grand nombre de maisons ont été lézardées par le tremblement de terre du 2 janvier 1867 et il y a eu deux écroulements.

IMPORTANCE POLITIQUE. La ville est aujourd'hui la résidence d'un Général de brigade qui commande la subdivision militaire de Médéa. Un Juge de paix y tient aussi son prétoire. La population de Médéa et de sa banlieue est de 1,408 Français, 505 Étrangers, 1,042 Juifs, 6,289 Arabes.

ENCEINTE. Médéa, dont la position est assez formidable par elle-même, au-dessus de talus naturels, dans un circuit d'une demi-heure, avait pour ceinture une assez mauvaise muraille antique sur tout son pourtour, que les habitants détruisirent en partie lorsqu'ils évacuèrent la ville. Les troupes d'occupation durent réparer ces brèches et ajouter des fortifications mieux entendues pour se maintenir dans la place. Tous ces travaux signalés par de brillants faits d'armes, sont délaissés depuis la paix dont jouit ce point, et en conséquence de projets plus larges de défense. On voit avec intérêt le bastion de l'aqueduc, l'enceinte en terre du front de l'E., la tour défensive au S.; l'enceinte refaite à neuf au S.-O.; les redans qui défendent la fontaine; le poste du marabout et la grande batterie de l'O. qui couronne la ville. Cinq redoutes l'entourent. Médéa s'ouvre par cinq portes : les portes d'Alger, du Nador, de Miliana; la porte S'ah'araoui et celle des Jardins.

PHYSIONOMIE LOCALE. On a utilisé, autant qu'on a pu, les anciennes constructions mauresques, en sorte que l'intérieur de la ville présente un assemblage assez bizarre, qui n'est racheté par rien de gracieux ni de pittoresque. Vue de loin, elle promet mieux. Toutefois, la rue de la Casba et la rue Hanefi sont presque entièrement reconstruites à neuf. Les rues de la Pépinière, de la Smala, de l'Esplanade, des Cyprès, des Aqueducs, du Gouvernement, de Mascara; les rues S'ah'araoui et Méred, sont de belles voies de communications. La place d'Armes est complantée de platanes d'une belle venue; la place Napoléon, la place Méred, celles du Marché Européen, du Marché Arabe, du Marché aux bestiaux, réunissent les oisifs et les acheteurs de ce qu'on y étale; le jour de la plus grande affluence est le vendredi. Tout est peu cher sur ces marchés. Sidi Ahmed ben Youssef, de Miliana, a dit : « Médéa est une ville d'abondance; si le mal y entre le matin, il en sort le soir. » Au N. de la ville, les Arabes viennent aussi en grand nombre apporter leurs produits; ils y échangent des laines contre des tissus. Ils se livrent à la fabrication du savon et sont, pour la plupart, teinturiers et tanneurs. Ils fréquentent aussi les bazars de

Laghouat, les caravansérails de Ben Chicao, de Berouaghia, de Boghar, de Aïn Ousera, de Gueltestel et du Rocher de Sel.

ÉTABLISSEMENTS MILITAIRES. Une belle caserne peut donner abri à 1,500 hommes; un quartier de cavalerie à 200 chevaux, et la ferme des Spahis à un escadron de ces cavaliers. L'administration a utilisé les caves qui sont sous la caserne, pour magasins de vivres. Le bâtiment de la manutention est vaste. Six maisons dans dans la rue Méred sont occupées par le service des subsistances. Le campement a aussi son entrepôt, et le Génie, deux ateliers. L'hôpital peut contenir 500 lits; c'est une dépendance de la caserne. Quelques volumes composent la bibliothèque du cercle militaire, où les employés civils sont admis. Il y a un télégraphe électrique en communication avec Alger, et une station d'étalons.

ÉTABLISSEMENTS CIVILS. Sur six mosquées que l'on comptait à Médéa, il n'en reste plus qu'une au culte musulman. La mosquée Méred, la plus belle, a été consacrée au culte catholique. Son minaret est surmonté d'une haute croix de fer. Il y a deux écoles chrétiennes: l'une pour les filles, l'autre pour les garçons, — et aussi une école musulmane. L'institution d'un bureau de bienfaisance a été confirmée le 31 juillet 1853. La ville a de nombreuses fontaines alimentées par un long aqueduc, dont nous avons déjà parlé. L'élévation de la position la privait d'ailleurs du secours de l'eau. Les Romains n'avaient que deux puits fort profonds dans le haut de la ville, et pour joindre une source abondante dans la partie basse de la cité, ils avaient pratiqué une rampe fortifiée le long de la pente O., qui est fort rapide. La principale fontaine prend sa source au Dakhla, à 3 kilom. de Médéa, et coule auprès de l'abattoir, qui est à 25 mètres en dehors de la ville. Une salle très-mesquine est agencée pour un théâtre, qui manque souvent d'acteurs.

INDUSTRIE PARTICULIÈRE. Deux minoteries importantes fonctionnent au moyen des eaux. Le meilleur hôtel est celui de la *Régence,* c'est l'ancien hôtel *du Gastronome*. Les cafés sont nombreux ; les principaux sont ceux *du Commerce, de la place d'Armes, de France, de l'Esplanade*. Il y a aussi de bonnes brasseries très-fréquentées.

ENVIRONS. Lorsqu'on arrive aux environs de Médéa, après avoir suivi la route qui parcourt la vallée étroite de la Chiffa et gravi le Nador, ou après avoir franchi le col de Mouzaïa, et traversé le bois des Oliviers, qui s'étend au versant S. de la montagne que contourne le défilé, on est surpris et charmé de se trouver au milieu d'un pays boisé et couvert d'habitations comme l'une des plus riches contrées de France. De nombreux cours d'eau, affluents du Chélif, et principalement l'oued Baroura, répandent la fraîcheur dans des sites délicieux, où la température est toujours saine, bien que très-chaude en été et très-froide en hiver. Il tombe beaucoup de neige dans ces cantons. Les oliviers ni les orangers ne se montrent plus dans cette vallée que Médéa domine sur son mamelon escarpé. Le mûrier, le poirier, le peuplier, la vigne, dont on fait un excellent vin, remplacent avantageusement les produits d'un climat plus ardent et ombragent le gourbi habité ici de préférence à la tente, par l'Arabe grand et robuste. Il y a une pépinière.

TRANSPORTS. Les moyens les plus usuels pour les excursions sont les mulets, et parfois les chevaux. Les routes ne permettent guère de se servir de voitures. Des services de diligences sont cependant organisés avec Blida, et fonctionnent autant que la saison le permet.

ROUTES. Les routes qui rayonnent sont : au N. la route de Blida, à l'O. la route d'Orléansville, à l'E. la route qui va à Damiette, et contournant au S., atteint Boghar.

Les sections communales de Médéa sont :

1° DAMIETTE, colonie agricole de 1848, éparse sur l'endroit dit *Aïn-Chelala*, à 3 kilom. E. de Médéa, qui a été remis à l'administration civile, vers la fin de 1852. Il y a une église. — La conduite d'eau d'Aïn-Deheb alimente les fontaines, lavoirs et abreuvoirs, couverts de hangars en tuiles, qui desservent le village. On parvient par deux rampes à ce centre de population qui est de 337 Français, 23 Etrangers, 11 Arabes. Une de ses rues a des trottoirs pavés avec bordures en moellons et caniveaux. Les cultures sont en céréales, fruits et vignobles de la plus belle espérance,

2° LODI, colonie dans les mêmes conditions d'origine que Damiette, à 5 kilom. O. de Médéa, fondée au lieu dit *Drasma*, sur la route de Mouzaïa-les-Mines, fait les mêmes cultures. Son territoire pierreux convient peut-être mieux encore à la vigne. Ce village est situé à 760 mètres d'altitude. La rue du Rempart S. est longée de trottoirs en caniveaux, avec bordure en moellons. L'aménagement des eaux est le même qu'à Damiette. Une église, une maison commune, des écoles de garçons et de filles, et une salle d'asile dirigées par des Sœurs, ont été installées dans des maisons de colons appropriées à ces usages. La population est de 238 Français, 30 Etrangers, 11 Arabes.

3° MOUZAIA-LES-MINES, est un village fondé dès 1845, par

la compagnie concessionnaire des mines de cuivre, à 300 mètres d'altitude, sur le plateau des Oliviers, à 10 kilom. N. O. de Médéa, à 45 kilom. S. O. de Blida, sur la route muletière qui relie ces deux villes, par le col de Mouzaïa, au cœur du petit Atlas. Les constructions de l'usine pour l'extraction du cuivre gris, enclavé dans des filons de fer carbonaté, forment une enceinte continue, disposée pour la défense. Elles offrent un développement de 535 mètres. La compagnie a de plus établi deux blokhaus aux exploitations d'Aumale et de Nemours. Une usine de préparation mécanique des minerais, et une autre pour leur fusion, ont eu tous les engins nécessaires, devant être mis en mouvement par les eaux de l'oued el-Reah, amenées par un aqueduc de 232 mèt. La colonisation agricole s'est exercée sur les jardins et les vignobles. Les concessions comprenant 10,000 oliviers, un millier de pieds ont été greffés. Une quantité de chênes-lièges ombrage aussi ce point qui est privé des vents du N. et de l'E., et reste exposé aux fâcheuses influences qui procèdent des autres aspects. Il n'y a plus qu'un habitant, gardien de l'usine.

VIII.

COMMUNE DE MOUZAÏA-VILLE.

Mouzaïa-Ville est située au pied du versant septentrional de l'Atlas, sur la lisière méridionale de la Métidja, et sur la route de Blida à Cherchel, à 12 kilom. O. de Blida et à 5 kilom. de la rive gauche de la Chiffa.

Mouzaïa-Ville, créée par arrêté du 22 décembre 1846, près de l'emplacement d'un ancien poste romain, nommé *Tanaramusa Castra*, a été constituée en commune, par le décret du 31 décembre 1856. — L'Empereur, revenant de Miliana, le 7 mai 1865, a traversé cette malheureuse commune, alors florissante.

Le territoire de Mouzaïa-Ville a été le centre de la commotion épouvantable du tremblement de terre qui a ébranlé toute la région du petit Atlas le 2 janvier

1867. — Mouzaïa-Ville a été entièrement détruite ! Ses 175 maisons se sont écroulées en deux secondes, à 7 heures 15 minutes du matin. 48 habitants ont été tués, — plus de cent ont été blessés. — L'administration concourt avec ce qui reste de la population de ce canton, naguère heureuse, à relever de leurs ruines la ville et les villages circonvoisins ses annexes, presqu'aussi désolés qu'elle-même. Pour recommencer les travaux de reconstruction, toutes les maisons ont dû être démolies.

D'après les états fournis par la Commission d'expertise, instituée par le Gouverneur général, et approuvée par lui le 10 février 1867, les pertes s'élèvent à 693,841 francs.

Pertes immobilières...... 603,266 fr. ⎱ 693,841 fr.
— mobilières........ 90,266   ⎰

Mouzaïa-Ville est baignée par deux ruisseaux voisins, amenés au point culminant de son territoire par des aqueducs maçonnés de 5,993 mètres de développement, qui les reçoivent de deux barrages élevés en amont. Du côté de Blida, ils alimentent une fontaine et un abreuvoir. Un puits de 16 mètres donne aussi une onde abondante. Le territoire est fertile en fruits ; les vergers y sont magnifiques. L'administration a fait planter 795 arbres de diverses essences, qui ont parfaitement réussi.

On tire parti, pour les besoins de Médéa et de Blida, d'un gisement de plâtre, sur la rive droite de la Chiffa. Il y a un marché arabe tous les samedis.

A Mouzaïa-Ville se rattachent :

1° *Bou-Roumi*, colonie agricole de 1848, sur la lisière méridionale de la plaine de la Métidja, à 17 kilom. ouest de Blida. Le palmier-nain a opposé de grands obstacles au développement agricole de ce centre de population. Un barrage établi au Bou-Roumi dès 1850, a permis d'amener, au moyen d'acqueducs maçonnés et couverts, de 5,315 mètres de longueur, une quantité d'eau suffisante pour l'irrigation des jardins. Une fontaine-abreuvoir et un lavoir couverts ont été construits. La grande route de Blida à Cherchell et à Miliana, traverse le village, où un grand nombre de maisons ont été détruites, 4 personnes tuées et 12 blessées. Le pont de pierres et fer a été considérablement endommagé, et celui sur l'oued Djer également.

2° *La Chiffa*, village fondé par l'arrêté du 22 décembre 1846, près de la rive gauche de la rivière de ce nom, a son entrée dans la plaine, à l'endroit où la route de Blida se bifurque vers Médéa et Miliana, à 8 kilom. S.-O. de Blida. La localité jouit de bons arrosages assurés par un canal de dérivation qui fertilise toute la partie basse du territoire. L'administration a fait planter sur les boulevards 370 arbres d'essences variées. Une fontaine-abreuvoir et un lavoir ont été construits.
La moitié des maisons a été renversée, le reste est lézardé.

La population de ces différents centres, aujourd'hui presque sans asile, était de 1,076 Français, 145 Etrangers, 8 Juifs, 206 Musulmans.

Les sections communales de Mouzaïa-ville sont :

1° EL-AFROUN, colonie agricole de 1848, sur la lisière méridionale de la plaine de la Métidja, au pied d'un mamelon, à 19 kilom. O. de Blida. On trouve, à cet endroit, des blocs de pierre très-dure et de grain très-fin, que l'industrie peut employer comme meules de moulins à farine. L'administration a embelli les boulevards et la place du village, de 244 arbres d'essences différentes. Deux puits, deux fontaines-abreuvoirs et deux lavoirs couverts, desservent la localité. La plupart des maisons a été détruite. Sur cent, une seule, construite en chevrons de bois et en briques, a résisté.
Il y a eu, dans cette catastrophe 12 personnes tuées et 50 blessées.
Les mêmes routes qui passent à Bou-Roumi, traversent El-Afroun, où la population était de 331 Français, 70 Etrangers et 59 Arabes.

2° LES TRIBUS DU MOUZAIA, consistant en 2138 âmes.

3° LA TRIBU DES HADJOUTES — 1523 individus, dont 27 Français.

IX.

COMMUNE D'OUED EL-A'LLEG.

Ouel el-A'lleg (*rivière des sangsues*), à 10 kilom. N.-O. de Blida, est un village fondé par décret présidentiel du 15 décembre 1851, dans la partie de la plaine de la Métidja. La commune est entrée en plein exercice par décret du 22 août 1861. L'empereur allant à Miliana, a traversé Ouel el-A'lleg le 6 mai 1865. Il y a une fontaine-abreuvoir et un lavoir où les eaux sont amenées par un canal de 925 mètres. On a planté des arbres de diverses essences sur les boulevards du village où une vaste construction est aménagée pour servir à la fois de mairie, de chapelle et d'école. La population est de 409 Français, 237 Étrangers, 1,529 Arabes.

De nombreuses fermes se font remarquer par leur construction et leurs belles plantations d'oliviers, mûriers, orangers, citronniers, etc., parmi elles se distinguent la ferme dite *Bou Bernou*, où six grands bâtiments reliés entre eux par des hangards, enferment une cour de 73 mètres de superficie ; celle de l'*haouch Saf* conquise sur les marais, où l'eau de l'oued Rabta est amenée par une conduite de 3 kilom. où deux chutes ménagées font marcher deux usines, l'une pour la filature des laines, l'autre pour une minoterie. Il y a aussi une briquetterie dans laquelle fonctionnent des machines pour la fabrication des tuyaux de drainage et des tuiles dites *romaines*.

ARRONDISSEMENT DE MILIANA.

L'arrondissement de Miliana comprend quatre communes. I. MILIANA, II. DUPERRÉ, III. ORLÉANSVILLE, IV. VESOUL-BENIAN.

I.

COMMUNE DE MILIANA.

SITUATION. Miliana est situé par 0°6' de longitude occidentale, et 36°19' de latitude septentrionale, dans l'intérieur de l'Algérie, à 75 kilom. O.-S.-O. de Blida, à 124 kilom. S. O. d'Alger, à 80 kilom. O. de Médéa, à 72 kilom. S. de Cherchel.

ASPECT EXTÉRIEUR. Miliana, dans les montagnes du petit Atlas, à 700 mètres environ au-dessus du niveau de la mer, occupe la surface d'un plateau détaché du Zakkar dont ses murs couronnent les arêtes les plus élevées, et dominent à l'Est et au S. les déclivités à pic qui s'applanissent peu à peu en tournant à l'O., au N. et au N.-O. Elle est accessible de plain-pied par un plateau qui vient du Bou Tektoun, montagne appartenant au système du Zakkar qui, en se dressant à 1,534 mètres au-dessus de la mer, domine la ville au N. et l'enveloppe à distance, à l'E. et à l'O., par des contreforts. Miliana a un aspect riant et pittoresque qu'elle doit aux magnifiques plantations de platanes et de peupliers qui bordent ses principales rues.

NOTE HISTORIQUE. Les Romains ont habité longtemps Miliana. Elle fut très-florissante sous le nom de Malliana. Les statues, les colonnes, les monuments dont on rencontre les fragments dans les fouilles avec de nombreuses médailles, prouvent que le luxe y avait choisi son séjour. Un assez grand nombre de débris antiques ont été réunis dans une sorte de petit musée. Des sculptures curieuses ont été encastrées grossièrement dans les remparts par les Arabes qui ont réparé les travaux de défense à leur manière, à des époques reculées. Des tombeaux romains servent d'auge, d'abreuvoir et de bassin pour les ablutions aux portes de la mosquée. A la décadence des rois de Tlemsen (1500), les habitants de Miliana se déclarèrent libres et se défendirent contre les Arabes jaloux de leurs richesses. Barberousse, après avoir pris Tlemsen, les soumit au joug des Turcs, qu'ils ne secouèrent pas.

En 1830, l'empereur du Maroc, se réveillant du long sommeil de ses ancêtres sur leur droit au royaume de Tlemsen, envoya un officier à Miliana, qui y gouverna en son nom. Abd el-Kader, après le traité de la Tafna, ayant fait connaître au comte d'Erlon qu'il se proposait de se rendre dans cette ville, reçut la défense d'y venir, ce qui ne l'empêcha pas d'y aller et d'y être bien accueilli. Il y établit bey le Sid Ali Embarek, notre ancien agha. Mais les tribus des Soumata attaquèrent le bey et lui donnèrent fort à faire. Abd el-Kader, au commencement de 1837, y reparut, et y installa son frère en qualité de bey. Le 8 juin 1840, Les Français entrèrent dans la ville, qu'ils trouvèrent abandonnée. La garnison qu'on y laissa fut vivement assaillie et longtemps bloquée par Abd el-Kader. Elle fut ravitaillée en août 1840 et en mai 1841. Elle est devenue le chef-lieu d'une Sous-Préfecture. L'Empereur est venu visiter cette ville le 7 mai 1865. Beaucoup de maisons ont été lézardées par le tremblement de terre du 2 janvier 1867.

IMPORTANCE POLITIQUE. Miliana est la résidence d'un Général de Brigade qui commande la subdivision militaire de Miliana. Elle a un Sous-Préfet et un

Juge-de-paix. La ville compte, avec la banlieue, une population de 1,392 Français, 780 Étrangers, 792 Juifs, 3,087 Arabes et en bloc 168 individus.

ENCEINTE. Un mur neuf, garni de créneaux et flanqué de bastions, entoure Miliana, déjà si avantageusement défendue par la nature. Il est ouvert par deux portes : celle du Zakkar au N., celle d'Orléansville à l'Ouest.

ÉTABLISSEMENTS MILITAIRES. Une caserne peut loger un régiment d'infanterie, et un quartier de cavalerie recevoir un escadron. Il y a une station d'étalons. Une manutention et des magasins pour les vivres, assurent les provisions de subsistance pour les militaires. De vastes silos en pierre renferment l'orge et les grains. Les magasins du campement sont bien tenus. Le Génie a aussi des magasins et des ateliers pour ses constructions. Le vaste hôpital contient plus de 500 lits. Le télégraphe est organisé. Les officiers ont un cercle où ils se réunissent pour la lecture des journaux.

ÉTABLISSEMENTS CIVILS. Le culte catholique célèbre ses mystères dans une église située sur une place. Les Mahométans, qui avaient autrefois vingt-cinq mosquées, n'en fréquentent plus guère qu'une seule, qui est fort belle. Les chapelles où reposent des marabouts vénérés étaient nombreuses. Les plus connus parmi ces saints personnages sont : Sidi Mohammed, Ben Kassem, El-Kali et Sidi H'Amed ben Youssef, souvent cité dans cet ouvrage pour les distiques plein de sel qu'il a faits sur la plupart des villes de l'ancienne régence. Peu galant de sa nature, il s'indigna des soins empressés de ses compatriotes pour le beau sexe, et a dit de sa patrie : « Les femmes commandent à Miliana, et les hommes y sont esclaves. » Les nombreux miracles dont il accompagnait ses poësies n'étaient pas les moindres merveilles de son art. Sa koubba est curieuse à visiter. L'instruction est donnée aux jeunes enfants chrétiens en deux écoles séparées; celle des filles est tenue par des Religieuses. Les Arabes et les Israélites ont aussi leurs écoles.

Le Château-d'Eau, réunissant le tribut de nombreuses sources, au moyen d'une multitude de tuyaux, divise leurs ondes par toute la ville. Des fontaines en grand nombre les font couler sur les places et dans les principales rues, d'où elles vont arroser des jardins, au N.-E. et au S. de la ville et sous ses murs mêmes, où ils ont été créés au temps du blocus par les Arabes.

Un marché réunit les gens du dehors sur la place du Zakkar; trois fondoucks leur offrent des abris. Un marché aux légumes étale les produits des environs, tous les jours, sur cette place; c'est le vendredi qu'il est le plus populeux. Le dimanche est le jour du marché de Téniet-el-Haad, à 72 kilom. au S. Le mardi, il a lieu au pont du Chélif, le mercredi aux Djendels, et le jeudi à Affreville. Les Arabes y trafiquent de grains, de laines, de cuirs, de bestiaux, de chevaux, etc.

INDUSTRIE PARTICULIÈRE. Au temps des Turcs, les habitants de Miliana faisaient un grand commerce de sellerie, d'écuelles, sébiles et vases de bois, et se livraient avec succès à l'éducation des vers à soie. Aujourd'hui la culture de la vigne, du sorgho, et la minoterie les occupent. Il y a six moulins dans les riches campagnes qui se dessinent en amphithéâtre, au-dessous de la ville, et sont sillonnées en tous sens par les torrents de l'oued Boutan et de l'oued En-Nasseur, qui abondent en poissons. Ces cours d'eau descendent en cascades dans la plaine, et font l'agrément comme la richesse de cette partie vraiment privilégiée du département. Le commerce des comestibles est, ici comme presque partout en Algérie, celui qui paraît le plus aisé et le plus lucratif aux Européens. L'hôtel *d'Isly* et l'hôtel *du Commerce*, reçoivent convenablement les voyageurs. Ces deux établissements prennent en pension. Les nombreux cafés sont ceux *du Commerce, de Paris, des Quatre-Nations*, etc.

PHYSIONOMIE LOCALE. L'intérieur de la ville a un aspect tout-à-fait français. On ne rencontre plus rien des anciennes constructions arabes. Les rues à trottoirs sont larges et bien alignées. Elles ont été ouvertes dans la direction des vents les plus habituels au climat. Les rues Saint-Paul et Saint-Jean sont bordées de majestueux platanes qui les ombragent entièrement, — des ruisseaux les parcourent, aussi la fraîcheur y règne-t-elle en tout temps. On y remarque d'assez belles maisons. Les places sont celles du Zakkar, au N., et de l'Église, au centre. Le plan incliné de la ville, qui est assise sur des dépôts de carbonate calcaire, recouverts d'argile, de débris de construction et de terre végétale, à 4 ou 5 mètres, favorise sa propreté que les eaux vives entretiennent. Les habitants emploient le carbonate de chaux à la construction et au blanchîment de leurs maisons. Bien que la chaleur y soit moyennement moins forte, à cause de l'élévation de la ville, qu'à Alger, Bône et Oran, au temps des fortes chaleurs le thermomètre s'élève quelquefois à 29°. Les vents changent plusieurs fois de direction dans le même jour et convergent souvent sur la ville. Ces inconstances atmosphériques, plus sensibles en juin et en septembre, sont funestes aux malades, pour lesquels cependant le climat est sain en tout autre temps de l'année. Une Loge maçonnique réunit *les Frères du Zakkar.*

ENVIRONS. L'avenue de Blida est la promenade fréquentée. Les environs de la ville sont riants et se peuplent tous les jours. Le sol est riche en cultures et en minéraux : sulfures de plomb, oxyde et carbonate de fer. Le paysage est pittoresque et agréable, surtout au S. : végétation admirable, ravins remplis d'arbres fruitiers d'espèces variées ; tout déploie aux yeux une terre d'avenir sous tous les rapports. Le mont Zakkar, au N., la tête chauve et les pieds verts, où l'on trouve du cuivre, du marbre blanc et d'énormes gisements de puddings et pierres dures diversement veinées, fournit des eaux abondantes et excellentes qui enveloppent la ville de toutes parts. Les cours d'eau les plus considérables sont l'oued Boutan et l'oued En-Nasseur, qui font tourner des moulins dont cinq appartiennent aux Indigènes. La plaine du Chélif, qui a 12 kilom. de large, s'ouvre au S., à 10 kilom. de la ville. Le fleuve Chélif serpente à 18 kilom. S. de Miliana, assez fort pour porter bateau en hiver. Sa largeur, de 40 mètres, est traversée par un pont de pierre dont la construction est ancienne.

TRANSPORTS. Les voitures de roulage aident au transport des fardeaux, concurremment avec les mulets. Les promeneurs trouvent à louer des cabriolets.

ROUTES. Quatre routes principales se joignent en croix à Miliana :

1º La route de Blida, à l'E.;

2º La route d'Orléansville, à l'O.;

3º La route de Cherchel, au N.;

4º La route de Téniet el-Haad, au S., par le camp de l'oued Bou-T'an.

Les sections communales de Miliana sont :

1º AIN-SULTAN, village agricole de 1849, construit par le Génie militaire, fut affecté en 1852 aux transportés politiques, qui ont exécuté des travaux considérables de routes et de défrichements. Il a été remis à l'administration civile, le 22 décembre 1854, ayant été repeuplé par 49 familles, provenant de l'Alsace et de la Provence, qui travaillent avec une courageuse émulation. Aïn-Sultan est situé à 17 kilom. S.-O. de Miliana, au pied d'un des contreforts du Gonthas. Son territoire, d'une grande fertilité et cultivé en céréales sur 429 hectares, s'étend en partie dans la plaine et dans la montagne. Ce village a été pourvu des établissements publics nécessaires, mairie, église, école, fontaines, lavoirs, canal de desséchement. Population : 164 Français, 11 Etrangers, 673 Arabes.

2º LAVARANDE est un centre créé au pont du Hakem, dans la vallée du Chélif, à 14 kilom. de Miliana, par décret impérial du 10 juillet 1857. Population : 92 Français, 6 Etrangers, 386 Arabes.

3º AFFREVILLE, à 8 kilom. de Miliana, est plutôt un groupe de fermes isolées, placées à l'entrée de la plaine du Chélif, à l'endroit où elle atteint sa plus grande largeur, qu'un village proprement dit. Son nom d'Affreville lui a été donné en mémoire de Mgr. Affre, archevêque de Paris, tué aux journées de juin 1848. Il est un peu éloigné de l'emplacement d'*Azuccabar,* ancienne cité romaine, connue sous le nom de *Colonia Augusta.* Ce village a été créé, par arrêté ministériel du 9 octobre 1848, sur les deux rives de l'oued Boutan. Il est traversé par les routes d'Orléansville, de Téniet el-Haad et d'Aïn-Sultan. 346 hectares sont cultivés en céréales. Les vignes occupent aussi un grand espace. Il y a une église. L'administration a exécuté des travaux importants, dans le but d'assurer le prompt écoulement des eaux pluviales, et d'éloigner ainsi de cette contrée une des causes de l'insalubrité. La population est de 123 Français, 43 Etrangers. Il y a 450 Arabes.

En 1851, six familles lorraines ont été installées, par l'administration, dans l'enceinte d'un ancien camp, au pied de la montagne. Ce noyau de population sera englobé dans le lotissement d'un village projeté sous le nom d'*Oued Rehan.*

II.

COMMUNE DE DUPERRÉ.

Duperré *(l'Aïn-Defla* des Arabes), ainsi nommé de l'amiral qui commandait la flotte lors de l'expédition pour la conquête, en 1830, est un village dans la vallée du Chélif, à 24 kilom. de Miliana, sur la route d'Orléansville, créé par décret impérial du 6 septembre 1857. Il est doté de tous les établissements communaux. La population est de 230 Français, 38 Etrangers, 8 Juifs, 506 Arabes.

Duperré est voisin de deux célèbres établissements romains : la Colonie *d'Oppidum Novum* et le camp de *Tigava* qui fut souvent le centre de grandes opérations militaires aux époques antiques.

III.

COMMUNE D'ORLÉANSVILLE.

SITUATION. Orléansville est située à 1° de longitude O. et à 36°10' de latitude N. dans l'intérieur de l'Algérie, à 210 kilom. O. d'Alger, 53 kilom. S. de Ténès, à 92 kilom. O. de Miliana.

ASPECT EXTÉRIEUR. Orléansville, de construction toute française, est située sur la rive gauche du Chélif, à son confluent avec le Tsir'août, dans une vaste plaine ; des montagnes abruptes et dénudées l'entourent dans un rayon très-restreint. De belles constructions, vues de loin, lui donnent l'aspect d'une grande ville de France.

NOTE HISTORIQUE. Orléansville est fondée sur l'emplacement de l'ancienne ville romaine nommée par l'Itinéraire d'Antonin *Castellum Tingitanum*. Les ruines y sont nombreuses. Les Indigènes avaient donné à ce lieu le nom d'El-Esnam (les Idoles), à cause des ouvrages de sculpture chrétienne qu'on y trouvait habituellement en y faisant des fouilles. Les travaux entrepris par les Français, pour la fondation de bâtiments militaires, ont amené la découverte d'une belle mosaïque qui était le pavé d'une ancienne basilique. Elle n'a pas moins de 33 m. de longueur sur 14 de largeur, ornée de cinq inscriptions, parmi lesquelles est celle de l'évêque Réparatus, mort le 22 juillet 476.

Indépendamment de cette basilique, l'archéologue pourra visiter l'emplacement et les ruines d'une seconde église au lieu même où s'élève l'hôpital militaire, et à 1 kilom. environ, les restes de deux chapelles ou oratoires.

Orléansville a été occupée définitivement par l'armée le 29 avril 1843. Une ordonnance royale du 14 août 1845 a décidé qu'un centre de population de 2,000 âmes y serait formé, et que 2,000 hect. de terres autour de la ville seraient livrés à la colonisation.

IMPORTANCE POLITIQUE. La commune a été

établie, à Orléansville, par le décret du 22 septembre 1852, qui en a fait un district du département d'Alger, sous l'administrrtion d'un commissaire civil, et le décret du 31 décembre 1856 l'a définitivement constituée. Ce point, qui est aussi le chef-lieu d'une subdivision, est la résidence d'un Général de brigade. La population est de 689 Français, 233 Étrangers, 174 Juifs, 476 Arabes.

ENCEINTE. Orléansville a, pour enceinte, un mur bastionné, défendu d'un large fossé. Des boulevards intérieurs et extérieurs, complantés d'arbres, se relient à une esplanade qui s'étend au Sud. La ville s'ouvre par quatre portes, qui sont les portes de Ténès, de Miliana, de Mostaganem et de l'Ouarensenis.

PHYSIONOMIE LOCALE. Aucune des constructions anciennes n'a été conservée. La réédification de la ville a été opérée sur un plan magnifique : rues larges et bien percées, dont les plus belles sont les rues de Rome, d'Illens, d'Isly, de l'Hôpital, de l'Etourneau, de Réparatus, du Commandeur, de Miliana. La place d'Armes est spacieuse. Au milieu jaillit un jet d'eau dans un large bassin, entouré de saules pleureurs et d'orangers; des maisons à arcades l'environnent. Les places de la Mosaïque et du Marché sont pareillement plantées d'arbres. Les maisons sont d'architecture française, et l'ensemble offre un caractère imposant. Les plus belles sont celles du Général commandant la subdivision, qui peut être prise pour un véritable monument; l'hôtel de la Justice de paix, du Trésor, la maison des chefs indigènes, près de la porte de Miliana, où se tient, le dimanche, un marché fréquenté par plus de 11,000 Arabes, apportant des quantités de grains très-considérables, des cotonnades, des miels excellents et amenant des chevaux et des bestiaux de toute espèce. L'apport de chaque marché peut être estimé à 200,000 francs. Les Indigènes ont deux fondouks pour les recevoir, et des bains maures d'une construction riante et très-développée.

Les eaux ne manquent pas à Orléansville, si ce n'est dans les grandes chaleurs où elles baissent sensiblement. Un aqueduc couvert, de construction romaine, apporte 344 hectolitres, en été, dans une citerne antique, qui a été réparée. Un conduit à ciel-ouvert de 3,500 mètres de longueur, amène les eaux de Tsir'août, que débitent de nombreuses fontaines. Toutes ces eaux, bonnes pour irriguer et rafraîchir la cité, ne peuvent servir pour l'alimentation, chargées qu'elles sont de sels de magnésie. « Point d'eau potable dans la ville : la population se sert généralement de l'eau du Chélif, mais cette eau, la plupart du temps bourbeuse, a besoin d'être filtrée. Des espèces de puisards, creusés dans les grèves du Chélif, donnent une eau à peu près claire ; on la porte à dos d'âne et dans de petits tonneaux : partout il faut l'acheter, et les familles pauvres en sont ainsi privées. Cet état de choses va prochainement changer : le Génie militaire travaille en ce moment à amener en ville les eaux potables d'une source (Lalla Aouda) dont la conduite aura près de cinq kilomètres. » (FILLIAS — *Géographie de l'Algérie*.)

Les nombreux cours d'eau qui traversent la plaine du Chélif fournissent du poisson en quantité : les Arabes le pêchent avec leur burnous.

ÉTABLISSEMENTS MILITAIRES. Tous les établissements militaires sont aménagés pour une garnison de 3,000 hommes. Il y a un quartier de cavalerie pour 1,000 chevaux. Un très-bel et vaste hôpital contient 500 lits. Le cercle militaire conserve une bibliothèque de 2,000 volumes. D'anciens caveaux romains servent de prison.

ÉTABLISSEMENTS CIVILS. Il existe une station télégraphique. Un abattoir a été construit dans la presqu'île formée au confluent du Chélif et du Tsir'aout. Il y a un cercle civil, — un théâtre. Les Sœurs de charité tiennent une classe pour les jeunes filles et une salle d'asile. Les garçons ont une école communale qui s'ouvre aussi aux adultes. Les Indigènes ont des lieux où ils apprennent à lire en leur langue.

INDUSTRIE PARTICULIÈRE. Les hôtels de l'*Europe*, des *Bains* et le restaurant *Lecomte*, prennent en pension. Le café *Gracieuse*, du *Cercle militaire*, de la *Colonie*, de la *Porte de Ténès*, des *Amis*, de *Sébastopol*, d'*Isly*, et la brasserie hors ville, sont des lieux fréquentés. Comme centre de réunion, nous noterons ici la loge maçonnique, sous le titre distinctif des *Frères unis du Chélif,* sous l'obédience du Suprême Conseil.

ENVIRONS. Les environs d'Orléansville présentent des tableaux agrestes. La vue est circonscrite par des montagnes rudes et dépouillées, bornant la plaine du

Chélif. Du côté du Sud, au dernier plan, on voit surgir les pics boisés du Temdrara et de l'Ouarensenis. La pépinière du service des forêts, de 8 hectares 50 centiares, créée en 1852, renferme 90 essences diverses d'arbres de haute futaie, et des carrés pour semis et plantations. Le même service a meublé encore 400 hectares aux *Montagnes rouges*, vers le N. Le *Camp des Planteurs*, au S.-E., présente une superficie de 482 hectares, en cinq parcelles, toutes consacrées à l'éducation forestière. De nombreuses plantations d'arbres de toute espèce, ont été faites sur une grande échelle, autour de la ville, aussi bien que dans son enceinte, et sur les boulevards, où elles forment une ceinture verdoyante. Elles ont complètement réussi. La Smala des spahis est cantonnée, à 14 kilom. de la ville, sur la route de Mostaganem, sur les bords de l'oued Isly.

TRANSPORTS. On trouve des chevaux et voitures de louage. Un service quotidien de messageries est dirigé sur Ténès, — une voiture pour Miliana.

ROUTES. La route de Miliana à Sidi Bel-Hacel, courant de l'E à l'O., croise à Orléansville la route de Ténès, qui, du N., remonte au S. vers Tiaret.

Les sections communales d'Orléansville sont :

1º LA FERME. Sur la rive droite du Chélif, qu'on traverse sur un pont américain, de 200 mètres de longueur, on a établi une ferme militaire, auprès de laquelle s'est assis, en 1848, un village en face d'Orléansville et à 600 mètres de la place. L'arrêté du 9 juillet 1852 l'a complètement constitué. Les terres sont de bonne qualité. Les colons suppléent, en été, au défaut des eaux d'irrigation, par des puits à norias.

Habitants : 169 Français, 95 Étrangers, 246 Arabes.

2º PONTÉBA. Cette colonie agricole, créée par le décret du

11 février 1851, à 7 kilom. E. N.-E. d'Orléansville, est placée sur une élévation propice aux prairies, bien que privée d'eau dans la chaude saison. Des puits alimentent deux bassins d'arrosage. Cette localité, très-salubre, échappe aux influences fâcheuses du Chélif, dont un Arabe appréciait naïvement les effets en ces termes : « Le pays est sain auprès du Chélif, quand l'hiver n'a pas été pluvieux ; mais alors il n'est pas fertile. Il est fertile quand l'hiver a été pluvieux ; mais alors il n'est pas sain. »
— Des vignes donnent un vin délicieux. En descendant la rive gauche du Chélif, à 4 kilom. de la ville, on trouve les ruines d'une grande villa romaine, principalement un tombeau romain avec mosaïque.

Il y a une église et une école mixte, abreuvoir et lavoir publics.

Population : 146 Français, 43 Arabes.

IV.

COMMUNE DE VESOUL-BÉNIAN.

Vesoul-Bénian est situé dans les montagnes de l'Atlas, à 19 kilom. S.-O. de Blida, et à 21 kilom. de Miliana.

Vesoul-Bénian porte un nom quelque peu bizarre, que son histoire justifie parfaitement. Ce village fut créé en 1850, en un lieu appelé Aïn-Bénian. Des transportés politiques y furent installés en 1852, mais à la fin de l'année suivante, des cultivateurs du département de la Haute-Saone, dont Vesoul est le chef-lieu, choisis parmi des familles honnêtes et possédant quelques ressources, y ont été établis. La remise de Vesoul-Bénian fut faite à l'administration civile, par arrêté du Gouverneur, du 22 décembre 1854. Ce fut le premier essai d'un village départemental; il a parfaitement réussi.

Le décret impérial du 31 décembre 1856, a constitué Vesoul-Bénian en commune. L'Empereur allant à Miliana, a traversé cette localité le 7 mai 1865. La population est de 248 Français et 60 Arabes. Il y a une église.

Vesoul-Bénian est assis sur un plateau qui domine la vallée où existe l'établissement des eaux thermales d'Hamman-Rirha. Le village est dans une enceinte protégée d'un fossé et ouverte par quatre portes. Un abreuvoir est en dehors. A l'intérieur, des fontaines, un lavoir, un puits de 18 mètres de profondeur, donnent toute l'eau nécessaire aux habitants, qui, sur leur territoire fort accidenté, cultivent les céréales, les vignes, et nourrissent plus de 600 têtes de bétail, leur donnant de précieux engrais.

La section communale est :

BOU-MEDFA. Ce village, placé sur un plateau élevé et sur la route de Miliana à Blida, dont il est éloigné de 38 kilom.; a été peuplé en 1850 et 1851. On y voit une mairie, une église, une école, et tous les moyens d'arrosage désirables, fontaines. lavoirs, etc. Le décret du 4 juillet 1855, le réunissant au hameau de Sidi Abd el-Kader, a fixé son territoire à 1,214 hect. pour 64 familles. La population est aujourd'hui de 182 Français, 5 Etrangers, 86 Arabes.

Au lieu dit *Ouled el-Hammam* il y a une population de 40 Français, 18 Etrangers, 29 Arabes.

DIVISION D'ALGER.

(TERRITOIRE MILITAIRE.)

La division d'Alger a son chef-lieu à Alger même. La description de cette capitale et de ses établissements militaires est à la page 89 ci-dessus.

Cette division compte six subdivisions qui sont : I Alger, II Dellis, III Aumale, IV Médéa, V Miliana, VI. Orléansville.

Elle comprend six communes, une section et trente-deux hameaux, — centres colonisés dont la population est de 3,664 individus. La population en bloc est de 460 — celle des tribus indigènes, dénombrées sommairement, est de 748,844.

I.
SUBDIVISION D'ALGER.

Le Bureau provincial des affaires arabes administre directement :

1° Dans la subdivision de Dellis :

Cercle de Dellis, — les kaïdats des Khachna de la

plaine et de la montagne, et la tribu kabyle des Beni Amran ;

Cercle de Dra-el-Mizan, — les kaidats des Zouathna et des Ammaly.

2° Dans la subdivision d'Aumale, — cercle d'Aumale, — les kaïdats des Zouathna, des Beni Omran, des Beni Moussa et des Beni Mischerah.

La population des tribus indigènes, dénombrées sommairement, est de 34,947 individus.

Cet ensemble est ce qu'on nomme spécialement *l'annexe d'Alger*.

II.
SUBDIVISION DE DELLIS.

La ville de Dellis a été décrite à la page 183 comme étant une commune de l'arrondissement d'Alger.

La population des centres colonisés est de 850 — celle des tribus de 268,146.

La subdivision de Dellis embrasse quatre cercles : I Dellis, II Tizi-Ouzzou, III Fort-Napoléon, IV Dra-el-Mizan, — qui se partagent la portion la plus étendue de la grande Kabylie.

GRANDE KABYLIE. La Grande Kabylie, qui commence à 64 kilom. d'Alger, sur la rive droite de l'Isser, est cette région montagneuse qui, présentant la forme d'un vaste quadrilatère, appuie ses angles sur Dellys et Bougie au N., sur Aumale et Sétif au S. Coupée transversalement, du S-O. au N-E., par le Djeurdjeura *(Mons Ferratus* des Romains), elle a une étendue cultivable de 170,926 hectares, et une population de 373,120 habitants, en 1352 villages ou hameaux. La Kabylie contenant plus d'habitants que le sol ne peut en nourrir, on compte 8,504 émigrants. Aux époques historiques les plus reculées, ses habitants, les plus anciens occupants de l'Afrique, qui avaient déjà recueilli dans leur sein tant de débris des civilisations éteintes, étaient désignés sous le nom de *Quinque-Gentii* (les Cinq-Tribus). Les Romains ne pénétrèrent pas très-avant dans leurs montagnes, à en juger par le peu d'importance des ruines rares qu'on rencontre sur ce territoire. Les Vandales, les Huns, les Suèves trouvèrent un refuge dans ce pays, et ont laissé les traits caractéristiques de leurs races à plus d'une tribu. Lorsque les Arabes l'envahirent à leur tour, ils donnèrent à ces restes de nations diverses le nom de *Kabyles (Devanciers)*. Les Turcs, à leur arrivée, relevèrent quelques forts dans l'intérieur du pays : Bordj-Sebaou et Borj-Tizi-Ouzou, sur le versant N. du Djeurdjeura; Bordj-Bou-R'ni et Bordj-Bouïra, de l'autre côté. D'ailleurs, ils n'y purent jamais obtenir de soumission formelle et durable.

Les crêtes rocheuses que dresse le Djeurdjeura élèvent des pics à plus de 2,000 mètres au-dessus du niveau de la mer. C'est là qu'habitent les Zouaoua. Dans cette *Suisse sauvage*, ainsi que l'appelle le colonel Daumas, en son livre de *la Grande Kabylie*, les singes font de grands ravages et marchent en troupes formidables.

Les Zouaoua, fort industrieux, sont les Auvergnats de l'Algérie, et s'expatrient en jouant de leur flûte pour gagner quelque petit pécune qu'ils rapportent en Kabylie.

Dans tout leur pays il y a des métiers à tisser et des fabriques de fers à cheval, de socs de charrue et de ferrements de portes. Dans le Djeurdjeura circulent des colporteurs de tissus, d'objets de mercerie et de droguerie en tous genres, fournis par l'entrepôt d'Aït-Ali-ou-Harzou. Leurs transactions se font au moyen d'échanges de produits agricoles.

Les Beni Atteli produisent du savon, les Aguacha fabriquent des ustensiles de bois, les Beni Frah des ouvrages en argent, à Agemoun Izen. Un atelier du même genre existe à Taddert-ou-Fellah, dont les habitants font aussi de la chandelle. A Taguemount Gouadefel on confectionne des semelles en peau de bœuf.

La totalité des tribus qui occupent le versant septentrional du Djeurdjeura comprend 197 villages, où l'on peut lever 21,450 hommes. L'oued Sebaou ou Nessa, qui coule de l'E. à l'O. et du S. au N., et se jette à la mer à l'O. de Dellis, arrose cette contrée. Les Flisset Oum el-Lil *(les Enfants de la nuit)*, ainsi nommé à cause des camps turcs détruits par eux dans des surprises nocturnes, habitent les cantons voisins.

Au versant méridional du Djeurdjeura, coule de l'E. à l'O. l'oued Sah'el, qui, après avoir porté les noms d'oued Lekah'al, d'oued Eddous, d'oued Beni-Mancour, et reçu l'oued Bou-Sellam, venant de l'E., se déverse à la mer, au S.-E. de Bougie. Il y a de ce côté plus de 500 villages ou hameaux, et l'on peut y compter sur plus de 40,000 hommes.

Les Kabyles répandus sur les hauteurs de l'Afrique septentrionale et isolés en vastes groupes par l'agglomération des populations survenues, ont une communauté d'usages et de langage qui doit frapper l'esprit attentif, et y porter la preuve qu'ils sont les primitifs habitants du pays. La langue *berberia*, qu'ils parlent partout, affecte le dialecte dit *Zouaouïa* dans la Grande Kabylie. Ils sont assez peu fidèles aux observances de leur religion, que les marabouts et les chefs parlant arabe connaissent et pratiquent seuls. On voit encore, sur le front et le nez de leurs femmes, un léger tatouage, représentant une croix, lointain vestige du Christianisme.

Le Kabyle n'est point nomade. Il est industrieux. Il fait de bonne huile, du savon noir avec l'huile d'olive et la cendre du laurier rose; il tresse des paniers, confectionne des nattes en palmier nain, file des cordes en poil de chèvre et poussait l'habileté industrielle jusqu'à produire de la fausse monnaie à Aït el-Arba. La fabrication de la poudre était concentrée, avant la conquête, dans la tribu des Reboulas et à Tablabel, chez les Beni Raten. Les Flissa faisaient l'arme blanche; les Beni Abbas, le fusil tout entier.

Chez les Beni Abbas est la curieuse ville de Kalaà, divisée en quartiers, sur une plate-forme, où l'on ne peut parvenir que par un chemin qui serpente au sommet de crêtes étroites. Les femmes y sont jolies et les hommes propres.

Chez les Fenagas sont les restes d'une ville antique, dont les remparts sont conservés; on y voit debout une statue colossale. Les Beni Oudjal ont aussi une ville ruinée.

Telle est la Grande Kabylie, totalement conquise par de brillants faits d'armes, au mois de mai 1857.

I. **CERCLE DE DELLIS.** Ce cercle circonscrit huit Kaïdats et trois tribus soumises à l'organisation kabyle, administrées par des chefs nommés à l'élection. Au lieu dit Bordj el-Ménaïel s'est réuni une population de 78 Français et 30 Étrangers.

II. **CERCLE DE TIZI-OUZZOU.** Tizi-Ouzzou est situé en pleine Kabylie à 160 kilom. d'Alger, sur la route d'Alger à Fort-Napoléon, au milieu d'un pays extrêmement fertile, dominant le cours moyen et supérieur du Sebaou, adossé aux contre-forts qui descendent directement des pics du Djeurdjeura.

Les Turcs pour exercer sur le commerce et l'industrie des contrées environnantes une surveillance fiscale, avaient bâti sur cette position un bordj où ils entretenaient une petite garnison. Après la chute de leur pouvoir, ce bordj resta longtemps inhabité. Il tombait en ruines, lorsqu'en 1851, le Gouverneur général ordonna de le réparer, et en fit l'habitation provisoire de Bel Kassem ou Kassi, notre Bach agha du Sebaou. Vers la fin de 1855, il en fit le centre d'un nouveau cercle, et dès les premiers jours de 1856, lui donna un développement en rapport avec le rôle important que lui assure sa position.

Un mur d'enceinte, d'environ 700 mètres de circuit, et flanqué de bastions, a été construit autour du bordj du côté du Sud, de l'Ouest et du Sud-Ouest. Le long de ce mur et à l'intérieur, s'élèvent des constructions spacieuses qui, servant de manutention, de magasins, d'ambulance, de casernes, de pavillons pour les officiers, de bureau arabe et de maison des hôtes, forment un poste-magasin considérable où peuvent être reçus 400 malades et les approvisionnements nécessaires pendant trois mois, à une colonne de 8,000 hommes et de 800 chevaux.

Cette enceinte, ces bâtiments d'un aspect imposant, les énormes mouvements de terre qu'a nécessités le ravin qui coupait le terrain sur lequel on devait bâtir, et qu'on a dû combler, tout cela a été exécuté par le Génie avec une telle activité, que, dans l'espace de moins de six mois, non-seulement le poste se trouvait à l'abri de toute attaque, mais que la plupart des locaux avaient été terminés et mis en état d'être occupés.

Justice de paix, église — école de filles, salle d'asile, école arabe-française — fontaine, abreuvoir et lavoir public. — Rues larges, propres, bordées d'arbres ; maisons convenablement aménagées, hôtel pour les voyageurs, café-chantant, diligences, bureau de poste. Station télégraphique. Presque tous les habitants vivent de leur commerce avec la troupe. Au pied du monticule sur lequel le fort est assis, et à une distance de moins de 200 mètres, se trouve le village kabyle.

La population de Tizi-Ouzzou est de 276 individus, dont 205 Français, 36 Étrangers, le reste en Indigènes. L'Empereur a traversé cette localité les 24 et 25 mai 1865.

Dans le cercle de Tizi-Ouzzou il y a 24 tribus soumises à l'organisation kabyle et administrées par des chefs nommés à l'élection.

« Comme aspect général, la route de Tizi-Ouzzou à Fort-Napoléon est pittoresque et variée. Sur les flancs abruptes des monts qu'elle sillonne, des frênes, des oliviers au pâle feuillage, des figuiers aux larges feuilles, étendent çà et là leurs ombres clair-semées ; quelques champs d'orge ou de blé se montrent jaunissant sous le soleil qui les dore; les eaux claires des sources descendent en sinuant les pentes des collines, traçant sur leur passage un long chemin de verdure. Dans le fond des vallées, à trois ou quatre cents mètres de profondeur, partout où les eaux des torrents d'hiver ont amoncelé la terre, où les sources s'épanchent, où les vents du Nord ne soufflent pas, la végétation est verte et serrée comme une forêt de France au printemps.

« Selon les caprices du chemin on voit à l'horizon, tantôt le Djeurdjeura et ses neiges éternelles, tantôt les vallées du Sebaou ou de l'Oued Aïssi, avec leurs profondeurs blanchâtres, éclairées par intervalles sous une eau rare et miroitante.

« Sur toutes les côtes, à tous les horizons, des villages, amas de maisons entassées sans ordre et sans rues, projettent dans le ciel leurs toits rougeâtres. Ceux que la route sillonne laissent apercevoir des intérieurs de masures à demi-détruites, aux murs épais et mal crépis, aux portes basses, aux étroites ouvertures. » *(E. Carrey).*

III. **CERCLE DE FORT-NAPOLÉON.** Avant de s'engager par le col des Beni Aïcha dans ce réseau de montagnes abruptes dont les tribus de la Kabylie occupent les crêtes escarpées et les gorges étroites, la route d'Alger à Fort-Napoléon traverse une contrée transformée par la culture européenne.

A Souk-el-Arba, à 125 kil. d'Alger, au milieu de l'ancienne confédération des Raten, sur l'emplacement du village des Ichernaïouas s'élève Fort-Napoléon, grand parallélogramme dont les murs sont en pierre.

Les travaux ont quelque chose de gigantesque. L'enceinte, flanquée de dix-sept bastions, offre un développement de 2,500 mètres. Elle est percée de deux portes: celle d'Alger et celle du Djeurdjeura, élégamment construites en marbre blanc, que fournissent d'abondantes carrières exploitées au pied du fort. L'intérieur, surface de 12 hect. fortement accidentée, est couvert de grands bâtiments. En entrant par la porte d'Alger, et se dirigeant vers celle du Djeurdjeura, on laisse successivement à la droite : la Maison des hôtes, le Bureau arabe, la Prison, le local du Service télégraphique, et sur le sommet de la hauteur, autour du village d'Imaïren, maintenant démoli, une caserne pour un bataillon; plus loin, c'est le Cercle des officiers, le Pavillon du Commandant de place, la maison du Commandant supérieur, située en arrière de ces deux dernières, et immédiatement après, deux casernes, chacune pour un bataillon. A gauche on voit d'abord l'emplacement de la meule à fourrages, puis les ateliers du Génie, le casernement de la cavalerie pour 200 chevaux, qui s'étend le long de la route jusqu'auprès de la porte du Djeurdjeura, et enfin, entre ce casernement et la fortification, l'Intendance, l'infirmerie spacieuse et bien aérée pour plus de 100 malades où les habitants civils sont admis, et les magasins des Subsistances, des Lits militaires et du Campement, dont le principal n'a pas moins de 90 mètres de façade. Les pavillons destinés aux logements des officiers sont vastes et confortables. L'Empereur est venu visiter ce point le 25 mai 1865.

Il a été créé une école des arts-et-métiers, afin d'enseigner le perfectionnement des arts industriels aux populations kabyles, éminemment intelligentes. Cette école qui compte quarante-cinq élèves, fournira des ouvriers capables de réparer et de confectionner l'outillage des usines, notamment des moulins à huile, qui se multiplient dans la circonscription de Dra-el-Mizan.

La ville civile s'élève au milieu de la ville militaire, dans l'enceinte du fort. Elle est située tout le long de la route. On y voit des magasins et des auberges dont quelques-uns ont été faits avec le plus grand soin. L'ensemble des constructions, en y ajoutant les maisons des colons, comprend 67 bâtiments, et forme comme une grande et imposante cité qui, sortie du sol comme par enchantement, domine le pays nouvellement conquis ;

et force à la soumission et au respect les populations environnantes. Il y a un collége mixte. La population est de 228 individus — 168 Français, 39 Etrangers, 8 Juifs, 13 Musulmans.

Indépendamment des fontaines qui existent dans l'enceinte et qui ont été nettoyées et rebâties, on a conduit dans l'intérieur au moyen d'un syphon, les eaux d'une source située à Aboudid. Elles sont reçues dans un bassin d'où elles peuvent se diviser de toutes parts. En dehors, et près de l'enceinte, un jardin potager a été créé par nos soldats. On y a planté des arbres fruitiers de toute espèce, afin de les répandre parmi les Kabyles. La route de Tizi-Ouzzou à Fort-Napoléon s'est maintenue en bon état. Quant aux villages qu'elle traverse ou qui apparaissent au loin, ils sont en grande partie rebâtis et peuplés.

Le cercle de Fort-Napoléon circonscrit quinze tribus soumises à l'organisation kabyle et administrées par des chefs nommés à l'élection.

IV. **CERCLE DE DRA EL-MIZAN**. Dra el-Mizan situé à 60 kilom. d'Alger et à 24 de Dellis. Ce cercle a été constitué après la conquête de la Grande Kabylie, en 1857. Un noyau de population européenne qui s'élève aujourd'hui à 238 individus, dont 170 Français, 18 Étrangers et le reste Indigènes, vivant de la présence de quelques troupes sur ce point, y avait élevé une douzaine de maisons. On lui a accordé une zône de 85 hectares. Les habitants ont planté dans leurs jardins

350 arbres fruitiers. Ils ont un moulin à manège pour le blé et un autre pour l'huile que l'on extrait des olives achetées aux Kabyles. Un autre moulin à huile a été élevé par un Européen à Bou R'ni, à 12 kilom. environ de Dra el-Mizan. Il fonctionne aujourd'hui par la vapeur. Station télégraphique.

Ce cercle circonscrit sept Kaïdats et dix-neuf tribus soumises à l'organisation kabyle et administrées par des chefs nommés à l'élection.

III.

SUBDIVISION D'AUMALE.

La ville d'Aumale, chef-lieu de la subdivision a été décrite à la page 174 comme étant une commune de l'arrondissement d'Alger.

Melab el Kora, Sakamody et *Tablat*, avec *Aïn el-Beurd*, sont des gîtes d'étapes ou de grande halte, sur la route d'Aumale. Ils rendent de très-grands services aux voyageurs et même aux troupes de passage. La position de ces points, dans des montagnes élevées, expose à des hivers très rigoureux et il est arrivé que, dans les bourasques de neige qui y règnent quelquefois, les aubergistes établis en ces endroits ont sauvé la vie à plusieurs, qui seraient morts de froid sans leur assistance.

El-Belaên, *Pichon*, le *moulin de Sidi Allal*, sont d'autres points de la route d'Aumale à Alger, où sont établis des aubergistes.

Le Bureau des affaires arabes de la subdivision d'Aumale administre directement les kaïdats des Ouled Messelem, des Ahl-el-Euch, des Ouled Sultan, des Ouled Ziana, des Ouled Thaan, des Ouled Zenin; les cheïkats des Beni Ouattas et des Beni Khanous.

Le cercle d'Aumale comprend neuf aghaliks :

L'aghalik du Dira supérieur, 10 kaïdats; du Dira inférieur, 7; des Arib, 4; de Bouïra, 4, et les tribus des Ouled-el-Aziz, administrées par des cheikhs; des Beni Seliman, 7 kaïdats, 2 cheïkhats; des Beni Meloum, des Beni Melouun, des Beni Seliman Cheraga, des Beni Silem, quatorze kaïdats isolés, et l'annexe des Beni Mansour, aggrégation de neuf tribus soumises à l'organisation kabyle.

La population des tribus est de 101,874 individus.

BENI-MANSOUR a une école arabe-française et un moulin à huile important, alimenté au moyen d'achats d'olives aux Kabyles des environs. Il y a une population de 88 individus, dont 20 Français, répartie dans les localités de Bordj, el-Karoub, El-Esnam.

IV.

SUBDIVISION DE MÉDÉA.

La ville de Médéa a été décrite à la page 252, comme étant une commune de l'arrondissement de Blida.

La population des centres colonisés est de 2,344 individus, — celle des tribus est de 113,123.

La subdivision de Médéa embrasse trois cercles : I Médéa, II Boghar, III Laghouat, et IV l'annexe de Djelfa.

I. **CERCLE DE MÉDÉA.** Il comprend onze kaïdats

isolés et le bach-aghalik du Sud-Est, circonscrivant neuf kaidats.

Berouâguiia est un centre de 42 feux, créé par décret du 3 mars 1860, — à 22 kilom. S. de Médéa sur la route de Boghar. — Il y a une maison de commandement. — La population est de 98 Français. A 5 kilom. E. existent deux sources thermo-minérales. Ces eaux, chaudes de 45°, qui contiennent des sels de chaux, des chlorures et du soufre à l'état d'acide sulfhydrique, sont très-usitées par les indigènes contre les affections du foie et pour la gale, et ne sont pas sans analogie avec celles de la chaîne des Pyrénées. — A 40 m. des sources, les Romains avaient construit une piscine.

A Madala, l'arrêté du 13 juillet 1861, a créé une école arabe-française.

A l'Oued Mela, sur les bords du Zarez Rarbi, un puits artésien de 79 mètres de profondeur, débite 60 litres à la seconde.

II. **CERCLE DE BOGHAR**. Boghar — chef-lieu du cercle, est situé à 70 kilom. S. de Médéa, à 126 kilom. O. d'Aumale, à 92 Kilom. E. de Teniet el-Haad, à 6 kilom. de la rive gauche du Chélif, un peu à droite de la route de Laghouat, sur les limites du Tell et du Sahara. C'était un ancien poste romain dont il existait encore quelques restes, lorsque nous nous y sommes installés. Berkani, khalifat d'Abd-el-Kader à Médéa, y fonda, au milieu de la tribu des Oulad Anteur, un poste militaire que le général Baraguay d'Hilliers détruisit en 1840, et que le maréchal Bugeaud occupa définitivement le 22 mai 1841. Cette place d'armes, entourée de très-hautes fortifications en belle et bonne maçonnerie, est assise sur le flanc d'une haute montagne, d'une altitude de 900 mètres. Cette position est exposée à tous les vents qui y amènent de violentes tempêtes. La poussière du sol, qui est de roche calcaire à stalactites, devient alors fort dangereuse pour les yeux. Le fort est pourvu d'une fontaine, d'un hôpital militaire, d'une manutention, d'un cercle pour les officiers. Le Bureau arabe est en dehors des fortifications, à l'entrée d'une forêt de genevriers, de thuyas très-hauts et de pins, qui sont les derniers que l'on rencontre en allant vers le Sud. Au-dessus du fort sont de belles sources qui viennent tomber en cascades dans la pépinière, vaste et charmant bosquet, d'où l'on découvre, vers le Sud, un horizon splendide, borné par le Djebel Seba Rous (les sept têtes) que nos soldats nomment les *Montagnes bleues*. C'est une plaine parsemée de grands lacs salés, appelée le petit désert de Sidi Aïssa. La seule végétation qui s'y développe consiste en halfa et en thym que paissent les gazelles. Au milieu apparaissent de gros points blancs, — les caravansérails de Bou Guezoul et d'Aïn Oussera. Au-de là est le grand désert, éloigné de 40 lieues de Boghar.

Au-dessous du fort, sur le bord de la route fort sinueuse qui conduit, en passant sur un pont de bois, à Boukhari, qui est sur la rive droite du Chélif, — s'est constitué, dès 1843, le village de Boghar, dont la population est de 539 individus, dont 295 Français, 94 Étrangers et le reste Indigènes. — Ils cultivent de jolis jardins autour de la pépinière dont nous venons de parler. Ils ont une église, des écoles de garçons et de filles, une salle d'asile, une direction des postes, une station télégraphique. La route de Médéa à Laghouat traverse ce centre.

LE KSAR BOUKHARI (par erreur *Boghari*), est situé à 8 kilom. de Boghar, sur la rive droite du Chélif, et sur une crête aride de 650 mètres d'altitude. Il y a deux fontaines, une station télégraphique. Ce point domine la route de Laghouat à Médéa dont il est éloigné de 76 kilom. La population européenne est de 225 individus, dont 147 Français et le reste Étrangers. C'est un centre commercial fort important, — entrepôt du Mzab et du Tell, où il y a de nombreux magasins bien fournis, gardés par des Mozabites qui, le lundi, tiennent un marché, sorte de foire, entre la rive du Chélif et un fondouck français, situé au pied du ksar.

A 20 kilom. O. du ksar Boukhari, où sont des ruines antiques et des cavernes légendaires, se tient encore un marché très-fréquenté; un autre marché, où les moutons de tous les cantons d'alentour sont amenés, rassemble aussi beaucoup de monde, au pied même de la montagne, où coule l'Oued el-Akoum. La localité a de bons matériaux de construction, et de la pierre à chaux en grande quantité. Sur le parcours des routes de Médéa à Boghar, on rencontre une gendarmerie et plusieurs exploitations d'aubergistes.

Le cercle de Boghar circonscrit l'aghalik de son nom comprenant neuf kaïdats, — l'aghalik des Bou Aïch, comprenant quatre kaïdats, — huit autres kaïdats particuliers.

La statistique reconnaît dans les caravansérails et fermes répandus dans ces cantons un nombre de 19 Français et 6

Etrangers. Il n'est pas rare d'y rencontrer aussi des panthères, des lions et des vipères à cornes.

Deux routes conduisent de Boghar à Laghouat :

1° La route arabe, la plus courte, que des travaux poussent sur une largeur de 8 mètres, vers Chellala, Taguin, où elle existe, ouverte en cette dimension par les tribus, jusqu'à Zenina, et de ce point à Tadjemout.

2° La route de Djelfa, passant par Bou Guezoul, Aïn Oussera, Guelt el-Stel, Rocher de sel, Djelfa, Aïn el-Ibel, Sidi Makhlouf, tracée en 1853.

Bou Guezoul, à 27 kilom. de Boukhari, caravansérail où l'eau est rare, salée, amère, chaude. Sur une altitude de 675 mètres le Génie a réuni, vis-à-vis, quelques sources dans un bassin; on fait la chasse aux gazelles.

La route de Laghouat se dirige vers l'Est et contourne une vaste plaine marécageuse où le phénomène du mirage se produit. On y trouve des flamands, des hérons, des canards d'espèces variées. On rencontre le café maure d'El-Khachem, à moitié chemin d'Aïn Oussera, qui est situé à 24 kilom. de Bou Guezoul. Au-de là, sur la droite, on voit le marabout de Sidi Aïssa. Au moyen d'un canal de 940 mètres, on a desséché un marais dangereux. Deux sources-fontaines remplissent un immense abreuvoir de 2,400 mètres de superficie.

Guelt el-Stel (le bassin de l'écuelle), qui dépend du cercle de Laghouat, est un caravansérail situé par une altitude de 940 mètres, dans un repli des sept mamelons, à 40 kilom. d'Aïn Oussera. Après avoir franchi un col, on tombe dans le bassin du Zarès, qui a 10 lieues de large sur 25 ou 30 de longueur, entre la chaîne du Djebel Seba Rous et le Djebel Sahari. On trouve dans cette plaine de gros rats de couleur fauve, nommés Djird. Plus loin, avant d'entrer dans la région des Dunes, ligne blanchâtre d'un kilom. de large, qui coupe la plaine de l'Est à l'Ouest en deux longues sections inégales, on arrive au lieu dit Mesrane, où est le café-poste, — une auberge en face, et un grand bois de tamarins, nommé Kharza. Dans les hautes dunes on trouve le *plestiodon Aldrovandi*, ou *scinque cyprien*, gracieux lézard à bec de poisson, qui plonge dans les sables comme un poisson dans l'eau, aussi les Arabes, qui le mangent, le nomment-ils Sorbech ou Haout el-Ber (poisson de terre). Objet de commerce en Egypte et dans le Touat, il ranime les forces génitales.

L'Ouaran, autre espèce de gros lézard gris de un mètre de longueur, produit par l'attouchement de sa queue un effet diamétralement opposé. — Un autre encore, sous le nom de *dob*, traîne une queue dentelée en scie.

Après les sables, la route devient difficile; on a devant soi la chaîne du Djebel Sahari, dont fait partie le massif du Rocher de sel, immense dépôt de sel-gemme, auquel il doit son nom, et dont les points culminants ont une altitude de 900 mètres. On y trouve des paillettes de fer très-brillantes. Le caravansérail du Rocher de sel, situé à 47 kilom. de Guelt el-Stel, est à l'entrée de la vallée conduisant à Djelfa. Là toutes les eaux ont une saveur saline. On a fait à l'oued Mela Goumirni un barrage de 7 mètres 20 cent. de hauteur et de 210 mètres de développement, se prolongeant par une digue de 1,400 mètres qui assure l'irrigation de 1,800 hectares. Il y a aussi neuf norias à Ksar el-Aïn. On traverse l'oued Mela, et on le remonte le long de la rive droite. A quelque distance de la route coule l'oued Sidi Sliman et on voit le tombeau de ce personnage. A Aïn Ouaran est une fontaine. Dans la gorge où tombent des cascades remarquables est le moulin de l'administration, distant de 6 kilom. de Djelfa. M. Mein y a créé un séjour enchanteur, et y cultive un joli jardin de fleurs, fruits, asperges. A quelques centaines de pas vers l'Est, est une fontaine chaude de 29°. En suivant la vallée, on trouve qu'elle s'évase, pour donner entrée à la plaine de Djelfa, de 600 hectares cultivables, de forme triangulaire et traversée par la rivière. A ce point est le bordj du Bach agha, une école arabe, un moulin et des jardins bien arrosés. Nous parlerons ci-après de Djelfa, à l'article spécial à cette annexe.

En partant de Djelfa on longe une plaine et on gravit le col des Caravanes. On descend ensuite jusqu'à l'oued Seddeur, sur la rive droite duquel est le café-poste, à 6 lieues de Djelfa. Puis on arrive au caravansérail d'Aïn el-Ibel (la fontaine des chameaux) à côté est un village indigène. M. Long y a planté 16,000 pieds de vigne. A 1,025 mètres de hauteur, près du caravansérail, il y a un gîte de bois fossile. On rencontre dans ce canton le fameux rat à trompe, et une plante parasite (arachide inéquitèle) fort curieuse, qui est l'*épisine* (Cynomorium coccynœum), laquelle présente la forme d'un phallus, et que les gens du lieu nomme *Zeb el-Turki*. — On cueille aussi le *felipea augusta*, pyramide de fleurs d'or, dont les environs sont couverts. La route est carossable d'Aïn el-Ibel à Laghouat. On laisse Tademit à droite. Au gué Mokta el-Ouost est une auberge, et trois lieues plus loin, est le caravansérail de Sidi Makhlouf, à une hauteur de 900 mètres, auprès d'une koubba. Au-dessus du caravansérail où est une fontaine, on voit la première touffe des palmiers du désert. On trouve du sel, des pyrites de fer et de cuivre, du grès quartzeux, bonnes pierres de construction tirant sur le jaune et le rouge, qui renferment des petits galets de quartz légèrement transparents de diverses couleurs, pouvant être taillés pour camées et pommes de cannes. Ces sortes de gemmes, qui ressemblent à des pralines, sont semées sur la campagne. On peut dire que le Sud de l'Algérie en offre une mine inépuisable. On montre au caravansérail de Sidi Makhlouf une paire de bottes en fer blanc qu'un touriste anglais s'était fait confectionner pour ne pas être mordu par les vipères à cornes (Echidna Mauritanica) fort dangereuses en cet endroit. Les moufflons par bandes habitent le massif nommé Djebel Lazereg au S.-O. en face de Sidi Makhlouf. A partir de ce point le pays devient onduleux et on trouve de nombreux blocs de rochers fendus par l'ardeur du soleil. Le passage devient difficile au temps des pluies jusqu'à Guérara el-Hamra (bas-fonds rouges).

Au-delà est la petite plaine de Foulla. A son extrémité est le poste de Metlili, au bord de l'oued du même nom, à 14 kil. de Laghouat. Les constructions mauresques y sont belles. On remonte ensuite l'oued Mzi qui passe devant une petite montagne nommée le *Chapeau du Gendarme*. La rivière a 100 m. de large. Enfin à 3 kilom. de Laghouat, on atteint des endroits cultivés et de belles plantations.

III. **CERCLE DE LAGHOUAT**. Laghouat, chef-lieu du cercle de ce nom, à 750 m. d'altitude, est situé par 0°30' de longitude orientale et 33°48' de latitude septentrionale, à environ 300 kilom. de Boghar et à 376 kilom. de Médéa, au milieu d'une oasis de 152 hectares, peuplée d'arbres fruitiers de toutes les espèces d'Europe et d'Afrique.

Dix-huit mille palmiers, imposés d'une redevance, se dressent; quelques-uns ont plus de douze mètres d'élévation. A leurs pieds s'étendent des jardins potagers, que des guirlandes de pampres enlacent. Ce verger est entouré d'une muraille en pisé, défendue d'espace en espace par des tours carrées et baignée à l'E. par les eaux de l'oued Mzi. Une grande avenue, percée du N. au S.-E. à l'époque de l'attaque de la ville, y conduit à travers les jardins. — M. O. Mac Carthy décrit ainsi ses cultures, vues à la fin de l'hiver, dans son almanach de l'Algérie de 1854.

« Ce me sera chose assez difficile, que de donner une idée exacte de ces beaux jardins de Laghouat. Nous n'avons rien de semblable et rien ne peut me servir de terme de comparaison. Qu'on se figure donc un espace divisé en parcelles plus ou moins étendues, toutes entourées de murs bâtis des mêmes matériaux que la ville, (briques crues en terre grise argileuse), cultivées par plates-bandes, et au-dessus desquelles se dressent des palmiers de 8, 10 et 12 mètres d'élévation. A leur base croissent les arbustes les plus variés : des figuiers, des grenadiers, des oliviers, des pêchers, des abricotiers, des coignassiers, tandis que les plates-bandes se couvrent d'oignons, de navets, de carottes, de melons, de pastèques, de citrouilles, de piments. Cette forêt splendide, due toute entière à la main de l'homme, belle dans tous les temps, l'est surtout alors qu'un air frais y circule, rapide et plein d'aromatiques émanations, à travers les colonnades sans fin. L'ombre, une ombre légère et douce, projetée par les feuilles effilées des palmes flexibles, y provoque au repos, et mille oiseaux, sautillant au milieu des panaches touffus des grands arbres, égaient de leurs chants le calme qui vous entoure »

A Laghouat, la température baisse en hiver à 3 ou 4° au-dessous de 0. Il y gèle alors souvent, et dans la nuit du 19 au 20 février 1852, la neige faisait fléchir la cîme des palmiers. Mais en été, elle se relève à un maximum de 40° (5 juillet 1857, trois heures du soir). Alors, dit un savant voyageur, à la complaisance duquel nous devons les notes sur ces cantons, on étouffe dans ces hautes murailles bâties pour arrêter les sables. L'eau a 20° de chaleur. Beaucoup de gens, affectés par la puanteur des Arabes, l'air brûlant, les myriades de mouches qui salissent tout et veulent goûter à tout ce qu'on essaye de manger, ont le cœur soulevé. On ne voit que borgnes, qu'aveugles, que visages profondément couturés par la variole. Des ophtalmies purulentes, à cause du vent du Sud, sont fort communes. On est visité par des rats, des serpents, des tarentes, de grosses araignées noires. Tout ce qu'on touche est chaud, tandis que les dames européennes éprouvent, en cet endroit, une réfrigération notable. En été les nuits sont aussi brûlantes que le jour. On a beaucoup de peine à dormir, en proie à des moustiques imperceptibles qui remplissent les appartements.

En 1852, c'était le chef-lieu d'un khalifat comprenant l'aghalik du sud. En octobre, la révolte ayant éclaté dans Laghouat, le lieutenant-général Pélissier, commandant la division d'Oran, fut chargé de diriger les troupes sur ce point. Le 19 novembre, on battit les gens du chérif de Ouargla, Mohammed ben Abdallah, qui s'enferma dans la ville ; un combat eut encore lieu, le 21. Le 3 décembre, le Général Pélissier arrive devant Laghouat ; le 4, à 7 heures du matin, il ouvre le feu ; la brèche est praticable à 10 heures, et le drapeau tricolore est planté sur le minaret de la maison de Ben Salem. Le Général Bouscaren et le Commandant Morand furent blessés à mort à l'assaut. Le même jour, les Larbaa et les Oulad Nayl furent frottés. Le 17, le Général Pélissier, laissant 1,000 hommes de garnison à Laghouat, se rendit à Aïn Madhy, où il fut reçu avec les plus grands honneurs par le marabout Tedjini. Le cercle de Laghouat a été définitivement constitué par arrêté du Gouverneur général du 22 juillet 1853. Le 5 octobre 1864, Si Lala ayant remporté un avantage au combat d'El-Beida, décida la révolte des Ouled Nayl, qui vinrent bloquer Laghouat. Les tribus révoltées ayant été rudement repoussées de la province d'Oran, se rabattirent encore sur ce point et furent châtiées le 29 décembre 1865.

La population de Laghouat est de 384 individus — 155 Français, 55 Etrangers, 174 Juifs.

L'enceinte de la ville proprement dite, n'existe encore qu'à l'état de tracé. Il y a pourtant cinq portes désignées, qui sont Bab Cherquïa, à l'E.; bab Nebka, au S.; une porte dite spécialement *du Sud;* Bab-Nouader, à l'O.; et la porte des Caravanes, qui ouvre sur un nouveau quartier arabe, au S.-E. de la portion de la ville occupée par les Indigènes. Dans chacune des fractions de ce quartier, les Arabes ont une origine différente. Les rues y sont tortueuses; les maisons, construites en torchis, qu'on ne blanchit guère à cause de la réflection trop vive du soleil, ne sont que des rez-de-chaussées couverts de terrasses. Les couleuvres, qui chassent les souris, fort nombreuses en ce séjour, ont droit d'asile dans les fissures des murailles.

Laghouat, assis sur les versants E. et O. de deux mamelons rocheux, est divisé en deux parties, — le quartier arabe et le quartier militaire où habitent les Européens. Aux sommets des deux points culminants s'élèvent, au S., le fort Bouscaren; au N., le fort Morand. Ces deux fortifications contiennent de belles casernes, pour 5 à 600 hommes chacune. L'hôpital, qui est dans l'ancienne Kasba, contient environ 100 lits. Généralement, tous les bâtiments militaires sont construits avec un goût, une élégance remarquables. Station télégraphique.

Dans la partie de la ville occupée par les Européens, de belles rues tirées au cordeau se développent quelquefois entre de doubles arcades, comme la rue Yusuf, celle de la Pépinière, et sont bordées de gracieuses maisons qu'entoure et domine l'ombrage des jardins et des palmiers. La place Randon présente un quadrilatère formé par l'alignement de beaux édifices, pareillement à arcades, et dont l'ornementation extérieure est heureusement diversifiée. Là se déploie la façade de l'hôtel du Commandant supérieur, du pavillon des Officiers, du Cercle militaire, jouissant d'un jardin délicieux, du Bureau arabe, surmonté d'une coupole élégante, du Pavillon du Génie, du Bazar mozabite, où s'élève un clocheton gracieux renfermant l'horloge publique. Au milieu de cette place, un verger en quinconce est enfermé dans une balustrade de briques, qui laisse une large rue autour de son périmètre. Les principales voies de communication, menant aux places Pélissier, Marey, Kasba et Costa, sont les rues Pélissier, Camou, des Palmiers, avec celles que nous avons déjà indiquées. Les plus belles maisons sont celles du Kaid des Larba, des bains maures et français. L'église est une ancienne mosquée, à laquelle on a ajouté un chœur. Deux ecclésiastiques tiennent une école de 30 élèves européens et arabes. Des sœurs de la Doctrine chrétienne ont une école pour les jeunes filles. Une école des Arts-et-Métiers compte plusieurs sujets remarquables. Une école arabe-française a été fondée. Les Israélites se sont ménagés une petite synagogue dans un de leurs bazars. La milice est en fonction depuis le 28 octobre 1861.

L'hôtel *des Touristes*, construit aux frais d'une association de chefs indigènes, reçoit en pension. On y mange d'excellents barbeaux, du poids de 5 à 6 livres, pêchés dans les réservoirs de Tademit et de Nettila, à

11 lieues de Laghouat. Des conserves naturelles d'abricots cueillis avant la maturité, suppléent au défaut de citron, et se mêlent avec avantage dans tous les apprêts. Le *Café des Lauriers* débite une bière excellente, qui est confectionnée dans une brasserie de la ville, dite *du Désert*, qui alimente de nombreux cabarets. Le commerce d'échange, fort actif à Laghouat, avec le Tell, s'exerce principalement sur les tissus, le henné, le maroquin. Les caravanes du Touat et des Touaregs qui arrêtèrent le 22 septembre 1862 les bases d'une convention commerciale, entre le Gouverneur de l'Algérie et l'assemblée des chefs des différentes fractions de leur nation, y viennent avec des noirs du Soudan, apportant des dépouilles d'autruche, du cuir dit *filali*, pour les confections de la sellerie, de l'ivoire et de la poudre aurifère.

Les moutons du Sud, dont la belle laine a été singulièrement améliorée par les mérinos qu'on y a envoyés, sont amenés par les Ouled Naïls et les Larba. On en fabrique à Laghouat des haïks, des burnous, des djelabats. On fait encore des bottines de femmes en forme de cothurnes fort souples. Le coton a pris un certain essor dans les Ksour et dans tout le cercle de Laghouat ; mais le commerce principal est toujours le produit des palmiers, bien que les fruits en soient mauvais et ne se conservent pas.

Aux alentours de Laghouat, on voit des cultures magnifiques, au quartier de Msâad, de Ras el-Aïoun, d'El-Beda, d'El-Merdja, d'El-Bordj Snoussy, d'El-Ghnifl, et à la ferme de Bou-Khonfous.

Des travaux d'une haute importance ont été exécutés à Ras el-Aïoun, à la coupure de l'arête rocheuse, dernier redressement des chaînes parallèles à la mer, où Laghouat est assis, pour y recueillir les eaux de l'oued Mzi, au moyen d'un barrage, et les conduire dans la ville, qu'elles parcourent en ruisseaux ou dans des canaux découverts. Ce barrage, de 300 mètres de long sur 10 de large et 3 de profondeur, dont 2 m. 50 au-dessous du fond de la rivière, a été construit par les Beni Laghouat eux-mêmes, à qui sont venus se joindre les ksour de Tadjmout, d'Aïn Madhi et d'El-Haouita. L'abondance des eaux est augmentée par huit ou dix crues annuelles, qui ne se perdent plus dans les sables comme naguère, mais contenues par des digues, vont arroser 1,000 hectares de cultures en céréales, de la Daïa Guéblia au S., et de la Daïa Gharbia à l'O. Ces irrigations habiles ont permis de faire de beaux jardinages au quartier de Zouaïmou.

Autrefois c'était à l'Oued Lekhïer seul que les Arabes empruntaient ses ondes pour alimenter quelque verdure autour de leur ville. Ils arrosaient leurs jardins au moyen de petites écluses par où l'eau entrait pendant un certain temps marqué par un sablier que tenait un employé, commis à cette répartition. Souvent des discussions, qui dégénéraient en luttes acharnées et qui avaient fini par constituer deux factions ennemies, ensanglantaient les bords de ces faibles ruisseaux. L'autorité française, en s'emparant par sa conquête de tous les droits au partage des eaux et en les faisant couler avec une libéralité inconnue dans cette oasis, a mis un terme aux discordes et assuré la prospérité de tous. Plus de 100 puits ont été creusés par les Indigènes, qui comprennent les bienfaits de la domination française et la puissante direction imprimée à toutes les améliorations praticables. On a distribué partout des semences de toutes les graines qu'il est possible d'acclimater. Au quartier de Seridjat, on a établi 3 norias qui ont fertilisé 40 hectares. L'eau, dans cette localité, est à 3 et 4 mètres au-dessous du sol. Au quartier de Kheneg, 5 norias ont été établies par l'administration, au moyen de fractions de la tribu des Larba. Aussi les habitants, qui venaient dans le Tell chercher leur froment, se suffisent déjà à eux-mêmes et peuvent exporter au S. Les caravanes trouvent deux réservoirs, l'un à Nili, à 56 kilom. de Laghouat, contenant 500 mètres cubes, l'autre à Tilr'emt, à égale distance (40 kilom.) de Nili et de Berrian, établi dans une Daïa de 1,200 mètres de longueur sur 700 de largeur, dont la capacité est de 900 mètres cubes. Grâce à ces approvisionnements considérables d'eau dans ces deux étapes, les troupeaux pourront profiter des excellents pâturages qui se trouvent dans cette partie de la région des Daïas.

On n'a que les chameaux et les chevaux pour se transporter à Tadjmout, à l'A'ssafiâ, à Ksar-el-Haïran, petites oasis où l'on tue des outardes, des oiseaux nommés *ganga*, du genre de la perdrix anglaise, et des gazelles. On rencontre des antilopes, le mouflon à manchette, des gerboises.

Les caravansérails et fermes de Laghouat comprennent une population d'une trentaine d'Européens, dont 19 Français.

A 10 kilom. à l'E. de Laghouat, sur la rive gauche de l'oued Mzi, est le petit village de *l'A'ssafia*, composé de 20 maisons.

Ksar-el-Haïran est à 8 lieues de Laghouat à l'E. 100 maisons. Mur d'enceinte en terre sur un mamelon dominant l'oued Mzi. 9 norias. Palmiers. C'est là qu'au mois d'août 1861, le chérif Mohammed ben Adballah el-Tlemsani, quittant les plaines sablonneuses du Touat, est venu abreuver ses 1,500 meharis, montés chacun par deux Touareg mourant de soif. Il a laissé ses pistolets sur le bord du puits en signe de reconnaissance.

Tadjemout à 40 kilom. N.-O. de Laghouat, groupe sur une pente, dans une double ceinture de jardins et de murailles. 150 maisons où l'on fabrique des étoffes de laine. On y voit de beaux jardins et de très-hauts poiriers. Aïn Mahdi est à 20 kilom.

El-Haouïta, à 42 kilom. O. de Laghouat, contient 50 maisons et conserve de vastes citernes.

Les Arabes du cercle de Laghouat ne fument pas et ne prennent pas de café. Ils ne font usage de ces inutilités qu'en contractant nos habitudes. Ils ne vont pas au bain maure. Les filles de quelques tribus se prostituent dans les maisons de Biskra, Boucada, Laghouat, Boukhari, Tiharet, pour gagner de quoi acheter des troupeaux. Leur bourse faite, elles se choisissent un mari, — et ce commerce paraît fort honorable.

Le cercle de Laghouat comprend l'aghalik des Ksours, huit kaïdats des Larbâas, les tribus des Chaambas de Metlili, dont la ville, à 200 kilom. de Laghouat, consiste en 144 maisons bâties en amphithéâtre sur un petit mamelon, pour 1,600 habitants — et la confédération du Mzab, au sujet de laquelle nous entrerons dans quelques détails.

La confédération est au S.-E. de Laghouat, à environ 50 lieues. Plusieurs routes y conduisent :

1° Celle qui va à Guerara, en plaine, par Ksar el-Haïran.

2° Celle qui va à Gardaïa, par Nili. C'est la plus courte et la plus fréquentée; elle devient montagneuse et pénible.

3° Celle qui va au même point, plus occidentale que la précédente, qui arrive à la partie occidentale de l'oasis de Ghardia.

La région des Dayas qu'on traverse est pleine de bas fonds où il y a des arbres poussant dans des mares. Jujubiers sauvages. Le pays est plein de gibier.

Laghouat est à 5 jours de marche de chacun des deux points où aboutissent les routes indiquées ci-dessus.

Sur le parcours, vers Ghardaïa, il y a une citerne à Hili et une à Tilr'emt.

Tilr'emt est à 30 lieues de Laghouat. La citerne est fort grande, bâtie par le Génie et contient un million de litres d'eau. Elle suffit à tous les besoins pendant un an. Au-dessus des citernes, il y a deux chambres pour les voyageurs. En quittant Tilr'emt ont entre dans la chebka du Mzab, contrée montagneuse coupée de mille ravins qui s'étend au N. du Mzab.

Berrian, oasis au confluent de l'oued Ballo, — l'oued Soudan, — l'oued Zouili. Les terres des jardins y sont soutenues par des murs épais, et la route qui traverse devient un conduit d'irrigation à l'époque des grandes pluies. On laisse à gauche un immense cimetière où il y a une gargoulette sur chaque tombe. La ville est assise sur la rive droite de l'oued El-Bir, taillée à pic. Les maisons à terrasses, toutes de même hauteur, tournent le dos à la rivière. Rues longues, bien tracées. 3,500 habitants, 28,000 palmiers. Les dattes sont très-bonnes. Arbres fruitiers. La ville est dominée par une tour de 8 mètres. Puits nombreux de 15 à 30 mètres. Pierres, chaux, plâtre. Quelques Juifs. Fabriques d'étoffes. Les femmes sont vêtues en cotonnade bleue, et divisent leur chevelure en deux boucles et un chignon.

A l'Oued Maboussa la route se bifurque. 1re route : par la vallée de Bou Noura. On arrive sur un plateau blanchâtre, 800 mètres d'altitude, sur la rive droite de l'oued Mzab, appelé Debdeba, où l'on se trouve au milieu de quatre villes : Beni Isguen, au S.-E., — Bou Noura, à l'E., — Mélika, au N.-O., — Ghardaïa, à l'O. — On est là dans la vallée de l'oued Mzab. La vallée a 500 mètres de largeur. Les rives sont formées par des montagnes de 80 à 100 mètres de haut.

Les Mozabites, de race berbère, sont au nombre de 30,000 habitants dans les 7 villes de la confédération. C'est un peuple extraordinairement laborieux, qui entend très-bien l'aménagement des eaux. Grande longévité. Il y a là 600,000 palmiers; 32 espèces de dattes. Les jardins sont dans le lit de la rivière, et les villes sont échelonnées et étagées sur les flancs des montagnes. On y mange beaucoup de viande de mouton salée et séchée au soleil, et aussi du chien et du chameau. Les pluies sont rares.

GHARDAIA. C'est la ville principale du pays du Mzab. Elle

est ceinte de murs de 2 à 3 mètres de hauteur, avec tours. Elle couvre de ses nombreuses maisons couleur de terre un rocher qui s'élève sur la rive droite de la rivière, ainsi que le col par lequel ce rocher se relie au Djebel Cheikh el-Had. 1,800 maisons, — 12,000 habitants. La mosquée avec ses dépendances occupe le point culminant. Haut minarets et écoles. Il y a la place du Marché près la porte qui conduit à Beni Isguen. La rue principale est parallèle au lit de la rivière. On y trouve des magasins et des maisons contigues de 5 à 6 mètres de hauteur; des ateliers d'armuriers et de menuisiers, cordiers, bijoutiers. On y fait de l'eau-de-vie de dattes. 90 familles juives sont fixées dans ce pays. Les femmes en sont très-belles et très-sales. L'oasis de Ghardaia est à quelques centaines de mètres de la ville dans une plaine bordée de rochers très-élevés. 60,000 palmiers. Vignes, arbres fruitiers au-dessous. Mauvaises oranges acides. Deux barrages en maçonnerie retiennent les eaux. Entre l'oasis et la ville existe une petite plaine où sont les tentes des Medabia qui fabriquent des tissus.

MELIKA, ville à 1 kilom. de Ghardaia, située sur le sommet de la montagne, rive gauche de la rivière. Pâté de 250 maisons. Route fort difficile pour s'y rendre. Entourée de murs. C'est la ville sainte du Mzab. Le cimetière est au-dessous de la ville. Puits au sommet de la montagne.

BENI ISGUEN, à 600 mètres de Melika, adossé à l'extrémité de la montagne, rive droite de l'oued Mzab. 7 ou 8,000 habitants. Enceinte de murs avec tours carrées. Minarets à formes pyramidales. Magasins renfermant beaucoup de produits européens. L'oasis se trouve séparée de la ville par l'oueb Entissa, à son confluent avec l'oued Mzab. Les maisons du haut de la ville sont en ruines; dans le bas, bien bâties avec cour mauresque au milieu et bien blanchies à la chaux. 5 excellents puits.

BOU NOURA. Il y a un grand nombre de borgnes et d'aveugles. Sur le flanc occidental d'un rocher escarpé, au confluent des trois rivières l'oued Mzab, l'oued Entissa et l'oued Souid. La partie inférieure de ce rocher est tapissée de magnifiques touffes de capriers. Cette ville est presqu'entièrement ruinée. Il y a 500 habitants. Il y a un grand et beau barrage; 2 minarets. L'oasis est dans le lit de l'oued Souid. Il y a autour de Bou Noura quelques touffes de palmiers.

El-Ateuf, à 6 kilom. en dessous de Bou Noura, sur le flanc de la montagne, rive droite, en face de L'argoub de Guerara; rocher glissant que gravit la route menant à Guerara. Puits nombreux au-dessous du village. 3,000 habitants. L'oasis est à quelques kilomètres en aval dans un renflement de la vallée.

Palmiers, champs cultivés. Barrage à l'oued Mzab. A 30 kilom. environ est Metlili, apartenant aux Chambas.

GUÉRARA, à l'E. de ces villes, — à 65 kilom. de Berrian, — est située dans une petite plaine dominée par des escarpements de terre rougeâtre et traversée par l'oued Zegrir. Cette ville a 5,000 habitants. Elle est assise au côté nord de cette plaine, sur un rocher arrondi, et domine l'oasis qui s'étend aux pieds de ses murs, du côté du Sud, — oasis qui a 150 hectares d'étendue, et qui contient 20.000 palmiers. Guérara est entourée de murs, avec de bonnes portes dont une, s'ouvrant au Nord, est remarquable par ses créneaux. La ville se développe de l'Est à l'Ouest. Un barrage y amène les eaux de l'oued Zegrir. Il y a un hôtel-de-ville à arcades sur la place du marché. Derrière se trouve la mosquée, dont le minaret est une pyramide à quatre pans. Il existe dans l'arsenal de la mosquée des fusils de rempart à mèches dont on s'est servi, en 1853, contre une attaque du Chérif. Une *maison des hôtes* reçoit les voyageurs. Les femmes fabriquent des tissus. Il y a de nombreuses chapelles sépulcrales, blanchies à la chaux, sur les points culminants, aux environs de la ville. Des puits nombreux arrosent la petite plaine qui est une dépendance de l'oasis. — Plâtre.— Grès.— On vient de Laghouat à Guérara sans quitter la région des Dayas.

La langue française est fort répandue parmi les Mozabites qui viennent dans nos villes exercer tour-à-tour les métiers de baigneurs, bouchers, meûniers, etc.

AIN MADHI. A 53 kilom. O. de Laghouat, et à 24 kilom. de Tedjemout, dans la même direction, se trouve Aïn Madhi, ville qu'ont rendu célèbre les Tedjini, puissante famille de marabouts. C'est un groupe de 200 maisons, qu'entoure, en forme elliptique, une muraille de 8 mètres de hauteur sur 2 d'épaisseur, dont les créneaux sont couronnés de pyramidions, comme ceux des remparts d'Alger. Deux portes y donnent entrée, une au N.-O., et l'autre à l'E., qui porte le nom de Bab el-Kebir. Cette dernière, double et flanquée de tours, avec avancée et place d'armes, à l'instar des fortifications européennes, fait une des principales défenses de la ville, qu'Abd el-Kader n'a pu emporter durant 8 mois de siège, en 1838. La trahison lui ouvrit toutefois ces murs, qu'il renversa en partie. La chemise en pisé qui enclot les jardins, est une sorte de double enceinte qui présente de grande difficultés à un siége régulier.

On voit une belle mosquée où sont les tombeaux des marabouts. Leurs richesses sont renfermées dans des souterrains. Les jardins sont arrosés par une source au N. de la ville, où elle est conduite par un ouvrage en maçonnerie.

En 1853 mourut le marabout, ne laissant que des filles. En novembre 1857, les Khouan de Tedjini étaient dans le ravissement; ils venaient de découvrir un fils du célèbre marabout : un jeune nègre retrouvé à Guelma, où sa mère se serait enfuie, et où il menait une existence toute différente de celle d'un héritier des Tedjini. Cet enfant, nègre gros et court, a été conduit en grand appareil à Aïn Madhi, non sans avoir opéré, chemin faisant, des miracles qui attestent son origine d'une manière irréfragable.

OUARGLA, à 8 ou 9 journées de marche pour un cavalier, et à 12 jours en colonne, à 700 kilom. S. d'Alger. Ouargla, par le 31° 58' de latitude N. et 2° 54' de longitude E., est située, sur une altitude de 144 mètres, au milieu d'une oasis de 6 kilom. carrés, meublée de 600,000 palmiers. La route droite de Laghouat à Ouargla passe par Guerara. — Ouargla est la ville la plus australe de l'Algérie. Sa population est de 12 à 15,000 habitants à faces noires. Elle a été du double au temps de *la gloire sans pareille* du pays. C'est une des plus anciennes et des plus célèbres cités de l'Afrique septentrionale. Léon l'Africain la nomme Gouargala. Elle a été prise en 1853 par Si Hamza. Le général Desvaux la visita en décembre 1856 et janvier 1857. Reprise par le chérif en 1861, elle céda peu de mois après à Boubekre en la même année. M. Berbrugger est le premier voyageur qui y ait pénétré en 1852. Il nous apprend que l'oasis, entourée d'un désert plein d'efflorescences salines, que traverse l'oued Mïa, ouvre, au N., une allée d'un quart de lieue, pour mener à la ville, sorte de quadrilatère qui s'allonge du N. au S. Il y a sept portes à l'enceinte, formée d'une muraille de 2 mètres de hauteur, défendue d'un large fossé plein d'eau, qu'un étroit chemin de ronde sépare des palmiers environnants. De petits ponceaux agrestes donnent passage pour entrer dans la ville, où habitent trois tribus : les Beni Ouaggin, les Beni Sissin et les Beni Brahim, souvent en querelles sanglantes les unes contre les autres. La Kasba, attenant à un jardin intérieur, et à une plate-forme, espèce d'avant-scène où le Chérif venait se donner en spectacle à la population, est en ruines. Il y a une petite mosquée dans cette citadelle, et deux autres dans la ville, dont l'une a un minaret de trente pieds d'élévation. Des puits artésiens arrosent l'oasis, où la température, en février, monte à 33°, à l'ombre.

Plusieurs villages sont autour. Le pays est très-malsain. L'eau, amère et salée, a 22° de chaleur. Au S. se trouve la grande chaîne des Dunes.

IV. **ANNEXE DE DJELFA**. Djelfa, sur la route de Boghar à Laghouat, à 45 lieues de la première de ces deux villes, à 28 lieues de la seconde, à 240 kilom. S. de Médéa, est située à 1 kilom. au-dessus de la source de l'oued Djelfa et sur la rive gauche de cette rivière. Elle occupe le versant S.-E. de la chaîne du Djebel-Senalba, montagne de 1,500 m. d'altitude, couverte de pins et de chênes. Le village est lui-même à 1,100 m. d'élévation. Il consiste en 52 maisons habitées par 195 Européens, dont 109 Français. — Ils ont une église, — une fontaine, un abreuvoir, un lavoir par un canal de 2 m. venant de la rivière. Il y a partout des puits de 4 à 5 m. Les rues sont plantées d'arbres. Du vendredi au dimanche, un grand marché se tient sur la place entourée de constructions à arcades, qui servent de magasins à des Mozabites qui viennent y vendre du sel, du goudron, des laines, des tapis du Djebel Amour, des fruits, du bétail. Laghouat y achète sa boucherie. L'industrie particulière s'exerce sur la chaux hydraulique, les briques, les tuiles, le grès, le plâtre. Il y a l'hôtel du Sud et l'hôtel de France, qui prennent en pension; une brasserie. La milice est organisée. Il y a une station télégraphique. Le centre de population a été créé pour 55 feux, par décret du 20 février 1861. Le village est dominé par un fort situé à 100 mètres plus au Sud-Est, qui renferme la garnison, le bureau arabe, les magasins des subsistances. L'enceinte en est bastionnée. Il a été bâti en 1852. — Le 14 avril 1861, 80 fanatiques de la secte du marabout Si Moktar, des Ouled Djebel, ont attaqué le village et ont été châtiés. Au-dessus du fort est une pépinière; autour s'étend une vaste plaine en culture où l'on recueille de l'orge, du blé, raisins, figues, abricots, pêches, dattes, pommes de terre. Il y a un beau moulin à farine sur l'oued Djelfa. A quelques kilomètres s'étend une forêt de 40 lieues de long, fournissant tout le pays de bois de chauffage. De grands vents règnent sans cesse dans cette localité où l'hiver est rigoureux. La neige y tombe en abondance. Le froid descend à 1° au-dessous de zéro. La chaleur, en été, y est fort supportable, et la température très-variable. Le pays abonde en gibiers. On chasse les gazelles avec des chiens nommés *Slougui*, qui les forcent en 6 ou 8 minutes.

Les villages de l'annexe de Djelfa sont au nombre de huit, où vivent une quinzaine d'Européens.

Ksar Charef, au N.-O. sur un plateau. 15 maisons, 60 habitants, à 15 lieues de Djelfa. Dominant la plaine du Zarès. Belle source. A l'E. se trouve la fontaine chaude d'Aïn el-Hamman de 33 degrés jaillissant près d'une ruine romaine.

Amra, au S.-O. de Djelfa, entre Tademit et Aïn el-Ibel. Belle source. 60 maisons neuves. 200 habitants. Ce village est au pied d'un rocher aride de couleur rouge. Hauteur 900 mètres.

Zaccar, à 8 lieues de Djelfa au S. à l'entrée de la gorge pittoresque dite Kraneg. Femmes renommées par leur beauté. Fabrique de cordes, 40 maisons, 50 habitants.

Moudjebar, sur la route de Djelfa à Messod. 48 maisons reconstruites en 1854. 340 habitants à 8 lieues de Djelfa au S.-E. Belle fontaine.

Messod, le plus beau et le plus prospère de ces villages, sur la rive droite de l'oued el-Hamouïda à 22 lieues S.-E. de Djelfa. Oasis remarquable par ses jardins; une centaine de palmiers. Mosquée remarquable construite par le Génie, maison du Caïd, un puits fort profond. Ces constructions sont sur un mamelon qui domine le village. 90 maisons, 700 habitants. A un kilomètre de là, sur la rive gauche est le Ksar el-Baroud, dernier point de l'occupation romaine. On y a trouvé des inscriptions. Ecole, fabrique de tissus et de poudre. On y trouve la marmotte.

Demmed, un peu à l'E. de Messod. 50 palmiers; contigü à Messod.

El-Hania, petit hameau, arrosé par l'oued el-Hamouïda.

Amoura, à 10 lieues de Messod et au S.-E. situé sur une corniche du revers méridional du Djebel Boukahil; on y monte presqu'à pic, par un chemin fort sinueux. De là on voit un horizon immense qui est le Sahara. Les eaux réunies des jardins tombent en cascades. 1400 mètres d'attitude. Chasse du mouflon et panthère. Beau massif de verdure.

L'annexe de Djelfa comprend le bach-aghalik des Ouled Naïls, l'aghalik des Ouled Saâd ben Salem et 22 kaïdats.

V.

SUBDIVISION DE MILIANA.

La ville de Miliana a été décrite à la page 263, comme étant un chef-lieu d'arrondissement du département d'Alger.

La population des centres colonisés est de 722 Européens — celle des tribus est de 145,037 individus.

La subdivision de Miliana embrasse trois cercles : I Miliana, II Teniet-el-Had, III Cherchel.

I. Le **CERCLE DE MILIANA** embrasse le bach-aghalik du Djendel, 5 kaïdats et l'aghalik des Beni-Menasser, 1 kaïdat des Attaf, 2 kaïdats des Braz, et 14 kaïdats isolés.

A 24 kilom. N. E. de Miliana et à 116 kilom. d'Alger, sont les sources thermales connues des Arabes sous le nom d'*Hammam Rir'a*. Sur le flanc d'une montagne, aux deux tiers environ de sa hauteur, a été construit un hôpital militaire non loin des ruines d'anciens thermes que les Romains avaient établis au centre d'une colonie qu'ils nommaient *Aquæ Calidæ*. La route de Cherchel et de Blida à Miliana passe au pied de l'édifice. Il peut contenir 50 à 60 lits, et renferme trois piscines mesurant chacune, à peu près, 5 m. sur 4 à 5 m. de large. Trois sources salines les alimentent. La première donne, par heure, un débit de 4200 litres. — La deuxième jauge 1560 litres par heure, et la troisième 250 — Elles offrent, dans les bains, une température variable de 41 à 53 degrés. Leur composition se rapproche beaucoup de celles de Balaruc, près Montpellier. Elles sont saturées d'acide carbonique, — incolores, — limpides, — inodores au repos. Quand on les agite, — si elles sont chaudes, leur saveur est douce, — si elles sont froides, elles ont un goût aigrelet qui en fait une boisson rafraîchissante, analogue à l'eau de Seltz.

A 300 m. de l'hôpital militaire, et sur l'emplacement d'Acquæ Calidæ, sont dix-neuf sources thermales ou froides, réunies dans un établissement thérapeutique entouré de plantations nombreuses et consistant en trois corps de logis, — pour hommes, et pour femmes, avec deux vastes piscines. Elles sont alimentées par une source qui jaillit à la température de 40°. Les principes minéralisateurs de ces eaux sont les chlorures de magnésium et de sodium, — sulfate de chaux, de soude, de magnésie, — de la silice, de l'alumine, et de la barégine.

A 1000 m. de l'établissement existe, dans un kiosque hexagonal, une source froide de 0.07 renfermant une notable quantité d'acide carbonique, de carbonate et de sulfate alcalin, de sels de fer et de barégine, — employée aussi avec succès dans la thérapeutique.

Toutes ces eaux peuvent suppléer à celles de Pougues ou Orezza, et de Bagnères de Bigorre réunies. Une seule localité de l'Algérie réunit donc trois qualités d'eaux sensiblement différentes au point de vue chimique comme sous le rapport de la thermalité. Elles sont bonnes à guérir les affections rhumatismales, les affections de la peau et les maladies syphilitiques, — les filles chlorotiques, — les personnes qui ont des engorgements de la rate ou du foie, à la suite de fièvres intermittentes.

C'est à partir du 14 avril au 15 juillet que les malades fréquentent en plus grand nombre les sources d'Hammam Rir'a.

II. **CERCLE DE TÉNIET EL-HAD**. Téniet el-Had, chef-lieu du Cercle, est situé à 64 kilom. S.-O. de Miliana, au N. de plusieurs vallées des affluents du Chélif, sur le passage obligé pour franchir les chaînes qui séparent le Haut-Chélif du Bas-Chélif. En avril 1845, on occupa cette position afin de surveiller les communications de l'Ouarensenis avec l'Est de la province d'Alger. On y traça un camp qui se compose d'une partie haute et d'une partie basse, communiquant entre elles par une rampe, et entourées d'un mur en maçonnerie, flanqué de tours. Dans la partie haute est le réduit, le pavillon des Officiers, bâtiment à deux étages, la caserne, le magasin des subsistances et l'hôpital; un bastion renferme le magasin à poudre. La partie basse contient les écuries du peloton de cavalerie et du train des équipages ainsi que leurs casernes, le parc aux bœufs, le parc au bois et le magasin aux fourrages. Il y a un moulin et une enceinte en terre, défendue par un fossé et ombragée par des plantations, où les convois qui arrivent et les petits détachements campent en sûreté, sous la protection du camp. Une population civile de 293 individus a bâti quelques maisons pour s'y livrer aux industries que le voisinage des troupes rend lucratives; une église est ouverte aux habitants. Ils se sont mis à la culture, et ont vu prospérer sur le peu de terrain qui leur a été livré, les arbres du Nord, fruitiers et forestiers. Ils ont une station télégraphique, une fontaine et un lavoir au-dessous de la ville, et un puits communal sur la place. Beaucoup de colons ont fait creuser des puits sur leurs lots à bâtir. Un marché considérable où affluent les Arabes, se tient à la porte de Téniet el-Had. A 2 kilom. O. se déploie une magnifique forêt de cèdres de 3,000 hectares d'étendue. On y admire des arbres de 6 mètres de circonférence sur 18 à 20 de hauteur, dont une rondelle pourrait former une table de huit couverts. Une source ferrugineuse, dont le docteur Bertherand a constaté l'analogie avec les eaux minérales de Spa, sort de terre dans cette forêt, à peu de distance de la route et à 3 kilom. de la redoute de Téniet el-Had, qui possède un petit hôpital.

Le cercle comprend le bach-aghalik du Guebla, 10 kaïdats; le bach-aghalik du Djendel, 6 kaïdats, et 2 kaïdats isolés.

III. **CERCLE DE CHERCHEL.** La ville de Cherchel a été décrite à la page 232, comme étant une commune de l'arrondissement de Blida.

Le cercle de Cherchel embrasse l'aghalik de Zatima, 10 kaïdats; l'aghalik des Beni Menasser, 2 kaïdats, et 1 kaïdat isolé.

VI.

SUBDIVISION D'ORLÉANSVILLE.

Orléansville a été décrit à la page 271, comme étant une commune de l'arrondissement de Miliana.

La population des tribus est de 85,717 Arabes, celle des centres colonisés, de 110 Européens.

En attendant la constitution des centres de population projetée, une centaine de hardis colons se sont établis sur les points qui paraissent offrir le plus d'avantages comme gîtes d'étapes et lieux de repos pour les voyageurs, et ont bâti 29 maisons. Ces exploitations sont situées à Aïn Beïda, aux Cinq-Palmiers, aux Trois-Palmiers, sur la route de Ténès à Orléansville; à l'oued Isly et au Bordj Isly, sur la route d'Orléansville à Mostaganem; à Tambrara, sur la route de l'Ouarensenis, et sur quelques autres points.

La subdivision d'Orléansville embrasse deux cercles : I Orléansville, II Tenès.

I. **LE CERCLE D'ORLÉANSVILLE** comprend l'aghalik des Sbeha, 7 kaïdats; l'aghalik de l'Ouarensenis, 9 kaïdats, et 7 kaïdats isolés.

II. **CERCLE DE TENÈS**. Tenès a été décrit à la page 206, comme étant une commune de l'arrondissement d'Alger.

Le cercle embrasse sept kaïdats.

FIN DE LA PROVINCE D'ALGER.

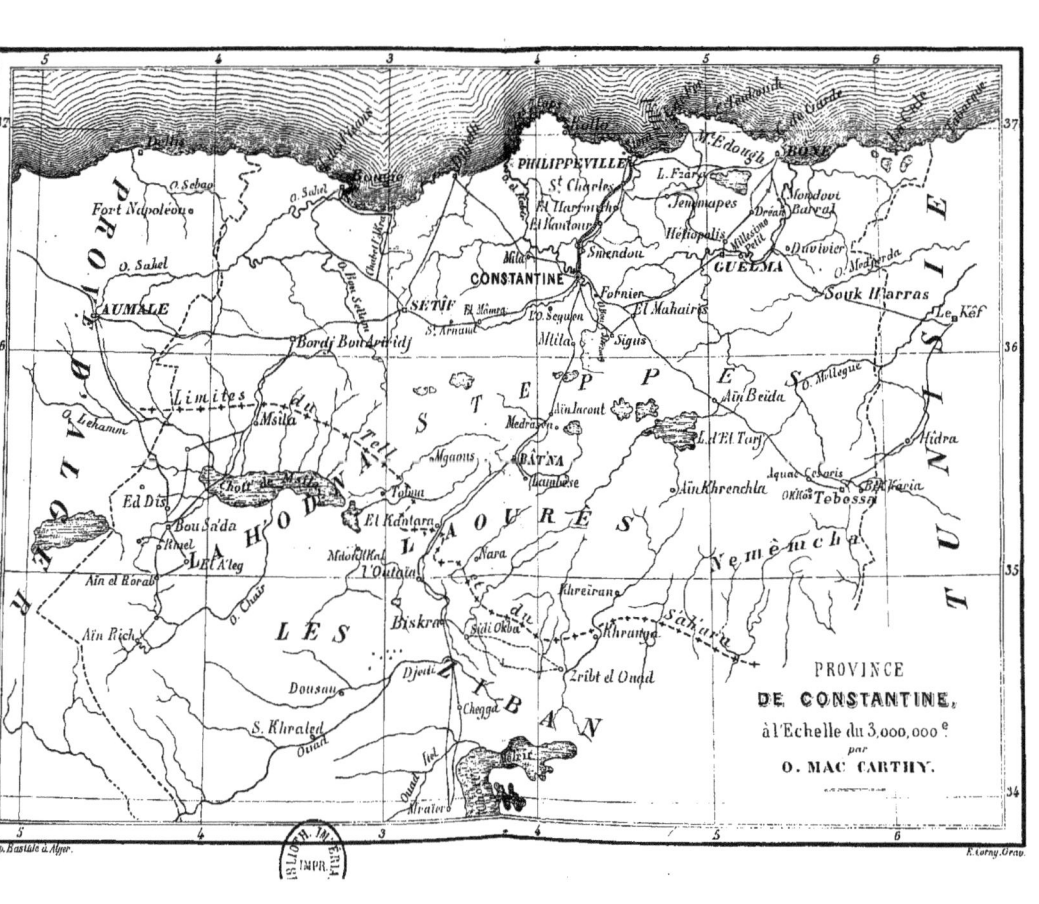

PROVINCE DE CONSTANTINE.

DE LA PROVINCE DE CONSTANTINE

EN GÉNÉRAL.

SITUATION, LIMITES, ÉTENDUE. La province de Constantine comprend, le long de la Méditerranée, au N., l'étendue de côtes profondément accidentées qui serpentent entre le cap Roux, par 6°33' de longitude orientale, et le cap Corbelin, par 2°15'. Elle se prolonge en pointe au S., jusqu'au désert, entre les frontières, à l'E. de la Tunisie, qui s'avancent de la mer jusqu'à la Sebkhra el-R'arnis, pour passer un peu à l'O. de Neft'a; et les limites très-sinueuses, à l'O., de la province d'Alger. La superficie totale est de 175,000 kilom. carrés, dont 73,000 dans le Tell, et 102,000 dans le Sahara.

MONTAGNES. Les masses qui dominent les vallées hautes, et s'avancent de l'E. à l'O., sont:

Le Djebel Beni Salah, au S. de Bône, le Mahouna,

près de Guelma, le Guérioun, au S. de Constantine, le Bou Taleb, au S. de Sétif.

Les masses qui bordent le littoral et dominent les vallées basses, sont :

Le Ghora, près de la Cale, l'Edough, entre Bône et Philippeville, le Goufi, entre Collo et Djidjeli, le Babour, entre Djidjeli et Bougie.

PLAINES ET LACS. Les surfaces planes les plus remarquables sont la plaine de Bône, celle du bassin du lac Fezzara et les vastes steppes qui s'étendent entre Sétif, Constantine au N. et le massif de l'Aourès au S. Le lac Fezzara, au pied du mont Edough, à 15 mètres au-dessus de la mer, occupe une superficie de 12,700 hectares (32 kil. carrés). La profondeur moyenne des eaux, qui sont amères et salées, mais douces au milieu du lac, où l'on voit les ruines de la station romaine *Ad Plumbaria*, est de 2 mètres. On y trouve des poissons nombreux, et on y voit une grande quantité d'oiseaux aquatiques. La pêche et la chasse, sur le lac Fezzara, ont été concédées par acte du 12 décembre 1856.

Les lacs de la Cale, qui sont : l'étang de Beaumarchand, ou le lac supérieur *(Guera el-Boheïra)*, le lac de Tonègue *(Guera el-Hout)*, le lac du Bastion, les Sebkha Zerka, et les Chôt-Ense ou Meleh, dans le khalifat des Harachtas, sur le chemin de Biskara, sont aussi à remarquer.

RIVIÈRES. Les cours d'eau les plus considérables sont, de l'E. à l'O. :

La Sebouse, qui a son embouchure à l'E. de Bône,

dans le golfe de ce nom; ses principaux affluents sont : les oueds Zenati, El-Mridj, El-Cherf, Bou Mouïa, Maïla, Erquerich et Méboudja.

L'oued El-Kebir, qui a son embouchure à 28 kilom. E. de Djidjeli; ses principaux affluents sont : les oueds Endja, Deaheb, Djemila, Siyan, Roumel et Djira.

L'oued Bou Sellam, appelé aussi oued Adjeb, qui se jette dans l'oued Sahel, à 60 kilom. du point où cette dernière rivière tombe à la mer. L'oued Atif la joint dans cette partie de son cours, où elle s'incline de l'O. à l'E. Avant cette rencontre, elle a reçu les oueds Bachbach, Sebt et Mahadjar.

Les autres cours d'eau de quelque importance, sont encore, de l'E. à l'O. :

La Mafrag, qui se jette dans le golfe de Bône, l'oued El-Kerk, dans le golfe de Stora, à l'O. du cap de Fer; le Safsaf, à l'E. de Philippeville; l'oued Guebli, à l'E. de Collo; l'oued Nil, à l'E. de Djidjeli.

L'oued Sahel, qui a son embouchure à l'E. de Bougie, et sépare au S.-E. la province d'Alger de la province de Constantine. Les principaux affluents qui le composent sont l'oued Figa et l'oued Tifrit.

RIVAGES, CAPS ET ILES. Nous suivrons l'itinéraire de M. Berard, capitaine de corvette, en remontant de l'O. à l'E. et à partir du cap Corbelin. Au S. de ce cap est la montagne Azefroun, élevée de 1,360 mètres, qui domine tout le premier plan des terres hautes, dont est bordée la côte depuis Dellis. Le cap Sigli est formé par des terres de moyenne hauteur. Son sommet est remarquable par des blocs de roches, disposés d'une manière bizarre, et qui ressemblent beaucoup à des ruines. Du cap Sigli au cap Carbon, la côte suit à peu près la direction de l'E.-S.-E. L'île Pisan, vis-à-vis une très-belle plage, est un rocher de 500 mètres de longueur. Son sommet tronqué, est incliné vers l'O., à environ 50 mètres d'élévation; ses flancs sont garnis de quelque végétation. L'île peut offrir un abri pour les petits bâtiments. Après elle la côte s'élève et présente à la mer une muraille perpendiculaire de grands rochers, qui règne sans être interrompue jusqu'au cap Carbon, et même dans la baie de Bougie. Au commencement et à peu de distance du rivage, on remarque dans ces rochers plusieurs cavernes très-grandes. Le cap Carbon est formé par la partie O.-E. d'une grande masse de rochers presque nus, et dont le sommet, appelé Gouraya, s'élève à 671 mètres au-dessus du niveau de la mer. La partie extrême du cap est perforée de part en part dans une direction N. et S., et, pour cette raison, a été appelée Metskoub *(Pierre percée);* la mer y pénètre en y conservant une profondeur qui permet aux barques du pays de passer au travers. C'est le fameux *Treton Akra* ou *Tretum pro montorium* des écrivains anciens.

La baie de Bougie sera décrite à l'article consacré à cette localité.

A partir de l'embouchure de l'oued Sahel *(la Summan)*, la côte s'incline régulièrement vers le S., et remonte ensuite, avec une espèce de symétrie, jusqu'au cap Cavallo. Dans le golfe de Bougie, qu'elle forme, on arrive à l'île Mansouria, située très-près de terre, et on voit un petit îlot qui s'avance à un demi-mille au large, pouvant avoir 20 mètres de haut. Le cap Cavallo est une terre élevée qui s'avance vers le N.-N.-O., en diminuant progressivement de hauteur et formant une pointe aiguë; puis vient cette roche isolée, d'un rouge de feu, que les Arabes ont appelée pour cette raison *Afia.* Le fond des environs est madréporique; on y trouve du corail rouge. De la roche Afia à Djidjeli, la côte est formée par un cordon de roches basses et uniformément placées comme les pierres d'un quai. De Djidjeli au cap Bougarone, la côte suit à peu près l'E.-N.-O., presqu'en ligne droite, se recourbe et forme la baie Mers el-Zeïtoun *(le Port des Oliviers).* Puis, commencent les sept caps, dont le Bougarone est composé. C'est le point le plus N. de toute l'Algérie. Il est formé par une grande masse de terre, qui occupe une étendue de plus de 16 milles, de l'E. à l'O., et dont le sommet le plus élevé a 1,090 mètres, et se trouve à peu près au centre.

La baie de Collo offre un abri contre les vents du N.-O. à l'O; les petits bâtiments qui peuvent s'approcher de la terre et s'amarrer devant la ville sont à l'abri de presque tous les vents; le fond y est d'une très-bonne tenue.

La baie qu'on trouve au N. de Collo porte le nom de Bahar el-Aouâtsek *(Bain des Jeunes filles)*; elle n'est pas à l'abri des vents de cette exposition. La partie occidentale de la baie de Collo se termine par un terrain rocailleux et de moyenne hauteur, qui porte le nom de Râs-

Frao. L'île de Collo a environ 60 mètres de hauteur, son sommet est arrondi et d'une couleur roussâtre ; l'on y trouve quelque végétation. Elle est habitée par un grand nombre d'oiseaux d'espèces différentes : des milans, des éperviers ayant leurs nids à côté de ceux des goëlands, des hirondelles de mer, des pétrels et même des pigeons ; et chaque espèce paraît y vivre dans la plus entière sécurité. De là au cap Bibi, qui s'avance en pointe droite, il y a une baie assez profonde. Une autre pointe porte le nom Tzour-Hamed-Djerbi. L'îlot Tarsa est un rocher pyramidal entièrement nu, à peine détaché de la côte qui, en cet endroit, tourne rapidement au S. et forme une baie ouverte. L'île Srigina est un seul rocher nu, dont la longueur git N. et S., et qui est entouré de quelques roches peu élevées. Cette île correspond à un gros cap sans nom, après lequel la côte tourne au S., en conservant le même aspect ; quelques ravins profonds divisent ces masses de terrains, en leur donnant, auprès du port de Stora, des formes pyramidales assez remarquables. Une plage droite, uniforme et longue d'environ six milles, conduit du cap Râs-Shîkda au cap Filfila. Celui-ci, du côté de la mer, est un composé de falaises rocailleuses taillées à pic. Le grand enfoncement compris entre le cap Filfila et le cap de Fer, est généralement connu sous le nom de golfe de Stora. Le cap de Fer est formé par une masse étroite de terres élevées et garnies, à leur base et à leur sommet, de rochers gris, entièrement nus. Son contour est assez dentelé ; le plus haut sommet du cap a 480 mètres de hauteur. La côte court ensuite N.-E. ; elle se courbe peu à peu et va rejoindre le Toukouch, offrant un aspect assez triste de falaises uniformes, entrecoupées de plusieurs petites plages. Dans le milieu de cet espace, à un mille de terre, se trouve l'île Toukouch ; c'est un rocher peu élevé de couleur jaune ou rousse. Vis-à vis cette île, les terres hautes sont voisines de la mer et forment une chaîne qui va jusqu'au cap de Garde. Le Ras-Arksin est une montagne arrondie du côté de la mer; il n'y a aucune végétation. La côte se redresse ensuite, devient extrêmement escarpée et garnie de grands rochers, qui forment une espèce de muraille jusqu'à la *Voile-Noire* ; c'est ainsi que les Maures ont appelé une roche triangulaire, ou plutôt conique, située à l'extrémité d'une pointe très aiguë, qui s'avance en mer, à plus d'un demi mille, comme un môle. Tout ce qui avoisine la mer, en cet endroit, est d'un aspect triste, et ne présente plus, jusqu'au cap Garde, qu'un terrain aride et désolé. Le golfe de Bône, profond de 14 kilomètres, s'ouvre entre le cap de Garde et le cap Rose, séparés de 40 kilomètres.

Le cap Rose est formé par des terres peu élevées. Le mamelon de l'intérieur, qui en fait la principale masse, a 330 mètres de hauteur. Le cap lui-même composé de roches coupées à pic, n'a que 90 mètres. C'est le point de la côte d'Afrique où l'on pêche le plus de corail, et c'est aussi l'endroit où il est le plus abondant. La profondeur ordinaire de laquelle on le retire, est entre 40 et 50 brasses. A 4 milles du cap, on remarque une coupée dans le terrain. C'est par là que la mer communique à un étang très-poissonneux, dans lequel les coralleurs entraient souvent autrefois, et qui était connu parmi eux sous le nom d'*Étang du Bastion*. La côte remonte ensuite vers l'E.-N.-O. avec des terrains qui s'élèvent davantage. C'est à un peu moins de 2 milles de l'embouchure de ce lac que se trouvent, sur un escarpement rougeâtre, les ruines d'une tour qui appartenait à l'ancien bastion de France, un des premiers établissements des Français en Afrique, et qui a précédé la domination des Turcs. A 1 mille du bastion il y a une pointe formée par un terrain de moyenne hauteur. La côte, après elle, tourne à l'E., en se courbant un peu, et vient former le cap Gros. On y voit, dans la partie occidentale, une saillie assez remarquable, qui a été appelée Bec-de-l'Aigle. La Cale est à 2 milles du cap Gros. A l'E. de La Cale la côte continue à être formée par des falaises rocailleuses. On découvre de ce côté, à 4 milles de distance, une montagne conique, au sommet un peu arrondi : c'est le Monte-Rotondo. Une petite rivière, qui coule à son pied, du côté de l'O., et vient se jeter à la mer tout près de lui, a longtemps servi de limite aux deux régences de Tunis et d'Alger.

PASSAGE. Il est un formidable passage à l'O., à quatre jours de marche d'Alger, connu sous le nom de Bibans ou Portes-de-Fer. L'oued bou Ketheun l'a creusé à travers l'Ouannour'a. Une vallée assez large se rétrécit tout à coup, en plongeant au pied d'immenses murailles de granit dont les crêtes, pressées les unes contre les autres, découpent sur l'horizon leurs silhouettes fantastiques.

On gravit un âpre sentier sur la rive gauche d'un torrent et, après des montées et des descentes pénibles, on se trouve emprisonné au milieu de cette gigantesque formation de roches escarpées. Ces masses calcaires de 8 à 900 pieds, orientées de l'E. 10° N., à l'O. 10° S., se succèdent, séparées par des intervalles de 40 à 100 pieds, qu'occupent des parties marneuses détruites par le temps, et vont s'appuyer à des sommets qu'elles brisent en ressauts infranchissables. Une dernière descente, presque à pic, conduit au milieu du site le plus sauvage où, après avoir marché pendant plus de dix minutes, à travers des rochers dont le surplomb s'exhausse de plus en plus, et après avoir tourné à droite, à angle droit, dans le torrent, on arrive dans une espèce d'entonnoir où se trouve la première porte. C'est une tranchée large de 8 pieds, pratiquée perpendiculairement dans une de ces grandes murailles, rouges dans le haut et grises dans le bas. Des ruelles latérales, produites par la destruction des terres légères, se succèdent jusqu'à la seconde porte, où un mulet chargé peut à peine passer. La troisième est à quinze pas plus loin, en tournant à droite. La quatrième porte, plus large que les autres, est à cinquante pas de la troisième; puis, le défilé, toujours étroit, s'élargit un peu et ne dure guère plus de trois cents pas; il débouche dans une riante vallée.

TEMPÉRATURE. La température de la province de Constantine présente de grandes différences sur son vaste périmètre, qui est celui des trois divisions de l'Algérie, s'étendant le plus au N. et se prolongeant davantage au midi. — La situation des montagnes que l'on trouve de plus en plus hautes à mesure qu'on plonge dans l'intérieur, y met en présence de variations qui n'attendent point la démarcation des saisons pour faire éprouver les ressauts les plus vifs du froid à la chaleur. Aussi l'on y ressent tour-à-tour les plus grandes ardeurs de l'été et les rigueurs de l'hiver les plus sensibles. Ces observations ne sont point relatives aux côtes où la température est douce, et plus en rapport avec les Européens que sur tous les autres rivages de l'Afrique septentrionale.

CULTURE. En 1864, une population européenne de 26,570 âmes, cultivait une superficie de 191,004 hectares. La valeur de son matériel agricole était de 1,003,725 fr., — elle habitait 4,898 maisons, avait 142 moulins appliqués à diverses industries, qui valaient ensemble 31,395,652 fr. Elle possédait 100,332 têtes de bétail, 894,311 arbres fruitiers et 938,895 arbres forestiers, résineux et économiques. Le rendement en blé tendre était de 14,910 hect., en blé dur, de 289,787.

La population indigène des centres colonisés, de 199,853 âmes, cultivait une superficie de 669,727 hectares. La valeur de son matériel était de 226,368 fr. Elle habitait 37,629 tentes, 680 maisons, avait 18 moulins et 157 puits ou norias. Toutes ces dépendances avaient la valeur de 2,782,087 fr. Elle possédait 678,266 têtes de bétail, 147,888 arbres fruitiers et 8,393 de diverses autres essences. Le rendement en blé dur avait été de 651,406 hectolitres.

La production cotonnière en cette année 1864 a été de 103,134 kilog., — celle du tabac, 1,357,646 kilog., — celle de la vigne, 15,747 hectolitres en vins rouges et 1,304 en vins blancs. Le lin donnait 36 kil. 135 gr. en grains et 907 kil. 150 gr. en paille. 24,500 pieds d'orangers et citronniers étaient en rapport, 522,000 fruits avaient été exportés.

Sur les 7,300,000 hectares du Tell, 900,000 environ sont en culture. La province de Constantine, entièrement dénudée en de certains cantons, est cependant presqu'autant boisée que la province d'Alger, et beaucoup plus que celle d'Oran.

Le relevé ci-après donnera une idée de l'importance de ses forêts :

Cercle de Constantine............	50,790 hect. boisés.
— d'Aïn Beïda................	23,950 —
— de Tebessa.................	46,300 —
— de Djidjeli.................	42,000 —
— de Philippeville............	82,015 —
— de Batna...................	71,030 —
— de Biskra..................	46,965 —
— de Sétif...................	51,700 —
— de Bordj Bou Areridj......	20,176 —
— de Boucada................	12,600 —
— de Bougie.................	77,950 —
— de Bône...................	53,442 —
— de Souk H'arras...........	50,400 —
— de Guelma.................	79,900 —
— de la Cale................	56,755 —
Total.........	765,973 hect. boisés.

MINÉRALOGIE. Au 31 décembre 1864, les mines en exploitation étaient celles des Kharezas et d'Aïn Mokra (fer), celle du Kêf Oum et-Theboul (plomb argentifère), et celle d'Aïn Barbar (cuivre).

Il y a encore d'autres mines de fer à Bou Hamra, à Méboudja, du Filfila, à El-M'kimen, à l'oued el-Ksab, aux Beni Four'al, au Djebel bou Ksaïba; un gîte de plomb argentifère au cap Roux; un gisement de même métal, de zinc, de mercure avec cinabre au Djebel Sayefa; du plomb, du zinc, de l'antimoine, du mercure, du cuivre, de l'arsenic au Fezoudj et au Bou Zeïtoun; de l'antimoine au Taa, à El-Hamimate; du cinabre auprès de l'oued Noukhal et du Djebel Nakhsen; des pyrites de cuivre et de fer oligiste le long de l'oued Meçadjet.

Il reste à explorer 35 gisements reconnus ou signalés: les mines de plomb des Ouled Chélia, près de Batna, de Khandek-Chaou, du Djebel Kaláa, du Djebel Halia, à l'E. de Philippeville. Les mines de cuivre et de zinc de Mers el-Mellaha; de cuivre et de plomb du Djebel Chéraïa; d'antimoine du Ferdjioua; d'antimoine et de mercure du Djebel Sousâ; de fer de Bou el-Maden et de l'oued Imna, d'Adrar en Kabylie; de l'oued el-Aroug, auprès du lac Mella; de calamine d'Hamimate-Arko. Les gisements de fer oligiste de l'oued el-Arraka, d'Aïn Arraoun; de fer oxydulé de Slémat et d'Aïn Tsourba, dans l'Edour', de minerai de fer du Djebel Soma, au N. de Sétif, et des deux rives de l'oued Tammanerts, à l'O. de Collo; les gisements de galène de Kharbet Merroucha et de Bou Grioua, dans les montagnes qui bornent au S. la plaine des Beni Sala (Kabylie); des Beni Marmi, dans la vallée supérieure de l'oued Djinjen; de Bodjeur, à 32 kilom. au S. de Sétif; du

Djebel Gueddil, de l'oued Abdi, de Beccaria, près de Tebessa; de galène antimoniale des Nbails Nador, à l'E. de Guelma; de cuivre et de galène antimoniale d'El-Garsa; de cuivre carbonaté de Sidi Rer'eiss; de cuivre pyriteux de Kheneg el-Djemaa, au S.-O. de Collo; de pyrite de cuivre d'Ain Raalet, en Kabylie; d'antimoine sulfuré de l'oued el-Aouza, dans l'Edour'; et, enfin, de plomb, au Djebel Halia, à l'E. de Philippeville. On a extrait, au Smendou, quelques tonnes de lignite. Il y a des mines de sel à l'O. de Mila.

Les marbres blancs de Filfila sont de toute beauté. Ceux de l'Oum ed-Doueb et de Sidi Abd er-Rebou, les marbres saccharoïdes de l'Oum el-Adeïd et du Kef Sirséad, sont de même couleur; le marbre albâtre blanc du Djebel Hallouf a des reflets nacrés. Les marbres de l'Hadjar el-Bid et de l'oued el-Haneb sont d'un gris bleuâtre.

Depuis 1854, on exploite des carrières de pierre à bâtir, de pierre à plâtre et à chaux. — De nombreux ateliers façonnent l'argile à briques.

De Sétif à la Cale, les sources minérales sont fréquentes, et nous rappellerons ici les eaux thermales d'Hammam Meskhoutine, déjà indiquées dans l'introduction (p. 16). A 50 kilom. S.-E. de Constantine, existe la source sulfureuse dite M'sïr M'keberta. L'eau d'Aïn M'keberta exhale une odeur prononcée d'œufs pourris et noircit promptement les pièces d'argent que l'on y plonge. Exposée à l'air, elle perd à la longue son odeur et laisse un dépôt de soufre. Sa température a été trouvée de 16 degrés — celle de l'air extérieur étant de 24°. C'est une eau sulfurée calcique froide. Parmi les eaux minérales de France, celles auxquelles on pourrait le mieux rapporter l'eau d'Aïn M'keberta sont celles d'Enghien. Son état thérapeutique serait salutaire contre les maladies des poumons et contre les maladies intestinales. En un mot, saline par les sels calcaires en même temps que sulfureuse, cette eau serait employée avec succès dans les cas où l'on aurait à agir sur l'appareil digestif. Moyennant quelques soins il serait facile de la transporter et de la garder en bouteilles. Pour l'employer en bains, il faudrait la chauffer dans des appareils combinés de manière à lui conserver tous ses éléments.

ZOOLOGIE. Les scorpions sont fort communs ; les serpents ne sont pas rares, mais on n'en rencontre plus de la taille de celui que Régulus combattit avec toute son armée dans cette province, au bord du fleuve Bagrada (le Medjerda), et dont il envoya à Rome la peau de 120 pieds de long, que Pline dit avoir vue.

Les poules de Constantine, qui n'ont pas de crêtes, sont connues par les naturalistes et appréciées par les gourmets.

C'est ici le lieu de parler de l'espèce de zoophyte qui attire tous les ans une population industrieuse sur les côtes. Le polypier, que nous nommons corail, et dont l'extraction fait la principale richesse de ces parages, est abondant sous les eaux de La Cale, de Bône et même de Stora. Il a été recherché en 1864 par 327 bateaux, dont

186 Français, 118 Napolitains et 23 Espagnols; — en 1855, par 73 bateaux seulement, dont 9 Français et 30 Napolitains. La raison de cette diminution pouvait être attribuée aux nombreux transports pour la guerre d'Orient, qui avaient distrait les navires d'un commerce peu fructueux à cette époque, où la mode des ornements de corail semblait être passée. Depuis, la bijouterie a remis en faveur le corail, et l'industrie de la pêche s'est relevée.

RUINES SOLITAIRES. Beaucoup de ruines solitaires sont disséminées dans cette province, qui a été le pays de l'Algérie le plus fréquenté par les Romains.

Le monument le plus curieux est le sépulcre des Rois de Numidie, nommée Medr'asen par les Arabes, et tombeau de Syphax par les Européens, assez loin de la route de Batna à Constantine, au pied du Djebel Bou Arif, contrefort de l'Aourès. C'est peut-être le seul édifice encore debout, qui marque la transition entre l'art égyptien et l'art grec. Sa forme, qui est celle d'un cône tronqué, se retrouve dans les plus anciens monuments de la haute Asie, de l'Indoustan et de l'Amérique. Sa base a 55 mètres 08 centimètres de diamètre, sa hauteur 18 mètres 60 centimètres. Soixante colonnes côniques, sans piédestaux, ayant, avec leurs chapiteaux, 2 mètres 60 centimètres de hauteur, sont engagées dans un mur circulaire. Au-dessus d'une corniche d'ordre pœstum, 24 degrés de 58 centimètres chacun de hauteur et 98 centimètres de large, s'élèvent, en diminuant de circonférence progressivement jusqu'au sommet, qui présente une plate-forme de 11 mètres 70 centimètres de diamètre. Elle s'est fortement affaissée en son centre et il s'y est formé un entonnoir de 1 mètre 25 centimètres de profondeur. Le pourtour du soubassement est divisé en trois parties égales, par des fausses portes. En 1850, on a trouvé à l'E., l'entrée du monument. Les pierres qui formaient le quatrième gradin, à partir de l'entablement, et la contre-marche, dérobaient la porte de ce passage, qui a donné accès dans le bâtiment. On a déblayé un escalier de 6 marches de 0 mètre 50 cent. de hauteur sur 0 mètre 37 cent. de largeur, descendant dans un couloir de 2 mètres 40 cent. de hauteur, sur 1 mètre 19 cent. de largeur, dont les parois sont revêtues de pierres de taille, et dont le plafond est formé de longues pierres portant sur les deux parois. Une fouille de 1 mètre de profondeur a fait découvrir des ossements humains et un fragment de lampe en métal. En 1866 on a découvert d'autres marches de l'escalier jusqu'à la douzième. La caveau placé après le couloir est détruit par suite de l'affaissement de la plate-forme, et de l'éboulement intérieur. Des fouilles opérées entre des colonnes du pourtour, à une profondeur de 2 mètres 15 cent. au-dessous du socle inférieur, ont amené à trouver une cavité en forme de galerie grossièrement taillée dans le tuf. Cette galerie a d'abord 0 mètre 80 cent. de hauteur et 0 mètre 80 centimètres de largeur, sur une longueur de 7 mètres, puis elle a 1 mètre 30 cent.

de largeur, sur 2 mètres 50 cent. de hauteur. Elle se dirige en ligne tortueuse vers le centre du monument. Malheureusement, à 14 mètres de l'entrée on a rencontré encore des éboulements qui n'ont pas permis d'aller plus loin.

M. Carette, dans son travail sur l'Algérie, publié dans l'*Univers pittoresque* (Afrique. T. VII, p. 97), signale dans un pli de terrain non loin de la route qui conduit de Constantine à Sétif, par la plaine des Oulad Abd en-Nour, un ensemble de cryptes troglodytiques, sorte de ville souterraine, dont l'origine se rattache aux premiers âges de l'histoire. Une de ces cryptes a reçu le nom de Ksar Bou Malek ; c'est un amas de pierres de taille, dont quelques-unes seulement sont demeurées sur leur lit de pose. Les eaux du Bou Aça traversent la dépression du terrain qui les entoure en amphithéâtre. Tout près de là s'offre une série d'excavations nombreuses, de formes et de grandeurs diverses, pratiquées dans le roc vif. On a trouvé la figure d'un triangle, profondément incrustée sur la face d'une de ces demeures mystérieuses.

A 38 kilom. de la route de Sétif, dans la région du Chettaba, on trouve encore une grotte (R'ar ez-Zemma), pleine d'inscriptions romaines, en l'honneur du Génie de la maison d'Auguste.

Dans le golfe de Bougie, à 45 kilom. environ de cette ville, et à une distance à peu près égale de Djidjeli, on trouve, sur un petit promontoire élevé de 10 à 15 mètres au-dessus de l'embouchure de la rivière Djermouna, des ruines romaines assez remarquables : les restes d'un mur d'enceinte, haut de 4 mètres, avec tourelles, encadrant une superficie de 16 hectares, où se dressent des colonnes à chapiteaux corinthiens et les débris d'un édifice. Ce lieu nommé Ziama représente l'ancien municipe de Choba.

A 4 kilom. environ et à l'E., on voit un autre amas de ruines assez considérables qui est le *Muslubium* de l'itinéraire d'Antonin : l'endroit porte aujourd'hui le nom de Mansouria.

A 40 kilom. N.-E. de Sétif, on trouve Djemila, qui est l'ancienne *Gemellæ* des Romains, située sur un plateau d'un accès difficile, entourée d'un horizon triste et resserré. Les ruines romaines y sont importantes. Le duc d'Orléans, à son passage sur ce point, en octobre 1839, y remarqua un théâtre, un temple quadrilatère à 6 colonnes, les restes d'une basilique chrétienne avec une mosaïque, des bas-reliefs, des inscriptions en grand nombre, le forum où s'élève un temple dédié à la Victoire, et surtout un arc-de-triomphe qui y mène. Sa hauteur totale est de 12 m. 65 cent., sur une largeur de 10 m. 60 cent. Il est d'une seule arcade de 7 m. 32 cent. de hauteur, et de 4 m. 35 cent. de largeur. Deux pilastres de chaque côté reposent sur un stylobate commun, et encadrent les trumeaux creusés chacun d'une niche destinée, sans aucun doute, à des statues. On lit sur l'attique une grande inscription, qui prouve que cet arc-de-triomphe a été élevé à l'empereur Caracalla, vainqueur des Parthes, des Bretons, des Germains, père de la patrie, proconsul, — à sa mère Julia Domna et à son père Septime Sévère.

NOTE HISTORIQUE. Le célèbre corsaire Barberousse mit à profit la décadence des Hafsites de Tunis pour s'emparer de Djidjeli, qui fut sa première possession. En 1520, il effraya par des menaces si terribles les gens de Collo, port où les produits de Constantine trouvaient un exutoire, que cette dernière ville se soumit aussi. Mais huit ans après, sa puissance y fut renversée par le caïd Abou 'l-Hassan Ali ben Farat, qui commanda la province au nom des souverains de Tunis. Le pacha Mohammed ben Salah, vint punir cette révolte en 1567; mais le pouvoir des Turcs ne fut définitivement établi qu'en 1640. Ses successeurs au trône d'Alger établirent à Constantine un bey, qui gouverna la province en leur nom. Le moindre indice de désobéissance de la part de ces hauts fonctionnaires était promptement puni du cordon ou du poignard. Les guerres avec Tunis et les tribus indociles, furent les évènements les plus graves de cette période. Dès 1520, plusieurs négociants provençaux avaient traité directement avec les tribus qui habitent le long des côtes, entre Tabarqua et Bône, pour y faire exclusivement la pêche du corail. Le sultan Sélim régularisa cette concession en faveur des Français, avec le privilége de faire seuls le commerce des ports et hâvres de La Cale, Collo, du cap Rose et de Bône; souvent ces titres furent éludés. Le Bastion de France, élevé pour protéger nos commerçants, fut détruit plus d'une fois. Le châtiment infligé à Djidjeli par les navires de Louis XIV, fut trop faible pour punir les Arabes de leur manque de foi. La destruction de nos établissements était toujours le premier acte par lequel ils déclaraient la reprise de leurs hostilités barbares. En 1827, le comptoir de La Cale fut de nouveau détruit.

La France vint en 1830 venger les injures anciennes et récentes qu'elle avait reçues sur ce rivage. Bône fut occupée, mais le bey de Constantine Hadj Ahmed, déclaré déchu, n'en continua pas moins l'exercice de sa tyrannie, malgré la nomination du prince tunisien Sidi Mustafa en sa place (15 décembre 1830). Le gouvernement français désapprouva cette combinaison politique du maréchal Clauzel, général en chef, et le rappela. Bône, mal gardée, d'où nos troupes venaient d'être chassées (29 février 1833) par suite des intrigues d'Ibrahim, ex-bey de Constantine, réfugié dans ses murs, fut aussi évacuée par ce dernier. Hadj Ahmed y vint apporter le carnage, et fut évincé à son tour par l'admirable résolution des capitaines Armandy et Jusuf. Dès-lors la place est restée française ; mais la présence, dans un pays qui appartenait à la France, d'un homme comme Ahmed qui se maintenait au pouvoir avec les attributs de la souveraineté, était intolérable. La province de Constantine avait été, sous les Turcs, comme un royaume dans le royaume d'Alger même ; sa richesse l'avait placée la première de tout temps. Les monuments des Romains, plus nombreux ici que dans les autres parties de l'Afrique ; les routes de l'antiquité, les souvenirs de l'histoire revivant à chacun de nos pas, tout en était la preuve. Le pays demeurait dans un état complet de stagnation, eu égard aux progrès de la civilisation : la prise de Constantine fut donc résolue. Nos armes essuyèrent un mémorable échec devant cette place (1836), et l'année suivante, vers la même époque, la ville fut prise. Cette victoire, qui fut achetée au prix de la vie du général Damrémont, gouverneur-général, porta au même poste le lieutenant-général Valée, commandant supérieur de l'artillerie du siége. Ce gouverneur reparut dans la province pour y fonder Philippeville, sur les ruines de Rusicada. Djidjeli fut occupée. Le prince royal, duc d'Orléans, voulut visiter le pays et revint à Alger par le fameux passage des Portes de Fer (28 septembre 1839). Abd el-Kader, que cette expédition faite dans une intention toute pacifique, avait froissé dans ses susceptibilités de souverain, tel qu'on l'avait établi par le traité de la Tafna, déclara la guerre, mais ne put rien obtenir sur les Arabes de la province de Constantine, qui repoussèrent eux seuls ses émissaires et ses soldats. Mila, où quelques influences hostiles agitaient les masses, fut occupée ; les tribus du mont Edour' furent châtiées et les populations de Collo soumises.

Dès l'année 1838, divers arrêtés du Gouverneur Général, en date du 30 septembre, avaient défini les pouvoirs des autorités françaises civiles et militaires; la position de divers chefs arabes sur la partie de la province dont la France ne se réservait pas l'administration directe; suivant la hiérarchie des dignités en usage depuis un temps immémorial, des khalifas, des hakems, des cheikhs et des kaïds avaient été institués. Ces derniers percevaient, chacun dans leur arrondissement et pour le compte de la France, les impôts de l'achour (produits de la culture), du hokor (location du terrain), et de la lezma (redevance convenue par tribu). A la fin de 1842, Si Zerdoud fut repoussé du camp d'El-H'arrouch qu'il attaqua, suivi d'une multitude fanatisée, et Assenaoui, aussi bien qu'Ahmed, échouèrent dans leurs tentatives hostiles. La paix était assurée dans la plus grande étendue de la province en 1844, et les contributions rentraient avec exactitude. En vain des agitateurs parcouraient la province, ils ne pouvaient exciter que des assassinats individuels contre les fonctionnaires indigènes établis par nous. Quelques maraudeurs tunisiens tentèrent aussi une excursion sans succès, que leur souverain désavoua et promit d'empêcher à l'avenir. Un convoi de blessés ayant été massacré en traversant le territoire de la tribu des Ouled Sidi Yahia ben Thaleb, ces Arabes furent punis d'une razzia et d'une amende, et quelques lointains refuges de rebelles furent aussi visités et rangés à l'obéissance.

Au milieu de la tranquillité générale, une attaque contre Djidjeli (3 octobre 1847) parut un fait inexplicable.

La ville de Temasin, dans l'oasis de l'Oued Rir', à 30 kilom. de Tougourt, s'étant remuée en 1848, notre cheikh Bou Lifa ben Amou ben Djellal se chargea de la punir en notre nom. Quelque temps après, Hadj Ahmed, le dernier bey de Constantine, cerné par les troupes de Batna et de Biskra, se rendait à discrétion; les frères Ben Azzedin, le 10 septembre, furent battus, et l'année suivante (1849) agitèrent le kaïdat de Hodna. On les poursuivit dans le Zouar'a. Mais les Beni Mahera, aux entours de Philippeville se soulevèrent aussi à la voix du chérif Ben Yamina, dont la tête fut portée à Constantine. Cet exemple n'arrêta pas les Ouled Sahnoun que l'on surprit près de Batna, le 8 juin. Le 16 juillet, nos attaques étaient sans succès contre le chérif Bouzian, dans l'oasis de Zaatcha, au Ziban. L'insurrection que les bruits de France semblaient amener, gagnait dans les Ouled Daoud, les Beni Oudjana, les Beni bou Sliman, à l'instigation du marabout Si Abd el-Hafiz, et portaient leurs tentes à 20 kilom. de Biskra. Le 17 septembre elles étaient chassées des rives de l'oued Braz, près de Sériana. Le 6 octobre on attaqua infructueusement Zaatcha, qu'il fallut assiéger par 51 jours de tranchée. Des combats sérieux eurent lieu les 23, 30, 31 octobre et le 16 novembre. On monta à l'assaut le 20 octobre et le 20 novembre; enfin la ville fut prise. D'autre part, dès le 13 novembre, le marabout Ben Chabira avait fortifié Bouçada contre notre approche, et s'était rendu le 15. Le 29 on pesa sur les tribus du Djebel Massa, et le centre de Bou Sada fut constitué. Le 5 janvier 1850, la destruction du repaire des habitants de Nara, dans la vallée de l'oued Abdi, aux gorges de l'Aourès, près de Batna, frappait de terreur les populations turbulentes de la province, qui le 10 avril, en la personne des Maadid, osent attaquer le commandant de Sétif qui marchait contre eux. Le 21 mai, les Beni Imel, près de Trouna, tuaient le général de Barral, et recevaient la peine de leur rébellion. Enfin le 8 juillet était finie la route de Sétif à Bougie. Les mouvements qui agitaient toute la partie Nord de la province, occupèrent les forces de l'armée durant toute l'année 1851. Dès le 26 janvier on châtiait les Kabyles des entours de Sétif. Le général de Saint-Arnaud parcourut les bords de l'oued Kebir avec les plus grandes difficultés, repoussant Bou Bar'la, écrasant 26 fois les Kabyles, brûlant leur pays durant 80 jours sur un parcours de 640 kil., de Bougie à Sétif. Cette glorieuse expédition finit le 15 juillet. Collo fut rassurée et les tribus voisines soumises pendant quelque temps. Bou Bar'la, reparut le 14 janvier 1852 chez les Aït Ammeur, au Sud du Djeurdjeura, attaqua le territoire de Bougie, et le 25 fut chassé par les troupes de Sétif qui commencèrent la route de Bougie à Alger. Une tempête affreuse l'interrompit le 22 février; elle fut reprise le 3 mars. Le chérif de Bou-Sa'ada manqua d'obéissance au commandant de Sétif, et le sud de Guelma se mit en révolte. Cependant les Beni Salah tuaient nos bûcherons le 12 juin à Fedj el-Foul et se réfugiaient en Tunisie où ils étaient poursuivis. Le chérif d'Ouargla attirait aussi notre sévérité le 22 mai. Ce ne fut que le 23 décembre 1853 que notre khalifa Si Hamza se fit ouvrir les portes de la ville, où s'exerça son influence. Le 2 décembre 1854, Tougourt était abandonné après un court engagement. L'insurrection des monts Babor au 31 mai 1856, nous obligea à faire la route de Sétif à ces montagnes. Elle fut terminée le 22 juin, et le 18 juillet les Nemenchas furent soumis. Les Ouled Moumen qui avaient assassiné leur cheikh et fui vers Tunis, éprouvèrent le même sort vers la fin de l'année.

Depuis ce moment où la révolte avait été vaincue partout, et depuis le formidable armement, qui avait eu raison enfin, de la Grande Kabylie, la paix semblait être fondée pour toujours parmi ces tribus.

Mais, vers le mois d'août 1858, Si Saddok bel Hadj, fanatique marabout de l'Ahmar Khaddou, parcourait l'Aourès et tentait d'agiter le pays. Au commencement de novembre, une grave perturbation s'étant produite à Sidi Okba et dans les montagnes comprises entre Djidjeli, Collo et El-Miliah, le 13 novembre et le 14, les rebelles attaquèrent notre kaïd. Le 19 une expédition considérable fut dirigée contre eux, dans l'Oued Kebir, et le 26, El-Miliah, dans la Kabylie orientale, fut occupée. Si Saddok continuant sa révolte dans l'Aourès, y fut attaqué le 13 janvier 1859, — le 14 sa zaouïa située à El-K'sar, était incendiée, et peu après il était livré avec toute sa famille par ses adhérents qui se soumirent.

Au mois de mars 1860, un agitateur, se faisant passer pour le khalifa du Chérif que les indigènes désignent et attendent sous le nom de *Sahab el-Ouokt*, paraissait dans le Hodna, et un grand nombre de tentes appartenant à cette partie de la subdivision de Batna, persuadées que le jour de la délivrance était enfin venu, se trouvaient réunies le 19 mars, à la smala du Chérif, à Khanguet el-Hammam. L'entraînement devenait général et menaçait de se propager dans la subdivision de Sétif. Le 25 mars, les révoltés qui comptaient plus de 11,000 tentes, furent dispersés et nous étions maîtres de la Smala du Chérif qui fut pris lui-même avec ses plus fanatiques partisans. Depuis quelque temps, plusieurs fractions des tribus de la Kabylie Orientale avaient refusé le paiement de l'impôt et s'étaient livré à des actes de pillage, qui les avaient placées dans un état de rebellion. Le 23 mai, une colonne formée à Milah, se porta sur Fedj el-Arba, où les affaires furent promptement réglées. Mais les Beni Khettab ayant attaqué nos postes pendant la nuit, on se porta chez eux ; ils furent repoussés avec perte et ces rebelles se jetèrent alors sur la concession Bock et De Lacroix, dans la basse vallée de l'oued el-Kebir, où ils massacrèrent les colons, pillèrent et incendièrent les bâtiments. A la suite de cette trahison, la révolte s'étendit. La colonne s'avança au milieu des tribus qui avaient pris part à ces crimes et rétablit l'ordre partout. Les Arb Tesquif, de la tribu des Oulad Aïdoun, habitant des grottes et gardant un défilé très-difficile, d'où ils tenaient, depuis un an, tout le pays en échec, se rendirent entre nos mains, et le pays étant définitivement pacifié, la colonne expéditionnaire rentrait à Constantine à la fin d'août.

Vers la fin de juillet 1862, un faux chérif, le marocain El-Hadj Aaoussin ben Mohammed bon Dra, parut dans la tribu tunisienne des Beni Mazen, excitant à la guerre sainte. Il groupa autour de lui quelques cheiks et un assez grand nombre de tentes. Quand il s'est vu à la tête de 2,000 combattants, il a traversé la frontière et s'est présenté en face de Roum el-Souk, dans le cercle de La Cale. Reçu vigoureusement par notre caïd, les Beni Mezen se sont dispersés et ont livré l'instigateur de leur agression à l'autorité française. De retour en Tunisie, leur tribu a reçu de son souverain la punition qui lui était dûe.

En mars 1864 — des mouvements eurent lieu dans la Kabylie Orientale, le Bordj de Zraïa fut incendié. — Quelques soumissions eurent lieu, mais, le 8 août, la colonne de Bou Sa'ada fut vivement assaillie par les Ouled Mahdi révoltés. Des avantages furent remportés à Teniet el-Rih (30 septembre), et à Aïn Dermel (2 octobre). Les Ouled Madhy après le combat du 7, près d'Aïn Malakoff, firent leur soumission en se séparant des insurgés, qui se portèrent vers l'Ouest. En novembre, les populations des Babors qui avaient commis des actes de rébellion qui sont énoncés à la page 334 ci-dessus, furent écrasés en avril 1864, à Sidi Tallout. Cependant S. M. l'Empereur poursuivant de sérieuses études sur l'Algérie, arrivait à Stora le 28 mai, visitait Constantine, Batna, Biskra, et revenant vers Bône et Bougie, s'embarquait pour France, le 7 juin.

POPULATION. La population de la province de Constantine se compose ainsi qu'il suit :

En territoire civil.....	122,473
En bloc...............	4,405
En territoire militaire.	13,032
Tribus Indigènes......	1,199,514
Total....	1,339,428

TÉLÉGRAPHIE. Il existe dans la province de Constantine 18 stations télégraphiques : Constantine, Aïn Beïda, Batna, Biskra, Bône, Bordj Bou Areridj, Bouçada, Bougie, El-Arrouch, El-Mila, Guelma, Jemmapes, La Cale, Philippeville, Sétif, Souk H'arras, Takitoun, Tebessa.

GOUVERNEMENT. L'administration générale du territoire civil et du territoire militaire de la province de Constantine est confiée au Général Commandant la Division, qui prend le titre de *Général Commandant la province*. Le territoire civil est administré par un Préfet, sous l'autorité de ce Général.

RÉPARTITION DU TERRITOIRE. La province se divise en territoire civil et en territoire militaire.

Le territoire civil, formant le département de Constantine, se subdivise en cinq arrondissements, I Constantine, II Bône, III Guelma, IV Philippeville, V Sétif, — comprenant 31 communes, 44 sections et 13 hameaux.

Le territoire militaire forme une *Division* proprement dite, qui comprend quatre subdivisions savoir :

I Constantine, II Batna, III Bône, IV Sétif. — comprenant 19 communes et 16 cercles ou annexes.

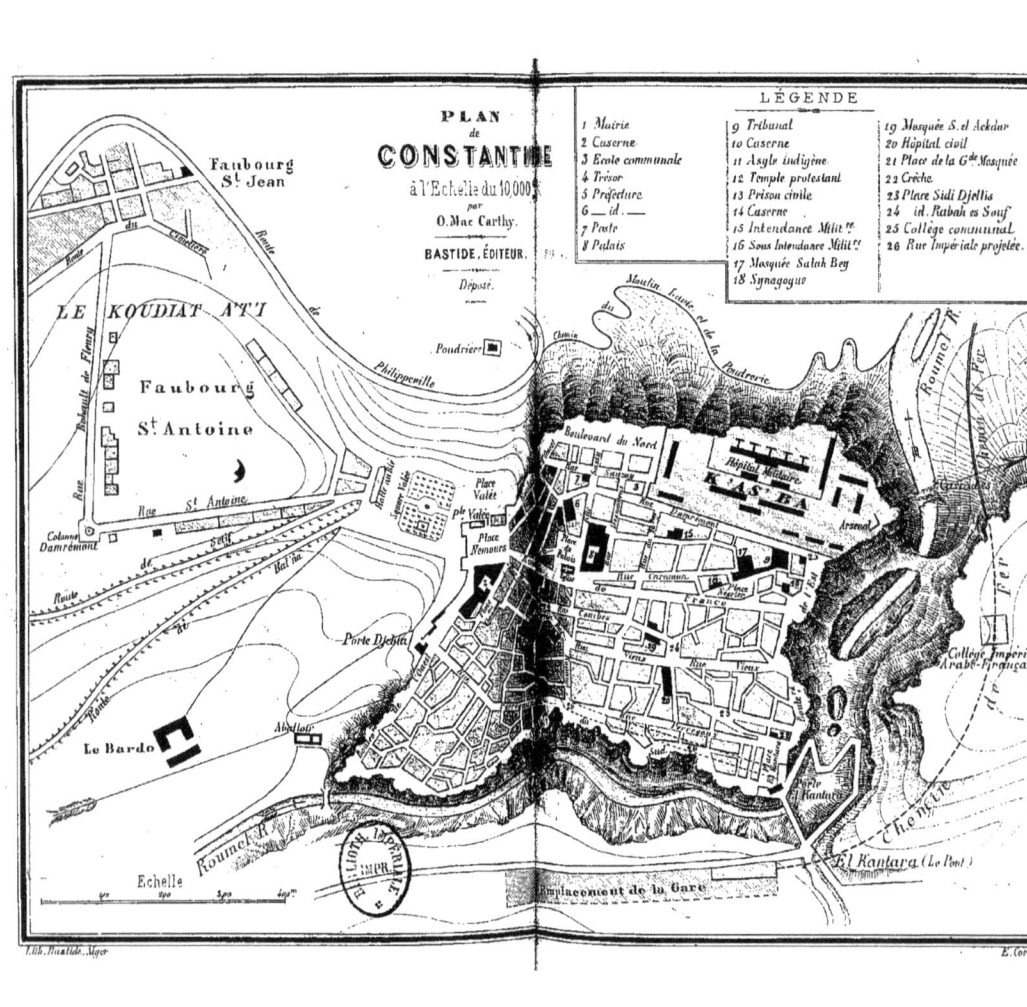

DÉPARTEMENT DE CONSTANTINE.

CONSTANTINE.

SITUATION. Constantine est située par 36°22' de latitude N. et par 4°16' de longitude E., dans l'intérieur de l'Algérie, à 458 kilom. E. d'Alger, 85 kilom. S. de Philippeville, 156 kilom. S.-O. de Bône.

ASPECT EXTÉRIEUR. Constantine offre la figure d'un trapèze incliné vers le S., qui présente ses angles aux quatre points cardinaux et dont la plus grande diagonale est dirigée du S. au N. Elle est bâtie sur un rocher, dont le point culminant a 644 mètres au-dessus du niveau de la mer et qui s'isole presqu'entièrement de la campagne environnante. Sorte de presqu'île, ce rocher est accosté au S.-O. par la prolongation d'une colline qui porte le nom de Koudiat Ati. C'est par ce point, le seul accessible, que l'armée française a pris la ville d'assaut, le 13 octobre 1837. Le Roumel, qui reçoit le Bou

Merzoug au S., s'approche, à Sidi Rached, de l'angle S.-S.-O. de la ville. Il y forme une cascade, sous un pont, et coule dans un grand ravin qui règne le long des côtés S.-E. et N.-E. Ce ravin n'a pas partout la même largeur. Depuis Sidi Rached jusqu'à l'angle E. où est le pont El-Kantara, il n'a que 30 mètres de profondeur et 60 mètres de largeur : à partir de ce point jusqu'à l'angle E.-O. où s'élève la Kasbah, la coupure est beaucoup plus large et plus profonde. Le Roumel qui coule au fond présente cette singularité qu'arrivé à la pointe d'El-Kantara, il s'engouffre quelques instants sous terre, et reparaît ensuite pour disparaître de nouveau. Il y a jusqu'à quatre pertes successives qui forment des ponts naturels de 50 à 100 mètres de large. Arrivé à l'extrémité E.-N., ses eaux forment une nouvelle cascade dite des Tortues, et enfin se répandent dans la campagne du Hamma, en continuant leurs cours vers le N., loin de la formidable cité dont elles baignent deux des côtés du quadrilatère.

Les maisons couvertes de tuiles, ont une couleur sombre et semblent au premier coup-d'œil être toutes soudées ensemble. Quelques minarets et de noirs cyprès s'élancent de cette masse, dont le tableau frappe d'une stupéfaction étrange. Ce spectacle aride, aussi pénible qu'il est extraordinaire, est entouré d'une belle verdure dans le lointain, pendant sept mois seulement. Les groupes appelés Stah el-Mansoura de 672 mètres au S.-E., et Sidi Mesid de 606 mètres au N.-E., dominent et approchent la ville sans la toucher, séparés qu'ils sont du rocher qui la supporte, par la profonde fissure dont nous venons de parler.

NOTE HISTORIQUE. L'amphithéâtre que développe et dresse Constantine en face du désert, a été la scène où sont venu comparaître tour-à-tour les personnages qui ont joué le sort de l'Afrique dans le grand drame de l'histoire. Un aventurier Grec, qui s'empara du pays aux temps antiques, aurait été le fondateur de cette ville qui reçut le nom de *Cirta*. Vers 230 avant J.-C., Narva y régnait sur les Massyliens ou Numides orientaux. Il épousa une fille d'Amilcar, sœur du grand Annibal, dont il eut Gala qui lui succéda, et se trouvait sur le trône en 213. Massinissa, fils de Gala, soutint le parti des Carthaginois et fut fiancé à Sophonisbe, fille d'Asdrubal Giscon. La nature de cet ouvrage ne nous permet pas de nous étendre sur toutes les rivalités de Désalcès, Capuze, Mézétule qui briguèrent le trône, non plus que sur les retours de fortune qui firent que Sophonisbe épousa Syphax et peu après Massinissa, qui l'obligea à s'empoisonner, malgré l'amour qu'il avait pour elle. Massinissa réunit tout l'empire des Numidies pour prix des services rendus par lui aux Romains à Zama, et laissa son trône à sa race, dont Jugurtha amena l'extinction. Ce dernier s'empara de Cirta, qui était dans le domaine d'Adherbal son parent, et l'y fit périr. Marius l'occupa durant la guerre que la république eut à soutenir contre cet usurpateur (116). Juba 1er qui y régnait (46), par le bienfait des Romains, ayant embrassé le parti de Pompée, en fut chassé par Bocchus, roi de Mauritanie, et Sittius, qui y fonda la colonie romaine des Sittiens, dont la ville prit alors le nom de Sittiana. César y fit entreprendre de grands travaux et la décora du titre de Julia. Rufus Volusianus (304 après J.-C.), général dans l'armée de Maxence, la prit et la détruisit. Constantin la réédifia et lui laissa son nom. Le sang des martyrs qui avait coulé sur les rives de l'Ampsaga (Roumel), féconda ces rochers arides qui parurent bientôt couverts de Chrétiens ; ils y nourrirent bientôt aussi l'hydre de l'hérésie indigène à l'Afrique. Pétilien, de la secte des Donatistes, y fut évêque quinze ans et lutta contre saint Augustin. Lorsque l'armée de Justinien eut purgé l'Afrique des Vandales, cet empereur se donna comme le restaurateur de Constantine.

L'invasion arabe tomba d'abord sur cette opulente cité, dont elle resserra les nouveaux débris dans l'acropole, et Constantine en conservant son nom, passa successivement aux mains de toutes les dynasties qui se disputèrent le *Mogreb el-Aoucat*.

C'est sous le règne des Hafsites, dynastie berbère, que Constantine commence à prendre une importance politique. Elle forme à cette époque un des plus beaux apanages de la couronne, et dispute quelquefois à ses deux rivales, Tunis et Bougie, l'honneur de devenir la résidence royale. Il serait difficile d'exposer ici tous les événements auxquels elle a pris part pendant quatre siècles. C'est la tâche qu'a entreprise un historien de la ville, nommé Ibn-Konfoud, mis à contribution par Ibn Khaldoun et Ibn Abi Dinar.

En 1236 elle dépendait du gouverneur de Bougie. Ibn Ouïzir ayant été désigné pour le commandement de Constantine, se fit proclamer souverain indépendant, vers la fin de l'an 1282. L'émir Abou Farès vint prendre la ville qui, l'année suivante, embrassa le parti de l'Emir Abou Zakaria second, reprenant à Bougie la position que son père, Abou Ishak, y avait occupée. Ibn el-Amir, un des commandants établis par lui à Constantine, rendit la place à Abou Bekr son compétiteur; mais il y fut assiégé et pris par le sultan Abou'l-Baka (1304). Abou Yahia Abou Bekr, frère du sultan Abou Zakaria ayant été proclamé souverain (1311), prit la résolution d'augmenter les garnisons des places de Bougie et de Constantine, et nomma au gouvernement de cette dernière ville son fils l'émir Abou Abd-Allah (1320). En 1351, Abou Inan, le Mérinite, s'empara de Constantine.

Plusieurs années après cet événement, cette ville se gouverna en république à la manière des populations kabyles, mais elle se soumit à Khaïr ed-Din lorsqu'il eut pris possession de Collo (1520).

La puissance des Turcs y fut renversée huit ans après par les Tunisiens, et Abou'l-Hassan Ali ben Farat y fut établi caïd. De nouveau soumis par les Algériens, les Constantinois se révoltèrent et furent réprimés par le pacha Mohammed ben Salah (1567). On bâtit un fort à Constantine en 1629 pour les tenir en respect.

On dit que l'insolence des Turcs y causa une révolte sous Ali Fortas, dey d'Alger. Celui-ci vint en personne pour la réprimer, et donna un bey à la province de Constantine (1640).

BEYLIK DE CONSTANTINE. Les beys étaient des espèces de gouverneurs qui administraient la province au nom du Pacha d'Alger, et qui versaient tous les ans entre ses mains une redevance appelée *dounouche*. Ceux sur lesquels on a conservé des renseignements sont :

Husseïn bou Koumïa, qui régna 24 ans et mourut de mort naturelle, chose assez rare (1734). Sa dévotion, son équité et les nombreuses aumônes qu'il répandait le firent regretter.

Zerg Aïn-ho (l'homme aux yeux bleus), resta au pouvoir 17 ans, de 1752 à 1771, et périt assassiné. La guerre ayant éclaté contre Tunis en 1766, il marcha contre cette capitale dont il s'empara après un siége de courte durée.

Ahmed-Bey, aïeul du bey qui fut dépossédé par les Français, resta à la tête de la province pendant 16 ans, à partir de 1771. Homme courageux, il détruisit en plusieurs rencontres les divers partis que le bey de Tunis, détrôné par son prédécesseur, avait suscités contre lui.

Salah-Bey fut l'homme d'Etat, l'administrateur le plus éminent de l'Algérie. Il resta 25 ans au pouvoir, embellit la ville et la province de beaux édifices.

Moustapha el-Ouznadji régna 3 ans seulement (1794-1797), et mourut assassiné par les ordres du Pacha. On raconte qu'il était pieux et très-instruit. Il possédait une riche collection de manuscrits dont une partie figure aujourd'hui dans la bibliothèque publique d'Alger.

Hadj Moustapha Engliss (1797-1802). Après un règne de 5 ans et 4 mois, il fut exilé par ordre du Dey, d'abord à Médéa, puis à Tunis, où il mourut par le poison. Il reçut le surnom d'Engliss *(English)* parce qu'il avait été fait prisonnier par un corsaire anglais.

Osman ben Karoull (1803-1804), ayant à châtier quelques tribus voisines des Beni-Touffout, fut massacré avec toute son armée sur l'oued Zohor, où l'on voit encore son tombeau.

Hussein ben Salah (1806-1807), avait été lieutenant du Bey Zerg Aïn-ho et s'était distingué au siége de Tunis, dont nous avons parlé plus haut. Il fut assassiné par ordre du Dey d'Alger.

Hussein-Bey succéda à Salah-Bey. Il mourut étranglé par ordre du Pacha.

Ali-Bey (1807), détesté des Turcs à cause de ses excès, fut assassiné par le kabyle Ahmed Chaouch pendant l'office du vendredi qui se célébrait à la mosquée de Souk el-Rezel (aujourd'hui l'église catholique).

Ahmed Chaouch, surnommé *Bey-Ras-ho* (l'homme qui s'est fait Bey), ne garda le pouvoir que 15 jours. Le caftan fut envoyé au kalifa El-Tobbal. Il sut ramener au devoir une partie de la garnison qui avait trempé dans la révolte, et se défit aisément de l'usurpateur.

Ahmed el-Mamlouk (1808) fut révoqué au bout de six mois.

Naaman-Bey (1812-1815) fut élevé au beylikat par les Arabes de la montagne, contre la volonté du Pacha d'Alger; il mourut assassiné.

Kara-Moustapha, nommé par le Pacha et assassiné 30 jours après par ses ordres (1817).

Mohammed el-Mili, surnommé *Bou-Chetlabia*, fut destitué après un gouvernement de 2 ans. Il était vicieux et sanguinaire.

Ibrahim el-Rarbi, ex-bey de Médéa, fut nommé à Constantine en 1820. Un an après il eut l'imprudence de faire de l'opposition au Dey d'Alger qui le fit mourir.

Ahmed el Mamlouk revint au pouvoir en 1821, mais il fut tué par les siens en 1823. Il était né à Porto-Ferrare.

Ibrahim-Bey était Turc d'origine ; il fut l'ami du dernier Bey, Hadj Ahmed. Après avoir gouverné la province pendant 3 ans et 8 mois, il fut révoqué (1826).

Manamanni-Bey lui succéda ; mais les intrigues d'Hadj-Ahmed finirent par le faire exiler à Miliana.

Hadj-Ahmed (1826-1837) se fit proclamer Bey par le parti kabyle. En 1830, il conduisit au Dey d'Alger son contingent de troupes contre les Français. A son retour à Constantine, il trouva les portes fermées, et se livra à toute sa cruauté lorsqu'il fut redevenu maître de la ville. Il eut pour ministre un Kabyle, du nom de Ben-Aïssa. Cet homme, d'une naissance obscure, avait exercé, dit-on, le métier de forgeron. Son intelligence et son énergie l'ayant fait remarquer par le Bey, il arriva à la cour et s'y fit une position telle, que Hadj-Ahmed n'agissait jamais sans le consulter.

Par arrêté du 13 décembre 1830, le gouvernement français prononça la déchéance de ce Bey et nomma à sa place Sidi Mustapha, frère de S. A. le Bey de Tunis. Ahmed n'en demeura pas moins souverain de Constantine. Ben-Aïssa défendit Constantine pour Ahmed contre la France, en 1836 et 1837. Le général Damrémont fut tué aux pieds des remparts, et la ville fut prise le 13 octobre. Ahmed, qui était resté en dehors avec les tribus, aux deux attaques, s'enfuit au désert, à 50 lieues S., au milieu des Beni Ganah, famille de sa mère, où il mena une existence malheureuse jusqu'en 1848. S'étant rendu au commandant Saint-Germain, il fut interné avec sa famille et ses serviteurs à Alger, où il est mort en 1855. C'est lui qui a fait construire le joli palais oriental qui est devenu la résidence du Général commandant la province de Constantine.

L'Empereur a visité Constantine ; il y a séjourné les 28 et 29 mai 1865. Après divers voyages dans la province, il est revenu en cette ville le 3 juin, et y a séjourné jusqu'au 5.

IMPORTANCE POLITIQUE. Constantine, chef-lieu de la province du même nom, est la résidence du Général de Division commandant la province, du Préfet du département de Constantine, et des chefs de service de toutes les parties spéciales de l'administration, qui dépendent de son ressort.

Il y a un Tribunal de 1re Instance, un Tribunal de commerce, deux Justices de paix — canton Est, canton Ouest. — Constantine a été érigée en Évêché, par décret du 9 janvier 1867.

POPULATION. La population de la ville de Constantine et de la banlieue est de :

Français	7,660
Étrangers	2,345
Israélites	4,396
Musulmans	20,735
Population en bloc	281
Total	35,417

Constantine est la ville la plus curieuse de l'Algérie, sous le rapport de la variété des races, des costumes, des cultes, des coutumes et des fêtes. Une partie des nègres y pratiquent le culte du fétichisme, qu'on ne voit qu'au Soudan.

ENCEINTE. Constantine, bâtie sur un plateau calcaire dont l'inclinaison ne compte guère moins de 110 mètres du N. au S., de la Kasba à la pointe de Sidi Rached, est sur un rocher isolé, comme posée sur un piédestal. Elle n'a pas d'enceinte sur trois des côtés de l'espèce de losange d'environ 3,000 mètres de développement qu'elle décrit ; le redressement du sol, taillé à pic dans la plus grande étendue de ces lignes, la défend assez contre tout assaillant. Le Roumel, qui coule au long de ces escarpements, sur les côtés N.-E. et S.-E., lui sert d'ailleurs de fossé naturel. Beaucoup de maisons s'élèvent sur le bord même du ravin, et pendent sans danger au-dessus du gouffre. Trois portes, sur six, sont conservées : la porte Valée, auprès du lieu de la brèche; la porte Bab el-Djabia, qui communique au Roumel, coulant à l'angle S.-O., c'est là que le Roumel tombe en cascades dans l'abîme. La porte El-Kantara, qui met en communication le Mansoura avec l'angle E. de la ville au moyen d'un pont en fer et en pierres. Le 18 mars 1857, l'ancien pont de 117 mètres de développement, reconstruit sous Salah-Bey, en 1790, et consistant en quatre arcades, élevées au-dessus de deux autres, datant d'Antonin-le-Pieux (161), s'était écroulé en partie. On a dû en démolir le reste par le canon, le 30 mars. Ce monument, dont la hauteur totale était de 65 mètres, reposait sur une arcade naturelle, dont la clé de voûte de 16 mètres d'épaisseur, était à 41 mètres de l'étiage de la rivière. Il en reste les piliers.

Une rampe taillée dans le roc, n'ayant pas plus de 1 mètre 33 cent. de largeur, descend de la ville au fond du ravin, où coule le Roumel.

FORTIFICATIONS. A l'angle N.-E. de la ville, où le rocher qui la porte dresse sa plus grande hauteur, et présente des pentes presqu'à pic, d'environ 200 mètres au-dessus de la riante plaine du Hamma s'étendant derrière, s'élève la Kasba, ancien fort, dont la position a fait dire aux Arabes que Constantine avait l'air d'un burnous étendu dont la Kasba serait le capuchon. C'est de ce point élevé que du temps des Romains, des Vandales et des Turcs, on jetait dans la cascade des Tortues les femmes adultères, après leur avoir attaché des pierres aux pieds.

PHYSIONOMIE LOCALE. Indroduit dans la ville, on ne trouve en général que des rues étroites et courtes, brisées à angles droits, et aboutissant à un grand nombre d'impasses.

La ville est divisée en deux quartiers : le quartier européen et le quartier indigène.

Le quartier européen, qui occupe à peu près la moitié de la superficie de la ville, est complétement débarrassé des maisons arabes qu'on y voyait.

Les rues principales sont la rue Combes, qui coupe la ville en deux parties, depuis la porte Valée jusqu'au ravin.

La rue Damrémont, depuis la Préfecture jusqu'à l'extrémité de la Kasba.

La rue Perrégaux *(Ferrame-Bouroume)*, qui longe en grande partie le ravin à l'E.

La rue Caraman, parallèle à la rue Combes, qui conduit de la place Nemours à la place Négrier; la rue Vieux, où se trouve la Prison civile; la rue Sérigny, la rue des Moyens, et le passage Carrus, qui est garni de boutiques.

Les places sont celles du Palais, complantée de quatre rangées d'acacias qui ombragent deux jolies fontaines, — d'Orléans, dite des Fainéants, — d'Aumale, —

Valée, dite de la Brèche, — Négrier dite du Caravansérail, qui est complantée d'arbres d'une belle venue, entourée d'un banc continu à dossier en fer, et ornée d'une fontaine, comme la place de Sidi Djellis, dite des Galettes. Dans le square Sud, dessiné en jardin anglais, et entouré d'un grillage, la statue du maréchal Valée a été inaugurée le 28 octobre 1866.

Le boulevard du Nord, sur le bord du ravin de la Kasba, contourne la ville, de la Kasba à la place Valée.

ÉDIFICES RELIGIEUX. Au moment où les Français s'emparèrent de Constantine, on comptait dans cette ville 70 mosquées, chapelles ou zaouïa. Il n'en existe plus que 37. La mosquée la plus considérable est Djama el-Kebir, près l'hôtel des Mines. La fondation en est attribuée aux rois hafsites, qui étaient de race berbère. Dans l'intérieur est le tribunal du Cadi maléki. Le minaret de cette mosquée est une énorme tour carrée, construite presqu'en entier avec des matériaux romains, colonnettes, cippes, stèles, autels, pierres épigraphiques, dont l'assemblage offre un coup-d'œil singulier.

La mosquée de Sidi el-Kettani, bâtie par Salah-Bey, en l'année 1780, est consacrée au rite hanéfite. Elle se trouve à l'extémité de la rue Caraman, et le mur dans lequel est pratiqué le *mihrab* ou chœur, forme un des côtés de la place Négrier. Le vaisseau est soutenu par de belles colonnes en marbre blanc. On y admire la chaire, qui est construite en pièces de marbre de toutes les couleurs et taillées avec un goût infini. C'est l'œuvre des artistes génois. A côté sont deux établissements qui datent de la même époque : le palais des femmes de Salah-Bey, converti depuis plusieurs années en institution pour les demoiselles, sous la direction des Sœurs de la Doctrine chrétienne, et la Medersa de Sidi el-Kettani, qui comprend, outre la salle affectée aux cours de droit, de rhétorique arabe et d'unithéisme, une série de cellules où sont logés les étudiants choisis dans les différentes tribus de la province. Au fond de la cour de cet établissement, sous une coupole élégante, et dans un emplacement entouré d'une balustrade de marbre, sont rangés les tombeaux de la famille de Salah-Bey. Du haut du minaret de la mosquée on découvre un panorama extraordinaire.

Les mosquées de Sidi Abderrahman el-Menâteki, de Sidi Meïmoun, sont situées dans la rue Vieux. Dans la mosquée de Sidi Bou Annâba, rue des Zouaves, se tiennent, tous les vendredis, les réunions d'Aïçaouas.

La troisième mosquée, sous le rapport de l'élégance des constructions, est celle de Sidi el-Akhdar, qui fut bâtie par Hussein-Bey, en 1743, pour la secte des Hanéfites. Son minaret domine la rue Combes. La salle des prières est bâtie sur une longue voûte qui aboutit à la place des Galettes. La Medersa, que Salah-Bey fit construire à côté de la mosquée en 1779, est affectée aujourd'hui au Cours public de langue arabe.

L'église Notre-Dame-des-Sept-Douleurs est au pied de la place du Palais. Cette église a été établie dans la mosquée de Souk er-Rezel, que l'on a agrandie, et devant laquelle on a construit un portique, en 1856. Elle est surmontée d'une horloge. A cette église sont annexés le presbytère et l'école de la maîtrise. Les RR. PP. Jésuites ont un oratoire dans la rue Sérigny. Un temple protestant est derrière la grande mosquée.

ÉTABLISSEMENTS PUBLICS. Le Général commandant la province de Constantine habite le palais de l'ancien bey Hadj Ahmed. Cette demeure, qui a été construite il y a tout au plus trente-six ans, sur le modèle des palais d'Orient, représente une de ces habitations décrites dans les *Mille et une Nuits.* Comme elle est très-vaste, on y a établi plusieurs services : l'État-Major général, la Direction des Fortifications, le Bureau arabe divisionnaire. Ce sont trois grands corps de logis, séparés par trois jardins ou parterres, qui en font le principal ornement. Une galerie intérieure règne dans toute l'étendue de cette demeure charmante, et les amateurs en examinent avec curiosité les murailles sur lesquelles le peintre naïf du Bey a représenté les principales villes du monde musulman, depuis la Mecque et Constantinople jusqu'à Tunis et Alger. Le Palais de Justice, rue Pothier, au coin du Caravansérail, y déploie une façade architecturale composée de deux ordres de pilastres. Au milieu est une grande arcade d'entrée, portant à la clé une tête de Minerve. L'ordre supérieur comporte des métopes garnies d'ornements en fonte aux attributs de la Justice; il est couronné par un fronton à sujet. L'intérieur de ce bel édifice qui réunit les divers services judiciaires de la localité, est parfaitement aménagé pour sa destination.

Un canal sinueux, en maçonnerie, prend les eaux de la rivière de Berárith et des sources qui abondent sur le plateau du Mansoura, près du village de Sidi Mabrouk. Il les descend jusqu'au ravin qu'elles traversent par un syphon gigantesque de 75 mètres, qui passe sur les ruines de l'ancien pont d'El-Kantara, et les élève de là jusqu'à la Kasba, où se trouvent les citernes romaines. Les tuyaux qui résistent à cette pression considérable, évaluée moyennement à 20 atmosphères, traversent en tunnel toute la largeur de la ville, et versent 600 mètres cubes d'eau par jour dans les citernes qui servent de réservoirs. Ce sont 19 galeries voûtées et parallèles de 23 mètres de long, sur 5 mètres de largeur et 4 mètres de hauteur, pouvant contenir ensemble 10,000 mètres cubes d'eau. La plus grande partie des maisons a de vastes citernes; Constantine est peut-être la ville du monde la plus remarquable sous ce rapport. Il y a aussi les fontaines dont nous avons parlé, qui ornent différentes places, et la fontaine de l'Esplanade de la Brèche.

Le décret du 3 décembre 1856 a autorisé une succursale de la Banque de l'Algérie. L'institution d'un Bureau de bienfaisance a été confirmée dès le 31 juillet 1853. Il y a aussi deux Sociétés de secours mutuels. Le bureau de la télégraphie stationne jour et nuit. La ville possède une bibliothèque publique, deux riches collections d'antiquités, qui sont réparties en deux sections, provisoirement. La première partie, qui comprend les antiquités en airain, en terre, en faïence, en cristal, en ivoire, et de nombreuses médailles, est disposée sous des vitrines dans la grande salle du conseil municipal. La seconde, qui est toute entière composée de fragments considérables, statues, frises, colonnes, chapiteaux, autels, tombeaux, cippes, a été installée dans un jardin, en contrebas de la place Négrier.

La Société archéologique de la province de Constantine est un centre scientifique fort remarqué. Il existe un collège communal pour les jeunes gens européens et un collège arabe-français. Un Cours public de langue arabe est ouvert rue Combes. L'école communale, celle des Frères de la Doctrine chrétienne, l'école arabe-française, pour les garçons musulmans, l'école juive-française, répandent l'instruction. Les écoles indigènes sont au nombre de onze, dont six dans les zaouïas dépendant des mosquées, et cinq dans les zaouïas particulières. Une institution pour les jeunes filles françaises, est tenue par les Sœurs de la Doctrine chrétienne, rue Caraman, près de la mosquée de Sidi el-Kettani ; il y a un autre pensionnat privé pour les demoiselles. L'école des jeunes filles musulmanes, rue Aly Mousa, près de la place des Galettes, instruit 48 enfants. A la Salle d'asile, rue Caraman, sont reçus 300 jeunes enfants européens.

Le consistoire israélite créé le 13 janvier 1860 et qui, en 1866, a secouru plus de 320 familles au moyen de 55,354 francs, dirige une école pour 100 garçons qui, pour la plupart, sont habillés aux frais de l'association dite Thalmud Thora.

L'Hôpital civil, pour les femmes, tenu par les Sœurs

de la Doctrine chrétienne, est sur la place des Galettes. Le Dispensaire est au coin de la même place. Un asile pour les aliénés et infirmes musulmans, traite 150 à 200 malades. La Prison civile longe la rue Vieux ; l'entrée donne dans la rue Fontanilhes.

Le marché de la place de Nemours se tient tous les jours jusqu'à 10 heures. La halle aux grains et laines, est un bel édifice en fer près la Porte Valée. Le marché aux grains est en dehors de la ville, au pied du Coudiat Ati. C'est le marché le plus important de l'Algérie. La promenade de Sétif s'étend du marché aux grains jusqu'au camp des Oliviers. — Le marché aux cuirs est rue Perrégaux, celui aux burnous, place des Chameaux.

Le fondouk aux haïks et aux tapis, — le fondouk aux huiles, sont tous deux dans la rue Vieux. Un autre fondouk aux haïks et aux burnous, est rue Hakette.

Sur le marché de la place Négrier se vendent à la criée les bijoux, les pierreries, les perles, les haïks, les selles brodées, les costumes, les tapis, les glaces et les meubles arabes (de 11 heures à 2 heures de l'après-midi). Deux bureaux sont établis sur ce marché pour la surveillance des transactions : le bureau du syndic des encanteurs *(Amine ed-Dellaline)* et celui du contrôleur des matières précieuses *(Amine el-Fodda)*. Il n'est pas rare de trouver là, entre les mains des revendeurs, des objets antiques, bagues, médailles, ustensiles numides, romains ou arabes, qui ont été ramassés par les Juifs dans le lit profond du Roumel.

Un Abattoir est sur le bord de la rivière, près du Bardo.

Sur les rochers qui se dressent à la rive droite du Roumel, et à l'entrée de ce cours d'eau dans le ravin, on voit une inscription, dite des *Martyrs*, gravée en 259, en l'honneur de saint Jacques, de saint Maurien, et de neuf autres Chrétiens, qui ont été décapités sur la hauteur. Vis-à-vis, sur la rive gauche et au S. du Koudiat Ati, on lit sur une pyramide en pierres de taille, cette inscription en français et en arabe :

ICI

FUT TUÉ

PAR UN BOULET

EN VISITANT

LA BATTERIE DE BRÈCHE

LE 12 OCTOBRE 1837

VEILLE DE LA PRISE DE CONSTANTINE

LE LIEUTENANT-GÉNÉRAL

DENYS COMTE DE DAMRÉMONT

GOUVERNEUR GÉNÉRAL

DANS LE NORD DE L'AFRIQUE

COMMANDANT EN CHEF

L'ARMÉE FRANÇAISE EXPÉDITIONNAIRE

Au-dessus s'étend l'esplanade de la Brèche, complantée d'arbres. Une tour byzantine dite *Bordj Açous*, se dresse sur la partie occidentale du rempart. A 30 m. au-dessous de cette tour, est le tombeau de Prœcilius, orfèvre centenaire. La construction de ce sépulcre, qui a été découvert le 15 avril 1855, remonte au cinquième siècle de l'ère chrétienne. A 1,200 m. O. de la pointe de Sidi Rached, sur la rive droite du Roumel, à l'endroit même où cette rivière reçoit les eaux du Bou Merzoug, se montrent les ruines d'un aqueduc romain traversant une étroite vallée. Il n'en reste plus que 5 arches, hautes de 15 mètres en moyenne. Cet aqueduc, dont la construction est attribuée au temps de Justinien, servait à apporter les eaux du Bou Merzoug dans les réservoirs et les citernes de la ville, qui s'étendait alors jusque sur le Koudiat Ati. De ce côté on voit encore dans le gazon les ruines d'un arc de triomphe.

Il y a trois cimetières : celui des Musulmans, derrière la pyramide Damrémont; celui des Chrétiens qui lui est contigu; et celui des Juifs, sur le versant oriental du Sidi Mesid. Le cimetière chrétien est le seul qui soit entouré d'une muraille et décoré d'une porte monumentale.

ÉTABLISSEMENTS MILITAIRES. Trois grandes casernes, à la Kasba, peuvent contenir chacune plus de 1,200 hommes. Les Tirailleurs indigènes sont logés dans la caserne des Jannissaires, rue Hakette. La caserne des Chasseurs d'Afrique est au Bardo, sur la rive gauche du Roumel. La caserne des Spahis est rue Fontanilhes. L'Hôpital militaire, dans l'intérieur de la Kasba, peut contenir 1,500 malades.

La maison des Hôtes arabes est rue Perrégaux.

Les bureaux du directeur de la Poudrerie sont rue Perrégaux.

Les bureaux du Génie sont dans la rue du Palais.

L'Arsenal est un bel établissement, situé à la Kasba, côté nord.

La poudrerie est au-dessous des cascades du Roumel.

Les magasins à orge sont près de la porte Valée; ceux du campement, rue Caraman; ceux de la manutention, à la Kasba. Les meules de fourrages sont à côté du Bardo.

Le Conseil de Guerre est un bel édifice, rue Damrémont.

La Prison des Otages est située rue Abd el-Hadi.

COMMERCE ET INDUSTRIE. Deux journaux sont publiés, l'*Africain* et l'*Indépendant*. Le commerce s'exerce sur les grains, laines, cuirs, cire, miel, tissus de coton, tissus de laine, café, denrées coloniales, pour toute la province; l'industrie, sur les selleries arabes, cordonnerie pour toute la province, tamiserie, chaudronnerie, ferronnerie, ferblanterie, socs de charrue et faucilles pour toute la province, burnous grossiers, gandouras en soie. Beaucoup de marchands et artisans élèvent dans des cages pendues à leur boutique, des rossignols qui chantent de nuit, de jour, à volonté, qui sont fort recherchés et qu'ils vendent très-cher.

Le Théâtre est place Nemours. La troupe du département y joue pendant trois mois. Les représentations ont lieu trois fois par semaine.

Mentionnons aussi : le Cercle civil, sur la place du Palais; — la Société charitable, dite *Conférence* de Saint-Vincent-de-Paul, et la Loge maçonnique, qui porte le même titre distinctif, et sculpte des balustres dans un lieu très-fort et très-éclairé, sur la place des

Chameaux. Les membres d'une autre Loge, sous le titre des *Hospitaliers,* n° 163, dépendante du Suprême Conseil Écossais, ne pénètrent que dans la chambre du milieu.

L'industrie particulière compte les hôtels *de France; — des Colonies,* place Nemours; — *de l'Orient,* au commencement de la rue Combes; — *de l'Univers.*

Les cafés principaux sont : le café *Charles* et le café *Palud*.

ENVIRONS. Le faubourg de Constantine a pris un développement tel qu'on y a créé un Commissariat de police. En 1847, il n'y avait qu'une seule maison en dehors des murs de la ville.

En fait d'établissements industriels, la banlieue compte un grand nombre de moulins à farine, des fabriques de tabac, une scierie, etc.

Les environs de Constantine sont arides et d'une tristesse désolante, et lorsqu'on aborde la ville au S., ce n'est qu'à 8 kilom. que l'horizon laisse entrevoir quelque peu de verdure. Les trois croupes qui serrent la ville de près et la dominent, dressent des cîmes pelées, dont les flancs ne sont garnis que de tombeaux.

Le Coudiat Ati, au S.-O., montre son sommet à 1,500 mètres de la place. A l'extrémité occidentale, de l'autre côté du Roumel, et vis-à-vis l'angle S. de la ville, on trouve au pied du Mansoura une fontaine d'eaux thermales, dont parle Léon l'Africain.

Le Mansoura, au S.-E., a sur son vaste plateau une redoute construite par les Tunisiens. Le marabout de Sidi Mabrouk s'élève à 3 kilom. de Constantine, sur la pente de cette hauteur, plus à l'E. Quelques habitations se sont groupées sur cet endroit, au milieu de jardins bien arrosés. L'établissement du Haras et de la Remonte est dans cette localité. On y voit encore les restes d'une petite basilique chrétienne. — C'est au pied de ce hameau, dans une plaine réservée, qu'ont lieu, tous les ans, les courses de chevaux et les fantasias arabes.

Sur la rive droite du Bou Merzoug, à 2 kilom. de Constantine, route de Batna, la végétation est admirable. C'est la plus belle promenade des environs de Constantine.

Un ruisseau, qui joint le Roumel sous le pont El-Kantara, et devient un torrent en hiver, sépare le Mansoura de Sidi Mesid. Sur ce dernier mont, au N.-E. de la ville, s'élève le marabout ruiné de Sidi Mesid.

Aïn el-Bey, à 13 kilom. de Constantine, sur la route de Batna, au lieu de la grande halte de la première étape, présente un caravansérail commode pour les voyageurs. Les eaux y sont excellentes. Le bureau arabe y tient, sous sa direction, un pénitencier pour les Indigènes.

ROUTES. Les moyens de transport pour les promenades hors de la ville et les voyages, sont les voitures, les chevaux et les mulets. Les routes carrossables sont celles de Philippeville, de Sétif, de Mila. Il y a un service de diligences organisé sur la ligne qui conduit de la mer au désert. Ainsi on va régulièrement, en quatre jours, de Philippeville à Biskara, malgré les difficultés que présente le terrain à partir de Batna. Il y a même des personnes qui se sont rendues en cabriolet au puits artésien de Tamerna, qui se trouve à 80 kilom. de l'oasis de Biskra, sur la route de Tougourt. C'est un fait que nous sommes heureux de porter à la connaissance des touristes d'Europe.

La route de Philippeville à Constantine a 85 kilom. Elle traverse les villages de Saint-Antoine, de Saint-Charles, d'El-H'arrouche, le hammeau de Kantour *(ad Centuriam)*, le village de Smendou, le Hamma, et le hammeau du Pont-d'Aumale que les indigènes appellent *Ménia*.

La route de Constantine à Sétif est bordée en quelques endroits par des nouveaux centres de population, tels que ceux de la Tménia, de l'oued Dékri et de Saint-Arnaud.

La route de Constantine à Batna passe par les villages du Kroub et des Oulad Rahmoun ; elle a été tracée pour les nombreux colons de cette vallée du Bou-Merzoug, où les arbres poussent comme par enchantement. Un décret du 28 mai 1856, a rattaché à l'arrondissement de Constantine les 45,000 hectares que contient cette vallée.

La route de Constantine à Guelma est célèbre dans les annales de l'archéologie par les ruines d'Announa.

La route qui conduit à Tebessa *(Théveste)*, traverse le cercle d'Aïn Beïda ; elle est semée de ruines romaines.

ARRONDISSEMENT DE CONSTANTINE.

L'arrondissement de Constantine comprend huit communes qui sont, d'abord : I Constantine, puis dans l'ordre alphabétique : II Aïn Smara, III Batna, IV Condé-Smendou, V Hamma, VI Kroub, VII Oued Athménia, VIII Oued Seguin.

I.
COMMUNE DE CONSTANTINE.

La commune de Constantine consiste en la ville elle-même et sa banlieue.

II.
COMMUNE D'AIN SMARA.

Aïn Smara, création du 5 août 1854, est un hameau à 19 kil. de Constantine sur la route de Sétif — Population : 48 Français — 25 Étrangers — 307 Indigènes. Terres fertiles et peu cultivées. La fièvre y sévit pendant l'été.

III.

COMMUNE DE BATNA.

Batna est situé à 35° 70' de latitude N., et à 3° 90' de longitude E., dans l'intérieur de l'Algérie, au S., et à 120 kilom. de Constantine, à 126 kilom. de Biskra, à 72 kilom. d'El-Kantara, à 11 kilom. de Lambesa et à 40 kilom. de Tamugadis, où gisent des ruines romaines fort importantes.

Batna est au milieu d'une plaine bien cultivée, très-fertile dans les endroits où il y a de l'eau. Tout autour s'élèvent des montagnes rocheuses, nues au midi, et couvertes, au nord, de magnifiques forêts de cèdres, de chênes-verts, de genévriers et d'arbres d'autres essences, sur un périmètre de plus de 30,000 hectares. La ville est agréable, un boulevard la divise en deux. Les rues, tirées au cordeau, et se coupant toutes à angle droit, sont belles, larges et propres.

NOTE HISTORIQUE. Batna, dont le nom signifie en arabe *le bivouac*, n'était qu'un marais, qui a été desséché et occupé d'une manière définitive par l'armée vers le mois de mai 1844, à la suite de l'expédition de Biskra. Un camp fortifié fut assis sur un plateau voisin, où l'on éprouve les ressauts de température les plus brusques, qui, dans le mois de mars, par exemple, descendent, la nuit, à 6° au-dessous de zéro, pour s'élever, le jour, à 33° au-dessus.

Un village européen s'était établi au pied du camp. Un arrêté du pouvoir exécutif, du 12 septembre 1848, l'érigea en ville, sous le nom de *Nouvelle-Lambèse*, dénomination qui n'a jamais été adoptée par l'usage.

L'Empereur a séjourné en cette ville le 30 mai et le 1er juin 1865, à son retour de Biskra.

IMPORTANCE POLITIQUE. Batna est le lieu de

la résidence d'un Général de brigade commandant la subdivision, — d'un Commissaire civil. Justice de paix. — Population : 1268 Français. — 295 Étrangers. — 377 Juifs. — 1187 musulmans. — 32 en bloc.

ENCEINTE. Les fortifications consistent en un simple mur en pierres, avec bastions. Les portes de Constantine, de Sétif, de Biskra, de Lambèse, y donnent entrée.

ÉTABLISSEMENTS MILITAIRES. Les casernes, celles de la cavalerie particulièrement, sont fort belles par la hardiesse, la légèreté et à la fois la solidité de leur construction. La toiture en est remarquable par l'élégance de son aspect. Il y a peu de monuments de ce genre, en France même. Ces locaux peuvent contenir plus de 4,000 hommes. L'Hôpital et les magasins des divers Services militaires, ne sont pas en rapport, par leur importance matérielle, avec ces beaux édifices. Il passe par Batna une ligne télégraphique de Constantine à Biskra. Les Officiers ont un Cercle.

ÉTABLISSEMENTS CIVILS. Il existe une église, une Salle d'asile et une école dirigée par les sœurs de la Doctrine chrétienne ; il y a aussi une classe-école pour les garçons. La Mosquée est située hors de la ville. Le marché se tient sur une place à laquelle il donne son nom. Il y a encore une place dite du Bureau-Arabe. Les principales rues sont les rues Bugeaud, de Constantine, de Sétif, d'Alger. Toutes les maisons ont des puits. Une fontaine publique fournit une eau abondante, amenée par un canal de 1,600 mètres, qui donne 2,160 mètres cubes en 24 heures. De simples trous de sonde donnent l'eau de sources souterraines. Les meilleurs hôtels sont ceux *de France* et *d'Europe*. Parmi les cafés, fort nombreux, on peut citer ceux de *France*, du *Monde*, de l'*Univers* et le café *Roux*. On donne des représentations théâtrales et des concerts le jeudi et le dimanche, dans une baraque qui peut contenir quarante spectateurs.

Trois promenades, celles de la Prairie, de la Pépinière et du jardin du Général, embellissent les entours de la ville, où quelques centres agricoles, tels que ceux du Madher et de Fesdis, sont assis au milieu de prairies naturelles de plusieurs milliers d'hectares. Le paysage devient magnifique et grandiose à mesure qu'on approche des montagnes sauvages et pittoresques de l'Aourès et du Belezma, où s'étendent de sombres forêts. De fort belles usines, qui ne le cèdent en rien aux établissements analogues de la métropole, se font remarquer à quatre et à sept kilomètres : ce sont des moulins à blé, — un moulin à vent et cinq moulins à eau. Après avoir franchi, au caravansérail d'Aïn Mlita, la lisière méridionale du Tell, la route de Constantine à Biskra traverse les hauts plateaux. Au-delà de Batna, la route est marquée par trois caravansérails : les K'sours, — El-Kantara — avec pont de construction romaine sur un ravin profond — et El-Outaïa, — où deux planteurs cultivent 260 hectares de coton longuesoie. Les Arabes y font un commerce fort important de bois de construction et de chauffage. Ils y apportent aussi du blé, de l'orge, de la farine et y amènent des bestiaux. Un omnibus part deux fois par jour pour Lambèse.

Les sections communales de Batna, sont :

LAMBÈSE, centre créé par décret impérial du 14 juin 1862, auprès de l'établissement pénitentiaire, à 12 kilom. S.-E. de Batna à 140 S. de Constantine et à 322 kilom. N.-E. de Biskra. Là est l'ancienne ville romaine bâtie par la IIIe Légion, surnommée *l'Auguste, la Pieuse, la Vengeresse*, dont le signe numéral est gravé sur la plupart des ruines qu'on y trouve, dans un espace d'environ 4 kilom. carrés. On y voit encore un vaste édifice de 15 mètres de hauteur et de 114 de circuit, qui est l'ancien Prœtorium du Légat, dont on a fait un Musée d'antiquités, contenant une vingtaine de statues et deux cents objets antiques qui donnent une idée parfaite de l'état florissant de cette ancienne colonie militaire. Les savants admirent encore à Lambèse les restes d'un temple d'Esculape, quatre portiques bien conservés, plusieurs rues dallées, avec l'empreinte qu'y ont laissée les roues des chars; cinq mosaïques d'un travail exquis et plus de 1,300 autels et tombeaux revêtus d'inscriptions latines.

Cette ville, fondée dès le commencement de notre ère, au milieu d'une vaste plaine, comptait plus de 50,000 habitants. Les Arabes l'occupèrent sous le nom de Tar'ezoult, et l'avaient abandonnée depuis longtemps, lorsque l'attention fut appelée sur elle en 1844. Le 2e régiment de la Légion étrangère commença des travaux dans ce centre créé en septembre 1848.

La loi du 24 juin 1850, affecta cette localité aux déportés politiques, qui y furent établis l'année suivante. Dans un établissement cellulaire, il y a 220 condamnés aux travaux forcés. Cet établissement est le plus grand et le plus beau que les Français aient fait en Algérie. La population est de 372 Français, 30 Etrangers, 8 Juifs, 271 Musulmans. L'Empereur a visité cette localité le 2 juin 1865.

Lambèse est adossée aux monts Aourès. De Lambèse à Batna, il n'y a que 12 kilom., et cette route est desservie par une voiture publique, qui fait le trajet en une heure. Il n'est pas rare que des voyageurs débarqués à Philippeville un dimanche, accomplissent cette excursion scientifique dans l'espace d'une semaine, en se rembarquant le dimanche suivant.

FESDIS. Par décret impérial du 29 septembre 1862, il a été créé à 11 kilom. N.-E. de Batna, aux lieux dits Fesdis et Quessaïa, deux hameaux dont la population est de 74 Français, 35 Etrangers, 265 Arabes.

IV.

COMMUNE DE CONDÉ-SMENDOU.

Condé-Smendou est un village à 28 kilom. de Constantine, sur la route de Philippeville. Il a été créé par ordonnance du 9 septembre 1847, au point occupé par le poste de Smendou, et il est pourvu de tous les bâtiments communaux. La commune est entrée en plein exercice par décret du 21 août 1861. L'Empereur a traversé cette localité les 28 mai et 5 juin 1865. La population est de 569 Français, 309 Étangers, 690 indigènes. L'air y est sain, les eaux abondantes. Les Arabes y tiennent un marché le lundi. On a découvert, au voisinage, un gîte de combustible minéral (lignite), de 80 centim. d'épaisseur.

La section communale de Smendou est :

BIZOT, à 15 kilom. de Constantine, sur la route de Philippeville, créé au lieu dit El-Hadjar, le 15 janvier 1856. Fermes très-importantes. Les maisons sont des deux côtés de la route. Jolie église. Plantations sur la place et fontaine en pierres de taille. Vins de table et de dessert excellents et capiteux. Population : 175 Français, 27 Etrangers, 466 Arabes.

V.

COMMUNE DE HAMMA.

La plaine de Hamma présente, sur les bords du Roumel, au N. de Constantine et aux pieds même de la ville, de beaux jardins peuplés d'arbres fruitiers, où l'on recueille aussi de bons légumes. Ces jardins bordent la route de Philippeville jusqu'au treizième kilomètre. Le nom ancien de cette localité était *Azimacia*, dit M. Cherbonneau. On a construit au centre une chapelle catholique pour les colons. Quelques jolies maisons de plaisance sont dans ce quartier. Plus loin, à l'O., paraît le palais champêtre d'Ingliss-Bey, au milieu des charmes de la nature la plus fleurie.

Hamma avait été érigé en section communale de Constantine par décret du 25 mai 1861. Cette localité a été jointe au centre d'Aïn-Hirma, et reconnue commune de plein exercice par décret du 15 octobre 1866. On y traverse le Roumel sur un pont en fer, dit d'Aumale. L'Empereur a traversé cette commune les 28 mai et 5 juin 1865.

Population : 227 Français, 129 Étrangers, 1,535 Arabes.

VI.

COMMUNE DU KROUB.

Le Kroub est un village à 16 kilom. de Constantine, sur la route de Batna. Une fort jolie église de style gothique s'élève sur la place et domine, avec son presbytère, toute la vallée du Bou Merzoug. Une double rangée d'ormeaux borde la rue principale. Un marché considérable pour les bestiaux qu'on y conduit, s'y tient tous les samedis. Il y a au Kroub une fontaine d'une belle construction. La population est de 237 Français,

121 Étrangers, 1,148 Arabes. L'Empereur, allant et revenant de Batna, a traversé cette localité les 30 mai et 3 juin 1865.

Par décret du 25 février 1861, il a été rattaché au Kroub :

Lamblèche, à 12 kilom. E. de Constantine, sur la route de Batna, placé dans un petit vallon adossé au midi, à proximité de ruines romaines. Population : 17 Français, 716 Arabes.

Madjiba. Hameau dans la vallée du Bou-Merzoug, à 27 kilom. de Constantine, à droite de la route de Guelma. Population : 40 Français, 830 Indigènes.

La section communale du Kroub est :

OULED RHAMOUN, à 28 kilom. de Constantine, sur la route de Batna, est abreuvé par de belles eaux qui sont apportées par un canal de dérivation du Bou Merzoug dans son enceinte, formée par une muraille. Les terres labourables sont excellentes pour l'orge et le froment Tous les bâtiments communaux existent. Population : 91 Francais, 29 Etrangers, 690 Arabes.

Le décret du 5 février 1861 a rattaché à Ouled Rhamoun :

Aïn Guerfa, à 19 kilom. de Constantine, à 500 mètres à gauche de la route de Batna. Population : 16 Juifs, 914 Arabes.

VII.

COMMUNE D'OUED ATHMÉNIA.

Oued Athménia. Population : 117 Français, 31 Étrangers, 1166 Arabes.

VIII.

COMMUNE D'OUED SEGUIN.

Le centre européen de cette localité fut d'abord composé de l'émigration de 280 colons, partis de Strasbourg et de Thionville, les 22 septembre et 6 octobre 1862, et installés dans des gourbis, le 16 de ce dernier mois. Le terrain est excellent, propre aux cultures qui sont familières aux Alsaciens. L'eau potable est un peu éloignée. Population : 39 Français, 2 Étrangers, 620 Arabes.

ARRONDISSEMENT DE BONE.

L'arrondissement de Bône embrasse huit communes :
I Bone, II Bugeaud, III Duvivier, IV Duzerville, V La Cale, VI Mondovi, VII Penthièvre, VIII Souk H'arras.

I.
COMMUNE DE BONE (1).

SITUATION. Bône est située sur la côte septentrionale de l'Afrique, par 5°50' de longitude E., et par 36°52' de latitude N., dans le fond d'une baie, à 162 kilom. N.-E. de Constantine, à 84 kilom. E. de Philippeville, à 440 kilom. E. d'Alger.

BAIE DE BONE. La baie de Bône est terminée à à l'E. par le cap Rosa, et à l'O. par le cap de Garde, qui n'est qu'une ramification des monts Edour'. A l'extrémité de ce dernier, on a construit un phare, dans les environs duquel se trouve une carrière de beau marbre statuaire rouge, exploitée de toute anti-

---

(1) Nous devons une grande partie de ces renseignements à M. Jesp et à M. Dagand, imprimeur à Bône

quité. Lorsque l'on a doublé le cap de Garde, on arrive à la hauteur du fort Génois, vieille construction qui, depuis le choléra de 1849, sert de lazaret provisoire. Au pied du fort, il y a une rade qui offre aux navires un refuge pendant le gros temps. De là, jusqu'au mouillage des Caroubiers, la côte incline du N. au S. ; elle incline à l'O., et, à partir de cette inflexion, elle change complétement d'aspect. Le paysage s'anime : ce sont des collines couvertes d'une riche végétation, des maisons de campagnes bâties jusqu'au bord de la mer. La côte, à partir de la batterie du Lion, est défendue par des roches presque perpendiculaires ; elle court droit au S.-O. A un demi-mille, elle rentre vers l'O. et forme une petite crique, où se trouve la plage du Caserin.

La rade de Bône s'étend jusqu'à la pointe du fort Cigogne, aujourd'hui remplacé par une forte batterie qui domine à l'O. une jetée en pierres sèches, servant à prolonger le port. Cette baie, d'un excellent abri contre les vents du N., fait face au côté oriental de la ville. De ce côté s'étend une falaise élevée, baignée par la mer : c'est là qu'est le mouillage.

A l'O., de grands jardins étendent leurs tapis aux couleurs variées. Au N., les pentes d'un monticule s'élèvent à 105 mètres par des gradins successifs, et portent au sommet, sur un large plateau la Kasba ou citadelle, qui domine la rade et la plaine de Bône.

PLAINE DE BONE. La plaine de Bône, dont le sol est un mélange de sable, d'argile et de marne, et qui n'a pas moins de 100,000 hect., est bornée au N. et à l'E. par des montagnes, formant des ramifications du mont Edour'; à l'O., par les collines de Msour, et au S., par la Bou Djema. Cette rivière coule lentement du N.-E., au S.-E., et vient se jeter dans la mer, à peu de distance de Bône. Un autre cours d'eau, le Ruisseau d'Or, ramassant dans son parcours tous les petits ruisseaux, vient alimenter la Bou Djema qui, grossie pendant l'hiver par les pluies torrentielles, et quelquefois aussi par le reflux de la mer, déborde dans la plaine, et laisse, en se retirant, de grandes flaques d'eau croupissantes, dont les émanations morbides ont souvent été la cause de ces épidémies connues sous le nom de fièvres paludéennes. De là cette réputation d'insalubrité que la ville de Bône a conservé si longtemps. Mais, grâce à la sollicitude de l'administration supérieure, le danger n'existe plus. Des travaux sérieux d'assainissement, se résumant dans un vaste système de canalisation, ont été exécutés depuis quelques années, et Bône a repris son aspect riant à la faveur de la salubrité.

Un canal de ceinture, tracé du N. au S. au pied du mont Edour', réunit toutes les eaux qui en découlent, et joint l'oued El-Farcha qui formait autrefois un marais, au Ruisseau d'Or, un peu avant qu'il ne se jette dans la Bou Djema. Un large canal remplace également le Ruisseau d'Or, dont les contours marécageux étaient une cause permanente de maladies.

Un autre canal de dessèchement part de l'angle N.-O.

de la ville, parcourt toute la partie marécageuse qui s'étend de l'ancien parc aux fourrages à la colonne Randon, et va aboutir à la Bou Djema, au S. Enfin, un dernier canal de dérivation a mis cette rivière en communication avec la Sebouse. On a construit aussi des exutoires à vannes, destinés à recevoir les eaux de ces canaux pour les jeter à la mer, et empêcher la mer d'entrer dans ces mêmes canaux, dans les moments où elle s'élève au-dessus de leur niveau.

C'est par ces moyens qu'on a circonscrit, loin de la place, le foyer d'infection, et fait disparaître totalement les fièvres endémiques.

La plage qui borde la ville, tourne au S. après l'avoir dépassée, et correspond, dans cet endroit, à une vallée dont le sol bas paraît entièrement formé d'alluvions. C'est dans cette petite plaine que se jette la Sebouse, rivière assez large et assez profonde pour que les grosses embarcations puissent la remonter jusqu'à une grande distance. Les ensablements sont arrêtés, de sorte que les navires peuvent accoster par tous les temps.

De l'embouchure de la Sebouse au cap Rosa, la côte est bordée de dunes. Au-delà sont de vastes plaines habitées par des Arabes, vivant des produits de la terre et de leurs troupeaux.

NOTE HISTORIQUE. A environ 2 kilom. au S.-O. de la ville, entre la Sebouse et la Bou Djema, sur une colline couverte d'oliviers et de jujubiers, on trouve quelques vestiges de constructions romaines. Des décombres, — les arches éparses d'un aqueduc, qui amenait de l'eau des monts Edour' dans de vastes et gigantesques citernes dont les murs sont encore debout, les traces d'un quai sur la rive gauche de la Sebouse, — voilà tout ce qui reste d'une grande cité ; c'est là qu'était Hippone.

Hippone fut fondée par les Carthaginois, sous le nom d'*Ubbo*. Elle était groupée au S.-E. de Bône, sur une étendue de 60 hectares, au pied de deux mamelons désignés par les Indigènes, sous le nom, l'un de *Bounah*, l'autre de *Gharf el-Antran*. Des fouilles faites en cet endroit, à diverses époques, ont amené la découverte de médailles, de mosaïques, de fragments de monuments funéraires et de débris humains. En s'emparant de cette ville, les Romains changèrent son nom en celui d'*Hippo-Regius*.

L'an de Rome 707, Sittius, lieutenant de César, était dans le port que formait la Sebouse au pied de la ville, lorsque Scipion, fugitif et battu par la tempête, vint pour y relâcher avec sa flotte qui fut détruite.

La principale illustration d'Hippone est due à Saint Augustin, né à Tagaste, à 99 kilom. Converti depuis quatre ans, Augustin fut ordonné prêtre à Hippone, en 390, à l'âge de 36 ans, par Valérius qui le prit pour coadjuteur en 395. L'année suivante, l'évêque d'Hippone étant mort, Augustin lui succéda. Ses confessions datent de 397; c'est de 413 à 426 qu'il a écrit sa *Cité de Dieu*. En 429, Hippone fut assiégée par les Vandales, et le 28 août de la même année mourut saint Augustin, après quarante ans de séjour dans cette ville, qui fut prise en décembre 430. Les Vandales y détruisirent tout, hors l'évêché et la bibliothèque de saint Augustin.

Bélisaire reprit Hippone en 534, et les Arabes s'en étant rendus maîtres en 697, sous le troisième calife Othman, la détruisirent pour toujours, et la transportèrent à 2 kilom. au N.-E. où elle reçut le nom de *Annâba*, à cause de la grande abondance de jujubiers qui croissent aux environs.

Les rois de Tunis qui étendirent leur puissance sur ce point, y firent bâtir la Kasba en l'an 1300. Les Génois faisaient la pêche du corail sur la côte; pour se défendre, ils construisirent près du cap de Garde, le fort qui porte leur nom. Les Catalans leur succédèrent en 1439, et les Barcelonnais en 1446. En 1535 Charles-Quint, maître de Tunis, envoya André Doria, avec 30 galères et 2,000 hommes, à la poursuite de Barberousse, qu'il venait de chasser de cette ville, et qui s'était réfugié à Bône; mais l'amiral ne l'y trouva plus. Les troupes espagnoles évacuèrent la position, et les Tunisiens voulurent en vain s'y maintenir à leur place. Les Turcs en devinrent les maîtres.

Le 2 août 1830, l'amiral Rosamel débarqua le général Damrémont, qui entra sans combat dans la ville qui comptait à peine 1,500 habitants et venait de refuser hautement d'être défendue par le lieutenant d'Ahmed-Bey. Le 4 août, les tribus attaquèrent; le 6, le général Damrémont les chassa d'Hippone, où elles avaient pris position. Les journées des 7, 10 et 11, furent marquées par de nouveaux combats. Enfin, le 18 août arriva l'ordre d'Alger d'évacuer ce point. Le 13 septembre 1831, le commandant Houder et 125 zouaves, sur la demande des habitants, prirent de nouveau possession de la Kasba, d'où les intrigues du perfide Ibrahim, ex-bey de Constantine, parvinrent à nous évincer. Le 5 mars 1832, Ben Aïssa, lieutenant d'Ahmed, se présenta devant les murs qui lui furent ouverts et qu'il remplit de carnage et de ruines. Les Français appelés de nouveau, arrivèrent, et les deux capitaines d'Armandy et Jusuf s'étant introduits avec 130 marins dans la Kasba, restée au pouvoir d'Ibrahim ennemi d'Aïssa, ils y aborèrent le drapeau tricolore, qui n'a pas cessé d'y flotter depuis (26 mars 1832). Le général Monk d'Uzer, à la tête de troupes suffisantes, vint occuper la ville le 26 juin et battre les Arabes d'Ibrahim. En septembre 1833, les Merdâs, tribu voisine, essuyèrent un châtiment qui fut le dernier qu'on ait eu à infliger dans les entours.

Le 6 juin 1865, l'Empereur venant par mer de Philippeville, a visité Bône et reçu les compliments du Prince Si Taïeb, ambassadeur de son frère, S. A. le Bey de Tunis.

IMPORTANCE POLITIQUE. Une organisation civile avait été donnée à Bône, dès 1832, par l'arrêté du 20 avril, et une Commission provinciale fonctionnait depuis le 5 janvier 1835. Le territoire communal et civil de la ville de Bône a été constitué par l'arrêté du 31 janvier 1848. Bône est aujourd'hui le chef-lieu d'un arrondissement de la province de Constantine. C'est le lieu de la résidence d'un Général de brigade, commandant la subdivision ; le siége d'un tribunal de première instance, d'une Sous-Préfecture, d'une Justice-de-Paix, d'une Chambre de Commerce, d'un Conseil de guerre. La population est de 3,961 Français, 6,558 Étrangers, 674 Juifs, en bloc 1,419. Il y a aussi 5,229 Arabes.

ENCEINTE. La ville de Bône est un pentagone irrégulier de 16 hectares, qu'enferme un mur haut de 8 mètres, avec tours carrées sans terrassement. Le mur a une longueur totale d'environ 1,600 mètres. Il est entouré d'un fossé sec, peu profond ; du côté de la mer, il suffit pour protéger la ville. La batterie du fort Cigogne est la seule fortification importante qui soit reliée directement au système général de défense de la ville.

Six portes donnent entrée dans Bône : ce sont les portes Randon, de la Marine, des Karoubiers, de l'Aqueduc, des Karésas, d'Hippone.

Une nouvelle enceinte, donnant à la ville une plus grande étendue, est achevée. Des travaux de terrassement considérables ont en outre été exécutés, des chemins de ronde avec glacis ont été établis, de nombreuses plantations ont été faites ; enfin, le mamelon de la Kasba a été coupé. Une large voie a été ouverte sur la route des Caroubiers, et les ravins qui bordent la mer ont été comblés avec les déblais.

PHYSIONOMIE LOCALE. Bône est aujourd'hui d'un aspect très-gai ; ses rues sont propres, et pour la plupart bien alignées. Quelques-unes sont assez escarpées, ce qui tient à la position de la ville, bâtie sur un terrain inégal.

En entrant dans Bône, par la porte de la Marine, on arrive sur la place du Commerce. Cette place n'est pas d'une grande étendue, mais elle est bordée d'arbres, et ornée d'une jolie fontaine en marbre blanc. De toutes les maisons qui l'entourent, la principale est l'hôtel du Général commandant la subdivision. En face s'élève un grand corps de bâtiment composé de plusieurs parties, affectées aux services de la Direction du port, des Domaines et de l'Enregistrement. Sur la gauche, et directement opposée au bureau de la Douane, s'ouvre la rue de l'Arsenal. On y remarque de jolies maisons. L'hôpital est en haut de la rue Philippe. Au bas de la rue Suffren est la place d'armes. Elle est plantée d'arbres, en forme de quinconce ; au milieu s'étend un petit jardin circulaire dont le centre est occupé par une jolie fontaine en pierre, avec jet d'eau et bassin. La place est de forme quadrangulaire, elle est entourée de belles maisons, dont les rez-de-chaussées sont des galeries en arcades.

L'édifice le plus remarquable est la Mosquée. Construite, dès l'origine, des débris de temples d'Hippone, elle a été considérablement augmentée et embellie par une façade, sur le côté E. de la place. Cette façade, composée d'arcades avec galeries, dans le style mauresque, est du meilleur effet.

Les rues de Constantine, Saint-Augustin et Damrémont, aboutissent à la place. La rue de Constantine est large et bien alignée. Elle est en grande partie habitée par des marchands et des débitants. La rue Neuve-Saint-Augustin est une suite non interrompue de maisons de belle apparence occupées par de magnifiques magasins. La rue Damrémont traverse le quartier le mieux fréquenté de la ville. A l'entrée, à droite, est une petite place du nom de Rovigo, ornée d'un jardin et d'une fontaine. Ces bouquets de verdure, ces jets-d'eau, contribuent à égayer la ville, et à rafraîchir la température.

La ville est pourvue de bornes-fontaines, mises en communication avec un grand réservoir ou château-d'eau. Des travaux récents et considérables ont triplé le volume d'eau fourni à la ville par les sources de l'Edour'.

Tout le côté méridional de la ville est bordé par une charmante promenade, composée de plusieurs avenues plantées d'arbres, et désignées sous le nom de *Cours Napoléon*. Une plantation d'eucalyptus a doublé l'espace ouvert aux promeneurs. Le cours Napoléon est orné de constructions modernes, parmi lesquelles il faut citer le Théâtre, le Cercle de Bône, l'Hôtel d'Orient.

MONUMENTS DU CULTE. Il y a à Bône deux églises pour le culte catholique, un Temple protestant, une Mosquée principale et une Synagogue complètement neuve, où les juifs conservent un exemplaire de la Bible en hébreu auquel se rattachent des faits légendaires et miraculeux.

L'église catholique élève sa masse quadrangulaire à l'extrémité N. du cours Napoléon, près des beaux arbres des allées. Le portail et les côtés appartiennent à l'ordre byzantin, tandis que la coupole, qui termine l'édifice par derrière, est construite dans le style grec. Le portail est surmonté d'une tour carrée, qui s'en détache assez légèrement.

CONSTRUCTIONS MILITAIRES. Bône possède un Hôpital militaire, rue d'Armandy : 400 lits. Le local en est vaste et bien aéré. Deux Casernes servent à loger les troupes de la garnison ; l'une est située rue d'Orléans, l'autre à cent pas de la porte Damrémont; c'est le quartier de cavalerie. L'Intendance a ses bureaux dans la rue d'Armandy. Au S -O. de la ville, sur un gradin de la montagne, on voit la redoute Damrémont; plus loin, sur un plateau élevé de 63 mètres, le fort des Santons, servant de poudrière; plus haut encore, au N.-E., et à 400 mètres de la ville, est la Kasba, affectée à la prison centrale des militaires condamnés aux fers. Les casernes peuvent loger environ 3,000 hommes de toutes armes. Sur les bords de la Bou Djema, tout près du pont, se trouve le Parc aux fourrages, et plus loin, sur une hauteur devant Hippone, un établissement disciplinaire pour les condamnés militaires.

ÉTABLISSEMENTS CIVILS. Les établissements civils sont tous réunis dans l'intérieur de la ville. Indépendamment des services administratifs qui y sont tous représentés, on y trouve un hôpital civil pour les femmes, un télégraphe électrique communiquant avec les localités de l'Algérie et avec la France par le moyen du câble sous-marin. La prison civile est placée près du Tribunal. On en construit une plus vaste à gauche de l'église. Une Société de recherches scientifiques et d'acclimatation a pris le titre d'*Académie d'Hippone*. L'enseignement primaire et l'enseignement secondaire sont donnés à la jeunesse. Un Collége communal prépare les élèves à des cours plus élevés. Une Maîtrise donne aux enfants les connaissances nécessaires pour entrer au Petit-Séminaire d'Alger. Une école presbytérale réunit les enfants du culte réformé. Citons encore l'école israélite et l'école arabe-française. Il existe trois Zaouïas. Un établissement dirigé par les Sœurs de la Doctrine chrétienne, comprend un pensionnat pour l'éducation des jeunes filles, des classes communales gratuites et une Salle d'asile. L'institution d'un Bureau de bienfaisance a été confirmée par arrêté du 13 juillet 1853. Il y a aussi une Caisse d'épargne. Un Journal, sous le titre de la *Seybouse*, paraît tous les huit jours. Il existe un Cercle et une Loge maçonnique, ainsi qu'un Bureau de charité.

Le Théâtre est une jolie salle, décorée avec goût par M. Abel de Pujol. Ce bâtiment, construit d'après le meilleur modèle, peut contenir 800 spectateurs. Une troupe vient y donner des représentations pendant trois mois de l'année.

COMMERCE ET INDUSTRIE. Les principaux hôtels sont :

L'hôtel *d'Orient; de France*, place d'Armes ; *Mayer*, rue Bélisaire ; *de Paris*, place d'Armes. — On remarque aussi le café *de Paris* et le café chantant de la *Renaissance*, rue Neuve-Saint-Augustin.

Les principales productions du pays consistent en céréales. Les autres articles d'exportation sont : les huiles, les cuirs, les laines, la cire, le miel, les bestiaux, et les minerais de fer, d'une richesse égale au moins à ceux de la Suède, dont la France a jusqu'à ce jour été tributaire. Le Marché aux grains, où se font à peu près toutes les transactions commerciales, est à l'extrémité de la ville, près de la route de Constantine. Il a lieu tous les jours, dans un vaste enclos, et présente l'aspect le plus animé.

Le Marché aux légumes se tient, tous les matins, sur la place Eugénie, derrière le Théâtre. Le Marché aux poissons et le Marché arabe, pour les produits indigènes, les fruits, etc., se tiennent au même lieu. Ces marchés sont suffisamment approvisionnés d'objets de première nécessité, en raison des besoins de la population. Le poisson est excellent; la qualité des fruits et des légumes s'améliore de jour en jour.

Un moulin à vapeur et une dizaine de moulins à manège, convertissent le blé en farine. A part la fabrication des pâtes, la sellerie, la pelleterie et la confection des vêtements et des chaussures, l'industrie manufacturière est encore peu développée à Bône. On tire de l'intérieur quelques étoffes à l'usage des Arabes, des burnous et des tapis. Les Indigènes fabriquent également, au moyen de l'argile et du bois de frêne, des ustensiles de ménage de première nécessité. Ils font, avec le palmier-nain et le jonc maritime, de jolis paniers, des nattes et des chapeaux imperméables. Le palmier-nain a servi également à des essais de crin végétal.

En revanche, l'art de bâtir a fait des progrès remarquables; outre la pierre dure et le marbre, on trouve abondamment sur les lieux, la chaux, la brique et la tuile. Les nouvelles constructions sont faites avec solidité, et ne manquent pas d'élégance.

Le chêne-liége est exploité sur une grande échelle par la Société des Beni Salah.

MINES. Les minerais de fer sont appelés à former une source de richesse inépuisable pour le pays.

Les gisements de la Bélélita, des Kharezas, et principalement ceux de Mokta-el-Hadid, à 33 kilom. de Bône, sont d'une puissance remarquable, et ses produits ont obtenu une médaille d'or à l'exposition universelle de 1855. Les trois concessions des mines de fer d'Aïn Mokhta, des Kharezas et du Bouhamza, ont été réunies par décret du 11 février 1865. Elles fournissent à la France des éléments de fonte d'une qualité supérieure. Une voie ferrée, partant de Mokta el-Hadid, après avoir longé les Kharezas, vient aboutir à la Sebouse et assure désormais l'exploitation des mines. Ainsi Bône, avec ses mines de fer, est appelée à occuper un des premiers rangs dans la colonie. Le port, dont les travaux sont poussés avec vigueur, sera terminé dans un avenir prochain et servira d'escale pour la ligne de Suez. Il est déjà très-fréquenté. On y fait des chargements importants de minerais.

ROUTES. Trois routes partent de Bône, savoir :

1º La route du cap de Garde, au N.; 2º la route de Guelma, au S., qui se bifurque au sortir de la ville, et pousse vers l'E. un rameau sinueux qui contourne la plage et atteint le port de la Cale; 3º la route de Philippeville au S.-O., qui se déroule sur les bords du lac Fezzara.

TRANSPORTS. Des voitures journalières font le service de Guelma, de Souk H'arras et de Philippeville.

ENVIRONS. Les environs de Bône sont charmants. Le hameau de Sainte-Anne, Hippone, la vallée des Kermiches, celle des Caroubiers, celle de l'oued Kouba, puis la forêt de l'Edour', si sauvage et si majestueuse, avec ses cascades, ses sources glacées, ses sentiers perdus, et son aqueduc romain, offrent des promenades très-agréables.

Hippone, dont nous avons donné la situation dans la note historique de cet article, est l'endroit où le plus illustre docteur de l'Eglise latine, Augustin, le saint évêque, fit entendre sa voix éloquente. Un peu au-dessus des ruines, sur un tertre verdoyant, on a élevé un monument simple et sans ornement. C'est un petit autel de marbre blanc, surmonté de la statue en bronze de saint Augustin, et environné d'une grille de fer. Le 28 octobre 1842, Mgr Dupuch, Évêque d'Alger, accompagné de six Évêques députés de l'épiscopat français, transporta en grande pompe sur cet autel, des reliques du saint docteur (le cubitus du bras droit). Depuis cette époque, chaque année, le clergé suivi de la population se rend en procession solennelle au mamelon d'Hippone, pour y célébrer une messe commémorative. Ce lieu digne d'un pèlerinage a été visité par S. M. l'Empereur le 6 juin 1865.

Alelik est un village de la banlieue de Bône, à 6 kilom., dont la création remonte au 30 juillet 1851. C'est là qu'est le dépôt des étalons du Gouvernement, pour la province de Constantine, et que se trouve l'établissement de la Société anonyme des hauts fourneaux de l'Alélik fondée en 1847, et visité par l'Empereur en 1865. De nombreuses fermes sont exploitées sur ce territoire.

Le pays était autrefois riche en chasse. Le gibier tend à disparaître. Cependant en hiver, les oiseaux de passage, et surtout les oiseaux aquatiques, s'y rencontrent en abondance, notamment sur les bords du lac Fezzara (vaste étendue d'eau, de 40 kilom. carrés, située à 18 kilom. S.-O. de Bône), où la chasse est louée, et qui fourmille de cygnes et de grèbes, dont les peaux préparées fournissent de fort belles fourrures. On y trouve encore des poissons en grande quantité.

A 3 kilom. de Bône, existe un Orphelinat de cent jeunes filles, élevées par une Religieuse.

II.
COMMUNE DE BUGEAUD.

Bugeaud est un village entouré d'une muraille, créé par ordonnance royale du 3 juin 1847, sur la montagne de l'Édour', au lieu dit Aïn Barouaga, à 12 kilom. de Bône, à l'entrée d'une forêt où l'on exploite le chêne-liége, et où s'élèvent quelques habitations occupées par la brigade forestière. La commune est entrée en plein exercice par décret du 22 août 1861. Il y a une église, un lavoir couvert et un abreuvoir. — Population 300 habitants. 195 Français, presque tous bûcherons lorrains. Il y a 100 Étrangers.

III.
COMMUNE DE DUVIVIER.

Sur la route de Souk H'arras, et à 34 kil. en avant de ce point, au lieu dit Bou Chagouf, un décret du 27 mai 1857 a créé sous le nom de Duvivier un centre qui est entré en plein exercice communal, par décret du 22 août 1861. — Population : 107 Français, 23 Étrangers, 121 Arabes.

La circonscription en dehors du périmètre communal comprend 6 Français et 57 Arabes.

IV.
COMMUNE DE DUZERVILLE.

Duzerville fut créé par l'arrêté du 12 février 1845, au lieu connu sous le nom de Bouzaroua, près du pont de Constantine, sur la Meboudja, à 11 kilom. de Bône, et à mi-chemin de Mondovi, au point de séparation de la route qui se bifurque pour aller à ce village et à Guelma. Cette commune est entrée en plein exercice le 22 août 1861. Les plantations publiques sont nombreuses. Il y a deux puits à pompe, un lavoir et un abreuvoir. Les habitants, au nombre de 109 Français et 146 Étrangers, exercent l'industrie du roulage. Il y a 31 Arabes.

La section communale de Duzerville est :

EL-HADJAR, créé par décret présidentiel du 30 juillet 1851, à 12 kilom. de Bône, à 5 kilom. de Duzerville, sur la route conduisant à Penthièvre. Les habitants, au nombre de 36 Français, 21 Etrangers, 10 Arabes, ont fait de belles plantations de mûriers. Leurs cultures sont belles et variées.

La circonscription en dehors du périmètre communal, comprend 27 Français, 31 Etrangers et 1,253 Arabes.

V.

COMMUNE DE LA CALE.

SITUATION. La Cale est situé sur la côte septentrionale de l'Afrique, par 6°15' de longitude orientale, et par 36°90' de latitude N., à 146 kilom. N.-E. de Guelma, à 82 kilom. E. de Bône, à 214 kilom. N.-E. de Constantine, à 10 lieues marines de l'île de Tabarca.

ASPECT EXTÉRIEUR. Un roc déchiré par les vagues, et quelques constructions, ne peuvent guère impressionner agréablement quand on vient de Bône à La Cale par mer. Cependant, une fois à terre, on se réconcilie un peu avec la laideur apparente de la pointe que forme la presqu'île où est bâtie la ville, et des rochers couronnés du fortin, dit du *Moulin*, qui ferme l'entrée du port, de l'autre côté, vis-à-vis, au S.-O. La Cale n'a qu'un horizon très-restreint du côté de la terre. Un plateau peu élevé, couvert de bruyères, de palmiers-nains, de myrthes et de quelques bouquets de chênes-liéges, et dont le versant septentrional vient finir à la plage, ne laisse au regard que l'immensité de la mer et des côtes, du cap Gros au cap Roux.

La Cale est à deux milles du cap Gros. M. Lieussou, ingénieur hydrographe, dans ses *Études sur les ports de l'Algérie,* dit que le port consiste dans un petit bassin oblong, dont l'entrée regarde l'O.-N.-O. Ce bassin, resserré à son entrée, a 120 mètres de largeur moyenne, sur 300 mètres de longueur. Cette calanque est abritée du N. et du N.-E. par une presqu'île, sur laquelle étaient bâtis tous les magasins. Les bateaux corailleurs et les petits caboteurs peuvent s'y mettre à l'abri ; mais pendant les vents frais du N.-O., ils doivent se tirer à terre, car ces vents y donnent en plein et la mer y est très-grosse. Le peu de largeur de la passe, et le brusque ressaut de fond qu'elle présente, y occasionnent, dans les gros temps, une barre ou brisant difficile à franchir. Cette disposition rend l'entrée dangereuse.

NOTE HISTORIQUE. Ce que les anciens ont pu faire à La Cale et aux environs est entièrement ignoré. Elle portait, sous les Romains, le nom de *Tunilia*. Il existe près de La Cale, ainsi que dans le voisinage de ses trois lacs, des monceaux de pierres qui sembleraient avoir appartenu à des établissements agricoles, en raison de leur peu d'étendue et de la situation des terrains où ils gisent. Quelques-unes de ces pierres, creuses et de forme ronde, ont dû servir à des moulins à huile. Aucune autre marque caractéristique ne vient en aide pour assigner une origine certaine à ces décombres qui paraissent remonter à une époque reculée.

En 1390, Aboulfeda parlait de la pêche du corail que faisaient sur la côte les Génois conduits par Louis de Clermont, duc de Bourbon, auquel on attribua la fondation première du Bastion de France. En 1439, les Catalans achetèrent le droit exclusif de cette pêche aux souverains de Tunis. En 1446, les Barcelonnais affermèrent cette industrie jusqu'à Bougie. En 1520, le privilége de la pêche du corail de Tabarca à Bône, fut concédé à la France, et nos rois François Ier et Henri II, commencèrent à l'exploiter. On rebâtit alors, sur la côte, à 48 kilom. de Bône, le petit fort connu sous le nom de Bastion de France. A peine terminé, en 1560, il avait été détruit de nouveau par les Barbaresques, lorsque le sultan Selim II confirma avec Charles IX les traités anciens, et y ajouta, en sa faveur, le monopole du commerce de l'intérieur de la régence, par les ports de Malfacarel, La Cale, Collo, le cap Roux et Bône. Les deux négociants marseillais Carlin Didier et Thomas Linches, vinrent relever le Bastion; mais ils n'y firent pas de bonnes affaires, et ce dernier s'y ruina. Le sultan Amurat III, le 20 mai 1604, renouvela les traités d'amitié avec Henri IV, qui céda nos concessions à la famille de Guise; ces princes les laissèrent dépérir. Richelieu, en 1624, obtint d'Amurat IV, en toute propriété pour la France, les places du Bastion, de La Cale, de Bône, le cap Roux et le cap Nègre.

En 1626, Samson Napollon fut envoyé à La Cale dont il fut le fondateur, et y établit un comptoir plus large qu'aucun de ceux encore ouverts sur ce rivage. Les Turcs d'Alger, peu soucieux d'obéir au sultan de Constantinople, détruisirent le Bastion en 1637. Les ducs de Guise, perdant tout intérêt au profit incertain dont ils avaient le privilége sur ce point, en cédèrent les avantages éventuels à Napollon, pour 10 chevaux barbes par an (1663), et ce dernier, abandonnant tout-à-fait cet ancien poste reconnu malsain, concentra à 24 kilom. à l'E. tout le commerce à La Cale, en 1677. Sur la porte de terre est encore inscrit ce millésime, époque d'une nouvelle ère. La Cale parvint bientôt à un état des plus florissants : un grand nombre de beaux magasins, des quais, une église, un hôpital, un lazaret, quatre postes militaires, une mosquée pour les Maures employés par la Compagnie, — elle eut tout ce qui était indispensable au bien-être, à l'approvisionnement et à la défense de 2,000 âmes. L'occupation de ce rocher avait un intérêt politique durant les querelles entre les maisons de France et d'Autriche. L'abaissement de l'Empire rendit à La Cale son importance purement commerciale. Duquesne en retira tous les habitants, avant le bombardement d'Alger, en 1683. Pierre Hély, en 1694, fut reconnu, par le gouvernement, cessionnaire et propriétaire incommutable des places, du commerce des cuirs, céréales, cire et miel, et de la pêche du corail, moyennant la charge de payer au Divan une redevance de 105,000 livres. Les dispositions de ce traité furent renouvelées, plus tard, entre la France et Alger, en 1714, 1731, 1768, et 1790. En 1701 et 1709, la disette s'étant fait sentir en France, les concessions expédièrent à Marseille 200,000 hectolitres de blé. La Compagnie des Indes qui, en 1719, prit la ferme de ces établissements, ne fut pas plus heureuse en Afrique qu'en Asie, et la Compagnie Auriol les releva durant le bail de 10 ans qu'elle obtint, à partir de 1730. En 1741 se constitua à Marseille, la Compagnie d'*Afrique*, avec un capital de 1,200,000 fr. La ruine était imminente, et le capital était tombé à 474,000 fr., lorsqu'en 1766, M. Martin fut envoyé en qualité de directeur. Cet homme probe et entendu rendit la prospérité à La Cale, qu'il maintint en paix au milieu de 16 tribus de la Masoule, dont le cheikh, nommé par le bey de Constantine, n'était confirmé qu'après son assentiment. Un capitaine, aux appointements de 360 francs par an, et 14 soldats, aux gages de 108 francs, lui suffisaient pour garder les postes protégeant la ville. 50 coralines, montées chacune de sept hommes engagés pour trois ans, faisaient la pêche dans ces parages. En 1789, la Compagnie d'Afrique obtint que son monopole exclusif lui serait maintenu, au milieu de la chute de tous les priviléges. Mais le décret du 21 juillet 1791 lui fit perdre une partie de ces avantages et la força de souffrir 50 gondoles corses, qui firent la pêche et occasionnèrent un tort notable à la Compagnie, en allant vendre le corail à Livourne. L'arrêté du Comité de Salut public, du 19 pluviôse an II (janvier 1794), prononça la suppression de la Compagnie. La Convention fit verser au Trésor 2,048,000 fr., provenant de la liquidation du fond social, ainsi amélioré par les soins et le dévouement du directeur Martin. La Cale n'était alors habitée que par 600 hommes. Les édifices ne pouvaient pas en contenir davantage, et toutes les femmes en étaient exclues. Il en provenait des désordres dont l'abbé Poiret avait été scandalisé en 1785. La position était gardée par 30 vétérans et 6 pièces de 4. Le gouvernement français, voulant alors diriger la pêche par lui-même, arma 200 bateaux corailleurs et parvint à épuiser presque tous les bancs. Les redevances ne furent pas payées au dey qui, invité par le sultan de Constantinople à nous déclarer la guerre, au moment de l'expédition d'Egypte, s'empara des concessions françaises. Le gouvernement consulaire, par le traité du 17 décembre 1801, obtint la restitution des priviléges, à charge de liquider la dette des grains achetés par la France à la Régence, et qui traînait en longueur. M. Raimbert vint reprendre la pêche avec des Corses et des Italiens. Mais les lenteurs nouvelles apportées aux paiements ariérés indignèrent le dey qui, en 1807, nous enleva nos concessions, et les loua pour dix ans aux Anglais, moyennant une rente annuelle de 267,000 francs. En 1816, à la faveur de la paix générale, nous rentrâmes dans nos possessions. Le privilége commercial fut abandonné à M. Paret, négociant de Marseille, et le département des affaires étrangères dirigea seul la pêche du corail. 240 bateaux y concouraient. Les Français étaient exempts de tous droits que les Anglais avaient divisés en deux ; droit de pêche d'été, du 1er avril au 30 septembre, et de pêche d'hiver, du 1er octobre au 31 mars ; ce dernier, moindre presque des deux tiers. Ce règlement continua à régir ce genre d'industrie. En 1820 et 1824, les Indigènes et les Tunisiens attaquèrent nos établissements ; en 1827, et le 27 juin, les Turcs du dey Hussein incendièrent les édifices qui venaient d'être évacués par nos compatriotes. Il y avait alors 24 coralines françaises en rade et 139 bateaux étrangers. La pêche ne fut reprise qu'en 1832, par des Italiens.

Dès 1831, une reconnaissance avait été ordonnée par le Général commandant l'armée d'occupation d'Afrique; elle eut lieu au mois de mai. On ne trouva plus à La Cale que des masures inhabitables, quelques merlons restés intacts, des pans de murailles, noircis et lézardés par l'incendie. Ce ne fut que le 22 juillet 1836, que l'on occupa définitivement, au moyen de

50 zouaves indigènes, commandés par le capitaine Berthier de Sauvigny, et apportés par le brick le *Cygne*. Un arrêté du 21 décembre 1842 a érigé La Cale en Commissariat civil. Une ordonnance du 13 décembre 1846 lui a assigné une banlieue civile d'environ 8,500 hectares.

La Cale, constituée en commune par le décret du 31 décembre 1856, est un chef-lieu de district, résidence d'un Commissaire civil. Elle compte 3,176 habitants, dont 440 Français, 1,718 Étrangers, 55 Juifs. Il y a aussi 831 Arabes et une population en bloc de 132 individus.

La ville de La Cale est assise sur un banc de rochers de 420 mètres de long, sur 60 à 80 de large, qui court dans la direction O.-N.-O., parallèlement à la côte. La roche, qui présente une superficie de 3 hectares, est d'un grès à contexture lâche. Quand la lame déferle un peu vivement, on entend, au son creux qu'elle rend jusque sous le pavé, combien son action a déjà pénétré loin dans les couches les plus friables. Ce rocher, presqu'entièrement entouré par la mer, se rattache au continent par un isthme de sable, à son extrémité orientale, et défend du large une nappe d'eau qui communique avec la mer. 180 bateaux corailleurs peuvent s'y mettre à l'abri. Ce petit port ne pourrait admettre un navire de plus de 100 tonneaux. 200 maisons, environ, sont bâties sur cette presqu'île, avec assez de régularité, le long d'une rue. Le Pavillon des officiers, ancien comptoir de la Compagnie française, est une maison de belle apparence. Un mur de 2 mètres de haut sur 50 centimètres de large, qui court de l'E. à l'O., protége au S. ce groupe d'habitations, et s'ouvre par la porte de Terre ou de la Presqu'île. Un autre mur de défense, qui commence à l'embouchure d'un ruisseau se déversant dans une petite anse à l'E., enveloppe le quai et le faubourg Saint-Martin, répandu sur la plage. Ce mur va joindre à l'O. le pied du coteau où s'élève le fort du Moulin, commandant l'entrée du port, et se termine derrière la caserne des spahis, située de ce côté. Une solution de continuité dans ce prolongement est appelée porte de l'Avancée. Entre le mur de défense et le magasin du matériel des Ponts-et-Chaussées, à l'E., se tient un marché qui n'a pas de jours fixes.

C'est surtout le corail qui constitue l'importance industrielle de La Cale. L'article 5 du traité du 8 août 1830, avec le bey de Tunis, confirmé par celui du 24 octobre 1832, reconnaît à la France le droit de la pêche, moyennant une rente de 13,500 piastres de Tunis, dans les eaux de ce royaume, jusqu'au cap Nègre, à 7 lieues de l'île de Tabarca.

L'arrêté du 31 mars 1832 a pourvu aux mesures de police que ce genre d'exploitation exige. L'ordonnance royale du 9 novembre 1844 a fixé à 800 fr. par an, sans distinction de saison, la rétribution payée par chaque bateau étranger qui se livre à la pêche du corail sur les côtes de l'Algérie. En conséquence de la décision impériale du 10 avril 1861, le droit des batiments corailleurs français n'est que de 400 fr. D'autres exemptions ont été obtenues par le décret du 1er juin 1864. En cette année là, 186 bateaux français et 141 bateaux étrangers ont fait la pêche. Ils ont pêché pour plus de 2,300,000 fr. de corail.

Le corail de La Cale est porté à Livourne, où il occupe plus de 700 personnes. Les Juifs centralisent ce commerce qui s'est relevé à la faveur du retour des modes impériales. D'ailleurs on ne peut trop recommander l'usage des ornements de corail; il est *sain*, dit-on, et il va fort bien aux brunes. — Les dames le savent assez.

Il y a trois Casernes : une dans la presqu'île, pour 400 soldats ; une au faubourg, dite des Spahis, où 40 hommes peuvent loger ; une troisième au fort du Moulin, poste militaire, assis sur un plateau au S.-O. C'est aussi dans ce fort que se trouve la prison militaire, et civile au besoin. Dans la presqu'île encore, le service des Subsistances militaires a son magasin, aussi bien que le service du Génie. L'Hôpital renferme 70 lits. Station télégraphique.

Dans la presqu'île est une petite église qu'on dit être celle bâtie par l'ancienne Compagnie française d'Afrique, dans l'hôpital que desservaient quatorze frères de l'ordre de Saint-Jean-de-Dieu. Mosquée. Synagogue.

Il y a deux écoles : l'une pour les garçons, l'autre pour les filles, et une salle d'asile. L'ancienne tour du Phare est restaurée ; on y a placé un appareil catadioptrique. Un grand puits, sur la plage, sert à l'alimentation de la population, et à l'approvisionnement des corailleurs. Il existe un autre puits assez abondant, dans l'ancien jardin de la Compagnie. Tout autour de l'enceinte actuelle on peut trouver une promenade que le sable vient disputer. Quelques cantines, où les prix sont exorbitants pour le peu qu'on y prend, sont les seuls lieux qui puissent prétendre au titre d'auberges.

Le sol des environs de La Cale est généralement accidenté. Il existe dans la banlieue, où l'on voit beaucoup d'arbres fruitiers et de la vigne, de nombreux jardins et cinq fermes. L'on y cultive la pistache de terre (arachide). Si l'on gravit un des points les plus culminants du plateau qui domine la ville, on a un horizon assez étendu. En laissant la mer derrière soi, on découvre, à une distance de trois à quatre myriamètres, un demi-cercle de montagnes peu élevées, renfermant, entre elles et la mer, trois lacs. — Le *lac des Poissons* (Guera-el-Hout), plus connu à La Cale sous le nom de *Tonga*, d'où nos pères avaient fait *Tonègue*, s'étend à l'E. Il est profond et communique avec la mer par un beau chenal, débouchant dans une crique où les petits bâtiments peuvent s'abriter. — Le *lac Supérieur* ou *du Milieu* (étang d'el-Garah, Guera-el-Garah, Oubeïra, qui portait aussi le nom de *lac de Beaumarchand*, au temps de l'ancienne Compagnie), occupe une étendue de quatre à cinq mille hectares, à 2,000 mètres du lac des Poissons. Il est d'un accès facile, dans la plus grande partie de son contour. L'élévation de ses eaux est de 30 mètres 73 centimètres au-dessus du *lac Salé*, qui s'étend à 1,000 mètres à l'O. — Le *lac Salé* (Guera-el-Malah), connu sous le nom de *lac du Bastion*, à cause de l'établissement français qui existait auprès, sur le bord de la mer, occupe 2,500 hectares, et pénètre à 2 lieues dans les terres. Son extrémité méridionale est un taillis marécageux. Le canal de communication de ce lac avec la mer, semblable à l'entrée d'une rivière, a une longueur de 1,000 mètres environ. Il se dégarnit d'eau pendant l'été, et laisse établir près de son embouchure une sorte de barre qui se détruit pendant l'hiver. Les exhalaisons délétères qui se dégagent aux mois de juin et de septembre, causent les fièvres qui ont chassé les Français du poste dit *le Bastion*.

C'est principalement dans le voisinage de ces trois immenses réservoirs qu'existent les belles forêts de chênes-liéges qui viennent, en suivant les sinuosités de petits vallons, finir auprès de La Cale. Les couches minéralogiques sur lesquelles reposent ces parties boisées, appartiennent, pour la plupart, au grès bigarré. Sur plusieurs points on trouve, à la surface du sol, une assez grande quantité de sables siliceux, mélangés de parcelles de mica. L'établissement forestier de Méla, est à environ 9 kilom. de La Cale. A 26 kilom., sur la route de Bône, est le caravansérail de Bordj Ali Bey.

Le paysage est vraiment africain, et si des lopins de culture qu'on voit çà et là sur un revers de montagne, dans une clairière, n'indiquaient l'existence de tribus, on se croirait dans une solitude éternelle. Il n'y a, comme moyen de transport à travers ces tristes déserts, que le cheval qu'un spahis prête pour quelques heures, avec l'agrément de l'officier. La seule route tracée qui aboutisse à La Cale, est celle de Bône, qui s'embranche à celle de Constantine, par Guelma. Il y en a une encore qui mène à Kef oum el-Theboul, établissement fondé par la Compagnie concessionnaire de la mine de plomb argentifère de ce nom, située sur la frontière de Tunis, à 22 kilomètres E. de La Cale.

Les balancelles de corailleurs qui vont jusqu'à Bône, et le steamer qui vient de Tunis deux fois par mois, forment le lien de communication de ce morne séjour avec le reste du monde. En quatre heures de voyage sur le bateau à vapeur on arrive à Bône, qui est à 82 kilom. par terre.

VI.

COMMUNE DE MONDOVI.

Mondovi, créé en exécution de la loi du 19 septembre 1848, à 24 kilom. S. de Bône, sur la rive gauche de la Sebouse, sur la route de Bône à Tebessa, possède un territoire fertile en tabac et en plantes légumineuses. Le bétail s'y élève avec succès. Le village a un marché couvert. Trois puits, dont un creusé par les Romains, donnent de la bonne eau. On a trouvé des vestiges d'établissements antiques et beaucoup de médailles du Bas-Empire. Il y a une église, une Justice de paix depuis le 21 novembre 1860. — Le décret du 22 août 1861 a reconnu la commune en plein exercice. La population, y comprise celle de Barral, section communale, est de 823 Français, 134 Etrangers, 85 Arabes.

BARRAL, colonie agricole créée en 1848, appelée d'abord Mondovi n° 2, à 6 kil. environ au-delà de Mondovi, à 157 kil.

de Constantine, au bord de la Sebouse, a trois puits et un marché couvert, et possède un territoire fertile. Les habitants ont une église.

La circonscription en dehors du périmètre communal, comprend 6 Français et 58 Arabes.

VII.
COMMUNE DE PENTHIÈVRE.

Penthièvre, peuplé en partie de familles allemandes, a été créé par ordonnance du 26 septembre 1847, à 134 kilom. de Constantine, à 43 kilom. de Bône et de Guelma, sur la route de ces deux villes, au confluent de l'oued Mouïa Berda et de l'oued Dardara. Le village, qui a une église, est pourvu de fontaines, lavoirs, abreuvoirs. On y cultive les céréales et les plantes légumineuses. La population, y comprise celle de sa section communale Nechemeya, est de 146 Français, 274 Etrangers, 265 Arabes.

NECHEMEYA. Celui qui aurait vu l'ancien camp de ce nom, en 1837, à 124 kilom. de Constantine, à 43 kilom. de Bône, sur la route de cette ville à Guelma, où même qui aurait considéré vers la fin de 1853, les gourbis élevés par une population allemande qui était venu débarquer dans la province de Constantine, serait émerveillé de voir aujourd'hui ce que les bienfaits de l'Administration et les travaux du Génie militaire ont faits pour ce centre de population qui est doté de tous les avantages communaux. Les villages de Oued Touta et de Guelaa bou Sba, ont été dans les mêmes conditions. Le décret impérial du 28 février 1857, a constitué Nechemeya.

La circonscription, en dehors du périmètre communal, comprend 763 Arabes.

VIII.

COMMUNE DE SOUK H'ARRAS.

Souk H'arras, située à 99 kilom. au S. de Bône, à 40 kilom. de la frontière tunisienne, est l'ancienne Thagaste, patrie de St-Augustin, près de la rive gauche de la Medjerda (antique Bagrada), où l'on a jeté un pont, à la jonction des routes de Tunis à Constantine, et de Bône à Tebessa. Dès 1852, vingt soldats français, enfermés dans le fondouk, arrêtèrent l'insurrection du pays. En 1855, on fit de ce point un chef-lieu de Cercle, et au commencement de 1856, des colons européens, des Tunisiens, des Juifs, des Mozabites, vinrent y fonder spontanément un centre de population qui est aujourd'hui de 731 Français, 339 Etrangers, 188 Juifs, 884 Arabes. Un décret du 15 septembre 1858 donna à cette fondation l'existence légale.

Centre des communications de la contrée, les routes de Tunis à Constantine, et de Tebessa à Bône, se croisent sur l'emplacement même choisi pour l'assiette de la ville. C'est un point de passage obligé pour toutes les caravanes portant les produits de l'E. et du S. C'est aussi le lieu de transit et d'entrepôt du commerce de la Tunisie. Cette disposition des voies assure donc à toujours sur ce point un mouvement commercial qu'on chercherait vainement à faire dériver ailleurs.

Un marché hebdomadaire considérable se tient depuis des siècles sur ce point, le jeudi, et offre à l'activité des Européens de productives branches de commerce, notamment sur les bestiaux, les céréales et les laines que la contrée fournit en très-grande abondance.

De toutes les tribus du cercle, et même de la Tunisie, les indigènes viennent en grand nombre, dès le mercredi soir, amenant avec eux de très-beaux chevaux, de nombreux troupeaux des races bovine et ovine, des chameaux, de grandes quantités de laine, des cuirs, du goudron, du miel, du savon, des tapis, des nattes, des cordes, des burnous, de l'huile, des dattes, des fruits de toutes sortes.

De leur côté, les indigènes y achètent des quantités considérables de nos produits, et particulièrement des cotonnades, des foulards, des ustensiles de ménage, etc.

Ces nombreux acheteurs composent une population flottante connue sous la dénomination de *Berrani*, que le décret du 12 février 1858 place sous la surveillance d'un amin.

Souk H'arras qui a été érigé en commune de plein exercice par décret impérial du 23 août 1861, a un Commissaire civil, un Juge-de-paix. Cette ville possède déjà de beaux établissements publics : une église, une école des filles avec salle d'asile, une école de garçons, un abattoir, un vaste hangar couvert pour le marché aux céréales, une mosquée.

La place, au centre de la ville, est à 661 mètres au-dessus du niveau de la mer.

Les noms des rues, pris dans l'histoire ancienne, rappellent Massinissa, Scipion, Jugurtha, qui ont eu pour théâtre de leurs exploits les localités de la banlieue, où se sont livrées les fameuses batailles de Zama, du Muthul.

M'daourouche *(Madaurus)*, patrie d'Apulée et de saint Alype, ami de Saint-Augustin, est éloigné à 24 kil. au Sud, de Souk H'arras.

Non loin de la ville, des cours d'eau abondants et des sources nombreuses donnent des moyens d'irrigation aux exploitations agricoles et une grande force motrice pour l'installation de nombreuses usines. Déjà, quatre moulins, construits sur les bords de la Medjerda, sont en pleine activité et produisent des farines de bonne qualité et en quantité suffisante, non-seulement pour les besoins de la consommation, mais encore pour l'exportation.

Environnés de forêts présentant de belles essences, 30,000 hectares de bois offrent de grandes ressources aux exploitations de liéges et de bois de construction.

Les montagnes voisines renferment aussi des richesses minérales qui n'ont point été encore sérieusement explorées, mais qui se révèlent à la surface du sol; le fer, le cuivre, le plomb, le manganèse, sont déjà connus sur plusieurs points.

C'est l'ensemble de ces diverses ressources qui explique le développement rapide et toujours croissant de ce centre de population et qui lui assure une ère de prospérité dans l'avenir; c'est-à-dire, dès qu'une bonne route, déjà en pleine voie d'exécution, praticable en toute saison aux voitures et aux charrettes, l'aura mis en communication prompte et facile avec Bône, son port naturel, d'où il tire ses approvisionnements et où il expédie, pour l'exportation, l'exubérance de ses produits.

Pour terminer cette notice, nous dirons que 21,330 arbres de toutes essences ont été plantés par les colons, soit sur leurs lots ruraux, soit sur leurs lots de jardins. En outre, 400 arbres déjà fort beaux ornent les places et promenades publiques de la ville. — Enfin, 40 hectares, convenablement défoncés et défrichés, ont été complantés en vignes, et cette branche de l'agriculture, si riche d'avenir, est appelée à prendre dans le pays un très-grand développement.

Il n'est peut-être pas sans intérêt de signaler l'existence d'une source thermale connue sous le nom de Hammam Oulad Zaïd, à 12 ou 13 kilomètres au N.-E. de Souk H'arras, sur la route de cette ville à La Cale, par Bou-Hadjar. Les eaux de cette source sont très-sulfureuses et très-salines. Leur température est de 42°. Près de la source on a construit une petite maison et deux bassins pour prendre des bains. Les environs sont très-pittoresques. *(Moniteur de l'Algérie).*

La section communale de Souk H'arras est :

MEDJEZ-SFA. En 1856, il n'existait à Medjez-Sfa qu'une auberge tenue par un Européen, à l'embranchement de la route qui conduit de Souk H'arras à Bône et à Guelma.
Ce point, situé à 32 kilomètres de Souk H'arras, a son importance en ce qu'il forme un lieu d'étape pour les troupes et une halte pour les voyageurs. Ces circonstances favorables ont déterminé sur ce point la création d'un centre européen. Ce centre est divisé en deux groupes :
Le village de Medjez-Sfa,

Le hameau d'Aïn-Tahamimim, son annexe.

Le territoire agricole affecté à ce centre, par le décret de création du 2 septembre 1859, est de 1,249 hectares. Les terres sont d'excellente qualité, les eaux abondantes.

Les colons ont planté 1,500 arbres et 3 hectares de vignes.

La population, y compris celle d'Aïn-Tahamimim, est de 53 Français, 16 Etrangers, 55 Arabes.

L'oued Melah, qui reçoit les eaux de l'oued Sfa, à 700 mètres seulement du village, sert de moteur à une vaste usine créée sur ce point pour la mouture des céréales, dont les produits s'exportent principalement sur Bône.

Il existe une chapelle catholique desservie par le curé de Duvivier, village à 10 kilomètres au N., sur la route de Bône; une école mixte, dirigée par une institutrice; une fontaine avec abreuvoir; quelques plantations publiques dans la traverse du village, sur les deux côtés de la route.

Le hameau d'Aïn-Tahamimim est situé 4 kilomètres au S. du centre principal, sur la route de Souk H'arras, dont il est éloigné de 28 kilomètres *(Moniteur de l'Algérie)*.

La circonscription, en dehors du périmètre communal, comprend 51 Français, 27 Etrangers, 914 Arabes.

ARRONDISSEMENT DE GUELMA.

L'arrondissement de Guelma, comprend trois communes : I Guelma, II Henchir Said, III Gastu.

I.
COMMUNE DE GUELMA.

SITUATION. Guelma est situé par 5°15' de longitude E., et par 36°50' de latitude S., dans l'intérieur de l'Algérie, à 62 kilom. S.-S.-O. de Bône, à 89 kilom. E. de Constantine, et à 101 kilom. S.-E. de Philippeville.

ASPECT EXTÉRIEUR. Guelma est assise à 2 kilom. de la Sebouse, sur la rive droite, et à 2 kilom. et demie au N. du sommet du mont Maouna, dont elle occupe la pente unie et rapide. Ville toute neuve, sur des ruines antiques, elle s'élève au milieu des retranchements d'une ancienne position militaire, restaurée par les Français, en 1836.

NOTE HISTORIQUE. Guelma fut fondée par les Romains, sous le nom de *Calama*, pour commander le cours de la Sebouse, coulant avec des sinuosités, de l'O. à l'E. Calama, mentionnée par Paul Orose et saint Augustin, fut renversée par un tremblement de terre, à une époque reculée, et ne fut pas habitée depuis. Les ruines, confusément réunies, servirent à fortifier un emplacement voisin, où quelques constructions subsistantes furent utilisées, et formèrent avec un mur garni de treize tours carrées, une défense où se réfugièrent des troupes à l'époque des Vandales ou de l'invasion musulmane.

Lorsque les Français, le 15 novembre 1836, occupèrent cette espèce de citadelle, en se rendant au premier siége de Constantine, ils trouvèrent son enceinte presqu'entièrement debout. Des murs qui, en quelques endroits encore atteignent à 6 mètres d'élévation, circonscrivaient un espace de 7 ou 8 hectares. En dehors des remparts sont un théâtre, un temple, des thermes et autres restes curieux. Cinq voies romaines sont encore évidentes : deux vers Hippone, descendant les deux rives de la Sebouse, une allant à Constantine, l'autre à Zama, et une dernière dans la direction de Tiffech. L'occupation définitive de ce point eut lieu le 30 septembre 1838 ; l'arrêté du 1er novembre suivant en fit un chef-lieu de Cercle, que les Kabyles attaquèrent vigoureusement l'année suivante. L'arrêté du 20 janvier 1845 y consacra 1,500 hectares à la colonisation, en faveur de 250 familles. En 1849, une colonie agricole fut placée dans l'enceinte même de Guelma, et ne tarda pas à se fondre complètement avec la ville. En 1853, une impulsion vigoureuse a été donnée aux travaux publics de la contrée avec le concours des transportés politiques et des Indigènes. La commune entra en plein exercice le 17 juin 1854, et fut reconnue chef-lieu d'arrondissement le 13 octobre 1858.

IMPORTANCE POLITIQUE. Guelma est le lieu de la résidence d'un Général de brigade, commandant la subdivision, d'un Sous-Préfet, d'un Juge-de-paix, à compétence étendue. La population est de 1,130 Français, 882 Étrangers, 378 Juifs, en bloc, 547 individus. Il y a aussi 1,581 Arabes.

ENCEINTE ET ÉTABLISSEMENTS MILITAIRES. La ville est entourée de murs crénelés ouverts par cinq portes : portes de Bône, de la Pépinière, de Constantine, Medjez-Amar et Announa. Tous les établissements militaires sont dans la Kasba. Quatre casernes peuvent contenir 2,000 hommes et 600 chevaux, et l'Hôpital 200 lits.

PHYSIONOMIE LOCALE. Guelma, ville neuve, bien alignée, présente un aspect riant qui rappelle la France. L'eau circule en abondace dans ses rues qui, pour la plupart, plantées d'arbres, sont de véritables promenades. Les plus remarquables sont les rues de la Pépinière, Saint-Ferdinand, Announa, de Bône, Saint-Louis, Négrier, du Fondouk, Mogador, Medjez-Amar, du Rempart. L'hôtel du Commandant supérieur, et le Bureau arabe, sont les plus belles maisons. Au milieu de la ville s'ouvre la jolie place Saint-Augustin, complantée d'arbres et entourée d'une verdure délicieuse. Cette place a pour prolongement une belle esplanade. Il y a encore la place de la Fontaine, et celle où s'élève un fondouk, construit par subvention volontaire des Indigènes. Deux halles couvertes favorisent le commerce. L'industrie s'exerce sur la minoterie, la tannerie, la briqueterie, la tuilerie, la poterie ; le commerce, sur les sangsues, les céréales, les huiles, les bestiaux, la laine, les peaux, le bois. Le marché au blé et aux huiles se tient sur la place de l'Hôpital ; le marché aux légumes, sur la Place Saint-Cyprien ; le marché aux bestiaux, les lundi et mardi, au Champ-de-Manœuvres ; le marché au bois, tous les jours, place Coligny. Les Européens et les Arabes ont un bazar rue Bélisaire, et les Juifs un autre, rue Announa.

ÉTABLISSEMENTS CIVILS. Des bornes-fontaines fonctionnent avec abondance, alimentées par un château-d'eau. Un bel abattoir a été bâti près de la porte dite *de Constantine*. Le télégraphe électrique a une station.

En arrivant à Guelma, on remarque une jolie église qui s'élève sur la place Saint-Augustin, et une Mosquée qui est peut-être la plus gracieuse de toute l'Algérie. Il y a un Collége communal, des écoles pour tous les cultes, et un Oratoire protestant. Un Cercle civil et militaire, fort bien tenu, a une bibliothèque bien choisie. Une Loge maçonnique réunit aussi les Enfants de la Veuve. La route de Bône à la Sebouse, le jardin des Fleurs, l'Esplanade et la Vallée de l'oued Skroun, offrent de charmantes promenades.

INDUSTRIE PARTICULIÈRE. Des moulins utilisent les ressources de la localité. Les hôtels *de l'Aigle, des Quatre-Nations, de France, des Voyageurs*, prennent en pension. Les cafés *Auriel, Rougier, Baffo*, sont bien fréquentés.

ROUTES. A Guelma vient aboutir la route de Bône, qui se brise pour reprendre, vers l'O., le chemin de Constantine.

MOYENS DE TRANSPORTS. Deux services de jour et de nuit relient Guelma à Bône, et des voitures à volonté transportent les voyageurs dans toutes les directions. Un service d'omnibus dessert Hammam Meskhoutin.

ENVIRONS. Le pays est accidenté. Une belle plaine s'étend à l'E. de Guelma et remonte vers la Sebouse, qui coule au milieu d'une forêt d'oliviers. Le terroir est bien cultivé, plein de richesse et d'avenir. La vallée de l'Hammam Berda, courant du N. au S., débouche dans la vallée de la Sebouse, vis-à-vis de Guelma. La rivière a dans cet endroit 60 mètres environ de largeur, et son cours est fort rapide. Sa rive gauche est couverte de marécages. Les eaux thermales d'Hammam Berda sont abondantes, claires, insapides et inodores. Leur température est celle des bains ordinaires, c'est-à-dire de 25° à 30°. Elles s'écoulent dans un bassin de pierre de taille.

On trouve plus de trente exploitations isolées dans la banlieue de Guelma.

La commune de Guelma comprend cinq sections communales qui sont :

GUELAA BOU SBA, fondé en 1855, à 10 kilom. de Guelma, sur la route de Bône, dans la vallée de Hammam Berda et dans une magnifique position, Guelaa bou Sba a une église, une école, un lavoir, un four banal, un canal de 800 mètres dérivé de l'oued Berda, qui forme une artère et va fertiliser les jardins, après s'être divisé en plusieurs ramifications. Population : 36 Français, 150 Etrangers, 310 Arabes.

HELIOPOLIS, à 3 kilom. N. de Guelma, sur la route de Bône, dans la vallée de l'Hammam Berda, avait un pont américain. La culture de la vigne et des oliviers est en prospérité. Les habitants au nombre de 341 Français, 27 Etrangers, ont dans leur joli village, église, écoles, lavoirs ; — une conduite de 150 mètres amène les eaux de l'oued Hammam Berda. Ils ont trois moulins à farine en pleine activité. 349 Arabes habitent aux entours.

MILLESIMO, à 4 kilom. E. de Guelma, sur la rive droite de la Sebouse, est doté de tout ce qui constitue un centre complet de population. Les habitants sont au nombre de 262 Français, 9 Etrangers, en compagnie de 373 Arabes. Ils cultivent le tabac avec le plus grand succès. Cinq moulins se font remarquer à Millesimo.

OUED TOUTA, fondé en 1855, à 4 kilom. de Guelma, sur la route de Philippeville à Guelma, à l'entrée d'une jolie vallée, réunit 8 Français, 98 Etrangers. Ce village a une église, un lavoir, un four, un canal de 500 mètres dérivé de l'oued Touta, qui arrose 25 hectares de jardins.

PETIT, à 8 kilom. E. de Guelma, avec laquelle il communique au moyen de deux ponts sur l'oued Roidgel et l'oued Zimbal, fut d'abord nommé Millésimo II, et quitta ce nom pour celui qu'il porte aujourd'hui, par décret du 28 juillet 1850. Il y a une église et une école. Les habitants, au nombre de 134 Français, 11 Etrangers, engraissent des bestiaux et font de bonnes cultures en tabac. Les Arabes sont au nombre de 240.

II.
COMMUNE D'HENCHIR SAID.

Henchir Saïd. Population : 42 Français, 29 Etrangers, 335 Arabes.

III.
COMMUNE DE GASTU.

Gastu, localité qui porte le nom d'un Général de division qui commandait à Constantine et qui y est mort en 1859, a été créé par décret du 25 juin 1860. Gastu est situé à 21 kilom. de Jemmapes, sur la route de Guelma, et relié à ces deux villes par une route provinciale. Il y a une belle fontaine et un abreuvoir sur la place, un marché tous les mercredis, pour les chevaux, le bétail, les céréales. On y cultive le tabac, le coton. Les eaux sont bonnes et meuvent des moulins à farine. Population : 116 Français, 22 Étrangers, 224 Arabes.

ARRONDISSEMENT DE PHILIPPEVILLE.

L'arrondissement de Philippeville comprend sept communes : I Philippeville, II Djidjeli, III El-Harrouch, IV Gastonville, V Jemmapes, VI Robertville, VII Saint-Charles.

I.
COMMUNE DE PHILIPPEVILLE.

SITUATION. Philippeville est situé sur la côte septentrionale de l'Afrique par 4°34' de longitude E., et par 36°53' de latitude N., à 83 kilom. N. de Constantine, à 80 lieues E. par mer d'Alger, 12 lieues E. de Collo, 21 lieues O. de Bône, 41 lieues O. de la Cale.

MOUILLAGE. Le vrai port de Philippeville est la petite anse de Stora, située à 4 kilom. à l'O. Les bâtiments peuvent s'y mettre à l'abri pendant l'hiver, en s'amarrant à quatre, très-près de la terre. Il y a 9 à 10 brasses d'eau dans le milieu. Le port abrite du N. et de l'O. Il est exposé aux vents d'Est et aux grosses houles du large. Les bateaux à vapeur et à voiles de fort tonnage, mouillent seuls à Stora. Les autres vont au bassin de Philippeville. Pendant la belle saison, on peut mouiller dans la baie, entre le port de Stora et le cap Ras Skikda, voisin de Philippeville. On y trouve bon fond. Cette partie du golfe de Stora porte spécialement le nom de *Baie de Stora.* Le golfe, formé par le cap Boudjarone, à l'O., et le cap de Fer, à l'E., — séparés l'un de l'autre par 72 kilom., sur une profondeur de 26, — se divise en deux baies : celle de l'O. porte le nom de *Collo.* C'est de celle qui s'ouvre à l'E. que nous nous occupons présentement. Les environs de cette baie, du S.-O. à l'E., offrent quelques sites charmants ; au bord de la mer, il y a une suite de petites plages entrecoupées de pointes de rochers. Les terres élevées de l'intérieur s'abaissent insensiblement jusqu'au cap Ras Skikda, qui est formé par une terre isolée de 190 mètres de hauteur, se redressant graduellement, mais du côté de la mer, se présentant sous un aspect abrupte et hérissé de rochers. Les parties élevées sont très-boisées. La S'afs'af baigne ses pieds à l'E. Des ruines romaines à l'O. et au S. ont marqué la place de Philippeville. Des jetées faites sur une longueur totale de plus de 1,300 mètres, ont employé un cube plein de rocher d'environ 35,000 m. Une grande et une petite darse sont protégées par des jetées à l'exposition du Nord. La jetée O. de la petite darse, dont la base supérieure est de 3 m. de largeur, n'offre pas moins de 23 m. de largeur à sa base inférieure sur 6 m. 50 c. de hauteur. Enfin, la surface acquise au port est de cinq hectares.

NOTE HISTORIQUE. Stora était, dans l'antiquité, le port de Constantine. Une voie romaine en pierres noires, reliant ces deux points, était encore suivie au temps de Léon l'Africain (1512).

Ce chemin communiquait avec Rusicada, ville voisine, à laquelle le Ras Skikda avait donné son nom kabyle, conservé par les Romains. Dans le vallon qui s'étend entre ce cap et l'intérieur, et s'évase vers la plage, était une cité importante, si l'on en juge par les cintres de voûtes, les restes de citernes, d'amphithéâtre, de mosaïques, de murailles, qui, des bords de la mer, se dirigent, en suivant les sinuosités des collines, jusque assez avant dans le pays. Les Vandales détruisirent cette cité. Les Français et les Génois, que leur commerce attira à une époque déjà reculée dans ces parages, firent quelques établissements à Stora. Ce fut aussi à Rusicada que les beys de Constantine construisirent quelques entrepôts.

Le 6 octobre 1838, M. le maréchal Valée, profitant de l'état calme où se trouvait la province de Constantine, commença, auprès des ruines de ce centre antique de population, les fondements de Philippeville, dont l'emplacement avait déjà été choisi.

L'Empereur venant d'Alger, débarqua à Stora le 28 mai 1865 et traversa Philippeville et Saint Antoine, en se portant vers Constantine. Au retour, il passa pareillement par les mêmes points, le 5 juin, et prit la mer se dirigeant sur Bône.

IMPORTANCE POLITIQUE. Le maréchal Valée, dès le 1er octobre 1840, fit de Philippeville un chef-lieu de cercle. Il lui donna un Commissaire civil le 8 mai 1841, et y établit, le 18 du même mois, une Justice de paix. La commune y fut constituée le 9 février 1852. Le 10 décembre de la même année, elle eut un Sous-Directeur de l'intérieur, d'où releva Constantine elle-même en tout ce qui avait rapport à l'administration civile. Aujourd'hui, elle a un Sous-Préfet qui administre l'arrondissement, et un tribunal civil de première instance. La population est de 5,528 Français, 4,474 Étrangers, 118 Juifs, en bloc, 667 individus. Il y a aussi 547 Arabes.

PHYSIONOMIE LOCALE. Philippeville, cité fraîche et neuve, n'a aucune de ces masures qui attristent les yeux dans nos villes africaines, restaurées avec plus ou moins de goût et de bonheur. Riante, elle a un aspect champêtre. Les rues sont belles en général ; toutefois, les rues des Citernes, du Cirque, des Numides, de Constantine, de Setif, sont remarquables. La rue Impériale qui traverse la ville dans toute sa longueur, est bordée d'arcades. Il y a plusieurs places : la place de l'Église, la place de la Marine, de la Douane, la place Corneille. Une d'elle présente une plate-forme où l'on monte par trente marches. La place Bélisaire est spacieuse et bien plantée de beaux mûriers ; c'est là que se tient tous les jours le marché. Dans une halle couverte est une poissonnerie. La place du Marché aux grains et aux bestiaux, est hors de la porte de Constantine.

Le transit d'approvisionnements de toute espèce, dirigés sur Constantine et d'autres points de l'intérieur, laisse après lui une abondance et une activité commerciale sans cesse renaissantes. L'industrie consiste en marbres de Filfila, en chênes-liége, en opérations d'échanges. Des tissus en grand nombre sont importés et détaillés à Constantine. Le mouvement commercial peut être évalué à 60,000 tonnes d'importation et 70,000 d'exportation. Du 1er janvier au 1er juin 1865, quatre ateliers de salaison qui occupent 30 bateaux de pêche, ont expédié 395,221 kilogr. de poissons salés (sardines et anchois). La ville a pour enceinte une muraille continue (chemise) et quelques fortins et redoutes. Deux portes donnent entrée : la porte de Stora ou de la Marine, et la porte de Constantine. En cet endroit, les Arabes trouvent un Caravansérail. Un fanal sidéral est établi sur l'îlot des Singes, et un phare de quatrième ordre sur l'île Srigina. Il y aussi un Télégraphe qui communique avec toute l'Algérie. Un Lazaret existe du côté de Stora.

ÉTABLISSEMENTS MILITAIRES. Les Casernes d'infanterie et du train des équipages ont une vaste capacité. L'Hôpital militaire, contenant 600 lits, porte une belle horloge, parfaitement exposée. Les magasins des divers services militaires, sont installés sous d'anciennes constructions romaines. Des baraques en bois suppléent à leur insuffisance.

Le local de la Bibliothèque militaire, où se réunissent les membres d'un cercle appartenant à la population civile et à l'armée, est orné d'antiquités remarquables. Deux sarcophages en marbre, parfaitement conservés, y sont déposés. De magnifiques colonnes, des sculptures, des statues se voient dans un cirque romain. Les vieilles citernes romaines, consistant en huit grands bassins, ont été déblayées et réparées, dans le style antique, avec un goût qui doit servir de modèle pour les restaurations du même genre. Elles abreuvent la ville, aussi bien que des puits nombreux. On a construit de nouvelles citernes.

L'église catholique est un monument nouveau qu'il a fallu réparer après le tremblement de terre du 21 août 1856. Un Oratoire protestant est ouvert aux jours fériés. Une nouvelle Mosquée a été élevée à la porte de Constantine.

ÉTABLISSEMENTS CIVILS. L'établissement d'un Bureau de bienfaisance a été autorisé dès le 21 juillet 1853. La Loge franc-maçonique des *Enfants de Mars* n'oublie pas ceux de la Veuve. Une Société de secours mutuels a été formée le 6 décembre 1857. Il y a une Institution communale, pour les garçons, et une École tenue par les Frères de la Doctrine chrétienne. Les Sœurs dirigent l'École des jeunes demoiselles, et reçoivent les femmes malades dans une maison particulière. Le Dispensaire est pareillement tenu dans un local séparé. Il y a un abattoir civil.

INDUSTRIE PARTICULIÈRE. On est bien reçu et bien traité à l'hôtel d'*Orient, de France, de la Marine*. Le café *de Foix, de Paris* et celui *de la Perle*, sont fréquentés par les officiers et les employés. Les cabarets à la Ramponneau sont en grand nombre et presque tous tenus par les Maltais, qui se sont octroyés ici le privilége de l'exploitation des joies de bas étage. Le Théâtre est desservi par une troupe qui partage l'année avec Constantine et Bône. Le journal du pays est le *Zéramna*, paraissant tous les mercredis. Il y a aussi le *Messager algérien*.

ENVIRONS. Les environs de Philippeville sont très-productifs, et offrent de très-jolies promenades. La route de Stora, au N., est curieuse sous le rapport des ruines qu'elle étale. Le ravin de Beni Melek, conduisant à Collo, à l'O.; les bords de la petite rivière appelée Zéramna, au S.-O., où s'étend une forêt de 2,800 hectares, et la vallée de la S'afs'af, à l'E., sont, on ne peut plus pittoresques. Ces deux cours d'eau desséchés en certains endroits, ont laissé à la culture 2,000 hectares qui ont été défrichés. Il y a d'ailleurs de belles cultures, où l'on compte 284,000 arbres. Deux moulins à huile, une usine à teiller le lin, deux ateliers pour le liège et un de charronage, se sont établis dans la banlieue.

TRANSPORTS. On trouve de nombreuses voitures, calèches, cabriolets et équipages de gros roulage. Deux diligences vont à Constantine, chaque jour. Un service est aussi dirigé sur Jemmapes, à 28 kilom., et un autre sur El-Harrouch, à 31 kilom.

ROUTES. Quatre routes partent de Philippeville :

1º La route de Bône à l'E.; 2º la route de Jemmapes au S.-E.; 3º la route de Constantine au S.; 4º la route de Stora à l'O.-N., qui pousse un rameau sinueux à l'O., vers Collo.

STORA. Le décret du 18 novembre 1857 a fait de Stora une section de Philippeville, qui communique avec lui par une route de 4 kilom. Le développement de cette bourgade est limité par le talus de la montagne. 112 maisons, habitées par 309 Français et 789 Étrangers, sont groupées autour du port par l'intérêt commercial. Il y a un débarcadère taillé dans le roc ; dans une partie de son prolongement, une Douane, un bureau de Santé, un Hôtel de la Marine pour le directeur du port, une citerne antique qui sert encore, une église, un presbytère, des écoles, trois magasins de charbon, un atelier de salaison. Il y a 41 Arabes.

DAMRÉMONT, à 5 kilom. au S.-E. de Philippeville, dans la vallée et sur la rive gauche de la S'afs'af, compte 122 Français, 45 Étrangers, 60 Arabes. Une distillerie établie dans le village, extrait de l'asphodèle rameux, 30,000 litres d'un alcool de 33 à 35 degrés, durant les sept mois (du 1er mai au 1er décembre) où cette plante n'étant plus en pleine sève, se trouve propre à la distillation. Céréales, tabacs, beaux troupeaux.

SAINT-ANTOINE, à 7 kilom. au S. de Philippeville, au sommet de la vallée du Zéramna, et sur la rive droite de la route qui mène à Constantine, compte 158 Français, 103 Etrangers, 97 Arabes. Eglise, presbytère, école tenue par les Sœurs. On élève du bétail ; les prairies et les plantations sont fort belles; les jardins potagers et les vergers magnifiques. Les oliviers greffés sont en grand nombre et donnent de beaux fruits. Forêt au voisinage.

VALÉE, à 2 kilom. de Philippeville, bâti sur un monticule, dans la vallée et sur la rive droite de la S'afs'af. Les céréales, la vigne, les arbres fruitiers et les mûriers sont les principales cultures auxquelles s'adonnent les colons. Deux puits creusés dans le roc, sur la place du village, fournissent des eaux abondantes et remplissent un lavoir. Il y a une église. La population est de 204 Français, 90 Etrangers. Les Arabes sont au nombre de 336. On remarque cinq fermes importantes où le lin et le tabac sont cultivés.

Ces trois centres ont été créés par arrêté du 26 août 1844.

II.

COMMUNE DE DJIDJELI.

Djidjeli est située sur la côte septentrionale de l'Afrique par 3°24' de longitude orientale et par 36°50' de latitude N., à 128 kilom. N.-O. de Constantine ; à 12 lieues E. de Bougie ; et à 24 lieues O. de Philippeville, par mer.

Djidjeli s'avance en mer sur une pointe rocheuse qu'une plage très-basse relie à la côte. C'est sur cette petite presqu'île que s'est relevé la ville, presque entièrement détruite par le tremblement de terre du 21 au 22 août 1856. L'horizon est borné de très-près par les montagnes de la Kabylie, dont les plus bas gradins sont occupés par nos postes avancés. Une culture riche et bien entendue festonne une vaste bordure au tableau, que des sommets couverts de neige, durant la plus grande partie de l'année, dominent à petite distance. Le port de Djidjeli ressemble à celui de Tripoli de Barbarie, mais il est plus petit et moins sûr. On peut y mouiller avec confiance pendant la belle saison ; il est défendu des tempêtes du N. par une ligne de roches de plus de 800 mètres, qui malheureusement ne sont pas assez rapprochées pour anéantir entièrement la puissance destructive des vagues. Le plus grand intervalle qui les sépare (200 mètres) est du côté de la ville ; on y trouve un fond très-inégal, mais il y a cependant, des profondeurs de 5, 6 et même 8 brasses ; dans d'autres endroits, les plus grandes sondes sont de 4 à 5 brasses. On mouille au S. de l'îlot le plus haut de l'entrée, a environ une encâblure, par 10, 11 et 12 brasses, sur un fond de sable et gravier. Au S. de la ville règne une grande et belle plage qui, en se courbant vers l'E., forme l'enceinte du port ; la profondeur de l'eau, au centre du bassin, est de 6 à 8 mètres ; elle se maintient à 5 mètres jusqu'au fort Duquesne, assis à un demi-mille environ de la ville, sur un gros rocher tenant à terre, mais qui parait s'avancer comme un îlot, et sur lequel était le tombeau d'un marabout, simple maisonnette environnée de quelques arbres. C'est sur ce point que le duc de Beaufort effectua son débarquement, en 1664.

NOTE HISTORIQUE. Djidjeli est l'antique *Igilgilis Colonia*, fondée par les Carthaginois. Elevée au rang de Colonie romaine par Auguste, elle était traversée par plusieurs grandes voies qui conduisaient à Bougie, à Setif, à Constantine et à Hippone. C'est à *Igilgilis* que vint débarquer Théodose, pour finir la guerre excitée par Firmus dans la Mauritanie Césarienne. Ce fut une ville épiscopale aux époques chrétiennes de l'Algérie. La position avantageuse de son château, eu égard aux moyens qu'on employait à la guerre au temps de l'invasion musulmane, lui assura, vis-à-vis de tous les conquérants, une indépendance dont ses habitants se montraient fort jaloux, et qu'ils ne perdirent jamais, au rapport de Léon l'Africain. Ce géographe, au commencement du XVI° siècle, n'y trouva plus que 600 feux, bien qu'il notât ses relations commerciales très-fructueuses avec Marseille, Gênes, Livourne et Venise. En 1514, Djidjeli se donna à Barberousse, qui fit de son port le repaire de ses pirates et le dépôt de ses déprédations. Il ne le quitta que pour se fixer à Alger. Les Français, les Génois, les Flamands continuèrent à y maintenir des comptoirs qui traitaient avec les tribus de l'intérieur et en tiraient des cuirs et de la cire. Louis XIV ayant voulu former un établissement militaire sur la côte de Barbarie, jeta les yeux sur Djidjeli. Le duc de Beaufort s'en empara, par son ordre, le 25 juillet 1664, et y laissa 1,400 hommes, commandés par le comte de Gadane. Un petit fort, dont les restes existent encore au-dessus de la ville, fut construit; mais la mésintelligence ayant éclaté entre les soldats et les marins, les indigènes surent en profiter. Les Turcs arrivèrent d'Alger avec une puissante artillerie. La position n'étant plus tenable, l'ordre d'embarquement fut donné aux troupes démoralisées qui furent massacrées dans leur fuite. L'ennemi resta maître du fort, de 30 pièces de canon de fonte, 15 de fer et plus de 50 mortiers (30 octobre 1664). Depuis, le commerce de Djidjeli avec l'Europe ne s'est pas rétabli ; les Kabyles opprimèrent les habitants de la ville, où Peyssonnel ne trouva plus qu'une soixantaine de maisons en 1723. Toutefois, les Arabes continuèrent à faire la pêche du corail et à entretenir quelques échanges avec les ports voisins, au moyen de sandales qu'ils construisaient eux-mêmes avec succès. En 1804, un nommé El-Hadj Mohammed ben Lahruch, de Maroc, se donnant comme un restaurateur de la liberté de ces peuples, entreprit la course contre les Turcs et leur devint formidable, pendant quelque temps, sous le nom du *pirate de Djidjeli*.

En février 1839, le brick l'*Indépendant* ayant fait naufrage sur la côte, à quelque distance de Djidjeli, les Kabyles firent prisonniers les gens de l'équipage, et ne voulurent les rendre que moyennant rançon. Cette conduite appelait une prompte répression. Le 13 mai 1839, le colonel de Salles débarqua à Djidjeli sans résistance, et improvisa des fortifications qui mirent la ville à l'abri d'un coup de main. Depuis, les lignes de défense furent portées à l'extérieur, et la domination française a été paisible.

Dans la nuit du 21 au 22 août 1856, vers les dix heures, un bruit souterrain, semblable au roulement du tonnerre, se fit entendre, et on éprouva une violente secousse. La Mosquée, la vieille tour du rempart et plusieurs maisons s'écroulèrent.

La mer se retira à une assez grande distance pour revenir aussitôt avec un mugissement formidable. La commotion dura quarante secondes. Tous les habitants se précipitèrent en dehors de leurs demeures : il n'y eut que trois femmes mauresques et deux enfants indigènes qui périrent. Le lendemain 22, vers midi moins vingt minutes, comme chacun, reprenant confiance, rentrait dans la ville, une secousse plus forte, plus longue que celle de la veille, se fit ressentir, produisant de longues crevasses dans le sol et faisant bouillonner la mer. A cet ébranlement, accompagné de détonations souterraines, toutes les maisons s'écroulèrent dans un nuage de poussière. L'hôpital seul et la manutention, bâtis sur le roc, ont résisté, mais hors d'état de pouvoir servir à leur destination. A 200 mètres des ruines de Djidjelli, toute la population campa sous des tentes que l'administration militaire, dont le dévouement a été admirable dans ce sinistre, fournit longtemps, jusqu'à ce qu'on ait pu élever un ensemble de constructions en planches. Les pertes n'ont été que de 300,000 francs, dont M. le Ministre de la Guerre a réparé une grande partie, en donnant aux habitants une première subvention de 100,000 francs, qui a été suivie d'autres secours de toute sorte. En 1858, Djidjeli fut érigé en Commissariat civil. En février 1860, la Commune y fut reconnue en plein exercice. — La population est de 487 Français, 217 Etrangers, 20 Juifs, 1,398 Arabes. En bloc, 58 individus. Il y a une Justice de paix, une église, une Direction des postes.

Un fossé d'enceinte est aujourd'hui la seule défense, avec le fort Duquesne et les batteries de la mer. Un phare à feu sidéral y donne sa lueur. Tous les services sont dans des baraques, si ce n'est l'Hôpital, diminué d'un étage, l'Arsenal et les magasins du Campement et des Subsistances. Sur la place Louis XIV, où coule une fontaine alimentée par un aqueduc qui va prendre l'eau à 1,500 mètres, les Kabyles viennent vendre tous les jours des denrées de toute espèce. Le commerce d'exportation consiste principalement en bestiaux, céréales et huiles. Les matériaux de construction, les vivres et les tissus, sont les marchandises qu'on apporte avec le plus d'avantage. Hôtels et auberges. Bains maures. Trois

Cafés, celui *de France,* le café *Impérial* et celui qui a pour enseigne l'*Ancre d'Espérance,* reçoivent les habitués. Il y a une petite Bibliothèque, donnée par le Gouvernement à la garnison, dans un Cercle militaire où MM. les Officiers se sont toujours fait un plaisir d'admettre les fonctionnaires civils de la localité. Des Écoles primaires, une maison d'hospitalité pour les Arabes, un Théâtre, où l'on joue les jeudis et les dimanches, forment l'ensemble des établissements publics.

Les ouvrages extérieurs forment la véritable force de la position qui, sans eux, serait dominée par les crêtes d'un plateau bas, qui vient finir à 1,200 mètres de la place, se détachant des hauteurs plus élevées encore, à 4,000 mètres de distance. Ce sont, en commençant par le S.-O. : 1º le fort Duquesne, sur un rocher baigné de la mer, et indiquant la limite du port à un mille de la ville, dont les îlots, au N., protègent les eaux sur une ligne qui court de l'O. à l'E.; 2º en inclinant au S.-O., sur le versant d'un mamelon, le blokhaus Valée; 3º plus à l'O., sur le sommet d'un mamelon, le fort Sainte-Eugénie; 4º sur le même mamelon, au N.-O., la redoute Galbois; 5º sur la pente N.-O. du mamelon, le blokhaus Horain, à la hauteur du fort Duquesne, comprenant ainsi entre lui et le blokhaus Valée, une plaine propre à la culture, et où l'on trouve quelques ruines de l'ancienne ville romaine; 6º sur une hauteur, plus au N.-E., et en revenant vers la ville, le fort Saint-Ferdinand; 7º plus au N. encore, la Maison crénelée.

C'est en arrière de ces défenses que Djidjeli ouvre

au N. sa petite rade, dont les eaux la baignent à l'O., et son grand port à l'E., dont nous avons parlé.

Les environs sont fort bien cultivés par les Kabyles, dont la population est fort nombreuse en ce canton. Les montagnes, d'un aspect imposant, que l'on voit de très-près, sont couvertes de forêts de chênes-liéges et, l'hiver, portent une abondance de neige qui, au printemps, se change en une couronne de verdure. Un moulin à trois paires de meules fut construit près de l'oued Neucha, à six kilomètres de Djidjeli. Environ 1,100 hectares de terre furent remis à la colonisation. Sur ces terrains tout couverts de broussailles, de myrtes, de lentisques, de bruyères, 400 hectares environ étaient susceptibles de culture; le reste n'est que rocher ou sable.

Depuis cette époque, les broussailles qui entouraient la ville ont fait place aux cultures maraîchères, à la vigne, aux arbres fruitiers. 300 hectares environ sont en état complet de culture.

En 1864, des essais de coton, qui ont parfaitement réussi, ont encouragé les colons à entreprendre pour cette année, sur une plus grande échelle, cette culture qui est appelée à donner de beaux résultats.

Le bateau à vapeur d'Alger, se dirigeant sur Bône et faisant retour, mouille à Djidjeli. Voir, pour les transports par mer, l'article préliminaire relatif à la *navigation*.

III.

COMMUNE D'EL-H'ARROUCH.

El-H'arrouch, gros bourg, à 31 kilom. S. de Philippeville, à 53 kilom. N. de Constantine, traversé par la route, occupe un point culminant de la vallée de l'Oued S'afs'af. Il a été créé administrativement le 22 mars 1844. La commune est en plein exercice depuis le 22 août 1861. Il y a une Justice de paix et une Station télégraphique. Population, y comprise celle des sections communale : 693 Français, 202 Étrangers, 1,236 Arabes. Les eaux d'une source abondante, située à 7 kilom. du village, y sont amenées par un canal voûté. Une fontaine à quatre robinets les reçoit sur la place centrale, et les verse, en toute saison, par 120 litres à la minute. El-H'arrouch a des lavoirs, des abreuvoirs, une église, des écoles. Le vendredi, les Arabes viennent y tenir un marché d'étoffes et d'huile. Deux moulins à huile sont établis dans la localité. Un d'entre eux donne 70,000 litres par année. Une puissante usine de minoterie fonctionne par cinq paires de meules, sur la rive gauche de la S'afs'af, dans la vallée des Zerdezas, à 6 kilom. d'El-H'arrouch. Des briqueteries sont en rapport. Les habitants s'adonnent à élever du gros bétail; ils entretiennent des cultures de tabac, coton, colza.

Les sections communales sont :

ARMÉE FRANÇAISE (142 habitants).

EL-KANTOUR, à 16 kilom. d'El-H'arrouch, à 48 kilom. S.

de Philippeville, sur la route de cette ville à Constantine. Village d'aubergistes.

SAINTE-WILHELMINE, hameau voisin, sis sur un plateau. On élève des bestiaux. La source qui alimente la localité sort d'un rocher. On voit autour des ruines romaines.

IV.
COMMUNE DE GASTONVILLE.

Gastonville, à 7 kilom. N. d'El-H'arrouch, à 22 kilom. de Philippeville, et à 59 kilom. de Constantine, sur la route de ces deux villes, au lieu dit *Bir Ali*, a été créé le 16 novembre 1847, près du S'af-S'af. Eglise, mairie, écoles, salle d'asile, infirmerie tenue par les Sœurs de la Doctrine Chrétienne. Corps-de-garde, prison, pompe à incendie. Société de secours mutuels. Marché hebdomadaire du mardi. — 25 puits et 130 maisons.

La commune est entrée en plein exercice par décret du 22 août 1861. La population est de 313 Français, 20 Étrangers, 357 Arabes. En bloc, 150. Les habitants sont charretiers et cultivent aussi 525 hectares. Ils ont 1,050 têtes de gros bétail.

V.
COMMUNE DE JEMMAPES.

Jemmapes est situé sur un double mamelon au centre de la vallée de l'Oued Fendek, à l'embranchement des routes d'El-H'arrouch et de Philippeville, à 40 kilom S.-O. de ce point, à 90 kilom. N. de Constantine.

Jemmapes a été fondé par ordonnance du 14 février 1848. C'est un des centres de création, développés à cette époque, qui a le plus prospéré. Le décret du 31 décembre 1856 y a constitué la commune, en établissant Jemmapes en district et lui donnant un Commissaire civil.

La population de Jemmapes, y comprise celle de ses sections communales, est de 860 Français, 142 Étrangers, 31 Juifs, 69 Arabes.

Justice-de-paix. — Caserne de Gendarmerie.

Église, infirmerie, écoles de garçons et de jeunes filles, lavoir, abreuvoir, réservoir, huit bornes-fontaines alimentées par l'Aïn Sefia qui est amené de 5 kilom. par une conduite de 6,000 mètres, et donne 150 litres d'eau à la minute; direction des postes, station télégraphique ; — tels sont les établissements civils, avec un marché couvert.

Un marché arabe important a lieu le lundi, à la porte de Jemmapes, qui exploite le chêne-liége. La ville est traversée par la route de Bône à Constantine et Philippeville, se bifurquant à Saint-Charles, ouverte depuis 1833. A mi-chemin, entre Jemmapes et Guelma, est un caravansérail à Aïn Ksob.

La commune de Jemmapes comprend deux sections:

AHMED BEN ALI, village à 4 kilom. S.-O. de Jemmapes, sur la route de Saint-Charles, constitué définitivement le 4 juillet 1855. Les habitants sont presque tous des paysans de l'Isère, qui cultivent de belles terres labourables et des prairies. Leur tabac est fort estimé. Ils ont une chapelle, une école mixte. Plusieurs puits.

SIDI NASSEUR, colonie pénitentiaire, constituée à la même époque, à 4 kilom. E. de Jemmapes, sur la route de Philippeville à Bône, avait été affectée aux transportés politiques de 1852. Ce fut longtemps le plus misérable des centres de population. Aujourd'hui tout y est en voie de progrès. On y élève le bétail sur une grande échelle. Céréales, tabac, forêt de chêne-liége. Abreuvoir alimenté par une excellente source amenée du Djebel Gaïr. Chapelle, école mixte.

Non loin est la concession marbrière de Filfila. Cette exploitation devient un centre puissant d'attraction pour la population ouvrière et coloniale, habitant deux hameaux, Saint-Louis et Saint-Léon-de-Filfila. Il y a une église à Filfila.

VI.

COMMUNE DE ROBERTVILLE.

Robertville, à 6 kilom. de Jemmapes, 32 kilom. de Philippeville, 65 kilom. de Constantine, créé en 1847, à 1 kilom. de l'oued Amen, dans le voisinage de la source Aïn Medjez el-Chich, insuffisante pour l'abreuver, — emprunte par des norias l'eau de plusieurs puits pour ses habitants, qui ont une église, une mairie, des écoles, une salle d'asile, un marché de céréales et de bestiaux, une usine à vapeur pour l'exploitation de 17,000 pieds d'oliviers greffés. Ils ont encore 2,043 hectares en culture, dont 10 en vigne, — trois ateliers de forge et charronnage, plusieurs briqueteries. Le décret du 22 août 1861 a reconnu cette commune en plein exercice. La population est de 424 Français, 24 Étrangers, 332 Arabes.

VII.

COMMUNE DE SAINT-CHARLES.

Saint-Charles, au milieu de prairies artificielles, sous l'ombrage des oliviers et des mûriers, près du S'afs'af, au confluent de l'oued Zerga, a été créé le 6 avril 1847. Tous les mercredis, on vient de Constantine, qui est éloignée de 66 kilom. au S., et de Philippeville à 17 kilom. au N. pour y acheter des chevaux, des bœufs, des moutons, et des peaux de ces diverses animaux. Cette commune est entrée en plein exercice le 22 août 1861. Il y a une jolie Église, une école mixte, une Maison commune, une Société de secours mutuels. 1,500 hectares y ont été défrichés. On y récolte blé, orge, tabac, maïs, sorgho, coton. Les vignes, les mûriers, les oliviers y étalent leurs produits. Les nombreux pâturages sis dans la vallée de la S'afs'af, dans celle de l'oued Zergha et d'Aïn el-H'arras, nourrissent 1,600 têtes de bétail de la race ovine, 1,000 bœufs, 100 chevaux. Population : 215 Français, 119 Étrangers. Les Arabes sont au nombre de 1,043.

L'Empereur allant à Constantine, et au retour, a traversé cette localité les 28 mai et 5 juin 1865.

ARRONDISSEMENT DE SETIF.

L'arrondissement de Setif comprend cinq communes : I Sétif, II Bougie, III Bouira, IV El-Ouricia, V Saint-Arnaud.

I.
COMMUNE DE SETIF.

SITUATION. Setif est situé par 3°5' de longitude orientale et par 36°12' de latitude N., dans l'intérieur de l'Algérie, à 130 kilom. O. de Constantine, à 82 kilom. S.-E. de Bougie.

ASPECT EXTÉRIEUR. Setif, tel qu'il se présente aujourd'hui, est un centre de population composé de maisons neuves à la française, et assises avec une grande symétrie au S., aux pieds des murs antiques d'une citadelle rectangulaire. Ce fort occupe l'angle N.-O. d'une muraille ancienne, construite sur un sol ondulé. On voit encore sur le coteau qui s'élève au N., les restes de l'enceinte de l'ancien Setif, qui était trois fois plus grand que le nouveau, et s'étendait à l'O.,; de ce côté, et tout contre le fort, s'est groupé un village français, dans les premiers temps de l'occupation.

NOTE HISTORIQUE. Les tribus qui s'insurgèrent en 297 après J.-C., furent soumises par Maximilien Galère qui, pour les maintenir dans l'obéissance, opéra une nouvelle division du pays. Setif *(Sitifis colonia)* fut érigé en capitale d'une province de l'intérieur, qui reçut le nom de *Mauritanie sitifienne*. Pourtant Firmus, peu après, organisa encore la révolte dans le pays contre la tyrannie du préfet Romanus. Pris par Théodose, il fut décapité, et tandis que sa tête, au bout d'un pique, était promenée de tribu en tribu, son cadavre était porté à Setif comme épouvantail aux yeux des populations turbulentes. Les Vandales commencèrent la ruine de cette capitale, dont les murs avaient 4,000 mètres de développement, et ne purent parvenir à en effacer tout-à-fait la configuration. Au moyen-âge, nous voyons que les Arabes y venaient par habitude tenir encore un grand marché.

Le 15 décembre 1838, le général Galbois reconnut ce point et se retira sur Djemila, où il laissa quelques troupes, qui furent attaquées le 16 et jours suivants. En juin 1839, il revint prendre possession des ruines de Setif, et, le 28 octobre, il reparut pour y fonder définitivement un établissement propre à brider les Indigènes, au sein desquels les lieutenants d'Abd el-Kader nourrissaient un foyer d'insurrection. L'arrêté du 15 octobre 1840 porta formation de la subdivision territoriale de Setif. Le 11 février 1847, une ordonnance royale créa la ville européenne.

IMPORTANCE POLITIQUE. Setif est la résidence d'un Général de brigade, qui commande la subdivision, d'un Sous-Préfet. Justice de paix. Un tribunal de première instance a été institué par décret du 21 novembre 1860. La population est de 1,914 Français, 420 Étrangers, 730 Juifs. Il y a aussi 2,495 Arabes et en bloc 35 individus.

ENCEINTE. La citadelle, noyau de l'ancien Setif, autour duquel s'élève le nouveau, est une forteresse antique, ainsi que nous l'avons dit, qui a 150 mètres de long sur 120 de large. Les murs, assez bien conservés, ont été réparés avec soin. Ils sont flanqués par des tours;

quatre aux angles, une au milieu, de chaque côté, et deux sur les plus longues faces ; en tout dix tours. Il est à remarquer que les tours centrales ont plus de saillie que celles des angles. Les murs, qui ont environ 3 mètres d'épaisseur, ne sont pas de première construction ; ils ont été relevés au moyen-âge, avec des matériaux qui avaient été primitivement employés pour d'autres monuments, ainsi que l'attestent les moulures et les inscriptions tumulaires que l'on trouve sur un grand nombre de pierres. Les vieux remparts de la ville s'étendent encore sur un périmètre carré, dont les côtés les plus développés ont 450 mètres, et les moins prolongés, 300. Il y avait dix tours carrées sur les premiers, et sept sur les autres. Quatre portes donnent entrée dans la nouvelle cité : les portes de Constantine, de Biskra, d'Alger et de Bougie.

PHYSIONOMIE LOCALE. La ville est très-bien percée et promet de prendre de l'importance. Les plus belles rues sont : la rue de Constantine, la rue Sillègue, toutes deux bordées d'arbres ; les rues du 19e léger, de Saint-Augustin, d'Isly, Trajan, Justinien. Les places sont : la place du Marché, de l'Église, Barral, du Théâtre, où coule la plus belle des fontaines de la ville, qui en a de nombreuses sur plusieurs autres points ; la place Napoléon, dans le quartier militaire. Il y a une petite chapelle dans cette partie de la ville. La mosquée est remarquable ; son minaret est une flèche d'un fort beau style.

ÉTABLISSEMENTS MILITAIRES. Les casernes

sont de belles constructions : 2,250 hommes sont facilement logés dans trois quartiers. Il y a une Caserne pour 417 cavaliers. L'Hôpital pour 300 lits, les magasins du Campement et des Subsistances, la Manutention, la Poudrière et le Pavillon des Officiers sont dans le fort. On y trouve aussi une Bibliothèque à l'usage des membres du Cercle militaire. Sur la promenade d'Orléans, on a eu l'heureuse idée de réunir tous les objets curieux et antiques provenant des fouilles. Une hypogée romaine a été découverte en dehors des murs d'enceinte, du côté de la porte de Bougie. La ville a un musée communal.

ÉTABLISSEMENTS CIVILS. Setif a une École communale pour les garçons. Les Sœurs de la Doctrine chrétienne dirigent une école de jeunes filles et une salle d'asile. Un télégraphe électrique fonctionne. Les militaires de la garnison jouent fort agréablement le vaudeville, les dimanches et jeudis, sur un petit théâtre construit par un particulier.

INDUSTRIE PARTICULIÈRE. Tous les dimanches, les Arabes, qui arrivent au nombre d'environ 8,000, tiennent un marché sur une butte qui touche à la ville, du côté de la porte d'Alger. Seize moulins à farine ont été établis sur la rivière du Bou Sellam, qui vient couler à 2,500 mètres de la ville. Les hôtels sont ceux de *France, de Paris, d'Italie, du Veau qui tête.* Les cafés remarquables sont ceux de *Pons, Combes* et *Dufour.* Il y a un Cercle du Commerce et une Loge maçonnique *des Frères du Bou Sellam.*

ENVIRONS. Setif, par 1,100 mètres d'altitude, est

un des points les plus salubres de l'Algérie, presque continuellement balayé par les vents. La température moyenne de 13°, s'élève parfois jusqu'à 35°, et ne descend jamais plus bas que 4 ou 5° au-dessus de 0. La campagne environnante est une plaine ondulée de quelques monticules, où de charmants jardins ont été créés. Le sol, très-fertile, est consacré à de belles cultures par des Arabes qui entendent cet art beaucoup mieux que la plupart de leurs compatriotes, et l'exercent avec goût et bonheur. — Les Européens, sur les 30,000 hectares composant le territoire de la colonisation, avaient ensemencé, en 1864, 9,400 hectares en blé, 8,000 hectares en orge, avaient planté 600,000 pieds d'arbres et élevaient 13,000 têtes de bétail.

TRANSPORTS. Les moyens de transports usuels sont les chevaux. Il vient des voitures de roulage.

ROUTES. Les routes qui se croisent à Setif, sont : la route de Constantine par Djemila et Mila, et une autre route vers la même ville, qui serpente plus au S.-E.;

La route qui s'avance au S.-O., à travers le khalifa de la Medjana qu'elle traverse ;

La route de Bougie, dont la direction générale est N.-O. qui décrit une ligne très-sinueuse.

Les sections communales de Setif sont :

AIN TRIK dont la population, y comprise celle de ses annexes, est de 151 Français, 53 Étrangers, 2,098 Arabes.

D'après le décret impérial du 26 avril 1853, la Compagnie génevoise, dite des *Colons Suisses de Setif*, devait construire dix villages. Ceux qu'elle a élevés, sont :

Aïn Trik (12 Français, 296 Arabes) et ses annexes :

Aïn Smala (4 Français, 236 Arabes).

El-Hassi (120 Arabes).

Il sera parlé des autres villages créés par la Compagnie génevoise, aux communes de Bouira et d'El Ouricia ci-après.

Les autres annexes d'Aïn Trik sont :

Aïn Sfia, à 2 kilom. de Setif, créé par ordonnance du 16 janvier 1856. La population s'adonne à élever des bestiaux.

Fermatou, sur les bords du Bou-Sellam, ombragé de saules et de bouleaux.

Khalfoun, à 6 kilom. de Setif, a une belle fontaine, un lavoir, un abreuvoir.

LANASSEUR, à 8 kilom. de Setif, assis sur un mamelon, entouré de terres fertiles en céréales, en tabac, en coton, et de prairies et jardins couverts d'arbres fruitiers. Population: 29 Français, 11 Etrangers, 300 Arabes

L'annexe de Lanasseur est :

Temellouka. Population : 360 Arabes.

MESLOUG, à 10 kilom. de Setif. Population : 116 Français, 3 Etrangers, 617 Arabes.

L'annexe de Mesloug est :

El-Hachechia. Population : 210 Arabes.

II.

COMMUNE DE BOUGIE [*].

Bougie est située par 2°44' de longitude orientale, et par 36°46' de latitude N., sur la côte N.-O. du golfe du même nom, à 239 kilom. N.-O. de Constantine, à 182 kilom. O. de Philippeville, à 385 kilom. O. de Bône.

Bougie, vue de la mer, a l'aspect le plus pittoresque qu'une ville puisse présenter. Des masses rocheuses, d'une élévation imposante, le Beni Toudja (1,261 mè-

---

[*] Nous devons une partie de ces renseignements à l'obligeance de M. BIZIOU, Imprimeur-Libraire à Bougie.

tres), le Babor (1,990 mètres), la dominent à une grande distance en déployant un rideau de montagnes fort hautes ; on est frappé de la variété des formes de leurs crêtes. Le Gouraïa, sur le revers méridional duquel la ville est bâtie, se dresse à 611 mètres au-dessus du niveau de la mer, où ses pieds plongent par des pentes fort rapides. Les maisons éparpillées au milieu des arbres, sur la déclivité où se festonne une riante verdure, ont un caractère champêtre qui contraste avec cette nature sévère. Un fort la domine entièrement ; un autre qui est sur le rivage, ainsi que plusieurs batteries de côtes, servent à sa défense.

NOTE HISTORIQUE. Bougie *(Pedjaïa)*, a été fondée par les Carthaginois, puis fut occupée par les Romains. Elle reçut d'eux le nom de *Saldæ* et fut honorée du titre de Colonie romaine. Tous les peuples qui vinrent tour-à-tour en Afrique, ont reconnu l'importance de sa situation, et lui ont laissé des souvenirs de leur séjour. De nombreuses ruines constatent qu'une grande cité a été florissante sur ce rivage; l'empereur Adrien la visita, (129). L'enceinte des Romains est reconnaissable, et se montre encore debout dans un grand nombre d'endroits : elle avait 2 kilom. et demie de développement. Genséric s'en empara au Ve siècle mais dans sa course rapide, il ne fit que la traverser ; il ne s'arrêta qu'à Hipporegius (Bône), avant d'arriver à Carthage dont il fit sa capitale. C'est aux Emirs berbères du XIe siècle qu'on attribue la construction des deux murailles en ruines, autrefois flanquées de tours, qui descendaient de cette crête jusqu'au rivage, et dans leur développement de 5,000 mètres, embrassaient une étendue d'environ 90 hectares, aujourd'hui couverte de décombres. Okba ben Nafé la prit en 670, et Mousa ben Noseïr la soumit définitivement à l'Islamisme, en 708. Les Aghlabites, maîtres de Tunis, régnèrent sur Bougie, à laquelle ils donnèrent aussi le nom de Badjana. Obeïd Allah le Fathémite, qui les vainquit et les chassa, s'empara de cette ville et la détruisit de fond en comble. Les Zeyrites étendirent leur puissance sur ses débris (991). Les Hamadytes leur succédèrent; Bougie était leur capitale. En 1151, l'Almohade Abd el-Moumen, sultan de Maroc, fit la conquête de l'Etat de Bougie, où ses successeurs établirent les Hafsites, en qualité de gouverneurs. Ces officiers se rendirent indépendants, et parvenus au trône de Tunis (1240), firent de Bougie l'apanage de leur héritier présomptif. En 1314, le vénérable Raymond Lulle vint y prêcher le Christianisme, et souffrit le martyre.

Dès 1151, les Pisans avaient établi un agent commercial sur ce point. En 1220, les Marseillais avaient, dans la ville de Bougie, un quartier tout entier où ils demeuraient et faisaient le commerce. En l'année 1266, ils y réalisèrent de gros bénéfices. Les Catalans obtinrent de leur faire concurrence, dès 1281, et leur époque de prospérité dura de 1446 à 1473.

La nécessité de mettre un terme aux pirateries que les Bougiotes exerçaient depuis 1490, attira Pierre de Navarre dans ces parages. Il s'empara de la ville le 6 janvier 1510, et commença par construire la Kasba que nous occupons aujourd'hui. Les habitants, au nombre de 8,000, avaient abandonné leurs maisons. En 1512, Bab-Haroudj (Barberousse), qui vint assiéger Bougie, perdit un bras dans les attaques infructueuses qu'il livra, et se rejeta sur Alger. Revenu en 1514, il ne pût se rendre maître de la ville. Charles-Quint, en 1541, après le désastre éprouvé par lui devant Alger, vint se ravitailler à Bougie. Les Espagnols y demeurèrent 45 ans, et, privés de secours, se rendirent aux attaques furieuses de Salah Raïs, suivis de 40,000 hommes, et aidé par mer, de 22 fustes (1555). Don Alfonse de Peralta, qui fit la capitulation, n'obtint pas pour les femmes et les enfants, la liberté qu'on lui avait promise, et revint en Espagne avec 20 hommes, à son choix. Mais Charles-Quint le traduisit devant un conseil de guerre qui le condamna à avoir la tête tranchée sur la place de Valladolid.

La ville, au règne des Turcs, perdit son importance commerciale, due principalement aux exportations de cire et de cuirs, connus sous les dénominations de bougies et de basanes, à cause de ses noms *Bougia, Badjana*.

En 1831, l'équipage d'un brick de l'Etat, qui avait fait naufrage sur la côte, ayant été égorgé, et en 1832, des insultes ayant été faites au brick anglais *Le Procris,* et au brick français *Le Marsouin,* une expédition fut dirigée sur Bougie. Le 29 septembre 1833, elle fut prise par les troupes françaises, et dès-lors demeura bloquée par les Kabyles qui habitent les montagnes voisines. La dernière expédition à travers la Kabylie, a ouvert enfin les voies de la liberté et de la colonisation à la population groupée sur ce point, qui n'était qu'un poste d'occupation militaire.

Parti de Bône le 6 juin 1865, l'Empereur arriva le 7, à 7 heures du matin, dans la baie de Bougie. Dans la vallée de l'oued Summam, à peu de distance de la ville, sur le bord de la mer, S. M. passa la revue d'un corps expéditionnaire, distribua à l'armée des récompenses, et retourna à bord de l'*Aigle*. Elle fit embarquer sur sa flotte 3,000 hommes d'infanterie devenus inutiles en Algérie par la pacification générale, et à 5 heures, après quarante jours d'absence, 2,000 lieues parcourues, soit par terre, soit par mer, — le cœur plein de souvenirs et d'émotions, l'Empereur a quitté l'Algérie pour revenir en France. S. M. était de retour à Paris le 10, ayant accompli heureusement le voyage le plus mémorable que l'histoire ait enregistré. *(Voyage de S. M. Napoléon III, en Algérie, par M.* FENOUX-MAUBRAS.)

Bougie, dès les premiers temps de son occupation, avait été dotée d'un Commissaire du roi pour les intérêts civils; un Commissariat civil y fut institué par arrêté du 21 novembre de la même année. Le 10 mars 1850, un décret présidentiel fit passer le Cercle de Bougie, qui dépendait de la province d'Alger, dans la circonscription de Constantine. Une Justice-de-Paix y fut établie. Bougie fut érigée en commune le 17 juin 1854, et le Commissariat civil y a été supprimé par décret du 31 décembre 1854. La population est de 785 Français, 519 Étrangers, 300 Juifs. Les Arabes sont au nombre 1,216. Population en bloc, 16 individus.

La baie de Bougie a 20 kilomètres de profondeur, sur 45 kilomètres d'ouverture, du cap Carbon à l'O., au cap Cavallo à l'E.

A partir du cap Carbon, la côte tourne au S. jusqu'à la pointe escarpée du fort Bouac, puis en faisant diverses sinuosités vers l'O., le S.-O. et le S., elle forme une rade dans laquelle est bâtie Bougie, et où l'on trouve un bon mouillage et un bon abri pour toutes les saisons, mais particulièrement contre les vents du N. au N.-O. et à l'O. Pendant l'été, on peut mouiller partout avec confiance, dès qu'on a 16 brasses d'eau, parce que là, le fond est d'une très-bonne tenue. En hiver, il faut se mettre près de la terre, par 6 brasses, dans cette petite anse qui a reçu le nom de Sidi Iahia, du marabout bâti à sa partie N.

En 1846, on a construit sur le cap Bouac, dans l'emplacement de l'ancien fort, une maisonnette avec cour et corps-de-garde, environné d'un mur crénelé. C'est là qu'est installé le fanal provisoire destiné à signaler le mouillage de Sidi Iahia.

La côte, qui s'incline de l'E. à l'O. en descendant au S., fait place à la petite baie de Sidi Ahmed, et rencontre la pointe où est bâti le fort Abd el-Kader, à l'O. duquel se creuse la plage où l'on trouve le débarcadère. Plus à l'O. encore, est la Kasba ; au-delà, toujours dans la même direction, s'ouvre le vieux port. La côte, à partir de ce point, court du N. au S., jusqu'à l'embouchure de l'Oued Sahel, appelé aussi Oued Summam.

La ville de Bougie a pour enceinte les vieilles murailles romaines et sarrazines, dont nous avons parlé. On y a conservé cinq portes, qui sont : la porte de Fouca, du Veillard, d'Abd el-Kader, Mousa, de la Kasba ; ces trois dernières communiquent à trois forteresses défendant les abords de la place, assises sur les pentes du ravin Sidi Touati, qui divise la ville le long du Gouraya, et se bifurque vers son sommet. Le fort Mousa, actuellement nommé Barral, est sur la rive droite de ce ravin ; le fort Abd el-Kader sur la rive gauche, au bord de la mer. La Kasba fait face à l'entrée du vieux port, sur la droite. Ces trois forts ont été bâtis par les Espagnols lors de leur occupation.

La ville a la forme d'un cône. Les maisons de la ville, entourées d'orangers, de grenadiers, de figuiers de Barbarie, ont l'air de demeures champêtres. La circulation est peu active dans les rues qui sont sinueuses et contournent les accidents du terrain dont la pente est fort rapide. Les communications n'y sont pas faciles. Les rues Trézel, du Veillard, de la Kasba, du Cadi et Kléber sont les seules qui aient quelqu'apparence. Les places sont : la place Louis-Philippe, où se tient, tous les jours, un marché aux grains ; celle de l'Arsenal, où est le marché aux légumes, où se vendent la volaille et le bois. Le grand marché se tient hors la ville, près de l'abreuvoir ; c'est le jeudi qu'il est le plus abondant, et les denrées y sont, en général, à bon compte. On trouve aussi un fondouk pour remiser les marchandises des Kabyles, qui viennent apporter leurs produits. Les fontaines sont au nombre de cinq.

Bougie a une église neuve, tenue avec une pieuse propreté. Au sommet du Gouraïa s'élevait le marabout de Sidi Bosgri, que les Kabyles ont défendu avec fureur à l'époque de la prise de la ville ; il a été remplacé par un blokhaus. D'autres marabouts sont, Sidi Aïssa, Sidi Abd er-Rahman et Sidi Iahia, qui tiennent lieu de mosquées.

Les troupes sont casernées à la Kasba, — au fort Barral, qui est l'ancien fort Mousa, où le général de Barral, blessé à mort aux Beni Himmel, est enterré, — à la caserne neuve de Bridja ; — à Sidi Touati et dans des baraques pouvant loger 200 hommes. L'Artillerie a ses magasins place de l'Arsenal, au Camp supérieur, à Bridja et à la Kasba ; le Génie et les Substances militaires, à la Kasba ; le Campement, près du débarcadère. Sur le plateau de la Bridja est situé un bon Hôpital de 250 lits. Au fort Abd el-Kader est une Prison vaste et humide.

Il y a un Phare de premier ordre, au cap Carbon, — une station télégraphique, — une école de garçons et une autre pour les filles, — un lavoir et un abattoir bien situés.

On trouve deux hôtels : l'hôtel *de la Marine* et l'hôtel *des Quatre-Nations*. Le café, sur la place de l'Arsenal, est grand, aussi bien que celui de la rue Trézel. Une brasserie donne des produits assez médiocres. Les moulins à farine, sur l'Oued Akdou, à 3 kilom. de Bougie, pourraient, avec une meilleure réglementation des eaux, fournir la population. Plusieurs moulins à huile sont en voie de prospérité et livrent déjà 200,000 litres d'huile fine, rivalisant avec celle de Provence. Une exploitation des lièges est en pleine activité et verse par année plus de 100,000 francs en salaire aux Kabyles qu'elle emploie. Le commerce consiste en blé, orge, cire, suifs, peaux, huiles et fruits.

Les fortifications extérieures sont une ligne de postes militaires qui, de la plaine au S.-E. de la ville, escaladent le Gouraïa, en avançant du S. au N.

Les environs de Bougie sont très-montagneux, mais d'un aspect agréable et très-varié. La fertilité est répandue sur les pentes du Gouraïa, dont la roche calcaire est revêtue d'une épaisse couche de terre argileuse. De nombreuses constructions éparses se montrent, le terrain cultivable de la banlieue de Bougie ayant été réparti entre 94 concessionnaires. Du temps de Léon l'Africain (1515), on y voyait des maisons de plaisance ornées de mosaïques et d'ouvrages de menuiserie sculptés et peints avec art, dont il donne la description. Peyssonnel, en 1722, en a vu les restes, et tout prouve que ce pays, qui joint le charme de la vue de la mer au tableau des montagnes et d'une plaine fleurie, a réuni naguère des hommes qui savaient jouir de la vie. Léon leur reproche leur goût pour la danse, la musique et les doux loisirs. Il ajoute qu'on voit aux entours plusieurs montagnes fort scabreuses, qui sont toutes couvertes de bois dans lesquels se nourrissent une infinité de singes et de panthères. Ces animaux fréquentent encore ces localités.

Les seuls moyens de transports à employer dans les excursions que l'on voudrait faire autour de la place, sont les chevaux et les mulets. Une route a été faite dans la direction de Setif et une autre vers Djidjeli.

III.
COMMUNE DE BOUIRA.

Bouira, à 13 kilom. O. de Setif, est une fondation de la Compagnie génevoise, aussi bien que ses deux sections communales, qui date de 1856. Cette colonie suisse est dotée de tous les établissements qui ont permis d'autoriser le plein exercice de la commune par décret du 22 août 1861. — Les jardins sont bien entretenus et les prairies en bon rapport. — Population : 9 Français, 88 Étrangers, — 276 Arabes.

Les sections communales sont :

AIN ARNAT, à 10 kilom. de Setif, et à 3 kilom. S.-E. de Bouira. Il y a une population de 14 Français, 52 Etrangers, 281 Arabes, — un joli temple protestant, presbytère, école, mairie, four banal, fruiterie, à l'exemple des établissements de ce genre dans le Jura. Le décret du 23 août 1861 y avait érigé le centre de la commune qui a été transporté à Bouira.

MESSAOUD, à 14 kilom. S.-O. de Setif, et à 4 kilom. d'Aïn Arnat, sur une hauteur d'où la vue embrasse une immense étendue de terrains et un groupe de fermes qui représentent une culture annuelle de 600 hectares. On y élève beaucoup de bétail. Les eaux y sont abondantes. Population : 16 Etrangers, — 552 Arabes.

IV.
COMMUNE D'EL-OURICIA.

El-Ouricia, à 12 kilom. N.-E. de Setif, près de la route de Bougie, est une fondation de la compagnie génevoise, aussi bien que sa section communale, qui date de 1856. Temple protestant, maison commune, école de garçons et filles, salle d'asile, fontaine, lavoir, abreuvoir alimenté par des eaux rares et mauvaises. Terres labourables excellentes. Population : 67 Français, 3 Étrangers, — 1070 Arabes.

La section communale est :

Mahouan, à 16 kilom. de Setif et à 2 kilom. de la route de Bougie sur un monticule d'où il domine une large vallée. —

Chapelle, — écoles, — sol fertile, eaux excellentes, jardins en rapport, céréales, belles plantations. Population : 114 Français, en grande partie Savoisiens. — 4 Etrangers, — 295 Arabes.

V.
COMMUNE DE SAINT-ARNAUD.

Par décret du 26 avril 1862, fut créé à 28 kilom. de Setif, sur la route de Constantine, au lieu dit Takhfia, sur un territoire agricole de 2,936 hectares, 99 ares, 57 centiares, un centre de population de 40 feux qui a pris le nom de Saint-Arnaud. Population : 100 Français, 22 Étrangers, 28 Arabes.

DIVISION DE CONSTANTINE.

(TERRITOIRE MILITAIRE.)

La division de Constantine a son chef-lieu à Constantine même.

La description de cette ville et de ses établissements militaires est à la page 337 ci-dessus.

Cette division compte quatre subdivisions qui sont : I Constantine, II Bône, III Batna, IV Setif.

Il y a 19 communes, centres colonisés dont la population est de 13,032 individus ; — celle des tribus indigènes, dénombrées sommairement, est de 1,199,519.

I.

SUBDIVISION DE CONSTANTINE.

La population des centres colonisés est de 6,353 individus ; celle des tribus indigènes est de 395,318 âmes.

La subdivision de Constantine comprend cinq cercles : I Constantine, avec l'annexe de Mila, II Aïn Beïda, III Tebessa, IV Collo, V Djidjeli.

I. **CERCLE DE CONSTANTINE.** Le cercle de Constantine comprend douze kaïdats isolés et l'annexe de Mila.

MILA (El-Milia), La ville de Mila, située à 38 kil. de Constantine, au N.-O., dans un pays accidenté, au pied du versant S. des montagnes de Zouar'a, sur un petit affluent du Roumel, dont elle est distante de 10 kil., possède une belle fontaine de construction romaine. Elle est entourée de jardins, de citronniers et de treilles. Maison de Commandement, Bureau arabe et Bureau de poste. Station télégraphique. Il y a 20 Français. Le mur, en assez bon état, est en pierres de taille. On a trouvé plusieurs inscriptions latines dans les maisons. C'est à Mila que passait la voie romaine de Constantine à Setif par le Nord. Saint Optat, l'un des Pères de l'Eglise les plus vénérés, était Evêque de Mila *(Milevum)* vers 370. M. le général Galbois prit possession de Mila le 21 octobre 1838. Il y a une mosquée importante, celle de Sid Ali ben Iahia, dans laquelle sont, dit-on, de profonds souterrains. Les gens de la ville se livrent à la fabrication du kouskouss. Ils exportent d'excellents raisins et des oranges magnifiques et délicieuses. Ils ont un marché les lundis et mardis. Les établissements épars présentent une population de 1,347 individus.

L'annexe de Mila comprend trois kaïdats et la tribu des Ouled Aydoun.

II. **CERCLE D'AIN BEIDA**. Aïn Beïda, village situé sur la route de Tebessa, en passant par les Hanenchas, à 112 kilom. S.-E. de Constantine, à 88 kilom. N.-O. de Tebessa. Il y existe des bâtiments militaires; maison de Commandement pour le kaïd, Bureau arabe. Une smala de spahis y campe. Aïn Beïda a une Justice de paix, une Station télégraphique, une église et une synagogue. La pierre à bâtir et à chaux se trouve sur les lieux. Une source y donne à la minute 400 litres à peu près, d'une eau d'excellente qualité. A 4 kil. se trouvent beaucoup de broussailles. Population : 310 Français, 115 Etrangers, 447 Juifs, 753 Arabes.

Le cercle d'Aïn Beïda comprend neuf kaïdats.

III. **CERCLE DE TEBESSA**. Tebessa, antique *Theveste*, ville sur la frontière de Tunis, à 35°27' N. et 5°47' E., à 212 kilom. au S.-E. de Constantine, possède une très-belle source qui sort du Djebel Osmor dominant la ville. Cette cité, de construction romaine, est peut-être la trace la plus vivante du passage du Peuple-roi. Ses murailles, en pierres taillées, ont 5 à 10 mètres de hauteur sur 2 en largeur, et sont défendues par 14 tours. Toutes les maisons sont formées de pierres romaines, la plupart assises sur le premier lit. On y voit une porte romaine remarquable, un temple semblable à la Maison-Carrée de Nîmes, et de nombreuses et vastes ruines tant intérieures qu'extérieures. La population de la ville (1,889 habitants), sans aucun lien avec celle de la campagne, semble la postérité de l'ancienne population romaine. Tout, dans cette ville, rappelle les souvenirs de l'antiquité. La monnaie romaine avait encore cours lors de la première entrée des Français en 1842. Il s'y fait une grande fabrication d'étoffes de laine. Tebessa tire du Djebel Dir des meules pour les moulins d'une qualité fort estimée. Une ville européenne, où 175 Français, 47 Etrangers et 60 Juifs sont déjà venus se fixer, se forme dans l'enceinte de l'antique cité, qui a une église et une Station télégraphique. Au dehors, un établissement militaire contient 279 hommes de garnison Un moulin à blé fonctionne.

Le cercle de Tebessa comprend six kaïdats.

IV. **CERCLE DE COLLO**. La ville de Collo, que les Arabes nomment El-Koll, est située à 145 kilom. N. de Constantine, à 120 E. de Bougie, à 60 E. de Djidjeli, à 100k O. de Bône et à 60k O. de Philippeville. Elle est bâtie au pied d'une montagne, derrière la presqu'île qui porte le nom d'El-Djerda. Les maisons sont en pierres et recouvertes de tuiles. Elle est habitée par 119 Français, 41 Etrangers, 627 Arabes, qui vivent du commerce qu'ils font avec les autres parties de la côte. Ce bourg est l'ancienne *Minervia Chullu* des Romains, qui avaient là fondé une ville plus considérable, entourée d'un mur dont l'enceinte, détruite par les Vandales, n'a jamais été relevée depuis. Collo est défendu par un mauvais château où les Turcs tenaient un agha et quelques soldats. La Compagnie d'Afrique, de 1604 à 1685, y a eu un établissement pour le commerce intérieur et la pêche du corail. En 1831, sept coralines s'étant avancées sur les gisements vierges de Collo, en ont retiré, en quinze jours, 3,500 kilog. de coraux énormes, qui ont fait la fortune des propriétaires de ces embarcations. Les provenances suivantes donneront une idée du commerce de Collo : peaux vertes et sèches, laines en suint, huile d'olive en outres, cire, miel, kermès, fruits frais, figues sèches, légumes verts, lait, beurre, fromages frais, œufs, volailles et gibier. Collo a été occupé le 11 avril 1843 par le général Baraguey-d'Hilliers. — Le cercle de Collo a été définitivement constitué le 29 juillet 1861.

Les environs présentent le tableau le plus varié et le plus pittoresque. Au S., c'est une plaine d'une belle étendue, couverte d'une riche végétation, au milieu de laquelle s'élève une montagne cônique, toute boisée, que les habitants ont appelée Roumadia (la Cendrière), et qui, du large, paraît comme une île au fond d'un golfe. Une rivière traverse cette vallée et vient se jeter à la mer dans l'E. de la baie. A droite et à gauche, de grandes masses s'élèvent graduellement ; toutes les collines sont couronnées de bois. On voit des terres cultivées sur les endroits les plus élevés.

Il est donné connaissance aux navigateurs qu'un phare de quatrième ordre a été installé à la pointe de la presqu'île d'El-Djerda, par 37°1'32" de latitude Nord, et 4°12'16" de longitude Est, pour l'éclairage de la rade de Collo. Ce phare — et le feu de l'entrée du port, fixe et rouge, — ont été allumés à partir du 24 juin 1866.

Le foyer de l'appareil est établi à 25 m. 80 c. au-dessus du niveau de la mer, et à 11 m. 40 c. au-dessus de la plate-forme sur laquelle le bâtiment est assis.

Le feu du phare, varié de deux en deux minutes par des éclats verts, est destiné à faire connaître aux bâtiments qu'ils sont devant la baie de Collo, et le feu du port à leur indiquer la direction du mouillage.

Le cercle de Collo comprend six kaïdats.

V. **CERCLE DE DJIDJELI**. Djidjeli a été décrit à la page 412 comme étant une commune de l'arrondissement de Philippeville.

Le cercle de Djidjeli comprend onze kaïdats.

II.

SUBDIVISION DE BONE.

La ville de Bône a été décrite à la page 367 comme étant un chef-lieu d'arrondissement du département de Constantine.

La population des centres colonisés est de 2,539 individus ; — celle des tribus est de 149,981.

La subdivision de Bône embrasse trois cercles : I Bône, II La Cale, III Souk H'arras.

CERCLE DE BONE. Il comprend le kaïdat des Beni Salah.

Saint-Joseph, hameau de 105 Français, 36 Etrangers, 28 Arabes.

Beni Urgine, hameau de 44 Français, 19 Etrangers, 1,473 Arabes.

Sidi Tamtam, hameau de 40 Français, 46 Etrangers, 5 Juifs, 21 Arabes.

Dans des établissements épars vivent 203 Français, 181 Etrangers, 133 Arabes.

Medjez Amar, ancien camp, à 14 kilom. O. de Guelma, au pied du Ras el-Akba, dont le sommet s'élève à 1,000 mètres, fut le point de départ du corps expéditionnaire qui fit la première campagne de Constantine. Il a été concédé en 1849, avec 500 hectares, à M. l'abbé Landmann, d'abord, et en 1851 à M. l'abbé Plasson, pour l'établissement d'un orphelinat, qui a été supprimé. Il y a un pont sur la Sebouse, formée en cet endroit par le confluent de l'oued Cherf et du Bou Hamdam. Cette dernière rivière contourne le pied de la montagne après avoir rencontré, à 3/4 de lieue, dans l'O., une coupure profonde où surgissent les eaux thermales, dites *Hammam Meskhoutine*, (le Bain des Maudits). Des fouilles entreprises à 12 kilom., dans les ruines d'Announa, presque au sommet du Ras el-Akba, où se voit un arc de triomphe encore debout, un aqueduc et un temple païen, que les anciens Chrétiens avaient converti en église, ont donné la certitude que l'ancienne *Tibilis* s'élevait là, et que les bains chauds d'Hammam Meskhoutine sont les *Aquæ Tibilitanæ*. On sait que la voluptueuse jeunesse des Colonies romaines se donnait rendez-vous autour de ces piscines très-fréquentées. L'établissement ancien devait être considérable; aussi des fondations profondes et développées, des restes de constructions romaines, une tour, des arcades, des bassins épars, ont été retrouvés au lieu nommé aujourd'hui Hammam Meskhoutine, à l'extrémité d'une petite plaine étroite, de 100 hectares, formant un plateau dont l'élévation est de 250 mètres au-dessus de la mer et de 20 à 30 mètres au-dessus du lit fort encaissé du cours d'eau, quittant là le nom de Zenati pour prendre celui de Bou Hamdam. C'est dans ce vallon que les troupes d'Aulus, engagées imprudemment, passèrent sous le joug des perfides Numides. Le sol est un calcaire crevassé, superposé à un calcaire stratifié. Du sommet d'un mamelon les eaux jaillissent perpendiculairement en s'accompagnant d'un dégagement d'acide sulfureux, qui les signale d'assez loin. Leur température est celle de l'eau bouillante; on s'amuse à y faire cuire les poissons qu'on prend à la rivière voisine. Elles déposent, en se refroidissant, une grande quantité de carbonate de chaux qui forme, autour d'elles, un rebord que l'on voit s'élever tous les jours davantage, de manière à constituer, avec le temps, des masses coniques, sortes de pains de sucre gigantesques, qui acquièrent toute la hauteur à laquelle les eaux peuvent s'élever. M. le docteur Guyon en a mesuré un qui n'avait pas moins de 11 mètres 70 centimètres de hauteur, sur 12 mètres 50 centimètres de circonférence. Lorsque l'ouverture se ferme, le canal disparaît avec le retrait des eaux qui, ne trouvant plus d'issue de ce côté, se frayent une autre route, percent le roc sur un autre point, où elles reproduisent le même phénomène. M. le docteur Moreau a constaté la chaleur invariable de ces eaux à 95°; aucune source en Europe n'atteint une si haute température (1). Ces eaux bouillonnantes, qui fournissent plus de 100,000 litres en une heure, se déversent en cascades dans des bassins naturels, et se refroidissent graduellement dans un ruisseau qui les porte à l'oued Bou Hamdam. Un hôpital militaire de 160 lits a été créé en 1844, à l'O. des sources thermales, dont la vertu a été éprouvée pour la guérison des blessures, — rhumatismes invétérés, — engorgements des viscères abdominaux, suite des fièvres intermittentes, — ulcères fistuleux avec carie des os, — affections cutanées chroniques. La proportion des malades guéris, ou considérablement améliorés, est de 82 p. 100; Baréges n'offre en comparaison que 62 p. 100. Les malades civils étaient forcés de camper auprès des piscines, des douches et des bains de vapeur, recouverts de baraques. Par arrêtés ministériels des 8 septembre et 12 octobre 1858, une concession de 1,213 hect. 47 a. 41 c. a été faite au docteur Moreau pour la fondation d'un établissement thermal et l'usage d'une partie des eaux minérales. Le cahier des charges a été modifié par décret du 18 décembre 1862.

A l'O.-N.-O., on aperçoit le Djebel Mtaïa, où l'on trouve une grotte profonde de plus de 2,000 mètres, connue sous le nom d'Hamous Djemaa. Tout l'intérieur est hérissé de stalactites et stalagmites; les parois de l'entrée sont recouverts d'inscriptions et de croix gravées dans la pierre. Cette grotte a servi de refuge aux Chrétiens, à l'époque de la persécution des Vandales.

II. **CERCLE DE LA CALE**. Il comprend deux kaïdats. La ville de La Cale a été décrite à la page 383

---

(1) Voici comment se classent les eaux les plus remarquables sous le rapport de leur température : Balaruc, 50°; Néris, 51°; Aix-la-Chapelle, 57°; Bourbonne, 65°; Plombières, 68°; Carlsbad, 75°; Chaudes-Aigues, 89°.

comme étant une commune de l'arrondissement de Bône.

III. **CERCLE DE SOUK H'ARRAS.** La ville de Souk H'arras a été décrite à la page 394 comme étant une commune de l'arrondissement de Bône.

Le cercle de Souk H'arras comprend huit kaïdats.

III.
SUBDIVISION DE BATNA.

Batna a été décrite à la page 359 comme étant une commune de l'arrondissement de Constantine.

La population des centres colonisés est de 2,004 individus; celle des tribus de 241,844 individus.

La subdivision de Batna embrasse deux cercles : I Batna, II Biskra.

I. **CERCLE DE BATNA** qui comprend neuf kaïdats.

II. **CERCLE DE BISKRA.** Biskra, chef-lieu du Cercle de ce nom, est située par 34°51' de latitude N., et par 3°20' de longitude E., à 126 kilom. S. de Batna. Une fois par semaine, une voiture à quatre chevaux apporte les voyageurs qui viennent de ce point, et suivent la route impériale de Stora à Tougourt, qui traverse Biskra. C'est une oasis de trois lieues de tour, sur les pentes inférieures des monts Aourès et à l'entrée du grand désert, comprenant, au pied d'un fort construit à son extrémité N., une agglomération de maisons en terre et sept villages couronnés de palmiers. Au N.-O. est un rideau de collines qui la sépare de la plaine d'Outhaïa. Les principaux sommets de ces montagnes, qui s'élèvent à peine à 200 mètres au-dessus de la ville, se nomment Bou Mengouch et Bou R'ezal.

Aucune inscription antique n'a été trouvée dans l'oasis, mais des fragments de colonnes annoncent assez une ancienne occupation romaine sur ce point important. Son nom antique était *Vescer*. Il y avait un évêché. La position de Biskra lui a valu la prépondérance dont elle jouit sur les autres villes des Zibans, et l'avait fait choisir pour résidence de la garnison destinée à commander au nom des Beys dans les régions éloignées. A l'arrivée des Français à Biskra, ou mieux *Ras el-Ma*, en 1844, les soldats de l'Émir, qui tenaient garnison dans la Kasba, ont pris la fuite, et les habitants se sont empressés de venir au-devant de nous et d'acquitter la contribution.

En 1846, l'ancienne citadelle a été abandonnée, et du monticule où gisent ses ruines, on tire du salpêtre dans un établissement nouveau, où il est traité pour alimenter la fabrique de poudre de Constantine. L'ancien village a été aussi délaissé : on l'a reporté en dehors des palmiers, près de la rivière que l'on nomme l'oued Zeymour. A sa sortie des montagnes, elle se nomme Oued Branis ; elle est peu considérable, mais elle a de l'eau en tout temps. Elle descend de l'Aourès, et devient un véritable torrent dans la saison des pluies et à l'époque de la fonte des neiges. Alors, après un cours sinueux de 50 kilom. dans le désert, elle va se perdre dans l'oued Djedi. En temps ordinaire, l'eau de la rivière est épuisée à Biskra. Son volume est employé en entier pour les besoins de la culture des palmiers et des céréales. Sur la rive droite, les irrigations de Biskra comprennent 103,915 palmiers, — dont quelques-uns rapportent 20 fr. — et 4,000 oliviers greffés; celles de Chetma embrassent 10,588 palmiers; sur la rive gauche, à Filièch, 15,802 palmiers sont arrosés aussi par des rigoles. La répartition de l'eau se fait avec un soin admirable ; un homme qui tient une horloge de sable, préside à cette distribution, qui a lieu au moyen de canaux naturels et on ne peut mieux ménagés.

Biskra a échappé à une ruine presque totale le 18 avril 1862. Un orage, d'une violence jusqu'alors inconnue dans ce pays, avec grêle et averses torrentielles, s'est abattu dans le cercle de Birkra. La rivière de Biskra, ordinairement peu abondante, descendait des montagnes de l'Aourès avec un fracas semblable à celui du tonnerre. Ses rives, séparées par un espace qui varie entre 500 et 800 mètres, devinrent bientôt impuissantes pour contenir la masse d'eau qui se précipitait des montagnes. Déjà, l'eau amenée par le canal d'irrigation, débordait sur les places de la ville, et on éleva une digue qui préserva d'une destruction complète, car les maisons, construites pour la plupart en terre séchée au soleil, n'auraient pu opposer aucune résistance. A Saada, les flots ont surpris les tribus campées et qui n'avaient pas vu d'eau depuis 8 ans. Ce fut là un phénomène dans ces régions.

L'Empereur est venu visiter Biskra le 31 mai 1865.

Le fort Saint-Germain, contenant tous les établissements militaires et les citernes, est élevé au N. de Biskra. On y trouve un Hôpital pour 70 lits, convenablement organisé, de beaux magasins pour les Subsistances, une Caserne de 911 hommes, un Cercle pour les officiers, qui possède une bibliothèque assez bien fournie. La population de la ville et de 179 Français, 27 Étrangers, qui ont une église, 56 Juifs, 1,485 Arabes. Les chefs indigènes se sont associés pour se créer un bain maure. Les maisons entourent la place Napoléon, la place Petit, la place du Dar Diaf ; tel est le nom d'une espèce d'hôtellerie où les Arabes sont hébergés par l'autorité. Au milieu de la place du Marché est un vaste bâtiment *ad hoc*. Le marché s'y tient tous les jours en hiver ; en été, il cesse tout-à-fait. Le commerce s'exerce sur les dattes, le henné, le poivre rouge, les orges, les blés, abondamment recueillis dans la localité où arrivent du Sahara quelques produits, entre autres des tissus de laine du Souf et de Tougourt. On fabrique aussi à Biskra des burnous, des haïks, des vases de poteries, des briques, de la chaux. C'est de là que nous viennent les peaux de lions, tigres et panthères. La population civile est composée exclusivement de marchands de liquides et d'épiceries, pour qui la garnison est presque la seule source de commerce. On peut prendre pension à l'hôtel *du Sahara*. Le café *du Sahara*, et le café *Saint-Germain*, avec une multitude de débits, désaltèrent les citoyens haletants. Les Mozabites, ou marchands indigènes, occupent les abords de la place du Marché. Mais ce qui donne beaucoup de vie à Biskra, c'est la présence, dans cette localité, d'une trentaine de *kah'bat* (filles de joie), de la tribu des Ouled Naïls, qui se sont affecté un quartier de la ville, et y attirent chaque soir une multitude d'Arabes. Leur occupation habituelle est de danser dans des cafés au son d'une musique abominable. C'est une des principales curiosité du pays.

Biskra renfermait 22 mosquées. Il ne reste plus que le minaret de la Djema el-Kebir, qui est d'une construction beaucoup plus soignée que celles des autres édifices de l'endroit.

Un café arabe a été transformé en chapelle chrétienne. Il y a une Justice de paix, une Station télégraphique, une Société de secours mutuels.

La température ordinaire, du 15 juin au 15 octobre, est de 40 degrés le soir, et 30 à 35, la nuit. Les militaires composant la garnison, exposés aux ophtalmies, à la maladie connue sous le nom de bouton d'Alep, et à l'incommodité des scorpions innombrables qui pénètrent partout, allégent peu à peu leur uniforme aux heures où le service ne les réunit pas, et se montrent parfois dans le costume primitif du père Adam.

Il fait tellement chaud à Biskra, que les chiens n'osent sortir en plein midi, de peur de se brûler les pattes, et que les bougies fondent à l'ombre; l'eau des ruisseaux est si chaude, que bien des personnes ne peuvent s'y baigner. On peut se promener dans l'oasis, à l'ombre des palmiers en dehors de son périmètre, et aller loin sans rencontrer d'obstacles.

Biskra, et les différentes oasis qui apparaissent du haut du col de Sfa, point culminant de la dernière montagne que l'on traverse pour y arriver, ressemblent à des taches d'encre sur un fond gris. C'est la monotonie du désert au S., — au N. l'aspect de montagnes arides et sans ombre de végétation.

Les sept villages réunis aux pieds du fort Saint-Germain, sont: Bab el-Kouka, El-Msîd, Bab el-Darb, Bab el-Ghalek, Gaddécha, Filièch, Chetma; ils ont chacun une sorte d'enceinte fermée par une porte. Au milieu de chacune de ces bourgades est une place que traverse une grande rue.

La Pépinière du Gouvernement (Jardin d'essais et d'acclimatation), créée en 1851, dans l'oasis de Beni Mora, admet un certain nombre d'élèves jardiniers indigènes, entretenus aux frais des villages, et qui reçoivent des leçons de lecture et de langue française.

Autour de Biskra les Arabes créent des prairies artificielles pour nourrir leurs troupeaux pendant l'hiver et le printemps. Pendant l'automne et l'été, il les nourrissent avec la paille provenant de l'orge et du blé.

Zaatcha, Farfar et Lichana, qui sont de riches oasis, se trouvent à 30 kilom. de Biskra.

En dehors des oasis le pays est sec et aride; ici sablonneux, là couvert de cailloux. Il n'y a ni sources ni fontaines potables. Au pied des collines, à l'O. de Biskra, se trouve une source thermale et salée exhalant une forte odeur de soufre. Elle se nomme Aïn Enchichi, et passe pour guérir des maladies syphilitiques les personnes qui en boivent. Une autre source, nommée Hammam Djereb, semble convenir aux galeux.

Au midi des Zibans, à *Oum et-Thiour*, sur le Coudiat-Dohor, en avant duquel s'étend le petit désert de Morr'an, — près des puits de l'oued Itel, devenus insuffisants, — nos soldats, véritables bienfaiteurs de ces régions lointaines, ont créé la *Fontaine du Commandant*, donnant 180 litres de 24° par une profondeur de 107 mètres, où ne pouvaient pénétrer les experts sondeurs du pays, et ils ont vu la prospérité renaître où le silence et la désolation commençaient à s'établir. La fraction nomade des Selmia, vagabonde depuis des siècles, s'est enfin fixée au sol. On est pénétré d'admiration et d'attendrissement, en présence d'œuvres aussi puissantes pour le bonheur des hommes.

A *Chegga*, située à 24 kilom. N. de l'oued Itel, à 56 kilom. de l'oued Rir', la *Fontaine de la Fertilité* a donné le 26 juin 1857, 90 litres d'eau à la minute, de 22° de chaleur, jaillissant d'une profondeur de 40 mètres.

Le cercle de Biskra embrasse quatorze kaïdats.

A 26 kilom. au S.-E. de Biskra, est la ville sainte de *Sidi Okba*. C'est là que fut inhumé, avec son cheval, l'un des premiers propagateurs de l'Islamisme, et des conquérants de l'Afrique, Sidi Okba, fils de Nafé, tué l'an 682 de notre ère, dans une bataille que lui livrèrent les Berbères, commandés par Koceïla, à Tchouda, ville du Zab, qui est située au pied de l'Aourès, et à 4 lieues E. de Biskra. Son tombeau, objet de la pieuse vénération des Arabes, recouvert d'un drap de soie verte, où des inscriptions sont brodées en soie blanche, repose dans un sanctuaire inviolable.

La population de cette ville est sujette à une foule d'infirmités; la lèpre y sévit d'une manière continue; presque tous les habitants sont, en outre, atteints d'ophtalmies, et un cinquième environ est frappé de cécité. Cette ville a été soumise à la France en 1844.

El-Kantara, située à environ 4 myriam. au N. de Biskra, dans le Kaïdat des Sahari, est une ville qui doit son nom à un pont antique sur l'oued Brenis, venant du N., et coulant à travers une coupure étroite, qui divise les montagnes séparant le Tell du Sahara. On voit aussi, le long de la rive gauche de cette rivière, une chaussée où on signale encore la trace laissée par les roues des chars romains. El-Kantara renferme sept mosquées, 15,000 dattiers, entremêlés d'abricotiers, de pêchers, de cactus, de figuiers et de vignes. Les habitants, au nombre de 1,620, dans 180 maisons, cultivent du blé et de l'orge dans les espaces existant entre les palmiers. Sur les terrasses des maisons sont placées des ruches d'abeilles, qui composent un miel d'excellente qualité. A partir d'El-Kantara, le pays est fort accidenté. On y rencontre des ravins très-profonds et beaucoup de rochers; on trouve des montagnes entières de sel et des débris de coquillages, d'huîtres surtout. En s'avançant de Biskra au S., le pays devient plat et sablonneux, sous des chaleurs dévorantes, qui vont jusqu'à 54°. Plus on avance, plus on voit des sables, qui sont élevés à 75 mètres au-dessus du niveau de la mer, et moins on trouve d'eau, jusqu'à ce qu'elle manque tout-à-fait.

A la fin de 1854, le glorieux combat de Meggarin amena la soumission de ces contrées lointaines, en nous ouvrant Tougourt, dans l'oued Rir'.

L'Oued Rir', dénomination sous laquelle on désigne un ensemble de nombreuses oasis, est très-riche en palmiers. Un vaste marais reçoit l'excédant des eaux qui les arrosent. La ville actuelle de Tougourt, se trouve à 2 kilom. de l'ancienne (Tougourt el-Kedima), qui était située au milieu des palmiers de Nezla. C'est une ville assez grande, puisqu'elle contient plus de 600 maisons, avec une citadelle qui s'ouvre par deux portes, mais qui n'a aucune pièce d'artillerie. Les étrangers qui vont visiter Tougourt aujourd'hui et explorer la ville, y sont parfaitement hébergés jusqu'au moment de leur départ.

Salah, bey de Constantine, et Ahmed, un de ses successeurs, assiégèrent Tougourt en 1789 et 1821, et furent vigoureusement ramenés.

On appelle Oued Souf un vaste canton, situé à l'E. de l'Ouâd Rir', qui ne présente guère à l'œil qu'un vaste ensemble de dunes de sables arides, mais où l'on trouve de l'eau en abondance dans des puits d'environ 2 mètres de profondeur. Les habitants, au nombre de 17,000, dont le teint est fortement basané, possèdent 300,000 palmiers.

Djedlaoun, à 36 kilom. N.-E. de Tougourt, possède les ruines d'un établissement considérable des Beni Mzab, où l'emploi de grandes pierres polygonales gypseuses rappelle, sur une échelle très-réduite, les constructions cyclopéennes. Ces lieux ont été visités par M. Berbrugger en 1850.

Les oasis de l'oued Rir' ont été créées par des eaux jaillissantes, à des époques reculées. Faute d'entretien et de moyens assez puissants employés par les sondeurs indigènes qu'on nomme les *r'tas*, ces cantons se mouraient, lorsque des sondages artésiens furent entrepris, le 19 juin 1856, dans ces localités éloignées de plus de 145 lieues du littoral. A *Tamerna*, on vit bientôt jaillir une nappe d'eau, tirée de 60 mètres de profondeur, et versant 4010 litres à la minute, d'une température de 21° centigrades. La reconnaissance des populations baptisa cette source du beau nom de *Fontaine de la Paix*. Mais c'est à *Sidi Rached*, situé à 26 kilom. N. de Tougourt, que la *Fontaine de la Reconnaissance* a jailli à 54 mètres, pour donner 4300 litres à la minute, de 24° de chaleur: (Le maximum du puits de Grenelle n'a jamais donné que 3400 litres).

A *K's'our*, au N.-O. de Maggarin et à peu de distance de ce point, le 12 novembre 1847, la sonde ayant pénétré à 48 mètres, l'eau jaillissait à la surface du sol, à raison de 3836 litres à la minute.

A *Sidi Sliman*, autre oasis de l'Oued Rir', privée d'eau depuis 44 ans, le 4 décembre 1857, la sonde brisait la couche artésienne, et une source, qui ne donnait pas moins de 4000 litres d'eau à la minute, sortait d'une profondeur de 75 mètres et baignait tout l'oasis.

A *Temasin*, à 250 kilom. au S. de Biskra, dans la zaouïa de *Tamel'hat*, où habite le chef de l'ordre religieux de Tedjini, une autre fontaine, dite de la *Bénédiction*, a donné, par les mêmes moyens de forage, 35 litres à la minute, de 21° centigr. de chaleur, et celle dite de l'*Amitié*, qui jaillit dans les jardins même du Patriarche, 120 litres. Ces ondes ont été obtenus de 58 mètres de profondeur.

Pour donner une idée plus complète de cette région et des mœurs de ses habitants, nous ne saurions mieux faire que d'emprunter quelques traits au remarquable ouvrage de M. Fenoux-Maubras *(Voyage de S. M. Napoléon III en Algérie)* (1), au chapitre du voyage de S. M. à Batna et à Biskra :

« Parti de Constantine le 30 mai, à 7 heures du matin, l'Empereur arriva de très-bonne heure au Kroub.

« A mesure que l'on s'avance vers le Sud, à la région des cultures succède celle des parcours. Les habitations deviennent de plus en plus rares ; de loin en loin on rencontre quelques maisons isolées, quelques caravansérails parés d'arcs de triomphes rustiques et pavoisés aux couleurs nationales. D'un relai à l'autre, on aperçoit çà et là quelques Européens attirés par le passage de l'Empereur, ou quelques nègres à la physionomie placide, occupés, sous un soleil torride, à casser des pierres le long de la route.

« Bientôt, Sa Majesté débouche dans la vaste plaine de M'lila. Les goums arabes s'ébranlent et s'avancent au-devant de l'Empereur, qui se trouve, quelques instants après, au milieu d'un

---

(1) Un vol. in-18. — Librairie BASTIDE.

immense campement de nomades, appartenant aux arabes Cheragas, Rherabas et Zemouls.

« Cette population primitive avait déployé pour recevoir l'Empereur tout le luxe de la tente ; elle était venue là, dit le *Moniteur Universel*, avec les trésors qu'elle cache habituellement, avec ses femmes, ses enfants, ses vieillards, ses troupeaux. Cette manifestation est chose unique dans les annales musulmanes. Une magnifique tente en poil avait été dressée au milieu du campement ; le sol était recouvert par des tapis du sud et un seul sopha ornait l'installation saharienne : c'était la salle de réception. A quelques pas en arrière, se dressait un *guitoun*, petite tente de guerre en toile, doublée de damas, dans laquelle on avait établi un lit de repos pour l'Empereur.

« Lorsque l'Empereur arriva, escorté par les goums qui s'étaient portés au-devant de lui, il fut salué par les acclamations des trois tribus, et des cavaliers brillants commencèrent ce tournoi d'adresse et d'agilité si connu aujourd'hui sous le nom de *fantasia*. A chaque passe le *toulouil* des femmes se faisait entendre plus aigu et plus strident, lorsqu'il s'adressait, soit à un chef puissant, soit à un cavalier accompli. Dans cette joûte, qui simule la guerre, l'Arabe met tout son amour-propre ; il est fier, le cavalier qui a dépassé son partner en lançant son long fusil et en le rattrapant au vol, et dans la plaine de la M'lila l'émulation était grande, car la présence de l'Empereur surexcitait la hardiesse de chacun. Pendant tout le temps que dura la fantasia, Sa Majesté se tint seule en avant de la tente ; sur le second plan étaient groupés le maréchal de Mac-Mahon, le général Fleury et tous les officiers de sa Maison.

« Aussitôt que cette fantasia fut terminée, un nuage de poussière se forma à l'extrémité de la plaine ; c'était une caravane en marche : les chameaux portant les palanquins, renfermant les femmes, défilaient lentement, escortés par les fantassins armés en guerre ; les Djeliba, troupeaux de moutons, suivaient, dirigés par les pâtres presque nus, et la marche était fermée par quelques cavaliers, gardiens des trésors de la tribu nomade. A peine la caravane eut-elle dépassé la hauteur de la tente impériale, que de grands cris éclatèrent dans l'air et un goum en incursion fondit sur la proie facile pour la *razia*. Alors eut lieu un spectacle étrange, que le pinceau seul est apte à reproduire, — une mêlée pittoresque dans laquelle se confondaient assaillants et assaillis, et que vint compléter l'arrivée des guerriers de la tribu attaquée.

« Ce spectacle intéressa vivement Sa Majesté. Aussitôt que ce simulacre de razia fut terminé, une scène plus patriarchale eut lieu ; les Arabes vinrent, en grande pompe, présenter la *diffa* au Souverain : plus de cent Arabes, portant des plats en bois de hêtre pleins de couscous et des moutons rôtis, embrochés à de longues perches, vinrent se placer devant l'Empereur, et lui offrirent l'hospitalité. Sa Majesté daigna accepter ce symbole de soumission en faisant transporter sous sa tente un plat de couscous. Après avoir pris deux heures de repos, Sa Majesté monta en voiture et continua sa route vers Batna.

« Toutes les plaines qui s'étendent dans les parages des deux Lacs salés, étaient ainsi occupées par des tribus nomades, les unes campées, les autres en marche. Spectacle étrange, dont, sans en avoir été témoin, il est impossible de se représenter l'imprévu et la grandeur.

« A son arrivée au milieu des goums, Sa Majesté a été saluée par des acclamations frénétiques, accompagnées des modulations stridentes de la musique primitive des indigènes, — les cavaliers agitant leur chapeaux et faisant tournoyer leurs armes en l'air, comme dans le délire d'une fantasia. Suivi de cette escorte, l'Empereur est arrivé à Batna.

« Dans la matinée du 31 mai, l'Empereur s'est mis en route pour Biskra. De Batna à Biskra, la distance à parcourir est de 126 kilom. Les étapes intermédiaires de cette longue route sont les Ksours, El-Kantara, placé à la limite du Tell et du pays des Oasis ; El-Outhaïa, dans la vaste plaine de ce nom, qui ne sera bientôt plus qu'une immense cotonnière.

« El-Kantara est placée à l'issue d'un étroit défilé qui débouche dans la plaine d'El-Outhaïa. El-Kantara est une station presque à moitié route de Batna à Biskra. Lorsqu'on arrive de Batna, El-Kantara se présente sous l'aspect d'une étroite coupure verticale dans un prodigieux entassement de rochers d'une hauteur énorme.

« A droite et à gauche de cette coupure, qui n'a guère que quelques mètres de largeur, le rocher s'élève à pic jusqu'à 150 ou 200 mètres de hauteur.

« Un cours d'eau, dont les rives sont égayées par de nombreux bouquets de lauriers roses formant un saisissant contraste avec l'aridité du sol, s'ouvre un passage par cette déchirure de la montagne. On le traverse sur un pont construit par les Romains.

« Les montagnes d'El-Kantara forment la ligne de séparation des Hauts-Plateaux et du Sahara, et s'interposent comme un immense rideau entre ces deux régions si différentes.

« Lorsqu'on passe le défilé d'El-Kantara, on assiste à un véritable changement à vue d'un caractère saisissant : on se trouve brusquement transporté, et, en quelque sorte sans transition, dans la région des oasis, dont on voit surgir sous ses pieds, au débouché même du défilé, un des verdoyants échantillons.

« L'Empereur devait faire halte à El-Kantara. Une table était dressée pour S. M. dans les jardins de l'Oasis........ Bientôt après on arrivait au Col de Sfa, à 8 kilom. de Biskra. De ce point on découvre un panorama incomparable : le Sahara avec ses îlots verdoyants, ses oasis de palmiers, dont la teinte sombre se détache, avec des reflets d'or et de pourpre, sur la couleur uniforme du désert. La plaine immense dont le regard cherche vainement à percer les profondeurs, forme çà et là quelques rares ondulations, dont le relief donne lieu à des jeux de lumière d'un effet indescriptible.

« L'Empereur, à son entrée à Biskra, a voulu visiter immédiatement l'oasis des palmiers.

« Il s'y est rendu, entouré d'un brillant cortége de chefs indigènes, au burnous de pourpre, suivi des cavaliers réguliers, des goums et de la foule innombrable des habitants.

« Le cortége, qui s'avançait lentement, rencontrait sur son passage des improvisateurs indigènes, qui chantaient la bienvenue du grand Sultan de la France et de l'Algérie, en s'accompagnant, à la manière des Bardes, de leurs instruments primitifs. Les femmes indigènes, non voilées, avec leurs physionomies étranges, leurs lourds anneaux d'oreilles d'une largeur à y passer la main, leurs visages bizarrement tatoués, et encadrés dans d'énormes tresses de laine, se pressaient, des deux côtés de la route, en groupes nombreux et animés. D'autres, perchées sur des chameaux, se montraient richement parées dans leurs *atatouches* entr'ouverts ; toutes poussaient de stridents *you ! you !* dès qu'elles apercevaient l'Empereur.

« Il serait impossible d'imaginer un spectacle plus admirable et plus saisissant que cette marche triomphale de l'auguste Visiteur vers la principale oasis de notre Sahara.

« Le désert, cette mer de sable, s'étendant à perte de vue ; le ciel embrasé, dont la splendeur pourprée contraste avec la teinte uniformément grise du sol ; une atmosphère lumineuse, dont la transparence recule à l'infini les bornes de l'horizon ; la verdoyante oasis se déployant, comme un immense bouquet, sous un soleil de feu ; la foule joyeuse, enivrée, aux types étranges, aux vêtements éclatants ; — tels étaient les grands traits du magnifique tableau qui se déroulait sous les yeux, semblable à une fantastique évocation des merveilles des *Mille et une Nuits*.

« A plusieurs reprises, l'Empereur a manifesté son admiration pour cette splendide manifestation des forces du désert, s'épanouissant, dans toute leur grandeur, sous l'implacable sérénité d'un ciel sans nuages, ouvrant de tous côtés, aux regards éblouis, un horizon sans limites.

« Quelques minutes avant le dîner, Sa Majesté avait reçu les chefs arabes, qu'Elle jugea d'un mot en leur disant :

« Je suis heureux de commander des hommes de fer sur « cette terre de feu. »

« L'Empereur est reparti le lendemain, 1ᵉʳ juin, à 5 heures du matin. A cinq heures du soir, il arrivait à Constantine. »

IV.

SUBDIVISION DE SETIF.

La ville de Setif a été décrite à la page 423 comme étant un chef-lieu d'arrondissement du département de Constantine.

La population des centres colonisés est de 2,136 individus ; celle des tribus de 412,371 individus.

La subdivision de Setif embrasse quatre cercles et deux annexes : I Setif et l'annexe de Takitount, II Bougie, III Bordj Bou Areridj et l'annexe de Tannalt, IV Bou-Sa'da.

Toutes ces localités sont soumises à la Justice de paix et autres Tribunaux siégeant à Setif (arrêté ministériel du 15 juin 1861).

I. CERCLE DE SETIF. Il comprend dix-huit kaïdats.

Près d'un joli village arabe situé au versant S. du Djebel Afgan, vers la lisière de la Hodna, existe, dans un lieu nommé le Hamma, plusieurs sources minérales d'eaux chaudes à une haute température. Les Romains y avaient un établissement de bains. Le Génie vient de réunir toutes les sources sur un seul point, d'où les canaux bien dirigés conduisent les eaux dans une piscine parfaitement cimentée et commodément établie pour faciliter l'immersion des malades.

L'ANNEXE DE TAKITOUNT comprend cinq kaïdats. Il y a, à Takitount, une Station télégraphique. 44 Français, 45 Étrangers.

II. **CERCLE DE BOUGIE**. La ville de Bougie est décrite à la page 428 comme étant une commune de l'arrondissement de Setif.

Ce cercle comprend la tribu Acif el-Hammam, soumise à l'organisation kabyle et administrée par des Chefs nommés à l'élection ; — vingt-quatre autres tribus administrées par des Cheiks et deux kaïdats isolés.

III. **CERCLE DE BORDJ BOU ARERIDJ**. — BORDJ BOU ARERIDJ, situé à 28 kilom. de Setif, et à 187 kilom. de Constantine, sur la ligne de communication de Setif à Aumale, fut un poste militaire bâti avec les restes d'un établissement romain dont il occupe la place. Il couvre deux mamelons qui s'élèvent au milieu de la plaine. En 1841, il fut occupé, et jusqu'en 1847, les marécages voisins décimèrent la garnison. Des familles européennes s'y sont groupées spontanément, et présentent une population de 167 Français, 82 Étrangers, 148 Juifs; on compte aussi 796 Arabes. Il y a de beaux jardins, de belles plantations, un établissement hippique, une Station télégraphique. Les Beni Mellikeuch, riches en beaux frênes dont ils donnent les feuilles à manger à leurs vaches pour en obtenir du lait excellent, et les Beni Abbès, qui commencent à prendre nos procédés de culture et nos arbres fruitiers, fréquentent le marché de Bordj Bou Areridj.

Le cercle de Bordj Bou Areridj comprend le Bach Aghalik de la Medjana, et dix kaïdats.

L'ANNEXE DE TANNALT comprend trois kaïdats, le cheïkhat de M'kastah et la tribu des Beni Mellikeuch.

IV. **CERCLE DE BOU SA'DA**. BOU SA'DA, est à 160 kilom. de Setif, à 290 kilom. au S.-O. de Constantine, à l'entrée de la vallée de l'oued Bou Sa'da, et à l'extrémité d'un contrefort du Djebel Maïteur sur lequel s'élève le fort français. La ville est au-dessous, sur les bords de l'oued. C'est une oasis fertile au milieu d'une campagne sèche et pierreuse. La ville est divisée en huit quartiers reliés par une guirlande de verdure. Les gens du désert apportent des laines brutes, des plumes d'autruches, des tentes en poil et du sel, — les gens du Tell, des draps, des batteries de fusil, des bêtes de somme. Les gens du pays, qui se livrent à la fabrication du savon, en 40 usines, et sont pour la plupart forgerons, armuriers ou potiers, trafiquent au moyen d'essences, d'épices, de soie, de cotonnades, de corail, de vaisselle de cuivre, de bougie, de cire jaune, d'alun, de sucre, de café, et d'ornements d'or et d'argent.

Les Français s'emparèrent de Bou Sa'da le 15 novembre 1849. La population est de 78 Français, 25 Étrangers, 450 Juifs, 129 Arabes. Il y a une Station télégraphique.

Le cercle de Bou Sa'da comprend le cheikhat d'El-Maraksa et huit kaïdats, parmi lesquels est celui de Msila.

La ville de *Msila*, est située par 35°42'30" de latitude N. et par 2°12' de longitude E., à 130 kilom. du littoral de la Grande Kabylie. Les Français l'occupent depuis le mois de juin 1841. Son territoire est borné au N. par les montagnes de Maadid. La ville est divisée en trois quartiers, dont le plus considérable occupe la rive gauche de l'oued Ksob, traversant les jardins qui composent les trois-quarts de la cité. Les ruines romaines de l'ancienne Zabi, que les Arabes nomment Béchilga, situées à 5,000 mètres à l'E., ont servi à la construction de ses 400 maisons. La population, composée de Turcs et de Kouïouglis riches en jardins bien arrosés, dans la plaine d'Emsir, fabrique des beurnous, des haïks, de la sellerie et des pantoufles estimées.

Dans la Hodna, à Saïda, existe une nappe d'eau jaillissante débitant 680 litres par minute. Dans le même canton, les forages artésiens ont amené l'expansion d'une source qui donne 2,100 litres d'eau par minute.

FIN DE LA PROVINCE DE CONSTANTINE.

PROVINCE D'ORAN.
à l'Echelle du 3,000,000.
par
O. MAC CARTHY.

PROVINCE D'ORAN.

DE LA PROVINCE D'ORAN EN GÉNÉRAL.

SITUATION. La province d'Oran comprend le long de la Méditerranée, l'étendue des côtes qui serpentent de l'E. à l'O.-S.-O., à partir du cap Magraoua par 1°50' de longitude occidentale jusqu'à l'oued Kîs, par 4°31'. A l'E., les limites de la province s'avancent profondément, dans cette direction, pour embrasser le Djebel A'mour. A l'O. les confins beaucoup moins sinueux de l'empire du Maroc, longent pareillement le périmètre de la province d'Oran, qui atteint, au S., le grand désert. — Sa superficie totale est de 203,500 kilom. carrés, dont 36,500 kilom. dans le Tell et 167,000 dans le Sahara.

MONTAGNES. Les masses qui dominent les vallées hautes et s'avancent de l'E. à l'O., sont :

Le Chareb er-Rih, qui sépare le bassin du Chélif de celui de l'Habra ; l'Oum ed-Debban, près de Saïda, entre l'Habra et la Mekerra ; le Djebel Beni Smaiel, situé au S.-E. de Tlemsên, et qui sépare le bassin supérieur de la Tafna de celui de l'Isser.

Les masses qui bordent le littoral et dominent les vallées basses, sont : le Karkar, entre Arzeu et Oran, — le Médiouna, entre Oran et la Tafna, — le Trara, près de Djema Ghazaouat, — le Filaousen, entre Nedroma et le Maroc.

PLAINES ET LACS. Le bassin de l'Habra, la plaine d'Oran et le terroir du Chélif, sont les parties les plus belles et les plus fertiles que ces zônes de montagnes embrassent. La Sebkha ou lac salé, près d'Oran, d'une longueur de 50 kilom., sur 20 kilom. de large, est un grand bas-fonds où il n'y a qu'un peu d'eau en hiver, mais qui est complètement à sec en été. Les lacs qu'entretient l'oued Tlata, dans le voisinage, n'ont pas la dixième partie de cette étendue. Ce qu'on appelle salines d'Arzeu est un lac salant de 12 kilom. 500 mètres de longueur.

RIVIÈRES. Voici les cours d'eau les plus considérables, de l'E. à l'O.:

Le Chélif, le fleuve le plus considérable de l'Algérie, qui a son embouchure entre le cap Ivi et Mostaganem. Il prend sa source aux confins du Sahara et, en s'avançant à l'E., entre dans la province d'Alger, où il décrit un long circuit. Après un parcours de plus de 240 kilom., il revient, à l'O., dans la province d'Oran, d'où il reçoit à gauche, les oueds Rihou, Djeidiouïa, Mina, et à droite, plusieurs autres petites rivières.

A l'époque de la grande crue des eaux, le Chélif n'est plus qu'un fleuve de fange, roulant à la mer des myriades de poissons morts, parmi lesquels les barbeaux sont en plus grand nombre. Les Arabes qui stationnent à l'embouchure, se saisissent de ces débris flottants et, après en avoir extrait l'arête, les salent et les conservent comme provision alimentaire.

L'Habra a son embouchure dans le golfe d'Arzeu. Les principaux affluents qui le composent et lui donnent leurs noms successifs, sont : les oued Houenet Bou Telleg, Benian, El-Hammam ; à peu de distance de la mer, il reçoit le Sig, et porte à son embouchure le nom de Mak'ta.

L'oued Maleh ou Rio Salado *(Flumen salsum)*, a son embouchure entre le cap Figalo et l'île Rachgoun. Il est formé par l'oued Mzemzema, qui sort des montagnes des Beni Amer. Il reçoit à gauche le Sidan, dans les plaines de Zeïdour.

La Tafna *(Flumen Siga)*, a son embouchure dans un vallon de 500 mètres d'ouverture, à l'extrémité du golfe Rachgoun, après un cours d'environ 130 kilom. Elle a sa source au S., dans le pays rocheux des Beni Snous et, sans changer de nom, reçoit dans son lit, entre autres ondes, celles de la Mouïlah' et de l'oued Isseur.

Les autres cours d'eau de quelque importance, sont encore, de l'E. à l'O. : l'Aïn Seufra, qui débouche près de Mostaganem ; l'oued R'azer, dans le golfe de Rachgoun ; un oued S'afs'af, près de Nemours ; l'oued Kîs, frontière du Maroc, entre le cap Milonia et l'oued Moulaïa, la *Malva* antique.

RIVAGES, CAPS ET ILES. A partir de la pointe Magraoua, en se portant de l'E. à l'O., la plage est sombre. Le cap Hagmis et bas et assez saillant. La partie avancée du cap est une falaise rouge, taillée à pic, qui brille d'un bel éclat lorsque le soleil l'éclaire. Tout ce pays est d'un aspect triste; on n'y voit ni culture, ni troupeaux, ni habitants. La côte rentre pour former une grande baie; de grandes dunes la bordent et paraissent au loin comme autant de taches blanches. Le cap Ivi est formé par des terres de peu de hauteur, mais derrière lui, et à peu de distance, sont les montagnes du Chélif, qui s'élèvent jusqu'à 320 mètres. A 4 milles de là, on trouve une autre pointe rocailleuse, auprès de l'embouchure de ce fleuve.

Depuis la pointe du Chélif jusqu'à quelques milles au S. de Mostaganem la côte suit une direction générale S.-O.-S., sans beaucoup de déviation. Elle est aussi formée de roches escarpées. A la pointe de Mostaganem, on trouve un mouillage fermé par une pointe assez aiguë, qui s'avance vers le N.-O., et qu'on a appelée *Pointe de Mazagran*. Les terres ont un aspect fort triste; elles continuent à être ainsi, mais en diminuant peu à peu de hauteur, jusqu'à la baie d'Arzeu. Avant d'y arriver on trouve un rocher nu, très-voisin de la plage, petite île plate appelée Tugisme. Le cap Carbon, qui ferme la baie d'Arzeu, a le pied entouré de rochers isolés. Le cap Ferrat, dont le sommet le plus élevé a 626 mètres de hauteur, est à 2 milles plus à l'O. Il est composé de roches présentant une surface raboteuse et des coupes abruptes. De ce cap à la pointe Abuja la côte se creuse. La pointe Abuja ressemble au cap Ferrat; elle a auprès d'elle, à la distance d'une encâblure et demie vers le N., un rocher pyramidal d'environ 54 mètres de hauteur, qui a été appelé par les Maures Seba Pharaon *(le Pouce de Pharaon)*. Tout ce qui est près de cette côte, depuis le cap Carbon jusqu'à Oran, est assez nu, — d'une nudité qui rend d'autant plus remarquable la charmante oasis de Christel. Cette côte forme les rivages oriental et méridional de la baie d'Oran, que ferme à l'O. la pointe si prononcée, à l'extrémité de laquelle s'élève Mers el-Kebir et son phare. Au N.-O. du phare, à la distance d'un demi-mille, il y a une grosse pointe coupée à pic, qui est appelée *pointe Nord*. La côte, après elle, tourne vers le S.-O., présentant toujours à la mer une muraille de rochers pendant l'espace de plus d'un mille; elle change ensuite tout-à-coup d'aspect et de direction, remonte au N.-O., vers le cap Falcon, et forme une baie très-grande et très-ouverte, connue sous le nom de *baie de las Aguadas*, où le duc de Montemar débarqua en 1732, pour la reprise d'Oran. Derrière elle, les terres ne sont plus élevées. Le cap Falcon est bas. Le cap Lindlès est formé par des terres hautes, dont les arêtes se dirigent vers l'intérieur, et vont rejoindre la chaîne qui finit à Mers el-Kebir; il est bordé de rochers. Vis-à-vis le milieu de cette grande baie qui sépare les deux caps, il y a un îlot bas qui porte le nom de l'île Plane : c'est un rocher qui sert de refuge à une multitude d'éperviers. Du cap Lindlès au cap Figalo, la direction générale est, à peu de chose près, le S.-O. Le cap Sigale, point le plus saillant qui existe entre les deux, est peu élevé, mais on le reconnaît de loin aux roches blanches qui le terminent. Au N.-O., à la distance de six milles, sont les îles Habibas, toutes disposées dans une direction générale du N.-E. au S.-O. La grande île est à l'extrémité S.-O. Son piton le plus élevé a 118 mètres. Les îles Habibas, au nombre de quatre, sont d'un aspect fort triste. On n'y trouve pas d'eau. En continuant vers le S.-O., la côte s'élève, elle devient escarpée et présente, du côté du N., une muraille inaccessible; on y remarque un mamelon de 386 mètres de hauteur, appelé Mésaïta. Les terres s'abaissent graduellement jusqu'au cap Figalo, qui est un des plus élevés de la côte. Il est séparé des terres de l'intérieur par une échancrure, et se montre très-escarpé, presque taillé à pic. Le cap Figalo, distant de la Tafna de 45 kilom., forme, entre sa pointe avancée et l'embouchure de cette rivière, un golfe ouvert au N.-O., de 9 kilom. dans son plus grand enfoncement, qui est divisé en deux parties égales par le cap Oulh'asa. La première, à l'E., reçoit le Rio Salado; dans la baie de l'O., de 8,000 mètres d'ouverture, se jette la Tafna.

A 12 kilom. O., et à la distance de 2,000 mètres du continent, se trouve l'île Rachgoun, l'ancienne *Acra* des Romains. C'est une petite île de 800 mètres de long sur 200 dans sa plus grande largeur, située à 120 kilom. d'Oran, à peu près à la hauteur de Carthagène. Elle est escarpée à pic sur tout son pourtour, son élévation au-dessus du niveau de la mer étant de 60 mètres, à l'exception de la partie S.-O. où s'ouvre un petit bassin naturel pour les bateaux et s'offre un débarcadère très-praticable. Cette île paraît être un produit volcanique; elle est formée d'une immense masse de pouzzolane couverte d'une couche assez épaisse de terre végétale, où croissent beaucoup d'herbes. Dans la partie la plus déprimée, on aperçoit une petite maison, poste de douaniers établi en 1854. Au commencement de l'année 1836, on mit une garnison sur cette île, en même temps qu'on s'installait militairement sur la rive droite de l'embouchure de la Tafna, qui en est éloignée de 2 kil. au S.-E. Là s'élève une tour carrée et le fort Rapatel, à l'abri duquel s'est établi un centre de population.

Entre l'île de Rachgoun et le cap Oulh'asa, la côte est escarpée. On voit les ruines d'une ville qui occupait un grand espace le long des flots. Le cap Noé, formé par des terres hautes, est auprès de la montagne de Noé, dont le sommet aplati et tronqué s'élève à 930 mètres. Le cap Hone est formé par des terres plus basses que celles des environs vers l'intérieur, qui se terminent par des falaises jaunâtres. Du cap Hone au cap Milonia, il y a 17 milles.

TEMPÉRATURE. La situation du Tell de la province d'Oran, qui s'étend plus au S. qu'on ne la voit se développer dans les provinces d'Alger et de Constantine, porte à constater une température plus élevée sur cet espace. Cependant son exposition aux brises du N.-O. rend cette contrée plus saine que les deux autres.

CULTURE. En 1864, une population européenne de 32,754 âmes cultivait une superficie de 181,791 hectares. La valeur de son matériel agricole était de 1,836,833 fr. Elle habitait 6,481 maisons, avait 121 moulins appliqués à diverses industries, qui valaient ensemble 25,534,940 fr. Elle possédait 111,497 têtes de bétail, 668,737 arbres fruitiers et 383,567 arbres forestiers, résineux et économiques. Le rendement en blé tendre était de 276,002 hectolitres, en blé dur de 152,558.

En 1866, les têtes de bétail étaient au nombre de 126,000. La culture du lin s'étendit sur une superficie de 652 hectares, celle du coton sur 4,084 hectares. On a livré au commerce 400,650 kilog de coton longue-soie, qui, à raison de 800 fr. le quintal métrique, représentent une valeur de 3,205,200 fr. On a récolté 20,000 hect. de vin qui ne s'exportent pas et valent un million.

La population indigène des centres colonisés de 32,754 âmes, cultivait en 1864, une superficie de 53,855 hectares. La valeur du matériel était de 17,551 fr. Elle habitait 4,674 tentes, 2,271 maisons, avait 4 moulins et 563 puits ou norias. Toutes ces dépendances avaient une valeur de 2,481,545 fr. Elle possédait 105,812 têtes de bétail, 155,941 arbres fruitiers et 33,524 de diverses essences. Le rendement en blé dur avait été de 41,997 hectolitres et de 7,572 en blé tendre.

Les pertes éprouvées par l'invasion des sauterelles ont été estimées à plus de 3,500,000 fr.

La province d'Oran peut être divisée en trois zônes forestières, qui suivent à peu près les lignes naturelles des montagnes : la première, le long du littoral; la seconde, depuis Mina jusqu'à l'Isser; la troisième, depuis l'Ouarensenis jusqu'à la frontière du Maroc.

Le cantonnement d'Oran, qui comprend toute l'étendue territoriale de la subdivision de ce nom, renferme 26,020 hectares boisés. Les localités où les essences forestières ont le plus de développement, sont :

La forêt de Moulè Ismaël, 12,239 hect., à 36 kilom. E. d'Oran.

La forêt de M'sila, 2,128 hect., à 28 kilom. S.-O. d'Oran ;

Le bois de Chabbat el-Leham, 2,000 hect., à 10 kilom. N. d'Aïn Temouchent ;

Le bois des Oulad Zeïr, 5,260 hect., à 20 kilom. E. d'Aïn Temouchent.

Le cantonnement de Mostaganem contient 65,422 hectares de terrains boisés.

Les forêts les plus considérables sont :

La forêt de la Mak'ta, 2.275 hect., à 20 kilom. O. de Mostaganem ;

La forêt d'Hakoub, 3,270 hect., à 45 kilom. S.-E. de Mostaganem ;

La forêt du Dahra, 4,000 hect., de l'embouchure du Chélif à la limite de la province.

Le cantonnement de Mascara possède environ 177,900

hectares de bois. La forêt de Tougaïzid est la plus belle ; elle s'étend entre le Tell et le Sahara.

La forêt d'Aouïsert, située à une distance moyenne de 40 kilom. S.-O. de Mascara, offre 23,000 hectares ;

La forêt de Nosmoth, à 40 kilom. S.-E. de Mascara, contient 21,000 hectares ;

La forêt de Kheniser, à 34 kilom. N.-O. de Saïda, comprend 13,000 hectares ;

La forêt des H'asassna, à 40 kilom. N.-E. de Saïda, comprend environ 30,000 hectares ;

La forêt des Sdama, qui fait suite à la précédente, donne une superficie de 46,000 hectares.

Dans le cantonnement de Tiharet, on trouve la forêt de Tekedempt, qui occupe un espace de 6,000 hect.

Le cantonnement de Sidi Bel-Abbès comprend sept massifs qui entourent la ville savoir :

Le Guétarnia............	10,000	
L'Oued Sliman..........	22,000	
Le Tenira..............	15,000	
Sidi Ali ben Ioub.......	3,500	94,500 hect.
Djebel Slissen..........	15,000	
Oued Msoullen.........	3,000	
Daïa..................	26,000	

Le cantonnement de Tlemsên possède environ 74,738 hectares.

La forêt d'Ouargla, située à 60 kilom. S.-E. de Tlemsên, s'étend sur 15,000 hectares ;

Le bois des Beni Smaïl, à 50 kilom. S.-E. de Tlemsên, sur 13,000 hect. ;

Le bois de l'Oued Chouli, à 30 kilom. E. de Tlemsên, recouvre 6,500 hectares;

La forêt du Nador, à 25 kilom. S. de Tlemsên, comprend deux cantons : Titmocren, 6,038 hect., et El-Oguiba, 1,600 hectares;

La forêt de Sebdou, qui comprend, sous un nom générique, d'immenses espaces entièrement différents sous tous les rapports, autour du fort du même nom, n'a que 8,000 hectares qui méritent quelque attention;

La forêt d'Aïn Afir, à 25 kilom. S.-O. de Tlemsên, a 5,000 hectares;

Le bois des Oulad Riah, à l'E. de Lella Maghrnia, comprend 9,000 hect. répartis en plusieurs massifs.

MINÉRALOGIE. Le service de Mines a instruit des demandes en concession pour les mines de plomb sulfuré de Rar-Rouban, les mines de fer de Djebel Orous, aux environs d'Arzeu; de plomb et de cuivre de Tazzout, près de la montagne des Lions; de fer et de cuivre de Sidi Saffi, près des ruines romaines de Camarata.

Il y a des gîtes de minerai de plomb aux environs de Tlemsên; — de minerai de cuivre près l'oued Tellout, et non loin d'Arbal; — de cuivre et de fer à Aïn Tarziza, situé à 6 kilom. de Temsalmet; — des gîtes de fer aux Traras et entre la Tafna et le Rio Salado.

Le combustible minéral ne consiste guère qu'en lignite, aux *Bains de la Reine*, près de Mers el-Kebir, et aussi sur la rive gauche de l'Isseur.

Aux approches de ce cours d'eau sont trois carrières de marbre noir veiné de jaune. Aux environs d'Arzeu, on voit une carrière de marbre blanc jaunâtre, veiné de rouge. Le marbre gris veiné de jaune se montre aux Oulad Mimoun ; le marbre rouge, près de Lella Maghrnia ; le marbre siliceux vert (serpentine), à 2 kilom. du cap Sigale, à l'O. d'Oran ; l'onyx translucide, de diverses nuances, dont un mètre cube vaut 1,000 francs, en sept chantiers, entre Aïn Tekbalet et le pont de l'Isseur. Une ardoisière existe sur le revers S. du fort Santa-Cruz, à Oran. Sur l'île Rachgoun, on prend de la pouzzolane.

MONUMENTS SOLITAIRES. Il existe à 180 kilom. environ, au S. de Ténès, à l'E. et non loin de la route de Tiharet à Frenda, vers les sources de la Mina, trois édifices antiques nommés *Djedar*, constructions en pierres calcaires de grande dimension, situées sur une série de mamelons appelés Bou Alloual. Ces trois Djedar présentant chacun la forme d'un prisme quadrangulaire, qui a dû être terminé par une pyramide à sa partie supérieure. M. Bordier, sergent-major au 1er régiment de Tirailleurs, a descendu le 7 novembre 1865, dans le plus grand de ces monuments, placé le plus au S.-O., dont chaque face offre un développement de 34 mètres 50 cent. La hauteur actuelle est de 10 mètres se décomposant ainsi : le prisme quadrangulaire, 3 mètres 30 cent., les gradins supérieurs, 3 mètres 25 cent., les ruines du pyramidion de pierres brutes, 3 mètres 35 cent. L'entrée est du côté S.-E. à hauteur de l'entablement, à un endroit où les gradins et la corniche ont entièrement disparu. La porte formée de deux chambranles en pierres, surmontés d'un linteau monolithe, s'ouvre à 8 mètres 50 cent. de l'entablement, et donne accès dans une galerie accidentellement à ciel ouvert, de 1 mètre 30 cent. de longeur qui, par une inclinaison de 25 degrés, s'enfonce dans l'intérieur de l'édifice, sur une largeur de 1 mètre, hauteur 78 cent., longueur 2 mètres 90 cent. A cette distance le passage est obstrué par une pierre détachée du plafond, et sous laquelle il faut ramper pour pénétrer dans un petit couloir qui mène à une autre galerie de 45 mètres 50 cent. de développement, s'étendant à droite et à gauche et où viennent s'embrancher cinq autres couloirs soudés à d'autres conduits qui aboutissent à des salles latérales et en retour où on peut se tenir droit. M. Bordier est parvenu jusqu'au fond de ces hypogées qui s'enfoncent dans le sol de plus en plus, d'après la pente indiquée ci-dessus. Ce *Djedar* exploré par lui et qui est le mieux conservé, présente, à l'extérieur, les traces de neuf gradins pour couronnement, et n'a jamais dû en avoir plus de douze. Il n'a plus retrouvé une inscription qui avait fait penser que la construction de ces monuments pouvait être attribuée à Salomon, lieutenant de Bélisaire, et investi du commandement à son rappel auprès de Justinien, ou, du moins, que ce Général les avait visités, après une victoire remportée par ses troupes sur les tribus voisines.

ZOOLOGIE. Les lions qui descendent des solitudes du Maroc, viennent quelquefois promener leurs excursions jusque sur la côte, et le Djebel Kahar, entre Oran et le cap Ferrat, au canton de Christel, en a gardé le nom de *Montagne des Lions*.

Les autruches sont assez communes dans le désert d'Angad; quelquefois même elles s'y présentent en bandes assez considérables pour que, dans l'éloignement, on les prenne pour des troupes de Bedouins.

NOTE HISTORIQUE. Les Maures d'Espagne, à l'époque de leur expulsion, furent moins bien accueillis sur les rivages de la province d'Oran qu'en aucun autre pays. L'histoire a conservé les détails des tourments atroces que les gens de l'Habra firent endurer à ces malheureux, pour leur arracher quelques restes d'or. Ils s'établirent pourtant en grand nombre sur cette plage, et commencèrent à armer des fustes pour la course, qui sortaient du port d'Oran, et incommodaient le commerce des Espagnols. Le cardinal Ximenès vint prendre cette ville en 1509, et Haroudj Barberousse, en 1515, s'empara de Tlemsên, sur la prière des habitants qui, conjointement avec lui, mirent fin à la dynastie des Zianites, dont les princes intéressaient les Chrétiens à leurs querelles de famille. C'est en fuyant de Tlemsên, bloqué par les Espagnols, que ce célèbre corsaire trouva la mort, non loin du Rio Salado (1518). Les Chrétiens furent maîtres à Tlemsên jusqu'en 1544, et les Turcs, en 1560, détruisirent définitivement le royaume qui portait son nom, en l'incorporant dans la Régence d'Alger, qu'ils avaient fondée. Les guerres que la possession d'Oran par l'Espagne leur occasionnèrent pendant deux cents ans, ne compromirent guère leur puissance à l'intérieur de la province où gouvernait, en leur nom, un bey établi à Mascara (1710). Ses successeurs firent une guerre incessante aux tribus turbulentes, et se révoltèrent quelquefois eux-mêmes; mais promptement mis à mort par les sicaires du Dey, ils ne causèrent que des troubles passagers. C'est en 1792 que les Espagnols abandonnèrent Oran pour la dernière fois.

Hassan-Bey, le dernier des Beys d'Oran, après avoir envoyé son contingent de troupes contre les Français, en 1830, expédia avec empressement sa soumission au général vainqueur. M. de Bourmont ne tarda pas à retirer à lui les forces qu'il avait dirigées sur Oran. Bientôt l'invasion du territoire de Tlemsên par l'empereur du Maroc, y rappela les armes de la France, et le maréchal Clauzel, alors gouverneur, ne voulant pas garder la province d'Oran, en fit remise au bey de Tunis, qui envoya un prince de sa famille et des soldats. Le gouvernement de la France n'approuva point ces arrangements, et, à la satisfaction des Tunisiens bloqués, que l'on ramena chez eux, le général Boyer vint prendre possession.

Ce fut durant son commandement (1832), que le jeune arabe Abd el-Kader, fils du marabout Mahi Eddin, de la tribu des Hachems, aux environs de Mascara, ayant été reconnu Emir par ses compatriotes, osa attaquer Oran à la tête de 12,000 hommes. Le général Desmichels, successeur du général Boyer (1833), eut à repousser les attaques contre Arzeu et Mascara, de ce chef religieux auquel il donna une importance politique lorsqu'il crut pouvoir signer avec lui, le 26 février 1834, un traité qui rendait cet indigène maître de tout le commerce de la côte, à partir des frontières du Maroc jusqu'au Chélif. Là ne pouvaient pas s'arrêter les prétentions d'Abd el-Kader. Il voulut obliger les Arabes, Douairs et Smélas, à quitter le territoire que le voisinage d'Oran protégeait, et le général Trézel, pour les défendre des violences exercées contre eux, sortit à la rencontre de l'Emir : nos troupes essuyèrent une sanglante défaite au gué de l'Habra (28 juin 1835), désigné sous le nom arabe de Mak'ta.

Dès ce moment, l'influence du fils de Mahi Eddin s'étendit jusqu'aux portes d'Alger, et la France ne fut guère plus maîtresse sur ce rivage que du sol où stationnaient ses soldats. Le maréchal Clauzel, gouverneur des possessions françaises dans le N. de l'Afrique, vint prendre à l'Emir, Mascara (8 décembre 1835), et le chasser de devant Tlemsèn. La guerre fut heureusement continuée jusqu'au jour où Abd el-Kader obtint, sur les rives de la Tafna (30 mai 1837), un traité qui lui abandonnait toute l'ancienne province de Titri, comprise aujourd'hui dans celle d'Alger, et la province d'Oran, excepté les villes d'Oran, Mostaganem, Mazagran, avec leur territoire. Vers la fin de 1839, ce nouveau sultan déclara la guerre sainte ; Mazagran fut attaqué le 3 février 1840, et se défendit héroïquement. Bientôt, le lieutenant-général Bugeaud, nommé gouverneur-général, détruisit en mai et juin 1835 Tekedempt, Boghar, Saïda, Taza, forteresses de l'Emir, — le village de la Guetna, berceau de sa famille, et occupa Mascara, sa capitale. Enfin, les chefs de tribus de l'Ouest, lassés d'une guerre de dévastation, se rassemblèrent auprès de Tlemsèn, et d'un commun accord proclamèrent la déchéance de l'auteur de leur ruine. La province d'Oran fut conquise sur les dissidens, en l'année 1842. Un khalifat de l'Ouest fut créé (31 décembre 1842). Dès le commencement de l'année suivante, Abd el-Kader fut repoussé de nouveau ; le reste de ses ressources, son camp et ses trésors furent pris auprès de Taguin, dans la région du Haut-Chélif (16 mai 1843). Quelque temps après, son khalifa Ben Allal oulid sidi Embarek était tué, et ses troupes étaient taillées en pièces sur les bords de l'oued Maleh *(Rio Salado)* le 11 novembre 1843. L'ex-Emir trouva refuge au Maroc, où l'empereur de ce pays le nomma khalifa de la province du Rif. Investi de ce titre, Abd el-Kader recommença à inquiéter nos frontières et compromit à tel point les armes du sultan, qu'il attira contre elles les forces de la France. Après la violation de notre territoire et le combat de l'oued Mouïla, le maréchal Bugeaud s'empara d'Ouchda, possession marocaine, et le 14 août 1844 gagna, sur le fils de l'empereur, la bataille d'Isly, dont le nom fut joint au sien comme trophée de sa victoire. Le 18 mars 1845, un traité définitif avec le sultan Muley Abd el-Rahman ferma à notre ennemi tout refuge dans les états marocains. Mais l'ambitieux Abd el-Kader, exploitant à son profit l'insurrection que Bou Maza fomentait sourdement dans un intérêt privé, au sein de l'Algérie, revint sur la scène, attira une grande partie de la garnison de Djema R'azaouat dans une embuscade, et la détruisit le 22 septembre 1845, au marabout de Sidi Brahim. Les prisonniers qu'il fit en ce combat désespéré furent lâchement massacrés, le 27 avril 1846, par sa deïra en fuite, après le combat d'Aïn Kebira (13 octobre 1845), qui sembla porter le dernier coup à ses partisans. Un nouveau sultan du nom d'es-Sid el-Fadel (24 mars 1846), qui se disait étranger à la cause de l'ex-émir, se présenta avec ses adhérents, à quelques lieues de Tlemsên et fut encore écrasé. Un seul échec anéantit ce séditieux, tandis qu'Abd el-Kader portait ailleurs ses espérances et sa fatale influence.

Battu partout, chassé de montagne en montagne par ceux mêmes qui avaient embrassé sa cause par esprit de religion et dans l'espoir de l'indépendance, Abd el-Kader montrait un courage infatigable, et reparaissait à l'instant où on le croyait bien loin dans les solitudes du Maroc, son repaire habituel. Il parvint à s'aliéner la bienveillance de son protecteur en l'attaquant lui-même, et vit exterminer ses Hachems par les troupes marocaines. Cerné par trois corps et par les forces de la France, dès le 9 décembre 1847, il passa la Moulouïa et l'oued Kis le 21, avec sa deïra, et se rendit prisonnier au poste de Sidi Brahim. Il fut reçu à Djema R'azouat, le 23, par le duc d'Aumale, gouverneur de l'Algérie, qui le fit embarquer le 24 à Oran, pour Toulon, avec sa mère, ses femmes, ses enfants, les membres de sa famille et quelques serviteurs : en tout 97 personnes.

En 1848, les Arabes incorrigibles se persuadèrent que nos forces étaient diminuées par les besoins de la mère-patrie, et se remuèrent autour de Mostaganem, de Mascara, de Tlemsên. Les Hameïan R'araba et les Beni Snous eurent le plus à souffrir, en punition de leur turbulence. En 1849 commença, sur nos frontières du Maroc, un système de brigandage et d'émigration. Un prédicateur du nom de Sidi Cheikh ben Taïeb, chef des Oulad Sidi Cheikh, souleva ses frères, qui furent repoussés au S. du Chott, jusqu'aux confins du Sahara. Les Oulad Nahr Abaïdia, des alentours de Tlemsên, durent être dégoûtés de les imiter. Le 12 février 1851, nos Chasseurs d'Afrique repoussèrent au Maroc les Mzaouïr, qui se représentèrent le 6 septembre. Les 10 et 15 mai de l'année suivante (1852), il fallut encore refouler des brigands de pareille provenance. Le 24 juin c'était au tour des Beni Snassen du Maroc à essuyer le même traitement. Les Rezaïnas R'arabas, de Sidi Bel-Abbès, le 24 octobre 1853, et les Hameïan de Tlemsên, le 20 novembre, furent les derniers de nos sujets qui montrèrent alors des velléités de révolte dans la province d'Oran. Le 16 novembre 1855, un brigand marocain, du nom de Moufok, essaya d'entraîner une émigration des Djeraba, et trouva la mort dans cette tentative.

Le 10 novembre 1856, une tentative de même espèce, de la part de nos Hameïan, était punie aux pieds du Djebel Lakhdar, et le même jour, les Beni Snassen du Maroc étaient chassés du cercle de Nemours.

Au commencement d'août 1859, les Angades et les Maïa, tribus marocaines, envahirent notre territoire et y commirent de nombreux délits. Ces brigandages étaient le résultat des prédications de Mohamed ben Abdallah, fanatique, qui répandait chez les Beni Snassen le bruit que notre domination en Algérie, limitée par les marabouts à une durée de 30 ans, touchait à sa fin. Des attaques sérieuses eurent lieu le 31 août et le 1er septembre, à Sidi Zaher, aux environs de Lalla Maghrnia. La guerre sainte était commencée et toutes les tribus marocaines y prenaient part sur toute notre ligne frontière. Le général de Martimprey, commandant supérieur des forces de terre et de mer en Algérie, se mit à la tête de trois divisions, d'un effectif de 15,000 hommes, dont 5,000 périrent du choléra en 5 jours, et attaqua le 27 octobre 1859 l'ennemi retranché sur le plateau d'Aïn Taforalt. Cette position fut enlevée en quelques heures aussi bien que les villages redoutables des Tagma. Les Beni Snassen, vaincus, promirent de payer un impôt de guerre de 1,200,000 fr. — 100 fr. par fusil. Le 4 novembre, les Maïa et les Angades furent châtiés et, mis en fuite, abandonnèrent un immense butin. Leurs chefs se rendirent à discrétion. Les autres tribus de la frontière qui avaient pris part aux hostilités, et particulièrement les gens de Oudjda, furent également punis.

La guerre qui se réveilla le 8 avril 1864, est décrite à la page 32 (*Note historique* de l'INTRODUCTION GÉNÉRALE.)

Le Sud de la province semblait pacifiée après le combat du 4 février 1865, à Garet Sidi Cheikh. Le 14 mai, S. M. l'Empereur, visitant l'Algérie, débarquait à Oran, voyait Sidi Bel-Abbès, Mostaganem, et revenait à Alger le 22.

Dès le 19 octobre de nouvelles incursions des populations sahariennes inquiétaient les entours de Tlemsên. Le 15 mars 1866, une affaire près de Géryville a semblé mettre fin à cette longue conflagration.

POPULATION. La population de la province d'Oran se compose ainsi qu'il suit :

En territoire civil	133,964
En bloc	5,159
En territoire militaire, centres colonisés.	6,951
En bloc	9,265
Tribus indigènes	486,616
Total	641,955

INSTRUCTION PUBLIQUE. En 1866, l'instruction publique se répandait sur 10,551 élèves. Il y avait 26 cours d'adultes suivis par 685 personnes. Il existe dans la province 9 sociétés de secours mutuels, qui ne comptent pas moins de 1,634 membres.

BIENFAISANCE. Trois Caisses d'épargnes, l'une à Oran, l'autre à Tlemsên et une à Mostaganem, avaient délivré 876 livrets à la fin de 1865. En 1866, sept bureaux de bienfaisance ont secouru 2,129 familles; et 528 familles musulmanes avaient reçu en aumônes 15,500 fr.

TÉLÉGRAPHIE. Il existe dans la province d'Oran 17 Stations télégraphiques : Oran, Ammi Moussa, Arzeu, Daya, Lella Maghrnia, Mascara, Mers el-Kebir, Mostaganem, Nemours, Relizane, Saint Denis du Sig, Saïda, Sebdou, Sidi Bel-Abbès, Tiharet, Tlemsên, Zemorah.

INDUSTRIE. La culture cotonnière en Algérie qui a sa plus grande extension dans la province d'Oran, n'est pas le seul élément de prospérité qui la recommande à l'attention des économistes et des spéculateurs. Des barrages, imposants édifices d'une étendue considérable, qui assurent la salubrité, tout en transformant de vastes espaces au profit de la culture régulière, ont déjà contribué à l'augmentation des produits, et les belles plaines de l'Habra se couvriront incessamment de trésors rustiques. — L'exploitation des mines de plomb de R'ar R'ouban occupe près d'un millier d'ouvriers; celle des carrières de marbres de la plus grande beauté n'attend que des facilités de transports, pour donner à la province d'Oran l'éclat que le luxe prête aux régions dont il obtient les produits précieux qu'il met en œuvre.

Les chemins de fer qui vont sillonner une grande étendue de ce pays, satisferont à ce besoin de communications plus faciles, sans lesquelles languissent les plus beaux commencements. Les promesses de capitalistes dont le coup-d'œil sûr a justement apprécié les richesses que renferme la province d'Oran, se sont spécialement attachées à ses espérances, et attireront une population industrielle et ouvrière plus nombreuse, qui trouvera là de l'emploi et du bien-être dans un avenir prochain. C'est à cette partie des possessions françaises en Afrique qu'appartiendra, par sa position limitrophe de l'empire du Maroc, la mission civilisatrice de faire pénétrer dans cette contrée toujours barbare, les germes d'améliorations de toute espèce qui, par leur éclosion plus ou moins rapide dans une terre jusqu'ici désolée par le brigandage et la tyrannie musulmane, donneront enfin la tranquillité et le bonheur dont les peuplades du Moghreb sont deshéritées depuis si longtemps. D'autre part, la prospérité commerciale semble devoir bientôt fleurir dans le Département, à la faveur de la paix, et aussi par le moyen des voies ferrées qui permettront de rouvrir à Tlemsên et à Oran les antiques entrepôts du désert.

GOUVERNEMENT. L'administration générale du territoire civil et du territoire militaire de la province d'Oran est confiée au Général Commandant la division, qui prend le titre de *Général Commandant la province*. Le territoire civil est administré par un Préfet, sous l'autorité de ce Général.

RÉPARTITION DU TERRITOIRE. La province se divise en territoire civil et en territoire militaire.

Le territoire civil, formant le département d'Oran, se subdivise en quatre arrondissements : I Oran, II Mostaganem, III Mascara, IV Tlemsên. Il comprend 25 communes, — 66 sections, — 181 villages, hameaux, etc.

Le territoire militaire forme une *division* proprement dite, qui comprend cinq subdivisions, savoir : I Oran, II Mascara, III Mostaganem, IV Sidi Bel-Abbès, V Tlemsên, comprenant : 19 communes, — 9 sections, — 60 hameaux et 15 cercles ou annexes.

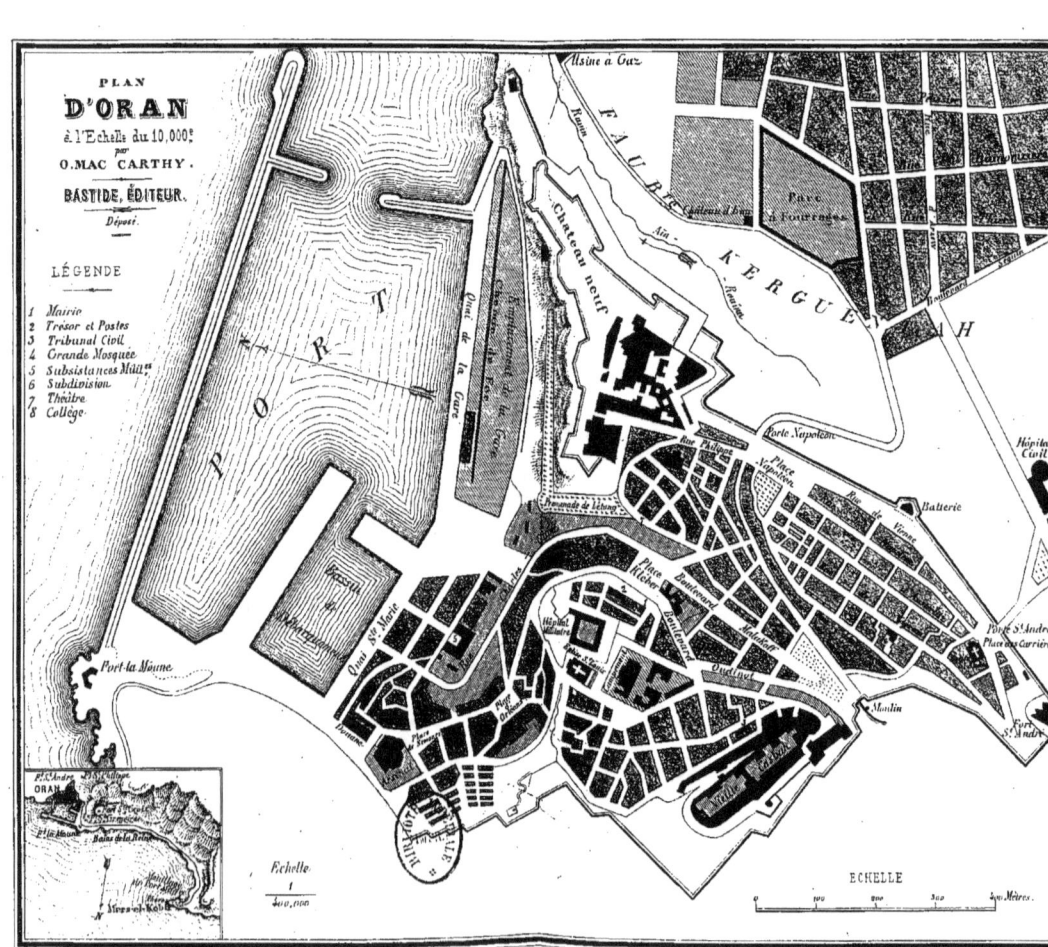

DÉPARTEMENT D'ORAN.

ORAN.

SITUATION. Oran est situé par 2°58' de longitude O. et par 35°42' de latitude N., sur la côte septentrionale de l'Afrique, à 410 kilom. O. d'Alger, à 96 kilom. N.-O. de Mascara, à 116 kilom. N.-E. de Tlemsên, à 82 kilom. N. de Sidi Bel-Abbès, à 76 kilom. O. de Mostaganem.

MOUILLAGE. Le golfe d'Oran s'enfonce de 16 kilom. entre la pointe Abuja et le cap Falcon, distants de 36 kilom. Au fond du grand enfoncement qui existe à l'E. du cap Ferrat, il y a deux plages de sable entre lesquelles se trouve la ville d'Oran, bâtie sur les bords inclinés d'un ravin où coule une source abondande. Sa position sur une côte battue par la houle du N. et où les vents du large n'arrivent pas, en éloigne les navires et la met à l'abri d'une attaque par mer. Les bâtiments de commerce mouillent par huit, six et quatre brasses d'eau, fond de sable, dans un port, commencé il y a quelques années, et auquel on ajoute une jetée, qui permet déjà aux navires à vapeur de la correspondance d'arriver directement à Oran. Ce n'est que par de très-mauvais temps qu'ils vont à Mers el-Kebir, à 8 kil. N.-O., pour y débarquer les voyageurs et les colis. Le mouillage du port d'Oran est défendu des vents d'O. et de N.-O. par la pointe du fort La Mouna, formée par des terres qui s'élèvent rapidement vers l'intérieur, et sur lesquelles on a bâti, au mont Merdjadjo, dans des endroits presque inaccessibles et voisins de la mer, deux forts, celui de San-Gregorio et celui de Santa-Cruz. Ce dernier, qui est le plus haut, s'aperçoit à une grande distance en mer. Le petit mamelon rocailleux sur lequel il est construit fait, avec l'extrémité d'une crête de montagnes qui vient de l'O., une embrasure fort remarquable que l'on appelle la *Selle*, à cause de la configuration qui rappelle la forme d'une selle arabe.

Un feu vert, visible à trois milles environ, signale l'entrée du nouveau port d'Oran. Il est placé à 30 mètres environ de l'extrémité de la grande jetée en construction.

L'entrée de l'ancien port continue à être signalée par un feu rouge.

Il est essentiel d'observer que, par les très-gros temps, l'accès des jetées devient impossible, et que les feux ne sont pas allumés.

A la pointe du fort La Mouna, la côte tourne à l'O., puis se courbe en montant vers le N. Elle se joint enfin au fort Mers el-Kebir, qui s'avance comme un môle vers l'E., et offre ainsi le meilleur abri qu'on puisse trouver sur tout le littoral de l'Algérie. C'est aussi le seul port où les grands bâtiments séjournent pendant l'hiver.

La baie de Mers el-Kebir est entourée de tous côtés par des terres élevées; celles du S., appelées monts Ramerah ou Djebel Santo, sont fort remarquables; elles forment une chaîne d'une hauteur uniforme (507 à 437 mètres), dirigée de l'O. à l'E., se terminant par l'embrasure extraordinaire dont nous avons déjà parlé, et une inclinaison très-rapide jusqu'à la mer. Les terres du côté du N.-O., beaucoup moins élevées, sont tout-à-fait stériles, remplies de rochers, et se terminent à la mer par des coupes verticales.

NOTE HISTORIQUE. Oran formait avec Mers el-Kebir ce que les Romains appelaient le *Portus Magnus*. Ces deux localités, profondément fouillées par les Arabes pendant leur longue domination, et plus tard par les Espagnols, qui ont jeté dans ces lieux les fondements de si importants édifices, n'ont rien gardé qui nous parle de l'antiquité. En 902, la ville dont nous nous occupons, fut restaurée sous le nom d'*Ouahran* (qui veut dire un ravin), par deux négociants de la péninsule ibérique, qui fréquentaient Mers el-Kebir, et qui, du consentement des Beni Mesgana, y exercèrent sept ans l'autorité pour le compte des Khalifes Omniades d'Espagne. Les Berbères, excités par les Chéïtes, prirent et brûlèrent Oran, en 909, pour se venger d'un meurtre. L'année suivante, la ville fut rétablie, et saccagée de nouveau en 954. La population en fut exportée. L'Almohade Abd el-Moumen s'en rendit maître en 1145, et les émirs Almoravides, qui régnaient au Maroc, la retinrent sous leur puissance.

Oran dépendit du royaume de Tlemsên dès la fondation du trône des Zyanites (1220) en cette capitale. Toutefois, à cause de l'importance de son commerce avec les Pisans (1373), de grandes franchises lui avaient été concédées. Oran choisissait le magistrat qui le gouvernait d'après ses lois particulières, et n'avait d'autres officiers étrangers dans son sein que les employés de la Douane, qui exerçaient toutes les perceptions au profit du sultan de Tlemsên.

En 1500, les Morisques, chassés d'Espagne, arrivèrent en foule à Oran. Leur haine contre les Chrétiens ne put s'accommoder des mœurs douces du commerce ; d'ailleurs, ne pouvant point se livrer au négoce faute de moyens et d'habitude pour le faire, ils armèrent des fustes pour la course, et Mers el-Kebir devint célèbre par ses corsaires. En 1505, Ferdinand-le-Catholique envoya des troupes, qui s'emparèrent de ce port, regardé alors comme la clé de l'Afrique. A la faveur de ce pied-à-terre, le cardinal Ximénès, archevêque de Tolède, à la tête d'une expédition qui reçut le nom de *Croisade de Ximénès*, se rendit maître d'Oran le 19 mai 1509. Depuis cette conquête, les Espagnols, par un privilége spécial, furent dispensés de l'abstinence des aliments gras le samedi.

La ville d'Oran ne consistait alors qu'en un village placé sur la rive droite d'un ruisseau abondant ; ce petit bourg couronnait la crête du ravin. De l'autre côté, s'élevait une kasba et plusieurs forts étagés sur les flancs du Merdjadjo. Les Espagnols bâtirent leur ville nouvelle au pied de cette montagne et reconstruisirent toutes les fortifications. Ils entourèrent d'une même muraille la ville castillane et la ville mauresque, que séparait le ravin. Ce fut, au sein de la cité, pour les deux peuples, une ligne de démarcation qu'ils ne franchirent pas. Hassan Pacha, fils de Barberousse, ne parvint pas à en chasser les Espagnols, que secoururent les flottes de Don Pèdre de Padilla, d'André Doria et de Francisco de Mendoza. Les Chrétiens exerçaient leur influence à 15 lieues autour, et prenaient un tribut de Tlemsèn et de Mostaganem, que leur enleva le dey Hassan Pacha.

Chaban, bey de Mazouna, nommé par les Turcs, attaqua Oran et fut tué sous ses murs. Mustapha Bou Chelaram, favori du dey d'Alger, nommé bey et soutenu des troupes de son protecteur, se porta sur Oran que l'Espagne négligeait, et le lui enleva (1708). Enflé de ce succès, il se révolta, — envoya contre Alger un de ses généraux, qui fut battu sur les rives de l'Harrach et décapité. Sa tête fut attachée à la porte Bab-Azzoun.

Les Espagnols qui avaient été maîtres d'Oran pendant près d'un siècle, ne purent supporter l'idée d'en être exclus à jamais. Le 15 juin 1732, Philippe V faisait sortir de Carthagène une flotte portant 27,000 hommes, commandée par le comte de Montemar, qui, le 1er juillet au soir, entrait dans la ville déserte. Il la trouva bien armée et remplie de provisions de toute espèce. Les Espagnols y demeurèrent soixante ans encore, n'admettant les Arabes, dans la ville, que sans armes et les yeux bandés, jusqu'à la place intérieure où se tenait le marché Durant cette période, les beys, retirés à Mascara, ne régnaient que sur les tribus. Mohammed el-Kebir, l'un d'entre eux, attaqua Oran pendant trois années consécutives. Le tremblement de terre de 1792 renversa entièrement la ville espagnole, et dégoûta tellement les Européens de la possession de cette place, qu'ils l'évacuèrent en conséquence d'un traité avec le dey d'Alger. Ils y laissèrent, pour souvenir de leur présence, des travaux prodigieux en communications souterraines et en galeries de mines ; le fort Santa-Cruz, au sommet du Merdjadjo, à l'O. de la ville, et le fort Saint-Grégoire, à mi-côte de cette montagne ; le fort de La Mouna, au pied et au bord de la mer ; au S., le fort Saint-Philippe et le fort Saint-André ; à l'E., le Chateau-Neuf ; au N. et sur le rivage, le fort Sainte-Thérèse ; un magnifique magasin voûté, avec un premier étage, sur le quai Sainte-Marie ; une darse et sept autres magasins creusés dans le roc ; des casernes, trois églises, une cathédrale, le palais du Gouverneur, un cirque pour la course des taureaux ; — tous monuments qui faisaient d'Oran une ville d'importance, où les malades de distiction venaient se mettre sous l'influence d'une heureuse température, et lui avaient valu le nom de la Petite-Cour (Corte-Chica).

Le dey d'Alger, ne voulant pas que le bey devint trop puissant, ordonna la destruction de quelques-uns de ces bâtiments, que les commotions du sol avaient laissés intacts, et ne parvint pourtant pas à les détruire tout-à-fait.

Mohammed el-Kebir fut le premier qui prit le titre de bey d'Oran. Il eut beaucoup à souffrir de la famine et de la peste, après l'évacuation des Espagnols, et mourut en 1794. Osman, son fils, destitué après cinq ans de règne, fut exilé à Blida, et envoyé bey à Constantine par Mustapha-Dey. Mustapha el-Manzali fut battu par un fanatique, qui prit Mascara et Tlemsèn ; il fut destitué. Mohammed Mekallech reconquit le beylick sur les tribus révoltées ; tranquille, il s'adonna au vin et au hachich. Ses débauches de femmes révoltèrent ses sujets ; le dey d'Alger l'envoya étrangler. Mustapha el-Manzali revient ; la révolte renait ; il est rappelé. Mohammed Bou Kabous écrase les rebelles ; on éprouve de grands froids. Il se révolte lui-même, et se rend après à Omar-Agha, qui le fait écorcher et décapiter (1813). Ali Kara Baghrli, Turc, bat deux fois les Arabes révoltés. Il vient à Alger, apporter son tribut ; des émissaires l'étranglent en route. Hassan détruit les marabouts turbulents ; le père d'Abd el-Kader n'échappe à la mort que par la protection de la femme du bey. Hassan bat Tedjini d'Aïn Madhi, qui faisait le siége de Mascara, et lui fait couper la tête (1828).

Hassan Bey avait un grand âge lorsqu'il envoya, en 1830, à Alger, son contingent de troupes contre la France. Le capitaine Louis de Bourmont, qui parut devant Oran le 24 juillet 1830, obtint sa soumission immédiate. Cet officier, monté sur le brick le *Dragon*, s'était emparé de Mers el-Kebir, et bloquait la ville avec le *Voltigeur* et l'*Endymion*. Le colonel Berard de Gouffrey fut envoyé avec son régiment le 21ᵉ de ligne, pour prendre possession d'Oran ; mais, avant de débarquer, il reçut d'Alger un ordre de rappel, et cet officier, en se retirant, fit sauter un des fronts du fort de Mers el-Kebir. Le général Clauzel, qui succéda à M. de Bourmont, apprenant que l'empereur de Maroc était entré à Tlemsèn, et annonçait vouloir reconquérir tout cet ancien royaume, envoya à Oran le général Damrémont. Le 13 décembre 1830, il occupa Mers el-Kebir et le fort Saint-Grégoire ; le 3 janvier 1831, il était maître d'Oran. Hassan Bey fut destitué et envoyé à Smyrne, où il mourut.

Le 6 février 1831, le général Clauzel établit bey le prince tunisien Ahmed, en conséquence d'un traité spécial, qui n'obtint pas l'assentiment du Gouvernement français, voulant commander par lui-même, alors, dans toute l'étendue de sa conquête. Le général Damrémont ne tarda pas à quitter Oran, où lui succéda le général de Fodoas, qui présida à l'embarquement des Tunisiens, retournant avec joie dans leur pays. Le général Boyer prit le commandement en 1832, et commença à établir un système de terreur qui nous fit respecter et craindre dans ces contrées. Abd el-Kader, qui venait d'être reconnu Emir par les tribus de Mascara, exploita leur dispositions hostiles en harcelant nos troupes aux entours de la ville d'Oran, et en l'attaquant elle-même à la tête de 12,000 hommes. Le 25 avril 1833, le général Desmichels repoussa victorieusement les Arabes, et déjoua les tentatives de leur chef. A la suite du combat de Temzouarar, un traité fut signé entre lui et Abd el-Kader, le 26 avril 1844, en conséquence duquel la France laissait à Abd el-Kader le commerce de toute la côte, à partir de l'embouchure du Chélif jusqu'au Maroc, et convenait qu'un consul français résiderait à Arzeu, en échange d'un consul arabe, agréé à Oran. Des vexations de tous genres accueillirent nos négociants dans les ports de l'obédience du nouvel Emir. Les tribus, elles-mêmes, fatiguées des exactions d'Abd el-Kader, refusèrent de lui payer les impôts qu'il exigeait, et se révoltèrent, Mais le général Desmichels se porta à 2 lieues, au S. d'Oran, au camp du Figuier, et leur en imposa par cette manœuvre menaçante. Le général Trézel, au contraire, étant venu lui succéder, prit sous la protection de notre drapeau les tribus des Douairs et des Smelas, et, pour les défendre, fut au-devant d'Abd el-Kader (28 juin 1835). Le général d'Arlanges, qui vint alors, se vit bloquer dans Oran par les tribus. Le 3 avril 1837, le général Bugeaud prit les rênes du pouvoir, avec une position indépendante qui lui permit, le 30 mai suivant, de faire un nouveau traité sur les bords de la Tafna, avec Abd el-Kader, qui reconnaissait à la France la possession de la ville d'Oran et de son territoire. A la suite de nombreux événements qui eurent leur théâtre ailleurs, le camp du Figuier fut attaqué par les Arabes, les 5 et 6 mars 1840. Depuis la tranquillité n'a pas été troublée.

Une organisation civile avait été donnée à Oran, dès 1831, par l'arrêté du 16 décembre, et une commission provinciale, instituée le 4 janvier 1835. Le 29 octobre 1845, l'arrondissement d'Oran fut divisé en quatre communes; il y en a quinze aujourd'hui.

L'Empereur venant d'Alger, débarqua le 14 mai 1865 à Oran

où il séjourna le 15. De retour, le 17, de Sidi Bel-Abbès, il reçut le 18 une députation envoyée par S. M. Sidi Mohammed, empereur du Maroc, pour le féliciter, et après avoir été visiter Saint-Denis-du-Sig le 19, il prit la mer, le 20, se dirigeant sur Mostaganem.

IMPORTANCE POLITIQUE. Oran, chef-lieu de la province du même nom, est la résidence du Général de Division commandant la Province, du Préfet du département et des Chefs de service de toutes les parties spéciales de l'administration, qui dépendent de son ressort. Il y a une Justice-de-Paix, un Tribunal de première Instance, un Tribunal et une Chambre de Commerce. Oran a été érigé en évêché par décret du 9 janvier 1867.

POPULATION. La population de la ville d'Oran, est de :

Français	8,789
Étrangers	14,342
Israélites	5,657
Musulmans	3,102
Population en bloc	2,168
Total	34,058

ASPECT EXTÉRIEUR. Oran offre un aspect grandiose qu'il doit au vaste déploiement de son golfe, et au rideau de hautes montagnes qui le domine, autant qu'aux nombreux et formidables ouvrages de fortifications élevés par les Espagnols et les Français. Rien de plus imposant que les positions, à l'O. du fort San-Grégorio, assis sur un des gradins du Merdjadjo, à 178 mètres au-dessus du niveau de la mer ; du fort Santa-Cruz, sur le sommet suprême de la même montagne, à 340 mètres de hauteur, et du marabout d'Abd el-Kader, couronnant un mamelon voisin appelé Alméïda *(la Table),* à 429 mètres d'élévation et dominant tout le golfe. D'autres forteresses occupent, sur des rochers qui bordent le rivage, tous les points en saillie, et forment une enceinte redoutable et pittoresque. Le fort Sainte-Thérèse, le Château-Neuf, le Château-Vieux, le fort Saint-André, le fort Saint-Philippe, le quartier d'artillerie, celui de la cavalerie et le nouveau quartier des Zouaves ou nouvelle Kasba, complètent l'ensemble de ce tableau martial et magnifique. Les belles constructions de défense qui couvrent la pointe de Mers el-Kebir, terminée par une tour où est le phare, s'avancent hardiment de l'O. à l'E. avec une élégance toute guerrière. Au centre de cet appareil de la puissance et de la force, les maisons neuves ou restaurées de la ville et les minarets de quelques mosquées, ne perdent pas leur charme de fraîcheur et leur caractère d'originalité.

Les plantations effectuées sous la direction des Ponts-et-Chaussées sur la promenade de Létang, sur les boulevards de la ville et sur les routes extérieures, sont aujourd'hui de fort belle venue, et protègent de leur frais ombrage les passants autrefois exposés à la grande ardeur du soleil.

Les semis de pin d'alep et d'essences feuillues, commencés depuis quelques années par le service forestier sur les flancs de la montagne de Santa-Cruz, sont continués avec la plus grande activité et sont sur le point d'être achevés. Ces semis embellissent le paysage de massifs de verdure qui manquaient naguère complétement à l'œil dans ce canton entièrement dénué de végétation ligneuse; ils sont, de plus, un sûr garant de la réussite des grands travaux de reboisement qu'on doit entreprendre sur les chaînes de montagnes situées au S.-E. et au S.-O. de la ville d'Oran, et à proximité du littoral. C'est en vue de ces repeuplements que l'administration a fait établir au camp de Santa-Cruz et dans la réserve de Moüley-Ismaël, de vastes pépinières susceptibles de fournir chaque année des millions de sujets d'essences diverses, appropriées au climat et au sol, et qu'on pourra successivement soumettre à la transplantation.

ENCEINTE. Le périmètre d'Oran, dans ses remparts, est de 72 hectares. Les fortifications qui l'entourent et s'ouvrent par cinq portes, sont estimées avoir coûté plus de 38,000,000. Tout le génie des Castillans, si connu pour les beaux ouvrages de défense des places, semble s'être épuisé dans ces travaux qui portent leur cachet avec un noble orgueil, et font honneur à leur science de la guerre. Toutefois l'ancienne enceinte sera démolie, et les nouveaux remparts, auxquels le Génie militaire travaille, comprendront les quartiers de Karguenta, Saint-Michel et Saint-Antoine, qui sont comme les faubourgs d'Oran.

PHYSIONOMIE LOCALE. La ville d'Oran a une

physionomie fort irrégulière, qui provient du mélange des constructions arabes, espagnoles et françaises. Toutefois elle conserve une apparence toute européenne, à laquelle l'activité du commerce vient ajouter une complète illusion. Oran, bâti sur deux plateaux allongés du S.-O. au N.-E., qui viennent finir à la plage, où est le quartier de la Marine, est divisé en deux par un ravin où coule un cours d'eau assez abondant, nommé oued Er-Rahi *(la rivière des Moulins)*. Ce ruisseau est caché dans un tunnel, et les décombres des vieilles constructions, jetées avec des déblais de toute espèce dans le vallon, ont rapproché les deux portions de la ville, qui communiquent de plain-pied par le moyen de ce terrassement. La rue Philippe, bordée d'arbres séculaires, prolonge la rue d'Orléans, qui monte de la Marine, en pente assez douce ; elle met en relation la place du Marché, avec le quartier de l'Hôpital, et celui de l'église, laquelle est située sur la place des Carrières. Plus haut, à l'entrée des jardins, est un pont joignant le Château-Vieux au fort Saint-André. La ville est bien percée, et dans un site varié. Les rues sont larges et irrégulières. Les plus belles sont : la rue de la Marine, de Napoléon, de Vienne, Oudinot, Philippe. On remarque le passage Lasry, sous l'ancien hôtel *de France*. Les maisons sont presque toutes construites à la française, agréablement décorées et bien distribuées. Les places, outre celles dont nous venons de parler, sont les places Kléber, Napoléon, d'Orléans et de l'Hôpital. Des marchés quotidiens se tiennent sur la place du Théâtre, la place Blanche, à la porte Napoléon. Le marché aux grains a lieu trois fois par semaine.

ÉTABLISSEMENTS MILITAIRES. Le Général de Division Commandant la province a sa résidence au Château-Neuf, dans une habitation primitivement construite pour les usages mauresques, consistant en portiques, galeries et kiosques, avec des jardins et parterres réservés. On s'est efforcé d'aménager cet ensemble asiatique et original par ses distributions, aux exigences de la position et aux habitudes européennes. L'aspect de la mer, celui de la ville et de toute la campagne, est la décoration la plus remarquable de ce séjour exposé à tous les vents, qui ont quelquefois une grande violence.

On compte à Oran trois grandes Casernes : la nouvelle Kasba, Saint-Philippe, le Château-Neuf. Le Château-Vieux, ou vieille Kasba, est un ancienne forteresse où se tiennent les deux Conseils de guerre de la Division et la Prison militaire. Les condamnés au boulet sont gardés dans le fort La Mouna. L'Hôpital militaire, pouvant contenir 1,400 lits, est un vaste bâtiment neuf, qui s'élève majestueusement au-dessus des maisons qui l'entourent, offrant sa façade principale en vue de toute la ville. Les magasins des diverses administrations, Vivres, Campement, sont grandement aménagés. Il y a un télégraphe électrique au boulevard Malakoff.

ÉTABLISSEMENTS CIVILS. Deux églises existent à Oran. La plus convenable est une ancienne mosquée, qui est la plus belle de celles qu'on a trouvées (place des Carrières). **Les RR. PP. Jésuites** ont aussi une charmante chapelle dans une petite mosquée auprès du collège qu'ils ont fondé ; on y entend de l'excellente musique.

Les **Musulmans** ont encore une belle mosquée pour l'exercice de leur culte.

Les **Dames Trinitaires** ont une fort jolie chapelle ; elles tiennent un magnifique pensionnat de jeunes demoiselles, une école communale pour les jeunes filles et une salle d'asile. Des établissements communaux du même genre, sont tenus au quartier de Karguenta par des laïques. Il y a, en outre, dans la ville, deux autres pensionnats et plusieurs externats libres de demoiselles. Les garçons reçoivent l'instruction dans un Collège communal, dans celui des Jésuites, et dans deux institutions communales aussi. Il y a une école arabe-française. La Société des Dames de charité prend soin des malheureux. L'Hôpital civil est hors ville, près de la porte Saint-André. Une maison de refuge est tenue par les Dames du Bon-Pasteur. Une prison civile pour 300 détenus, vaste et bel édifice, a été construit au quartier de Karguenta, sur le plateau du champ de manœuvre. L'institution d'un Bureau de bienfaisance a été confirmée par arrêté du 31 juillet 1843. Une Caisse d'épargnes a été aussi fondée. A la fin de 1866, elle avait reçu 2,003 versements, formant un total de 103,287 fr. 97 c., et avait fait 586 remboursements, pour la somme de 89,247 fr. 75 c. Une Société de Secours mutuels, fondée le 1er septembre 1856, comptant 778 membres participants, avait donné des soins à 1,878 malades depuis sa fondation jusqu'au 21 mai 1866. A cette date, le mouvement financier se soldait par une encaisse de 8,612 fr. 24 c. Il y a une Société alimentaire. Bibliothèque publique. Société du Crédit agricole. Succursale de la Banque d'Alger.

Il existe un entrepôt des poudres, qui alimente la consommation de la province, un entrepôt des tabacs et un entrepôt réel des Douanes.

Le commerce s'exerce sur les bestiaux, les laines, les cotons, les grains, les tabacs, la garance.

L'eau ne manque pas à Oran; l'oued Er-Rahi, légèrement thermal, qui prend sa source au S.-O. de la ville, au pied méridional du Djebel-Santo, est conduit par un aqueduc souterrain, qui coule de l'O. à l'E., et fléchit, au N., 1,000 mètres environ avant d'entrer dans la ville. A l'endroit appelé la Fontaine, il laisse échapper une partie de ses eaux par une ouverture pratiquée à la droite de son canal, va arroser des jardins, fait tourner des moulins, et se jette à la mer dans le golfe. L'autre portion de ses ondes se rend, par le conduit souterrain, dans un réservoir placé sur la pente de la partie occidentale de la ville, d'où elle est distribuée dans toute la vallée. On trouve des fontaines rue Philippe, rue d'Orléans, place Kléber. Il y a encore une source près du Château-Neuf.

L'Abattoir civil est situé à environ 2 kilom. de la place Kléber, sur l'ancienne route d'Oran à Arzeu. La promenade Létang, au pied du Château-Neuf, est en vue de la mer; elle est très-fréquentée. C'est là que viennent jouer les musiques des régiments en garnison à Oran. Le Théâtre, qui s'élève non loin de là, est desservi, alternativement avec Mostaganem, par une troupe de drame et d'opéra.

INDUSTRIE PARTICULIÈRE. Les meilleurs hôtels sont ceux de la *Paix*, de l'*Univers*, du *Nord*, de *Londres*. Le *Café de la Promenade Létang* tient aussi un restaurant très-bien fréquenté, surtout en été, à cause de sa situation agréable, et par la renommée dont il jouit de servir d'excellents déjeûners. Les Cafés de *France*, du *Commerce*, de la *Promenade*, de *Paris*, du *Théâtre*, des *Mille-Colonnes*, de la *Perle* et le *Grand-Café des Concerts* ne doivent pas être oubliés. Disons encore que des bals charmants sont donnés, en hiver, à la Loge maçonnique, connue sous le titre distinctif de l'*Union Africaine*, qui renferme un Chapitre de Rose-Croix. L'*Echo d'Oran* est une feuille en voie de publicité fort étendue. Le *Courrier d'Oran* est le journal officiel de la localité. Un bazar français expose les produits de l'industrie commerciale. La sparterie, la préparation de l'halfa, l'égrenage du coton, les scieries, les glacières, les chocolateries, la vermicellerie, occupent plusieurs fabriques. Dans les faubourgs d'Oran, dix-sept moulins à vent, huit à manège, deux à vapeur, six à eau, fonctionnent avec avantage.

La configuration du sol où est assis Oran, qui marque dans la ville comme quatre quartiers, — le quartier Napoléon — Philippe — la Blança et la Marine, lui donne aussi, comme faubourgs, des agglomérations de constructions, Saint-Antoine — Saint-Michel — Karguenta, qui en sont très-rapprochées.

Karguenta (ou plus exactement *Khreneg Entah'*), est un magnifique village qui n'est séparé d'Oran que par un petit ravin plein de jardins, que contourne la route de Mostaganem. Il fut bâti aux entours d'une mosquée, par l'initiative intelligente de M. Ramoger, qui comprit l'heureuse exposition de ce point. Une grande église, la halle aux grains, le magasin des tabacs de l'administration, le quartier de cavalerie, les magasins des subsistances militaires, des écoles communales et salle d'asile, entretiennent une grande animation dans ce beau quartier (Population : 6,055 âmes).

Près et au S. d'Oran, sur la route de Mascara, s'est élevé un village exclusivement peuplé de Nègres. Ces Indigènes offrent les plus curieux types de races et de mœurs primitives que l'on puisse rencontrer (Population : 3,077 noirs).

MOYENS DE TRANSPORTS. La ligne du chemin de fer d'Oran à Alger, est en bonne voie d'exécution et sera prochainement livrée à la libre circulation jusqu'à Saint-Denis-du-Sig. La gare des marchandises sera auprès du port d'Oran, et celle des voyageurs, au faubourg Saint-Michel, près Karguenta.

Le 7 avril 1867, les Entrepreneurs des travaux du chemin de fer ont donné à la ville d'Oran et à celle de Saint-Denis-du-Sig, un *avant goût* (dit l'*Echo d'Oran*) des avantages que la prochaine inauguration de cette partie de la voie ferrée algérienne procurera à leurs populations. A 8 heures et demie du matin, des notabilités gracieusement invitées partaient à toute vapeur de la station de Saint-Michel, et après s'être arrêtées un instant au village du Tlélat, arrivaient au Sig à 10 heures et demie environ. Le convoi s'est remis en marche pour Oran à 4 heures et demie. La locomotive rentrait à Saint-Michel à 8 heures et quelques minutes. Cette dernière partie du trajet a été franchie avec des vitesses de plus de 60 kilomètres à l'heure.

Le roulage est établi pour tous les points importants de la province. Des services de diligences suivent les mêmes parcours, et la compagnie Bordenave a dirigé sur la plupart des routes, des convois qui ont bien marché, au moyen de la locomotive Lotz.

Des omnibus très-confortables, exactement construits comme ceux de Paris, et partant de divers points de station, sillonnent la ville et se dirigent sur Karguenta, Saint-Michel, Saint-Antoine et la banlieue.

ROUTES. Sept routes partent d'Oran, dont quatre s'épanouissent en éventail vers l'E. :

1º La route de Mostaganem, par Arzeu, remontant au N. pour passer par Saint-Cloud ;

2º La route de Fleurus, directement à l'E. ;

3º A l'E.-S.-E., la route d'H'asi-Bou-Nif, H'asi-Ameur, faisant jonction, à Ben-Obka, avec celle de Saint-Cloud ;

4º Au S., la route de Saint-Louis, desservant Sidi-Chami et le Lac Salé ;

5º Au S.-S.-E., la route de Mascara, desservant la

Sénia, Valmy, le Tlélat, Saint-Denis-du-Sig et la plaine de l'Habra ; plus à l'O. se trouve un embranchement pour Sidi Bel-Abbès ; cette route, tracée en ligne droite, est bordée, de chaque côté, d'une double rangée de mûriers d'une très-belle venue, jusqu'à 8 kilom d'Oran.

6º Au S., la route de Tlemsên, desservant Misserghin et Aïn-Temouchent ;

7º La route de Mers el-Kebir, contournant la baie, jusqu'au village d'Aïn el-Turk, au N.-O., avec embranchement sur Bou Sfer.

ENVIRONS. Le pays est découvert et aride, bien que la terre n'y soit pas stérile. Au S. de la ville, vers la Sebkhra, la plaine est complétement inculte. On y voit çà et là quelques bouquets de lentisques, des palmiers-nains, des haies de cactus et d'aloës. Un figuier, célèbre par le camp établi auprès, — un caroubier, près de Mers el-Kebir, visités par les promeneurs, étaient naguères les deux seuls arbres qui ombrageaient la campagne. Entre les pieds de l'Atlas et du Djebel Santo, s'allonge, à l'O., la *Sebkhra*, vaste espace qu'on voit occupé, en hiver, par des flaques d'eau que les torrents des montagnes voisines viennent y déposer, et qui, en été, ne présente plus, après leur évaporation, qu'un champ jaunâtre de terre salée, traversé à pied sec par les hommes et les animaux. Au S.-O. de la ville, vers le beau plateau qui, des remparts, s'étend jusqu'à La Sénia, on voit de riches cultures ; des champs en plein rapport et d'une étendue considérable, entourent les habitations gracieuses, et bordent la route.

Il y a, dans la banlieue d'Oran, des **exploitations** isolées, cultivées avec le plus grand soin, pourvues de bâtiments nécessaires à leur mise en valeur, et qui sont remarquables, sous le rapport de l'élève du bétail, des grandes cultures de céréales, des mûriers, des tabacs, des cotons. La vigne y occupe de grandes étendues, et ne fera qu'augmenter chaque année. Le succès de sa culture est complet, les produits en sont de bonne qualité.

Les exploitations de moindre étendue et les plus rapprochées de la ville, sont livrées aux cultures maraîchères et au jardinage. Les cultivateurs sont des hommes rudes au travail, sobres et religieux. Le bien-être que ces qualités procurent est encore augmenté par la salubrité du pays.

ARRONDISSEMENT D'ORAN.

L'arrondissement d'Oran comprend quinze communes qui sont, d'abord : I Oran, puis dans l'ordre alphabétique, II Aïn el-Turk, III Aïn Temouchent, IV Arzeu, V Bou Tlélis, VI Fleurus, VII Mers el-Kebir, VIII Misserghin, IX Sainte-Barbe-du-Tlélat, X Saint-Cloud, XI Saint-Denis-du-Sig, XII Saint-Louis, XIII Sidi Bel-Abbès, XIV Sidi Chami, XV Valmy.

I.
COMMUNE D'ORAN.

La commune d'Oran consiste en la ville elle-même, ses faubourgs, sa banlieue et une section communale qui est :

LA SÉNIA. Charmant village créé par arrêté du 10 juillet 1844. Il y a une église. De belles cultures maraîchères s'y développent. Des norias, des puits, des pompes les arrosent et les multiplient. La route qui rattache ce joli canton à Oran, est bordée à droite et à gauche de nombreux mûriers. Deux autres routes viennent encore se lier à la Sénia : la route de Valmy (le Figuier), au S.-E., et celle de Sidi Chami, à l'E., conduisant à Mostaganem, par Arzeu. La population est de 164 Français, 406 Etrangers et 44 Arabes. La Sénia est à 7 kilom. d'Oran, et à 13 kilom. de Valmy. L'Empereur a visité la Sénia le 15 mai 1865.

Dans les fermes environnantes il y a une population de 75 Français, 233 Étrangers, 37 Arabes.

II.

COMMUNE D'AIN EL-TURK.

Aïn el-Turk, situé au bord de la mer, au fond de la baie du cap Falcon, à 16 kilom. d'Oran, a été créé par arrêté du 11 août 1850, sur une étendue de 2,000 hectares de pacages, et 900 de terres labourables. On s'y occupe des céréales et de l'élève du bétail. Si un village, — où chaque maison s'élève au milieu d'un enclos de verdure et de fleurs, le long d'une large rue descendant d'un mamelon où apparaît une église, jusqu'au bord de la mer où une douane, des fontaines, des abreuvoirs occupent les entours d'une place demi-circulaire, — forme un champêtre séjour que l'on puisse envier, on peut féliciter les 364 colons d'Aïn el-Turk, de posséder ce charme. Il y a 103 Français, 243 Étrangers, 18 Arabes. Un moulin à vent rend de grands services à la localité.

Les sections communales d'Aïn el-Turk, sont :

BOU SFER, village situé à 8 kilom. d'Aïn el-Turk, et à 17 kilom. d'Oran, a été fondé en 1850. Situé à l'autre extrémité de la plaine dite *des Andalous,* aux pieds de la montagne qui l'entoure, ce centre comprend un hameau arabe de 194 habitants. Les eaux y sont fournies par trois sources que recueille dans le ravin une conduite de 125 mètres. On cultive les céréales dans ce canton, où habitent 106 Français, 278 Etrangers.

LES ANDALOUSES, fermes isolées, où vivent 84 Français, 78 Etrangers, 948 Arabes.

III.
COMMUNE D'AIN TEMOUCHENT.

Aïn Temouchent, l'ancienne *Timici* des Romains, était le lieu d'un marché que les Arabes tenaient tous les jeudis, et qui a été maintenu. On y apporte des grains, de la laine. Les Arabes y séjournent au nombre de 260. Un camp est occupé par une garnison. Les habitants européens, au nombre de 357 Français et 297 Étrangers, plus 123 Juifs, sont venus se grouper dans cette localité, située sur la route de Tlemsên à Oran, qui est à 70 kilom. S.-O.

Le décret du 26 décembre 1831 reconnaît un territoire de 1,159 hectares 99 ares 60 centiares, pour 228 familles, qui ont une église. La culture des céréales est celle à laquelle les habitants s'adonnent plus spécialement. Les eaux de l'oued Snan et d'Aïn Temouchent, font marcher trois usines à farine, et sont amenées jusqu'à une borne-fontaine qui donne 67 litres à la minute. On a construit une belle fontaine sur la place, ombragée d'acacias magnifiques. Le sol a du bois de construction, de la chaux, des pierres, de la terre à briques et à tuiles. Un chef arabe a bâti dans le voisinage une belle maison et un moulin à vent. Aïn Temouchent est doté de tous les bâtiments communaux. Il y a un commissaire civil, un hôpital. Dans les fermes, aux entours, sont 27 Français, 20 Étrangers, 262 Indigènes. En bloc, 34.

Les sections communales sont :

AIN EL-ARBA. 90 Français, 63 Etrangers, 90 Juifs, 21 Arabes.

Dans les hameaux d'El-Rahel, La M'léta et les fermes isolées, on compte 62 Français, 45 Etrangers, 339 Arabes.

AIN KHIAL, sur la route d'Oran à Tlemsén, à 80 kilom. d'Oran, à moitié chemin d'Aïn Temouchent, au pont de l'Isser, a été fondé par décret du 22 décembre 1855. Fontaine, abreuvoir. Population : 85 Français, 12 Etrangers.

Les annexes sont :

El-Bridj, 6 Français, 28 Indigènes et des fermes isolées, où sont 224 Arabes.

RIO SALADO, sur la route d'Oran à Tlemsén, entre Aïn Temouchent et Lourmel Population : 69 Français, 18 Etrangers, 6 Arabes. Dans les fermes voisines il y a 37 Arabes.

IV.

COMMUNE D'ARZEU.

Arzeu-le-Port est situé par 2°37' de longitude O., et par 35°51' de latitude N., sur la côte septentrionale de l'Afrique, à 10 lieues marines E. d'Oran, et à 7 lieues O. de Mostaganem, par la même voie ; par terre, à 37 kilom. d'Oran, et 44 kilom. de Mostaganem.

La baie d'Arzeu, qui a 52 kilom. d'ouverture, et 22 kilom. de flèche, offre un excellent mouillage, pour toutes les saisons, aux bâtiments ordinaires du commerce, et en général à ceux qui sont au-dessous de la force des frégates, parce qu'ils peuvent mouiller en dedans de la ligne qui joint la pointe du fort aux terres hautes du Chélif. Dans cette position, ils sont à l'abri de la mer, que soulèvent les vents du N. et du N.-E. Les grands navires mouillent en dehors de cette ligne par 6, 7 et 8 brasses, fond de sable ; ils y sont bien pendant la belle saison seulement. Des navires d'un assez fort tonnage peuvent débarquer leur cargaison à quai ; elle peut être chargée immédiatement sur les voitures devant faire le transport à destination. Cet avantage n'appartient à autre point maritime de la province.

NOTE HISTORIQUE. Les Espagnols avaient construit un quai en pierres fort long, sur un développement de 1,000 mètres, qu'on a réparé en partie. On a fondé un débarcadère sur une longueur de 15 mètres, et le port offre une étendue de 500 mètres carrés. C'est le *Portus Deorum* des anciens, auquel venait aboutir la voie romaine de *Gilva Colonia*. Les Arabes l'appelaient la Mersa et le port des Beni Zian, à cause des princes de ce nom, qui régnèrent près de 380 ans sur Tlemsèn, et tenaient des magasins pour le sel dans la localité dont nous nous occupons. On y est si bien entouré de toutes parts, qu'il y a des points de l'étendue de la rade où la haute mer étant cachée par les coteaux, on se croirait dans un lac. C'est autour de ce port que l'établissement français s'éleva avec une promptitude merveilleuse, à la place même où une tribu de Kabyles marocains, fuyant les vexations des officiers de l'empereur, était venu se réfugier, et avait bâti quelques cabanes, qu'elle abandonna lors de l'occupation française. Les R'arabas lui succédèrent, et finirent par l'imiter dans sa retraite.

Les souvenirs de l'antiquité se rattachent principalement au vieil Arzeu, aujourd'hui Saint-Leu, situé sur une hauteur, à 9 kilom. E. du port, et à 4 kilom. S. de la plage, dont il est séparé par de profonds précipices. Là, se trouvent des vestiges incontestables d'une grande splendeur, inscriptions, tombeaux, mosaïques, chapiteaux, colonnes, temple de Neptune, cirque et théâtre, médailles d'Antonin-le-Pieux, etc. Marmol dit que la ville fut ruinée par les Arabes, lors de leur invasion en Afrique, et que les princes qui régnèrent sur Tlemsèn, la relevèrent.

Les Turcs avaient à Arzeu des magasins servant de dépôts aux grains, qu'ils destinaient à l'exportation. Pendant les guerres de l'Empire, il en est parti jusqu'à 300 navires, par an, chargés de grains pour l'armée anglaise en Espagne. En 1814, 40,000 bœufs ont été exportés pour cette destination.

En 1831, Bethouna, cadi d'Arzeu, ne fit pas difficulté de pourvoir de vivres et de chevaux nos troupes d'Oran, bloquées dans la place. Abd el-Kader commença ses hostilités par s'emparer de la personne de ce vénérable docteur de la loi, qui l'avait élevé lui-même, et après avoir pillé Arzeu, l'emmena à Mascara, où on le fit étrangler. Le général Desmichels profita de l'exaspération que cette nouvelle excita dans la population d'Arzeu, pour s'en emparer le 4 juillet 1833. En conséquence du traité du 25 février, conclu entre ce général et l'émir, trois oukils de ce dernier furent envoyés à Oran, Mostaganem, Arzeu. Ben Mahmoud, désigné pour Arzeu, ne tarda pas à démontrer, d'une manière brutale, aux négociants français établis dans la ville pour le commerce des grains, qu'Abd el-Kader voulait avoir le monopole de ces transactions, de première main, vis-à-vis des Européens. La guerre recommença, et, au mois de juin 1835, Arzeu devint le refuge du petit corps d'armée d'Oran, après le désastre de la Mak'ta. Sa position fut attentivement étudiée. Le traité de la Tafna nous en assura la possession. Ce ne fut que le 12 août 1845, qu'il parut une ordonnance royale portant qu'une ville de 1,500 à 2,000 âmes serait fondée au lieu dit Arzeu-le-Port, et qu'un territoire de 1,800 hectares y serait annexé, pour être concédé aux Européens qui viendraient s'y établir.

Le peuplement n'eut lieu qu'en 1846. La localité fut érigée en district, par décret du 4 novembre 1850, et en conséquence, pourvue d'un commissariat civil. Le décret du 19 septembre 1848 y créa 13 villages, qui en furent détachés par le décret du 21 décembre 1856, en conséquence duquel le commissariat civil y fut supprimé et la commune constituée. Un arrêté du 27 octobre 1856, avait fait remise à l'administration civile des populations indigènes sur la partie S.-E. du district. Après quelques années d'un essor rapide, Arzeu, cruellement éprouvé par le choléra, écrasé entre ses deux puissants voisins Oran et Mostaganem, est tombé dans une défaveur passagère, d'où les qualités nautiques de son port et l'exploitation des salines, ne tarderont pas, sans doute, à le relever. (Duval. — *Manuel du Colon en Algérie.*)

Le nouvel Arzeu a une population européenne de 397 Français, 657 Etrangers, 13 Juifs. En bloc 91 individus. Il y a aussi 133 Arabes.

L'enceinte n'est qu'une simple chemise, percée par deux portes : la porte de Mostaganem et celle d'Oran. Le Pavillon des Officiers, la Direction du port, la maison des Finances, sont dignes de leurs affectations. Les places sont : la place d'Isly, Philippe et Clauzel.

Une caserne, qui peut loger 348 hommes, renferme aussi une ambulance sédentaire, où les habitants civils sont admis. Des Magasins pour les Vivres, les Fourrages, le Campement sont établis. Il y a un Cercle civil et militaire. Le fort *Lapointe*, qui protége le port, est la fortification la plus avancée au N. Un reverbère sidéral de Bordier-Marcet, élevé plus au N. encore, sur un petit îlot, porte à neuf milles et signale, la nuit, le mouillage d'Arzeu.

L'église est une des plus jolies et des mieux entretenues de la province. Une Mairie, un Bureau de police, une École de garçons, une École de filles, une Salle d'asile, tenue par les Sœurs Trinitaires, un Bureau de bienfaisance, répondent aux besoins de ce petit endroit. Les eaux de la source, dite Tsémamine, située à 6 kilom. de la ville, y ont été amenées, aussi bien que celles qu'on a réunies dans le ravin de Moulè Magoug. Quatre fontaines publiques les débitent et les déversent dans un lavoir et un abreuvoir. Les Ponts-et-Chaussées, en 1859, ont commencé l'ouverture, dans les schistes, de trois galeries souterraines, à Guessiba, à Tazout et à Sainte-Léonie, pour donner à Arzeu l'eau nécessaire. Aujourd'hui, ces galeries ayant atteint un développement de plus de 1,200 mètres, et le volume des eaux allant sans cesse en diminuant, on s'est arrêté au parti de murer les galeries à leur extrémité en aval, puis d'y introduire les eaux pluviales. On espère qu'elles constitueront, chaque hiver, une importante réserve, qui donnera, durant toute l'année, un débit moyen susceptible de satisfaire aux besoins de la ville d'Arzeu. Une sorte de boulevard a été tracé et complanté en dehors du mur de la ville. Un Abattoir a été construit. Les légumes et les fruits sont apportés tous les jours sur la place Clauzel, où se tient le marché. Tous les mercredis il en est un autre pour les bestiaux, les grains, le sel, les poissons salés et le charbon de bois. Station télégraphique.

La culture des céréales est l'occupation principale des colons d'Arzeu; toutefois, l'anis, le cumin et le tabac, réussissent bien dans leurs terres, où les arrosements se font par le moyen de norias. L'eau qu'on trouve à 2 mètres de profondeur, est très-potable et très-saine, bien que saturée de sel. L'emploi de l'halfa pour nattes et couffins, la confection de briques, tuiles, carreaux de dallages, poteries, cruches, dites *gargoulettes*, l'exploitation de fours à chaux, sont des industries du pays. La maison Henchelwood, qui emploie cent ouvriers, envoie en Angleterre, par année, 20,000 quintaux d'halfa représentant un million de fr. Un hôtel dit *de la Régence*, prend en pension. Les cafés *Féraud, Dupuis, Duboscq*, et un café maure, sont ouverts aux consommateurs.

On trouve, à volonté, des voitures de tout genre. Les diligences qui vont et viennent de Mostaganem à Oran, offrent des moyens faciles et agréables de locomotion.

L'aspect extérieur du pays, à l'O., est celui d'un vaste plateau bien cultivé, mais dépourvu d'arbres, à cause du défaut de cours d'eau. Toutefois, un seul colon a planté 1,200 figuiers, 3,000 amandiers, 600 arbres fruitiers de diverses espèces, et a fait un semis de 50,000 caroubiers. Toutes ces essences sont de la plus belle venue.

A 14 kilom. au S. du port d'Arzeu, on trouve les salines, dont l'étendue, qui va du N.-N.-E. au S.-S.-O., est d'environ 12 kilom. de longueur sur 6 de largeur. Le sel s'y cristallise par l'évaporation naturelle. La cristallisation commence par les bords de cette espèce de lac, au commencement de l'été. A la fin de juillet, elle est complète. Alors bêtes de somme et voitures peuvent circuler sur ce vaste miroir dont les reflets sont éblouissants, et qui fournit un sel d'une blancheur éclatante. Les couches ont 1 m. et 1 m. 50 d'épaisseur. La compagnie qui exploite ce produit, en a livré, en 1855, 2,700 tonnes, au prix de 20 fr. à la ville d'Oran, qui a tout absorbé. L'extraction du sel donne par année de 6 à 8,000 tonnes, au prix de 18 à 20 francs.

Il y a, aux entours d'Arzeu, des fermes isolées où habitent 60 Français, 97 Étrangers.

La tribu des Hamians consiste en 1,509 individus.

Au Port-aux-Poules, habitent 21 Français, 35 Étrangers, 37 Arabes.

A la Mak'ta, groupe de maisons à 20 kilom. de Mostaganem, se trouvent 12 Français et 9 Étrangers.

La commune d'Arzeu comprend deux sections communales, qui sont :

DAMESME, colonie constituée par décret du 11 février 1851, à 8 kilom. S.-O. d'Arzeu, à 3 kilom. de la plage, sur un plateau fertile en céréales, où des travaux ont amené l'eau suffisante pour le lavoir, abreuvoir, rinçoir, etc. 214 arbres bordent les deux côtés de la rue principale. La population est de 88 Français, 7 Étrangers, 11 Arabes.

SAINT-LEU, situé sur le même plateau que Damesme, à 9 kilom. S.-E. d'Arzeu, et à 4 kilom. de la plage. Ce village a été créé par ordonnance royale du 4 décembre 1846. On y cultive les céréales et on y élève avec succès la race porcine. L'eau que les colons ont amenée est légèrement saumâtre. Ils ont aussi utilisé d'anciens conduits romains, qui abreuvaient un centre de population antique au lieu dit *Bettioua* où 620 Arabes habitent encore, et qui est l'emplacement du vieil Arzeu. Des silos gigantesques, de 15 mètres de haut sur 20 de large, des ruines de toute espèce, ont été trouvées en cet endroit. Population de Saint-Leu : 151 Français, 29 Étrangers, 11 Juifs.

Moulè Magoug, petit hameau créé en 1848, sur le bord du ravin qui porte ce nom, à 3 kilom. O. d'Arzeu. Des puits ont été creusés pour les besoins des hommes et des cultures en céréales.

V.

COMMUNE DE BOU TLÉLIS.

Bou Tlelis à 20 kilom. d'Oran, a été constitué par décret du 4 juillet 1855. La population est de 322 Français et 144 Arabes, y compris celle du quartier Bou Yakor.

Les Douairs ben Adri bou Hadi, El-Medi bou Achemi, Mohamed ben Amou, se composent de 345 Arabes.

A Brédéah sont des fermes où vivent 49 Français et 17 Étrangers. Dans la ferme de Msilah, on compte 5 Français, et 59 Étrangers.

La section communale de Bou Tlelis est :

LOURMEL, à 8 kilom. de Bou Tlelis, à 12 kilom. d'Oran, sur la route de cette ville à Tlemsen, a été fondé, au lieu dit *Bou Rchach*, par décret du 15 janvier 1856. — Bâtiments communaux. On y a conduit les eaux d'Amria. La Population est de 159 Français, 7 Étrangers, 10 Juifs.

Le sol est fertile. On trouve du bois en abondance dans les environs. Dans des fermes isolées, vivent 28 Français. Sous des tentes campent 61 Arabes.

VI.

COMMUNE DE FLEURUS.

Fleurus est situé à 20 kilom. E. d'Oran, sur le revers oriental de la plaine de Telamine, où les cultures en céréales s'étendent au loin.

Le village a été créé par ordonnance royale du 14 février 1848, sur un territoire s'étendant des deux côtés de la route d'Oran à Mostaganem, au lieu dit *H'asi el-Djer*. Le décret impérial du 31 décembre 1856 l'a érigé en commune.

La population est de 171 Français, 27 Étrangers, 27 Arabes.

Les colons qui s'adonnent, avec succès, à l'élève du bétail, ont mis un soin tout particulier à leur installation. Leurs 74 maisons sont remarquables de bonne tenue. La rue principale et la place sont plantées d'arbres. Une noria à manége, avec un lavoir et un abreuvoir, suffit aux besoins du village. L'eau ne s'y perd pas ; il n'y en a pas non plus à perdre. Il y a une église et des écoles.

La commune de Fleurus a pour sections communales :

H'ASI AMEUR, village créé en 1848, n'a que des céréales. Quelques mûriers bordent les rues et la place. Un puits à noria, à un kilom. du village, donne une eau saumâtre. Un puits artésien donne de l'eau plus potable au milieu du village même. La population est de 174 Français, 12 Arabes.

H'ASI BEN OKBA, situé à 3 kilom. de Fleurus. Ce village, créé en 1848, sur le versant des collines qui terminent la plaine de Telamine, a une rue plantée d'arbres, un puits qui donne de bonne eau et suffit aux besoins avec quelques sources recueillies au ravin Darzeleff. Les habitants s'occupent de cultures en céréales. Ils sont au nombre de 203 Français et 7 Étrangers. Au douair de la *montagne des Lions* sont 32 Arabes.

H'ASI BOU NIF, village créé en 1848, dans un bassin fermé où les eaux, sans écoulement, sont absorbées; aussi les puits sont-ils abondants. Une noria à mains alimente un abreuvoir et un lavoir. — Les cultures sont étendues. On élève du bétail qui va paître dans les maquis ombrageant les hauteurs. Il y a une église. La population est 196 Français, 4 Étrangers, 5 indigènes. L'Empereur allant à Mostaganem a traversé cette localité le 20 mai 1865.

VII.

COMMUNE DE MERS EL-KEBIR.

Mers el-Kebir, à 8 kilom. O. d'Oran, est un centre maritime et commercial d'une grande activité.

Mers el-Kebir occupe, dit Marmol, l'emplacement d'une forteresse bâtie par les Romains. Les rois de Tlemsên, vers le XVIe siècle, au rapport de Léon l'Africain, y firent bâtir une petite ville. Les Vénitiens venaient à cette époque s'y réfugier dans les mauvais temps, et transportaient leurs marchandises à Oran, par le moyen d'alléges, comme on le fait encore aujourd'hui. En 1505, Mers el-Kebir fut pris par Don Diégo de Cordoue. Les Maures s'y défendirent vigoureusement avec un canon de fer, jusqu'à ce qu'il creva. Ils capitulèrent alors et évacuèrent la position. Hassan Pacha, fils de Barberousse, l'attaqua vainement après. Toujours lié au sort d'Oran, Mers el-Kebir suivit les phases de la fortune espagnole sur ce point principal. Le 13 décembre 1830, il fut définitivement occupé par les Français. Le village est bâti en amphithéâtre, sur la pente du Ramerah. Nous avons parlé ailleurs de son port remarquable par sa profondeur. Il y a une église, un phare, un entrepôt réel, un service de Santé, un bureau de Douanes, un quai bien entretenu, une caserne dans le fort construit par les Espagnols, en 1754. Une station télégraphique. Une conduite en tuyaux et en maçonnerie, qui s'embranche à la source de Ras el-Aïn, au-dessus d'Oran, alimente des bornes-fontaines, des abreuvoirs et lavoirs qui servent à l'approvisionnement des navires. Les voyageurs trouvent des cafés à leur débarquement. Des fiacres et des calèches viennent à l'arrivée des courriers pour transporter les voyageurs et leurs malles à Oran. La population, y comprise celle des annexes, est de 260 Français, 1,197 Étrangers, 29 Indigènes, en bloc, 38 individus.

Les annexes de Mers el-Kebir sont :

Sainte-Clotilde, — Saint-Jérôme, — Des fermes isolées.

Une ordonnance royale du 23 août 1846 a créé, sous le nom de *Village des Pêcheurs*, au bord de la rade de Mers el-Kebir, et sur la route qui conduit à Oran, un centre de population maritime, qui fait partie du bourg de *Saint-André*, qu'il ne faut pas confondre avec le village du même nom, existant dans la commune de Mascara.

Une fort belle route, taillée dans le roc sur les deux tiers de son parcours, et traversant une percée souterraine de 50 mètres, conduit à Oran, en contournant le golfe, qu'elle domine presque partout à pic et à des hauteurs effrayantes. Une haie d'aloès et un parapet de pierre la bordent sur toute sa longueur du côté de la mer. Il y a une source d'eau thermale dans une grotte, au-dessous du chemin et au bord de la mer, connue sous le nom de *Bains de la Reine*, et entourée d'un petit établissement où les malades viennent chercher quelques soulagements à leurs maux, sur les traces de l'infante Jeanne, fille d'Isabelle-la-Catholique, qui y fut guérie, dit-on, il y a trois cents ans.

Voici comment un spirituel touriste décrit la station thermale des *Bains de la Reine* :

« La source qui l'alimente jaillit d'une grotte assez grande mais très-sombre, à cause de l'étroitesse de son entrée. Elle est si voisine de la mer que la lame peut la couvrir dans les gros temps; elle est si perpendiculaire à la montagne du rivage, que les blocs tombés la dérobèrent quelques années aux recherches, à l'époque où l'on gagna pied à pied et à la mine, la charmante route de Mers el-Kebir.

« On pourrait passer cent fois sur la voûte des *Bains de la Reine* sans en soupçonner l'existence, si un hôtel qui porte son nom n'avertissait le voyageur qu'il les trouvera en se laissant glisser par un sentier bordé de fleurs, pendu sur la nappe bleue, éternel fond du tableau dans tous les points de vue oranais.

» Les thermes qui ont remplacé les bains d'autrefois, ne sont pas encore très-fréquentés ni très-brillants, bien que de l'étuve, ou des baignoires en faïence, on ait la vue de la mer infinie ; cela viendra, j'en suis sûr, avec le temps. Il n'est pas possible, en effet, d'aller prendre une saison de bains par un chemin plus agréable, et d'essayer de guérir son foie, ses démangeaisons ou ses blessures, auprès d'une ville aussi originale, et dans un site aussi merveilleusement accidenté.

» Ceux qui connaissent la célèbre route de la Corniche, suspendue le long de la rivière de Gênes, peuvent seuls se rendre compte du charme de celle qui conduit au bain de la Reine. Les rampes escarpées qui descendent de la double corne de Santa-Cruz, sont couvertes de plantes odorantes et gracieuses : le géranium, le narcisse blanc, la scille gigantesque, la lavande bleue, diverses espèces de bruyère et l'inévitable palmier-nain, dont le bambin indigène et le chacal apprécient les dattes amères, — y foisonnent à qui mieux mieux. » (ANTONY MÉRAY.)

VIII.

COMMUNE DE MISSERGHIN.

Misserghin est situé à 15 kilom. S.-O. d'Oran, sur la route de Tlemsên, sur le versant méridional d'une colline, au bord de la Sebkha.

Misserghin était le lieu de plaisance des beys d'Oran,

qui y entretenaient autrefois un palais champêtre. Dès 1837, une colonie de spahis réguliers fut établie dans une redoute retranchée, auprès des ruines de cette habitation. L'arrêté du 23 novembre 1844, a créé à Misserghin un village. Le décret du 31 décembre 1856 l'a érigé en commune. Il y a une Justice de paix; une brigade de gendarmerie. L'Empereur a visité cette localité le 15 mai 1865. — La population est de 579 Français, 532 Etrangers, 793 Arabes, en bloc 254, y compris celle de ses nombreuses annexes.

Le vallon de Misserghin, formé par le voisinage du Djebel-Santo, ou mont Ramerah, est très-sain. Il est arrosé par un ruisseau qui prend sa source à 12 kilom. N.-O., fait tourner six moulins, et rend fertile une plaine. Le 31 mars 1851, elle a été concédée, avec le domaine de Tailhanel (32 h. 42 a. 70 c.), les bâtiments et terrains affectés à l'ancien camp (6 h. 45 a. 50 c.), à l'abbé Abram. Cet abandon, en toute propriété, a été fait à condition que cet ecclésiastique élèverait un orphelinat pour 200 sujets; qu'il entretiendrait pendant vingt ans, et exploiterait la Pépinière durant le même espace de temps. Sur ces concessions a aussi été établi un Refuge, connu sous le nom de Bon-Pasteur, principalement destiné aux filles et femmes repenties, et aux filles dites à préserver.

Un Orphelinat de 80 jeunes filles est ouvert, sous la Direction des Dames Trinitaires. Les fleurs et les fruits des jardins de cette demeure méritent l'attention. Il y a aussi un asile des vieillards de 47 lits.

Les annexes de Misserghin (Village neuf), sont :

Le *Village Vieux*, des fermes isolées et les douairs de Bellal Ouarsi Hadj Mohammed, — Bou Abousen Bachir, — Bou Gharès Abd el-Kader, — Bou Saada, — El-Habib bou Bakar.

IX.

COMMUNE DE SAINTE-BARBE-DU-TLÉLAT.

Sainte-Barbe est située à 28 kilom. S.-E. d'Oran, le long du cours d'eau nommé le Tlélat, à l'extrémité d'une grande et fertile plaine, à mi-chemin de la route du Sig, entre la forêt de Moulè-Ismaël et l'extrémité orientale de la Sebkha.

L'ordonnance royale du 4 décembre 1846, a créé ce centre de population, dont M. Adam, capitaliste français, fut reconnu concessionnaire en 1847; il en a réparti une portion entre des colons et a fondé, sur le reste, un grand établissement agricole. Le décret du 31 décembre 1856 a érigé Sainte-Barbe-du-Tlélat en commune. Il y a une église et tous les bâtiments communaux. Il y aura une station du chemin de fer.

Les travaux du Génie militaire ont amené le défrichement de la plaine du Tlélat, qui est de 8,000 hectares. Un barrage sur le cours d'eau a procuré l'irrigation des jardins. On y tient un marché très-fréquenté par les Arabes tous les lundis. La population est de 233 Français, 59 Etrangers, 17 Juifs. En bloc, 119. Dans des fermes isolées habitent 95 individus. Les annexes consistent en treize douairs contenant 1,874 Arabes.

X.

COMMUNE DE SAINT-CLOUD.

Saint-Cloud est situé à 23 kilom. N.-E. d'Oran, et à 16 kilom. d'Arzeu, sur la route qui relie ces deux villes au lieu nommé Goudiel. Il offre un trapèze, orienté par les angles aux quatre points cardinaux, entre Telamine et Joinville, au S., entre Arzeu et Saint-Fernandez, au N.

Saint-Cloud a été fondé par ordonnance royale du 4 décembre 1846. L'arrêté du 6 juillet 1850 l'a doté d'une Justice de paix. Le décret du 31 décembre 1856 l'a érigé en commune. L'Empereur se dirigeant sur Mostaganem a traversé cette localité et sa section communale Sainte-Léonie, le 20 mai 1865. La population est de 706 Français, 218 Etrangers, 16 Juifs, 536 indigènes.

Toutes les maisons sont construites d'après le même plan. Les rues sont complantées d'arbres de diverses essences et d'une belle venue, qui donnent un air de gaîté au village. La fontaine de la place est remarquable par l'abondance et la qualité de ses eaux, et la belle végétation des saules qui l'entourent. Un abreuvoir et un lavoir sont alimentés par les eaux courantes.

Il y a une petite église, fort jolie, et un temple protestant; une école de garçons et une autre pour les filles, dirigées par les Sœurs de la Providence. Une ambulance est bien établie.

Saint-Cloud possède une salle de spectacle, de nombreuses guinguettes, des bals champêtres, des fêtes animées, et l'on comprendra que l'on ait pu dire de sa population qu'elle est à la fois la plus intelligente et la plus dansante du pays (J. DUVAL, *Manuel descriptif de l'Algérie*). Le meilleur hôtel est la *Rotonde*, tenu avec le plus grand soin. Il y a aussi un beau café dans cet établissement. Un moulin à vent et un moulin à manège, répondent aux besoins de Saint-Cloud et des localités environnantes.

Le territoire, d'une vaste étendue et d'une fertilité remarquable, est arrosé par un cours d'eau formé à l'aide de nombreuses saignées exécutées dans les montagnes, travail aussi pittoresque qu'utile et ingénieux. A côté des céréales se montrent de belles plantations, parmi lesquelles on distingue celle du mûrier. Le chanvre de France y prospère. Les colons tirent parti des broussailles qui les entourent pour faire du charbon. Une centaine d'ouvriers exploite le plomb argentifère de Tazout, à 4 kilom. N. de Saint-Cloud. Une source minérale a été découverte dans la montagne des Lions qui est dans le voisinage. — Le commerce s'exerce sur les bestiaux et laines.

L'annexe de Saint-Cloud est :

Christel, petit village maritime, annexé le 31 décembre 1856 à Saint-Cloud, dont il est distant de 7 kil. N.-E., à 21 kil. E. d'Oran, entouré de beaux jardins qui s'entrevoient de cette ville. Un poste de douaniers y a été établi pour surveiller la contrebande espagnole. MM. Veyret et Delbosso, concessionnaires de la localité, par ordonnance royale du 12 mars 1847, ont fait bâtir le village. On y élève de nombreux troupeaux. On exploite de beaux gisements de plâtre. La population de cette localité présente un effectif de 5 Français, 10 Etrangers, 528 Arabes.

Les sections communales de Saint-Cloud sont :

KLÉBER. Ce village créé en 1848 au moyen d'émigrants parisiens, est situé à 29 kilom. d'Oran, dans une position aride, qui lui fit donner le surnom de *Colonie de la Soif*. Aujourd'hui, Kléber est abreuvé par une source amenée de 300 mètres du village, par des tuyaux en poterie, et qui donne 11,520 litres d'eau par 24 heures, débités par une fontaine, dans un lavoir et un abreuvoir. Il y a aussi un bon puits à 800 mètres du village. Les plantations publiques consistent en arbres plantés sur les bords des rues et des places. Des essais importants ont été entrepris sur la culture du lin et de la moutarde blanche. Les légumes y deviennent fort beaux. Il y a une église. Population : 112 Français, 48 Etrangers, 20 Arabes.

MEFESSOUR est assis au point où la route de Mostaganem vient joindre celle d'Oran à Arzeu, au milieu d'un sol fertile arrosé par vingt-quatre puits et une noria. — La place principale et les grandes voies de communication y adhérentes, sont plantées d'arbres. Un abreuvoir circulaire, de 16 mètres de développement, a été construit autour d'un puits, et alimente un lavoir et un rinçoir. Les habitants, réunis depuis 1848, sont au nombre de 144 Français, 31 Etrangers, 13 Arabes. Le village est éloigné de 4 kilom. de Saint-Cloud.

SAINTE-LÉONIE, située à 31 kilom. d'Oran, et à 6 kilom. d'Arzeu, sur la route de ces deux villes, au lieu dit *Moulè Magoun*, a été créé par ordonnance du 4 décembre 1846, pour recevoir 40 familles prussiennes, amenées en Algérie, en 1845. Il y a une église. Il y existe de belles plantations, et l'eau y est en bonne abondance. Population : 25 Français, 189 Etrangers.

XI.

COMMUNE DE SAINT-DENIS-DU-SIG.

Saint-Denis est situé à 52 kilom. S.-E. d'Oran, sur la route de Mascara, à peu près à mi-chemin de ces deux villes, sur la rive droite du Sig qui traverse une vaste plaine de 28 kilom. de longueur, sur une largeur de 16 kilom. Un barrage établi à 3 kilom. du bourg, au point où le lit de la rivière, avant de déboucher dans la plaine, se trouve resserré entre deux masses de rochers, oppose aux flots grossis par l'hiver une large muraille en pierres de taille, de 9 mètres 20 cent. de hauteur, au-dessus du fond du lit de la rivière, sur 42 mètres 76 cent. de longueur. C'est l'un des importants ouvrages de ce genre en Algérie. Les eaux retenues et élevées, sont répandues à droite et à gauche par des canaux latéraux de 30 kilom. de développement. Des aqueducs, ménagés dans l'épaisseur de la maçonnerie, et garnis de vannes, permettent de vider le bassin d'amont. Par ce moyen, la plaine a été rendue à la culture, dont l'inondation la privait depuis longtemps. Aujourd'hui le Sig ne détruit plus, il arrose 3,200 hectares de terres.

Les Turcs, à trois reprises, et à de longs intervalles, avaient construit des ouvrages dans le genre du barrage du Sig ; leur rupture avait désolé la localité. L'arrêté du 20 juin 1845 créa, dans la vallée, non loin du pont du Sig, et à 4 kilom. du barrage, un centre de population pour 100 familles. Le voisinage de la concession provisoire, faite à la société civile dite l'*Union agricole d'Afrique*, attira une affluence de colons qui donna un grand relief à Saint-Denis. Un Commissariat civil y fut établi le 15 janvier 1855. La Commune y fut constituée par décret du 31 décembre 1857. Il y a une église, école, salle d'asile, bureau de bienfaisance, station télégraphique. Une quadruple enceinte de beaux mûriers, arrosés journellement par des eaux courantes, encadre Saint-Denis-du-Sig; les rues sont plantées de mûriers, de platanes ou de trembles. L'eau arrive dans toute la ville par des canaux ouverts après avoir été reçue dans de vastes bassins où elle s'épure. S. M. l'Empereur a daigné, par une visite spéciale, voir ce centre du plus haut intérêt, le 19 mai 1865.

Saint-Denis-du-Sig, résidence d'un Commissaire civil et d'un Juge-de-Paix, créé par décret du 5 décembre 1857, a une population européenne de 1,389 Français, 3,343 Étrangers, y compris les employés de la Société de l'*Union*. Il y a 422 Arabes, 440 Juifs et une population en bloc de 577 individus.

Le territoire, d'environ 8,000 hectares, presque partout irrigable, est entièrement cultivé. Depuis que la sécurité a permis de construire au dehors de l'enceinte, une multitude de constructions importantes a surgi dans les environs. Des jardins, peuplés de beaux arbres, entourent Saint-Denis et lui donnent un aspect remarquable.

Des pépinières sont entretenues par des particuliers. Nulle part les arbres ne poussent avec plus de vigueur, comme on peut en juger par les beaux peupliers et mûriers des plantations publiques et privées.

Le développement des cultures industrielles a été considérable. Les terres du Sig sont susceptibles de produire, outre des céréales, — des tabacs, cotons, garances d'excellente qualité ; malheureusement, par le fait des irrigations, elles sont incessamment envahies par le chiendent, qui y domine facilement toute autre culture.

L'une des grandes sources de richesse pour Saint-Denis, provient des chutes d'eau fournies par le canal du Sig ; elles font tourner quatre moulins pour la minoterie, et mettent en mouvement 500 machines d'une grande usine à égréner le coton. Le débit moyen des eaux du Sig n'atteint pas un mètre cube par seconde, et reste bien au-dessous de ce qu'on avait assuré dans l'origine. Cette diminution du volume d'eau, paraît due en partie à la création de la ville de Sidi Bel-Abbès, en amont de la rivière.

On voit aux environs un village arabe de 143 individus, et le douair Oulad Ali, de 89 Arabes.

Tous les dimanches 7 à 8,000 Arabes tiennent un important marché sous les murs de Saint-Denis, qui se voit traversé sans cesse par les diligences, les roulages, les troupes, et tout ce qui peut ajouter par les chances commerciales aux avantages agricoles.

Le 7 avril 1867, un train de plaisir a essayé la voie ferrée d'Oran à Saint-Denis-du-Sig, et a déposé à l'hôtel de *Mascara* les joyeux invités à un splendide déjeuner. Au moment où la locomotive arrivait au Sig, des voyageurs de Sidi bel-Abbès descendaient de voiture. Ils venaient d'inaugurer un chemin de communication entre le Sig et Bel-Abbès que le service des Ponts-et-Chaussées vient d'ouvrir et de livrer à la circulation. *(Echo d'Oran.)*

Saint-Denis-du-Sig a pour annexe la grande exploitation de la Compagnie d'actionnaires dite *l'Union agricole d'Afrique*, située à 3 kilom., sur la rive droite du Sig. Une ordonnance du 8 novembre 1846 concéda à cette Société civile une étendue de 3,059 hectares, dans le but d'y essayer l'association du capital et du travail dans la propriété et dans les bénéfices. De grands défrichements furent opérés, de vastes bâtiments construits, une grande pépinière créée, un moulin à eau à deux tournants mis en action, une briqueterie et tuilerie établies. Aujourd'hui, un titre définitif de concession attribue à l'Union une étendue de 1,792 hectares.

La section communale de Saint-Denis-du-Sig est :

PERREGAUX, village sur la rive droite de l'Habra, à 28 kil. de Mascara, sur la route de Mostaganem à Mascara, créé le 29 juillet 1858. Population de Perregaux et de ses annexes : 611 Français, 805 Étrangers, 12 Juifs, 1,621 Arabes.

Les annexes de Perregaux sont :

Mocta-Douz, à 8 kilom. de Perregaux, sur la route de Saint-Denis-du-Sig, créé par décret du 28 août 1862 ;

Quatorze douairs;

Les chantiers de la Société Debrousse, où travaillent un millier d'ouvriers, pour le barrage de l'Habra.

La plaine de l'Habra, d'une superficie de plus de 30,000 hectares d'un seul tenant, fait suite à celle du Sig, et cette étendue est comprise dans un vaste triangle dont le sommet touche à Mascara, et la base s'étend d'Oran à Mostaganem. La réunion de l'oued El-Hammam et de l'oued Fergoum, reçoit le nom de l'Habra. La base de roc ferme a été trouvée et le barrage avance sans interruption. L'eau de l'Habra a été détournée et endiguée dans un canal provisoire, afin de ne pas déranger les travailleurs, et les ateliers fonctionnant avec sécurité. Au 21 septembre 1866 on avait coulé quatre mille mètres cubes de béton dans les fondations de l'énorme digue.

« Cette digue vraiment cyclopéenne, dont les blocs sont soigneusement encastrés les uns dans les autres, afin de résister à la pression des eaux, n'a pas moins de trente-huit mètres quatre-vingt-dix à sa base ; la hauteur de la partie bétonnée est de 7 mètres. Quant à la hauteur totale du barrage, elle sera considérable ; les derniers jalons sont campés très-haut dans le flanc de la montagne. Pour s'en faire une idée, il suffit de dire que l'eau approvisionnée par cette chaussée de géant se montera à cinq millions de mètres cubes.

« La longueur de la digue basée sur le béton sera de trois cent cinquante mètres, à quoi il faut ajouter, pour la longueur totale et l'aspect général du monument, les cent vingt-huit mètres d'un déversoir qui fera suite à l'ensemble de la maçonnerie. Le barrage, complétement terminé, coûtera plus de quatre millions de francs.

« On a déjà, depuis le 21 septembre, placé sur la base de béton cinq mille mètres cubes de maçonnerie. On peut donc espérer que ce magasin liquide, que cet opulent trésor de récoltes futures, ouvrira ses vannes aux champs de Perregaux et aux plaines de l'Habra dans l'été de 1868. Le chemin de fer qui, lui aussi, se hâte en ce moment pour desservir Relizane, ne devancera que de bien peu les canaux d'irrigation soudés au barrage de l'Habra.

« La prime attachée à la réussite de cette coûteuse entreprise, adjugée en 1864, sera la concession de 24,000 hectares dans la magnifique plaine de l'Habra, — le grenier d'Oran. (Antony MERAY).

XII.

COMMUNE DE SAINT-LOUIS.

Saint-Louis est situé à 24 kilom. E. d'Oran, sur le versant d'une colline qui le met à l'abri des vents du N. et de l'E., et domine une plaine qui s'étend au loin, n'étant séparé que par un mamelon du Lac-Salé d'Arzeu.

Saint-Louis, créé en 1848, a été, avant son annexion au territoire civil, le chef-lieu d'une direction de colonisation. Il a été constitué en commune par le décret du 31 décembre 1856.

La population est de 321 Français, 49 Étrangers, 11 Arabes.

Église et puits avec lavoir et abreuvoirs, dont un à plan incliné, dans la partie du village qui se rapproche de la plaine de Telamine.

Les terrains sont légèrement salifiables, ainsi que les eaux ; les défrichements sont pénibles. On élève des bestiaux et on cultive les céréales.

La commune de Saint-Louis a pour section communale :

HAS'I BEN FERREAH, séparé de Saint Louis par une distance de 2 kilom. Il a été créé en 1848. L'eau est de médiocre qualité, et la terre n'offre que des ressources bornées pour la culture. La population composée de 180 Français et 15 Etrangers, va vendre ses broussailles à Oran, avec quelques céréales. Il y a par-là quelques arbres dans les rues et sur les places, deux puits, un abreuvoir et un lavoir. Aux entours sont quelques fermes dites du Télégraphe, La Platrière, Lagé et quatre douairs d'une population de 899 Arabes.

XIII.

COMMUNE DE SIDI BEL-ABBÈS.

Sidi Bel-Abbès est situé à 82 kilom. S. d'Oran, sur l'emplacement d'un marais fréquenté par les chasseurs de bécassines, et où une redoute avait été construite dès 1843, pour dépôt d'approvisionnements, sur la route de Tlemsên à Mascara, dans la plaine que traverse la Mekerra.

La puissante tribu des Beni Ameur abandonna le territoire en 1843, et, autour du poste français qu'on y établit, vinrent se grouper des industriels, qui ont donné quelque importance à ce centre. Il a été le théâtre de la tentative de quelques fanatiques, persuadés d'être invisibles, qui vinrent alors se jeter sur les bayonnettes de nos soldats, qu'ils croyaient désarmer sans péril, en plein jour, et en chantant leurs prières. Sidi Bel-Abbès fut reconnu officiellement par arrêté du 5 janvier 1849, comme ville de 2 à 3,000 habitants, et érigé en commune par décret du 31 décembre 1856, en même temps qu'un Commissariat civil et une Justice-de-Paix étaient constitués pour le district.

L'Empereur a visité cette localité le 16 mai 1865, et sa section communale, Sidi Brahim, le 17.

Sidi Bel-Abbès est la résidence du Général de brigade commandant la subdivision. La population est de 1,753 Français, 2,434 Étrangers, 915 Juifs, 1,230 Arabes.

Sidi Bel-Abbès est une ville entièrement européenne, qui semble perdue dans une forêt de verdure ; ce sont les plantations qui ombragent les rues, les boulevards, les routes, le lit de la rivière, les jardins et les villas des habitants.

La ville, enfermée par un mur crénelé, bastionné, et défendue par un large fossé, s'ouvre par quatre portes, qui sont celles d'Oran, de Daya, de Tlemsên, de Mascara. Elle est divisée en deux quartiers entièrement distincts : le quartier militaire et le quartier civil.

Le quartier militaire comprend tout un vaste système de beaux établissements, pour le Campement, le Génie, les Subsistances, qui ont des silos magnifiques pour conserver les grains; l'Hôpital, pouvant recevoir plus de 500 malades, les Casernes d'infanterie, pour 1,200 hommes, et de cavalerie, pour 300 chevaux, le Cercle des Officiers.

Le quartier civil est percé de larges rues, bien construites, se coupant à angles droits, et présentant une grande activité. Les plus belles places sont celle du Quinconce, celle de l'Église, celle dite du Marché, où les légumes, les fruits et les grains sont apportés chaque jour. Elles sont décorées de fontaines, dont les eaux parcourent toute la ville.

Sidi Bel-Abbès a un télégraphe électrique, une École communale, tenu par les Frères de la Doctrine chrétienne, et une autre sous la férule d'un laïque. Les Dames Trinitaires dirigent l'École des jeunes filles et surveillent une Salle d'asile.

Un grand marché a lieu le jeudi, à la porte d'Oran. Les Arabes y amènent des chevaux, du bétail ; y apportent des laines, des tapis, du blé ; y achètent des farines, des cuirs, des briques. L'industrie particulière a deux moulins à farines, mus par l'eau, — un moulin à vent pour la fabrication du plâtre, — deux tanneries et trois briqueteries.

Les meilleurs Hôtels sont ceux de *France*, de *Flandre*, de *Paris*, de *Bayonne*. Il y a des cafés chantants et autres, — un Théâtre.

Aux pieds des murs de la ville, au S., est un parc qui serait admiré en France. C'est une superbe promenade qui est rivalisée, dans un genre moins apprêté, par les boulevards, l'avenue d'Oran et les bords ombragés de la Mekerra, qui parcourt la plaine dans sa plus grande longueur. 5,000 mètres de canaux d'irrigations répartissent la richesse de ses ondes. Le sous-sol donne aussi une eau d'une excellente qualité, à quelques mètres de profondeur.

La santé publique, pendant longtemps compromise par l'ancien séjour des détritus paludéens, s'est complètement améliorée à la faveur du dessèchement du foyer d'infection. Les broussailles environnantes, naguère le repaire des sangliers, des chacals, des hyènes et du lion lui-même, ont fait place à des jardinages estimés, dont les Espagnols retirent de grands profits. Ils élèvent aussi des porcs de petite race qui réussissent à merveille.

Le territoire de la banlieue de Sidi Bel-Abbès a une étendue de 16,000 hectares; on y compte trente fermes isolées.

Les annexes de Sidi Bel-Abbès sont :

Le Rocher, 21 Français, 5 Etrangers.

Moulè Abd el-Kader, 60 Français 111 Etrangers, 40 Arabes et la tribu de *Sidi Amran*, qui compte 373 individus.

Le Tessala est un sommet de 1,000 mètres d'altitude, appartenant à la chaîne qui sépare la subdivision de Sidi Bel-Abbès du littoral oranais. Une brume épaisse le couvre pendant une grande partie de l'année. C'est le baromètre du pays : « Quand « le Tessala met son bonnet de nuit, Sidi Bel-Abbès se réjouit; « il pleuvra, » disent les Indigènes.

Les routes qui aboutissent à Sidi Bel-Abbès, sont : 1º venant du N.-E., la route d'Oran ; 2º de l'E., la route de Mascara ; 3º de l'E.-S., la route de Daïa ; 4º du S. et du S.-O., deux routes partant de Tlemsên.

Les sections communales de Sidi Bel-Abbès sont :

SIDI BRAHIM, à 10 kilom. de Sidi Bel-Abbès, fondé en 1851, sur la route d'Oran, et sur une hauteur dominant une plaine couverte de magnifiques moissons. D'anciens barrages arabes régularisent le parcours des eaux. Eglise, écoles, deux puits publics, moulin à eau de quatre paires de meules. La population est de 43 Français, 154 Etrangers. Dans les fermes, il y a 18 Français, 38 Etrangers, 123 Arabes.

SIDI KHALED, créé par décret du 8 janvier 1863, sur la rive droite de l'oued Mekerra, au S. de Sidi Bel-Abbès. Territoire couvert de palmiers nains, et d'une culture difficile. Population : 67 Français, 51 Etrangers. Dans les fermes on compte 40 Français, 21 Etrangers, 65 Arabes.

SIDI L'HASSEN. Ce centre, à 6 kilom. de Sidi Bel-Abbès, peuplé d'émigrants allemands, est dans une situation saine, près de la Mekerra, et sur la route de Tlemsen. Le puits qui l'alimente est profond, et les eaux sont insuffisantes pour l'arrosage, qu'on obtient par une pompe hydraulique. On a fait une prise d'eau sur la Mekerra. Le décret du 18 juin 1857, a donné à Sidi L'Hassen une existence légale, en formant de son importance une section de la commune de Sidi Bel-Abbès. Il y a une église. Ecole, moulin à eau à deux paires de meules, briqueterie, plantations peu nombreuses, cultures maraîchères. La population est de 154 Français, 294 Etrangers. Dans les fermes, 85 Français, 64 Etrangers, 48 Arabes.

XIV.

COMMUNE DE SIDI CHAMI.

Sidi Chami est situé à 13 kilom. S.-E. d'Oran. Ce village a été créé par ordonnance royale du 16 décembre 1845. Le décret du 31 décembre 1856 l'a érigé en commune. La population est de 193 Français, 18 Étrangers, 25 Arabes.

Le fossé d'enceinte, devenu inutile en l'état de sécurité qui règne autour de Sidi Chami, a été comblé, et il est devenu un charmant boulevard, où les arbres prospèrent aussi bien que dans les rues de la ville. Il y a une église, un puits public et un abreuvoir, fournissant suffisamment aux besoins des hommes et des animaux. De nombreuses norias, construites par des particuliers, arrosent les plantations importantes qui ornent chaque propriété. On trouve l'eau à très-peu de profondeur.

Le territoire est de bonne qualité. La culture des céréales se fait sur une grande échelle. Un moulin à farine débite l'exploitation considérable de la commune.

Le coton, le tabac et les mûriers sont cultivés avec soin. La garance semble devoir s'étendre sur une grande superficie. Le bétail est une source de prospérité assurée pour les éleveurs.

H'asi el-Biod, L'Etoile, Sayaras, Sidi Marouf, Saint-Georges, Saint-Remy sont des agglomérations de petites propriétés où des cultivateurs aisés font réussir la vigne, les céréales et entretiennent de petits troupeaux. La population totale est de 132 Français, 140 Etrangers, 42 Arabes.

La commune de Sidi Chami a pour section communale :

ARCOLE, village créé par ordonnance du 14 février 1848, à 5 kilom. d'Oran, sur l'ancienne route qui conduit de cette ville à Arzeu et à Mostaganem. Il y a une église. L'insuffisance des eaux force les habitants à se borner aux soins des céréales. L'abreuvoir, le lavoir, le puits que l'Administration ménage aux habitants de tous les centres de population, sont aidés dans leur service par ce qu'on peut obtenir des norias que plusieurs particuliers ont fait organiser. Il y a une poterie pour les usages champêtres. Quelques arbres se montrent. On a découvert dans le voisinage un filet d'eau douce. Population : 41 Français, 48 Etrangers. Dans les fermes isolées, il y a 30 Français, 43 Etrangers. A la ferme de Ben Daoud et au Douar du même nom, l'on compte 46 Arabes.

XV.

COMMUNE DE VALMY (LE FIGUIER).

Valmy est situé à 14 kilom. S.-E. d'Oran, sur la route de Mascara. Un énorme figuier, que l'on voit encore sur le bord de la route d'Oran, donna longtemps son nom à la localité, qui le porte encore, bien qu'elle soit officiellement dénommée autrement. A cet endroit, un camp, qui est aujourd'hui abandonné, fut assis et occupé comme avant-poste. C'est dans cette place d'armes que le général Trézel, le 16 juin 1835, conclut avec les chefs des tribus des Douairs et des Smélas, un traité qui rattacha définitivement leurs goums à la cause française. Le village fut légalement créé par ordonnance royale du 14 février 1848. Le décret du 31 décembre 1856, l'a érigé en commune.

La population, y compris celle du quartier Aïn Beïda, est de 268 Français, 127 Etrangers. S. M. l'Empereur a visité cette localité le 16 mai 1865.

Il existe à Valmy une belle église, une école mixte. Au milieu du village est un bassin d'irrigation, contenant 96 mètres cubes d'eau, alimenté par une noria à manége, un puits avec abreuvoir à auges doubles, et un lavoir. Les plantations de la place et des rues sont en bon état.

Les céréales et les cultures industrielles se développent jusqu'aux abords de la Sebkha, dont les terrains salans ne servent que de parcours aux nombreux troupeaux de chameaux que les Indigènes y font paître. Des fermes importantes y sont distribuées sur toute l'étendue de la commune. On y trouve une population de 60 individus. Il y a aussi 255 Arabes sous la tente.

La section communale de Valmy est :

MANGIN, village créé en 1848, à 15 kilom. S.-E. d'Oran, sur la route du Sig, par le plateau. Le terrain est de bonne qualité, propre aux cultures des céréales; la pénurie des eaux ne permettrait guère d'autre espoir de profit. Les primes pour défrichements, accordées par l'Administration, ont rendu force et vigueur aux habitants, dont un certain nombre s'était découragé, et avait abandonné les concessions. Des familles plus fortes et plus laborieuses ont été installées à leur place. La population est aujourd'hui de 131 Français, 6 Etrangers. On trouve à Valmy tous les bâtiments communaux.

ARRONDISSEMENT DE MASCARA.

COMMUNE DE MASCARA.

SITUATION. Mascara est située par 2º 12' de longitude occidentale, et par 35º 26' de latitude septentrionale, dans l'intérieur de l'Algérie, à 96 kilom. S.-E. d'Oran, à 71 kilom. S. de Mostaganem, à 164 kilom. de Tlemsên.

ASPECT EXTÉRIEUR. De quelque côté que le voyageur arrive à Mascara, cette ville lui présente l'aspect d'une imposante cité. Elle est assise au versant S. des collines qui ferment au N. la plaine de R'rîs, sur deux mamelons séparés par un ravin où coule l'oued Toudman, que l'on passe sur trois ponts de pierre. Sa vaste enceinte crénelée, les élégants minarets de ses mosquées, la masse grandiose des édifices militaires, la beauté des vignobles et des jardins qu'on traverse, tout concourt à donner de cette ville une impression favorable.

NOTE HISTORIQUE. Mascara qui ne fut pendant longtemps qu'un bourg sans importance, a été agrandie pour les Turcs, il y a environ cent cinquante ans, par Mustapha Bou Chelaram, bey de Mazouna, qui abandonna l'ancien Mascara, situé au lieu dit *El-Keurt*, à 4 kilom. plus au S.-O. L'étymologie de Mascara, soit qu'elle vienne de Omm el-Asker *(la mère des soldats)*, ou plus simplement de M'asker *(lieu où se rassemblent les soldats)*, atteste une ancienne réputation guerrière qui est justifiée par tout ce que nous savons de son histoire. Le bey Mustapha Bou Chelaram est celui qui, en l'année 1708, s'empara d'Oran, dont il sortit en 1732. Il mourut d'hydropisie à Mascara en 1737, et ses successeurs y séjournèrent près de soixante ans. Son fils, Iousef, y mourut de la peste, en 1738. Mustapha el-Hamar, son beau-frère, y régna dix ans, et mourut assassiné. Gaïd el-Deb, frère de ce dernier, homme généreux et magnifique, craignant l'envie du dey d'Alger, se sauva chez les Espagnols, en 1751. Mohammed el-Djami, son successeur, périt assassiné. Osman s'occupa pendant dix-neuf ans à détruire les Méhals, et reprit en 1760, Tlemsèn révolté. Hassan-Bey, craignant d'être victime d'intrigues de cour, se sauva en Orient. Ibrahim de Miliana, qui lui succéda, mourut en 1776, dans son lit, et Hadj Kellil, qui vint après, fut tué par un orage de pierres qui fondit sur sa tente, vers l'année 1779. Mohammed el-Kebir attaqua Oran durant trois ans, et n'y rentra que par suite d'une capitulation avec les Espagnols, en 1792. Les habitants de Mascara, s'il faut en croire Sidi Hamed ben Iousef de Miliana, ne jouissaient pas alors d'une grande réputation de probité, puisqu'il dit, dans ses vers : « J'avais conduit des voleurs prisonniers dans les murs de Mascara ; ils ont trouvé un refuge dans les maisons. » Et, ailleurs : « Si tu rencontres quelqu'un gras, fier et sale, tu peux dire : c'est un habitant de Mascara. » Les Hachems cantonnés aux entours, n'avaient pas mieux été traités par lui : « Une pièce fausse est moins fausse qu'un homme des Hachems, » avait-il dit.

En 1830, les Koulour'lis occupaient la ville et la rendirent par capitulation aux Kabyles, qui les attirèrent dans la plaine de R'ris, et les massacrèrent sur les rives de l'Oued Résibia.

C'est en 1806 que naquit, à 16 kilom. S.-E. de Mascara, dans un hameau nommé *la Gucina*, situé dans un quartier d'El-Hammam, où se trouvent des eaux thermales, le célèbre Abd el-Kader, fils du marabout Mahi ed-Din, de la tribu des Hachems, prétendant descendre des Kkalifes fatimites, et, par là même, du prophète Mahomet. Ce jeune Arabe ayant été reconnu émir des Croyants par ses compatriotes, et inauguré en cette qualité, le 28 septembre 1832, établit le siège de sa puissance dans la ville dont nous nous occupons. Par suite du traité de la Tafna, en date du 26 février 1834, un consul français fut admis dans cette place. Après la reprise des hostilités, le maréchal Clauzel et le duc d'Orléans s'ouvrirent glorieusement la route de Mascara, où ils entrèrent le 6 décembre 1835, et la trouvèrent déserte. Ils y séjournèrent jusqu'au 9, et l'évacuèrent en la livrant aux flammes et détruisant l'arsenal et les établissements militaires qu'Abd el-Kader y avait fondés. Mustapha ben Tami y revint et y était khalifa pour l'émir en 1840. Le maréchal Bugeaud l'occupa définitivement le 30 mai 1841, et la ravitailla en août. Le général Lamoricière, le 30 novembre, y installa, en qualité de bey, Hadj Mustapha Oulid Osman.

IMPORTANCE POLITIQUE. Mascara, qui est le chef-lieu d'une subdivison militaire de la province d'Oran, est la résidence d'un Général de brigade. Un Sous-Préfet, un Juge-de-Paix, règlent les intérêts de la population européenne, qui est de 1,967 Français, 956 Étrangers, 1,564 Israélites. Population en bloc, 202. Il y a aux quartiers d'Aïn Beïda, Bab Ali, Si Ali Mohammed et dans la banlieue, 4,753 Arabes.

PHYSIONOMIE LOCALE. L'ancienne Mascara, proprement dite, était d'une fort petite étendue. Placée sur la rive gauche de l'oued Sidi Toudman, qui coule du N. au S., elle ne renfermait guère que les établissements militaires du beylik, et les faubourgs qui l'entouraient occupaient un plus vaste espace que la ville elle-même. Sur la rive droite du ravin était un quartier, l'Argoub Ismaël, qui a conservé son vieux nom arabe, et qui était complètement séparé de Mascara par un mur en pisé, avec tourelles. Les beys avaient là leur quartier de cavalerie. Aujourd'hui, un commun système de défense, consistant en un rempart crénelé et planté d'arbres, flanqué de huit bastions et de dix tours, embrassant 50 hectares de surface, de 3 kilom. de pourtour, lie ensemble ces deux points et a englobé un vaste faubourg qui s'étendait au S. de Mascara, et portait le nom d'Aïn-Beïda. Six portes sont percées dans cette enceinte : 1º celle d'Oran ; 2º et 3º les deux portes du faubourg de Bab-Ali ; 4° la porte de Mostaganem ; 5° celle de Tiharet ; 6° celle de Sidi-Mohammed.

Quatre grandes fontaines abreuvent la ville : la fontaine de la place Louis-Philippe, dont la coupe en marbre blanc vient des anciens beys ; la fontaine dite Aïn-Beïda (la fontaine blanche), qui est la plus abondante de toutes et a donné son nom à un quartier ; la fontaine de l'Argoub et celle de la place Clauzel. Elles sont alimentées par l'oued Sidi-Toudman, qui prend sa source au lieu dit Ras el-Aïn, à 3,000 mètres au N.-O. de Mascara, et, à 2,000 mètres au-dessous, entre le faubourg de Bab-Ali et la ville, reçoit l'Aïn bent el-Soltan (fontaine de la fille du Sultan), qui vient du S.-E. Ces deux cours d'eau réunis coulent dans le ravin qui se creuse du N. au S. et séparent Mascara proprement dite, du quartier de l'Argoub-Ismaël. Le vallon, large au départ, se rétrécit peu à peu. Un rocher taillé à pic forme, sur un point de ce parcours, un versant d'où l'eau se précipite en cascade dans un précipice très-profond. Les rochers de la rive gauche, sur laquelle Mascara est assise, disparaissent à l'endroit où le vallon s'évase de nouveau, en approchant de la plaine. On passe l'oued Toudman sur trois ponts en maçonnerie, dont un maintient la circulation des habitants, et les deux autres sont éclusés pour régler les eaux, l'un à leur entrée dans la ville, l'autre à leur sortie, à environ 500 mètres des murs. Le ravin de l'oued Toudman, d'une longueur d'environ 200 mètres, qui était, au sein même de la ville, un foyer d'infection compromettant pour la salubrité, a été transformé en un jardin public, d'une étendue de 3 hectares et demi. Il y a trois rues françaises principales, qui sont les rues de Nemours, d'Orléans et Louis-Philippe. La place d'Armes, qui est le point habituel de promenade, est remarquable, non par sa régularité ni par les édifices qui l'entourent, mais par un mûrier séculaire d'une dimension considérable.

ÉTABLISSEMENTS MILITAIRES. Parmi les vieux édifices on peut citer le Beylik, où se trouve l'horloge publique, édifice de construction espagnole ou italienne — et la maison actuellement occupée par le service du Génie, sur la place d'Armes.

Les constructions militaires modernes sont : une fort belle Caserne d'infanterie, placée sur un point élevé de la ville, d'un fort bel aspect, ainsi que le Pavillon des Officiers, qui lui est contigu ; un Quartier de cavalerie de construction analogue, avec d'immenses cours et de belles écuries ; le nouvel Hôpital militaire, sur le point culminant de la ville, d'où l'on jouit d'une salubrité et d'un point de vue admirables ; le Magasin à poudre, situé à l'Argoub. On doit aussi citer le Cercle des Officiers, et surtout son jardin, créé en 1854.

ÉTABLISSEMENTS CIVILS. L'église affectée au culte catholique est une ancienne mosquée appropriée assez convenablement, et suffisante jusqu'à ce jour pour la population. La Mosquée qui reste affectée au culte musulman touche à la place d'Armes ; elle a un minaret d'un assez bel effet. Elle n'est pas plus au milieu des populations musulmanes que l'église n'est au milieu des populations chrétiennes. L'ancienne mosquée d'Aïn Beïda, située au milieu des bâtiments militaires, où elle sert de magasin, conservera dans l'avenir un titre intéressant à la renommée : c'est là qu'Abd el-Kader prêchait de préférence à ses coreligionnaires. Jusqu'ici, le seul édifice civil qui soit digne d'être mentionné, c'est le Bureau arabe, de style mauresque très-élégant, construit en 1854 et en 1855, par le Service des Bâtiments civils, au quartier de l'Argoub.

Les Services publics administratifs sont tous, jusqu'à ce jour, installés dans des maisons particulières, prises en location. Un Comité de bienfaisance a été autorisé, le 31 juillet 1853. Des Écoles publiques, une Salle d'asile, sont ouvertes aux jeunes filles et aux garçons. Un Abattoir est convenablement placé. Il y a une École arabe-française. Station télégraphique.

Un marché très-important de grains et de bestiaux, se tient tous les jours à l'Argoub et à la porte d'Oran. Il s'y fait un mouvement d'affaires très-considérable.

INDUSTRIE PARTICULIÈRE. La minoterie occupe cinq moulins, que met en mouvement l'oued Toudman. Le commerce s'exerce sur les huiles et les vins qui sont d'une qualité supérieure, aussi bien que sur les grains et les bestiaux.

MOYENS DE TRANSPORTS. Le service postal est quotidien entre Oran et Mascara, et réciproquement. Il se fait par des diligences de légère construction. Tous les jours, en outre, un second service de voitures suit le même parcours.

ROUTES. Les routes rayonnant de Mascara sont :

1º Route carrossable de première classe d'Oran, par l'oued el-Hammam, le Sig, Tlélat ; 2º route de traverse de Mostaganem, par St-Hyppolite, la redoute Perregaux, Aïn-Nouïsi ; 3º route carrossable vers la même ville, par El-Bordj, Aïn-Kebira, Hassian Romri ; 4º route carrossable de Tiharet, par Ternifin, Medjaref, Djilali ben Amar ; 5º route carrossable de Saïda, par Aïn-Fekan, l'Ouisert, Dra er-Roumel.

Avant de parler des environs de Mascara, il ne faut pas oublier ses faubourgs. Celui de Bab Ali, occupant le fond d'un vallon, contient une population arabe assez considérable, qui lui donne quelque importance. Il est situé à 100 mètres de Mascara, dont l'oued Toudman et l'Aïn bent Sultan, à leur jonction, le séparent entièrement. Celui de Sidi Mohammed est composé de gourbis qui tombent chaque jour.

ENVIRONS. Les terrains qui entourent Mascara dans un rayon de 2 kilom. environ, sont soigneusement cultivés. Le sol est presque partout calcaire. La partie O. des abords de Mascara est couverte de vignes, dont le produit est on ne peut plus abondant. La plaine de R'ris est située au pied des coteaux où la ville est assise, et à moins de 1,000 mètres de son enceinte. Les céréales réussissent, mais la température est trop froide pour les cotons. La garance, les arachides, les plantes textiles s'y plaisent mieux. Mascara est situé à 550 mètres d'altitude, le climat est très-sain. L'horizon est presque toujours pur et sans nuages. En hiver, le froid est beaucoup plus vif qu'à Oran, et les montagnes voisines se couvrent ordinairement de neige. En été, la température est très-élevée; le vent du Sud *(Siroco)* arrivant du désert, y donne des journées de chaleurs très-fatigantes; mais en temps ordinaire, une légère brise, venant de la mer, se fait sentir vers trois heures après midi. En automne et au printemps, l'air est pur et propre à hâter le retour de la santé des convalescents. Les habitants de Mascara sont rarement atteints des maladies particulières au climat d'Afrique, et les fièvres intermittentes sont presque inconnues parmi eux. Les trois cours d'eau de l'oued Toudman, d'Aïn Beïda, et de Ben Arrach, se réunissent sour les murs de Mascara, à 100 mètres au S. de la ville. Ils vont se déverser dans la plaine de R'ris, fournissent aux besoins des irrigations, et vont se perdre dans les prairies domaniales, à 18 kilom. environ, au S.-E.

Les sections communales de Mascara, sont :

SAINT-ANDRÉ. Ce village, commencé en 1847, à 1,800 mètres S.-O. de Mascara, au lieu dit *Arcibia*, n'a été définitivement constitué que par décret du 22 janvier 1850. Les premiers colons étaient d'anciens militaires. Le nombre des habitants s'élève aujourd'hui à 361 Français, 54 Etrangers. Dans la banlieue il y a 35 Arabes. Les eaux du ravin d'Arcibia y ont été amenées, alimentent la fontaine située au centre du village, et à leur sortie sont réunies dans un vaste bassin, d'où elles vont arroser les jardins de ce canton fertile.

SAINT-HIPPOLYTE, situé sur le petit plateau d'Aïn Toudman, à 3,300 mètres au N. de Mascara. Il a été créé aux mêmes époques et dans les mêmes conditions que Saint-André, au milieu des montagnes, qui séparent la plaine R'ris de celle de l'Habra. La route de traverse qui conduit à Mostaganem, touche un des angles de ce village. Entre le ruisseau qui abreuve les habitants, et une chaîne de mamelons à pentes assez escarpées, se trouve une zône de terrains aplanis et arrosables, d'une largeur de 60 mètres, sur une grande longueur : c'est sur cet emplacement qu'on a distribué aux colons des jardins potagers, qui sont en plein rapport et plantés d'arbres de toute espèce. Le village présente un carré, dont les côtés ont 140 mètres. Il possède une belle place, ornée d'une plantation de mûriers, Chaque colon jouit, à côté de son habitation, d'une grande cour formée par des murs crénelés, d'une assez grande élévation, formant une enceinte presque continue. Un fossé et deux bastions complètent le système de défense. Des peupliers, plantés à 2 mètres des murs, leur forment tout autour une ceinture verte du plus gracieux effet. Cette position domine la plaine de R'ris. La population est de 98 Français, 4 Etrangers. La cascade de Sidi Dahô, à environ 4 kilom., est assez curieuse pour mériter l'attention des visiteurs.

Dans le but de faire connaître la physionomie du pays, nous ne résistons pas au plaisir de citer ici quelques passages d'une relation de voyage à Mascara, qu'un touriste humoristique, déjà plusieurs fois cité dans ces descriptions de la province d'Oran, a envoyé à l'*Opinion nationale*, sous la date du 25 octobre 1866 :

« C'est certainement une grande surprise pour un Parisien de voir, au 12 octobre, les vendangeurs dans les vignes d'un coin quelconque de l'Algérie. C'est pourtant ce que j'ai vu ces jours-ci, après avoir gravi le riant plateau de Mascara.

« On ne s'attend guère à voir une scène de Bourgogne quand on grimpe, par la route suspendue en corniche, les rampes escarpées du *Djebel-Tifroura*. Sans les oliviers et les palmiers nains, en se croirait dans les Alpes ; si l'on voyait de la neige sur les cimes, on s'imaginerait volontiers que l'on gravit le mont Cenis. Heureusement, les précipices sont presque toujours couverts de hautes broussailles, quelquefois même de vraies forêts de lentisques, de tamariscs et de thuyas aux troncs desquels on pourrait se raccrocher, s'il prenait fantaisie aux chevaux de se débarrasser de vous.

« Nous étions partis de l'oued El-Hammam (rivière du Bain), dans les eaux de laquelle on pêche, le croiriez-vous ?....... des anguilles et des barbillons.

« N'ayant pas de guide ni de conducteur de diligence pour nous renseigner, nous demandions souvent des nouvelles de Mascara.

« Et nous montions toujours, sans voir les minarets, le dernier sommet en cachait un autre, puis un autre, — et quatre heures ainsi.

« Les distractions ne nous manquaient pourtant pas. A mesure que nous montions, les points de vue changeaient : aux gorges vertes et boisées succédaient des entassements de roches nues; des groupes de tentes écrasées en rond dans les broussailles se montraient, laissant échapper les troupeaux et les enfants dans les coins verts où l'on pouvait paître et se rouler; des vallées aux pentes rouges tachetées çà et là de touffes sombres de jujubiers et de diss, ressemblaient à d'immenses peaux de tigre; puis des ravins aux flancs tourmentés, aux côtes tranchantes, portant souvent, pour toute parure, un olivier sauvage en plumet.

« Outre cela, c'était un vendredi, jour de marché à Mascara, marché très-fréquenté, où les indigènes, grands flâneurs, viennent de dix lieues à la ronde, n'eussent-ils qu'une poule ou une mesure d'orge à vendre. Les méandres de la corniche où nous nous traînions ruisselaient de troupeaux; les petits ânes, chargés ou déchargés, y faisaient la majorité à côté des chevaux efflanqués, des bœufs rouges, bas et trapus, et des interminables chameaux qui donnent l'idée d'un pic de montagne en marche. A côté ou sur le dos des bêtes, marchaient les maîtres avec leurs vêtements de moines du moyen âge, qui, je dois l'avouer, s'harmonient à merveille avec la couleur des terrains et les roches auxquels la nature les a accrochés.

« Enfin, à quatre heures et quart, au moment où nous nous résignions à l'indéfini, des lignes vertes régulièrement espacées nous apparurent à travers les poteaux du télégraphe. C'étaient les vignes, sentinelles perdues des vignobles déjà célèbres de la contrée de Mascara. Le but approchait, mais la ville ne se montrait pas encore. Elle est si bien masquée de montagnes, qu'on ne la voit qu'en y entrant.

« Après avoir gravi le dernier sommet, la végétation éclata comme un bouquet; la vigne nous entoura de toutes parts drue et fraîche, pleine encore de grappes que des troupes de vignerons cueillaient en riant, comme en pleine Bourgogne. Ici je n'ai pu retenir mon enthousiasme; j'ai salué les coteaux de Mascara en jetant en l'air mon chapeau, que le vent a failli prendre pour un cadeau.

« Aux groupes qui revenaient toujours du marché, se mêlaient cette fois des voitures chargées de tonneaux placés debout et remplis de raisins noirs à demi foulés. Des jolies maisons rouges, et des cours ombragées, sortaient des odeurs de grappes en fermentation. Plusieurs cabarets, le long de la route, réunissaient, sous leurs auvents lumineux, des compagnies bigarrées de turcos, de négros et même d'Arabes qui, mêlés aux soldats de France, venaient goûter le vin blanc nouveau. Les enseignes très-engageantes, malgré la hardiesse de leur orthographe, nous décidèrent à nous mêler à la foule, de sorte qu'il était à peu près nuit quand nous arrivions sur le pont du ravin de Mascara.

« Tout le monde sait qu'il y a des vignobles à Mascara, que quelques-uns d'entre eux donnent déjà des vins agréables, et que tous en donneraient si la qualité des cépages était mieux choisie; la grande surprise était pour nous dans la maturité tardive et dans la saison avancée où nous surprenions les vendangeurs à l'œuvre. En réfléchissant à la succession des pentes raides, échelonnées depuis le Sig (quarante-huit kilomètres), on se rend compte de ce retard; quand on mange des petits pois et des asperges à Mascara, il y a près de deux mois qu'ils sont rôtis à Oran par le soleil.

« Si les gigantesques aloès n'avaient montré leur mine altière dans les haies, et si les caroubiers et les oliviers, vastes comme les châtaigniers, ne s'étaient dressés le long des chemins et au milieu des champs, on n'aurait jamais pu se croire en Afrique. Je ne doute pas qu'avec de pareilles conditions de sage lenteur dans la végétation, les vignobles de Mascara ne soient appelés à partager, sur les tables de l'Europe, le triomphe des vins de France.

« Ce nom de Mascara est d'ailleurs un nom si sonore, si facile à retenir, si plein de gaieté; il ferait si bien à côté des noms de Chambertin, de Pomard, de Chablis, de Sauterne et de Château-Margaux, qu'il faut se hâter de l'y placer.

« Le quartier indigène n'a plus rien de bien original; les habitants l'avaient ruiné quand la ville est retombée définitivement aux mains des Français. Ce qui m'y a le plus intéressé, ce sont les enfants demi-nus qui se roulent et jouent dans la poussière, devant les maisons basses, éclatantes, dont la blancheur fait ressortir les cafetans bleus et les *chachias* rouges.

« Cependant, à l'œil qui sait chercher se présentent encore par-ci par-là des portes en fer à cheval, des intérieurs à colonnes qui semblent des intérieurs de cloître, ombragés de larges figuiers.

« De toutes les surprises qu'offre Mascara, l'une des plus étranges est d'y rencontrer des harpistes italiens. Là, comme à Sidi Bel-Abbès, comme à Tlemsen, on rencontre devant les cafés ce genre d'artistes aussi fréquemment qu'à Paris.

« Comment ont-ils pu se hisser jusqu'ici, eux et leurs lourds instruments?

« Les décrotteurs y abondent également avec la boîte classique du pont Neuf, portant la semelle de bois pour assurer le pied. Voilà du progrès, j'espère, mais il n'est pas à la portée de tous, car les pieds-nus et les babouches indigènes n'en profitent pas. » (Antony MÉRAY.)

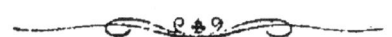

ARRONDISSEMENT DE MOSTAGANEM.

L'arrondissement de Mostaganem comprend six communes : I Mostaganem, II Aboukir, III Aïn Tedlès, IV Pelissier, V Relizane, VI Rivoli.

I.
COMMUNE DE MOSTAGANEM.

SITUATION. Mostaganem est situé par 2°15' de longitude occidentale, et par 35°57' de latitude N., sur la côte septentrionale de l'Afrique, à 7 lieues marines E. d'Arzeu, et 20 d'Oran, dans la même direction.

MOUILLAGE. On mouille vis-à-vis l'ouverture du ravin, sur lequel la ville est assise, à la distance d'environ un mille ; on trouve alors 14 ou 15 brasses, fond de vase ; on ne saurait y rester avec les vents d'O. et de N.-O. Dans la belle saison, on peut mouiller provisoirement sur tous les points de cette côte ; le fond est bon, il n'y a aucun danger. La partie du S. du mouillage est terminée par une pointe aiguë, qui s'avance vers le N.-O., et qu'on appelle pointe de Mazagran, du nom d'une petite ville située à peu de distance vers le S.-S.-E. sur des collines, comme Mostaganem.

NOTE HISTORIQUE. Mostaganem était, dans l'antiquité, une aggrégation de villages, dont on trouve les traces, moins dans les ruines qui couvrent les entours de la ville actuelle, que dans leur emplacement sur les flancs d'un ravin que parcourt, en serpentant, l'oued Safra.

Léon l'Africain dit que ces divers hameaux furent fondés par les Allemands, ce qu'il faudrait entendre d'une restauration de ces centres de population par les Vandales. Iousef ben Tachefin, l'Almoravide, bâtit au milieu de la ville le château que nous appelons le fort des Cigognes.

Les rois de Tlemsèn régnèrent longtemps à Mostaganem, et y entretinrent une grande prospérité. Lorsqu'ils commencèrent à déchoir, le pays s'en ressentit. Sidi Hamed ben Iousef de Miliana, voulant peindre l'esprit des habitants, uniquement attentifs aux jouissances grossières, a dit qu'ils se hâtaient de relever le talon de leurs pantoufles pour courir plus vite après un bon morceau.

Khaïr ed-Dîn Barberousse s'empara de Mostaganem en 1516; il en agrandit l'enceinte et la fortifia. Matmore, espèce de faubourg, de l'autre côté du ravin, sur la rive droite de l'oued Safra, fut entouré d'un mur, et bientôt 20,000 habitants jouirent, sur ce point, de tout le bien-être qu'amène un grand mouvement commercial. Les Maures, fugitifs d'Espagne, vinrent y tenter de larges exploitations agricoles et transplanter, dans ces vallées fertiles, la culture du coton.

En 1558, le vieux comte d'Alcaudète parut devant Mostaganem, mais Hassan Pacha, fils de Barberousse, l'obligea à lever le siége.

L'incurie des chefs turcs et, plus que toute autre cause funeste, la présence des milices qui entourèrent longtemps les beys de Mazouna, réfugiés dans la ville, contribuèrent à écarter les habitants paisibles et laborieux de ce centre industriel, véritablement favorisé de la nature. En 1792, le bey ayant repris possession d'Oran évacué par les Espagnols, les habitants de Mostaganem furent transplantés dans cette capitale, pour la repeupler, au détriment de leur ville natale.

En 1830, le commandement de Mostaganem ayant été donné au kaïd Ibrahim, les tribus environnantes refusèrent de reconnaître son autorité, pillèrent les récoltes et détruisirent les maisons de plaisance qui ornaient les abords de la ville. Les combats acharnés que les Turcs livrèrent aux Arabes, finirent par amener l'émigration totale de tous les Maures.

En 1832, Kaïd-Ibrahim tenant la ville avec les Coulour'lis, accepta une solde de la France, à la condition de nous conserver ce poste. Le 25 juillet 1833, le général Desmichels vint, avec la frégate la *Victoire*, et 1,400 hommes, occuper Matmore, et ramena les Coulour'lis à Oran. Mais à peine était-il parti, qu'Abd el-Kader assiégea la place, et y maintint une espèce de blocus. Par suite du traité de 1834, un consul de cet Arabe reconnu Emir, fut agréé pour résider dans la ville, qui fut conservée à la France par le traité de la Tafna. L'arrêté du 8 décembre 1835 y institua un bey ; celui du 8 mai 1841, en créant un commissaire civil, en fit un chef-lieu de district, et l'arrêté du 9 août de la même année créa au bey un entourage de khalifas, d'aghas, de hakems et de kaïds. La délimitation du territoire fut fixée par l'arrêté du 18 juillet 1845.

Le 20 mai 1865, l'Empereur arrivant d'Oran visita Mostaganem, et s'y embarqua le 22 pour revenir à Alger.

IMPORTANCE POLITIQUE. Mostaganem est le chef-lieu d'une subdivision militaire, résidence d'un Général de brigade. C'est aussi une Sous-Préfecture. Une Justice-de-Paix fonctionne depuis longtemps. Un Tribunal de première instance a été établi le 6 février 1856. La population est de 2,606 Français, 2,585 Etrangers, 1,267 Juifs, 4,280 Arabes.

ASPECT EXTÉRIEUR. Mostaganem est bâti à un kilom. de la mer, sur un plateau élevé de 100 mètres, que coupe l'oued Aïn Seufra qui, venant de l'E., enveloppant ainsi la ville proprement dite, et fléchissant mollement au N.-E., se décharge à la mer dans le golfe d'Arzeu. Mostaganem est entouré d'une enceinte crénelée, qui va jusqu'à la crête du plateau où il est assis. Le fort des Cigognes, situé du côté de la plus petite partie de la ville, est aperçu de loin à cause de la blancheur de ses murailles et de leur configuration. Une belle caserne se montre aussi avec avantage. De la mer, on voit la grande place dont le périmètre carré est bordé d'arbres et encadré de belles constructions à arcades. De l'autre côté de l'oued Seufra, rive droite, sur un coteau, à l'E. de Mostaganem, s'étend le quartier de Mâtmore, qui domine toute la ville, et se trouve dominé lui-même par le fort de l'E. C'est là que se trouvent tous les bâtiments militaires. Une route longe Matmore, descend dans le ravin, où tournent neuf moulins, passe le cours d'eau, et remonte le monticule de Mostaganem. Il y a cinq portes à la ville, qui sont : la porte de Matmore, des Medjhers, de la Marine, de Mascara et d'Arzeu.

PHYSIONOMIE LOCALE. La ville, d'un aspect riant, a conservé son caractère mauresque dans la partie basse. La grande rue Napoléon, toute bordée de maisons à arcades, qui se prolonge jusqu'à la porte de la Marine, — la rue de Tlemsên, de Matmore et du Faubourg, sont les voies de communication les plus remarquables. Les places sont : la place du Sig, du Premier de Ligne, des Cigognes — et la place de la Halle où toutes les maisons sont bâties uniformément, ont des arcades et des galeries. Le marché se tient tous les jours sur la place du Sig et à la Poissonnerie.

Le commerce a pour objet les bestiaux, les laines, le coton, le tabac, les grains. La minoterie occupe des usines importantes. Il y a aussi quelques tanneries et de nombreuses briqueteries et fours à chaux, aux abords de la ville.

ÉTABLISSEMENTS MILITAIRES. Outre la Grande-Caserne dont nous avons parlé, il y a encore un Camp occupé par la cavalerie et le train des équipages. Les Turcos sont réunis dans une ancienne mosquée. Les différents corps en garnison dans la ville y ont des magasins pour leur matériel. Un vaste Hôpital, à Matmore, contient 1,000 lits. Il existe un Cercle militaire qui conserve une petite bibliothèque. Un Télégraphe électrique communique avec Oran.

ÉTABLISSEMENTS CIVILS. L'église catholique est bâtie au milieu de la place de la Halle, qu'elle occupe en grande partie. Un oratoire du culte protestant a été ouvert par arrêté du 9 septembre 1856. Les Musulmans ont une mosquée, à laquelle ils sont très-assidus. On voit une synagogue dans la rue Napoléon. Les Sœurs Trinitaires élèvent 500 jeunes filles, et tiennent une salle d'asile. Les jeunes personnes israélites ont aussi une école. Un établissement communal réunit encore, en deux classes, les enfants chrétiens et juifs. Il y a une école arabe-française. Il existe une caisse d'épargne, — une Société de secours mutuels. L'institution d'un Bureau de bienfaisance a été approuvée dès le 31 juillet 1853. La Mairie, sur la place de le Halle, est un beau bâtiment, aussi bien que le Tribunal. La Halle aux grains, près de la porte de Mascara, la Halle aux poissons, le Caravansérail des Arabes, favorisent le commerce. Un ancien aqueduc apporte l'eau, qui est débitée par des bornes-fontaines, et alimente la fontaine Bourjoly au faubourg Tigditt, qui a encore un autre monument de la même utilité. Le ravin qui traverse la ville, séparant Matmore, quartier militaire de Mostaganem proprement dit, offre la promenade la plus agréable, après la belle place déjà décrite plus haut. Un Cercle civil, et une Loge maçonnique, sous le titre distinctif des *Trinosophes africains*, réunit les affiliés à ces genres de récréation.

INDUSTRIE PARTICULIÈRE. Pendant quatre mois de l'année, les dimanches, mardis et jeudis, s'ouvre une jolie salle de spectacle. Société philharmonique. Parmi les nombreux cafés, il faut citer ceux *de Paris, du Commerce, de la Bourse*. Les meilleurs restaurants sont ceux *de France, de la Régence, de l'Univers*. Des voitures de place sont à la discrétion des promeneurs. A des heures fixes, des diligences se dirigent sur Oran, en passant à Mazagran, à la Stidia, à Arzeu.

BANLIEUE DE MOSTAGANEM. *Tigditt* a une population d'Arabes qui cultivent des légumes et les fruits. Dans les fermes, il y a 115 Français, 78 Étrangers, et au lieu dit *les Citronniers*, 192 Arabes. Le plus bel établissement à visiter est le Haras, peuplé de chevaux, de juments et d'élèves, qui exercent sur la régénération de la race chevaline du pays la plus précieuse influence. Autour des bâtiments s'étendent de beaux jardins. Le nombre des exploitations isolées s'élève à plus de 220, occupant une superficie totale de 3,317 hectares. De nombreuses vignes, et plus de 70,000 figuiers, donnent des fruits renommés. La campagne a la réputation d'être la plus fertile de toute l'Algérie, dans un rayon de 4 kil. autour de Mostaganem.

ROUTES. Sept routes rayonnent de Mostaganem :

1º et 2º au N. celles de Kharouba et de Tounin ; 3º au N.-E. celle d'Orléansville, passant par Pelissier ; 4º à l'E. celle de Bel-Assel ; 5º plus au S. encore, celle d'Aboukir; 6º au S.-O. celle d'Aïn Nouïsy ; et 7º la route d'Arzeu, qui contourne le golfe dans la direction de l'O.

Les sections communales de Mostaganem sont :

KHAROUBA. Ce village a été créé, en 1848, à 4 kil. N. de Mostaganem, en face de la mer. Le territoire sablonneux est plutôt propre au seigle qu'au froment. Quelques puits suffisent aux habitants, qui sont au nombre de 28. Un abreuvoir a été établi. Le service forestier a fait des semis pour reboiser les dunes.

MAZAGRAN, village construit à 5 kil. S.-S.-O. de Mostaganem, sur le plateau qui domine à l'E. la Vallée des Jardins et celle du Nadour, — à l'O. la mer, dont il n'est éloigné que d'un kilom., — occupe l'emplacement d'une ville antique, relevée par les anciens Arabes, sur le versant occidental d'une colline très-raide. Le plateau est livré aux céréales ; le flanc et le bas de la colline sont couverts de beaux jardins et de vergers. La redoute, qui domine la plaine, la mer, et le centre de population, forme le sommet du triangle incliné que figure l'ensemble des constructions.

Après la mort du comte d'Alcaudète (1558), Hassan Pacha, fils de Barberousse, s'empara de Mazagran. En 1833, une garnison française y ayant été établie, les habitants abandonnèrent leurs maisons. Abd el-Kader signala la rupture du traité de la Tafna par l'attaque de ce point, le 13 décembre 1839. Du 3 au 6 février 1840, Mustapha ben Tamy, khalifa de l'émir à Mascara, attaqua le réduit, où 123 soldats du 1er bataillon d'infanterie légère d'Afrique, sous les ordres du capitaine Lelièvre, tenaient garnison, et livra quatre assauts à la tête de 12,000 Arabes soutenus de deux pièces d'artillerie. Le mur d'enceinte de Mazagran a été relevé et réparé. Une colonne monumentale, ouvrage de M. Latour, s'élève sur le fort, théâtre de la défense. L'Empereur a voulu visiter le lieu de ce fait d'armes, le 20 mai 1865. L'ordonnance royale du 18 janvier 1846 y a créé un centre de population qui présente aujourd'hui un effectif de 351 Français, 253 Etrangers, 684 Arabes.

La situation de ce village est charmante et dans des conditions avantageuses : on l'a surnommé *le Diamant de la Province.* Une très-jolie église avec horloge, une fort belle école pour les deux sexes, fréquentée par les adultes durant les longues soirées d'hiver, sont les bâtiments communaux de la localité. Une fontaine est construite sur la place du village; le lavoir et l'abreuvoir sont pleins d'une eau savoureuse et limpide. Les eaux abondantes qui sillonnent les jardins, y sont amenées par des conduits partant de nombreux bassins. Un grand nombre de puits et de norias viennent encore augmenter les ressources d'irrigation de ce centre. La vigne fait de rapides progrès. De nombreuses plantations de mûriers réjouissent la vue. Un moulin à vent fonctionne pour la minoterie. C'est entre ce point et Mostaganem, et le long de la route d'Arzeu, que s'étend, du côté de la mer, le vaste hippodrome de forme ovale, théâtre des courses qui ont lieu depuis le 11 novembre 1847. Les chevaux en ont parcouru le tour en une minute quarante-cinq secondes (terme moyen).

Dans des fermes sont 100 Français et 14 Etrangers.

Les annexes de Mazagran, sont :

Un petit hameau maritime habité par 115 pêcheurs étrangers, construit à la pointe dite de *la Salamandre*.

Un endroit nommé *Kistel*, où sont 649 Arabes et 40 Européens.

Ouréa, hameau sur la route d'Oran à Mostaganem, à 6 kil. de ce point, a été fondé en 1850, et régulièrement constitué par décret impérial du 22 avril 1853, sur un territoire principalement propre aux céréales. On y rencontre aussi de vastes champs de vignes et de nombreux carrés affectés aux cultures maraîchères et légumineuses. Les troupeaux trouvent dans les petits vallons formés par les dunes, et sur la montagne qui s'élève à l'E., une pâture très-appétissante. La situation d'Ouréa, resserrée entre la mer et des collines escarpées et rocheuses, s'oppose à l'extension de sa laborieuse population, présentant un effectif de 44 Français et 11 Etrangers. Deux sources fournissant, par une conduite, le débit d'une fontaine et un abreuvoir, suffisent aux besoins de l'endroit.

II.

COMMUNE D'ABOUKIR.

Aboukir est situé à 12 kilom. S.-E. de Mostaganem, et à 79 kilom. d'Oran, dans le voisinage de la plaine de l'Habra, sur la route de Mostaganem à Mascara.

Ce centre, créé en 1848 pour des colons parisiens, a été définitivement constitué par décret du 11 février 1851, au lieu dit *Mezara* et les *Trois-Marabouts*. Le décret du 31 décembre 1856 l'a érigé en commune. La population est de 185 Français, 385 Arabes.

Les eaux sont abondantes et d'un aménagement facile. Deux fontaines, un lavoir, de vastes abreuvoirs, des bassins, des canaux, un ruisseau qui traverse le village en toute saison, assurent les irrigations. Le territoire est de bonne qualité, quoique couvert de palmiers-nains. La culture des céréales occupe presque tous les bras des colons ; la vigne y vient très-bien. Une plantation de cette essence, située sur le revers d'un coteau incliné vers le S., se fait remarquer par la richesse de sa végétation. Les cultures légumineuses rendent d'excellents produits. Les petits pois sont cultivés par hectares, et il s'en écoule des cargaisons par Mostaganem. Le commerce du bétail est favorisé par les excellents fourrages de la plaine de l'Habra. On élève aussi beaucoup de volaille à Aboukir, qui a la renommée bien méritée pour ses canards. Un habitant expédie avec avantage des tortues à Paris, en Belgique, en Angleterre. La piquette, confectionnée avec des figues douces, dont le pays abonde, de l'orge, des caroubes, des figues de Barbarie, présente une boisson économique, qui est devenue populaire dans le pays. Il y a une église. Goufirat et Ouled Malef sont des centres de population arabe, où se trouvent 1,841 individus.

Une curiosité des environs est une belle grotte, pleine de stalactites.

La commune d'Aboukir a deux sections communales :

AIN SI-CHÉRIF, créé en 1849, à 18 kilom. de Mostaganem, sur la route de cette ville à Aboukir, au pied d'une montagne, reçoit les eaux qui viennent d'une gorge et se joignent à celles d'une source, qui donne son nom à la localité, pour arroser les terres, spécialement affectées aux céréales. Cet endroit a un abreuvoir et un lavoir. La population est de 235 Français, qui s'escriment contre les palmiers-nains, dont le sol est envahi. Le décret du 4 juillet 1855, a définitivement constitué ce centre, dont l'annexe est :

Ouled Hamden, dont la population est de 645 Arabes et 20 Européens.

BLED TOUARIA, créé à la même époque qu'Aïn Si-Chérif, et constitué par le même décret, est situé à 19 kilom. de Mostaganem. Trois bons puits remplissent un abreuvoir et un lavoir. Les colons, venus de la Lorraine et de l'Alsace, cultivent les céréales et les pommes de terre, qui sont chez eux d'une qualité excellente. Ils ont le monopole de la vente des fagots et du charbon de bois, aux entours. Leur sol vigoureusement disputé par eux aux palmiers-nains, est riche en carrières à plâtre, en albâtre, en pierres de taille, en terre plastique. Un colon fournit de poterie tous les villages environnants. La population est de 165 habitants. Il y a une église.

A *Ouled Chafa* et *Ouled Sidi Abdallah* habitent 1,025 Arabes.

III.

COMMUNE D'AIN TEDLÈS.

Aïn Tedlès est situé à 21 kil. N.-E. de Mostaganem, sur un plateau qui descend en pente douce vers la vallée du Chélif, et se compose d'un sol qui renferme des qualités très-distinctes. Sur le plateau, les terres calcaires sont unies à une proportion variable d'argile; sur le coteau et dans la vallée, elles sont argileuses, et partout, d'une fertilité remarquable. Au bord du fleuve, elles se couvrent de prairies sur une largeur de 1,000 mètres.

Cette colonie agricole a été fondée en 1848, sur la route d'Orléansville. Le décret du 31 décembre 1856 l'a constituée en commune. Les habitants sont au nombre de 416 Français, 28 Étrangers, 27 Juifs, 585 Arabes.

Le village est bâti et entretenu avec plus de luxe que les centres de population du même degré. Les rues sont larges et bordées de trottoirs. Des arbres les décorent. Une jolie pépinière est créée dans un ravin, où des puits nombreux ont été creusés. Un puits, au milieu de la place, une fontaine, un abreuvoir, un lavoir couvert, à la porte du village, suffisent abondamment à tous les besoins. Il y a une église.

Les colons d'Aïn Tedlès cultivent les céréales, la vigne, composent des conserves de figues, spéculent sur les foins, — font de bonnes affaires avec les Arabes, qui fréquentent un marché où la circulation du numéraire est importante. Ouled Cherfa, Ouled Boukamel et Goufirat ont une population de 1,675 Arabes, parmi lesquels sont quelques Européens.

La commune d'Aïn Tedlès comprend deux sections communales :

Le PONT-DU-CHÉLIF est une colonie agricole fondée en 1849, remise en 1852 à l'administration civile, et constituée définitivement, par décret du 4 juillet 1855, à 20 kilomètres N.-E. de Mostaganem, sur un territoire que traverse le fleuve. Les Turcs avaient bâti en cet endroit un pont de 79 mètres de longueur, au moyen du travail de 4,000 Espagnols captifs. Les Français l'ont réparé pour 403,110 fr., dont les tribus voisines ont payé le quart, par des dons volontaires. Le village, sur la rive droite du Chélif, a une population de 79 Français, 31 Étrangers. La culture des céréales, l'élevage du bétail, sont leurs ressources fructueuses. Un puits, à fond de gravier, sur le bord du Chélif, est un vaste filtre où les eaux du fleuve arrivent dépouillées des matières qui nuisent à leur bonne qualité pour les usages domestiques.

SOUR-KEL-MITOU (par abréviation de *Sour-Koul-Mitou*, le fort des Massacrés), colonie agricole de 1848, située à 25 kilom. de Mostaganem, sur les collines qui se terminent en face du

Chélif, vers lequel on descend par un ravin, qui est un des sites les plus remarquables de la contrée. Les ruines d'un fort antique témoignent de l'importance, toujours appréciée, de ce poste fréquenté encore par les Arabes, qui s'y donnent rendez-vous à un opulent marché. Les colons parisiens, qui sont venus s'y installer, y forment une population de 196 individus, et cultivent les céréales et toutes les plantes industrielles. Les arbres fruitiers donnent des produits d'un volume et d'une saveur remarquables. Les abricots, et surtout les pêches, ont une délicatesse justement renommée. Les fleurs même sont l'objet de lucratives spéculations.

Les sources alimentent une fontaine, un lavoir, un abreuvoir, et mettent en mouvement un moulin à deux tournants, établi sur le versant du Chélif, à très-peu de distance du village. Il y a une église. La route de Sour-Kel-Mitou à Mostaganem traverse Aïn Tedlès, H'asi Tounin et Pelissier.

Chélafa est un centre de 581 Arabes.

IV.

COMMUNE DE PELISSIER.

Pelissier est situé à 4 kil. N.-E. de Mostaganem, sur la route de ce point à Orléansville, à l'extrémité E. de la Vallée des Jardins.

Ce centre fut créé en 1846, pour être peuplé de soldats de l'armée d'Afrique libérés du service militaire. Cette pensée n'a pas été réalisée. Le décret impérial du 31 décembre a érigé en commune la localité dont nous nous occupons. Pelissier a une population de 56 Français. Il y en a 154 dans les fermes.

Un puits public, pourvu de son matériel, avec abreuvoir en pierres de taille, donne l'eau nécessaire aux habitants et aux bestiaux.

Le territoire, composé d'un sol rouge et sablonneux, est particulièrement propre à l'arboriculture. Les céréales et toutes les cultures industrielles y réussissent très-bien. On compte 250 hectares plantés en vigne, ainsi que 15,000 figuiers et 11,000 mûriers. Un colon a établi une nopalerie. Les Arabes aux entours, sont au nombre de près de 3,000. Dans la tribu des Hachems, 1,283 ; à Zouïa, 133 ; dans la Vallée des Jardins, 1,536.

La *Vallée des Jardins*, légèrement ondulée, développe sa vaste étendue à l'E. du plateau calcaire de Mostaganem, éloigné de 3 kilom. Les exploitations forment un corps de fermes où les norias favorisent tous les genres de culture. On distingue, à droite de la route de Mostaganem à Mascara qui parcourt toute la longueur de la vallée, les fermes du kaïd des Flittas, la maison de plaisance princière de Sidi Laribi, et autres importantes exploitations.

La commune de Pelissier embrasse :

AIN BOU DINAR qui fait remonter sa fondation à 1849. Son peuplement n'a commencé qu'en 1851. Le décret du 4 juillet 1855 a constitué définitivement Aïn bou Dinar sur un territoire, à 12 kilom. de Mostaganem. Population : 116 Français, 7 Etrangers.

Aux *Cheurfa Hamédia*, il y a 26 Français, 19 Etrangers, 861 Arabes, et dans les fermes, 25 Français.

TOUNIN, colonie agricole de 1848, située à 4 kilom. de Pelissier et à 9 kilom. de Mostaganem, pour une population composée en grande partie d'artisans des villes, qui se sont façonnés aux travaux des champs. La vigne y réussit très-bien. Les céréales se font remarquer par un rendement exceptionnel. De jolies plantations publiques embellissent le village, qui possède fontaine, abreuvoir, lavoir et des puits nombreux. Une briqueterie livre ses nombreux produits. Un colon a établi un Tivoli, qui est une curiosité de l'endroit. La population est de 103 habitants, qui ont une église.

Une fraction des Hachems présente 694 individus.

V.

COMMUNE DE RELIZANE.

Relizane, créé par décret impérial du 24 janvier 1857, à 65 kilom. S.-E. de Mostaganem, sur la pente occidentale d'une colline au pied de laquelle s'étend la plaine de la Mina, d'une superficie de 15 à 20 kilom., a des terres fertiles en tabac et coton, qu'arrosent les eaux de la Mina, interceptées à 3 kilom. en amont de la ville, par un magnifique barrage. Au moyen d'aqueducs, d'un canal d'irrigation qui fait le tour de la moitié du périmètre de la ville et borde, dans son parcours, le boulevard Napoléon, complanté d'une triple rangée d'arbres, et orné à distance de jolis siéges verts, fort élégants, une machine hydraulique soulève les ondes de la Mina et les lance dans le grand bassin d'un château d'eau, au point culminant du centre de population, d'où elles se déversent dans une fontaine, et de là se répandent dans les maisons et les plantations. Il y a une église, des Ecoles, une Caserne, une Station télégraphique, un Bureau de poste, un marché arabe. La population est de 983 Français, 1,002 Étrangers, 293 Juifs, 322 Arabes. Population en bloc : 783 individus. A 2 kilom. environ de Relizane, sur une colline dominant la ville, se trouvent placés un fort et une poudrière. Ces constructions ont servi à l'installation d'une ambulance. Les Anciens avaient occupé ce point; on y a trouvé des sous d'or de l'époque du Bas-Empire. Les Turcs avaient aussi construit un barrage des eaux de la Mina, que nous avons restauré et singulièrement amélioré. Le 21 mai 1864, le 1 et 3 juin, les entours de Relizane furent ravagés par Si Lazreg bel-Hadj, à la tête des Flittas révoltés. Il fut victorieusement repoussé par la population de la ville.

Au sujet de cette résistance glorieuse, l'*Écho d'Oran*, en mars 1865, donnait du retentissement à l'enthousiasme d'un de ses correspondants, qui écrivait :

« Cet enthousiasme est facile à comprendre ; il suffit de rappeler que Relizane, l'année dernière, sans remparts, désarmée, sans troupes, a été le boulevard sauveur d'une partie de la province. Elle a sauvé, en effet, cette jeune et vigoureuse colonie, — elle a sauvé, en s'immolant, toute la colonisation, depuis Orléansville jusqu'à Oran. En face du danger, Relizane s'est dressée fièrement, décidée à vaincre ou à mourir. Relizane a arrêté les vagues humaines, tumultueuses et montantes des envahisseurs qui, en débordant à travers le Tell, vers Orléansville et vers Oran, auraient, comme les flots furieux d'un torrent aveugle et impétueux, tout ravagé en promenant la mort et l'incendie sur leurs pas. Relizane a résisté, et le Tell, avec ses nombreux villages et ses riches plaines, a été sauvé. »

Le 21 mai 1865, un an après le fait d'armes qu'exaltent les lignes que nous venons de citer, et à pareil jour, l'Empereur est venu visiter ce point.

Les sections communales de Relizane sont :

BOUGUIRAT, sur la route de Mostaganem à Relizane, créé le 16 avril 1862. Population : 161 Français, 13 Étrangers.

L'HILLIL. Population : 193 Français, 20 Etrangers, 2 Juifs, 9 Maures.

VI.

COMMUNE DE RIVOLI.

Rivoli est situé à 8 kilom. S. de Mostaganem, à l'extrémité O. de la Vallée des Jardins, sur la route de Mascara. Rivoli a été un poste militaire peuplé par des émigrants parisiens, et constitué en commune par le décret du 31 décembre 1856. La population est de 284 Français.

Une église, — des Ecoles, une Salle d'asile, sous la conduite des Dames Trinitaires, sont établies dans des locaux appartenant aux colons. Une fontaine, un abreuvoir, construits sur la place, servent plutôt aux passagers qu'aux habitants, qui ont des puits dans chacun de leur domaine, et ne manquent point de moyens d'irrigation, — la nappe d'eau s'étendant à 5 ou 6 mètres de profondeur.

Les céréales, les plantations, le bétail sont en belle voie d'augmentation et de prospérité. Un moulin à manége fonctionne pour les colons de Rivoli et les Arabes du voisinage.

Dans la tribu des Dradeb sont 70 Français et 925 Arabes. Au Val du Nadour sont 595 indigènes.

Les sections communales de Rivoli, sont :

AIN NOUISY, colonie agricole, à 15 kilom. S.-O. de Mostaganem, fondée pour des émigrants parisiens, qui se dégoûtèrent et furent remplacés par une population laborieuse et entreprenante, qui s'est assuré le bien-être par les céréales et la vente du bétail, que les Arabes viennent chercher en un marché fort bien hanté. Le village est situé au débouché de la route de Mascara, dans la plaine de l'Habra, protégé des vents du N. par des collines couvertes de broussailles. L'eau, qui n'est pas abondante, est amenée par une longue conduite fréquemment réparée. 10,000 figuiers et 17,000 mûriers et arbres fruitiers sont en plein rapport. La population d'Aïn Nouisy est de 227 Français et 32 Étrangers. On est admirablement bien servi dans un bon hôtel. Il y a une église.

LA STIDIA, située à 17 kilom. de Mostaganem, et traversée par la route d'Oran à cette ville, fut fondée par ordonnance du 4 décembre 1846, pour être peuplée, comme Sainte-Léonie (commune de Saint-Cloud), par des émigrants prussiens, qui s'étaient réunis pour se rendre au Brésil. M. Duval *(Manuel descriptif de l'Algérie)* fait une peinture touchante des premiers efforts de ces courageux colons : « Pendant longtemps, dit-il, les familles ont passé les nuits à défricher, pour aller le lendemain vendre le bois à Mostaganem, et acheter les quinze sous de pain qui devaient les faire vivre le jour, et elles recommençaient la nuit suivante, jusqu'à extinction. » Aujourd'hui, ce centre, de 486 habitants, dont 394 Prussiens, est le plus florissant de l'arrondissement de Mostaganem. La culture des céréales est encore la principale industrie, mais les plantations sont vigoureuses et bien entretenues, les cultures industrielles promettent; de riches jardins entourent les maisons. Les enfants y sont nombreux. On fabrique de la sparterie, de la poterie; on distille les figues, les seigles, les caroubes. Chaque colon a un troupeau assez fort; il fabrique lui-même ses outils, répare ses charrues. — L'industrie a un moulin. — La Stidia est dotée de fontaines, de lavoir, abreuvoir et canaux d'irrigation. — Elle a une église.

ARRONDISSEMENT DE TLEMSÊN.

L'arrondissement de Tlemsên comprend trois communes qui sont: I TLEMSÊN, II NEMOURS, III PONT-DE-L'ISSER.

I.
COMMUNE DE TLEMSÊN.

SITUATION. Tlemsên est situé par 3° 38' de longitude occidentale, et par 34° 53' de latitude septentrionale, dans l'intérieur de l'Algérie, à 131 kilom. S.-O. d'Oran, à 64 kilom. S.-E. de Nemours, à 48 kilom. E. de Lalla-Mar'nia, à 36 kilom. N. de Sebdou, à 66 kilom. S.-O. de Sidi Bel-Abbès, à 45 kilom. S.-S.-E. de Rachgoun, son port naturel.

ASPECT EXTÉRIEUR. Tlemsên, au-dessus d'une plaine onduleuse, est agréablement situé sur un petit plateau de 820 m. d'altitude, au pied du Lalla-Setti, crête rocheuse qui le domine au S. et se rattache au Djebel Ternî. La Pépinière, le Bois de Boulogne, et une forêt d'oliviers, forment une magnifique ceinture autour de lui. Le thermomètre n'a jamais dépassé 37° centigrade, par les forts vents du désert : la température et de 28 à 29° en été, et de 6 à 7° au-dessus de 0 en hiver. La neige tombe peu de jours et ne séjourne que sur les plateaux environnants.

NOTE HISTORIQUE. Les Magraoua, branche de la tribu des Zenètes, passent, parmi les Arabes, pour être les premiers fondateurs de cette ville. M. Mac Carthy retrouve dans le point dont nous nous occupons, l'antique *Pomaria,* nom qui lui fut donné à cause des pommiers dont il était entouré. Pomaria était florissante au 11e siècle. A la faveur des Vandales, auxquels ils payèrent un tribut, les Zenètes reprirent l'autorité dans la ville (430), qu'ils nommaient Agadir. Après les premières fureurs de l'invasion musulmane, les Abd el-Oued, chefs de la nation Zenète, redescendirent des montagnes et fondèrent à Agadir une royauté qui dura plus de 300 ans, jusqu'au jour où Iousef ben Tachfin, fondateur de la puissance des Almoravides, eût fixé aux contingents de son vaste empire cette ville pour *rendez-vous* : ce que le mot Tlemsèn signifie en langue chellah, ainsi que le dit le colonel Walsin Esterhazy. Les Almoravides et les Almohades de Maroc y maintinrent leur puissance, en y laissant toujours pour gouverneur un prince de la grande famille des Zenètes. Iar'morasen, un d'entr'eux, se déclara enfin indépendant, et fut le chef de la dynastie des Zianites, presque toujours en guerre avec les empereurs du Maroc et de Fez, et les rois de Bougie et de Tunis. Ces derniers princes déposèrent, prirent, chassèrent, mirent à mort quelques-uns des rois de Tlemsèn, et, par l'envie que les richesses fabuleuses de cette capitale excitaient en eux, causèrent de grands ravages dans le pays. Un sultan de Fez, de la race des Merynites, Ioucef ibn Iacoub al-Mançour, était venu, en 1302, attaquer Tlemsèn, et resta plus de sept ans devant ses remparts. Il éleva à 2,200 mètres à l'O., une ville dont il ne reste plus que l'enceinte carrée, désignée sous le nom de Mansoura, rectangle de 900 mètres sur 700 mètres, formé d'une muraille en pisé de 7 à 8 mètres de haut, et 2 mètres d'épaisseur, couronnée de créneaux et défendue par des tours carrées, distribuées de 30 mètres en 30 mètres. Quatre portes se correspondent sur les quatre faces. Un minaret hardi, dont il ne reste que la moitié, sur toute la hauteur, s'élève à l'intérieur, sur un ressaut de terrain, vers l'angle N.-O. Ce minaret est une des ruines les plus curieuses et les plus extraordinaires que l'on puisse rencontrer. Les fouilles ont fait trouver de jolies sculptures sur marbre translucide, et des inscriptions qui ornent le jardin de la Mairie de Tlemsèn. C'est dans le vaste enclos du Mansoura que le village de ce nom a été construit.

Les Merynites devenus maîtres de Tlemsèn, par l'assassinat et la trahison, le gouvernèrent durant 40 ans, et le perdirent en 1348. Une suite de princes fratricides y régnèrent, à partir de cette époque.

Le royaume de Tlemsèn se composait des villes de Nedroma, Djidjeli, Mers el-Kebir, Oran, Arzeu, Mazagran, Mostaganem ; ses trésors étaient cachés dans une caverne voisine des salines d'Arzeu, en un lieu nommé Djira. Léon l'Africain vante l'opulence des rois de ce pays, dont le palais était dans la citadelle nommée le *Méchouar*. Il ne reste rien de cette splendeur qui s'éclipsait entièrement en 1515, lorsque Baba Haroudj *(Barberousse)* fut appelé par les habitants, inquiétés des querelles de la famille royale intéressant les Espagnols à ses dissensions domestiques. Le pirate délivra Bou Zian du cachot où son oncle Bou Amou le retenait. Mais voyant la nullité de ce personnage, il voulut exploiter, dans un intérêt personnel, les efforts de valeur et d'intrigue que sa délivrance lui avait coûtés. Bou Zian et ses sept fils furent pendus par son ordre, au moyen de la toile de leurs turbans, aux piliers de la galerie du Méchouar. Tous les membres de cette malheureuse famille lui furent amenés et jetés par son ordre, dans un étang où, dit Marmol, *il les fit noyer, prenant plaisir à leurs postures et à leurs grimaces.* Cette exécution atroce irrita les habitants contre les Turcs, et leur fit regretter les princes dont les crimes non moins révoltants avaient amené la chute. Le gouverneur d'Oran, sollicité par eux, envoya Martin d'Argote à Tlemsèn, où il fut reçu par les Maures. Barberousse, retiré dans le Méchouar, ne put s'y maintenir, faute de vivres, et s'enfuit la nuit, par un passage souterrain. Mais, poursuivi par les Espagnols, il sema vainement ses trésors par la route pour arrêter leur course, et périt courageusement sur les bords du Rio Salado (l'oued Maleh). Bou Amrou, replacé sur le trône, se reconnut tributaire des Castillans. Son successeur refusa toute redevance. A sa mort, Khaïr ed-Din-Barberousse fit reconnaître pour roi, Hamed, son fils puîné, au détriment d'Abdallah, que Charles-Quint fit installer par le comte d'Alcaudète (1544), gouverneur d'Oran, à la suite de deux expéditions, coûteuses à l'Espagne et onéreuses aux Tlemsèniens. Ces derniers chassèrent Abdallah, accueillirent Hamed et les Turcs; mais ne tardant pas à se dégoûter de ces étrangers ils invoquèrent les Espagnols, qui obligèrent les Turcs à évacuer la place. Hamed resta roi; Hassan, son frère, succéda sous les auspices des Turcs d'Alger. Ce prince voulut se rendre indépendant de cette tutelle ; environné d'intrigues, il se sauva à Oran, où il mourut de la peste. Son fils fut baptisé sous le nom de Carlos, et Tlemsèn resta au pouvoir des Turcs, malgré les efforts des chérifs de Fez (1560). 110 ans après, les habitants prirent parti pour eux contre le bey Hassan

(1670), qui les vainquit et détruisit la ville presqu'entièremen ayant reçu ordre d'Alger d'en finir avec ce foyer d'insurrection qu'il ne parvint pourtant point à éteindre tout-à-fait.

En décembre 1830, l'Empereur de Maroc pensa que le momen était venu de faire valoir ses anciennes prétentions sur cette cité, et s'en empara. Les Koulour'lis s'étaient retirés dans le Méchouar, et s'y maintinrent pour les Turcs d'abord, et pour les Français ensuite, lorsqu'une solde leur eut été assurée au titre de la France. Les Marocains évacuèrent la ville lorsqu'Abd el-Kader, vainqueur de la coalition des tribus, après le traité de février 1834, se présenta dans ses murs. Le maréchal Clauzel, après l'expédition de Mascara, se porta sur Tlemsên, pour en ravitailler la citadelle. Il y entra le 12 janvier 1836, nomma un bey, en conséquence de l'arrêté déjà pris le 8 décembre 1835, et préleva sur les habitants de la ville, par un autre arrêté du 28 février, un emprunt forcé de 150,000 fr., qui ouvrit la porte à bien des désordres, et ne rapporta que 94,000 fr. Le capitaine Cavaignac fut laissé dans cette citadelle avec un bataillon qui prit le nom de *Bataillon de Tlemsên*, et eut à souffrir les plus grandes privations. Le général Bugeaud ravitailla ce point en juillet 1836. Le traité de la Tafna, du 20 mai suivant, l'ayant cédé à Abd el-Kader, il fut évacué le 12 juillet 1837. L'émir le posséda quatre ans et en fit sa capitale. Le 30 janvier 1842, à la suite des événements de la guerre renouvelée, Tlemsên fut occupé de nouveau et n'a pas cessé de nous être soumis. Le 19 octobre 1865, Si Lalla avec les tribus Sahariennes du Maroc vint exercer le pillage aux entours vers le S.-O.

IMPORTANCE POLITIQUE. Tlemsên est le chef-lieu d'une subdivision militaire de la province d'Oran. C'est la résidence d'un Général de brigade, d'un Sous-Préfet, d'un Juge-de-Paix. Un Tribunal de 1re Instance y a été institué par décret du 21 novembre 1860. La population est de 2,307 Français, 967 Étrangers, 3,185 Juifs. Les Arabes sont au nombre de 11,455. La population en bloc est de 512 individus.

ENCEINTE. Tlemsên avait autrefois sept enceintes dont on voit encore de nombreux débris qui disparaîtront bientôt. Aujourd'hui elle n'a plus qu'un rempart solidement construit en pierres, qui a 4 kilom. de tour, embrassant une superficie de 70 hectares. Ce mur est percé de cinq portes : la porte de Fez, à l'O., — des Carrières, à l'O. encore, — la porte du Sud, — la porte Bou Medin à l'E., — et la porte d'Oran, à double voie.

Le Méchouar, si célèbre dans l'histoire, est aujourd'hui la citadelle. Il est situé au S. de la ville et dans l'intérieur de son enceinte. C'est un rectangle d'environ 260 mètres sur 180, dont les longues faces sont parallèles à la montagne et dirigées de l'E. à l'O. Le mur en pisé, à larges créneaux, élevé de 12 à 15 mètres, est percé de deux portes et armé de canons de petit calibre. Deux tours rondes accouplées, font face au N. vers la ville. Dans l'intérieur se trouvent : l'Hôpital militaire, qui a 320 lits, une Caserne d'infanterie, le Génie, l'Artillerie, la Sous-Intendance, la Manutention, la Prison, le Campement, la Poudrière.

PHYSIONOMIE LOCALE. Les places d'Armes, des Victoires, Saint-Michel, Napoléon, Bugeaud, Kesaria où se tient tous les jours le marché aux laines, sont les espaces que l'ouverture de la ville a ménagés dans son sein. Il y a d'autres marchés dans l'intérieur des murs : celui du Fondouk, celui des Ghossels tenu tous les vendredis, le marché quotidien de Tafrata. Les huiles, dont le commerce fait la principale richesse du pays, les blés, les légumes, les fruits — pommes des montagnes des Trara, amandes, pêches, cerises, figues excellentes, — y sont apportés. Les bois de fusils et de pistolets, les selles, les pantouffles de maroquin, les ouvrages de laines et tapis, des burnous noirs fort renommés, sont aussi les objets du négoce. L'industrie a une filature de laine, plusieurs tanneries, dix-huit usines à huile et 25 moulins à farine, mus par l'oued Kissa, venant du S.-O., et l'oued Kalaa', du S.-E., — tous deux émanant de la croupe rocheuse du Lalla-Setti. Ces deux cours d'eau parcourent les pentes de Mansoura, et tombent dans le ravin voisin des ruines du vieux fort Bît er-Rich, auprès de la ville.

ÉTABLISSEMENTS MILITAIRES. Le Général commandant la subdivision habite une belle maison. Celle du khalifa, et le Pavillon des Officiers sont aussi des édifices convenables pour leur destination. De nombreuses casernes logent les militaires des différentes armes ; la grande caserne, au centre du Méchouar, loge un régiment tout entier. La caserne du Beylik est affectée à la cavalerie ; les quartiers de Gourmela, de Kesaria, sont encore des locaux recommandables par leur commodité et leur étendue.

Les officiers ont un Cercle qu'ils se sont exclusivement consacré, et y conservent une bonne bibliothèque. Le magasin de l'Habra contient les orges, aussi bien que les silos de Sidi Brahim. Le magasin Hamet est pour la manutention, et celui de M'dersa pour les vivres de campagne. Les autres entrepôts militaires sont au Méchouar. Station télégraphique. Station d'étalons.

ÉTABLISSEMENTS CIVILS. Eglise. Temple protestant. Les Musulmans ont conservé la grande mosquée, dans une dépendance de laquelle est un asile pour 20 vieillards, la mosquée de Sidi Brahim, celle de Sidi Daoudi, et 27 chapelles où sont les restes de saints personnages. Les Juifs ont cinq synagogues.

L'hôtel de la Poste et la Mairie qui a une bibliothèque, et dans le jardin de laquelle est une sorte de Musée d'antiquités, sont des espèces de petits monuments. Sur la place Saint-Michel, on voit une fontaine architecturale ombragée de beaux arbres. Dix-neuf autres fontaines publiques abreuvent largement Tlemsên, qui a encore six abreuvoirs et deux lavoirs, avec un grand bassin que remplissent les eaux de l'oued Kissa et de l'oued Kalaa'. Des rigoles pavées font courir l'eau dans les rues. Des égoûts importants ont été réparés et construits. Les écoles communales sont tenues par les Frères de la Doctrine chrétienne et les Dames Trinitaires. Il y a aussi une école arabe-française et une classe pour les Israélites. Le Cercle tlemsénien, réunion d'habitants appartenant à l'ordre civil, possède une bibliothèque importante. L'institution d'un Bureau de bienfaisance a été confirmée par arrêté du 31 juillet 1853; il y a une caisse d'épargne. L'esplanade du Méchouar, ombragée par quatre rangées d'arbres de la plus belle venue, le Bois de Boulogne, en dehors de l'enceinte, sont de fort belles promenades. Le Grand Bassin est aussi un point de réunion fort fréquenté.

INDUSTRIE PARTICULIÈRE. L'hôtel de *France* est le mieux aménagé. De nombreux cafés s'ouvrent aux amateurs : les cafés du *Commerce*, de Paul Couret, place du Méchouar, des *Victoires*, de l'*Union*, le *Café Guès* et le *Café National*. MM. Fritz Flockner et Aymc, tiennent chacun une bonne brasserie.

MOYEN DE TRANSPORTS. Diligences pour Oran et pour Nemours, passant par Lalla Mar'nîa; voitures de louage, mulets pour les excursions.

ROUTES. Six routes s'épanouissent en éventail : 1º celle de Rachgoun, au N.-N.-O.; 2º celle d'Aïn-Temouchent, aboutissant à Oran, au N.-N.-E.; 3º celle de Sidi Bel-Abbès, au N.-E.; 4º une autre vers le même point, partant dans la direction de l'E.; 5º la route de Lalla Mar'nîa, à l'O., et 6º celle de Sebdou, qui serpente dans le S.; une autre est ouverte pour la même direction.

ENVIRONS. Le paysage offre les sites les plus variés, où l'abondance des eaux vient apporter la fécondité et le mouvement de la vie. Six belles cascades amènent du S. et de la belle vallée de Mafrouch, les eaux du S'af-S'af, qui tombent dans une profondeur de 300 pieds, et, de là, s'écoulent dans le vallon de Loured; elles sont portées dans le ravin d'El-Kala'a, où deux petits ponts de pierre le traversent. Sous le nom de Sikkak, elles se réunissent enfin à l'Isser, après 20 kilom. de parcours.

Le jardinage occupe 500 colons, qui habitent des maisons isolées, autour de la ville. Les Indigènes cultivent avec succès une variété de tabac qui, triturée par eux, est estimée par les priseurs.

Le village de SIDI BOUMEDIN, à 2,400 mètres E. de la ville, sur le versant N. du plateau de Terny, est tout composé de maisons mauresques, qui entourent une mosquée, remarquable par son architecture et sa conservation, où le tombeau du saint personnage, donnant son nom à la localité, est conservé avec soin; il y a là un ancien collége arabe. A l'E. de la ville, une autre mosquée renferme les restes de Sidi Daoudi. Un portique ogival, près du minaret, mérite l'attention de l'archéologue. — Population, 1,192 Arabes.

La colonisation libre prend peu d'extension, parce qu'elle se trouve enfermée dans un cercle formé par les propriétés que cultivent les Indigènes aux endroits nommés Aïn Defla, Aïn el-Hadjar, Aïn el-H'out, Beni Bou Blan, et Beni Ournid, ils sont au nombre de 2,293.

Les sections communales de Tlemsên sont :

BRÉA, ancienne ferme fondée par le Gouvernement en 1844, à 4 kilom. N.-O. de Tlemsên, à 671 m. d'altitude, entre le ravin d'Aïn el-Kab et la route de Nemours, fut entourée d'un mur de clôture, flanqué de tours; on la dota d'une pépinière, de fontaine, de lavoir et d'abreuvoir, au moyen d'une conduite d'eau de 600 mètres. Cette ferme fut concédée au capitaine Safrané ; on y fabrique des huiles. Les cultures dominantes sont celles des céréales et des pommes de terre, recueillies par 159 Français et 16 Étrangers, qui ont formé, en 1848, le village, dont la constitution légale remonte au 11 janvier 1849.

L'annexe est *Fedensba*, où séjournent 176 Arabes.

HANNAYA, centre de population, créé en 1851, à 11 kil. N.-O. de Tlemsên, sur la route de Lalla Mar'nia, de Nemours, de Rachgoun, occupe une plaine oblongue d'une superficie de 60 à 70 kilom., qui est plus basse (444 m.) que la plaine de Tlemsên, dont elle est séparée par un pâté de petites éminences. On y voit un grand nombre d'oliviers arrosés par deux petits cours d'eau, qui viennent alimenter une fontaine, un abreuvoir, un lavoir, et remplir un bassin dans l'intérieur même du village. Il y a une église. — Population, 400 Français, 50 Étrangers, 182 Arabes. Il y en a 338 à Imama, Kifan et Koudia.

MANSOURA est un centre de population de 156 habitants, dont 83 Français et 73 Étrangers, établi à 3 kil. O de Tlemsên, dans une partie de l'enclos dont nous avons déjà parlé en traçant la note historique du chef-lieu de la commune. Les eaux, amenées par une conduite de 1,406 mètres de longueur, sont réparties, par une fontaine, dans un lavoir, un abreuvoir, — arrosent les jardins et les vergers, et désaltèrent de nombreux individus de la race porcine.

NÉGRIER, fondé en 1849, à 5 kilom. N.-E. de Tlemsên, au lieu dit Benzarve, près du pont du S'af–S'af (de Mascara), sur un territoire de 380 hectares. Le village est entouré d'un fossé de défense. Il ne manque pas de moyens d'arrosage de toute espèce. Les habitudes de la population, qui est de 167 Français et 13 Étrangers, sont plutôt tournées vers le commerce que vers l'agriculture. Les plantations publiques, qui bordent la route de Négrier sur une longueur de 6,500 mètres, sont en très-bon état.

Ouzidan est le centre de 481 Arabes.

Le S'AF-S'AF, centre créé par décret du 6 mai 1850, à 4 kil. S.-E. de Tlemsên, d'une élévation de 589 m. Sa population, formée d'anciens militaires et d'anciens colons, présente un effectif de 149 Français. La culture des céréales et l'entretien des oliviers, sont la principale ressource du village, pourvu de tous les moyens d'arrosage convenablement aménagés. Il y a un four banal.

Sidi Lhassen, *Sidi Haloui*, *Tralimet*, *Zaouia*, comptent 811 Arabes.

Sur la route de Nemours, à 8 kilom. N.-O. au bord de la Tafna, il y a des eaux chaudes dites Hammam Bou R'ara.

Tels sont les environs de Tlemsên, à qui son admirable position dominant le cours de l'Isser et de la Tafna, — à 12 lieues de la frontière du Maroc, à égale distance de la mer et du désert, — fit donner le nom de Bab el-R'arb *(porte du Couchant).*

II.
COMMUNE DE NEMOURS.

Nemours, situé à 62 kilom. N.-O. de Tlemsên, à 34 kilom. E. de la frontière du Maroc, par 4° 12' de longitude O., et par 35° 7' de latitude N. sur la côte septentrionale de l'Afrique, est l'ancienne *ad Fratres,* nommée Djama R'azaouat par les Arabes, c'est-à-dire *la Mosquée des Prises,* à cause d'un petit édifice religieux placé au sommet de la montagne de Touent, qui la domine au N.-E. — et à mi-côte de laquelle s'élève un phare. Nemours présente une anse très-ouverte, battue en plein par tous les vents dangereux. On peut mouiller à l'O. d'un rocher taillé à pic, du côté du large, à 2 kilom. S.-O. du cap Hone, mais ce ne peut être que provisoirement et avec des vents de la partie E. Il y a un débarcadère en bois.

Au moment de l'expédition contre le Maroc, le poste de Djama R'azaouat a été occupé (1er septembre 1844). Son mouillage, quoiqu'assez médiocre, est cependant très-accessible aux navires dans la belle saison, et, sous ce rapport, il a été extrêmement utile pour le ravitaillement de l'armée qui opérait du côté d'Oudjda. Abd el-Kader, à la suite de notre expédition dans le Dahra, et pour exploiter les ressentiments soulevés par l'exécution militaire dont les célèbres grottes de ce canton avaient été le théâtre, apparut dans la tribu des Souhalia. Il attira, le 22 septembre 1845, le colonel Montagnac et 350 chasseurs d'Orléans, suivis de 60 hussards, dans une embuscade, à 3 kilom. à l'E. du marabout de Sidi Brahim, situé au S.-O. de Djama R'azaouat, et à 12 kilom. de ce dernier point. Nos soldats furent presque tous victimes de l'entraînement d'un courage malheureux. Quelques-uns se défendirent trois jours héroïquement dans le marabout de Sidi Brahim. Quatorze seulement revinrent à Djama R'azaouat, après avoir lutté contre une immense affluence d'ennemis.

La ville est enfermée dans une chemise bastionnée, de 50 centimètres d'épaisseur, qui couronne les crêtes, rejoint la mer par les extrémités E. et O., et qui s'ouvre par deux portes : la porte de Nedroma et celle du Touent à l'E. Elle est resserrée entre la mer au N., et des rochers auxquels elle s'adosse au S.; à l'E. s'élève la montagne de Touent, dont un torrent lave le pied au temps des pluies, et à l'O. se creuse le ravin où coule l'oued El-Mersa, nommé aussi Oued ben Tekhi. La garnison, infanterie et cavalerie, aussi bien que l'ambulance, trouvent abri dans des baraques. L'église, elle-même, est établie dans une baraque. Il y a un commissaire civil, une justice de paix, une station télégraphique. La population civile, qui est de 1332 habitants, dont 453 Français, 731 Espagnols et 107 juifs, se compose de négociants, qui ont élevé de jolies maisons, et de cultivateurs qui habitent leurs jardins. 41 Arabes travaillent aussi, avec ardeur, le sol profondément haché par des ravins fertiles en jardinages et en arbres fruitiers très-variés. Un aqueduc prend les eaux à 1 kilom. de la ville, où des canaux les distribuent aux fontaines, lavoirs, abreuvoirs, construits tant à l'intérieur qu'à l'extérieur, et entourés de saules et de peupliers. La route qui va dans un ravin pittoresque, s'évasant vers la mer, est aussi bordée d'une double rangée d'arbres. Station télégraphique. Le commerce a lieu sur un marché qui se tient chaque jour près de la porte du Sud, à l'extérieur. Les Indigènes, et les gens du Maroc, surtout, y apportent de grandes quantités de blé et d'orge, de miel, de cire, d'œufs, de volaille; aussi la vie matérielle n'y est-elle pas chère. Hôtel *des Voyageurs* et hôtel *de France*. Le café *Paulmiès*, et le café *Corrieux* dans une des plus jolies maisons, offrent aux habitants quelque distraction. Les officiers ont aussi un Cercle où ils admettent les civils.

Les chevaux et les mulets se prêtent aux excursions à travers les collines sablonneuses, coupées de petits vallons étroits et verdoyants, qui sillonnent les environs. Nemours a une route carrossable vers Lalla Mar'nîa, et une route muletière sur Tlemsên.

III.
COMMUNE DE PONT-DE-L'ISSER.

Pont-de-l'Isser créé par décret du 12 mai 1858, sur la route de Tlemsên à Oran, à 24 kilom. de Tlemsên, possède une population de 72 Français, 32 Etrangers, 21 Juifs, 61 Arabes. Caserne de gendarmerie. La rivière de l'Isser coule à proximité du village.

DIVISION D'ORAN.

(TERRITOIRE MILITAIRE.)

La division d'Oran a son chef-lieu à Oran même. La description de cette ville et de ses établissements militaires est à la page 483 comme étant le chef-lieu du département d'Oran.

Cette division compte cinq subdivisions qui sont : I Oran, II Mostaganem, III Sidi Bel-Abbès, IV Mascara, V Tlemsên.

Il y a 14 communes, 9 sections, 69 hameaux, — centres colonisés dont la population est de 6,951 individus. La population en bloc et de 7,179. Celle des tribus indigènes, dénombrées sommairement, est de 486,616.

I.

SUBDIVISION D'ORAN,

La population des centres colonisés est de 446 ; celle des tribus 49,347.

La subdivision d'Oran embrasse un seul cercle : celui d'Oran, et l'annexe d'Aïn Temouchent.

I. CERCLE D'ORAN. Dans les fermes Arbal, Beghafor, Caulongue, Gusse, Kremis, au hameau et au village de Tamzoura, habitent 192 Français, 74 Étrangers, 180 Arabes.

Le cercle comprend trois aghaliks : l'aghalik des Douairs, qui a quatre kaïdats; les aghaliks des Zmélas et des Gharabas, qui en ont chacun deux.

ANNEXE D'AIN TEMOUCHENT. La description de cette ville a été donné page 503 comme étant une commune de l'arrondissement d'Oran.

Cette annexe comprend l'aghalik d'Aïn Temouchent, divisé en deux kaïdats.

II.
SUBDIVISION DE MOSTAGANEM.

Mostaganem a été décrit à la page 543 comme étant un chef-lieu d'arrondissement du département d'Oran.

La population des centres colonisés est de 229 ; celle des tribus est de 159,471.

La subdivision de Mostaganem embrasse deux cercles et une annexe : I cercle de Mostaganem, avec l'annexe de Zamora, II cercle d'Ammi Mousa.

I. CERCLE DE MOSTAGANEM. Le cercle a deux aghaliks : aghalik de Mostaganem, dix kaïdats; de Mina et Chélif, quatorze kaïdats, — et huit kaïdats isolés.

ANNEXE DE ZAMORA. C'est un hameau situé à 94 kilom. de Mostaganem à l'E.-S.-E. sur la route de Tiharet. Population 47 Français, 2 Étrangers, 10 Juifs, 8 Maures. Il y a une station télégraphique, un dépôt d'étalons, un marché arabe tous les mercredis.

Aux entours sont les caravansérails de Rahouïa et d'Aïn Thaïba.

L'annexe de Zamora comprend dix-neuf kaïdats isolés.

II. **CERCLE D'AMMI MOUSA.** Ammi Mousa est un poste-magasin, situé à 106 kilom. de Mostaganem et à 24 kilom. de la route qui relie Orléansville à Relizane, dans le pays des Beni Ourar', dans la vallée de l'oued Riou. Il forme, avec Orléansville, la base d'un triangle dont le sommet est à Sidi bel-Hacel, du côté de l'O. Le village assis à 33 m. au-dessus de l'oued Riou, est abrité des vents du S. par un fort qui le domine. Il y a une Station télégraphique et une Station d'étalons, deux moulins à manége, un marché arabe le jeudi. La population est de 68 Français, 20 Étrangers, 54 Juifs, 20 Maures ; y comprise celle des *Diaf,* de la *Redoute* et de la *Maison isolée.* Le 26 mai 1864, ces localités ont été attaquées par Si Lazreg bel-Hadji. Il y a dans le voisinage une forêt d'oliviers sauvages, sur les bords de l'oued Tlélat. La résine, la thérébentine, le goudron, et le bois de construction sont également à portée. On trouve sur les lieux mêmes la pierre à bâtir, la pierre de taille, la chaux, le plâtre, et le sable.

Le cercle d'Ammi Mousa comprend deux aghaliks : l'aghalik des Beni Ourar', dix-sept kaïdats ; des Beni Meslem, quatre kaïdats.

III.
SUBDIVISION DE SIDI BEL-ABBÈS.

SIDI BEL-ABBÈS a été décrit à la page 525 comme étant une commune de l'arrondissement d'Oran.

La population des centres colonisés est de 1,082 individus ; celle des tribus est de 34,811.

La subdivision de Sidi bel-Abbès n'a qu'un cercle, embrassant deux aghaliks : aghalik de Beni Ameur Chéragas, neuf kaïdats ; des tribus Sahariennes, quatre kaïdats, et l'annexe de Daya, qui comprend un autre aghalik de tribus Sahariennes, cinq kaïdats.

DAYA qui a une Station télégraphique est un poste à 71 kilom. de Sidi Bel-Abbès, et à pareille distance de Tlemsên, à l'entrée des Hauts-Plateaux, entre Sebdou et Saïda. Il a été occupé le 24 avril 1845, et offre tous les matériaux de construction à l'état primitif. Il est entouré d'un mur à créneaux et contient des baraques couvertes en tuiles, pour la garnison. La population civile, qui ne se compose que de cantiniers, est de 83 Français, 13 Étrangers. Si Lalla avec les tribus sahariennes, attaqua ce centre le 19 octobre 1865. Repoussé de Saïda, il reparut le 8 novembre et fut décidément mis en fuite vers le S.

Dans des localités non érigées en communes, Bou Khanefis, Sidi Ali ben-Youb, Tenira, Tessala, les Trembles, où un beau pont a été jeté sur la Mekerra, habitent 538 Français, 377 Étrangers, 33 Arabes.

IV.

SUBDIVISION DE MASCARA.

La ville de Mascara a été décrite à la page 532 comme étant un chef-lieu d'arrondissement du département d'Oran.

La population des centres colonisés est de 3,458 individus; celle des tribus de 168,829.

La subdivision de Mascara comprend quatre cercles: I Mascara, II Tiharet, III Saïda, IV Géryville.

I. **CERCLE DE MASCARA.** Le cercle de Mascara comprend le kaïdat des Atba Djemala, — l'aghalik des Beni Chougran, 5 kaïdats; — l'aghalik d'El-Bordj, 9 kaïdats; — l'aghalik des Hachem Chéraga, 4 kaïdats; — l'aghalik des Hachem Gharaba, 7 kaïdats; — et le bach-aghalik de Frenda, 15 kaïdats.

FRENDA, ancienne petite ville arabe, où l'on confectionnait des djellels (couvertures de cheval), et où les Arabes avaient élevé quelques fortifications, que les Français ont occupées à leur tour et réparées à leur manière. Elle est assise au bord d'un plateau élevé d'où l'on a une admirable vue sur toute la vallée supérieure de l'Oued el-Tât, à 46 kilom. au S.-S.-O. de Tiharet. Il existe un caravansérail, entre Frenda et Mascara.

Dans dix-huit centres, habitent 445 Français, 108 Étrangers, 30 Arabes. Voici quelques détails sur plusieurs d'entre elles:

Un centre de population européenne, qui tend à prendre de l'importance auprès de Mascara, est l'*Oued el-Hammam*, fondé par décret du 10 novembre 1851, à 20 kilom. N.-O. de Mascara, sur la route d'Oran, auprès d'un pont, sur la rivière, se nommant l'Habra à 24 kilom. plus bas. C'est au mois de mars 1854, que remonte la véritable création de ce centre, qui s'est composé de 167 émigrants. 400 hectares ont été ensemencés en céréales, 2,000 arbres ont été plantés, des boutures de saules ont été placées sur les bords de la rivière, dont les eaux sont retenues par un barrage en libage, à 15 kilom. en amont du village. Un canal d'irrigation a été creusé, aussi bien qu'un puits, sur l'emplacement d'un marché assidument fréquenté par les Indigènes, tous les mercredis, sous les murs du village, qui est défendu par des travaux d'enceinte. On y trouve un four banal, un relai de diligences et une brigade de gendarmerie.

Dans les plaines de l'Habra, le long de la rivière, des colons Français et Espagnols font de grandes cultures de tabac et de coton. On exploite un moulin à farine à *Tekedemt*, et on a construit, sur l'oued Saïda, une scierie pour les bois de construction.

D'anciens villages arabes méritent ici une mention particulière :

Benyaklef, remarquable par ses immenses jardins, enveloppés des haies de cactus, et remplis d'arbres fruitiers, est situé à 5 kilom. E. de Mascara, sur la route de Tiharet. On a construit un moulin pour utiliser une chute d'eau.

Kacherou, à 20 kilom. S.-E. de Mascara, sur la route de Frenda, est le lieu où les Arabes viennent vénérer le tombeau du marabout Si Mahi ed-Din, père de l'ex-émir Abd el-Kader. C'est là qu'Abd el-Kader passa sa jeunesse et qu'il fut proclamé Emir des Croyants par les Hachem, les Beni Amer et les R'araba. Longtemps notre ennemi, c'est au mois de juin 1860, à Damas, qu'il prit généreusement la défense des Chrétiens contre les fureurs meurtrières des Druses, et mérita d'être fait grand-croix de la Légion d'honneur. Un beau bois d'oliviers répand son ombrage à Kacherou. Un caravansérail pour les voyageurs se trouve dans le voisinage.

El-Hammam Hanefia, à 24 kilom. O. de Mascara, sur la route de Sidi Bel-Abbès, a des sources thermales employées avec succès contre les maladies scrofuleuses; les malades trouvent un caravansérail.

El-Bordj est un joli village arabe, situé à 24 kilom. N.-E. de Mascara, sur la route carrossable de Mostaganem. On y trouve un vaste enclos de murs en terre, ou pisé, dans lequel se réfugiaient les troupeaux et les populations pendant la guerre.

Kaláa, petite ville arabe située à 16 kilom. plus loin que El-Bordj, dans un pays extrêmement montagneux. Il est difficile de trouver une position plus escarpée Cette petite ville est renommée pour la fabrication des tapis arabes, qui portent son nom, et qui fait vivre presque exclusivement sa population.

II. **CERCLE DE TIHARET**. Tiharet est situé à 132 kilom. E. de Mascara, sur la ligne de crête du Tell, à proximité des Hauts-Plateaux, et à 12 kil. E.-N.-E. de Tekedemt, aujourd'hui en ruines, où Abd el-Kader avait établi ses arsenaux, sa fonderie, sa monnaie, ses magasins de provisions de guerre et de bouche. Tekedemt était une ancienne et opulente ville, abandonnée depuis un siècle par les Arabes, lorsque toute cette animation industrielle et guerrière y fut apportée en 1838, entre deux forts bâtis par l'Emir. Tout a été détruit en avril 1843, et Tiharet a été fondé. Une enceinte bastionnée, suivant le système de Vauban, s'ouvre par trois portes : la principale est celle de Mascara, au N., qui donne entrée dans la Grande-Rue, traversant le quartier civil, autrement dit le village, et aboutissant à la porte du Sud, qui est en face de la première, et donne accès dans le quartier militaire, dit le Fort, où sont tous les établissements militaires. On y trouve deux Casernes d'infanterie, un Quartier de cavalerie, les Magasins, l'Hôpital, la Chapelle, dans une des salles de cet édifice ; un Cercle pour les Officiers. — La population est de 421 Français, 226 Etrangers, 535 Juifs, 243 Arabes ; Il y a une Justice-de-paix, une Station télégraphique. Le marché, qui se tient sous les murs de la ville, tous les lundis, attire quelquefois 10,000 Indigènes, qui commércent sur les céréales, les laines, les moutons, les chevaux, fort estimés dans ce canton, et sur les objets d'usage un peu luxueux dans la vie arabe : tapis, bijouterie, plumes d'autruche, cuirs tannés. Un fondouk, composé de 24 magasins, offre un asile aux produits que l'on apporte des tribus. Il y a un caravansérail pour les Juifs, et un bain maure. Une fontaine abondante coule dans le bastion Ouest. Le Génie militaire a planté 70,000 arbres et effectué des semis considérables de noyers et de châtaigniers, qui ont bien réussi. Un territoire de 4,517 hectares est cultivé en céréales. Au S., 34 fermes les exploitent. 22 hectares de vignes sont en rapport. Un moulin à vent, trois moulins à eau, et une distillerie pour le sorgho, sont les usines de la localité. A 3 kilom. est une smala de spahis.

Les inscriptions trouvées à Tiharet montrent, de la manière la plus incontestable, que les Romains, avant nous, avaient su apprécier les avantages de sa position stratégique ; c'est là tout ce que l'on sait de son passé le plus ancien, et ce qui l'a fait identifier avec la *Tingartia* de la liste des Evêchés d'Afrique, au cinquième siècle de notre ère. Plus tard, le nom de Tiharet prend une place importante dans les annales de la domination arabe. Pendant près d'un siècle et demi, de 761 à 909, elle fut la capitale d'une dynastie indigène, les Rostamides, qui disparut seulement devant les armes d'Abou Abd Allah Ech-Chii, le fondateur des Fatémites.

Le cercle de Tiharet comprend l'aghalik de Tiharet, 11 kaïdats ; — l'aghalik des Harar Chéraga et Ouled

Khelif, 12 kaïdats; — l'aghalik du Djebel Amour, 8 kaïdats.

III. **CERCLE DE SAIDA.** — Saïda est à 80 kilom. S. de Mascara, dans la tribu des Beni Yacoub. C'est une ancienne ville peu considérable, dont Abd el-Kader fit relever les murs d'enceinte. Son beau-frère, Hadji Mustapha ben Tamy, khalifa de Mascara, y faisait son séjour. Occupée par nos armes, le 27 mars 1844, Saïda a été ruinée. Au mois de mars 1854, on y fonda un poste militaire. On a créé, près de l'oued Oukrif, un centre de population, qui a été reconnu par décret du 4 juin 1862. Les habitants sont au nombre de 430 Français, 165 Étrangers, 247 Juifs, 510 Arabes. Les céréales forment la base des cultures. La pomme de terre et la vigne y réussissent très-bien. Le marché du lundi est fréquenté par 2 ou 300 Arabes, qui apportent des laines et viennent vendre des moutons et des chevaux.

Les travaux de défense consistent en un ouvrage à cornes où sont établis, dans des baraques, un Hôpital de 80 lits, des Magasins, une Caserne, et le Pavillon des Officiers. Il y a une station télégraphique.

Le 11 octobre 1864, Si Lala ayant soulevé les tribus sahariennes, vint brûler les fermes autour de Saïda. Le 19 octobre de l'année suivante, il reparut au S.-O. et s'y livra au pillage. Repoussé le 2 novembre, il se mit en fuite sur la route du Sud.

Les plantations publiques, faites et entretenues par le Génie, dans la redoute et au-dehors, se composent de près de 3,000 arbres de haute futaie. Les particuliers ont de nombreuses plantations, qui réussissent très-bien. Un conduit souterrain, en maçonnerie, de 800 mètres, alimente une fontaine à quatre jets. L'excédant de cette source fait mouvoir une scierie et deux moulins à farine, et sert à l'irrigation des jardins. On a construit sur l'oued Saïda, qui coule à 200 mètres de la place, un barrage et des canaux nombreux, qui ajoutent aux éléments d'agriculture. Le pays environnant est fort beau et bien boisé. Il n'est pas rare d'y rencontrer des lions. On trouve des carrières de marbre, veiné en jaune, avec lesquels on peut faire de jolis travaux d'ornementation.

IV. **CERCLE DE GÉRYVILLE**. — Géryville est un poste situé à 70 lieues au S. de Saïda, dans un endroit appelé en arabe *El-Abiod*. C'est un de nos points les plus avancés dans le Sud. Les tribus qui en dépendent, insoumises avant la prise de Laghouat, étaient toujours prêtes, au moindre prétexte, à profiter de leur mobilité pour s'enfoncer dans le Sahara, et venir, de là, inquiéter le Tell.

Géryville a été fondée à la fin de 1852. C'est aujourd'hui le chef-lieu d'un petit cercle concentrique où commande un officier de Bureau arabe. Ce point d'occupation consiste en un petit fort, de construction très-régulière, avec quatre bastionnets aux angles; casernes et bâtiments militaires dans l'intérieur. Sous sa protection se trouve un ouvrage en terre, qui sert de lieu de campement aux troupes de passage, aux caravanes et convois.

Il y a un marché tous les lundis où les Arabes, au nombre de plus de 2,000, viennent commercer et apporter des peaux d'animaux et des plumes d'autruche. La population est de 32 Français, 3 Etrangers, 62 Arabes sédentaires.

On a construit un caravansérail à Aïn S'fis'ifa. Le forage d'un puits a été entrepris dans le lit de l'oued El-Maï, sur la rive N. du Chott, où s'élève un autre caravansérail. Des recherches d'eau, dans l'oued Thouil et sur le plateau voisin de Kadra, ont pourvu aux besoins des voyageurs. A Kheneg-Azir, notre première étape sur la route qui mène à Mascara, un puits a succédé à des mares bourbeuses. Là s'élève un bon abri pour les hommes et les chevaux. Un barrage, construit en 1857, sur l'oued Zergoun, amène l'eau des crues dans le bas-fond fertile du Ksar de Tadjerouna.

Le cercle de Géryville comprend dix-huit kaïdats, douze cheïkats et les tribus des Chambaa de Goléa.

V.
SUBDIVISION DE TLEMSÊN.

La ville de Tlemsên a été décrite à la page 563 comme étant un chef-lieu d'arrondissement du département d'Oran.

La population des centres colonisés est de 1,636, — celle des tribus de 80,158.

La subdivision de Tlemsên comprend quatre cercles : I Tlemsên, II Lalla Mar'nia, III Nemours, IV Sebdou.

I. **CERCLE DE TLEMSÊN**. Le cercle de Tlemsên comprend l'aghalik des Ouled Riah, 6 kaïdats, 4 cheïkats ; l'aghalik des Ghossels, 8 kaïdats, — 14 autres kaïdats groupés ou isolés.

L'autorité militaire a toléré, entre Tlemsên et Aïn-Temouchent, pour les haltes et les ravitaillements, la construction d'auberges, où les voyageurs trouvent des abris. A quelques centaines de mètres de ces auberges, en descendant l'Isser, et sur ses bords, est établi une minoterie d'assez grande importance. A *Aïn Takbalet*, autre auberge près de l'Isser, et à 24 kilom. au N. de Tlemsên. A gauche de la route, se trouve la carrière de travertin calcaire, ou marbre onyx translucide, blanc, rose, jaune clair, jaune orange, vert maritime, brun foncé. Les sultans de Tlemsên faisaient tailler des colonnes, des urnes, des dalles dans cette riche matière. A l'extrémité de la vaste plaine des Ouled Mimoun, on a construit un moulin ; sur la route de Sidi Bel-Abbès, un caravansérail est ouvert à Mechera R'teb, un autre à la Tafna (Mechera Gueddara), sur la route de Lalla Mar'nia.

Ouled Mimoun est un hameau à 40 kilom. E. de Tlemsên, au milieu d'un magnifique pays et de plantations bien soignées où un canal à ciel ouvert amène l'eau.

Tout le territoire du cercle présente une population de 219 Français, 37 Etrangers.

II. **CERCLE DE LALLA MAR'NIA**. Lalla Mar'nia, à 54 kil. O. de Tlemsên, à peu de distance de la frontière du Maroc, a été fondée en 1844, sur l'emplacement d'un vieux camp romain, dont on a retrouvé des pierres portant le nom de *Sour*. Ce camp où l'on entrait par quatre portes, avait une étendue de 400 mètres sur 420 mètres, entouré d'un fossé profond et flanqué de tours carrées. La légende arabe d'une femme riche et vertueuse qui habitait ce canton, y perpétua son nom, Lalla Mar'nia. Afin de mettre ce poste en état de résister à l'artillerie des Marocains, en cas de guerre, on a composé le retranchement d'un parapet en terre, précédé d'un fossé avec escarpe en maçonnerie et ayant, en arrière, un ceinture crénelée, abritée des vues du dehors et formant réduit. On a construit, en terre, l'enceinte bastionnée du fort, proprement dit, ainsi que celle du camp inférieur, avec front bastionné sur l'oued Ouerdefou. Il y a dans l'intérieur du réduit deux casernes pour 280 hommes; deux Pavillons pour 10 officiers; un Hôpital-ambulance pour 80 malades; deux écuries couvertes en tuiles; une manutention avec deux fours et des magasins de subsistances. On a installé deux fours à chaux, un four à briques, et un local pour les ateliers du Génie. 2,000 arbres: mûriers, peupliers, acacias, ont été plantés, tant à l'intérieur qu'à l'extérieur de la redoute. Les colons, dont les maisons se sont élevées auprès du fort, ont quelques arbres fruitiers. Il y a une station télégraphique. Une noria a été construite, et des forages entrepris, dans le camp inférieur, ont donné de l'eau à 11 mètres de profondeur. L'oued Ouerdefou contourne la redoute de l'E. à l'O., passant par le S. Le Génie qui en a construit la canalisation, a ménagé une prise d'eau. La population civile est de 153 Français, 51 Étrangers, 83 Juifs. Une école arabe-française a été établie par décret du 26 décembre 1866. Les Arabes forment un effectif de cultivateurs, répandus dans les environs. Chaque dimanche ils tiennent un marché, où les chevaux et le bétail sont vendus avec avantage. Les colons ont fait réussir les porcs, et n'ont guère étendu leurs cultures.

Le cercle de Lalla Mar'nia comprend six kaïdats.

III. **CERCLE DE NEMOURS**. La ville de Nemours a été décrite à la page 569, comme étant une commune de l'arrondissement de Tlemsên.

Dans la banlieue militaire de cette ville, il y a 13 Français.

A 12 kilomètres de Nemours, on rencontre des plateaux d'une lieue d'étendue, propres à la grande culture. A 16 kilomètres au S.-E. s'élève la vieille ville de *Nedroma*, qui représente l'ancienne *Kalama*. Elle est au pied de la chaîne du Djebel Filaousen, non loin du col dit *Bab Taza*, en vue de la mer. Une vieille muraille la fortifie, et une végétation riche et abondante l'entoure. Chaque jeudi, les bouchers de toute la province viennent s'approvisionner au grand marché, rendez-vous des Marocains et des Beni Snassen. Les tissus et les poteries de la localité sont des objets de commerce recherchés par les Indigènes.

A 32 kilomètres S.-O. plus loin (à 16 kilomètres de Lella Mar'nia) tout contre l'extrême frontière du Maroc et en face de la petite ville d'Oudjda, distante de 4 kilomètres N.-O., *R'ar R'ouban* est habité par 487 Français, 284 Étrangers, 21 Juifs, 200 Arabes, qui travaillent aux mines de plomb sulfuré. Les mines consistent en un atelier de préparations mécaniques pour broyer les minerais, deux ateliers de lavage et une fonderie. Leur administration occupe une sorte de castillet fort pittoresque, et a su créer des moyens d'attraction qui retiennent auprès d'elle la population ouvrière, trouvant ainsi à se suffire à elle-même dans ce canton éloigné.

Le Cercle de Nemours comprend six kaïdats et deux cheikhats.

IV. CERCLE DE SEBDOU. — Sebdou, à 36 kilom. au S. de Tlemsên, à 958 mètres d'altitude, tout près de la limite des Hauts-Plateaux, est un poste qui a été occupé en 1844. Il se trouve sur l'emplacement de l'ancienne *Atoa* et d'un fort d'Abd el-Kader, qui a été agrandi. L'enceinte du nouveau fort est bastionnée, elle se compose d'un mur crénelé de 4 mètres de hauteur, précédé d'un fossé. Elle renferme deux casernes, contenant ensemble 310 hommes ; le magasin des subsistances, au rez-de-chaussée, et un Pavillon pour 20 officiers, au-dessus. On y voit aussi un Hôpital-ambulance pour 70 malades, et un Magasin à poudre. En dehors du camp est une avancée, protégée d'un retranchement terrassé sur le front E. Il y a là une écurie pour 75 chevaux. Le long de la courtine N. est le Parc aux bœufs, l'Abattoir, les ateliers du Génie et la noria qui élève, dans le camp, les eaux des sources coulant au N., lesquelles sont réunies et amenées par un canal souterrain. Non loin du camp, on a construit deux fours à chaux, et un pour les tuiles. Les matières premières pour les confections ne manquent pas, non plus que le bois de chauffage. Une forêts de chênes-blancs, sur le chemin de Tlemsên, fournit abondamment aussi des matériaux de construction. On a déblayé quatorze silos qui peuvent contenir chacun 200 quintaux de grains. Il existe deux usines à farine. Il y a une station télégraphique. La population est de 53 Français, 8 Indigènes ; population flottante, attirée par un marché du jeudi, 1719 individus.

Le Cercle de Sebdou comprend l'aghalik du Djebel du Sud, cinq kaïlats — et douze kaïdats isolés, plus sept ksars.

Les Arabes de ces cantons, qui montrent une source dans un étranglement de l'extrémité occidentale du Chott Zaghrez de l'Ouest, racontent, à son sujet, une légende assez remarquable :

Des voyageurs mourant de soif, qui tombèrent exténués en cet endroit, suppliant Dieu dans leur désolation, virent apparaître un personnage lumineux qui leur déclara être Sidi Aïssa (Jésus-Christ lui-même), et leur indiqua la source où ils purent se désaltérer. Puissent ces eaux être bientôt pour eux et leurs frères, les ondes sacrées du baptême !

FIN DE LA PROVINCE D'ORAN

Au point où nous arrêtons le cours de ces descripions, après les avoir fait passer sous les yeux de nos ecteurs comme autant d'épreuves photographiques, qu'il nous soit permis d'exprimer toute notre admiration devant tant d'efforts tentés, tant de travaux accomplis en ce pays. Quelle nation eut jamais à coloniser une région plus vaste en aussi peu de temps, une contrée d'un plus difficile accès, et a fait autant de choses, en de certains moments, avec aussi peu de moyens ! Que l'expérience du passé nous pénètre d'une douce espérance. Que l'Algérie toute entière prenne assurance en face de son beau ciel, qui lui sera toujours fidèle, — en présence des intelligences généreuses qui travaillent à sa prospérité. L'Empereur, à son second voyage dans ce beau pays, a daigné dire « qu'il était « heureux de se retrouver sur cette terre à jamais « française, » et ajouter de sa bouche auguste : « quant « à ces hommes courageux qui sont venus apporter « dans cette nouvelle France le progrès de la civili- « sation, ils doivent avoir confiance, et toutes mes « sympathies leur sont assurées. » *(Paroles de S. M. Napoléon III, le 3 mai 1865.)*

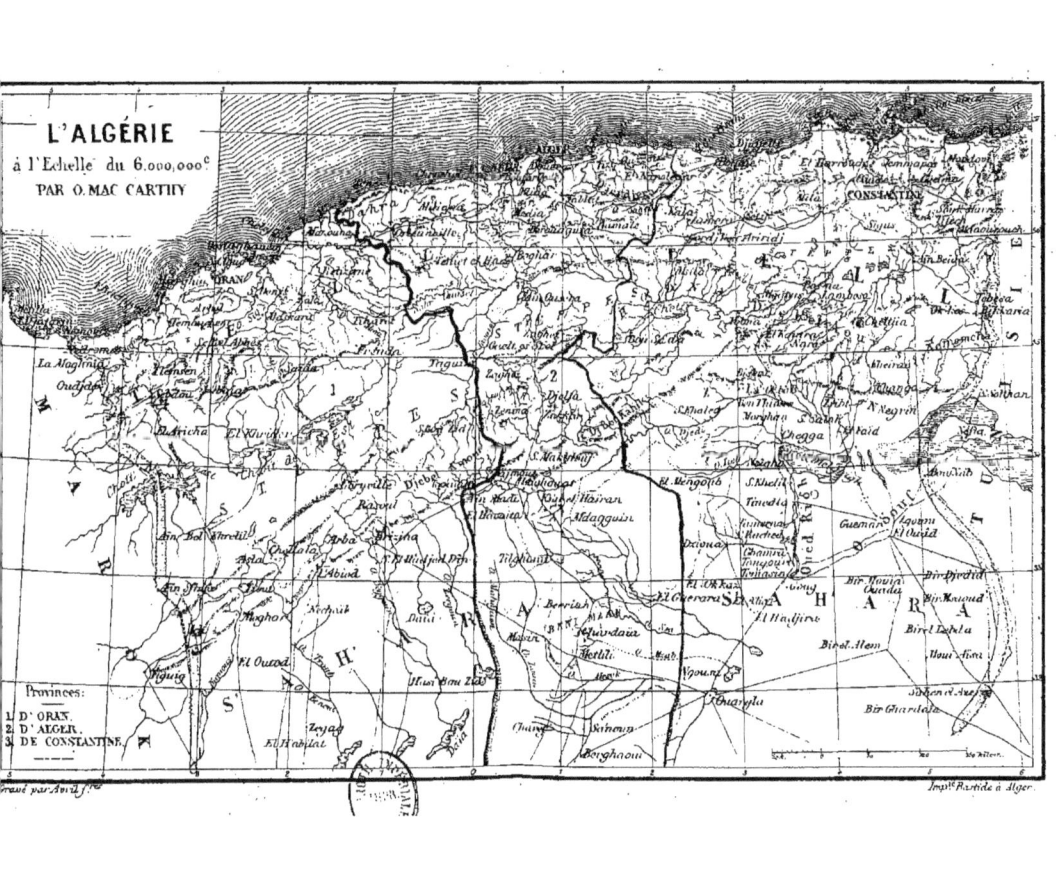

TABLE ALPHABÉTIQUE

DE TOUTES LES LOCALITÉS DÉCRITES ET MENTIONNÉES

DANS L'INDICATEUR GÉNÉRAL DE L'ALGÉRIE.

(Abréviations : A, province d'Alger; C, province de Constantine; O, province d'Oran.

	Pages.		Pages.
Aboukir, O..............	550	Aïn el-H'out, O.........	568
Adrar, C................	324	Aïn el-Ibel, (mine), A...	76
Affreville, A............	269	Aïn el-Ibel, (carav.), A..	293
Agemoun Izen, A........	280	Aïn el-Turk, O	502
Agha, A.................	167	Aïn Enchichi, C.........	452
Ahmed ben Ali, C.......	420	Aïn Guerfa, C...........	365
Aïn Arnat, C............	436	Aïn Hammam, A........	78
Aïn Arraoun, C.........	324	Aïn Hammama, A.......	78
Aïn Barbar, C...........	323	Aïn Hirma, C............	364
Aïn Beïda, C............	440	Aïn Kerma, A...........	76
Aïn Beïda, de Rouïba, A.	203	Aïn Khial, O............	504
Aïn Beïda, O............	531	Aïn Ksob, C.............	420
Aïn Beïda, d'Orléansv., A.	311	Aïn Madhi, A............	304
Aïn Benian (Guyotville), A.	180	Aïn M'keberta, C........	325
Aïn Bou Dinar, O........	555	Aïn Mokhta, C..........	379
Aïn Defla, O............	568	Aïn Mokra, C...........	323
Aïn el-Arba, O..........	504	Aïn Nouïsy, O..........	558
Aïn el-Arba, A..........	188	Aïn Ouaran, A..........	293
Aïn el-Beurd, A.........	287	Aïn Oussera, A.........	290
Aïn el-Bey, C...........	356	Aïn Raalet, C...........	325
Aïn el-Hadjar, O........	568	Aïn Sfia, C..............	428
Aïn el-Hamman, A......	307	Aïn S'fis'ifa, O..........	583

	Pages.		Pages.
Aïn Si Chérif, O	551	Bab el-Oued, A	77
Aïn Smala, C	428	Bains de la Reine, O	513
Aïn Smara, C	358	Baraki, A	78
Aïn Sultan, A	269	Barral, C	392
Aïn Tagoureit (Bérard), A.	246	Batna ville, C	359
Aïn Tahamimim, C	398	— subdivision, C	446
Aïn T'aïa, A	203	— cercle, C	446
Aïn Taïba, O	575	Beccaria, C	325
Aïn Takbalet, O	584	Ben Aknoun, A	169
Aïn Tarziza, O	473	Ben Chaban, A	196
Aïn Tedlès, O	552	Ben N'choud, A	189
Aïn Tekbalet (mine), O	474	Ben Siam, A	178
Aïn Temouchent, ville, O.	503	Ben Tallah, A	78
— annexe, O.	574	Beni Akil, A	75
Aïn Tsourba, C	324	Beni Four'al, C	324
Aïn Trick, C	427	Beni Isguen, A	303
Aït Aly ou Harzou, A	280	Beni Mansour, A	288
Aït el-Arba, A	281	Beni Marmi, C	324
Alelik, C	380	Beni Mered, A	226
Alger, province, A	65	Beni Messous, A	180
— ville capitale, A	89	Beni Mora, C	451
— arrondissement, A.	167	Beni Ouazeroual, A	188
— commune, A	167	Beni Ournid, O	568
— division, A	278	Beni Teur, A	189
— subdivision, A	278	Beni Urgine, C	444
Algérie	1	Benyaklef, O	578
Alma, A	171	Bélélita, C	379
Ameur el-Aïn, A	248	Bérard, A	246
Ammi Mousa, O	575	Berbessa, A	246
Amra, A	307	Berouâguia, A	289
Amoura, A	308	Berrian, A	300
Andalouses (Les), O	502	Berrian, A	302
Arba, A	172	Betfioua, O	510
Arba des Hadjoutes, A	248	Bianca, O	496
Arbal, O	473	Birkhadem, A	177
Arcole, O	530	Birmandraïs, A	77-178
Armée française, C	418	Bir Rabalou, A	176
Arzeu, O	504	Bir Semmam, A	168
A'ssafia, A	301	Birtouta, A	232
Assouaf, A	188	Biskra, cercle, C	446
Attatba, A	246	Bivac des Indigènes, A.	169
Aumale ville, A	174	Bizot, C	363
— subdivision, A	287	Bled bou Frour, A	76
		Bled Touaria, O	552
Baba Hassen, A	194	Blida, A	213
Bab el-Darb, C	451	Blida, commune, A	213
Bab el-Ghalek, C	451	Bodjeur, C	324
Bab el-Kouka, C	451	Boghar, A	289

Boghari, (Boukhari), A...	291
Bône, ville, C	367
Bône, arrondissement, C.	367
— subdivision, C	443
— cercle, C	444
Bonnery, A	78
Bordj bou Areridj, C....	459
Bordj Isly, A	311
Bou Bernou, A	262
Bou Blan, C	568
Boudouaou, A	172
Bou el-Madeu, C	324
Boufarick, commune, A..	227
Boufarick (source), A....	78
Bouguezoul, A	292
Bougie, ville, C	428
— cercle, C	459
Bouguirat, O	557
Bou Grioua, C	324
Bou Hamra, C	324
Bou Hamza, C	379
Bouïnan, A	230
Bouira, C	435
Bou Ismaël, A	246
Bou Khanefis, O	577
Boukhari (ksar), A	291
Bou Medfa, A	277
Bou Noura, A	303
Bou Rchach, O	510
Bou R'ni, A	287
Bou Zeïtoun, C	324
Bourkika, A	248
Bou Roumi, A	261
Bou Sa'da, C	460
Bou Sfer, O	502
Bou Tlélis, O	510
Bou Zariia, A	76-168
Bréa, O	568
Brédéah, O	510
Bugeaud (cité), A	167
— commune, C	381
Caroubiers (Vallée des), C.	379
Castiglione, A	245
Chaïba, A	244
Chaterbach, A	252
Cheblaouï, A	227
Chébli, A	231
Chegga, C	452
Chelafa, O	554
Chéraga, A	179
Cherchel, ville, A	232
id. cercle, A	311
Chetma, C	451
Cheurfa Hamédia, O	555
Chiffa (cascades de la), A.	225
— (la) village, A.	224-261
Chott Zaghrez de l'O., O.	588
Christel, O	518
Cinq Palmiers, A	311
Citronniers (les), O	548
Col des Ben Aïcha, A....	172
Col des Caravanes, A....	293
Collo, C	441
Colonies Suisses, C	427
Colonne Voirol, A	178
Condé-Smendou, C	363
Constantine, province, C.	313
— ville, C	337
— arrondiss., C	358
— commune, C	358
— division, C	438
— subdivis., C.	438
— cercle, C	439
Consulaire (ferme), A....	196
Crescia, A	194
Dalmatie, A	76-226
Damesme, O	509
Damiette, A	258
Damrémont, C	411
Daya, O	576
Dellis, ville, A	183
— subdivision, A....	279
— cercle, A	281
Dely Ibrahim, A	190
Demmed, A	307
Deugla, A	78
Diaf, O	575
Djama R'azouat, O	569
Djebel bou Ksaïba, C....	324
Djebel Chéraïa, C	324
Djebel Goueddil, C	324
Djebel Hadid, A	76
Djebel Halia, C	324-325
Djebel Halloul, C	325

	Pages.		Pages.
Djebel Kalâa, C.	324	El-Ouricia, C	436
Djebel Mermoucha, A.	76	El-Outaïa, C.	361
Djebel Nakhsen, C.	324	El-Sebt, A.	188
Djebel Orous, O.	473	Erlon (camp d'), A.	228
Djebel Sayefa, C.	324	Etoile (l'), O.	530
Djebel Soma, C	324		
Djebel Sousâ, C.	324	Farfar, C.	451
Djebel Temoulga, A.	76	Fedensba, O.	568
Djedar (les), A	474	Femme sauvage, A.	178
Djelaoun, C	453	Ferdjioua, C.	324
Djelfa (annexe), A.	305	Ferguen, A.	78
Djelfa (carrière), A.	77	Fermaton, C.	428
Djemà Saharidj, A.	189	Ferme (d'Orléansville), A.	275
Djemila, C.	330	Ferme modèle, A.	178
Djidjeli, ville, C.	412	Ferouka, A.	227
— cercle, C.	443	Fesdis, C	362
Dra el-Mizan, A.	286	Fezoudj, C.	324
Draria, A.	191	Figuier (Valmy), O.	530
Douaouda, A.	245	Filfila, (carrière), C.	325-421
Douéra, A.	192	Filfila, (mine), C.	324
Duperré, A.	270	Filiech, C.	451
Duvivier, C.	382	Fleurus, O.	511
Duzerville, C.	382	Fondouk, A.	77-196
		Fontaine de l'Amitié, C.	454
El-Achour, A.	191	Fontaine de la Bénédiction, C.	454
El-Affroun, A.	261		
El-Ateuf, A.	303	Fontaine du Commandant, C.	452
El-Belaên, A.	287		
El-Biar, A.	168	Fontaine de la Fertilité, C.	452
El-Bordj, O	578	Fontaine de la Paix, C.	454
El-Bridj, O.	504	Fontaine de la Reconnaissance, C	454
El-Garsa, C.	325		
El-Hachéchia, C.	428	Fort-des-Anglais, A.	166
El-Hadjar, C.	382	Fort de l'Eau, A.	202-166
El-Hamimate, C.	324	Fort l'Empereur, A.	165
El-Hammam Hanefia, O.	578	Fort Napoléon, A.	284
El-Hania, A.	307	Fouka, A.	245
El-Haouïla, C.	301	Frais Vallon, A.	169
El-H'arrouch, C.	418	Frais-Vallon, (source), A.	78
El-Hassi, C.	428	Frenda, O.	577
El-Kantara (ville), C.	452		
El-Kantara (caravansérail), C.	361	Gaddécha, C.	451
		Gastonville, C.	419
El-Kantour, C	418	Gastu, C.	404
El-Khachem, A.	292	Géryville, O.	585
El-M'kimen, C.	324	Ghardaia, A.	307
El-Milia, C. 600	439	Goufirat, C.	55
El-Msid, C.	451	Gourrayas, A.	72

	Pages.
Guerara el-Hamra, A....	294
Guélaa bou Sba, C.......	403
Guelma, arrondis., C....	399
— ville, C........	399
Guelt Zerga, A.........	176
Guelt el-Stel, A.........	292
Guérara, A............	304
Guyotville (Aïn Benian), A	180
Habra, plaine, O........	523
Hadjar el-Bid, C........	325
Hadjoutes, A............	261
H'alloula, A............	78
Hameaux Suisses, A.....	244
Hamma, A.............	77-199
Hamma (Constantine). C..	363
Hamma, (de Setif,, C. . .	458
Hammam Berda, C......	403
Hammam Bou R'ara, O..	569
Hammam Djereb, C.	452
Hammam el Hamé, A....	78
Hammam Mélouan, A....	205
Hammam Meskhoutine, C.	16-444
Hammam Oulad Zaïn, C.	397
Hammam Rir'a, A.......	308
Hamimate Arko, C......	324
Hannava, O.............	568
Haouch Sfa, A...........	262
H'asi Ameur, O.	511
H'asi ben Ferréah, O....	525
H'asi ben Okba, O......	511
H'asi el-Biod, O.......	530
H'asi bou Nif, O.......	512
Héliopolis, C...........	403
Henchir Saïd, C........	404
Hili, A................	302
Hillil (l'), O..........	558
Hippone, C.............	380
Hussein Dey, A	199
Hydra, A...............	168
Jardin d'acclimatation, A.	169
Jemmapes, C...........	419
Joinville, A............	225
Kabylie, A.............	279

	Pages.
Kacherou, C............	578
Kadous, A	191
Kalaâ, A...............	281
Kalaâ, O...............	578
Karguenta, O...........	497
Karouba, O............	549
Kef Oum Theboul, C.	323-392
Kef Sirséad, C..........	325
Kermiches, C...........	379
Khalfoun, C............	428
Khandek Chaou, C.......	324
Kharbet Méroucha, C....	324
Kharézas, C........	323-397
Kheneg, A.............	300
Kheneg-Azir, O...	583
Kheneg el-Djemaa, C....	325
Kistel, O..............	550
Kléber, O..............	519
Kober Roumia (Tombeau), A.............	250
Koléa, A...............	238
Kouba, A.	198
Kroub (le), C..........	364
Ksar Boukhari, A.......	291
Ksar bou Malek, C......	329
Ksar Charef, A.........	307
Ksar el-Haïran, A......	301
Ksour Zerghin, A.......	78
K'Sour, C.............	454
K'Sours, C.............	361
La Cale, ville, C........	383
— cercle, C......	445
Laghouat, A...........	77-294
Lalla Mar'nia, O... .	474-584
La Mak'ta, O....	509
Lambèse, C............	362
Lamblèche, C..........	365
Lanasseur, C...........	428
La Sénia, O............	501
Lavarande, A...........	269
Lichana, C.............	451
Lodi, A................	258
Lourmel, O............	510
Madala, A.............	'289
Madjiba, C............	36
Mahelma, A............	195

	Pages.
Mahouan, C.	436
Maison Blanche, A.	202
Maison Carrée, A.	201-165
Maison Centrale de l'Harrach, A.	201
Maison isolée, O.	575
Mangin, O.	531
Mansoura, O.	568
Mansouria, C.	330
Marabout d'Aumale, A.	196
Marengo, A.	247
Mascara, ville, O.	532
— subdivision, O.	577
— cercle, O.	577
Matifou, A.	77-166-203
Mazagran, O.	549
M'daourouch, C.	396
Méboudja, C.	324
Méchera Gueddara, O.	584
Méchera R'teb, O.	584
Médéa, ville, A.	252
— subdivision, A.	288
— cercle, A.	288
Medjez Amar, C.	444
Medjez Sfa, C.	397
Medr'asen (Tombeau), C.	327
Mefessour, O.	519
Melab el-Kora, A.	287
Melika, A.	303
Méridja, A.	78
Mers el-Kebir, O.	512
Mers el-Mellaha, C.	324
Mesloug, C.	428
Mesrane, A.	292
Messaoud, A.	246
Messaoud, C.	436
Messod, A.	307
Métidja, plaine, A.	196
Metlili, (poste), A.	294
Metlili, (ville), A.	301
Mila, (ville). C.	439-600
Mila, (mine), C.	325
Miliana, ville, A.	263
— arrondissem., A.	263
— subdivision, A.	308
— cercle, A.	308
Millesimo, C.	403
Misserghin, O.	514

	Pages.
Mokta Douz, O.	523
Mokta el-Hadîd, mine, C.	379
Mokta el-Ouost, A.	293
Mokta Nçara, A.	244
Mondovi, C.	392
Montagne des lions, O.	518, 512
Montenotte, A.	212
Montpensier, A.	226
Mostaganem, ville, O.	543
— arrondiss., O.	543
— subdivision. O.	574
— cercle, C.	574
Moudjebar, A.	307
Moulè Abd el-Kader, O.	528
Moulè Magoug, O.	510
Moulin de Sidi Alal, A.	287
Mouzaïa-les-Mines, A.	258
Mouzaïa-les-Mines, (sources), A.	78
Mouzaïa-Ville, A.	259
Mouzaïa, tribus, A.	261-212
Msad, A.	77
Msila, C.	461
Msilah, O.	510
M'sir M'keberta, C.	325
Mustapha Pacha, A.	169
Mzab, (confédération), A.	301
Nbail Nador, C.	325
Nechemeya, C.	393
Nédroma, O.	586
Négrier, O.	568
Nemours, ville, O.	569
— cercle, O.	586
Nili, A.	300
Notre-Dame-d'Afrique, A.	170
Notre-Dame-de-Fouka, A.	245
Notre-Dame-de-Staouëli, A.	182
Novi, A.	238
Oran, province, O.	463
— ville, O.	483
— arrondissement, O.	501
— commune, O.	501
— division, O.	573
— subdivision, O.	573
— cercle, O.	574

	Pages.
Orléansville, commune. A.	271
— subdivision, A.	311
— cercle, A.	312
Ouargla, A.	305
Oued Abdi, C.	325
Oued Aïdous, A.	76
Oued Allèla, A.	76-212
Oued Athménia, C.	365
Oued bou-Hallou, A.	76
Oued Corso, A.	172
Oued Chélia, C.	324
Oued el-A'lleg, (comm.), A.	262
Oued el-Alleg, (sour.), A.	78
Oued el-Hammam, O.	577
Oued el-Aouza, C.	325
Oued el-Aroug, C.	324
Oued el-Arraka, C.	324
Oued el-Haneb, C.	325
Oued el-Ksab, C.	324
Oued Fod'da, A.	76
Oued Imna, C.	324
Oued Isly, (d'Orléans.), A.	311
Oued Kouba, C.	379
Oued Mecadjet, C.	324
Oued Mela, A.	289
Oued Merdja, A.	76
Oued Neucha, C.	417
Oued Noukhal, C.	324
Oued Oukrif, O.	581
Oued Rehan, (mine), A.	76
Oued Rehan (village projeté), A.	270
Oued R'ir, C.	453
Oued Rouman, A.	77
Oued Seguin, C.	365
Oued Tabrida, A.	76
Oued Tammanerts, C.	324
Oued Tasfitales, A.	76
Oued Taskroun, A.	76
Oued Tellout, O.	473
Oued Touta, C.	403
Oulad Mimoum, O.	474
Ouled Boukamel, O.	553
Ouled Chafa, O.	552
Ouled Cherfa, O.	553
Ouled el Hammam, A.	277
Ouled Fayet, A.	191
Ouled Hamden, O.	552

	Pages.
Ouled Mendil, A.	196
Ouled Mimoun, O.	584
Ouled Rhamoun, C.	365
Ouled Sidi Abdallah, O.	552
Oum el-Adeïd, C.	325
Oum el-Doueb, C.	325
Oum el-Thiour. C.	452
Ouréa, O.	550
Ouzidan, O.	569
Pelissier, O.	554
Penthièvre, C.	393
Perrégaux, O.	523
Petit, C.	403
Philippeville, arrondissement, C.	405
— commune, C	405
Pichon, A.	287
Platanes, (café des) A.	170
Pointe-Pescade, A.	76-166-171
Pont-de-l'Isser, O.	572
Pont du Chélif, O.	553
Pontéba, A.	275
Port-aux-Poules, O.	509
Quatre-Chemins, A.	312
Rachgoun (île). O.	474
Rahouïa, O.	575
R'ar ez-Zemma, C.	329
R'ar R'ouban, O.	586
Rassauta, A.	200
Ras el-Aïoun, A.	300
Ravin des Voleurs, A.	77
Rebeval, A.	189
Redoute, O.	575
Reghaïa, A.	172
Relizane, O.	556
Retour de la chasse, A.	202
Retour de la pêche, A.	171
Rio Salado, O.	504
Rivet, A.	173
Rivoli, O.	558
Rocher de Sel, A.	293
Rocher, (le) O.	528
Robertville, C.	421

	Pages.
Rouïba, A.	202
Roux (cap) (mine), C.	324
Rovigo, A.	204
Ruisseau, Hussein-Dey, A.	199
Ruisseau des Singes, A.	225
Rusgunium (ruines), A.	203
S'afs'af, O.	569
Saïda, O.	581
Saïda C.	461
Saïghr, A.	244
Saint-André (d'Oran), O.	513
Saint-André (Mascara), O.	539
Saint-Antoine, C.	411
Saint Antoine, O.	497
Saint-Arnaud, C.	437
Saint-Charles, C.	422
Saint-Cloud, O.	517
Saint-Denis-du-Sig, A.	519
Saint-Eugène, A.	170
Saint-Ferdinand, A.	195
Saint-Georges, O	530
Saint-Hippolyte, O.	539
Saint-Jérôme, A.	513
Saint-Joseph, C.	444
Saint-Jules, A.	196
Saint Léon de Filfila, C.	421
Saint-Leu, O.	509
Saint-Louis, O.	524
Saint Louis de Filfila, C.	421
Saint-Michel, O.	497
Saint-Pierre Saint-Paul, A.	172
Saint-Remy, O	530
Sainte-Amélie, A.	195
Sainte Anne, C.	379
Sainte-Barbe-du-Tlélat, O.	516
Sainte-Clotilde, O.	513
Sainte-Léonie, O.	519
Sainte Wilhelmine, O.	419
Sakamody, A.	287
Salamandre, (la) O.	550
Saoula, A.	179
Sayaras, O.	530
Sebdou, O.	587
Sénia, (la) O.	501
Séminaire petit, A.	170
Séminaire grand, A.	199

	Pages.
Setif, arrondissement, C.	423
— ville, C.	423
— subdivision, C.	458
— cercle, C.	458
Sebkhra, O.	499
Séridjat, A.	300
Sidi Abder-Rahman, A.	76
Sidi Abder-Rebou, C.	325
Sidi Aïssa A.	292
Sidi Ali ben Youb, O.	577
Sidi Allal A.	287
Sidi Amram, O.	528
Sidi-bel-Abbès, ville, O.	525
— subdi. O.	576
Sidi bou Aïssi, A.	76
Sidi Bouzid, A.	76
Sidi Brahim (marabout), O.	570
Sidi-Brahim, (village), O.	528
Sidi-Boumedin, O.	567
Sidi-Chami, O.	529
Sidi-Ferruch, A.	181
Sidi-Haloui, O.	569
Sidi-Khaled, O.	528
Sidi-l'Hassen (Sidi-bel-Abbès, O	529
Sidi Lhassen (Tlemsèn), O	569
Sidi Makhlouf, A.	293
Sidi-Marouf, O.	530
Sidi Mousa (de Dellis), A.	187
Sidi-Moussa, (commune de Blida), A.	227
Sidi Moussa (source), A.	78
Sidi-Nasseur, C.	421
Sidi-Okba, C.	452
Sidi-Rached, C.	454
Sidi Rer'eiss, C.	325
Sidi Safi, O.	473
Sidi-Sliman, C.	454
Sidi-Tamtam, C.	444
Sigale O.	474
Singes (ruisseau des), A.	225
Slémat, A.	324
Smendou (mine), C.	325
Souk el-Arba, A.	284
Souk el-Djemma, A.	172
Souk-H'arras, cercle, C.	446
— ville, C.	394
Souma (mine), A.	75

	Pages.		Pages.
Souma (commune), A....	230	Tlemsén, subdivision, O..	583
Staonéli, A.	181	— cercle, O.	583
Stidia (la), O.	559	Tnin, A.	189
Stora, C.	411	Tombeau de la Chrét., A.	249
Sour-Kel-Mitou, O.	553	Torre Chica, A.	181
		Tougourt, C.	453
Tablabel, A.	281	Tounin, O.	555
Tablat, A.	287	Tourga, A.	189
Taddert ou Fellah, A.	280	Tralimet, O.	569
Tadjemout, A.	301	Trappe (Monast. de la), A.	182
Taguemount Gouadefel, A	280	Traras, O.	473
Takitount, C.	458	Trembles (les), O.	577
Tambrara, A.	311	Trembles (les), A.	176
Tamel'hat, C	454	Trois Palmiers, A.	311
Tamerna, C.	453		
Tannalt, C.	460	Union agric. d'Afrique, O.	522
Tazzout, O.	473-518		
Tebessa, C.	440	Valée, C.	412
Tefechoun, A.	246	Vallée des jardins, O. ..	555
Tekedemt, O.	578	Valmy (Le Figuier), O. .	530
Tekedemt, A.	188	Vesoul Bénian, A.	276
Temasin, C.	454	Vieux Tenès, A.	211
Temellouka, C.	428	Village des Pêcheurs, O.	513
Tenès, ville, A.	206	Village vieux, O.	516
Tenès, cercle, A.	312		
Tenès (vieux), A.	211	Zaatcha, C.	451
Teniet el-Had, A.	309	Zaccar, A.	307
Ténira, O.	577	Zaccar R'arbi, A.	76
Thouabet, A.	188	Zaouïa, O.	569
Tigditt, O.	548	Zamora, O.	575
Tiharet, O.	579	Zeradla, A.	183
Tilr'emt, A.	302	Ziama, C.	330
Tipaza, A.	249	Zouaïmou, A.	300
Tixeraïn, A.	178	Zouaoua, A.	280
Tizi-Ouzzou, A.	76-281	Zoug el-Abbès, A.	244
Tlemsén, arrondis., O. ..	560	Zurich, A.	238
— ville, O.	560		

FIN

ERRATA.

Page 439. *Mila*. On a, par erreur, donné comme synonyme à Mila, le nom d'*El-Milia*, localité différente, située à 40 kilom. Nord de la première, sur l'oued El-Kebir.

Page 489, ligne 4. Il prit la mer le 20 se dirigeant....., *lisez*, il se dirigea, le 20 sur.....

OUVRAGES DE M. L.-J. BRESNIER,

l'un des disciples de Silvestre de Sacy,
Professeur à la Chaire publique d'arabe et à l'École normale d'Alger,
Professeur honoraire d'arabe aux deux Séminaires d'Alger, etc.

مفتاح النحو والادب لفتح كنوز علوم العرب

COURS PRATIQUE ET THÉORIQUE DE LANGUE ARABE, renfermant les principes détaillés de la Lecture, de la Grammaire et du Style, ainsi que les éléments de la Prosodie, accompagné d'un *Traité du langage arabe usuel* et de ses divers dialectes en Algérie; 2ᵉ édit. 1 fort vol. in-8° de xvi-668 pages, imprimé sur beau papier cavalier vélin, *illustré d'un joli titre arabe or et couleurs*, type oriental. 12 fr.
(Ouvrage honoré d'une souscription de S. E. M. le Ministre de la guerre, et de deux récompenses aux Expositions universelles de 1855 et de 1862).

مجموع المكاتيب في العربية والمعاني الغرائب

CHRESTOMATHIE ARABE, LETTRES, ACTES ET PIÈCES DIVERSES, avec la traduction française en regard, suivie d'une *Notice sur les successions musulmanes*, et d'une *Concordance inédite des Calendriers grégorien et musulman*; 2ᵉ édit., revue, corrigée et augmentée. 1 fort vol. in-8°, *orné d'un titre arabe, or et couleurs*, type oriental. 9 fr.
(Ouvrage honoré d'une souscription de S. E. M. le Ministre de la guerre.)

تجريب القلم في خطّ العرب والعجم

ÉLÉMENS DE CALLIGRAPHIE ORIENTALE, comprenant 34 modèles d'écriture arabe, orientale et barbaresque : 17 barbaresques (Maroc, Algérie, Tunis), et 17 orientaux (Égypte, Turquie, Perse, Syrie, etc.), avec une introduct. explicative. 1 cahier in-8° oblong, dans un carton. 3 fr. 50

تحفة الطلباء وبهجة الادباء

ANTHOLOGIE ARABE ÉLÉMENTAIRE, choix de maximes et de textes variés, la plupart inédits, accompagné d'un *Vocabulaire arabe-français*, à l'usage du lycée et des écoles primaires supérieures de l'Algérie. 1 fort vol. in-12, *orné d'un joli titre arabe, or et couleurs*. 5 fr.
(Ouvrage honoré d'une souscription de S. E. M. le Ministre de la guerre.)

المقدمة الاجرومية

DJAROUMIYA, *Grammaire arabe élémentaire*, de Mohammed ben Dawoud el-Sanhadjy, texte arabe et traduction française, accompagnés de notes explicatives. 2ᵉ édit. 1 vol. in-8°, *avec un titre arabe, or et couleurs*. 3 fr.
LE MÊME OUVRAGE, texte arabe seul. Brochure in-8°, *avec titre or et couleurs*. 1 fr. 50 c.

الاصول النحوية في فواعد العربية

PRINCIPES ÉLÉMENTAIRES DE LA LANGUE ARABE divisés en trois Livres : Livre Iᵉʳ, *Élémens de lecture et d'écriture*; Livre II, *Du langage arabe*; Livre III, *Élémens de grammaire arabe*. Dédié à l'École normale d'Alger. 1 vol. in-18 anglais, *orné d'un titre arabe or et couleurs*. 4 fr.

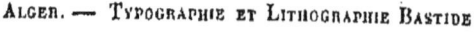
ALGER. — TYPOGRAPHIE ET LITHOGRAPHIE BASTIDE.